U0454370

专利的竞争法规制研究

The Regulation of Patent by Competition Law

宁立志 著

中国人民大学出版社
· 北京 ·

国家社科基金后期资助项目
出版说明

后期资助项目是国家社科基金设立的一类重要项目，旨在鼓励广大社科研究者潜心治学，支持基础研究多出优秀成果。它是经过严格评审，从接近完成的科研成果中遴选立项的。为扩大后期资助项目的影响，更好地推动学术发展，促进成果转化，全国哲学社会科学工作办公室按照“统一设计、统一标识、统一版式、形成系列”的总体要求，组织出版国家社科基金后期资助项目成果。

全国哲学社会科学工作办公室

前　言

近年来，鼓励创新与保护知识产权日益受到我国重视，相关政策和法律陆续出台。与此同时，反垄断与保护竞争也在不断强化，制度建设稳步推进，相关制度逐渐完善。然而，二者虽终极目的一致，路径和方法却存在一定冲突。如何既反对垄断，防止资本和技术无序扩张给公共利益带来危害，又不伤及企业的创新积极性和抑制企业的国际竞争力的增长，成了一个实践性难题。这一难题的研究和解决，既要借助经济法中竞争法的理论工具，包括反不正当竞争法和反垄断法的制度理论，又要依托知识产权法，特别是专利法的理论基础，属于典型的交叉研究领域。我虽长期在经济法教研室从事竞争法教学和研究，但民商法学硕士和博士的学习经历让我对作为民事权利之一的知识产权保持着浓厚的兴趣。知识产权法和竞争法的交叉研究自然成了我的关注点，在阅读文献、参加学术讨论、参与立法论证以及指导研究生做研究的过程中我也有了一些心得和初步的成果。2015 年，我以这些成果为基础，以“专利的竞争法规制研究”为题申请国家社科基金后期资助，有幸获得立项。

立项后，继续进行同一系列的研究成为我的一项刚性任务。兴趣和完成项目的压力促使我把研究一点点往前推进。其间，适逢标准必要专利纠纷战火四起，保护专利与反对垄断的矛盾日益尖锐；某些技术大国凭借知识产权优势垄断中国市场或者利用知识产权大棒打压中国企业；在平台经济发展壮大的过程中反对垄断和保护创新如何协调也成为难题。这一切都使我觉得这份知识产权法与竞争法的交叉研究有其特殊意义。虽然开展此交叉研究必须同时关注竞争法和知识产权法两个领域，烧脑之处不足为外人道，我仍然怀着一腔愚勇继续坚持，直到 2019 年将结项成果提交验收。

本以为结项成果很快可以出版，不料不少相关规范性文件密集出台，一段时间内“立改废释”动作频频，让我觉得应撤回书稿进行资料更新，做些补充订正。意料不及的是，在这个过程中居然遇上了突如其来的新冠肺炎疫情和武汉“封城”。按下“暂停键”的武汉，形势一度十分严峻。坐困愁城之中，说实话，我还真担心自己万一挺不过新冠这一关，结项成果没有出版，就不算真正结了项。那时告诫自己最多的一句话就是“完成比完美更重要!”诚然，现在呈现于读者面前的，离完美还很远。很多前期的研究章节，现在读来，过于浅淡和粗疏，很想重写；有些文字的准确性还需要进一步推敲；有些文献也需要更新；有些方面是这个议题之下应该研究的内容，却尚未加以研究，但完成的想法还是占了上风。如果有机会，以后再完善吧。需要说明的是，对每一种涉嫌滥用专利的行为，我尽量保持分析模式的大体一致，也正因如此，一些分析素材在不同章节可能被重复提及。读者如果只对某一种涉嫌滥用专利的行为有了解的需求或兴趣，可以只看相应的章节。全书几乎每一章都独立成篇，读者不必从头看起，这样可以节省宝贵的时间。

感谢国家社科基金的资助，它让我得以持续关注知识产权法与竞争法的交叉研究；感谢国家社科基金项目的评审专家，他们对立项和结项文件专业、睿智的评阅意见，对项目成果贡献甚巨；感谢武汉大学尚彩云老师、曾彦老师在我申请立项和办理结项过程中给予的关心和帮助，没有他们细致的工作，我未必能顺利立项和办理结项；感谢中国人民大学出版社编辑，他们在疫情期间仍然与身处疫区的我保持快递邮件的往来，成为我修改结项报告的动力之一；感谢我指导的多名研究生——胡贞珍、王少南、李文谦、陈珊、宋攀峰、于连超、周围、胡小伟、杨妮娜、戴秋燕、覃仪、龚涛等，他们帮助我收集整理资料或者在我的指导下与我一起进行前期和立项后的课题研究，本项目是我们共同完成的，感谢他们的辛劳和参与，一个个阶段性成果的取得给我们带来的微微欢喜依然弥漫心头。

需要特别表示感谢的是，书中参阅了大量前辈和同行的著作，虽然绝大部分都已注明，但不排除少数遗漏。如确有引证遗漏，在此谨致歉意，并诚盼读者惠予提示，以便后续补正。

受本人研究能力和学术水平限制，书中不当甚至错误之处定不在少数，盼望各位读者惠予指正。

宁立志

2021 年 9 月于武汉南湖

目　录

第一章　专利的竞争法规制论纲

随着专利权逐渐成为市场主体参与竞争的重要工具，专利权滥用引发的竞争法问题日益严重，从竞争法层面规制专利权不当行使的必要性日渐凸显。美国、欧盟等相关国家和地区在专利的竞争法规制过程中，形成了较为成熟的专利权滥用规制范式。面对不断蔓延的专利权滥用现象，我国亟须在把握专利的竞争法规制机理的基础上，借鉴、吸收其他国家或地区在专利的竞争法规制方面的经验和做法，推进专利领域的竞争立法进程，以更好地维护良好的竞争秩序，促进技术创新和社会发展。

第一节　专利竞争法规制的理论基点

一、专利与竞争法的关系

要探讨“专利的竞争法规制”问题，首先要厘清专利与竞争法的关系，二者之间的关系，可以从三个依次递进的层面进行探讨：一是专利与竞争之间的关系，它解释了专利作为竞争工具如何作用于市场竞争；二是专利与竞争法之间的关系，它阐释了专利在参与竞争的过程中如何受到竞争法的保护和限制；三是专利法与竞争法之间的关系，它揭示了专利法与竞争法如何相互协调促进经济发展和社会进步。下文分述之。

（一）专利与竞争

国家创设专利制度的目的是鼓励创新。创新有利于促进市场竞争，市场竞争又反过来促进了创新，从而会产生新的专利，由此形成了“专利—创新—竞争”的良性循环。但从另一个角度来说，专利是一种合法的垄断权，正是这种垄断权激励了创新，不断创新的企业在市场中会逐渐取得垄断地位，由此形成了“垄断（反竞争）—创新”的相互循环。而后一种循环与前一种循环明显存在冲突，专利与竞争之间的关系究竟如何，矛盾便集中到了“创新—竞争”这一环节。历史上，学者们就这一问题展开了一系列讨论，其中最有代表性的，便是约瑟夫·熊彼特（Joseph Schumpeter）与肯尼思·阿罗（Kenneth Arrow）对于创新与竞争关系的争论。

传统竞争理论，尤其是以亚当·斯密为代表的古典竞争理论，认为自由竞争是实现资源优化配置的最有效手段，自然也有利于促进创新。熊彼特提出了创新与动态竞争理论，以动态视角看待市场竞争过程，进而得出了与传统竞争理论相反的结论。他认为高度集中的市场结构更有助于激励企业从事研究和开发，即垄断更能促进创新。① 因为只有大企业才能负担得起研发项目费用，较大而且多元化的企业可以通过大范围的研发创新来消化失败，创新成果的收获也需要企业具有某种市场控制能力。② 大企业由于创新和技术进步形成的垄断，不是真正的垄断，企业利润中包含的垄断盈利，是颁给成功者的奖金。③ 虽然企业通过创新获得了巨大的竞争优势，但其他企业也会不断创新来获取相同乃至更多的竞争优势，因此垄断企业实际上还处于竞争之中，资本主义正是在这种“创造性破坏”的过程中不断发展的。阿罗于 1962 年在其论文中反驳了熊彼特的观点，其理论与传统竞争理论一脉相承，即认为竞争比垄断更能够激励创新。④ 他认为，优胜劣汰的竞争规则会给企业带来压力，促使企业改进技术、降低成本、提高质量，从而获得竞争优势，市场中更少的竞争会降低创新激励。⑤ 以阿罗的论文为标志，西方经济学理论界展开了一场旷日持久的“熊彼特-阿罗之争”。

以熊彼特和阿罗的观点为基础，学者们通过各种理论模型和实证检验来佐证他们的观点，却得到了相悖的结论：支持熊彼特的学者们验证了垄断确实有益于创新，而支持阿罗的学者们同样也验证了竞争有益于创新。

---

① 参见白明、李国璋：《市场竞争与创新：熊彼特假说及其实证检验》，载《中国软科学》，2006（11）。

② 参见吴延兵：《企业规模、市场力量与创新：一个文献综述》，载《经济研究》，2007（5）。

③ 参见［美］熊彼特：《资本主义、社会主义和民主主义》，绛枫译，126～134 页，北京，商务印书馆，1979。

④ See Kenneth Arrow, *Economic Welfare and the Allocation of Resources for Invention*, Princeton University Press, 1962, pp. 609 - 626.

⑤ 参见韩伟：《创新在反垄断法中的定位分析》，载《中国物价》，2019（8）。

如何解释这种矛盾的现象呢？首先，追求垄断利润是企业进行创新的终极目的。企业要获取更多利润，就需要在技术、组织等方面不断创新，从而取得竞争优势。当这种优势足够明显时，企业便取得了垄断地位，进而能获取高额的垄断利润。正如马克思所言，资本家为了获取垄断利润，开发和大规模地引进节约劳动的技术，开发新产品和开拓新市场。① 其次，垄断为企业进行创新提供了条件。企业要进行创新，既需要在设备、技术信息等方面进行物质资本投资，又需要在引进和培养人才等方面进行人力资本投资，因此，创新的成本十分高昂。具有垄断地位的企业往往财力和技术条件较好，能够承担创新成本，为创新提供良好的条件。再次，优胜劣汰的竞争规则是激励企业创新的达摩克利斯之剑。竞争使得企业处于被淘汰的风险之中，如履薄冰，鞭策着企业为了生存而不断创新。正如艾哈德所言，凡没有竞争的地方，就没有进步，久而久之就会陷入呆滞状态。② 最后，竞争提高了创新的效率。虽然垄断企业拥有更多的创新资本，但创新并非仅仅依靠资本的简单堆叠即可获得成功。创新的过程充满了风险和失败，竞争则激励着更多的企业从事创新活动，扩大了创新的基数，从而提高了社会整体的创新效率。

简而言之，在创新的过程中，竞争与垄断是辩证统一的关系。垄断是创新的牵引力来源，竞争是创新的推动力来源，而且竞争与垄断在一定条件下可以相互转化。在这一认识的基础上，专利与竞争之间的关系就显得较为清晰了，它们形成了“专利—垄断—创新—竞争”的关系链条，即专利创设了垄断权，虽然这种垄断权暂时限制了竞争，但它能够激励创新，而创新又促进了市场竞争，此时增长的竞争消弭了前述垄断权对竞争的限制。在此消彼长之间，这一关系链条就变成了“专利—创新”，这就实现了专利制度激励创新的目的。因此，竞争是实现专利与创新之间良性互动的关键环节，缺少了竞争，垄断便无法消除，创新会因此停滞，社会便无法向前发展。

（二）专利与竞争法

专利与竞争法之间的关系，可以引申为知识产权与竞争法之间的关系。虽然“知识产权是一种合法的垄断权”这一命题早已被学界广泛接

① 参见《马克思恩格斯全集》，中文1版，第23卷，354～355页，北京，人民出版社，1972。

② 参见［德］路德维希·艾哈德：《来自竞争的繁荣》，曾斌译，167页，北京，京华出版社，2000。

纳，但需要强调的是，知识产权所蕴含的“垄断”与竞争法中的“垄断”并不完全等同。知识产权的“垄断”主要是指知识产权的专有性或者说排他性，即权利人对于其知识产权享有许可、使用等专有权利，在知识产权的有效期内，未经权利人许可，他人不得擅自使用该知识产权。由于知识产权是现代社会最重要的市场竞争工具之一，尤其是专利权，是知识产权商业化、工业化应用的典型代表，它可以为权利人带来巨大的市场竞争优势。在竞争优势逐渐转化为经济优势并不断积累的过程中，知识产权的专有性便转化为权利人所拥有的市场力量，当市场力量足够大时，便形成了垄断地位。无论是知识产权的专有性，还是通过知识产权形成的垄断地位，都是一种垄断状态。垄断状态一般是竞争法所容许的，竞争法主要关注的是垄断行为。也就是说，合理利用知识产权所赋予的垄断状态行使知识产权的行为并不会违背竞争法，但是不当行使知识产权损害市场竞争的垄断行为，便会引起竞争法的关注。

在经济学中，根据垄断形成的原因，可以将垄断分为经济性垄断、行政性垄断、国家垄断和自然垄断。其中，竞争法所关注的主要是经济性垄断与行政性垄断两类。经济性垄断的垄断力量来自资产、市场份额等经济因素，行政性垄断的垄断力量来自行政机关的行政权力。知识产权所形成的垄断，兼具经济性垄断与行政性垄断的属性。一方面，知识产权尤其是专利权，最初便产生于封建君主所授予的行政特权，依赖于行政机关的确认、授权与保护，具有浓厚的行政色彩。另一方面，知识产权是权利人投入大量时间成本、物质成本后产出的成果，其价值主要表现在经济方面，能够形成经济优势。但是总体来看，随着知识产权立法的完善和行政机关的竞争中立化，知识产权的行政性垄断色彩逐渐淡化，而经济性垄断色彩加重。也正因为如此，知识产权才从封建的垄断特权嬗变成资本主义的财产权。①

竞争法所关注的知识产权“垄断”，是不当行使知识产权损害市场竞争的垄断行为。以专利权为例，一方面，专利权的存在本身便可能成为限制竞争的手段。例如专利权人为了保持专利长期有效，可能仅通过对原始专利进行微小的后续开发再次申请新的专利，从而延长排他权利初始存在

---

① 参见张平：《论知识产权制度的“产业政策原则”》，载《北京大学学报（哲学社会科学版）》，2012（3）。

的时间。[①] 再如专利丛林（patent thicket）问题，在技术密集型行业，围绕某一技术可能存在着大量的专利，形成了一个由专利构成的丛林，一个企业要想将该领域的一项新技术投入商业化使用，必须在专利丛林中“披荆斩棘”，付出大量的许可成本，竞争便由此被延缓、被削弱了。另一方面，恶意利用专利权也可能对竞争造成损害。例如专利劫持问题，即标准制定组织的成员在参与标准制定时隐瞒其已拥有或正在申请的与该标准相关的专利信息，当该专利被纳入标准并广泛使用后，再向实施该标准的企业主张高额专利许可使用费。与专利劫持相伴而生的还有“反向劫持”问题，即标准实施者利用标准制定组织的政策漏洞劫持标准必要专利权人，具体手段包括故意拖延许可谈判、利用 FRAND 承诺的模糊性提起反垄断诉讼等，使得标准必要专利权人无法获得合理回报。当专利以这些方式损害竞争时，便受到竞争法的约束。

（三）专利法与竞争法

英国于 1623 年颁布了世界上第一部现代意义的专利法，其名称即为《垄断法规》（The statute of monopolies），可见专利法与竞争法关系之密切。概括而言，可以将专利法与竞争法之间的关系总结为一致性、补充性和规制性三个方面。

首先，专利法与竞争法具有一致性。它们都是市场经济发展到一定阶段的产物，其生成路径基本相同，且两者都具有为市场经济保驾护航的功能。[②] 虽然专利法与竞争法的作用机制有所差别，专利法对创新和竞争的激励是主动的，竞争法对创新和竞争的保护是被动的、防御性的[③]，但二者殊途同归，作为统一法律体系下的不同部门法，共同营造出良好的市场秩序，提高经济运行效率，提升社会整体福利水平。而且专利法与竞争法常常共同发挥作用，以反垄断法的实施为例，依照专利法行使专利权的行为，属于反垄断法适用除外的范围。在界定相关市场的过程中，可能涉及相关技术市场甚至相关创新市场；在认定市场支配地位时，经营者所拥有的专利权是一项重要的考虑因素；在经营者集中案件中，如果参与集中的

① 参见王先林、仲春：《知识产权领域反垄断的国际视角——〈竞争政策与知识产权行使〉介评》，载《电子知识产权》，2009（5）。

② 参见杨三正、苟学珍：《论反垄断与知识产权保护的协调及互动》，载《甘肃政法学院学报》，2018（4）。

③ 参见罗先觉、陈艳：《关于知识产权与反垄断基本关系的反思》，载《自然辩证法研究》，2012（5）。

企业所拥有的专利权整合到一起会形成过于庞大的市场力量，集中便可能被禁止。当然，执法机构还会考虑合并是否能够通过整合互补能力或其他特定的因素来实现原本不可能实现的创新。①

其次，竞争法对专利法起着补充性保护的作用，这一关系主要表现在反不正当竞争法与专利法之间。对于这种补充保护关系有一个著名的比喻，即专利法、商标法和著作权法这三部知识产权法就像是漂浮在海面上的三座冰山，反不正当竞争法是托着冰山的海水。这一比喻虽然生动，但不完全准确。反不正当竞争法并非在任何情况下都对知识产权法起着补充保护的作用，它起到的只是有限的补充保护作用。例如对于未申请专利的技术信息，反不正当竞争法将其作为商业秘密予以保护；对于未申请专利的外观设计，反不正当竞争法通过禁止“市场混淆”予以保护。那些原本受专利法保护的客体，在保护期届满、依法被认定无效等情形下，便进入了公有领域，不应再受反不正当竞争法保护。

最后，竞争法对于专利法具有规制性。专利法赋予了专利权人制造、使用、许诺销售、销售、进口等专有权利，但是这些权利的边界实际上并不清晰，专利权人在销售价格、许可条件等方面拥有非常大的自主选择空间。这一方面为专利权人回收研发投入、获取经济回报留下了空间，另一方面也使得专利权人谋求专利法所赋予的合法垄断带来的利润以外的垄断利润成为可能，此时便需要竞争法的介入，以防止专利权的滥用。如果说专利法是“根据受控行为界定专有权利”，竞争法便是“根据受控行为限制专有权利”，竞争法通过限制专利权的行使行为，进一步厘清了专利权的权利边界。

二、专利的竞争法规制前提：专利权滥用

如前所述，不当行使知识产权损害市场竞争的行为便进入了竞争法的视野。法律上一般将不当行使知识产权的行为称为“知识产权滥用”。“权利不得滥用原则”起源于民法，是指民事主体从事民事活动应当遵循诚实信用原则，不得损害他人利益和社会公共利益。知识产权滥用则是指权利人不恰当地行使知识产权，超越了知识产权法所赋予的权利的边界，从而损害了他人利益或社会公共利益。一般而言，知识产权滥用意味着权利人本身拥有合法的知识产权，但是也有学者将行使不正当获得的专利权、商

① 参见 2010 年美国《横向合并指南》(Horizontal Merger Guidelines)。

标权等表面上的“权利”或者根本就不应获得的“权利”的行为也称为知识产权滥用。[①] 根据知识产权滥用所违反的法律的性质，可以将其分为三个层面：一是单纯违反知识产权法的滥用行为，二是构成不正当竞争的滥用行为，三是构成非法垄断的滥用行为。也就是说，知识产权滥用是知识产权领域竞争法规制的必要不充分条件，在知识产权领域受竞争法规制的行为必然存在知识产权滥用，但知识产权滥用并不必然受竞争法规制，一些知识产权滥用行为可能只会受到知识产权法、民法的调整。

本书主要探讨专利的竞争法规制问题，即前述第二、第三个层面的问题。实际上，在第一个层面中，专利法为了防止专利权人滥用专利权阻碍技术进步、损害社会公共利益，本身也构建了一些防止权利滥用的机制，主要表现为专利权用尽规则和强制许可制度。专利权用尽规则是指对于经专利权人许可或以其他合法方式进入市场的专利产品，他人在合法获得之后无须经过专利权人许可，就可以实施产品的使用、销售等行为。这一规则的产生主要是基于两方面的考虑：一方面，专利法赋予专利权人合法的垄断权，是为了使专利权人能够获得合理回报，以鼓励创新。专利权人如果就其专利已经获得回报，便不能滥用专利权谋求额外的垄断利润。另一方面，如果在他人合法获得专利产品后仍允许专利权人对他人的使用或销售等行为进行限制，就偏离了专利法的立法目的，而演变为允许专利权人对他人的所有权和有形财产的合法流通加以干涉了。[②] 此外，我国《专利法》规定了两种防止权利滥用的专利强制许可制度：一是专利权人不积极实施专利的情形，因为如果专利权人不实施其专利，社会便无法从中受益，授予其专利权的价值便不复存在；二是专利权人行使专利权的行为被认定为垄断行为的情形，为了消除或者减少垄断行为对竞争的不利影响，有实施条件的主体便可对该专利权申请强制许可，这一规定实现了专利法与竞争法之间的衔接。

世界贸易组织《与贸易有关的知识产权协议》（TRIPS 协议）第 8 条为知识产权滥用的竞争法规制提供了国际法上的依据，即“只要符合本协议的规定，必要时可以采取适当措施来防止知识产权持有人滥用知识产权或采取不正当地限制贸易或严重影响国际技术转让的做法”。第 40 条第 2

① 参见李浩成、王立武：《欧、美、日知识产权滥用反垄断立法规制比较与借鉴》，载《山东社会科学》，2015 (6)。

② 参见王迁：《知识产权法教程》，6 版，355 页，北京，中国人民大学出版社，2019。

款还规定："本协议的任何规定均不得阻止各成员在其立法中明确规定在特定情况下可构成对知识产权的滥用并对相关市场中的竞争产生不利影响的许可活动或条件。一成员在与本协议其他规定相一致的条件下，可按照该成员的有关法律法规，采取适当的措施以防止或控制此类活动，包括诸如排他性返授条件、阻止对许可效力提出质疑的条件和强制性一揽子许可等。"我国《反垄断法》则为知识产权滥用的竞争法规制提供了国内法上的基本依据，其第55条规定："经营者依照有关知识产权的法律、行政法规规定行使知识产权的行为，不适用本法；但是，经营者滥用知识产权，排除、限制竞争的行为，适用本法。"2015年国家工商行政管理总局出台的《关于禁止滥用知识产权排除、限制竞争行为的规定》进一步对规制知识产权滥用行为作出了更为细致的规定。《反不正当竞争法》第2条第1款所规定的"自愿、平等、公平、诚信的原则"作为反不正当竞争领域的一般条款，也蕴含了禁止滥用权利损害市场竞争的意味。

三、专利的竞争法规制本质：利益协调

专利的竞争法规制问题可以从三个角度来加以解读：对于知识产权法学者来说，此问题属于超出专利权范围行使专利权的滥用问题；对于竞争法学者来说，此问题属于竞争法适用的一个特殊领域，特殊点在于专利权本身属于一种合法的垄断权；对于国际经济法学者来说，此问题属于国际贸易中的限制性商业惯例。① 不同领域的学者从不同角度对这一问题加以解读，可谓"一千个读者就有一千个哈姆雷特"。然而，无论从哪个部门法的角度出发，专利的竞争法规制的本质都不会改变，它是利益协调的结果。

第一，专利的竞争法规制是私人利益与公共利益协调的结果。专利法的立法宗旨包括两方面：一是保护发明人的私人利益，使其能够从自己的智力成果中获得经济回报；二是激励创新，促进发明成果的扩散和应用，使得科技进步最终推动社会进步，社会公众也可受益于此。因此，专利法本身便致力于在私人利益与公共利益之间建立适当的平衡，但专利法毕竟是一种私法，其维护公共利益的目的也只能通过保护私人利益来间接实现。而竞争法以维护公共利益为首要目的，与专利法间接维护公共利益的

① 参见郭德忠：《专利许可的反垄断规制》，8页，北京，知识产权出版社，2007。

目的不谋而合，专利的竞争法规制弥补了专利法自身的不足之处。换言之，知识产权法主要运用私法的方法关注竞争价值，而竞争法则主要以公法的方法来介入和调整知识产权领域的竞争关系，以维护市场交易的整体秩序，保护消费者的长远利益，促进经济发展。①

第二，专利的竞争法规制是动态竞争与静态竞争协调的结果。静态竞争是经济学所假设的一种状态，即所有企业都拥有相同的技术和相同的商业模式，它们在向市场提供同一产品时，主要通过降低价格来获得竞争优势。动态竞争则强调创新对竞争的影响，因为创新可以促进新产品和新工艺的诞生，随之而来的便是大幅度降价。这样的竞争提高了生产效率，也提高了消费者福利，但促进动态竞争很可能意味着需要放弃短期内的价格竞争。例如，各国对于仿制药的态度便是在静态竞争和动态竞争之间进行权衡，因为仿制药虽然可以降低现有药物的价格，但是可能会减缓新药的开发。② 传统竞争理论侧重于分析相关市场在某一时间段内的竞争状况，尤其是价格方面的竞争，偏重于维护静态竞争。而专利法以促进创新为己任，允许权利人对专利产品收取垄断价格，偏重于维护动态竞争。专利的竞争法规制则实现了动态竞争利益与静态竞争利益的协调。

第三，专利的竞争法规制是产业政策与竞争政策协调的结果。产业政策是国家根据国民经济发展情况，为优化产业结构、促进产业发展，调整供给结构和总量所采取的政策、措施的总和。在立法层面，知识产权制度的法律规范表达了一国产业政策的目的，反映了一定时期产业界的利益诉求；在司法和行政执法层面，知识产权制度的运用则落实了产业政策目标，形成了与产业发展的互动。③ 竞争政策是国家为保护和促进竞争而实施的基本经济政策，国家通过实施竞争政策来维持市场机制正常运转，其核心是反垄断法。当产业政策与竞争政策出现冲突时，理论界普遍认为应遵循竞争政策优先于产业政策的原则。专利制度实质上是国家对科技产业的扶植政策，而专利的竞争法规制便是协调这种产业政策与竞争政策，但优先实施竞争政策的表现。

---

① 参见刘俊敏：《知识产权领域中反竞争行为的法律规制》，载《理论探索》，2006（5）。

② See J. Gregory Sidak, David J. Teece, Dynamic Competition in Antitrust Law, *Journal of Competition Law & Economics*, 2009（5）, pp. 581, 600-603.

③ 参见张平：《论知识产权制度的“产业政策原则”》，载《北京大学学报（哲学社会科学版）》，2012（3）。

第二节 规制专利权滥用的法律范式

专利权滥用作为一种复杂的现象，涵盖实体性滥用与程序性滥用，分别具有或兼有民事违法行为、不正当竞争行为、限制竞争行为等不同的违法性质。由此而激活的法律规制，有其相应的规制范式，其规制或通过滥用抗辩、提起诉讼等司法救济方式，或采取竞争执法等行政管理手段，追究滥用主体的民事责任、行政责任乃至刑事责任。然而，这种规制范式并非不证自明，还需从规制范围、规制对象、规制方式、规制手段等层面予以证成，并依此构建“规制范围概莫能外、规制对象分门别类、规制方式梯次递进、救济手段多元互补、法律责任轻重有别”的规制体系。

与对一般权利不当行使行为依循“权利滥用”分析范式不同，对专利权滥用行为通过传统的权利滥用理论很难充分解释。与此同时，对专利权滥用的规制也宛如在“迷宫”中行进，穿梭于实体法与程序法、公法与私法、行政管理与司法救济、起诉制度与抗辩制度之间，扑朔迷离。欲探究竟，还需从多个层面条分缕析专利权滥用相关法律问题，论证不同法律问题之间内在的逻辑关联，进而形成逻辑自洽的专利权滥用规制体系。

一、规制范围：兼容实体性滥用、程序性滥用

对专利权滥用的概念及范围是仅包括实体性权利滥用，还是涵盖实体性权利滥用和程序性权利滥用两个部分，学理上尚未达成共识。受传统专利权滥用理论影响，专利权的实体性滥用多以“专利权滥用”表述，专利权的程序性滥用多以“专利诉权滥用”“专利滥诉”“专利诉讼滥用”等概念表述，专利的程序性滥用往往被排除在专利权滥用的概念范畴之外。随着滥用专利诉权、滥用专利诉讼程序中的具体权利、滥用禁令等程序性专利权滥用行为的不断涌现，对这些程序性的滥用行为是另起炉灶，使之自成体系，还是将其与专利权的实体性滥用合二为一，对二者等量齐观，将其一并整合到专利权滥用理论体系中，尚无定论。已有学者建议用“专利权滥用”概念统摄专利权的实体性和程序性滥用行为。如有学者认为，以实体法律规范和程序法律规范为依据，可将专利权滥用分为专利权实体上的滥用行为和程序上的滥

用行为。[①] 也有学者认为，知识产权滥用行为可以“权利的绝对性、权利的相对性以及程序性权利”等为标准进行分类。[②] 还有学者认为，专利权滥用存在狭义与广义之分。在狭义上，专利权滥用主要指实体性权利的滥用；在广义上，不仅包括实体性权利的滥用，还包括专利权申请制度的滥用和有关专利诉权的滥用。[③]

本书认为，将专利权滥用划分为实体性滥用与程序性滥用两个子项，有其合理性，理由如下：其一，可将专利权的程序性滥用中蕴含的专利权不当行使行为考虑进来，促使我们从实体与程序、保护与利用、动态与静态等方面来全面统筹把握专利权滥用行为类型，确保专利权滥用行为类型体系的逻辑自洽。专利权的程序性滥用固然涉及诉权的滥用，违背诉权设立的本旨，但从实质来看，专利权的程序性滥用除诉权滥用外，与专利权的实体性滥用须臾不可分离。因为专利权的程序性滥用行为往往以保护、行使、运营专利权为“名”，通常夹杂着专利权的不当行使，也违反了专利权设立的宗旨。其二，在理论和实践中，对专利权的实体性滥用的规制相对成熟，将专利权的程序性滥用纳入专利权滥用理论体系之中，可为专利权的程序性滥用的规制提供基本的制度参照和遵循。事实上，在民法理论分析框架下，“禁止权利滥用原则”与“禁止诉权滥用原则”有着一脉相承的关系，后者更多是前者的延伸。其三，将专利权滥用划分为实体性滥用与程序性滥用，有利于对专利权不当行使行为类型作顶层的区分，便于对专利权滥用行为的一体化识别，从而为专利权滥用的体系化和类别化规制提供科学合理的坚实理论基础。

在对专利权滥用范围进行一级划分后，还可在此基础上对专利权滥用行为类型进行二级细分。分而视之，专利的实体性权利滥用类型可细分为专利拒绝许可、独家许可、专利搭售、不争执条款、差异化许可、回馈授权、延展性许可、专利联营、标准专利滥用，以及专利许可中的数量限制、销售区域限制、商标使用限制、价格限制等具体类型。以上具体类型大多涉及专利许可合同中所设定的“限制性条款”，理论上和实践中对其归纳相对丰富、定型。而对于专利权的程序性滥用类型，学理上对专利恶

① 参见刘淑华：《知识产权滥用的法理之维》，载冯晓青主编：《全球化与知识产权保护》，193～196 页，北京，中国政法大学出版社，2008。

② 参见易继明：《禁止权利滥用原则在知识产权领域中的适用》，载《中国法学》，2013（4）。

③ 参见丁茂中：《中国规制知识产权滥用的法律研究》，载《河北法学》，2005（增刊）。

意诉讼、滥发专利侵权警告函、专利懈怠[①]作过具体的探讨，但缺乏系统的论证。总体来看，专利权的程序性滥用类型尚未定型，有待进一步凝练、归纳。结合理论和实践现状，专利权的程序性滥用具体类型本书初步细分为专利恶意诉讼、专利虚假诉讼、专利懈怠行为、标准必要专利诉讼滥用、专利蟑螂、不当寄发专利侵权警告函等。

二、规制对象：兼有民事违法行为、不正当竞争行为、限制竞争行为

如果说专利权滥用类型是根据专利权滥用在实践中的具体表现所作出的初步事实判断，并以此来划定专利权滥用规制的大致范围，那么对具体的滥用行为进行行为定性，则是对具体的专利权滥用行为所作出的价值判断，从法律层面评价行为性质，为专利权滥用规制方式的选择提供法理依据。

（一）专利权滥用行为定性的困境

专利权滥用行为的复合性、交叉性特征，决定了对其法律性质的判定绝非易事。专利权滥用行为样态中既有民事违法行为，又有不正当竞争行为、限制竞争行为。某一专利权滥用行为可能仅具有民事违法性质，也可能具有民事违法和竞争违法双重违法性质。有观点认为：有些知识产权行使行为符合知识产权法律，但违反反垄断法；有些知识产权行使行为符合反垄断法，但却构成知识产权法律或其他法律上的滥用。实际上，前文已述笔者的观点，只要是符合反垄断法规制要件的专利行使行为，必然存在专利权滥用，进而可能触犯专利法的宗旨，违反专利权的设立初衷。所以，专利权滥用行为的性质需要综合运用专利法、反垄断法、反不正当竞争法等进行体系化考量，不能以非此即彼的单向度思维来评判专利权滥用的行为性质，割裂制度之间的内在关联。然而，在竞争执法机关、司法机关缺乏必要协调的情形下，现实中很难对专利权滥用行为性质进行一体化判定。例如对专利许可中的纵向限制行为，经竞争执法机关审查后，如符合反垄断法规制要件，则施以相应的行政处罚；如不符合反垄断法规制要件，是否构成一般的民事违法行为或不正当竞争行为便不在反垄断执法机

---

① 专利懈怠是指在持续性侵权行为中，专利权人明知或应知他人正在实施侵犯其专利权的行为，没有正当理由延迟主张权利，待侵权行为发展到一定规模后，专利权人为谋取高额损害赔偿金提起诉讼，掠夺侵权人的利益。

关的审查权限范围之内，还需由当事人通过提起诉讼等方式交由司法机关进行判断，从而形成了“先公权后私权”“先重后轻”“先主动后被动”的专利权滥用规制进路。除此之外，专利权滥用是否构成不正当竞争行为在学理上并未得到广泛认可。“反不正当竞争法和反垄断法对知识产权提供了完全相反的作用：前者着眼于侵权人，以便保护知识产权不受侵犯；后者着眼于权利人，以便防范知识产权的滥用。二者共同作用，弥补了私法层面对知识产权保护的不足和对滥用知识产权行为制约的局限。”① 也即，反不正当竞争法侧重于权利或权益保护，而专利权滥用的规制更多是从权利限制的角度出发。依此来看，反不正当竞争法的价值目标不太符合专利权滥用的规制理念。有观点认为，知识产权滥用问题应该交由作为公法的反垄断法规制，而不应由反不正当竞争法来调整。笔者认为，在竞争法视野下，专利权的实体性滥用行为大多涉及限制竞争问题，主要交由反垄断法调整并无不妥。但专利权的程序性滥用行为涉及较多的不正当竞争问题，在反垄断法无暇顾及的情形下，应当给予反不正当竞争法的适用一席之地。有观点认为，“权利人滥用专利权，但未违反反垄断法的，如假专利、潜水艇专利、滥用诉权等，构成不正当竞争行为”②。如对不当寄发专利侵权警告函行为的规制便是一例。有学者认为专利权人出于阻止竞争对手之目的发布侵权警告函是滥用权利之行为。③ “在西方国家……只有在专利侵权不成立或明知或应知专利权无效的情况下寄发侵权警告函才构成不正当竞争”，为更好地规制不当寄发专利侵权警告函行为，我国应将不当寄发专利侵权警告函作为不正当竞争行为的一种新型类型。④ 可见，反不正当竞争法在规制专利权滥用方面不应“缺席”。

（二）专利权滥用行为性质的法律确定

专利权滥用行为的定性无非是依据反垄断法、反不正当竞争法以及民法及诉讼法、专利法等规定，在“符合反垄断法规制要件的专利权滥用行为”“符合不正当竞争构成要件的专利权滥用行为”“其他专利权滥用行为”间进行恰当匹配。以竞争法视角观之，在反垄断法层面，专利权本身就是一种合法的垄断权，而基于这种合法垄断所形成的交易优势或市场支

① 江帆：《竞争法对知识产权的保护与限制》，载《现代法学》，2007（2）。

② 祝红霞：《专利权滥用的界定与分类研究》，载《电子知识产权》，2006（6）。

③ 参见梁志文：《论专利权人之侵权警告函》，载《知识产权》，2004（3）。

④ 参见宁立志、宋攀峰：《专利侵权警告函的法律规制》，载漆多俊主编：《经济法论丛》，第26卷，92页，北京，法律出版社，2014。

配地位使得专利权在行使过程中有被滥用的风险。一旦这种滥用超过了专利权“合法垄断”的界限，构成限制竞争行为，对竞争秩序、消费者福祉等社会公共利益造成严重危害，便需要反垄断法对其予以规制。在反不正当竞争法层面，专利是技术、经济发展的产物，是竞争的工具，与竞争有着密切的关系。随着市场主体专利意识的增强、专利市场价值的不断提升及国家对知识产权保护力度的不断增强，专利极有可能成为抑制竞争对手、谋取不当利益的手段。专利权行使一旦过当或失范，便可能对市场竞争造成不利影响，此时，反不正当竞争法的介入就甚有必要。以民法、专利法视角来看，当某一专利权不当行使行为对社会利益的影响并无大碍，但对个人或有关组织利益造成较大损害时，受害方既可在涉及专利侵权等相关诉讼中进行专利权滥用的抗辩，又可依据禁止权利滥用原则、诚实信用原则等，提起确认相关行为无效、可撤销之诉甚至损害赔偿之诉，以此来平衡当事人之间的利益关系。依此逻辑，在民法、专利法、反不正当竞争法、反垄断法之间便形成了层次递进、周密严谨的法律适用体系。即对一般专利权滥用行为，除依据民法中禁止权利滥用原则、诚实信用原则支持当事人诉讼主张外，也可依据专利法中的相关规定给予当事人专利权滥用的抗辩权，来达到抑制专利权滥用的目的。而对于不正当竞争行为和限制竞争行为，“如果专利权滥用行为同时违反了反垄断法，则按反垄断法的规定，可对其进行反垄断民事诉讼和行政处罚；如果同时构成不正当竞争，则按反不正当竞争法的规定，可对其进行反不正当竞争民事诉讼和行政处罚”①。

（三）专利权滥用行为定性的进路完善

当前，对涉嫌限制竞争行为的专利权滥用类型的研究相对定型，在实践中还探索出了“反垄断执法指南”的立法形式，以便为涉嫌垄断的专利权滥用行为的审查、判定提供规范指引，如美国的《知识产权许可的反托拉斯指南》以及我国于 2019 年 1 月发布的《关于知识产权领域的反垄断指南》等。与之形成鲜明对比的是，对专利领域的不正当竞争行为的研究却凤毛麟角，相关立法付之阙如。有学者认为，可利用《反不正当竞争法》修订的契机，将专利权的滥用作为一个重要的不正当竞争行为类型进行规定，在其相应法条中增加滥用专利权的条款。② 在国务院法制办 2016

① 许春明、单晓光：《“专利权滥用抗辩”原则——由 ITC 飞利浦光盘案引出》，载《知识产权》，2006（3）。

② 参见李珂：《专利权滥用的规制研究——兼谈〈反不正当竞争法〉的修改》，载《科学与财富》，2014（5）。

年2月发布的《反不正当竞争法（修订草案送审稿）》中，没有对专利权滥用行为予以明确规定，仅在第6条中对经营者利用相对优势地位，实施不公平交易行为进行了列举。2017年11月4日第十二届全国人大常委会第三十次会议最终通过了修订之后的《反不正当竞争法》，其中并没有规定利用专利实施不正当竞争的情形，利用相对优势地位实施不公平交易行为的草案规定也因争议较大而被删除。所以，今后若制定相关的配套性规则，还需对专利领域的不正当竞争行为的判定进行具体的阐释。与此同时，我国法律没有就对专利权滥用的抗辩作出制度安排，对民事违法性质的专利权滥用情形也未作出明确规定，在今后的立法中需逐步完善。如有学者认为，可将专利权滥用行为规定为专利纠纷中的侵权抗辩理由。① 北京市高级人民法院曾发布过《专利侵权判定若干问题的意见（试行）》，在“专利侵权抗辩”部分将滥用专利权抗辩单独列出②，但其主要针对的是恶意取得专利权的行为，且对抗辩成立后的效力并没有明确。

三、规制方式：兼用滥用抗辩、提起诉讼、行政执法

“以事实为根据”是诉讼活动的一项基本原则。在司法审判中，由于诉讼进程的不同，“事实”的用途也不尽相同。如在起诉阶段，事实以“诉讼理由”的面孔出现，包括争议的民事法律关系的发生、变更或消灭的事实以及当事人的民事权利或合法利益是否受到侵害或者发生争议的事实。③ 而在审判阶段，“法律事实”当为司法机关基于证据规则等司法程序所认定的事实，并作为最终裁判的依据。在正常情况下，在司法机关事实认定过程中，被告可能会针对原告的诉讼请求提出证据证明原告的诉讼请求不成立或不完全成立的事实，此谓“抗辩事由”。赋予专利权滥用客观事实和法律事实的含义，进而在专利侵权诉讼和反垄断民事诉讼中将其分别作为抗辩事由、诉讼理由，只是一种较为理想的应

① 参见单晓光、许春明等：《知识产权制度与经济增长：机制·实证·优化》，272页，北京，经济科学出版社，2009。

② 参见《北京市高级人民法院关于〈专利侵权判定若干问题的意见（试行）〉的通知》（京高法发〔2001〕229号）。该意见第90条规定：“被告以原告恶意取得专利权，并滥用专利权进行侵权诉讼的，应当提供相关的证据。恶意取得专利权，是指将明知不应当获得专利保护的发明创造，故意采取规避法律或者不正当手段获得了专利权，其目的在于获得不正当利益或制止他人的正当实施行为。”

③ 参见施付阳、张翔：《民事诉讼理由与裁判理由的冲突及其模式选择》，载《法律适用》，2009（8）。

然状态。从专利权滥用理论发展来看，在专利相关诉讼中，专利权滥用无论是作为抗辩事由，还是作为诉讼理由，都经历了由客观事实向法律事实转变的漫长演变过程。与此同时，在美国专利权滥用理论发展过程中形成了诸多成功经验，鉴于其竞争执法采取的是司法模式，专利权滥用的行政执法也可从抗辩制度、诉讼制度中汲取一些有利于自身改进的养分。

（一）滥用抗辩①

从“抗辩事由”来看，在英美法中，衡平法上的抗辩主要包括错误、欺诈、不合法、对价无效、法院不方便审理、迟误、禁反言和污手。② 在1917年以前，将专利权滥用作为专利权侵权诉讼中的抗辩事由并没有得到美国法院的承认，专利权的行使范围处于不断扩张之中，并扩展至不受专利保护的产品。而在1917年的Motion Picture案③之后，历经相关判例和法案的发展，专利权滥用抗辩原则逐步得到承认和明确。专利权滥用抗辩主要是基于衡平法中的“不洁之手”原则发展而来，依此原则，如果寻求衡平法救济的原告，其权利行使行为本身具有不正当性，其诉讼请求将不能得到法院的支持。专利权滥用在专利侵权诉讼中作为被告的抗辩理由，旨在在专利法的框架下对专利权滥用予以限制。专利权滥用抗辩只是盾，而不是矛，抗辩权仅仅在于延缓请求权的行使或使请求权归于消灭。如美国最高法院在Morton Salt案中提道：“如果法院发现一个专利权人是为了破坏公共利益而行使法律赋予的上述排他权利的话，那么这个专利权人的保护请求将不会得到法院的支持。”④ 即在专利权滥用的法律后果上，除能产生被控侵权人对未能支付约定许可费进行抗辩⑤以及专利权人对所有侵权人失去强制执行力的效果外，被控侵权人既不能获得诸如金钱赔偿等救济权利，也不能对该专利权滥用行为主动提起诉讼或反诉。不仅如

---

① 语义上，滥用抗辩既可理解为对“抗辩”制度的滥用，也可理解为对“滥用”的抗辩，本书系在后一种意义上加以使用。

② 参见钟淑健：《民事抗辩权及其基本规则研究》，33页，济南，山东大学博士学位论文，2011。

③ See *Motion Picture Patent Company v. Universal Film Manufacturing Company et al*. 243 U.S. 502 (1917). 在该案中美国最高法院首次认定搭售非专利产品的行为违法。

④ *Morton Salt Co. v. G. S. Suppiger Co.*，314 U.S. 488，52 USPQ 30 (1942). 转引自许春明、单晓光：《“专利权滥用抗辩”原则——由ITC飞利浦光盘案引出》，载《知识产权》，2006 (3)。

⑤ 参见最高人民法院：《美国垄断法、著作权法、专利法基本法律制度和司法执法情况》，http://zscq.court.gov.cn/ywzscqsf/201304/t20130408_183095.html。

此，如果该专利权滥用行为得以消除，专利权的权能还可恢复至原始的完整状态。

（二）提起诉讼

与专利权滥用在专利权侵权诉讼中作为被告的抗辩事由不同，专利权滥用作为提起反垄断诉讼的诉讼理由，则是在竞争法的框架下用以防控专利权的不当行使造成民事损害，进而避免对竞争秩序的破坏，以维护社会整体利益。在20世纪30年代之前，美国法院一般并没有将与专利有关的行为纳入反托拉斯调查的范围。① “当被告以专利权人的行为违反联邦反托拉斯法进行抗辩时，法院一般认为在专利诉讼中，专利权人不应以违反专利法以外的其他法律而受到起诉。”② 之后以1942年的Morton Salt案为发端，以1995年美国司法部和联邦贸易委员会发布的《知识产权许可的反托拉斯指南》为里程碑，专利权滥用的反垄断法与专利法双重规制模式在美国得以逐渐形成。③ 从司法程序来看，将专利权滥用作为“诉讼理由”循依于美国相关成文法及判例等。专利权滥用作为诉讼理由，意味着在专利侵权诉讼中，如果原告涉嫌专利权滥用并触犯反垄断法，被控侵权人可提起以反垄断法为依据的反诉，也可以反垄断法为依据独立地提起诉讼。在法律后果上，“一旦法院认定专利权人的行为违反反垄断法，被告不仅可以不支付原告权利金，而且可以向滥用专利权人要求损害赔偿及律师费等，被认定构成垄断的专利权也无法得到恢复”④。这与专利权滥用抗辩所引起的法律后果截然不同。“抗辩事由”与“诉讼理由”并存，体现了对专利权滥用的规制从以专利法为主，转向专利法与竞争法并重的发展趋势。“抗辩事由”与“诉讼理由”各自存在的法理依据在于，专利权的滥用并不必然受到竞争法的规制，还存在着大量的不符合竞争法规制要件的专利权滥用行为。由于专利权滥用程度的不同，法律所赋予当事人的救济权利及公权的介入程度也体现出较大差别。

值得注意的是，作为抗辩事由的具体滥用情形，是否也可作为具体的起诉理由，值得思考。如有人认为，我国《专利法》中限制专利权滥用的

① 参见宁立志、胡贞珍：《美国反托拉斯法中的专利权行使》，载《法学评论》，2005（5）。

② 徐棣枫、厉宁：《专利领域中的反垄断问题研究——试论滥用专利权》，载《南京大学学报（哲学·人文科学·社会科学版）》，1998（4）。

③ 2017年1月12日，美国司法部和联邦贸易委员会联合发布了新版的《知识产权许可的反托拉斯指南》。

④ 宋丽珍：《专利权滥用抗辩的合理性分析》，载《知识经济》，2012（1）。

法律规则，不应当仅仅定位于消极的“抗辩理由”，还应当可以定位于积极的“起诉理由”①。一般而言，被告针对原告的诉讼请求，究竟是采取抗辩的方式，还是反诉的方式，应当根据被告的主张内容予以确定。如程序法上的抗辩主张便不能以反诉形式提出。笔者认为，在抗辩类型上，专利权滥用抗辩属于实体法上的抗辩，且该抗辩主张可以单独存在，甚至可能超出原告诉讼请求的范围，对该类专利权滥用行为赋予当事人相应的起诉权并不存在法理上的障碍。故对于尚不符合竞争法规制条件的专利权滥用行为，不应拘泥于美国“抗辩事由”式的规制模式，而应通过专利法等制度的完善，将该类专利权滥用行为制度化为“抗辩事由”的同时，也可赋予被控侵权人或第三人就该专利权滥用的行为提出反诉或独立起诉的权利，从而加大对专利权滥用行为的规制力度。

（三）行政执法

反垄断执法模式主要有两种：一种是以美国为代表的司法模式，也即反垄断执法机构对案件只进行先期的调查、分析等工作，然后向法院提起诉讼，由法院对案件作出裁决。在此种模式下，反垄断执法机构充当的是国家公诉人角色。② 另一种是以欧盟、德国为代表的行政模式。承担反垄断执法工作的行政机构不仅能对案件进行调查和审理，还能对案件直接作出裁决，即行政执法机构在反垄断法的执行中同时充当了检察官和法官的双重角色。③ 我国反垄断执法采取的就是行政模式，在此模式下，专利权滥用是反垄断行政执法机关立案发起反垄断调查的案由和施以反垄断处罚的事实依据，也是公权力机关借以进入市场维护竞争秩序的入口。鉴于司法模式与行政模式的差异性，对于涉嫌垄断的专利权滥用，在专利权滥用之反垄断诉讼语境方面，美国与我国之间存在较大差异，我们在制度借鉴时需加以甄别。我国反垄断法主要有公共实施和私人实施两种方式，公共实施主要指反垄断行政执法机关针对垄断行为所采取的相关竞争行政执法。而私人实施主要指包括自然人、法人在内的主体为保护自身合法利益不受垄断行为侵害而采取诉讼或其他方式进行的反垄断的活动。④ 学理上对诉讼、仲裁等反垄断私人实施方式并无太大异议，但对反垄断私人实施

① 国家知识产权局条法司编：《〈专利法〉及〈专利法实施细则〉第三次修改专题研究报告》，1234页，北京，知识产权出版社，2006。

② 参见彭英：《反垄断执法问题之路径分析》，载《人民司法·应用》，2008（19）。

③ 参见王晓晔：《关于我国反垄断执法机构的几个问题》，载《东岳论坛》，2007（1）。

④ 参见李国海：《反垄断法实施机制研究》，31页，北京，中国方正出版社，2006。

中是否包括举报或控告方式还存在些许争议。有学者认为，反垄断私人实施有多种方式，如举报、仲裁和诉讼等，但其最主要方式是私人诉讼。① 有学者则认为，私人当事人向反垄断主管机关控告反竞争行为的情形当属私人引发的公共执行，反垄断私人实施主要包括民事诉讼或仲裁等方式。② 本书语境下重点关注反垄断私人实施中的民事诉讼方式。与之不同的是，虽然美国反垄断实施也存在公共实施和私人实施，但其反垄断公共实施具有较强的司法色彩，司法程序对行政程序的介入程度较高。在行政执法上，美国司法部具有调查权而无行政裁决权，联邦贸易委员会“有权独立裁决反垄断案件和不正当竞争案件”③。在司法程序上，这两个机构都可就符合反垄断规制要件的专利权滥用行为向联邦法院提起民事诉讼。此外，美国司法部还可提起对单位处以罚金、对个人处以监禁和罚金的刑事诉讼，然后由法院作出判决。据此，在其他国家或地区纷纷效仿美国专利权滥用相关制度的背景下，我国在进行相关制度借鉴时，需注重司法语境与行政语境的切换，充分了解美国知识产权领域反垄断诉讼及行政执法相关规则的产生背景和运作机理，并在此基础上，可将一些行之有效的经验和做法吸收到我国专利侵权诉讼抗辩制度、专利领域的竞争规制立法中来。

四、规制手段：兼具民事责任、行政责任、刑事责任

专利权滥用包括实体性滥用和程序性滥用，依此又可细分为更为具体的专利权滥用行为类型。这些形态各异的专利权滥用行为，既有可能违反竞争法，构成不正当竞争行为、限制竞争行为，也可能违反民法、专利法等法律法规，构成侵权行为或导致合同无效、合同可撤销等。由于专利权滥用违法性质的不同，行为人将因情形的轻重承担相应的民事责任、行政责任、刑事责任。

（一）民事责任

民事责任方面，对于与合同有关的行为，我国《技术进出口管理条例》对技术进口合同中不得含有限制性条款的情形进行了规定；《民法典》第153条对民事法律行为“违背公序良俗”“违反法律、行政法规的强制

① 参见颜运秋等：《我国反垄断私人诉讼的障碍及其克服》，载《政治与法律》，2011（1）。

② 参见王健：《反垄断法私人执行制度初探》，载《法商研究》，2007（2）。

③ 章彦英、解志勇：《我国反垄断执法机构设置问题研究——以美国、德国为参照》，载《国家行政学院学报》，2008（2）。

性规定”等导致民事法律行为无效的情形进行了规定；《民法典》第850条也规定，“非法垄断技术或者侵害他人技术成果的技术合同无效”；等等。《民法典》颁行之前的《合同法》对此也有类似规定。《合同法》整体并入《民法典》后，条文顺序和文字表述有变动，但基本精神没有变。总体来看，对于合同无效的法律后果，《民法典》规定了返还财产、折价补偿、赔偿损失等几种责任承担方式。对于不正当竞争行为和限制竞争行为，基于我国民法中所规定的停止侵权和损害赔偿等责任承担方式，我国《反不正当竞争法》对须承担民事责任的情形进行了笼统规定，《反垄断法》对民事责任的承担也进行了类似规定。如《反垄断法》第50条规定：“经营者实施垄断行为，给他人造成损失的，依法承担民事责任。”该规定虽为市场主体提起反垄断民事赔偿诉讼和人民法院受理反垄断民事赔偿案件确立了法律依据，但对反垄断民事赔偿责任制度中的具体问题未作进一步规定。[①] 另外，我国民法采取的是“民事权利—民事义务—民事责任”的立法模式，侵权责任法也延续和发展了此种模式。[②] 对于知识产权法上的法律责任而言，我国《著作权法》具体规定了承担民事责任的方式，而《专利法》《商标法》《反不正当竞争法》没有规定承担民事责任的具体方式，而且每一种责任方式如何适用也不够明确，直接影响到执法活动及其效果。[③] 有学者认为，我国《专利法》及其司法解释规定了损害赔偿的计算方法，但没有明确专利侵权应承担的责任方式，综合来看，停止侵害、消除影响和赔偿损失是知识产权不同权利类型在救济时都可以适用的责任方式。[④] 所以，对于专利权滥用所应承担的民事责任主要还需援引适用《民法典》所规定的责任方式。

（二）行政责任

“除重申受害人的民事赔偿请求权外，还应完备专利权人滥用专利权而致非法垄断时的行政责任。”[⑤] 行政责任，主要包括我国《反不正当竞争法》所规定的没收违法所得、责令停止违法行为、罚款、吊销营业执

① 参见李志刚、徐式媛：《反垄断法上的民事赔偿责任》，载《人民司法·应用》，2011(7)。

② 参见魏振瀛：《侵权责任法在我国民法中的地位及其与民法其他部分的关系——兼与传统民法相关问题比较》，载《中国法学》，2010 (2)。

③ 参见罗东川：《论我国知识产权法律责任制度》，载最高人民法院民事审判第三庭编：《知识产权审判指导与参考》，第2卷，183～191页，北京，法律出版社，2001。

④ 参见方晓霞、刘凯：《论知识产权侵权责任形式的多元化》，载《知识产权》，2013 (2)。

⑤ 佘发勤：《论反垄断法实施中专利权的保护与限制》，载《人民论坛》，2013 (5)。

照、违法信息记入信用记录等责任和《反垄断法》所规定的责令停止违法行为、没收违法所得、罚款等责任。如在美国高通公司专利垄断案中，国家发改委于 2013 年年底开始进行立案调查，并于 2015 年年初作出处罚决定，罚款额近 61 亿元人民币。其处罚理由在于高通公司实施了收取不公平的高价专利许可费、没有正当理由搭售非无线通信标准必要专利、在基带芯片销售中附加不合理条件等滥用市场支配地位的行为。当前，我国竞争立法采取的是“行为—责任”分立的立法体例，即在竞争法律规范的结构安排中，在竞争违法行为的条文之外，设立专章或专节对法律责任予以规定。所以，在专利权滥用未被作为不正当竞争行为、垄断行为等法定类型加以规定时，依“公法责任法定”原理，需要借助相关的实施细则、执法指南等配套性规则，将专利权滥用行为匹配于竞争违法类型中，方能参照所属的竞争违法行为类型，确定专利权滥用所需承担的行政责任。

（三）刑事责任

在刑事责任方面，在反垄断法领域，有学者认为：我国反垄断法没有规定刑事责任条款，这是一个重大缺陷。应当借鉴发达国家的做法，对固定价格、划分市场、串通招投标等垄断行为进行刑事制裁。在追究垄断行为的刑事责任时，不仅要追究单位的责任，而且要追究个人的责任。[①]《反不正当竞争法》仅对相关主体承担刑事责任作了原则规定，具体适用需依照《刑法》的相应条文。有文章曾对部分专利权滥用行为的刑事责任问题进行了探讨，例如认为，在经过法定程序被有权机关认定侵权不成立的情况下，寄发警告函并造成严重后果的行为应该承担相应的民事甚至刑事责任。[②] 不难看出，学界对专利权滥用行为的刑事责任持可追究但需谨慎的态度。所以，在专利权滥用的责任承担上，还是以民事、行政责任为主，刑事责任处于相对次要的地位。

某一专利权滥用行为需承担何种形式的法律责任取决于该滥用行为所触犯的法律。对专利权滥用的法律责任性质进行区分，一方面，能够使我们对处于不同危害水平的专利权滥用行为设置轻重有别的法律责任，使法律责任体系更加严谨、周密；另一方面，能够使我们更加注重不同法律责

① 参见郑鹏程、肖小梅：《如何完善反垄断法律责任制度》，载《光明日报》，2014 年 5 月 31 日。

② 参见宁立志、宋攀峰：《专利侵权警告函的法律规制》，载漆多俊主编：《经济法论丛》，第 26 卷，88 页，北京，法律出版社，2014。

任之间的递进、衔接与协调，进而促进专利权滥用法律责任体系的系统化、合理化。当前，由于对专利权滥用行为所应承担的法律责任缺乏具体、系统的规定，故在责任判断、认定、追究上，只能笼统地参照或类推适用《民法典》《专利法》《反不正当竞争法》《反垄断法》中对法律责任的规定，责任的最终确定具有一定的主观性和随意性，影响了专利权滥用规制的权威性和合理性。在今后的立法中，应对分散于不同法律制度中的涉及专利权滥用的不同责任形式进行梳理，对法律责任的判断、认定、追究、归责、免除进行系统的和更为明晰的规定，做到“依法归责”“责罚相当”，形成科学合理的专利权滥用法律责任体系。

综上，随着专利权滥用行为的不断增多，专利权滥用范围由实体性滥用扩展至程序性滥用，在专利权滥用规制理论发展中需要将程序性滥用囊括其中；在专利权滥用对竞争造成日益严重的危害时，专利权滥用的规制规则需不断演化，专利法框架下的“滥用抗辩”、竞争法框架下对知识产权滥用的规制也需并重发展，鉴于相关配套性规则还不完善，还需要立法、执法、司法等部门积极创建、修正、阐释相关规则，对竞争法适用于专利领域进行指引；当人们较多关注专利权滥用涉及限制竞争行为的反垄断法规制时，以专利权、诉权同时作为不正当、不公平竞争工具的现象呈蔓延态势，反不正当竞争法的介入也刻不容缓；同时，法律责任的承担还不够具体、明确，亟须形成系统的、与行为性质和危害程度相匹配的法律责任体系。一言以蔽之，专利权滥用及其规制的理论体系要力求建立这样一种分析范式：实体性滥用和程序性滥用的归类确定了对专利权滥用的规制范围；民事违法行为、不正当竞争行为、限制竞争行为的划分，明晰了不同样态专利权滥用行为的违法性质；抗辩事由与诉讼理由的划分，确立了不同性质的专利权滥用行为进入司法程序的具体操作方式。行政机关或司法机关对专利权滥用行为进行审查（理）、定性、判定后，最终确定所应承担的责任和承担责任的方式。

第三节　专利竞争法规制的行为样态

专利的竞争法规制的对象较为复杂，比较常见的主要有专利侵权警告函、拒绝许可、独家许可、价格限制、数量限制、商标使用限制、专利搭售、回馈授权、不争执条款、差异化许可、延展性许可、技术标准中的专利权滥用、专利联营等行为样态。

一、恶意维权行为：专利侵权警告函的竞争法问题

专利侵权警告函是指相关权利人单方面指认他人侵犯了其专利权，在未经有权机关根据法定程序就专利侵权是否成立作出认定的情况下，权利人自己或通过律师甚至通过媒体公开向其所指认的侵权人或侵权人的交易相对方，发送的载明其认为的侵权人侵犯了其专利权并警告侵权行为后果的文书，亦称“敬告函”。如果专利权人在认为他人侵犯其专利权的情况下，以合理的方式寄发适当的专利侵权警告函，则有助于双方当事人以平和理性之方式快速化解纠纷，节约成本，从而有利于维护良好竞争秩序，增进效率。但是，在实践中，常有一些专利权人不当地寄发专利侵权警告函，甚至恶意维权，不仅无助于纠纷的解决，反而激化了矛盾，甚至可能损害他人的合法利益，构成不正当竞争。目前，我国尚无关于专利侵权警告函的法律规定，但是，已经发生了不少专利权人滥发专利侵权警告函的行为，这些行为不仅损害了相对人的合法权益①，而且在很大程度上损害了正常的市场竞争和交易秩序。因此，构建并完善我国不当寄发专利侵权警告函行为的规制制度已迫在眉睫。（详见本书第二章。）

二、独占专权行为：专利拒绝许可和独家许可的竞争法问题

专利拒绝许可是指专利权人利用自己对专利技术的独占，在实施专利许可时，拒绝授予特定的经营者合理的使用许可，使得该经营者无法使用其专利技术的行为。专利拒绝许可具有竞争效应的双重性。在其积极效应方面，专利拒绝许可能达到激励技术创新，促进科技进步；保障经营自主权，规范产业运行；保证专利产品的质量，推动技术成果转化的效果。在其消极效应方面，专利拒绝许可可能产生构筑市场壁垒，加剧竞争的不充分性；抑制下游市场竞争，独占、控制相邻市场；损害社会公共利益和消费者福祉等不利的竞争后果。基于专利权的排他性和契约自由原则，正常的专利拒绝许可是合理合法的，但是部分专利权人出于独占专权的动机，试图通过专利许可安排设置由其控制的市场准入机制，通过拒绝许可将竞争者排挤出相关市场或者阻碍新的经营者进入相关市场，进而达到控制或独占相关市场的目的，造成竞争不充分，对经济社会的发展和消费者福祉

① 参见邓宏光：《论知识产权侵权警告函》，载《企业经济》，2006 (6)。

带来不利影响。此时，法律的介入便成为必要。（详见本书第三章。）

专利独家许可是专利权人在实施专利过程中，基于技术控制、后续管理及品牌信誉等考量，将其专利技术在一定期限和一定地域范围内只许可给特定经营者的营销型商业安排。类似于前述专利拒绝许可行为，专利独家许可亦具有竞争的双重效应。正常营销下的独家许可可以减少缔约费用，在短时间内以较小成本完成专利技术的产业化，产生规模经济效应，同时能防止搭便车，营造品牌效应，进而在整体上促进社会技术创新，增进消费者福利；但是，专利独家许可也可能具有独占专权的商业用意，特别是具有竞争关系的专利权人与被许可人之间的独家许可以及拥有市场支配地位的专利技术的独家许可则可能危及相关市场竞争秩序。因此，有竞争法适用的空间。（详见本书第四章。）

三、不当限权行为：专利许可中条件限制的竞争法问题

在专利许可中，处于优势地位的专利许可方为了获得更大的竞争优势，往往给对方附加一些不当的限制条件，在某些特殊情况下甚至附加一些严苛的限制条件，给被许可人或第三人的合法权益造成不当的挤压；而处于弱势地位的被许可方，因担心失去可能达成的许可合同而对许可方提出的不利于自己的条款违心地或盲目地予以接受，从而纵容了专利权的滥用或增加了权利滥用的风险。这些限制性做法主要有以下几种。①

第一，价格限制。专利许可中的价格限制是指许可人与被许可人在许可协议中约定，被许可人实施所许可专利而制造的专利产品的销售价格由许可人控制，许可人既可以对被许可人销售专利产品的价格进行限制，也可以要求被许可人在销售专利产品时对购买人的转售价格进行限制。其实，销售权与许诺销售权是专利权人的基本权利，应当认为销售权与许诺销售权包含一定的价格自主成分，即价格控制只要是为保证专利权人获得专利垄断的合理经济回报，就应当被认为是合法的。然而，作为许可人的专利权人对被许可人制造并销售的专利产品价格进行控制或者要求被许可

① 这些限制性条款又被称为“有色条款”。专利许可合同中的有色条款可以分为以下三类：白色条款、黑色条款及灰色条款。有学者认为：白色条款虽然对当事人一方或者双方在相关市场或产品或服务方面的竞争给予了某种限制，但是这样的限制是为法律所允许的正当限制。黑色条款是一种限制竞争条款，条款本身不能享受集体豁免，如在横向专利许可合同中，限制产量被严格禁止，不能得到豁免。灰色条款是指既不享受集体豁免又不属于黑色条款范围的许可合同条款，如禁止被许可人对许可人专利的有效性进行质疑。参见曹新明：《专利许可协议中的有色条款功能研究》，载《法商研究》，2007（1）。

人在销售专利产品时对购买人的转售价格进行控制是否具有合理性则不能一概而论，需分而视之。专利许可中的价格限制包括初次销售价格的限制和转售价格的限制，二者对竞争的影响是不同的。初次销售价格限制对竞争难以产生长远性损害。转售价格限制则可能造成对下游经营者自主经营权的不当限制，严重威胁到商品的自由流通，甚至构成对整个产业的"塔尖控制"，这也是"专利权穷竭原则"所极力禁止的，更需要反垄断法密切关注。(详见本书第十章。)

第二，数量限制。专利许可合同中的数量限制条款是指在专利许可合同中专利许可人限制自己或者被许可人生产、销售专利产品[①]数量的条款。在专利许可合同中约定数量限制条款是专利许可活动中的限制性做法之一，包括产量、销量、技术使用次数等多种限制形式。数量限制有最低数量限制和最高数量限制两种基本情形。理论上，专利许可合同是私人协议，当事人可自由协商决定合同数量条款，且最低数量限制条款可以确保专利权人研发专利所应获得的合理回报，鼓励专利权人积极许可他人使用专利，促进不同技术之间的互补；最高数量限制条款也能为那些暂不具备相关技术的竞争企业和潜在的竞争企业预留市场，促进市场竞争。但是，专利是一种市场竞争工具，在专利许可合同中约定数量限制条款既有可能对下游市场经营者的合法权益构成不当限制，也存在控制市场和限制竞争的可能，特别是当合同双方当事人具有一定的竞争关系或者一方当事人具有一定的市场影响力时，其产生的反竞争效果很明显，若该行为排除、限制了相关市场的竞争，就需要用反垄断法加以分析。(详见本书第十一章。)

第三，商标使用限制。专利许可中的商标使用限制，是指专利权人(许可人)在许可他人使用其专利技术时，附带要求被许可人在商品上贴附专利权人或其指定的第三人的特定的商标。[②] 这既可能产生有利于专利权人和被许可人的正面效应，也有可能不当地限制了被许可人的自主经营权，产生限制市场公平自由竞争的负面效应。在单纯的商标许可使用情况下，商标许可人有义务监督被许可人使用其注册商标的商品质量或服务质

---

① 此处的专利产品包括拥有专利权的产品以及依据专利方法直接获得的产品，下文若无明确说明，皆为此种含义。

② 如果撇开商标的特殊性不论，专利许可中的商标使用限制有时可被纳入广义的"搭售"，即专利搭售商标，但商标使用限制比一般的搭售更加复杂，需要更加谨慎地加以对待。因此，除了少数国家(如美国)将商标使用限制纳入搭售框架内，更多的国家和地区对其单独加以规定，并给予特别的关注。有关专利搭售许可方面的一般论述，可参见宁立志：《专利搭售许可的反垄断法分析》，载《上海交通大学学报(哲学社会科学版)》，2010 (4)。

量，出于此种考虑，与该商标有关的专利技术往往也随之授权被许可人使用。而在专利许可的情况下，许可方在很多时候也会将商标使用权授权给被许可方，以控制含有专利技术的产品的市场流通，从而为获取最大的经济效益创造条件。可见，专利许可中的商标使用限制常作为商业惯例或交易习惯而存在，其目的主要是维持依赖被许可专利技术所生产的商品的商业信誉和品牌价值。因此，专利许可中的商标使用限制具有一定的合理性，更容易获得双方当事人的认可和接受。但是，该种行为客观上有可能对商标使用自由和市场竞争构成威胁，只是如果贸然地以反垄断法加以规制，又有可能打破商业交易领域的原有秩序和平衡关系，带来不利于竞争的后果。因此，判断该种行为应否受到反垄断法否定性评价的关键在于结合具体案情分析相关条件，认定其是否构成专利权的滥用和不当限制竞争。（详见本书第十二章。）

四、强迫扩权行为：专利许可中搭售的竞争法问题

专利搭售许可是指在专利许可中实施的搭售行为，即专利权人在实施专利许可时，要求被许可人在专利权人处或其指定的第三人处购买或接受其意图购买或接受的许可以外的其他专利、非专利技术、商品或服务，否则拒绝许可。专利搭售许可对市场竞争既可能产生正面效应，亦可能产生负面效应。如专利搭售许可可节约成本，降低价格；提供交易便利，降低交易费用；对专利产品有一定质量保证功能；等等。此外，许可方通过搭售行为获取的经济利润能用于降低生产成本和从事新技术的开发，最终让消费者享受更多新产品，使许可方与专利产品的消费者达到双赢。但专利搭售许可有强行扩充专利权权利范围、突破专利权权利边界的嫌疑，不仅可能打破专利法内设的利益平衡，它带来的限制竞争的后果和对交易相对人利益的威胁也是不容忽视的。譬如专利搭售许可损害交易相对人的自由选择权等合法权益，专利搭售许可会对搭卖品市场的竞争自由造成一定的限制，专利搭售许可行为进一步巩固了搭售行为人的市场优势地位，专利搭售许可可能损害消费者利益。正因为如此，专利搭售许可排除、限制竞争行为成为反垄断法的规制对象。（详见本书第五章。）

五、过度争权行为：专利回馈授权、延展性许可费条款的竞争法问题

第一，专利回馈授权的竞争法问题。回馈授权（grant-back license），简称“回授”，是被许可人同意知识产权许可人有权使用被许可人改进的

许可技术的协议。回授有强制回授与自愿回授、独占性回授与非独占性回授等不同类型的划分。回馈授权对竞争的影响有两面性：一方面，回馈授权有助于在一定范围内传播和分享技术，有助于在许可人和被许可人之间分散专利技术研发及改进所带来的市场风险；使得许可人能够知悉并利用基于原技术得到的进一步革新和完善，这样就能保证许可人减少后顾之忧并仍然愿意继续进行研究开发工作；也有助于激励许可人向最有效的使用者授予技术，尤其是那些具有丰富经验或资源并能够成功应用的公司等。另一方面，回馈授权又有专利权人过度争夺权益的嫌疑，无论是独占性还是非独占性的回授，都是对被许可人利益空间的一种挤占，都可能给竞争带来一定的负面影响，限制了被许可人对自己技术改进研发成果的自由处分的权利，产生与自由竞争背道而驰的后果。尤其是独占性回授和强制性回授可能降低被许可人的创新动力，对市场竞争产生排除、限制影响。通过回授条款，许可人能够知悉被许可人对原许可技术所作的改进，并能够对其享有权利，这无疑能进一步强化许可人的技术力量，达到维持甚至加强许可人对该项技术所享有的市场支配地位的效果。当这种市场支配地位强化到一定程度时，将可能对市场竞争构成威胁。现实中回馈授权的情形复杂多样，具体情况千差万别，对于竞争的影响也无法一概而论，因此需要反垄断法依据具体情形在充分的效应分析基础上进行合理规制。（详见本书第七章。）

第二，延展性许可费条款的竞争法问题。延展性许可费条款是指在专利许可协议中，将许可费计算依据和计算方法延展至后续研发成果的商业化收益的专利许可使用费条款。延展性许可费条款多出现在研究工具专利的专利许可活动中。由于研究工具专利具有技术内容的前端性（up-front）以及专利估值的复杂性（complexity）等特征，这就造成这类协议在实务中难以适用费率法或从量法来计算许可费。延展性许可费条款通过依据被许可人利用研究工具专利衍生（derived from）或辅助（assisted by）产生后续研发成果的商业化收益作为计算专利许可使用费金额的基础，回避了对研究工具专利的估值过程，较好地应对了研究工具专利估值过程中的复杂性问题。延展性许可费条款对竞争的影响有两面性。在积极效应方面，延展性许可费有助于研究工具专利价值的衡量，促使专利许可协议的快速达成；有助于激励处于产业上游技术生成环节的起始公司开发研究工具专利，享有充分参与竞争的经营机会，促进下游市场的技术创新和市场竞争；也为专利许可协议双方提供了风险分摊机制。在消极效应方面，延展性许可费条款有“取利之手伸得过远”的嫌疑，一旦该条款被滥用会对市场竞争造成严重破坏。譬如延展性许可费条款可能削弱被许可人的研发诱因；延展性许可费条款可能造成被许可人的许可费叠加问题（royalty stacking)；延展性许可费条款可能抑制下游市场的创新，损害社会公共福利；等等。由此可见，一旦延展性许可费条款被不恰当地适用则可能构成研究工具专利的滥用，在构成垄断行为时，需要反垄断法的适当介入。(详见本书第八章。)

六、禁止疑权行为：不争执条款的竞争法问题

不争执条款又称为不质疑条款（no-challenge clauses or no-contest clauses)，是指知识产权许可协议中规定的、使用知识产权的被许可人不得对该知识产权的有效性进行质疑的条款。不争执条款的合法性判断是十分复杂的问题，至少涉及专利权人利益、被许可人利益、社会公众利益三个维度。就专利权人而言，其时常遭遇的情况是，被许可人因其他原因未能生产出预期的专利产品，却归咎于专利技术本身不成熟，而质疑专利权的效力，或者被许可人以“专利技术不成熟”为由，以对专利权的效力进行质疑相威胁，逼迫专利权人减免许可费。专利权人为了避免被拖入旷日持久的讼争泥沼，在专利许可合同中坚持不得质疑专利效力的合同安排，此时，不争执条款是确保专利权人利益稳定的安全阀。如果法律不支持这一安全保障，专利权人可能倾向于不向他人许可专利，这将不利于技术的传播。就被许可人而言，因其要为许可技术支付许可费，因此其更有积极性质疑专利的有效性，当然不愿意为一项本不该被授予专利的技术付费。同时，如果专利技术确实不成熟，被许可人实施该项专利的损失也应该有个说法，但许可合同中的不争执条款却可能成为其维护自身合法利益的障碍。就社会公众而言，如果专利许可合同中的不争执条款成了瑕疵专利的保护伞，那么全社会都要为不应有的信息独占付出代价，市场上的自由竞争也受到了阻碍，造成社会总福利的减损，所以，法律鼓励任何人对瑕疵专利进行质疑。可见，不争执条款对经济的影响具有双重性，不争执条款是否会产生阻碍竞争的现实效果，需要竞争法十分细致地加以缕晰。（详见本书第九章。)

七、歧视行权行为：差异化许可的竞争法问题

差异化许可是差别待遇在专利许可领域的表现形式。其差异既有许可

价格上的差异，也有其他交易条件上的差异。实践中，差异化许可价格是专利许可领域差别待遇最典型的形式，故本书主要研究差异化许可价格，其原理可用于其他交易条件的差别待遇。差异化许可对竞争的影响具有两面性。在积极效应方面，专利许可人针对不同被许可人实施差异化的许可价格，一方面可以满足预期价格较高的被许可人对专利许可的需求，专利许可人可以获得这部分高额利润；另一方面也可以实现预期价格较低的被许可人获得专利使用权的愿望，专利许可人可以将专利广泛地许可给预期价格较低的被许可人，以提高该专利在相关市场的份额并获得一定的边际收益。这种许可策略有助于技术的推广及社会整体技术水平的提高，进而促进竞争。在消极效应方面，差异化许可可能构成歧视性行权行为，特别是差异化许可价格，可能动摇市场经济的公平基础，增加未受惠被许可人获取技术的成本，破坏相关市场的公平竞争；削弱市场调节机制中的价格信号功能；潜在地巩固专利许可人的市场地位，恶化市场结构；等等。值得注意的是，并非所有的差异化许可价格都可能损害竞争，现实中差异化许可价格的情形比较复杂，对竞争的负面效应也不是一成不变的，反垄断法律制度并不当然地否定差异化许可价格行为，而需要依合理原则（rule of reason）对该行为作进一步分析。（详见本书第六章。）

八、绝对控权行为：技术标准中专利权的竞争法问题

技术标准是对产品生产的规格、参数等技术方法、方案或路线的一种约束。技术标准是国家质量基础设施的重要组成部分，为生产特别是质量控制、流通特别是国际贸易、消费特别是产品之间的兼容提供重要支撑，不可或缺。由于专利具有私权属性，与具有公共产品性质的标准有内在冲突，所以早期的标准制定者倾向于采纳非专利技术。但是，随着技术的进步和产业的发展，标准越来越难以绕开专利技术。当本身具有合法垄断性的专利进入具有技术锁定效应的标准，便产生了标准专利，此时，专利权原本具有的垄断属性被推向极致，专利权人获得了对特定领域产品生产和销售近乎绝对的控制能力。由于技术标准会造成路径依赖使相关技术和产品的选择趋于集中，技术被纳入标准的专利权人获得了超越专利权本身固有价值的巨大市场力量，滥用专利权的动机由此增加，进而危害到技术传播、创新和市场竞争，对整个产业发展造成极大的破坏力。标准中的专利权滥用是标准专利权人利用标准专利技术的合法垄断性不当地牟取权利界限以外的利益的行为，需要由专利法、民法等私法进行规范和调整。如果

这种滥用行为对市场竞争产生了严重的限制效果，则还需要受到竞争法的规制。（详见本书第十三章。）标准中的技术有专利技术、非专利技术之分，其中，专利技术又有必要专利、非必要专利之别。近年来，标准必要专利在理论上引起巨大争议，在实践中也纠纷频发，大案要案不断。专利权人在向标准化组织申报表明其专利是标准必要专利且获得同意将其专利纳入标准时，主动或被要求作出公平、合理、无歧视（FRAND）地向潜在用户发放许可的承诺。该等FRAND承诺具有何种法律性质，对于相关纠纷的解决至关重要，对竞争法对于标准必要专利滥用的规制也影响至深。（详见本书第十四章）

九、合谋集权行为：专利联营的竞争法问题

专利联营主要指两个或两个以上专利拥有者，为了能够彼此相互分享专利权或者统一对外进行专利许可而将专利权集合行使从而形成的一系列协议，通常存在一个组织来统一进行管理。因此，专利联营有时也指代一个组织。专利联营的具体方式包括达成协议、设立公司或其他实体。① 专利联营具有明显的促进竞争的效果，譬如：清除障碍专利，促进技术发展；解决法律冲突，减少诉讼费用；提高许可效率，减少交易费用；提升专利价值，激励研发投资；分散市场风险，获取投资回报；促进信息共享，缓和溢出效应；等等。但是，专利联营也具有限制竞争的消极效果。对内而言，专利联营实际上是一种技术共享机制，联营成员出于创新成果将被他人分享、专利权人不会因为获得新专利而比其他联营成员更有优势的考虑，可能怠于投资和创新，不利于竞争活力的激发；对外而言，专利联营本身具有合谋集权的动机，联营因聚集大量专利而增强了联营体的市场力量，联营成员或联营体本身更倾向于或有更多便利利用这种市场力量排除、限制竞争，专利联营协议在形式上也已然具有了垄断协议的外观，对于未参加联营的企业和市场潜在竞争都构成威胁。所以，综合来看，对专利联营进行竞争法规制十分困难，专利联营被认为是反垄断法中最难处理的问题之一，因为它同时具有促进竞争和妨碍竞争的双重效果。因此，对其进行规制，需要作具体的分析。（详见本书第十五章。）

---

① 参见国家市场监督管理总局反垄断局编：《2019年反垄断规章和指南汇编》，41页，北京，中国工商出版社，2020。

第四节　专利竞争法规制技术方法论要

我国对知识产权进行竞争法规制最重要的法律渊源便是《反垄断法》第55条，该条规定："经营者依照有关知识产权的法律、行政法规规定行使知识产权的行为，不适用本法；但是，经营者滥用知识产权，排除、限制竞争的行为，适用本法。"很显然，这一规定存在条文过于简单、笼统、原则等问题。实际上，反垄断法对专利权行使的规制并不是简单地作一次法条引用也不是单纯地作一场成本效益分析便可毕其功于一役，而是一个十分复杂的价值判断和综合权衡的过程。所以，有必要对专利的竞争法规制特别是反垄断法规制的相关路径和手段进行系统的归纳、总结、提炼，形成完备的对专利进行竞争法规制的技术方法体系。鉴于除滥发专利侵权警告函、专利滥诉等专利权滥用行为可能涉嫌不正当竞争以外，更多的专利权滥用情形可能涉嫌排除、限制竞争，因而与反垄断法的规制对象更为接近。因此，本节主要从反垄断法的角度展开论述。

一、专利竞争法规制的对象侧重：结构规制与行为规制

反垄断法的规制对象问题是反垄断法所要解决的首要问题。对垄断的控制模式主要有结构主义和行为主义两种。从国外的反垄断立法理论来看，有三种模式：一是结构主义的规制模式，如日本1947年的《禁止垄断法》；二是行为主义的规制模式，如德国的反垄断立法；三是混合主义的规制模式，即既规制一定的行为又规制一定的结构状态的模式，如晚近时期的美国反托拉斯法，美国结构主义控制模式受经济理论、政治因素的影响从严格走向宽松，结构主义色彩有所减弱，行为主义成分得以部分融入。结构主义模式主要针对市场结构，强调的是垄断的状态，而行为主义模式规制市场行为，强调的是垄断和限制竞争的行为。具体到专利权的行使而言，采用结构规制，意味着市场特别是技术市场集中达到一定程度即受到反垄断法调整；采用行为规制，意味着只有处于垄断地位的权利人利用垄断地位实施权利滥用行为且造成了排除、限制竞争的效果才被纳入反垄断法调整的范围。而专利权行使行为的反垄断法规制一般又多发生在专利实施许可活动之中。在专利的竞争法规制中，由于专利本身是一种合法的垄断状态，竞争法并不否定这种状态，故采取行为规制较为合理，即专

利权行使的行为是否产生了排除、限制竞争的效果。但结构主义也有一定的参考价值，它能帮助我们更好地理解、判断、评价市场支配地位。这种论据也可在各国实践中得到印证。如多数国家的反垄断法都采行为主义规制模式，即将市场支配地位和滥用市场支配地位的行为分别对待，仅将后者作为反垄断法规制的对象。拥有市场支配地位的专利权人进行专利实施许可，并不一定意味着支配地位的滥用。并且反垄断法中的“合理原则”也要求法院在认定专利权人的行为是否构成支配地位的滥用时，应综合考量技术关联程度、价格等多种因素，并赋予专利权人相应的抗辩权。所以，综合来看，是否产生排除、限制竞争的效果是判断专利权行使行为可否被纳入反垄断法规制的最终依据。

二、专利竞争法规制的分析原则：合理原则与本身违法原则

合理原则和本身违法原则是处理反垄断案件的两个基本工具。本身违法原则与合理原则是体现特定时期专利权滥用研究主流价值的晴雨表。[①]换言之，两种原则在知识产权领域反垄断认定中的此消彼长的适用程度和水平，反映了一定时期国家对知识产权与反垄断、产业政策与竞争政策关系的拿捏尺度。

本身违法原则是指对市场上某些类型的反竞争行为（操纵价格、限产限售、划分市场等）不管其产生的原因和具体效果，只要确认其行为存在或认定其行为构成便可判定其违反反垄断法。如“美国司法部反托拉斯局唐纳姆（R. Donnem）先生在 1969 年的一个讲话中，提出了对许可证协议中 9 种限制竞争条款一揽子适用本身违法的原则”[②]，1972 年美国司法部进一步宣布这 9 种限制性许可贸易行为本身是违法的，之后便形成了著名的“九不准”（the “Nine No-Nos”）原则。从中可以发现，20 世纪 70 年代初至 80 年代，美国对知识产权许可中的限制条款采取了较为严厉的

① 参见张冬：《解析美国滥用专利权认定的发展原则》，载《知识产权》，2008（4）。

② 这 9 种条款包括：（1）要求被转让人从转让人处购买与专利权无关的材料；（2）要求被转让人向转让人转让许可证协议生效后取得的所有专利；（3）限制专利产品销售中的买主；（4）限制被转让人就专利权之外的产品或者服务的交易自由；（5）未经被转让人同意，转让人不得向其他任何人授予许可；（6）要求被转让人订立一揽子许可协议；（7）要求被转让人对所有产品的销售，包括与专利权无关的产品销售支付转让费；（8）限制工序专利被转让人销售由这种工序生产的产品；（9）要求被许可人按照固定价格或者最低价格销售相关产品。参见王晓晔：《知识产权滥用行为的反垄断法规制》，载《法学》，2004（3）；Sheila F. Anthony，Antitrust and Intellectual Property Law：From Adversaries to Partners，*AIPA Q. J.*，2000，28，pp. 1，3.

态度。或许是考虑到本身违法原则的杀伤力太大，对专利许可贸易乃至技术创新造成较大影响，自 20 世纪 70 年代末本身违法原则在美国反垄断司法实践中开始松动。尤其是以美国最高法院在大陆电视有限公司诉通用电话电气（GTE）西尔维尼亚有限公司（*Continental T.V. Len.* v. *GTE Sylvania. lnc*）案的审理中，对纵向地域限制适用合理原则为标志，美国对知识产权许可中限制条款的反垄断规制由严厉走向温和、由严苛走向宽容，知识产权与反垄断法剑拔弩张的关系得到缓和。在 20 世纪 80 年代以后，美国逐步放弃了“九不准”规定。

伴随着《反托拉斯法国际适用指南》（1988 年）、《专利权滥用修正法案》（1988 年）、《知识产权许可的反托拉斯指南》（1995 年）、《促进创新：竞争与专利法律及政策的适当平衡》（2003 年）、《反托拉斯执法与知识产权：促进创新和竞争》（2007 年）等文件的出台，美国对知识产权与反垄断之间关系的认识逐渐清晰，对知识产权许可安排中的限制行为是否构成垄断的判断愈加谨慎，合理原则在美国知识产权滥用反垄断认定中逐渐占据上风，并使本身违法原则的适用范围不断限缩。譬如在美国 1995 年《知识产权许可的反托拉斯指南》中，适用本身违法原则的范围经 2017 年修正后变更为：“以许可合同条款集体定价、限制产量，在横向关系的当事人之间划分市场的、某些集体或联合抵制行为”。原属本身违法原则适用范围的“控制转售价格”被删除。

合理原则是美国 1911 年新泽西标准石油公司案确立的原则，是指经营者实施的某些反竞争的行为不被视为必然非法，它要求对经营者行为本身及其相关因素进行利弊和合理性分析，从实质上最终判断是否具有损害有效竞争的效果。在美国 1995 年《知识产权许可的反托拉斯指南》中正式确立本身违法原则和合理原则两项基本审查原则。合理原则已经成为各国反垄断法普遍采用的原则。合理原则是反垄断法基本价值目标——经济效率的集中体现，能对变动不居的经济世界与不断更新的经济理念作及时的回应。[①] 且合理原则能够周全地照顾到诸多不同利益，使反垄断分析判定更具恰当性。事实上，反垄断法对一种竞争行为予以关注，核心任务就是考量行为的利弊，个中所秉持的依据有国家战略安全、经济效率、消费者利益、科技进步与创新、环境保护等。一国的政策是倾向于保护市场竞争秩序还是鼓励创新积极性，也是权衡专利权行使行为利弊的重要背景。

---

① See *United States.* v. *Microsoft Corp.*, 147 F. 3d 935947－51 (D. C. Cir. 1998).

因此，在专利权滥用案件的审判过程中，要评价专利权行使的实际经济影响，再审视其正当性进而确定其合法性。

三、专利竞争法规制的技术进路：支配地位→滥用→排除、限制竞争

在判断某一专利权滥用行为是否能归摄于竞争法规制范围时，其分析进路必须遵循一定逻辑。除对滥发专利侵权警告函、专利滥诉等恶意维权的规制主要适用反不正当竞争法的分析进路以外，对更多专利权滥用行为的规制则适用反垄断法的分析进路。

从垄断行为的总体判定框架观之，需厘清本身违法原则、合理原则、适用除外规则在法律适用中的顺位关系。如前所述，专利的反垄断法规制在规制对象上侧重行为规制，在处理工具上偏向于合理原则。行为主义要求我们以垄断行为是否产生了排除、限制竞争的效果作为判定依据；合理原则要求我们在判定专利权的行使是否具有损害有效竞争的效果时权衡多种利益和因素。申言之，在专利领域进行反垄断法分析，判定思路为：其一，依据适用除外制度、安全港制度等，将专利权正当行使行为排除在反垄断法规制之外；其二，通过本身违法原则将一些专利权滥用行为直接确定为垄断行为；其三，对于其他专利权滥用行为，则综合运用经济学、法学等方法，通过合理分析得出专利权滥用是否符合反垄断法规制要件的结论。其中，“本身违法是刚性适用，合理规则是弹性适用，除外规则是不予适用”①。我国 2019 年制定的《关于知识产权领域的反垄断指南》确定了知识产权领域反垄断法规制的一般分析思路：首先判断可能的行为类型，通过分析滥用知识产权排除、限制竞争行为的特征和表现形式，判断可能构成的垄断行为。其次界定相关市场，遵循相关市场界定的基本依据和一般方法，同时考虑知识产权作为新型财产权的特殊性。再次根据市场竞争状况，考量行为对市场竞争产生的排除、限制竞争的影响。最后分析行为对创新和效率的积极影响。②

从垄断行为个案判定进路观之，需明晰不同垄断行为类型的判定进路。专利实施许可过程中排除、限制竞争主要涉及垄断协议和市场支配地位滥用两种类型（其中，后者即市场支配地位滥用的发案频次又更高些，

---

① 李平：《垄断行为认定研究》，载《社会科学研究》，2008（4）。

② 参见国家市场监督管理总局反垄断局编：《2019 年反垄断规章和指南汇编》，31 页，北京，中国工商出版社，2020。

故此，本部分之标题重点突出规制此种行为的技术进路)。垄断行为类型不同，行为判定的进路也不同。对于垄断协议类型，结合知识产权协议行为中横向或纵向、价格或非价格等要素及可能构成垄断协议行为的知识产权协议许可行为是否符合“安全港制度”的进路进行分析[①]；对于滥用市场支配地位类型，则以“(相关市场的)市场支配地位→市场支配地位滥用→排除、限制竞争”的反垄断法分析进路，对某一知识产权滥用行为作出是否涉嫌垄断的判断。举例而言，专利独家许可既可能涉嫌构成垄断协议行为，也可能涉嫌构成市场支配地位滥用行为，而针对专利独家许可所涉及的不同垄断行为类型认定的考量因素和判定进路便迥然相异。譬如在“可能构成垄断协议的专利独家许可的违法性认定”中，首先，需明确适用本身违法原则而直接认定违法的情形；其次，若排除本身违法原则适用，则适用合理原则加以分析；最后，在通过合理原则认定专利独家许可是否构成垄断时，应先看其是否属于法定的垄断协议豁免范围，若不属于，则还需通过考察“专利独家许可的结果、专利独家许可所涉相关市场的竞争状况、专利独家许可协议签订的主观目的、当事人的市场力量”等因素加以综合衡量。而在“可能构成滥用市场支配地位的专利独家许可的违法性认定”中，则遵循着“市场支配地位→市场支配地位滥用→排除、限制竞争”的判定进路。具言之，首先，在界定相关市场的前提下综合专利技术所占市场份额、专利技术的可替代程度、专利独家许可对竞争的损害程度等因素来评判专利权人在相关市场中是否拥有支配地位；其次，结合该技术是否具有唯一性、该技术是否为相关市场竞争所必不可少、该技术在现有条件下是否具有不可替代性等因素，分析相关专利技术是否构成关键设施，并以此来认定是否构成市场支配地位滥用；最后，从动态竞争的角度对专利独家许可行为所产生的积极效应和消极效应加以综合比对，尤其是运用经济分析的方法对其利弊进行充分比较，从而在利害权衡的层面上分析专利独家许可行为是否产生或者可能产生排除、限制竞争的不利后果。

---

① 除此之外，对于经营者集中类型，按照“是否达到申报标准—是否存在消除、限制竞争的可能性—是否存在法定豁免理由”的进路进行分析(由于专利权领域的垄断行为类型主要涉及垄断协议和市场支配地位滥用这两种类型，经营者集中类型并不常见，故本书未加以详细讨论。——引者注)。参见孟雁北：《规制与规制的限制：透视中国反垄断法视野中的知识产权许可行为——兼论中国〈知识产权领域反垄断执法指南〉的制定》，载《中国社会科学院研究生院学报》，2012 (1)。

四、专利竞争法规制的逻辑因子：横向/纵向、强势/弱势、独占/替代、成本/效益、主观/客观、开放/封闭

无论是专利竞争法规制的对象问题分析（行为规制），还是专利竞争法规制的基本工具、分析进路，都属于立法理念范畴，而要把这些立法理念运用到实践中去，如市场支配地位如何判断，怎样才算市场支配地位的滥用，排除、限制竞争的效果如何量化，等等，还需要对具体的操作标准进行系统归纳，使之工具化。

（一）交易关系分析：横向/纵向

专利权人授权他人使用专利是通过专利许可协议进行的。竞争执法、司法机关对专利许可协议安排进行分析，通常首先对协议当事人之间的关系是横向关系还是纵向关系进行区分。纵向关系是指当事人在产业链上下游的不同市场层次上从事经济活动形成的相互衔接的关系。例如，许可人主要是从事研究开发业务的，而被许可人为生产商，或许可人是生产产品的生产商，而被许可人为销售商，则为纵向关系。这一情况在许可协议中是极为常见的。许可人与被许可人之间还可能具有横向的水平关系，横向关系是指许可方与被许可方在没有订立许可协议的情况下就是同一市场上的实际或潜在的竞争者（如专利联营的联营各方、交叉许可的双方当事人、多重许可的多个被许可人等）。例如，同一专利产品的多个获得授权的制造商之间的关系就是横向关系。一般而言，横向关系各方之间订立的许可协议触犯反垄断法的可能性相对更大，因为这类当事人之间更容易协调其经营行为，如限制产量、共同提高价格或限制开发创新等。因此，认定许可协议各方之间的关系，对于最终结论的得出有一定的基础性意义。但是，许可人与被许可人之间的纵向关系不一定就能保证促进竞争，而许可人与被许可人之间的横向关系也并不说明许可协议一定不利于竞争的发展。界定这种关系仅仅是为了帮助判断许可协议安排是否可能有不利于竞争发展的基因。是否实际地不利于竞争应根据具体情形具体分析。

从实践上来看，曾实施多年的欧盟委员会《关于技术转让协议适用条约第 81 条第 3 款的第 772/2004 号条例》（简称《772/2004 号条例》）根据在相关产品市场和相关技术市场上的关系，将许可协议区分为竞争者之间的协议和非竞争者之间的协议，并且在列举实质性限制竞争条款和豁免条款时也是分别规定的。竞争者之间的许可协议受到竞争法更为严格的审查。美国《知识产权许可的反托拉斯指南》第 3.3 节也规定了要审查协议

当事人之间的关系主要是横向关系还是纵向关系，抑或二者兼有。横向关系本身并不说明许可协议安排具有反竞争性，而纵向关系也不一定能保证促进竞争的发展。但在其他因素相同的情况下，与纵向关系相比较而言，横向竞争者之间的知识产权许可协议中的限制性条款更可能增加排斥市场竞争的风险。欧盟和美国的具体立法实践都说明了双方当事人之间的具体关系态势在反垄断考察中具有重要的基础性作用。

（二）市场力量分析：强势/弱势

市场支配地位是反垄断法的基本概念之一。法律意义上的反垄断虽然不是针对市场支配地位本身的，但常以市场支配地位的存在为要件。在专利的竞争法规制中，市场主体是处于优势（强势）地位还是处于劣势（弱势）地位，对判定垄断行为至关重要。在专利权的行使中，如果市场主体处于强势地位，且实施的行为有排除或限制竞争的迹象，那么其利用市场支配地位的行为如果构成市场支配地位的滥用，则很可能受到反垄断法的规制；反之，如果市场主体处于弱势地位，即使其专利权的行使在一定范围内引起了排除或限制竞争的效果，但鉴于其影响力有限以及替代性选择众多等多方面的因素，其受到反垄断法规制的可能性较小。以专利搭售许可的反垄断法分析为例，若许可方在被许可专利技术的市场上并无市场支配力，则其自然没有强迫被许可方购买搭卖品的能力，因为此时被许可方并非别无选择。因此，只有在许可方拥有市场支配地位且滥用该地位进行搭售许可而被许可方又别无选择时，反垄断法才需要对其加以干预。然而市场支配地位的认定十分复杂，一般需要综合考量诸多因素加以认定。例如，我国《反垄断法》第 18 条规定："认定经营者具有市场支配地位，应当依据下列因素：（一）该经营者在相关市场的市场份额，以及相关市场的竞争状况；（二）该经营者控制销售市场或者原材料采购市场的能力；（三）该经营者的财力和技术条件；（四）其他经营者对该经营者在交易上的依赖程度；（五）其他经营者进入相关市场的难易程度；（六）与认定该经营者市场支配地位有关的其他因素。"与此同时，市场主体地位的优劣强弱也能为我们分析相关市场主体的行为提供重要的参考。以不争执条款为例，专利权人常出于维持独占地位的需要，设置不争执条款。实力弱小的许可方往往会担心其来之不易的专有利益受到挑战，于是不争执条款成为其"护身符"之一。而如果专利权人拥有强大的技术和经济实力，在相关的领域处于绝对优势，专利使用人短期内很难质疑或者质疑的成本很高，此时专利权人在许可协议中规定不争执条款的主要目的则是防止发生远期质疑，给自己的专有利益再加上一重保险。但正如美国反垄断法判例中的经典判词一样，“反垄断法保护的是竞争而非竞争者”，具体来讲，反垄断法保护的是市场利益（如消费者、用户、资本秩序等）而不只是保护弱势竞争者，它也并非径直限制企业因规模经济获得的优势地位本身，而是在规模经济的发展和竞争状态的维持之间寻求平衡点。一般而言，市场力量是判断强势/弱势的重要标准，而市场力量又通过市场份额指标表现出来，欧盟在《适用欧共体条约第 82 条查处支配地位企业排他性滥用行为的重点执法指南》中指出：“较低的市场份额往往意味着某一企业不是重大市场力量的代表，虽然有例外情形，但如果企业在相关市场的市场份额低于 40%，则该企业不可能拥有市场支配地位。”①

（三）产品关系分析：独占/替代

独占和替代分析在进行相关市场界定以及分析专利技术之间的关系时具有重要的作用。

1. 替代与市场力量

独占和替代分析是反垄断法在确定相关产品市场范围时的重要方法，而在界定相关产品市场范围时最主要的物理依据是商品的可替代性。知识产权是一种合法的垄断，拥有知识产权并不必然意味着具有市场支配地位，与此同时，由于很可能存在着作为这些知识产权标的的专利技术、版权作品或技术秘密等的替代物，这类替代技术、替代产品的存在，会使知识产权人难以支配市场。② 如在美国 Jefferson Parish 案中，奥康纳大法官认为，如果存在专利产品的相近的替代品，专利并不能自动地给专利权人带来控制市场的势力。但独占的存在，会使该企业容易滥用这种支配力，操纵价格和强加不合理的交易。③ 一般而言，产品的可替代性越强，就越难证明或判断某一市场主体处于市场支配地位。美国反托拉斯执法机关和法院在长期的反垄断实践中总结出一个标准：企业的市场份额超过 70%将被判为具有垄断性的市场支配力；市场份额介于 50%～70%之间时，除市场

---

① European Commission DG Competition, Guidance on the Commission's Enforcement Priorities in Applying Article 82 EC Treaty to Abusive Exclusionary Conduct by Dominant Undertakings, 1 (Dec. 2008), para14.

② 参见周立胜：《论相关市场的界定》，载《沿海企业与科技》，2003 (3)。

③ 参见王生卫：《反垄断法中滥用市场支配地位的界定》，载《华南农业大学学报（社会科学版）》，2004 (1)。

份额外，还需提供有无替代品、有多少潜在对手等更多证据；市场份额小于50%则不具有这种支配力。① 由此可见，如何认定替代品就至关重要。

2. 替代与市场界定

有学者认为：在反垄断的执法实践中，同类产品是比较容易认定的，较为关注的是对替代品的认定，要准确地界定相关商品市场关键在于如何判定一组商品或服务之间是否存在着可替代性。凡是具有可替代性的商品都具有竞争关系，属于同一相关商品市场；反之，则属于两个不同的市场。而这里的具有可替代性的商品是剔除价格因素对需求的影响后，具有相同或相似特性的、能够满足相同或相似需求的商品。② 2009 年，国务院反垄断委员会出台了《关于相关市场界定的指南》，为界定相关市场提供了基本的指引。有学者认为：按照产业组织理论，界定相关市场的方法可以分为需求交叉弹性法、运输数据法和 SSNIP（small but significant non-transitory increase in price）方法三种。在类别上可分为两大类：传统的一类基于哈佛结构学派理论，主要是用需求的交叉弹性分析产品替代程度（含用运输数据来考察不同地理位置下产品的替代性）；另一类则基于芝加哥学派的价格理论。以该理论为基点，1982 年美国司法部颁布的《横向并购指南》中提出了 SSNIP 方法。③ 我们也可以借鉴经济学中的需求交叉弹性理论来认定专利产品间的替代、不相关或互补关系。需求交叉弹性（又称需求价格交叉弹性，cross-price elasticity of demand）作为敏感分析的一个重要指标，主要指在一定时期内相关商品价格变动程度对需求量变动程度的影响，这种影响以需求交叉弹性系数④来衡量。在具体判定上，如果需求交叉弹性系数>0（Y 商品的价格每变化 1%，X 商品需求量变化百分值大于 0，即 Y 商品价格上涨，X 商品需求上升），则两种商品 X 、Y 为替代品；如果需求交叉弹性系数<0（Y 商品的价格每变化 1%，X 商品需求量变化百分值小于 0，即 Y 商品价格上涨，X 商品需求下降），则两种商品 X 、Y 为互补品；如果需求交叉弹性系数=0（Y 商品的价格每变化 1%，X 商品需求量变化百分值等于 0，即 Y 商品价格上涨或下降并

---

① 参见张定军、郑友德：《论我国的反垄断立法》，载《河北法学》，2003（2）。

② 参见王先林：《论反垄断法实施中的相关市场界定》，载《法律科学》，2008（1）。

③ 参见张志奇：《相关市场界定的方法及其缺陷》，载《北京行政学院学报》，2009（4）。

④ 需求交叉弹性系数= 需求变动的百分比/相关商品价格变动的百分比。公式为：$Exy=(\Delta Qx/Qx)/(\Delta Py/Py)$=x 商品需求量变化的百分比/y 商品价格变化的百分比。其中 X、Y 代表两种商品，Exy 代表需求交叉弹性系数，Py 表示 Y 商品的价格，ΔPy 表示 Y 商品价格的变动量，Qx 表示 X 商品原来的需求量，ΔQx 表示因 Y 商品价格的变动所引起的 X 商品需求量的变动量。

不能引起X商品需求的上升或下降），则两种商品X、Y互不相干。需求交叉弹性是在传统的同质产品认定法、合理替代性方法①的基础上发展而来的，使相关市场的界定由定性分析走向了定量分析。

在美国著名的1956年杜邦玻璃纸案②中，美国最高法院以判例的形式否认了将具有相同产品性质的商品归属为一个相关市场的正当性。在该案中，如果仅仅考虑玻璃纸这种产品本身，杜邦公司所占该市场份额为75%；但如果剔除软质包装材料（氯化橡胶、透明纸、防油纸）之间的物理性能差异，考虑不同包装材料之间的需求交叉弹性，从而将这些软质包装材料（氯化橡胶、透明纸、防油纸）也纳入玻璃纸相关市场界定中，杜邦公司的玻璃纸只占所有软质包装材料市场的17.9%。法院也正是考虑到对于消费者而言，这些软质包装材料（氯化橡胶、透明纸、防油纸）与玻璃纸具有较强的需求交叉弹性，从而最终判决杜邦公司不具有市场支配地位。类似的案件还有1985年欧洲法院审理的重型汽车轮胎案。在该案中，在相关市场的具体界定上，法院重点围绕重型汽车的轮胎是否涵盖小型汽车和卡车的轮胎市场展开，考虑到两种产品缺乏可替代性以及在消费需求结构上存在差异，法院拒绝了在重型汽车轮胎的基础上进一步划分次级市场。综合来看，在反垄断相关市场界定理论上，有学者总结出了需求替代认定法（同质产品认定法、合理替代性方法、需求价格交叉弹性法、附属市场理论、商品群理论）、供给替代认定法③、SSNIP测试法④等方

---

① 合理替代性方法由美国司法部在1968年《横向并购指南》（该指南经过了1982年、1984年和1992年、1997年、2010年等多次修订）中提出，主要考察一个产品在质量、功能上与其他产品是否具有互换性，并且看其是否能够满足消费者的需求，如果在消费者选择过程中两种产品具有很强的可替代性，那么这两种产品属于一个相关市场范围。

② 351U.S.377 (1956). 3S.

③ 美国司法部1982年《横向并购指南》将其解释为：当假定的垄断者实施一个轻微的非临时性的涨价时，在一年之内无须承担重大的沉没成本就能够进入市场的那些与假定垄断者具有竞争关系或潜在竞争关系的企业，被认为与假定垄断者具有供给替代性，因而被纳入同一相关市场，在这里具有竞争性的企业不仅包括现有竞争者还包括那些短期内可以快速进入竞争领域的潜在竞争者。

④ 美国司法部1982年《横向并购指南》中首先提出了SSNIP市场界定法，即假定存在着某个垄断性的供给者，假设该供给者将其所供给商品的价格提高5%，然后讨论在这种情况下一年之内是否存在着一些需求以其他商品作为替代的可能性。欧盟在1997年《欧盟委员会关于相关市场界定的通告》中也采用了这一方法。经过多年理论与实践的发展，SSNIP测试法不断完善。假定垄断者测试方法把市场看作一组产品群或一个区域，寻找最小的产品群（最窄的地理区域）来判断假定的垄断者是否能够赢利性地维持高于竞争价格的价格（通常假定增长5%）至少一年。如果假定的垄断者在最小产品群中实施价格上涨而不能赢利，就把下一个最接近的替代产品加入相关市场中并再次运用SSNIP测试法进行分析。这个测试过程反复进行一直持续到假定的垄断者可以赢利性地施加一个5%的价格上涨为止，这样界定的产品范围或地理区域就构成相关市场。

法。在各国的反垄断法实践中，有学者认为：确定商品之间的可替代性主要考虑商品的物理性能和使用目的、商品的价格、消费者的偏好、供给的替代可能性等因素；在界定相关地域市场时还应当考虑运输成本和商品特性、商品的价格、消费者的偏好、市场进入的障碍等因素。[①] 这都为我们以替代性为依据来进行相关市场的界定提供了可借鉴的范式。

3. 替代与竞争评价

独占和替代分析作为把握专利之间关系以及专利许可效果的重要工具，在实践中具有重要的法律意义。我国《关于知识产权领域的反垄断指南》将具有替代关系的技术的数量作为评估市场竞争状况的重要考量因素之一。以专利联营为例，分析专利联营的反竞争性首先应对联营体内专利之间的关系进行区分。联营体内专利之间的关系是判断其是否具有垄断性的重要影响因素。如果联营体内的专利是替代性即竞争性专利，那么该专利联营一般被认为不利于竞争，并会降低社会福利。因为竞争性的专利的联合明显削弱了水平领域的竞争，它的反竞争效果是显著的。如果联营体内的专利完全是互补性或者障碍性专利，那么该专利联营一般被认为将有利于要素整合，有利于竞争以及社会福利增加。根据专利联营体内所包含的专利在技术上的相互关系，专利联营可分为竞争性专利联营和非竞争性专利联营。区分和理解联营体内众多专利之间的关系对评价专利联营的竞争效果十分关键。如果专利之间是竞争性关系，那么一个人在获得其中一个专利权后将会放弃或至少显著减少对其他专利的需求，其中一个专利的专利许可费降低，也最终会导致对其他竞争专利的需求的降低。因此，由具有竞争性关系的专利组成的专利联营体，会消除专利之间的竞争，对消费者造成不利的影响，并将引起反垄断法的关注。如果是障碍性专利，其反竞争性一般较弱，因为它与竞争性专利不同，不会明显地消除专利之间的竞争，它往往还具有减少侵权诉讼、促进经济效率的效果。如果是互补性专利且专利权人之间不合作，专利的商业应用将受到阻碍，进而阻碍经济的发展。比如生产灯泡，仅拥有真空球状物的专利权而没有钨丝专利权就无法生产出灯泡产品。一部智能手机绝不是使用一两件专利技术就可以生产的，而是需要同时使用若干件互补性技术。互补性专利之间不具有替代性，因为它们执行完全不同的功能。对于互补性专利而言，随着对其中一个专利的需求的增加，对另一个专利的需求也会增加。由互补性专利组

① 参见王先林：《论反垄断法实施中的相关市场界定》，《法律科学》，2008 (1)。

成的专利联营通常也具有促进经济发展的效果。由此可见，技术之间的关系是替代性的还是非替代性的，也是专利的竞争法规制逻辑中重要的逻辑因子。

强势/弱势与独占/替代既有区别又有联系，一般而言，强势/弱势分析依赖于独占/替代的分析，但强势/弱势分析主要进行抽象性、整体性的定性判断，独占/替代分析主要进行具体性、市场内的定量判断。将强势/弱势分析单独划分的意义在于为专利的竞争法规制提供一个整体性思维，因为市场份额高不一定代表垄断，比如不争执条款并不必然违反反垄断法，引入强势/弱势分析可促使我们融合各种分析方法，从而更加全面、辩证地看待专利领域的竞争法问题。

（四）利弊权衡分析：成本/效益

成本效益分析是反垄断法中的又一件重要工具。从理论上讲，要评价许可协议中限制性措施的实际经济影响及其合理性，法院必须权衡协议限制在激励创新方面的社会收益与在阻止竞争方面的社会成本。只有这样，法院才能对疑难案件（在这类案件中，反托拉斯政策与知识产权政策互相冲突）作出与反托拉斯和知识产权的政策基础相一致的判决。① 在专利的竞争法规制中，这种方法同样适用。专利权人行权的行为耗费的社会总成本与造就的社会总收益是竞争法是否介入的决定性依据之一。如果整体上利大于弊，则介入依据不充分；反之，即整体上弊大于利，则有介入的必要。

成本效益的经济学分析方法从表面看是最合适、最有道理的，但是相关的社会成本和收益的具体参量目前还没有得到一致认同，当前经济学科的现状使得这种评估非常困难。专利激励带来的社会收益是不确定的，任何人都无法提供专利激励最为合适的界限（激励过量或者激励不足都不能带来效益的最大化）。同样，确定评价专利权滥用对竞争的限制效果也是一项远未完成的任务。即使勉强采用了这种带有不确定性的经济学分析方法，其中复杂和精细的计算也很难在司法实践中运用。试图分析所有的参

① 参见［美］Jay Dratler，Jr.：《知识产权许可》（下），王春燕等译，513页，北京，清华大学出版社，2003。例如在美国 *Lear*，*Inc*.，v. *Adkins* 案中，Lear公司以专利无效作为不支付使用费的抗辩理由，加利福尼亚州高级法院适用“被许可方禁止反言”原则支持专利许可方Adkins。该法院认为被许可方不应当在享受许可协议利益的同时又主张作为协议基础的专利无效。但1969年美国最高法院推翻了这一判决，裁定鼓励对无效专利提出异议的联邦政策优于州合同法原则基础上的禁止反悔原则。这里就反映了法院在个人利益与社会利益之间以及在专利政策与竞争政策权衡中所秉持的不同态度和立场。

量，并对阻碍竞争和激励创新的具体量进行权衡，就如同用计算机程序来决定诉讼结果一样不切实际。[①] 因此，成本效益分析工具尚有待于在具体适用过程中不断深入的研究和精细化的调适。

（五）动机目的分析：主观/客观

主观与客观作为一对哲学范畴，同时也是法学理论中的重要概念，在刑法、行政法、民商法中均有所规定。专利权的行使存在合法和不当之分。而专利权的非正当行使往往与专利权滥用如影随形。行为人的行为往往受其主观意识支配。当前，对专利权正当行使以外的行为，主要是以"权利滥用"加以评价的。在行为评价方面，有学者认为，知识产权滥用行为统一于"行为的意图→实施该意图的行为→行为产生的后果"这样一个有序的历程。[②] 专利权滥用的构成要件，有学者认为主要包括：主体为专利权人或独占实施的被许可人，客观上采取超越法律限制的行为，主观上有过错，造成了直接或间接的损害后果。[③] 也有学者认为包括行为人是享有专利权的人、行为违背了专利权设置的目的、造成公共利益或他人利益的损害、存在故意四个方面。[④] 从以上对专利权滥用构成要件的分析中，可以看出，诸多学者将专利权滥用构成要件中的主观状态直接确定为故意，也即专利权滥用概念本身就包含着故意的心理状态。正如有学者所言，知识产权滥用行为中一般不存在过失的问题，而存在明显的损人利己的故意。[⑤] 但在特定情形下，专利权滥用行为并不排除过失行为。

并非所有的专利权滥用行为都需要竞争法的介入，对专利权滥用的规制在民法、专利法、反不正当竞争法、反垄断法之间存在着层次递进、周密严谨的法律适用体系。具言之，对专利权行使行为的评价要遵守准据法的顺序，首先要依据专利法来衡量，看其行为在专利法中有没有依据，是否违反知识产权法中的禁止性规范。若没有违反，可以退而适用民法的一些规定，比如诚实信用原则、禁止权利滥用原则等，进行第二顺位的衡量。第三顺位便是反不正当竞争法的适用，专利权本身是一种竞争工具，对其行

---

① See Antitrust Guidelines for the Licensing of Intellectual Property, issued by the U. S. Department of Justice and the Federal Trade Commission, April 6, 1995, 3.4.

② 参见叶明、吴太轩，《技术标准化的反垄断法规制研究》，载《法学评论》，2013（3）。

③ 参见张冬：《专利权滥用认定专论》，17～20页，北京，知识产权出版社，2009。

④ 参见胡宓：《滥用专利权行为的认定与规制问题研究》，载冯晓青主编：《知识产权权利正当行使（权利限制）专题判解与学理研究》，162～163页，北京，中国大百科全书出版社，2010。

⑤ 参见王先林等：《知识产权滥用及其法律规制》，40页，北京，中国法制出版社，2008。

为评价侧重于关注权利人是否运用这种竞争工具破坏竞争，有没有利用这种竞争工具实施不正当竞争。最后是反垄断法的适用，所以，对于专利权行使行为的衡量有反垄断法的后顺位要求，也即专利权的不当行使行为若只是产生当事人之间的损害，能在私法以内解决，就不必轻易动用反垄断法。正是因为这种法律适用顺位要求的存在，不同违法性质的专利权滥用行为评价体系会颇具差异，由此主观与客观因素的考量程度也颇具差异。

在专利法与民法规制的语境下，专利权行使过程中善意、过失、故意等心理状态之区分，有助于对专利权的行使行为进行主客观相统一的评价。尤其是只有依据主客观加重因素对专利权滥用过程中的过错程度加以界定，方能对不同的专利权行使状态作出全面的评价，进而便于对专利权滥用的规制加以分类施策。如专利恶意诉讼行为的主观状态须是故意，即专利权人在明知或者应知其所拥有的专利权不具备可专利性，而仅在形式上是合法的假性专利权的前提下，仍以侵犯其专利权为由，向法院起诉他人未经其许可而使用该专利技术的行为即为滥用权利行为。① 然而，在专利权人并不知道其专利为“问题专利”的情形下，直接免除专利权人的责任又似有不妥之处。可行的办法就是看专利权人在行使权利时，是否存在过失，也即是否对专利权的有效性尽了合理的注意义务，如是否进行了专业咨询，是否和对方进行了沟通，是否出具了相应的评价报告，等等。

在竞争法语境下，竞争法作为行为规制法，其在评价某一行为时，重在对行为结果的评价。如前所述，专利权滥用的规制存在法律适用的顺位次序，反不正当竞争法与反垄断法的适用位于专利法、民法之后。所以，在竞争法适用时，专利法、民法等已然对专利权的行使行为的主观意图给予了评价，竞争执法或司法机关在认定某一行为是否构成不正当竞争行为或垄断行为时，已将该专利权行使行为的主观意图直接推定为故意，较少关注行为人的主观状态，而更多关注专利权的行使行为是否对市场竞争秩序造成危害。譬如在横向独家许可中，专利权人与被许可人约定专利产品的生产数量，协议决定专利产品的价格，或者就专利产品的销售市场进行地域划分，不论专利权人主观上是否存在恶意，行为的后果如何，都应当判定其违反反垄断法而使其受到制裁。又如，在专利许可中的商标使用限制的反垄断规制中，基本上可以排除被许可人的主观心理因素在判断专利

① 参见陶鑫良：《案例与问题探讨：专利侵权滥诉之反赔责任》，载《中国专利与商标》，2008（2）。

许可中的商标使用限制是否合理方面的影响，而应将关注的重心置于该限制对整个市场竞争秩序的影响方面。

值得注意的是，竞争法关注行为结果的评价，并不意味着竞争执法或司法机关在评价某一行为是否构成不正当竞争行为或垄断行为时，全然不顾行为人的主观意图。事实上，在根据本身违法原则认定某一行为是否构成垄断行为时，主观意图因素的考量实无必要或影响甚微；倘若依据合理原则认定某一行为是否构成垄断行为时，主观意图因素的考量在特定情形下便不可或缺。在美国 1919 年的 Colgate 案件的判决中，美国最高法院便首次提出对经营者自由交易权的限制以经营者具有创造或者维持垄断地位的意图为前提。① 有学者认为，结合具体案情和经济学原理，适当采用法律推定的方法判断行为人的主观目的也成为一种高效便捷处理案件的手段。② 相关的情形正如本书后文将论述的，如果权利人曾向侵权人发出过侵权警告函，且侵权人对此警告函未予理睬，继续维持其原来的侵权状态，则可认定侵权人的侵权行为具有主观故意的因素，应以此作为确定赔偿数额的依据之一。针对专利独家许可行为，执法机关在对行为产生的结果进行考察的前提下，可以通过主观目的的分析判断经营者的主观恶意，尤其是在独家许可协议尚未进入实施阶段或者已经实施但效果不明显时，主观目的就可作为判定独家许可协议违法性的重要标准。在专利许可中的价格限制的反垄断认定中，协同者或者滥用者的主观状态也构成认定违法的重要证据。价格限制行为以协同行为表现时，协同者主观上的共谋和排除、限制竞争的目的是不可或缺的要件。许可人在专利搭售时，主观上如果有排除或限制竞争的目的，则会增加被认定为非法的可能性。专利权人违反披露的义务却希望其专利权被纳入技术标准而产生借助技术标准的实施获取更多利益的结果，即有专利劫持的主观恶意。以上所列情形皆表明，主观意图的评价在不正当竞争行为和垄断行为认定时自有适用的余地，或作为必要的考量因素，或作为重要的参考因素。

综合观之，将主观与客观因素引入专利权滥用规制之中甚有必要。其一，有助于厘清不同违法性质的专利权滥用行为的判定重点和判定要点；其二，过错因素可作为构成要件之一来对民事侵权、诉权滥用、违反诚实

① See *United States* v. *Colgate & Co*, 250 U. S. 300, 307 (1919).

② See Keith N. Hylton, *Antitrust Law: Economic Theory and Common Law Evolution*, Cambridge University Press, 2003, p. 82. 转引自李剑：《论垄断协议违法性的分析模式——由我国首例限制转售价格案件引发的思考》，载《社会科学》，2014 (4)。

信用原则及禁止权利滥用原则等专利权滥用行为加以判定；其三，在对某一行为是否构成不正当竞争行为或垄断行为进行认定时，主观因素可作为行为评价的参考因素或行为判定标准之一，从而使对不正当竞争行为或垄断行为的认定更加精准和合理。然而，鉴于对专利权滥用的规制在法律适用上存在先后顺位要求，故在专利权滥用规制的法律适用向后顺位推移过程中，主观因素的评价整体上呈现弱化趋势。纵然主观与客观之分对专利权滥用的规制具有重要的意义，也应该看到，若在具体行为认定中过度依赖于对行为人主观状态的考察，则行为认定标准将具有较大模糊性，易生歧义，进而增加认定难度，故需结合其他因素进行考虑。

（六）内外关系分析：开放/封闭

正如在封闭经济和开放经济的不同条件下，垄断产生的原因、垄断对经济的影响等具有较大差异一样，专利实施或运营中所处及形成的状态对权利行使行为的评价亦具有重要意义。正因如此，内外关系的开放/封闭分析是评价专利权人行为影响竞争可能性的重要工具，在专利联营、交叉许可、标准化等领域进行竞争评估时，有特别重要的意义。如专利池依其是否对外许可可以分为开放式专利池和封闭式专利池。开放式专利池既在池成员间以各自专利相互交叉授权，也对外由专利池统一进行许可。封闭式专利池只在专利池内部成员间交叉许可，不对外许可。相应地，专利联营也就分为封闭式和开放式两种形式。当然，还有另一种意义上的开放和封闭，专利联营组织成立后可继续吸纳新成员、新专利加盟的为开放式专利联营，否则为封闭式联营。在联营体力量成长方面，开放式联营比封闭式联营更易产生结构性竞争问题，因为联营体内专利数量不断增加，整体实力趋于强大，而且联营体内竞争性专利的数量随之增多，联营体威胁竞争的可能性随之日增。在市场进入方面，封闭式壁垒比开放式准入更易产生反竞争问题，因为封闭式壁垒极易抬高市场进入门槛从而阻止潜在竞争者的进入，强化自身的优势。再如，针对专利拒绝许可，“关键设施理论”的存在意义之一在于为规制拒绝许可行为提供理论分析工具。也即，当一个设施被认定为“核心”之后，该设施的拥有者就承担以合理条件开放使用的义务，而不得拒绝交易①，否则将可能构成垄断。又如，在标准涉及众多必要专利且权利主体众多的情形下，标准必要专利实际上可能无法充

① 参见李剑：《反垄断法核心设施理论的存在基础——纵向一体化与提高竞争对手成本理论的解读》，载张守文主编：《经济法研究》，第7卷，77～90页，北京，北京大学出版社，2010。

分地开放，造成累积承担的许可费可能过高，市场竞争、标准的普及以及社会创新都会因此受到影响。[①]

综上，竞争行为的评估尤其是垄断行为的认定是一项复杂烦琐、专业性极强的工作，相关执法司法工作需要谨慎细致而为之。虽然垄断行为认定存在本身违法原则和合理原则两种分析原则，但一方面，两种原则各自的适用范围本身不会一成不变而是会适时调整，在产业政策与竞争政策的角力中还会此消彼长；另一方面，面对日益隐蔽的垄断行为，两种原则的具体适用并不是非此即彼，而是相互交织、互相影响，在将其具体应用于专利的竞争法规制时不可按图索骥、生搬硬套，而应灵活变通运用。垄断行为有垄断协议、市场支配地位滥用、经营者集中三种法定类型之分，不同的垄断行为类型，其判定步骤、路径也有差异。尤其是专利权滥用与法定垄断行为类型之间并非平行关系，专利权滥用仅在特定情形中可成为某一法定垄断行为类型下的表现形式，故将形态各异的专利权滥用行为适配于所对应的垄断行为类型之中亦非易事。横向/纵向、强势/弱势、独占/替代、成本/效益、主观/客观、开放/封闭等因子在不同类型、不同领域的垄断行为的认定因素中的考量度或重要性也并非等量齐观，更多情形是择其所需。是故，专利领域反竞争行为的认定离不开科学的判断标准、规范的分析工具、透明的认定程序、实用的判定方法以及认定主体深厚的业务素养、精湛的实务技能。“工欲善其事，必先利其器。”在专利的竞争法规制尤其是反垄断规制中，通过撷取竞争法理论和实务领域所形成的宝贵成果和有效经验，建构适切的专利竞争法规制技术方法体系，对确保竞争法在专利领域的准确适用将大有裨益，此亦正是本节讨论旨趣所在。

第五节 小 结

反不正当竞争法与专利法的关系相对简单，二者更多是在专利滥诉、滥发专利侵权警告函等程序性权利滥用情形下形成必要勾连。相较之下，反垄断法和专利法的关系可谓根牙盘错，二者大致经历了互不僭越、互相渗透、互动平衡的衍变过程。在天然垄断与自由竞争、产业政策与竞争政

① 参见韩伟：《标准必要专利许可费的反垄断规制——原则、方法与要素》，载《中国社会科学院研究生院学报》，2015 (3)。

策天平的两端，两者皆力求保持克制、适度让步，从而在反垄断法谦抑性与专利权适当限制中，小心翼翼地调适和维持着来之不易且极其微妙的动态平衡。“树欲静而风不止”，面对不断涌现的触碰竞争底线的专利权滥用行为，反垄断法有时呈现出鞭长莫及、捉襟见肘之态，如何将形态各异的专利权滥用行为适配于垄断行为类型之中，促使反垄断法在专利权行使领域准确适用，逐步被人们所重视。在反垄断立法难以在一定时间内对专利领域的垄断行为加以详尽规定的情形下，专利领域的反垄断法适用只能寄希望于执法和司法机关等反垄断法适用主体在具体实践中通过对反垄断法的精准把握和延伸解释，使专利权滥用行为匹配于反垄断法所规定的垄断行为类型。然而，于我国而言，专利权滥用行为的识别标准较为模糊、专利领域的反垄断法实践案例并不丰富、专利的竞争法规制理论框架尚不成熟等问题的存在，使得专利的竞争法规制缺乏相对成熟的理论范式指引和实践经验指导。本章对专利竞争法规制的理论基点、法律范式、技术方法以及权利滥用行为样态的归纳等，“形而上”地勾勒出的专利领域竞争法规制脉络，以及后文对具体专利权滥用行为的竞争法规制“形而下”的阐释和论证，正是缘此而作出的努力。

第二章　专利侵权警告函

第一节　专利侵权警告函的积极意义

根据我国现行法律规定，权利人发现其专利权被侵犯后，可以向有管辖权的人民法院提起专利侵权诉讼，请求人民法院判决侵权人停止侵权行为，并可要求侵权人赔偿因侵权行为而给其造成的损失；或者可以请求有关专利行政管理机关就专利侵权是否成立进行调处。为及时减少因侵权行为而导致的损失，权利人还可以针对侵权行为，向有管辖权的人民法院申请临时禁令。[①] 应该说，当专利权人的专利权被侵害时，我国现行法律制度已经提供了救济途经。但是，众所周知，专利侵权诉讼是一个复杂的诉讼程序，不仅成本较高、耗时长，而且亦存在着诸多不可预测的因素。所以，当发现专利权被侵犯时，许多专利权人会寄发专利侵权警告函以达到阻止继续侵权、化解专利侵权纠纷的目的。

所谓专利侵权警告函是指相关权利人单方面指认他人侵犯了其专利权，在未经有权机关根据法定程序就专利侵权是否成立作出认定的情况下，自己或通过律师甚至通过媒体公开向其所指认的侵权人或其交易相对方，发送的载明其认为的侵权人侵犯了其专利权并警告其行为后果的文书，亦称“敬告函”。从寄发专利侵权警告函的行为性质判断，由于该行为的目的是经非公力救济渠道来维护自己的合法权益，类似于民法私力救济中的自助行为，因此，有人将之称为知识产权中的私力救济。[②] 相对于

① 参见我国《专利法》第65条、第72条、第73条等规定，以及《最高人民法院关于审理专利纠纷案件适用法律问题的若干规定》（法释〔2001〕21号，2013年、2015年、2020年修正）的相关规定。

② 参见邢志：《刍议专利侵权警告函》，载《2011年中华全国专利代理人协会年会暨第二届知识产权论坛论文集》，938～944页。

通过诉讼或行政调处解决专利侵权纠纷，寄发专利侵权警告函在化解当事人的专利侵权纠纷方面具有下列优点。

第一，成本低，风险小。如前所述，专利侵权诉讼往往会经历一个非常漫长的复杂过程，从准备起诉到法院作出生效判决，历经复杂的调查取证过程、法院的两审程序，多数情况下还会经过侵权是否成立的司法鉴定。如果所涉及的专利是实用新型或外观设计，专利侵权诉讼往往会因被告就涉案专利启动无效宣告程序而中止。① 按照我国现行法律规定，这种无效宣告程序可能历经国家知识产权局专利复审机构的行政听证程序，一方因不服国家知识产权局专利复审机构的无效宣告决定而启动的行政诉讼一、二审程序。这样下来，一起专利侵权诉讼的程序有可能历时 3～4 年。如果一方对于终审判决不服启动再审程序，一起案件甚至可能持续近 10 年。至于行政调处，由于可能遭遇行政诉讼，也有可能持续较长时间。相反，如果专利权人发现专利权被侵犯时，以正确的方式发出警告函，而涉嫌侵权者能以积极的姿态面对、处理双方的纠纷，双方就有可能避免因旷日持久的诉讼而导致的时间、财产及商业机会等损失。由于专利侵权诉讼的专业性、复杂性，双方当事人都要为聘请专门的专利律师而付出一笔为数不少的律师费，再加上诉讼费和极有可能发生的司法鉴定费、调查取证费及异地办案的差旅费等，双方当事人通过诉讼解决纠纷所付出的成本就非常高。而如果专利权人能够谨慎地通过专利侵权警告启动与涉嫌侵权人就专利侵权纠纷进行协商的程序，引起对方积极的反应，则双方的纠纷有可能得到及时和妥善的处理，从而避免通过诉讼解决纠纷而付出巨大成本。专利侵权是否成立，在有权机关依法定程序作出结论之前，任何人的判断仅是一种个人观点。因此，专利权人发现他人侵犯其专利权的过程，仅是其个人的判断过程，由于专利侵权判断的专业性和复杂性，特别是在相同侵权不成立的情况下，专利权人关于等同侵权成立的判断就具有更大的不确定性。② 在这种情

① 《最高人民法院关于审理专利纠纷案件适用法律问题的若干规定》第 5 条规定："人民法院受理的侵犯实用新型、外观设计专利权纠纷案件，被告在答辩期间内请求宣告该项专利权无效的，人民法院应当中止诉讼……"由此可知，在专利侵权诉讼中，中止诉讼不适用于发明专利。

② 《最高人民法院关于审理侵犯专利权纠纷案件应用法律若干问题的解释》（法释〔2009〕21 号）第 7 条第 2 款规定："被诉侵权技术方案包含与权利要求记载的全部技术特征相同或者等同的技术特征的，人民法院应当认定其落入专利权的保护范围；被诉侵权技术方案的技术特征与权利要求记载的全部技术特征相比，缺少权利要求记载的一个以上的技术特征，或者有一个以上技术特征不相同也不等同的，人民法院应当认定其没有落入专利权的保护范围。"由此可知，专利侵权有相同侵权和等同侵权两种情形。

况下，提起专利侵权诉讼，其结果胜负在很大程度上是难以预料的。因此，通过专利侵权诉讼解决纠纷的风险是非常大的。相反，如果专利权人针对涉嫌侵权的侵权人发出一份适当的警告函，涉嫌侵权人极可能重视该警告函，并愿意与专利权人进行平和理性的协商，从而奠定和平解决纠纷的基础。

第二，有助于专利权人权利的维护。首先，专利侵权警告函能起到时效中断的作用。根据我国《专利法》的规定，专利侵权的责任包括停止侵权和赔偿损失。就赔偿损失而言，根据有关规定，侵犯专利权的诉讼时效为三年①，自专利权人或者利害关系人知道或者应当知道侵权行为以及侵权人之日起计算。权利人超过诉讼时效期限起诉的，如果侵权行为在起诉时仍在继续，在该项专利权有效期内，人民法院应当判决被告停止侵权行为，侵权损害赔偿数额应当自权利人向人民法院起诉之日起向前推算三年计算。② 根据我国《民法典》的规定，诉讼时效中断的事由之一即是当事人提出主张权利的要求。权利人寄发的警告函中如果包含了要求相对人赔偿其之前因权利被侵犯所遭受的损失的内容，则该警告函构成时效中断的事由，可起到诉讼时效中断的作用。可见，以正确的方式寄发专利侵权警告函对于权利人而言可以中断时效，延长要求损害赔偿的胜诉期限。其次，专利侵权警告函可以作为认定侵权情节进而确定赔偿数额的依据。根据我国有关司法解释，在权利人因专利权被侵犯而遭受的损失和侵权人因侵权而获得的利益均无法确定，且没有专利许可使用费可以参照或者专利许可使用费明显不合理的情况下，审判机关可以根据专利权的类别、侵权人侵权的性质和情节等因素确定赔偿数额。③ 在这种情况下，如果权利人曾向侵权人发出过侵权警告函，且侵权人对此警告函未予理睬，继续维持其原来的侵权状态，则可认定侵权人的侵权行为具有主观故意的因素，应以此作为确定赔偿数额的依据之一。在美国法中，此种情形下侵权人所承担的责任更可能是惩罚性的赔偿。④ 最后，专利侵权警告函可作为证明销

---

① 《民法典》第188条第1款规定：“向人民法院请求保护民事权利的诉讼时效期间为三年。法律另有规定的，依照其规定。”2020年修正以前的《专利法》（第68条）规定侵犯专利权的诉讼时效为二年，2020年修正后的《专利法》第74条第1款规定：“侵犯专利权的诉讼时效为三年，自专利权人或者利害关系人知道或者应当知道侵权行为以及侵权人之日起计算。”

② 参见《最高人民法院关于审理专利纠纷案件适用法律问题的若干规定》第17条。

③ 参见《最高人民法院关于审理专利纠纷案件适用法律问题的若干规定》第15条。

④ 根据美国《专利法》第284条的规定，法院可判决侵犯他人专利权的被告承担3倍于损失的“加强的赔偿金”（enhanced damages），联邦巡回上诉法院解释此条时指出其可用于“故意侵权（willful infringement）的被告”。涉嫌侵权人收到权利人的警告函后，如继续其原有的行为，则主观上不可谓不知，若法院判定专利侵权成立，则无疑应为故意侵权。See Martin J. Adelman，Randall R. Rader，John R. Thomas，*Patent Law*（*Case and Material*），Third Edition，West，2009，p. 882.

售商具备因销售侵权产品而承担赔偿责任的要件的证据。根据我国《专利法》的规定，在专利侵权诉讼中，如果销售商能够说明产品的合法来源且不知其是侵权产品，其可以免除赔偿责任。但是，如果权利人已经向销售商发出过警告函，而销售商的销售行为依旧，则说明销售商已经知晓其所销售的产品是侵权产品，从而不能免除其赔偿责任。因此，寄发专利侵权警告函不仅能够起到中断诉讼时效、证明侵权人侵权的主观故意从而可能获得数额更高的赔偿等作用，而且能够使本可以免除赔偿责任的销售商因漠视法律而承担损害赔偿的责任。

第三，赋予涉嫌侵权人一定的主动权。涉嫌侵权人在收到专利侵权警告函后，如果认为权利人的发函行为对其正常的经营活动造成了干扰，可以选择对自己有利的管辖法院，以此为证据提起专利不侵权之诉。根据有关规定，权利人向他人发出侵犯专利权的警告，被警告人或者利害关系人经书面催告权利人行使诉权，自权利人收到该书面催告之日起一个月内或者自书面催告发出之日起二个月内，权利人不撤回警告也不提起诉讼，被警告人或者利害关系人可以向人民法院提起请求确认其行为不侵犯专利权的诉讼。①

综上可知，专利权人在认为他人侵犯其专利权的情况下，以合理的方式寄发适当的专利侵权警告函，有助于双方当事人以平和理性之方式快速化解纠纷，节约成本，从而有利于维护良好的竞争秩序，增进效率。

第二节　不当寄发专利侵权警告函的情形及其消极影响

以合理的方式寄发适当的专利侵权警告函，有利于双方当事人低成本地化解纠纷。但是，在实践中，常有一些专利权人不当地寄发专利侵权警告函，不仅无助于纠纷的解决，反而激化了矛盾，甚至可能损害他人的合法利益，构成不正当竞争。概括而言，实践中出现的不当寄发专利侵权警告函的情形及影响主要如下。

一、警告函内容不当

如前所述，专利侵权判断非常复杂，专利侵权警告函的观点仅为权利

① 参见《最高人民法院关于审理侵犯专利权纠纷案件应用法律若干问题的解释》第 18 条。

人的个人观点，因此，相对人的行为是否构成侵权，仍是一个待定的事实。在这种情况下，权利人在寄发警告函时应尽谨慎的义务。这种谨慎义务的体现之一是，权利人要在其警告函中明确列举其权利的内容、相对人的侵权行为，以及对为何相对人所涉及的技术方案落入了专利权利要求的保护范围等问题进行完整、客观的说明。唯有如此，相对人才能在接到警告函后对自己的行为是否构成侵权进行认真、慎重的评估，并在此基础上作出合理的回应。

如果警告函仅笼统地告知相对人构成专利侵权而没有说明理由，甚至以恐吓的语言指责相对人侵犯其专利权，因这种恐吓行为是权利人在主观上故意为之且具有非法性，并在一定程度上对相对人的正常经营活动构成干扰，那么就可能涉嫌侵犯对方的合法权益。这种寄发警告函的行为，不仅不利于纠纷的解决，反而会激化矛盾，导致对双方都不利的后果。正是由于这种寄发行为不符合民法上关于违法阻却的私力救济的要求①，因此，如寄发人因不当寄发而对相对人的利益造成损害，则可能招致一定的法律责任。权利人寄发专利侵权警告函无疑在一定程度上起到了维护其专利权的作用，但是，由于这种警告函是在未经法定程序及法定机关对于侵权是否成立作出认定的情况下自行发出的，其存在侵害相对人合法权益的可能。因此，考察专利侵权警告函的利弊，应从既维护权利人的合法利益又不损及相对人的合法利益的角度展开，这是知识产权法中利益平衡的一种体现。②

专利侵权判定是一项复杂程度很高的工作，因此，未经审判机关依法定程序进行认定，任何人对于专利侵权是否成立的判断，均带有高度的不确定性。易言之，权利人单方面认为专利侵权成立，只是其个人的一种观点，带有一定的或然性和盲目性。如果允许权利人毫无限制地寄发专利侵权警告函，无疑会大大增加损害他人合法权益和形成不正当竞争的可能性。当然，从另一方面讲，寄发专利侵权警告函，如前所述，在维护权利人的合法权益及纠纷的解决等方面具有积极的作用，因此，又不可走向将专利侵权警告函全盘否定和完全禁绝的另一个极端。

二、寄发对象不当

既然专利侵权警告函中关于专利侵权的观点不一定正确，那么在寄发

---

① 参见王泽鉴：《民法总则》(增订版)，568页，北京，中国政法大学出版社，2001。

② 参见冯晓青：《利益平衡论：知识产权法的理论基础》，载《知识产权》，2003 (6)。

对象的选择上就应更加慎重，否则，其危害程度会远超过内容不当的情形。

在现实中，某些权利人为达到干扰、限制他人竞争的目的，不适当地将专利侵权警告函发给涉嫌侵权人可能的交易相对方，如其客户或业务伙伴等。为避害，收到警告函的商人往往在对是否真正构成专利侵权不作任何考证的情况下，或在“宁可信其有，不可信其无”的心态的支配下，停止其相应的交易，致使涉嫌侵权人损失了其应有的商业机会。在这种情况下，其所受的损害尤其巨大。①

我国《反不正当竞争法》规定了商业诋毁损害他人商誉的法律责任，包括民事责任和行政责任；《刑法》规定了损害商誉的刑事责任。在经过法定程序被有权机关认定侵权不成立的情况下，寄发警告函的权利人可能要承担相应的民事、行政甚至刑事责任。

三、寄发方式不当

寄发警告函的方式包括非公开和公开两种，前者是指权利人直接将专利侵权警告函发给相对人，而后者是指通过公开的媒体向相对人及公众同时发布专利侵权警告函。

在权利人以非公开的形式直接将专利侵权警告函发给相对人，特别是直接发给其所认为的侵权者的情况下，即使权利人对专利侵权判断错误，亦不至于对相对人造成大的损害，因为该函的内容处于非公知状态，公众不了解其内容，因而不会对相对人造成实质性的损害。相反，如果权利人将警告函通过公开的媒体发布，由于公众随即知晓了警告函的内容，那么在权利人对专利侵权判断错误的情况下，该函会对公众造成误导，从而损害相对人的营业和商誉。在这种情况下，发函的权利人将依法承担相应的责任。

综上，寄发专利侵权警告函，一方面有可能在一定程度上以较低的成本迅速化解纠纷，有助于专利权人权利的维护；另一方面在寄发不当的情况下，也可能对竞争对手的商誉造成实质性的损害，伤及无辜，破坏良好的竞争秩序。因此，有必要对其进行合理的规制，以发挥其积极作用，减少或消除其对良好竞争秩序的破坏。

---

① 参见刘孔中：《公平法与智慧财产权法的冲突与调和》，载《月旦法学杂志》，2004（1）。

第三节　寄发专利侵权警告函行为的法律规制

为了更好地发挥专利侵权警告函的积极作用，避免其可能产生的消极影响，很多国家和地区都从利益平衡的角度设计了寄发专利侵权警告函行为的法律规制制度，以尽可能地既维护权利人的专利权，又不至于影响甚至破坏良好的竞争秩序。然而，由于各个国家和地区情况的差异，在保持利益平衡、维护竞争秩序的制度设计上又体现出个性的差异。在我国目前专利侵权纠纷日益增多的情况下，我们应通过对主要国家和地区的相关制度进行梳理分析，借鉴域外的相关经验，并结合我国国情，逐步构建并完善规制寄发专利侵权警告函行为的法律规则。

一、域外立法例评析

（一）英国

根据《英国专利法》[①]，向零售商和消费者寄发含有威胁内容的专利侵权警告函的权利人，有可能被产品的制造商根据成文法规定的"'无根据威胁'而侵权的诉权"（statutory right of action for "groundless threats" of infringement）起诉，原告可请求法院签发防止进一步威胁的禁令，并可要求损害赔偿。但是，该法规定有两种寄发专利侵权警告函的行为不构成"无根据威胁"：其一，专利权人证明其寄发警告函的行为是正当的。只要专利侵权成立，收到警告函的相对人便不能要求禁令或损害赔偿。当然，前提是专利权人在寄发警告函时专利权依然有效，或者专利权人不知或没有理由知道专利权已无效。其二，专利权人可将带有威胁内容的警告函向主要的侵权者（包括制造者、进口者或方法专利的使用者）寄发，而不承担任何责任。但是，如果专利权人已经尽了最大努力仍难以确定主要侵权者，并在发函的同时作出披露，则法律允许其向主要的侵权者以外的侵权者发出带有威胁内容的警告函。

（二）德国

德国联邦最高法院 2005 年的一项判决[②]强调了保留专利权人因滥用

---

① 《英国专利法》（UK Patents Act 2004）于 2005 年 1 月 1 日生效。

② See German Supreme Court Stands Firm on Liability for Unjustified Warning Letters, *Journal of Intellectual Property Law & Practice*, 2006, 1 (4).

专利垄断权利、不正当地威胁竞争者而产生的责任的重要性。为此，该法院维持了一系列早期判决，要求专利权人为其所发的含有威胁内容的不正当专利侵权警告函承担责任，无论该函是发给直接的竞争者，还是其分销商。根据德国侵权法的一般条款①，如果专利权人知道或应当知道其专利是无效的或者侵权根本不成立，其所发的警告函或律师函即构成威胁，如果专利权人被证实发函时确已知道专利无效或侵权不成立，则其还应承担损害赔偿责任。法院会细致地考察专利权人的知识，并以此作为判断其是否知晓的依据，例如，对于一个富有经验的专利权人而言，在某些情况下主张其不知其专利无效或专利侵权不成立是困难的。但是，签发关于禁止寄发含有威胁内容的警告函的禁令则无须首先认定专利权人具有判断威胁是否正当的知识。根据德国最高法院的判决，发出含有威胁内容的警告函后，其专利被宣告无效或专利侵权被判定不成立的，专利权人将承担损害赔偿责任。②

（三）美国

依美国法例，在寄发专利侵权警告函之前，需考虑一系列的问题。美国法认为，如果发函得当，专利侵权警告函会带来不少益处：即使不能使相对人停止其涉嫌侵权的行为，或者将其拉到谈判桌前，寄发专利侵权警告函也能起到要求相对人赔偿损失或证明其故意侵权的作用。但是，发函者必须谨慎，否则，如果发函不当，可能引发两种结果：（1）如果函中带有威胁的内容，则可能给相对人提供提起宣告专利无效之诉、确认不侵权之诉的理由；（2）如果发函人存在恶意，如在专利权无效或侵权不成立的情况下依然向竞争者发出警告函，则相对人可提起指控发函人不正当竞争或侵权赔偿之诉。③

（四）我国台湾地区

我国台湾地区的"'公平交易委员会'对于事业发侵害著作权、商标权或专利权警告函案件之处理原则"④ 明确了权利人可以发侵权警告函的

---

① 参见《德国民法典》第823条、第826条。参见《德国民法典》，陈卫佐译，265页，北京，法律出版社，2004。

② See Scott Parker, Richard Binns, Threatening Patent Infringement Proceedings, *Pharmaceutical Law Insight*, 2006 September.

③ See Scott Parker, Richard Binns, Threatening Patent Infringement Proceedings, *Pharmaceutical Law Insight*, 2006 September.

④ 参见台湾地区"'公平交易委员会'对于事业发侵害著作权、商标权或专利权警告函案件之处理原则"（2012年修订）。

两种情形，第一种情形是其第 3 条规定的两种情况，即：（1）经法院一审判决专利侵权成立；（2）就可能涉嫌侵权的证据提交专业机构鉴定，取得鉴定报告，且发函前事先或同时通知可能构成侵权的制造商、进口商或代理商，请求停止侵权。第二种情形是其第 4 条规定的两种情况，即：（1）发函前已事先或同时通知涉嫌侵权的制造商、进口商或代理商请求停止侵权；（2）在警告函内列明专利权的明确内容、范围及侵权的具体事实，使相对人足以了解侵权可能成立。但是，在第二种情形下寄发专利侵权警告函，根据“公平交易法”第 19 条、第 21 条、第 22 条以及第 24 条的规定，必须排除权利人有下列可能：（1）函中内容系以损害特定竞争者为目的，促使竞争者之交易相对人拒绝与该特定竞争者交易，而有限制竞争或妨碍公平竞争的可能；（2）警告函中的内容对其商品或服务，有虚假或引人误解的陈述；（3）函中内容系以损害竞争者为目的，其虚假陈述足以损害竞争者的商誉。①

总的来看，上述立法例均以维护公平竞争为基本目标，对寄发专利侵权警告函构成不正当竞争的情形作出明确的规定。我国台湾地区更是细致地对权利人寄发专利侵权警告函规定了特定的条件，或设置了通知、如实陈述和善意的义务等。这些做法值得借鉴。

在西方国家对不当寄发专利侵权警告函的行为进行规制的制度中，只有在专利侵权不成立或者明知或应知专利权无效的情况下寄发专利侵权警告函才构成不正当竞争。尽管我国法律对此并无直接规定，但是我国《反不正当竞争法》第 11 条规定，编造、传播虚假信息或者误导性信息，损害竞争对手的商誉的行为构成不正当竞争，这与西方国家的相应规定是相似的。因为，专利侵权不成立或者明知或应知专利权无效而寄发专利侵权警告函，即相当于编造虚假信息或误导性信息。但是，无论是西方的有关制度，还是我国《反不正当竞争法》第 11 条的相关规定，都只是对不当寄发专利侵权警告函这种不正当竞争行为给竞争者的合法利益造成损害后果的事后救济。然而，法律的功能不仅在于惩治实施了不法行为的行为人，为受害人提供事后的救济，更重要的在于预防损害的发生，即法律应有预防的功能。从这一角度讲，西方国家的相关制度对于防止不正当竞争，显然是不足的。

相比较而言，我国台湾地区相关制度的设计考虑了对因不当寄发专利

① 参见台湾地区“公平交易法”（2011 年修订）第 19 条、第 21 条、第 22 条以及第 24 条。

侵权警告函而导致不正当竞争后果的预防这一重要因素，包括“经法院一审判决专利侵权成立”和“就可能涉嫌侵权的证据提交专业机构鉴定，取得鉴定报告，且发函前事先或同时通知可能构成侵权的制造商、进口商或代理商，请求停止侵权”。这就意味着，专利侵权警告函必须在特定的条件下发出，如一审判决侵权成立，业经法定鉴定机构出具侵权成立的报告，或者须事先通知涉嫌侵权人，要求停止侵权，等等。但是，笔者认为，设置这样的前提在发挥预防作用方面仍有不足之处，因为：其一，一审判决侵权成立或经过鉴定确认侵权成立，仍然不意味着侵权最后成立，在这种情况下允许寄发专利侵权警告函仅是为防止不正当竞争建立了一道防火墙，却并非安全无忧。我国目前专利审判水平依然有待提高，非事实和非法律因素对审判的干扰依然存在，鉴定机构的管理更存在诸多需要改进的地方，在这种条件下，即使初步认定侵权成立，侵权结论能否最终成立，依然难料。在这种情况下寄发专利侵权警告函，不正当竞争仍然难以完全预防。其二，相较于一审判决侵权成立或经过鉴定侵权成立而言，我国台湾地区关于寄发专利侵权警告函的第二种情形的规定更难以起到预防不正当竞争的作用。为寄发专利侵权警告函设置事先通知、不作虚假陈述和不以损害竞争者为目的的前提条件，依然不能完全达到预防不正当竞争的效果，因为，虚假陈述或以损害竞争者利益为目的，也只能是事后的认定，而此时损害结果已经发生。

二、我国相关法律制度的初步构思

（一）基本态度

如前所述，专利权人向涉嫌侵犯其专利权的主要侵权人寄发适当的专利侵权警告函，有利于双方以较低的成本化解纠纷，节省司法资源，以及构建和维护良好的竞争秩序。然而，不当的专利侵权警告函不仅无助于纠纷的妥善解决，反而可能伤及无辜，破坏正常的竞争秩序。因此，不当寄发专利侵权警告函的行为应该受到相应的法律规制。据此，我国法律对专利侵权警告函的基本态度应该一分为二：既要考虑充分发挥其在化解专利侵权纠纷方面的积极作用，又要考虑对其不正当竞争的消极作用进行严格的规制。在立法中，应区别不同情况，分别作出肯定或否定的法律规定。

（二）具体制度构建的思考

目前，我国尚无关于专利侵权警告函的法律规定，但是已经发生了不少专利权人滥发专利侵权警告函的行为。这些行为不仅损害了相对人的合法权益[①]，而且在很大程度上损害了正常的市场竞争和交易秩序。因此，构建并完善我国对不当寄发专利侵权警告函行为的规制制度已迫在眉睫。

由于部分西方国家的市场经济已经很发达，法律权威能够得到充分的尊重，社会诚信状况良好，因此，在其相应的立法或判例中，仅将不当的专利侵权警告函界定为包含“威胁”内容的警告函及权利人在明知或应知其专利权无效的情况下所寄发的警告函。尽管我国台湾地区规定的不当寄发专利侵权警告函的范围有所扩大，但是，在目前照搬我国台湾地区的做法依然无法有效避免不法商家通过寄发专利侵权警告函而达到不正当竞争的目的。

因此，在建立我国对不当寄发专利侵权警告函的行为进行规制的制度时，要充分考虑我国国情，力图在保证发挥专利侵权警告函积极作用的同时，尽力避免其可能造成的不正当竞争后果。笔者认为，判断寄发侵权警告函的行为是否构成不正当竞争是完善相关规制制度的核心问题，对不当寄发专利侵权警告函的规制至少应当从内容要素和形式要素两方面进行评估。

1. 内容要素

一份专利侵权警告函至少应当包括：(1) 专利权依然有效的陈述，必要时附具专利登记簿或者专利证书加专利年费收据；(2) 侵权事实的陈述，如涉嫌侵权人的侵权行为是制造、销售，还是进口、使用；(3) 涉嫌侵权的技术方案与专利权利要求的技术方案之间的关系，是相同，还是等同，并给出相应的分析。涉嫌侵权人收到有理有据的侵权警告函后，更有可能给予高度重视，如此可有效避免纠纷和矛盾的激化，从而使专利侵权警告函的积极作用得到充分发挥。

2. 形式要素

评估专利侵权警告函之合法与否的形式要素包括发送对象和发送方式两个具体方面。

如前所述，专利侵权警告函中专利侵权成立的结论仅是权利人个人的判断，这一侵权结论存在很大的不确定性。这样一封侵权结论尚不确定的警告函，如果发给涉嫌侵权者的交易相对人即客户或业务伙伴，收函人为保障其绝对安全，多会终止与涉嫌侵权者的正常交易。在这种情况下，如果侵权确实成立，对于涉嫌侵权者而言，并无不公，发函者亦不构成不正

① 参见邓宏光：《论知识产权侵权警告函》，载《企业经济》，2006 (6)。

当竞争。但是，一旦警告函中指控的侵权不成立，则无疑会导致对涉嫌侵权者的损害，这正是预防不正当竞争的失败，尽管被侵害人可以通过法律途径寻求救济，但事实上无论是对竞争者的合法利益，还是对正常的交易秩序都造成了损害结果，而且损失常常无法真正得到弥补。因此，我国对不当寄发专利侵权警告函的规制，应当考虑对发函的对象加以限制。

专利侵权警告函的另一个形式要素是警告函的发送方式。如前所述，根据警告函是否公开发出，可以将发出的方式概括为两种，即直接向涉嫌侵权者发出和通过媒体发布。直接向涉嫌侵权者发出的警告函，由于发函的行为和函的内容不为公众所知，因此，对于涉嫌侵权者而言，仅为权利人的一种通知。即使权利人对侵权判断存在错误，这种错误也仅为权利人和涉嫌侵权者所知，因而不会在公众中造成涉嫌侵权者的侵权形象，无论对作为竞争者的涉嫌侵权者，还是对正常的交易秩序，均不会造成重大损害。同时，由于涉嫌侵权者被指侵权的信息没有公开，其情未至鱼死网破的境地，故涉嫌侵权者与权利人通过协商化解专利侵权纠纷的可能性仍然较大。相反，如果权利人通过媒体公开发出专利侵权警告函，其后果可能是导致公众认为涉嫌侵权者专利侵权成立，涉嫌侵权者的交易相对人亦可能终止与其交易。对于涉嫌侵权者而言，由于其商誉被损害，其通过协商解决纠纷的可能性降低；对于发函的权利人而言，如果其在警告函中对于专利侵权判断失误，其还可能面临侵犯商誉的指控。因此，通过媒体公开发出专利侵权警告函无论是对于纠纷的解决，还是对于防止不正当竞争，都是一个最坏的选择。

基于以上分析可知，内容不当、发送对象和方式不当的专利侵权警告函，应受法律的禁止。但具体到规则设计的层面，还有一个必须解决的问题，即：警告虽有不当但侵权确实成立，此时对警告的不当之处是仍予追究还是可以放行？换句话说就是，侵权确实成立情形下的不当警告，是否构成不正当竞争？对此，根据不同的价值倾向，笔者提出两种可能的思考和立法选择。

其一，不直接将不当寄发专利侵权警告函的行为规定为不正当竞争行为，而是规定该类行为在专利侵权最终被确认不成立的条件下，构成不正当竞争。这种选择重点考虑了专利权人的利益，认为如果将不当（如对象不当、方式不当或内容不当）寄发专利侵权警告函直接规定为不正当竞争，那么即使专利侵权最终被确认成立，专利权人对寄发专利侵权警告函的行为亦需承担反不正当竞争法上的法律责任，这对专利权人而言，似有不公。基于这种考虑，我国在修订《反不正当竞争法》时，应在“不正当竞争行为”一章增加一条，将在尚无有权机关就专利侵权成立的事实依法定程序作出生效裁决的情况下寄发内容不当的专利侵权警告函、直接向涉嫌侵权者的交易相对人发出专利侵权警告函以及通过媒体公开向涉嫌侵权者发出专利侵权警告函的行为规定为不当寄发专利侵权警告函的行为，并规定该等行为在专利侵权被最终确认不成立的条件下构成不正当竞争行为。

其二，直接将不当寄发专利侵权警告函的行为规定为不正当竞争行为，不考虑专利侵权最终是否成立，亦即即使专利侵权最终成立，不当寄发专利侵权警告函行为也构成不正当竞争。这种选择更多地考虑了保护正常的市场竞争秩序，将包括“以毒攻毒”在内的很多不当做法都纳入禁止范围。如前所述，我国现行法律制度为专利权人提供了可供选择的救济制度，当其专利权被侵犯时，其本可以通过诉讼、行政调处等程序使纠纷得到解决。之所以允许寄发专利侵权警告函，是为了通过协商减少纠纷解决的时间消耗和双方的经济成本，从而节约社会整体成本。既属这种立法动机和意图，那么，如允许“以毒攻毒”，放任侵权最终被确认成立的情形下不当寄发警告函行为的存在，实际上并不十分有利于合理和有效地化解纠纷，相反会进一步恶化竞争者之间的关系，导致同业氛围充满敌对情绪，甚至导致虽然侵权成立，警告却明显不当的现象愈演愈烈，整个市场可能一片乌烟瘴气。所以，不管侵权最终是否成立，从维护正常的市场竞争秩序这一价值选择出发，法律都不应当允许不当寄发专利侵权警告函。

如依据上述第一种选择，只有在专利侵权最终被确认不成立的条件下，不当寄发专利侵权警告函才构成不正当竞争。其问题在于，专利侵权是否成立需经过旷日持久的法律程序，如果专利侵权最终被确认不成立，如前所述，则不当寄发专利侵权警告函对相对人的利益以及正常的市场秩序已经造成了损害，而且这样的损害往往难以弥补，法律的预防功能无法实现。因此，笔者倾向于第二种思考和选择，即在我国修订《反不正当竞争法》时，应在“不正当竞争行为”一章中增加一条，将在尚无有权机关就专利侵权成立的事实依法定程序作出生效裁决的情况下寄发内容不当的专利侵权警告函、直接向涉嫌侵权者的交易相对人发出专利侵权警告函以及通过媒体公开向涉嫌侵权者发出专利侵权警告函的行为规定为不正当竞争行为。

不过，如仅仅将不当寄发专利侵权警告函列为不正当竞争行为，而无相应法律责任的设置，则该条款将形同虚设。因此，笔者建议，为实现该规定的预防不正当竞争的目的，维护受函人的合法权益，应在反不正当竞争法的法律责任中对不当寄发专利侵权警告函的不正当竞争行为既设立民事责任，又设立相应的行政责任，并分别不同情况设置必要的刑事责任。① 当然，依前文所述，不当寄发专利侵权警告函是否构成不正当竞争，不以专利侵权最终是否成立为要件，但专利侵权是否成立，可以成为对不正当竞争行为责任的选择（民事、刑事还是行政责任）和苛责的轻重的重要考虑因素。

① 我国《刑法》第221条对捏造并散布虚伪事实，损害他人的商业信誉、商品声誉，且给他人造成重大损失的行为规定了刑事责任，因此，在专利侵权不成立的情况下，不当寄发专利侵权警告函，特别是向涉嫌侵犯专利权的行为人的交易相对人寄发专利侵权警告函，或通过公开媒体发出专利侵权警告函，给他人造成重大损失的，应属于"捏造并散布虚伪事实，损害他人的商业信誉、商品声誉，给他人造成重大损失"，应构成损害商业信誉罪。

第三章　专利拒绝许可

基于专利权的排他性和契约自由原则，正常的专利拒绝许可是合理合法的，但是部分专利权人试图通过专利许可设置由其控制的市场准入机制，通过拒绝许可将竞争者排挤出相关市场或者阻碍新的经营者进入相关市场，进而达到控制或独占相关市场的目的，造成竞争不充分，给经济社会发展和消费者福祉带来不利影响。此时，法律的介入便成为必要。

第一节　专利拒绝许可的基本概念

一、拒绝交易

在市场条件下，基于经营者的自主经营权和合同自由，经营者可自主拒绝其他经营者提出的交易要求，有权根据自身需要选择最合适的交易对象，实现经济效益的最大化。但是，任何权利都具有相对性，市场主体拒绝交易的权利也有一定的界限，当拒绝交易可能产生排除、限制竞争的后果，危及市场竞争秩序时，就需要对其进行规制。此时，拒绝交易就可能成为反垄断法规制的经营者滥用市场支配地位的行为类型之一。

拒绝交易，就是没有正当理由，拒绝与交易相对人进行交易。[①] 我国《反垄断法》规制的拒绝交易是指“具有市场支配地位的经营者，没有正当理由，拒绝与交易相对人进行交易”[②]。通过对该条文的分析可知，拒绝交易触及《反垄断法》规制的界限，需满足以下要件：（1）主体要件：

① 参见宁立志：《经济法概论》，137 页，长沙，湖南大学出版社，2013。

② 《反垄断法》第 17 条第 1 款第 3 项。

实施拒绝交易的经营者在相关市场中拥有支配地位；（2）行为要件：经营者客观上实施了无正当理由的拒绝交易行为，即没有合理理由[①]，拒绝与某一或某些特定的交易相对人进行交易，其行为形态体现为不作为；（3）结果要件：拒绝交易在相关市场上产生或者可能产生排除、限制竞争的客观后果[②]，造成市场竞争秩序的破坏。由此可见，我国《反垄断法》规制的拒绝交易是指具有市场支配地位的经营者没有正当理由拒绝同交易相对人进行交易，从而产生或者可能产生排除、限制竞争效果的行为。[③]

拒绝交易可以按照不同的标准进行分类：以行为主体的数量为标准可分为单独拒绝交易和共同拒绝交易。单独拒绝交易的行为主体是单个的具有市场支配地位的经营者，而共同拒绝交易表现为多个经营者联合起来，作为一个整体拒绝与交易相对人进行交易。需要特别注意的是，如果多个具有竞争关系的经营者通过协议、决定或者其他协同行为达成共同拒绝交易的意思表示从而实行联合抵制，则还可能构成协议型垄断，而受反垄断法更严厉的规制。以拒绝交易是否附有条件为标准可分为无条件拒绝交易和附条件拒绝交易。无条件拒绝交易是指经营者没有给交易相对人设置任何前置条件而直接不与其进行交易，是最直接最纯粹的拒绝交易；附条件拒绝交易是指经营者通过设置一些交易相对方不愿接受或者难以满足的附加条件，从而达到拒绝交易的目的。附加条件有多种类别，如独家交易要求、搭售、超高定价等。附加条件的设置往往也会涉及其他具体的限制竞争行为，有其专门的规制路径，因此，本章只讨论无条件的拒绝交易。

由于实施拒绝交易的经营者在相关市场中拥有支配地位，其产品不具有显著的可替代性，拒绝交易行为人可以人为地设置相关市场的进入壁垒，迫使交易相对人退出相关市场或者阻碍新的经营者进入相关市场，因此，该市场的自由竞争就被破坏了。[④] 同时，拒绝交易还可能造成下游市

---

① 需要注意的是，如果经营者拒绝交易是基于交易相对人的客观资质有所欠缺，如资信状况不佳、商业信誉较差、技术水平不达标，或者有其他合理理由，其拒绝交易则可能被认为存在有效的抗辩事由，而不受《反垄断法》的规制。

② 如果拒绝交易仅仅对某一被拒绝的交易相对人的利益产生一定影响，并没有对相关市场竞争秩序造成损害，则不构成反垄断法规制的拒绝交易，一般只是正常的合同自由的体现。

③ 参见吴广海：《专利权行使的反垄断法规制》，136页，北京，知识产权出版社，2012。

④ 参见王先林：《知识产权与反垄断法：知识产权滥用的反垄断问题研究》（修订版），225页，北京，法律出版社，2008。

场竞争的损害。当处于上游市场的竞争者掌握的是关键设施[①]，其拒绝交易就可能使其在原相关市场的垄断力量通过传导效应延伸到下游市场，使其形成对下游市场的控制或独占，在下游市场造成排除、限制竞争的后果。正是由于拒绝交易可能造成排除、限制竞争的后果，影响相关市场的自由竞争，因而拒绝交易行为应受反垄断法的规制。

二、专利拒绝许可

（一）专利拒绝许可的含义解读

专利拒绝许可是在专利许可领域的拒绝交易，对专利拒绝许可的反垄断法规制也是对拒绝交易进行反垄断法规制的具体形态。专利拒绝许可是指专利权人利用自己对专利技术的独占，在实施专利许可时，拒绝授予特定的经营者合理的使用许可，使得该经营者无法使用其专利技术的行为。专利权人对其发明创造具有依法取得的独占权，一个国家建立专利制度的直接目的就在于依法保护发明创造人的专利垄断权。[②] 专利对外实施许可是专利权行使的一种形式，专利权人有权自主决定是否许可、何时许可以及许可哪些经营者使用其专利技术，同时，也有权禁止其他经营者未经许可使用其专利技术。专利拒绝许可一般被认为是专利权人行使其专有权利的表现，并不构成反垄断法规制的违法行为。

专利权保护的最终目的在于激励发明创造、促进科技进步、增加消费者福利，进而增进社会公共利益，专利权的行使如果产生与此相背离的结果，就会构成专利权的滥用。专利拒绝许可往往存在两种诱因：一种是基于专利产品质量保证的合理性原因，另一种则是基于独占和控制相关市场的非正当性目的。就第一种情形而言，专利权人是为了保证专利技术转化效率和专利产品品质，具有正当性，此种情形多属专利权的合理行使。就第二种情形而言，专利权人利用专利进行专利遏制，追求、巩固其垄断地位，是为了独占和控制相关市场，极有可能损害该市场的自由竞争。根据我国《反垄断法》第 55 条的规定[③]，正常行使知识产权的行为不受《反

---

① 关键设施的原理是，在某一市场中，一个控制了关键设施的经营者，在可能的情况下，应当向其竞争对手或者其下游的经营者提供关于该设施合理的使用机会或者进入机会。关键设施指的是不易被复制的、使用该设施是参加相关市场竞争所必需的、拒绝提供时可能消除相关市场竞争或者使竞争者承担巨大成本并且具有提供可能性的设施。常见的关键设施包括港口、输油输气管道、铁路、技术标准等等。

② 参见宁立志主编：《知识产权法》，2 版，167 页，武汉，武汉大学出版社，2011。

③ 《反垄断法》第 55 条规定："经营者依照有关知识产权的法律、行政法规规定行使知识产权的行为，不适用本法；但是，经营者滥用知识产权，排除、限制竞争的行为，适用本法。"

垄断法》的规制；而滥用知识产权，排除、限制竞争的行为，则适用《反垄断法》。由此可见，对于没有正当理由，出于独占市场和控制市场目的实施的专利拒绝许可，造成或者可能造成排除、限制竞争效果的，应适用《反垄断法》。

(二) 专利拒绝许可的类型辨析

类似于拒绝交易，专利拒绝许可也可依据一定标准进行划分：根据拒绝许可的专利权人的数量，分为单独拒绝许可和共同拒绝许可；根据拒绝许可是否附有条件，分为附条件拒绝许可和无条件拒绝许可；根据专利技术的重要程度，分为一般专利的拒绝许可和标准必要专利（standard essential patents，SEP）的拒绝许可。

单独拒绝许可的行为主体是单个持有专利技术的经营者或技术的拥有者。共同拒绝许可则是指多个经营者之间通过一定的商业安排，联合起来作为整体实施专利拒绝许可。单独拒绝许可多属正常行使专利权的行为，只有当该专利技术构成关键设施时，该拒绝许可才可能受到反垄断法的规制。共同拒绝许可的典型代表是专利联营的共同拒绝许可和交叉许可中的共同拒绝许可。对于专利联营而言，如果专利联营体是开放式联营，即联营体并不限制成员就其专利技术对外许可，也不要求相关技术的许可必须在专利池下整体许可，成员仍可就单项技术单独实施许可，此时，专利联营的整体拒绝许可并不必然导致被拒绝许可相对人丧失取得某项技术的可能性，共同拒绝许可不构成反垄断法规制的拒绝交易；但是如果专利联营属于封闭式联营，即不允许联营体成员单独对外许可，也不允许单项专利的单独许可，而且专利联营掌握的专利技术构成关键设施，则专利联营体可能直接控制某一相关市场的准入机制，危及相关市场的自由竞争，此时，拒绝许可就应受反垄断法的规制。交叉许可中的拒绝许可类似于专利联营的拒绝许可，判断其是否受反垄断法规制的前提也在于该技术是否构成关键设施。需要特别注意的是，专利联营或者交叉许可中的拒绝许可，因其参与主体是多个经营者，其拒绝许可的行为可能同时涉及垄断协议、搭售等行为，具有一定的复杂性，需要进行个案分析。

附条件拒绝许可和无条件拒绝许可类似于附条件拒绝交易和无条件拒绝交易。附条件拒绝许可往往涉及其他专利权滥用行为，如搭售许可、专利许可中的价格限制和数量限制等，需要通过个案分析来区别对待，在判定其是否适用反垄断法时，需要对专利技术的重要程度进行判断，即判断专利技术是否构成关键设施，若该专利技术并不构成关键设施，有时还需进行相关技术市场的界定，对其在相关技术市场中的份额加以关注。

区分一般专利的拒绝许可和标准必要专利的拒绝许可，关键在于判断专利技术是否为实施标准所必不可少、不可替代的技术。就一般专利的拒绝许可而言，被拒绝许可人可以在市场中找到替代技术，或者付出较小的投入就可以达到该专利技术所达到的生产效果，并不会造成市场竞争的减损，此类拒绝许可多被认定为专利权的合理行使。标准必要专利是专利与技术标准相结合后，技术标准中所包含的必不可少和不可替代的专利技术，即为实施技术标准而不得不使用的专利技术。① 由于技术标准具有一定的强制性，是某一行业的生产经营者必须遵守的生产标准，专利权人可能借助标准的市场强制力，通过拒绝许可，将原有竞争者排挤出相关市场或者阻碍新的经营者进入相关市场，从而达到控制、独占相关市场的目的。标准必要专利的拒绝许可不仅造成被拒绝许可人经济利益受损，而且直接损害了被拒绝许可人在相关市场的公平竞争机会，对相关市场的充分竞争造成不利影响，损害了社会公共利益和消费者福祉，应受反垄断法的规制。

第二节　专利拒绝许可竞争效应分析

通过前文中对专利拒绝许可概念的明晰可以看出，专利拒绝许可既有知识产权法层面的合理性，又可能存在反垄断法层面的违法性。在对专利拒绝许可进行违法性判断和行为分析之前，有必要阐明其可能产生的双重效应。

一、积极效应

（一）激励技术创新，促进科技进步

专利权人为发明创造的研发付出了大量的人力、物力、财力，理应拥有得到回报并且在合法条件下使其回报最大化的权利。专利权人可以通过拒绝许可，排除交易对价较低的交易相对人，尽可能地实现其发明创造收

① 参见王晓晔：《标准必要专利反垄断诉讼问题研究》，载《中国法学》，2015（6）。

益的最大化。这种利益驱动机制能够吸引更多的科研人员从事新技术的开发，从而提升全社会的技术创新热情，激励越来越多的经营者通过技术改进来达到降低成本、增加收益的效果，有利于促进整个产业的技术革新，进而有利于社会生产效率的提升和技术水平的进步。

（二）保障经营自主权，规范产业运行

在市场条件下，经营者拥有自行组织生产经营活动的权利，经营自主权是市场主体最为重要的权利，是市场经济得以正常运行的重要基础，拒绝许可是专利权人经营自主权的重要体现。专利权作为一种无体财产权，是专利权人拥有的私人财产权益，专利权人的拒绝许可正是其行使经营自主权的方式。赋予专利权人拒绝许可的权利，对于促进发明创造人实施其专利具有积极作用。此外，拒绝许可的行为也限定了市场中使用专利技术的经营者群体的范围，有利于更好地对该技术项下的生产行为进行管理，规范相关产业的市场运行秩序。

（三）保证专利产品的质量，推动技术成果转化

专利技术的产业化，特别是规模化生产有很高的技术要求和配套措施门槛，并不是市场中所有的经营者都符合专利技术成果转化的具体要求，而配套措施的质量直接影响专利产品的质量。专利权人是对其发明创造最为熟悉的人，最清楚地知悉其所拥有的技术成果转化所需要的技术匹配、环境要素，并且能够较为精准地判断专利技术产业化过程中所需的基础设施条件。拒绝许可的权利使得专利权人可以根据专利技术成果转化的需求选择最佳交易相对人，在众多的市场交易主体中选择资质最好、技术条件最为适宜的经营者，从而有利于促进专利技术产业化水平的提升，带动相关产业的发展，促进社会科技水平的进步。

除此之外，拒绝许可还可以促使被拒绝许可方以及其他竞争者为进入甚至控制相关市场而努力开发更为先进的技术，有利于丰富市场中的产品竞争，促进市场竞争的多元化。

二、消极效应

（一）构筑市场壁垒，加剧竞争的不充分性

专利拒绝许可的主体是专利权人，在多数情况下，专利权人本身在相关市场中就处于一定的优势地位，控制着能够有效提升生产效率、促进产业发展的技术。专利权人，尤其是掌握了关键设施的专利权人可以利用专利技术，设置技术型市场进入障碍，阻碍其他经营者在相关市场中与其竞

争或者控制新进入该相关市场的经营者的范围和数量，影响相关市场的竞争结构，从而强化其在相关市场中的优势地位，弱化竞争主体的多元性，为其日后开展限制竞争行为提供更为便利的条件，损害相关市场的自由竞争，产生排除、限制竞争的严重后果。

（二）抑制下游市场竞争，独占、控制相邻市场

当专利技术构成下游市场的关键设施时，专利拒绝许可的限制竞争效应会传导到下游市场，造成下游市场竞争结构的失衡。专利权人通过拒绝许可的方式选择特定的交易相对人进入下游市场，直接控制下游市场的进入门槛，进而形成独占、控制相邻市场的格局，使其垄断地位从一个市场延伸到另一个市场，造成下游市场中被拒绝的经营者丧失了与获得许可的经营者公平竞争的机会，从而导致下游市场竞争的减弱。

（三）损害社会公共利益和消费者福祉

在财产法领域，当财产的所有人具有了一定程度的市场支配力量时，其自由的相对性就会凸显出来，尤其是在其财产成为市场中其他经营者参与市场竞争所必不可少的条件时，如果仍然毫无顾忌地赋予其自由拒绝许可的权利，就会造成排除市场竞争的不利后果，最终可能导致产品价格的上涨和产品品质的降低，进而危及消费者福祉。① 当专利权人拥有市场支配地位时，其可以通过拒绝许可的方式遴选出一定数量的经营者参与相关市场的竞争，而将更多的经营者排除在市场竞争之外。为得到许可，被许可方可能需要付出更高的对价以使专利权人将其纳入遴选范围，因此，实际交易价格就会上升。为了保证专利产品的赢利性，被许可方会将这部分多出来的成本转嫁到消费者身上，投入市场的专利产品的价格就会上涨，最终消费者需要为此付出更多的对价。同时，拒绝许可导致竞争的减弱，也直接减少了消费者选择的机会，造成消费者福祉的损害，危及社会公共利益。

第三节　反垄断法规制专利拒绝许可的法理基础

知识产权法与反垄断法之间具有目标相同、手段不同的内在互补关

① See J. Drexl, Real Knowledge is to Know the Extent of One's Own Ignorance: On the Consumer Ham Approach in Innovation-Related Competition Cases, *Antitrust L. J.*, 2010, 76, p. 3.

系。知识产权法通过保护专利权人对发明创造的独占使用权来激励科技创新、促进科技进步，进而促进社会生产效率的提升，提高社会效益。而反垄断法则是通过预防和制止垄断行为，对滥用专利权损害市场竞争的行为进行规制，创造并维护公平自由的市场竞争环境，达到充分竞争的市场效果，从而促进社会经济效益的提升和消费者福利的改善。从这个意义上讲，在私法和公法两个层面对专利拒绝许可进行保障和规制是促进专利权正当许可、发挥发明创造最大社会价值的必由之路，在私法和公法之间达成和谐与相安，也是反垄断法和知识产权法的共同目的。

一、权利不得滥用理论与拒绝许可

权利不得滥用是指任何民事权利的行使都有一定的界限，权利人必须在法定界限内行使权利，权利行使一旦超过了该界限就构成权利的滥用，需要对其超过界限的行为承担一定的法律后果。禁止权利滥用是民法的基本原则之一，现代西方法理学家普遍认同的观点就是“自由不是绝对的，法律既保护个人自由、权利，但也对滥用自由、权利的行为实行制约”①。就专利权而言，一方面，专利权属于私权，专利权人作为权利的所有人，拥有合同法上的契约自由，即拥有在自主选择的基础上订立合同或者不订立合同的自由，也有选择和谁订立合同的自由。专利权人个人有权自主决定权利的行使方式、行权对象、期限等，其他人无权干涉。另一方面，任何权利都是一种社会权利，权利的设置通常都有一定的社会目的和任务。② 专利权的获得须经国家公权力授予，而国家设立专利制度的目的在于在保护专利权人合法权益的基础上，促进全社会科学技术进步和经济发展。权利人通过公权力授权的方式获得了发明创造的专有性和一定程度上的技术垄断性，如果权利人在权利行使过程中违背了专利制度设立的初衷，不当扩大其权利的行使范围，则堕为权利的滥用。由于专利权的私权性质，其行使过程中产生的很多纠纷涉及的是单个的经营者或特定的某些经营者，在这种情形下，只在合同法或侵权法层面进行规制，适用私权救济的民事诉讼即可达到纠正不当行为、维护自身权利并促进专利技术发展的目的。但是，由于专利拒绝许可主要以不作为形态存在，往往发展不到合同纠纷或侵权纠纷的层面，难以利用私法手段寻求救济，而且专利拒绝

① 沈宗灵：《现代西方法理学》，31页，北京，北京大学出版社，1992。

② 参见吴广海：《专利权行使中拒绝交易的反垄断法规制》，载《江苏社会科学》，2008（1）。

许可往往涉及社会公共利益，其拒绝行为会造成相关市场竞争的减弱和破坏，危及自由公平的市场竞争秩序，此时私法层面亦无从救济，这就需要通过反垄断法的介入和规制，恢复和保护良好的市场竞争环境。

二、利益平衡理论与拒绝许可

利益平衡原则是知识产权领域的重要原则，利益平衡就是通过法律的权威，对各主体的权利义务关系进行调整，协调各类冲突性因素，使各方主体的利益在共存和相容的基础上达到合理优化配置，从而实现均衡。对于专利权而言，我国《专利法》明确了通过保护专利权人利益而实现推动社会科技进步和经济发展的价值追求的立法目的。专利的许可是推动专利技术实现产业应用、专利权人实现私人利益的重要途径，但是基于理性经济人的考量，专利权人更多地关注私人利益，倾向于使自身经济利益最大化而忽视甚至损害社会公共利益，这也是市场失灵的一种表现。在动态竞争过程中，专利权人拒绝许可的行为可能限制竞争者进入相关市场，或者将原有的竞争者排挤出相关市场，造成相关市场自由竞争秩序的破坏，使私人利益凌驾于社会公共利益之上，此时，私人利益与社会公共利益之间的良性平衡被打破，就需要反垄断法的介入。反垄断法以维护自由公平的市场竞争秩序为己任，通过预防和制止垄断行为，纠正和避免排除、限制竞争的效果，通过保护社会公共利益而实现在整体上对个体利益的保护，从而有效地恢复和维护私人权利与公共利益之间的平衡。

第四节　域外法对专利拒绝许可的规制

专利拒绝许可如果超越了专利权正当行使的界限，可能造成私人利益和社会公共利益的失衡，对相关市场自由竞争秩序产生不利影响，最终危及社会公共利益和消费者福祉。世界各国家和地区，尤其是专利制度发达的国家和地区都对专利拒绝许可进行一定的规制。

一、美　国

（一）美国对专利拒绝许可的态度

美国对知识产权的保护由来已久，受芝加哥学派强调经济效率理论的影响，美国人极为崇尚自由竞争，认为在自由竞争的市场环境中，提高社会整体经济效益的最有效的方法就是激励创新。美国推崇契约自由精神，对知识产权反垄断执法十分谨慎，并很早就确立了知识产权人没有许可义务的一般性规则。[①] 美国《专利法》第 271 条第 4 款第 4 项也规定专利权人没有被强制进行许可的义务。[②] 但是美国 1995 年发布的《知识产权许可的反托拉斯指南》中规定，专利权人的拒绝许可行为不合理地损害竞争时，应当受到反垄断法的规制。此后，美国司法部和联邦贸易委员会于 2007 年颁布的《反托拉斯执法与知识产权：促进创新和竞争》联合报告中也指出，专利权人拒绝许可并不能凭借《专利法》第 271 条第 4 款第 4 项的规定获得反垄断法上的当然豁免。[③] 由此可见，美国对专利拒绝许可的态度是：一般情形的专利拒绝许可被视为专利权的正当行使而不受反垄断法的规制，只有在极特殊的例外情况下，即专利拒绝许可具有排除、限制竞争的可能时，才会根据反垄断法对其进行规制。根据美国《谢尔曼法》第 2 条关于垄断行为的规定[④]，其不仅规制垄断行为，还规制企图垄断的行为。[⑤] 具体到专利拒绝许可，需要在反垄断法层面进行规制的前提是，拒绝许可的专利权人具有垄断地位或者通过拒绝许可可以获得垄断地位。

（二）美国规制专利拒绝许可的审查方法

1. 主观意图测试理论

主观意图测试理论是以主观意图为标准来判断行为违法性的审查方法。主观意图标准就是，如果拒绝许可的主观意图是为了产生或者维持垄断地位，则该拒绝许可可能违反反垄断法，受到反垄断法的规制。

主观意图测试理论起源于 1919 年的 Colgate 案，在该案的判决中，美

---

① See *Continental Paper Bag Co. v. Eastern Paper Bag Co*，210 U. S. 405 (1908).

② 美国《专利法》第 271 条第 4 款第 4 项规定："专利权人有权因专利侵权或专利共同侵权而获得救济。不得因为专利权人拒绝就其专利的任何权利进行许可或者使用，而拒绝对其提供救济或认定其构成专利权滥用或非法扩张。" 35U. S. C. § 271 (d) (4) (2000).

③ See The U. S. Department of Justice and The Federal Trade Commission，Antitrust Enforcement and Intellectual Property Rights：Promoting Innovation and Competition，Apr. 2007，at 27.

④ 《谢尔曼法》第 2 条禁止的犯罪行为包括：(1) 垄断行为 (monopolization)；(2) 企图垄断行为 (attempt to monopolize)；(3) 与他人联合或者合谋以图垄断行为 (combination or conspiracy to monopolize)。

⑤ 参见詹昊、郑双石、宋迎：《专利拒绝许可反垄断法适用问题的比较研究》，载《竞争政策研究》，2016 (4)。

国最高法院首次提出对经营者自由交易权的限制以经营者具有创造或者维持垄断地位的意图为前提。[①] 该理论适用的最为典型的案件是 1997 年的 Kodak 案[②]，这也是美国第一次认定经营者拒绝交易违反《谢尔曼法》的规定。在该案中，美国最高法院运用主观意图测试理论认定 Kodak 公司拒绝向独立维修服务组织（ISO）提供拥有专利权和著作权的零部件的行为构成非法垄断。Kodak 案开美国对专利权人拒绝交易进行反垄断法规制的先河，但是其只单纯关注主观意图而不关注或很少关注拒绝交易给竞争带来的后果，具有一定的局限性。

2. 关键设施理论

相比主观意图测试理论，关键设施理论在实践中的运用更为广泛。美国关键设施理论的基本内涵是：当一个控制了关键设施的经营者拒绝其他经营者对某种产品或者服务的合理使用，且该产品或者服务为该被拒绝交易人与经营者在相关市场开展竞争所必需时，控制该关键设施的经营者的拒绝交易就构成权利的不当行使，该行为就应受到反垄断法的规制。[③] 关键设施理论最初只应用于涉及公路、桥梁等基础设施的拒绝交易案件[④]，后随着社会经济的发展，逐渐扩展到其他领域，当前在知识产权案件中也被使用。

如前所述，美国充分尊重经营者的自主交易权，一般情形的拒绝交易属于合同自治的范畴而不在反垄断法框架下进行规制。关键设施理论的运用也要符合一定的条件，具体包括：（1）经营者控制了相关市场中的某一关键设施；（2）该关键设施不易被复制，即竞争者重新建立该设施在一般情况下不可行，这里的一般情况是指竞争者没有能力重建该设施或者重建该设施成本巨大而竞争者无力负担，同时获取该关键设施的替代方法客观上也不存在或者不可行；（3）该关键设施的所有人拒绝同其竞争者进行交易，致使其竞争者无法使用该关键设施，而使用该关键设施是参与市场竞争所必需的，经营者如果不能使用该关键设施可能直接导致其难以进入相

---

① See *United States* v. *Colgate & Co*，250 U. S. 300，307（1919）.

② See *Image Technical Services*，*Inc*. v. *Eastman Kodak*.，125 F. 3d 1195（9th Cir. 1997）.

③ 参见吴广海：《专利权行使的反垄断法规制》，143 页，北京，知识产权出版社，2012。

④ 美国关键设施理论起源于 1912 年发生的 Terminal Railroad 案，参见 *United States* v. *Terminal Railroad Ass'n of St. Louis*，224 U. S. 383（1912）。在该案中，Terminal Railroad 公司拥有密西西比河上一座关键性的大桥及相应的铁路场地，Terminal Railroad 公司拒绝向与之有竞争关系的铁路公司提供大桥和铁路场地的使用权，最终法院认定 Terminal Railroad 公司的拒绝行为构成对相关市场的非法限制并且有企图垄断的意图。

关市场或者被排挤出相关市场，造成相关市场竞争减损；（4）经营者向其竞争者提供该关键设施是可行的，提供该关键设施不存在技术性障碍，同时交易行为也不会减损或者毁坏该关键设施。需特别指出的是，虽然关键设施理论发源于美国，但美国法院对该理论的适用始终保持极为谨慎的态度。

二、欧 盟

（一）欧盟对专利拒绝许可的态度

欧盟最初将专利拒绝许可作为拒绝交易的一种形态予以规制，《欧共体条约》第 82 条规定了滥用市场支配地位的具体情形，这也成为对拒绝交易进行竞争法规制的最早的成文法依据。在欧盟，规制专利拒绝许可，如今适用《欧盟运行条约》第 102 条①关于滥用市场支配地位行为的规定，专利拒绝许可属于歧视性商业行为的一种。与美国不同的是，欧盟对专利拒绝许可进行规制时，并不考虑主观意图，《欧盟运行条约》第 102 条规定的滥用市场支配地位行为的前提条件是行为人已经拥有了市场支配地位。在欧盟，如果一个企业有能力在作出经济决策时不需要考虑竞争者、顾客和消费者的情况，能够在相关市场中妨碍有效竞争，一般认为其拥有市场支配地位。该条文延续了《欧共体条约》第 82 条关于市场支配地位的相关规定。此外，在欧盟委员会《适用〈欧共体条约〉第 82 条查处市场支配地位企业滥用性排他行为的执法重点指南》中也强调了这样一个市场支配地位的概念②，并对竞争法重点规制的拒绝交易的条件进行了说明。③ 在判断一项拒绝许可是否构成滥用市场支配地位时，欧盟广泛

① 《欧盟运行条约》第 102 条规定：一个或多个在共同市场内或者在其中相当一部分地域内占有优势地位的企业滥用该市场支配地位的任何行为，可能影响成员国之间贸易的，因与共同市场不相容而被禁止。禁止的滥用行为包括但不限于：（1）直接或者间接地施加不公平的采购价格、销售价格或者其他不公平交易条件；（2）限制生产、销售或技术开发，损害消费者利益；（3）歧视性商业行为；（4）搭售和附加其他不合理交易条件的行为。

② 在该指南中，市场支配地位是指一个企业所拥有的经济实力，这种经济实力能够使其在相关市场中妨碍有效竞争，且能够使其在很大程度上独立于竞争者、顾客和终端消费者，即企业的决定在很大程度上对竞争者、顾客和终端消费者不敏感。Guidance on the Commission's enforcement priorities in applying Article 82 of the EC Treaty to abusive exclusionary conduct by dominant undertakings（2009/C 45/02），para 10.

③ 该指南中规定："如果存在如下情形，委员会将考虑将这些行为作为执法重点：（1）拒绝交易所涉及的产品或服务，对于下游市场的有效竞争而言是客观必要的；（2）拒绝交易很可能消除下游市场的有效竞争；（3）拒绝交易极有可能损害消费者福利。" Guidance on the Commission's enforcement priorities in applying Article 82 of the EC Treaty to abusive exclusionary conduct by dominant undertakings（2009/C 45/02），para 81.

地运用关键设施理论，更加注重行为所产生的限制竞争效果。同时，欧盟委员会在审查拒绝许可是否违法时，更加注重其对下游市场有效竞争的影响。

（二）欧盟规制专利拒绝许可的审查方法

欧盟在行为判断时并不关注主观意图，通常运用关键设施理论来审查专利拒绝许可是否需要竞争法的规制。在关键设施理论的适用过程中，欧盟对关键设施理论的适用条件和适用方法进行了完善。

1. 关键设施理论在欧盟的含义

欧盟专利拒绝许可第一案是发生在 1974 年的 Commercial Solvents Corporation（CSC）案。① 在该案中，欧洲法院指出，如果拒绝交易的标的对其他企业在下游市场竞争而言是必不可少的，则拒绝交易就构成对《欧共体条约》第 82 条的违反，属于滥用市场支配地位的行为，应当对其进行规制。在欧盟，关键设施理论的内涵是：市场中存在某种设施，不能通过通常的创新方法和直接投资方式进行复制，且该设施的获取与否直接影响竞争者能否参与市场竞争或者不能获取该设施可能造成市场竞争受到严重的阻碍。在这种情形下，该设施的持有者有义务与其竞争者共同使用该设施，此时拒绝交易就会违反竞争法的规定，应受竞争法的规制。根据欧盟法的规定，关键设施的认定需要考量以下因素：（1）该设施不能通过通常的创新方法和直接投资获得，具有一定的专有性和不可复制性；（2）该设施是经营者及其竞争者在相关市场开展竞争所必不可少的，没有该设施则正常的经营活动无法继续进行；（3）这一设施在现实条件下具有不可替代性，即在现实中不存在能够对其进行有效替代的设施，同时在可预期的时限范围内也不存在潜在的具有可替代性的设施。②

2. 欧盟关键设施理论的适用条件

欧洲法院在不同的案件中对关键设施理论的适用条件进行了完善，与美国不同的是，欧盟更加突出了对以下三个方面因素的关注：（1）更加关注拒绝交易对同级相关市场以及下游市场竞争的影响和效应；（2）在适用过程中，更加强调拒绝交易确实没有必要的客观理由；（3）更加强调垄断行为的构成必须是该关键设施没有现实或潜在的替代物。此后，在关键设

① See *Commercial Solvents* v. *European Commission* [1974] 1 C. M. L. R. 309.

② See Notice on the application of competition rules to access agreements in the telecommunications sector，(1988) O. J. C265/2，para. 68.

施理论的不断发展中，又提出了“新产品”的条件要求。“新产品”条件最早出现在 Magill 案[①]中，是指拒绝交易的相关产品是生产某一客观上存在消费需求的新产品所必需的，而拒绝交易客观上阻碍了这种新产品的出现。此后该条件在 2004 年的 IMS 案以及 2007 年的微软案中得到延续适用。

在欧盟，关键设施理论适用于专利拒绝许可。在判断行为的违法性时，基本审查要素如下：首先，对于关键设施本身而言，该专利构成关键设施，即该专利是经营者及其竞争者开展经营活动所必不可少的；其次，专利拒绝许可可能阻止一个客观上在市场中存在需求的新产品的出现，造成临近市场竞争减损；再次，专利拒绝许可产生或者可能产生排除、限制竞争的效果，造成相关市场自由竞争秩序的破坏和竞争结构的不合理，该市场既包括经营者所在的相关市场，也包括经营者经由专利技术可以控制或参与的下游市场或相邻市场；最后，经营者客观上没有免责的抗辩理由，即其许可行为是可行的且不会对其技术造成巨大损害。

三、日　本

（一）日本对专利拒绝许可的态度

日本反垄断立法最重要的法律文件就是《禁止私人垄断及确保公正交易法》（简称《禁止垄断法》）。[②] 根据《禁止垄断法》的规定，拒绝交易作为不公正交易方法的一种受到规制。战后的日本强化对知识产权的鼓励和推动，实施科技立国的基本国策，将知识产权行使行为作为《禁止垄断法》的适用除外内容加以规定，鼓励和支持知识产权的正当行使行为。[③]

① 参见 Case C－241/91 P&C 242/91；*Radio Telefis Eireann and Independent Television Publication Limited*（*Intellectual Property Owners Inc. intervening*）v. *E. C. Commission*，该案涉及的是拒绝授予著作权许可。在该案中，RTE、ITP 和 BBC 是基于国内法授权负责广播和电视节目编辑的几家电视公司，每周都出版只刊登它们自己电视节目的电视杂志，而 Magill TV Guide Ltd. 则是一家独立的周刊电视杂志，意在发行每周电视指南，这一电视指南是一种存在消费者需求的“新产品”，但是 RTE 拒绝给 Magill 一周的所有电视计划。在该案中，欧洲法院认为其行为构成滥用行为的重要条件之一在于拒绝供应的产品（在该案中指的是电视节目）是销售一种新产品（在该案中指的是每周电视指南）所必不可少的生产要素，这种新产品所含的知识产权，新产品的所有者并不能提供，而市场上却存在现实潜在的需求。

② 《私的独占の禁止及び公正取引の確保に関する法律（昭和二十二年法律第五十四号）》（译为《禁止私人垄断及确保公正交易法》），颁布于 1947 年，后经多次不同规模的修改，最近的一次修改是在 2015 年。本章以 2009 年大规模修改后的版本为准。

③ 《禁止垄断法》第 21 条规定：“本法规定不适用于依据著作权法、专利法、实用新型法、外观设计法或商标法行使权利的行为。”

但随着20世纪末期日本国内政府管制趋于宽松，大量出现的知识产权滥用行为不仅不利于促进科技进步和经济水平提高，反而抑制了技术创新。在这种现实背景下，日本政府不得不着手对知识产权，尤其是专利权的滥用行为进行规制，于1999年颁布《专利和技术秘密许可协议中的反垄断法指导方针》，对专利行使中的限制竞争行为进行《禁止垄断法》之外的补充规制。此后，又于2007年颁布了《关于知识产权利用的反垄断法指南》①，系统地阐述了日本在知识产权领域实施反垄断法规制的指导思想和基本原则，并对典型行为的规制模式和审查方法进行了阐明。该指南第2条关于适用对象的规定中明确指出其适用于实质上构成与技术使用相关的限制竞争的行为，包括：（1）阻碍技术使用；（2）限制技术使用范围；（3）对技术使用附加条件。② 专利拒绝许可实际上就是一种阻碍技术使用的行为，根据该指南，若阻碍技术使用的行为具有阻碍公平竞争的倾向，或者对自由竞争的基础造成损害，就需要在反垄断法层面对其进行规制。可见，与欧美类似，在日本，一般情形的专利拒绝许可被认为是专利权人行使自主经营权的体现，法律不能过多地进行干预，只有当拒绝许可的行为产生了不利于市场发展的效果，构成不公正交易方法时，才被纳入反垄断法的规制范围。

（二）日本规制专利拒绝许可的审查方法

1. 反垄断法规制的拒绝许可行为类型

日本《关于知识产权利用的反垄断法指南》详细列举了需要进行反垄断审查的拒绝许可类型，可总结为以下四类：（1）以妨碍竞争对手的经营活动为目的的拒绝许可。即行为人知悉其竞争对手需要某一项不可替代的技术开展正常的经营活动，需从该技术的权利人处获取技术权利，却拒绝许可给该竞争对手的行为。（2）后期拒绝许可。该类型的拒绝许可分两个阶段：在前一阶段，行为人通过设置不可靠或虚假的授权许可条件或者以其他不正当的方式使被许可方使用其技术；在后一阶段，当该技术成为被许可方正常生产经营所必需的技术且难以被其他技术替代时，行为人通过拒绝许可的方式禁止被许可方使用。这种拒绝许可最为典型的就是行业标

① 《知的財産の利用に関する独占禁止法上の指針》（译为《关于知识产权利用的反垄断法指南》），颁布于2007年9月28日，并于2016年1月21日修订。本章以2016年修订后的版本为准。

② 参见孙海萍：《日本关于知识产权利用的反垄断法指南》，载王先林主编：《竞争法律与政策评论》，第2卷，上海，上海交通大学出版社，2016。

准制定者在后期的拒绝许可。[①]（3）基础性或准入性专利的拒绝许可。当某项技术构成特定产品市场经营活动的基础或者成为某一行业市场准入的门槛时，众多的经营者只有获取许可才能够在相关市场中开展正常的生产经营活动。如果专利权人无正当理由拒绝许可，则可能直接导致被拒绝许可方无法进入相关市场，专利权人实际拥有了控制相关市场的能力，具有阻碍公平竞争的危险。（4）标准必要专利的拒绝许可。在日本，标准必要专利的许可通常需要遵守 FRAND 承诺，如果标准必要专利权人拒绝向有意依照其提供的 FRAND 条件接受许可的经营者进行许可，或者要求已经获得许可的部分经营者停止使用其技术，或者撤回 FRAND 承诺，则可能导致使用该标准的产品的正常研发、生产或销售难以有效进行，造成该标准项下相关产业的发展受阻。

2. 阻碍公平竞争倾向理论

日本将阻碍技术使用即拒绝许可的行为作为一种不公正的交易方法来对待，在对其进行违法性认定时审查的主要内容除行为本身是否满足特定要件之外，最为重要的是判断该拒绝许可是否具有阻碍公平竞争的倾向。在日本，判断拒绝许可是否具有阻碍公平竞争的倾向时，需要综合考虑多种因素，例如技术本身的性质（包括用途、影响力、可替代性等）、市场整体状况（包括当事人市场份额、竞争对手数量、市场集中程度、市场进入难易程度等）、拒绝许可的理由（是否存在合理抗辩）。此外，如果拒绝许可涉及不同的市场，还需要进一步审查拒绝许可对每一相关市场，尤其是下游市场产生的影响。具体而言，在判断拒绝许可是否具有阻碍公平竞争的倾向时，遵循以下步骤：（1）对拒绝许可影响的经营者的数量、竞争状况以及对竞争产生的影响进行考量，判断拒绝许可是否会排除其竞争对手的交易机会或者是否可能直接降低该竞争对手在相关市场的竞争力；（2）对拒绝许可产生后果的有效性进行考量，判断拒绝许可是否在价格、客户获取以及其他市场因素的竞争中产生或者可能产生影响；（3）通过综合考虑经营活动所受影响的内容和程度、拒绝行为影响的经营者的数量、拒绝行为的持续性等多方面因素，审查拒绝许可是否构成竞争手段不正当

---

① 当若干经营者共同制定行业标准时，部分经营者就其自身技术设定优惠许可条件，促使其技术被纳入行业标准，但当标准确定后众多经营者开始使用其技术且没有替代性技术可供选择时，其再拒绝许可某些经营者使用其技术。这种行为类型造成相关经营者无法生产出符合行业标准的产品，从而可能被排挤出相关市场，这不仅造成前期投资与社会资源的浪费，而且是对竞争秩序的恶意破坏。

或者是否损害自由竞争的基础。

四、加拿大

（一）加拿大对专利拒绝许可的态度

专利拒绝许可是拒绝交易的一种具体形态，在加拿大，拒绝交易作为限制性商业行为的一种受竞争法的规制。加拿大《竞争法》第 75 条对拒绝交易应审查事项作了详细说明，第 79 条规定了禁止滥用市场支配地位，但其第 5 款将知识产权的行使行为排除在适用范围之外，这也就使得长期以来，加拿大当局将知识产权的拒绝许可认定为知识产权的行使行为，而不适用《竞争法》。[①] 加拿大《专利法》对专利滥用行为的专门救济进行了规定，当涉及专利拒绝许可时，只有其对公共利益产生不利影响，才会给予强制许可。[②] 此外，加拿大竞争局于 2000 年颁布的《知识产权执行指南》（Intellectual Property Enforcement Guidelines）认为知识产权法和竞争法是互补关系，其第四部分的 4.2.1 中指出，“单方使用知识产权的排他行为无论对竞争产生何种程度的影响，都不会违反竞争法的一般性规定”。这一观点在最新发布的 2016 年《知识产权执行指南》中仍然存在[③]，只有当知识产权所有者行使知识产权的行为是针对其竞争者或潜在的竞争者，行为结果创造或维持其市场力量时，才可能违反竞争法。由此可见，加拿大竞争政策和法律更倾向于将知识产权的行使行为包括拒绝许可视为竞争法适用除外的内容，不受竞争法的管辖。

（二）加拿大规制专利拒绝许可的审查方法

加拿大《竞争法》第 32 条是专门针对知识产权滥用行为的“特别救济”。根据该条文，当专利拒绝许可不正当地阻碍、限制或减少了产品的加工或生产，损害了相关市场的竞争时，联邦法院可以发布命令阻止其专

① 在 1997 年发生的一起商标拒绝许可案件（*Canada* v. *Tele-Direct Publications Inc.*）中，竞争法庭认定许可商标的决定是属于商标所有者的权利，拒绝许可的行为是对知识产权的行使，拒绝许可商标在其特权范围之内。

② 加拿大《专利法》第 65 条第 2 款规定：“……d）如果由于专利所有人拒绝以合理的条件给予许可，加拿大的任何贸易或者商业，或者任何在加拿大从事商业活动的个人或阶层的贸易，或者加拿大任何新贸易或商业的开拓受到了不利影响，为了公共利益，应当给予许可；……”

③ See Intellectual Property Enforcement Guidelines (2016), 4.2.1: Unilaterally exercising the IP right to exclude does not violate the general provisions of the Act no matter to what degree competition is affected. To hold otherwise could effectively nullify IP rights, impair or remove the economic, cultural, social and educational benefits created by them, and be inconsistent with the Bureau's underlying view that IP and competition law are generally complementary.

有权。在加拿大，对专利拒绝许可进行违法性审查，主要考虑以下因素：(1) 行为主体拥有市场支配地位，《知识产权执行指南》中也强调了并不能因为其拥有专利就推定其拥有市场支配地位，需要在界定相关市场的基础上，从市场集中度、市场进入的难易程度、拒绝许可产生的横向效应等方面进行综合判断；(2) 拒绝许可的专利对于竞争而言是核心的内容或资源，是经营者在相关市场中开展正常经营活动所必不可少的；(3) 拒绝许可对市场竞争产生了显著的不良影响，具有明显的反竞争效应。对于反竞争效应的判断，主要分析拒绝许可是否有利于专利权人强化其市场支配地位，是否更有利于其单独或者联合控制产品价格或产量。①

五、韩 国

(一) 韩国对专利拒绝许可的态度

韩国最早在 1946 年《专利法》中将“造成公益或他人损害”的不正当拒绝许可作为专利权滥用行为的一种进行规制，此后又在 1963 年《专利法》中将其发展为“造成产业、国家或者国内居住人的损害”的不正当拒绝许可。随着《公平交易法》的制定，尤其是 20 世纪 90 年代，韩国逐渐强化专利权的保护，在 1990 年修订的《专利法》中删除了专利权滥用条款，并赋予专利权人关于专利实施的垄断权利。2000 年以来，为规制专利权不当行使行为，韩国公平交易委员会扩大了《公平交易法》的适用范围，将专利权的正当行使行为列入《公平交易法》的适用除外范围②，但又规定专利行使行为如果背离了知识产权制度的宗旨，就不再属于权利的正当行使行为，当该行为限制技术或产品市场竞争时，则适用《公平交易法》。③ 专利拒绝许可属于《不公平交易行为审查指南》中规定的拒绝交易的行为，在执法过程中，如果公平交易委员会认定专利拒绝许可在相关市场中妨碍公平交易的可能性大于其可能产生的效率增加或消费者福利

---

① See Intellectual Property Enforcement Guidelines (2016), 5. The analytical framework in the context of IP, http://www.competitionbureau.gc.ca/eic/site/cb-bc.nsf/eng/04031.html#section5.

② 韩国《公平交易法》第 59 条规定：“本法规定不适用于被认定按照《著作权法》、《专利法》、《实用新型法》、《外观设计法》和《商标法》行使权利的正当行为。”

③ 韩国《知识产权不当行使审查指南》(2000 年 8 月 30 日制定) 第 1 条规定：“对专利权、商标权和著作权等知识产权的正当行使依据《公平交易法》第 59 条排除《公平交易法》的适用。从外观和形式上看来知识产权的行使背离了鼓励发明和创造的知识产权制度的宗旨时，该行为不能看作权利的正当行使。如果该行为限制了技术市场或产品市场的竞争，则可以适用《公平交易法》。”

时，该行为就构成不公平交易行为，应受《公平交易法》规制。

（二）韩国规制专利拒绝许可的审查方法

1. 反垄断法规制的拒绝许可的类型

韩国《公平交易法》规制的专利拒绝许可是为了禁止他人进入市场而实施的拒绝许可，具有损害公平交易的可能性。根据韩国《知识产权不当行使审查指南》的规定①，不正当拒绝许可分为两种类型：一是因专利权人事先设置的不公正许可条件不被被许可方所接受而拒绝许可，此种类型的拒绝许可实际上是附条件许可的一种，只是因为苛刻的附加条件而使该行为实际成为拒绝许可；二是被许可方为了获得其在生产经营过程中所必不可少的专利技术的许可在合理期限内提出了符合专利技术水平的许可条件或者同意专利权人事先设置的许可条件，但专利权人仍然拒绝许可，致使被拒绝许可相对人难以进入相关市场。

2. 专利拒绝许可的违法性认定因素分析

根据韩国《公平交易法》、《不公平交易行为审查指南》以及《知识产权不当行使审查指南》等规范性文件，判断一项专利拒绝许可应否受反垄断法的规制应当满足以下条件：（1）专利拒绝许可违背专利法的立法目的或者超出专利法规定的合理使用界限；（2）该行为符合《公平交易法》不正当地限制竞争的行为的要件规定，具有妨害公平交易的可能性。韩国《不公平交易行为审查指南》中将不公平交易行为分为竞争限制性行为和竞争不公平性行为②，而拒绝交易属于竞争限制性行为。在审查行为是否存在妨害公平交易的可能性时，需要着重审查拒绝交易方的市场支配地位，在一般情况下，市场份额很小的经营者的拒绝交易是不构成违法的。此外，韩国在判断一项专利拒绝许可是否构成不公平交易行为时，也采用合理分析原则。

六、我国台湾地区

（一）我国台湾地区对专利拒绝许可的态度

在“公平交易法”颁布之前，我国台湾地区处于技术引进和技术模仿的特殊时期，其专利制度更多地服务于经济政策，对专利采取弱保护政

① 参见韩国《知识产权不当行使审查指南》第3条第17款的规定。

② 竞争限制性行为包括拒绝交易、差别待遇、市场排挤和附条件交易行为等，竞争不公平性行为则包括不当吸引顾客、强制交易、滥用优势地位妨碍经营活动等。

策，并没有在制度层面上对专利权的不当行使给予重视和专门规制。1991年，我国台湾地区颁布“公平交易法”，根据其规定，正当的知识产权行使行为不受“公平交易法”的规制①，只有当专利权的行使违反竞争秩序、背离“公平交易法”宗旨时，才在“公平交易法”框架下进行规制。根据“公平交易法”的规定，具有市场支配地位的经营者实施的专利拒绝许可可能产生直接或间接阻碍其他经营者参与竞争的后果，属于独占事业的不当行为之一②，应当受到“公平交易法”的规制。同时，如果专利拒绝许可有妨碍公平竞争的危险，根据“公平交易法”第19条第6款③的规定，构成不公平竞争行为，也应受“公平交易法”的规制。与此相对应，我国台湾地区“公平交易委员会”颁布的“审理技术授权协议案件处理原则”中也详细列举了技术授权过程中违反“公平交易法”的不公平竞争行为，其中就包括拒绝许可授权的情形。④ 由此可见，在我国台湾地区，合理利用专利权情况下的拒绝许可属于“公平交易法”适用除外范围，当专利拒绝许可构成独占事业的限制竞争行为或不公平竞争行为，对市场竞争产生不利影响时，则需要由“公平交易法”进行规制。

（二）我国台湾地区专利拒绝许可的审查方法

根据我国台湾地区“公平交易法”、“公平交易法施行细则”以及“审理技术授权协议案件处理原则”等文件，在对专利拒绝许可的违法性进行判断时，大致包括以下几个步骤：（1）行为性质判断，排除专利正当行使行为。根据“公平交易法”第45条的规定，正当的知识产权行使行为具有合法性而不受“公平交易法”的规制，因此，首先应对行为性质进行判断，检视具体的专利拒绝许可是否逾越了专利权的正当行使范围。（2）行

① 台湾地区“公平交易法”规定了知识产权正当行使行为属于“公平交易法”的适用除外范围。“公平交易法”第45条规定：“依照著作权法、商标法或专利法行使权利之正当行为，不适用本法之规定。”

② 台湾地区“公平交易法”第10条规定：“独占之事业，不得有下列行为：一、以不公平之方法，直接或间接阻碍他事业参与竞争。二、对商品价格或服务报酬，为不当之决定、维持或变更。三、无正当理由，使交易相对人给予特别优惠。四、其他滥用市场地位之行为。”

③ 台湾地区“公平交易法”第19条规定：“有下列各款行为之一，而有限制竞争或妨碍公平竞争之虞者，事业不得为之：……六、以不正当限制交易相对人之事业活动为条件，而与其交易之行为。”

④ 台湾地区“审理技术授权协议案件处理原则”第6条关于违反“公平交易法”行为的列举中规定：“……（二）技术授权协议之内容，有下列情形之一，而对特定市场具有限制竞争或妨碍公平竞争之虞者，违反‘公平交易法’第十九条第六款之规定：……9. 授权人拒绝提供被授权人有关授权专利之内容、范围或专利有效期限等。”

为产生的市场效应分析。专利拒绝许可是否在“公平交易法”层面具有违法性的关键在于其是否在相关市场中产生或者可能产生限制竞争或不公平竞争的影响。在我国台湾地区，相关市场包括商品市场、技术市场和创新市场，需要从整体上考量拒绝许可在相关市场产生的影响，从而判断其是否具有违法性。(3) 其他需要考虑的因素。除拒绝许可的性质与行为产生的市场效应外，根据“审理技术授权协议案件处理原则”的规定，判断一项专利拒绝许可是否违反“公平交易法”还需要考虑以下因素：其一，专利技术所占市场份额；其二，许可人在相关市场的市场地位及市场竞争状况；其三，拒绝许可产生的积极效应与排除竞争效果的影响程度；其四，相关市场进出的难易程度；其五，拒绝许可限制时间的长短；其六，特定技术市场的国际惯例或行业惯例。

第五节　专利拒绝许可违法性认定因素分析

从域外法律实践可以看出，在对专利拒绝许可从反垄断法层面进行规制时，各国家和地区均未采取本身违法原则，而是选择合理分析原则。由此可见，专利拒绝许可并不是一种当然违法行为，一般意义上的专利拒绝许可是专利权人专有权行使的表现形式，反垄断法不对其进行规制，只有当专利拒绝许可满足一定条件时，反垄断法才会对其进行规制。具体而言，应当在判断专利权人是否拥有相关市场的支配地位的基础上，探讨该专利技术能否构成关键设施，再确定其行为是否构成市场支配地位的滥用，最终通过判断其是否产生排除、限制竞争的后果，在排除合理理由的前提下，判断行为是否应当依据反垄断法进行打击。

一、是否拥有支配地位

实施拒绝许可的专利权人是否拥有相关市场的支配地位是认定拒绝许可是否违法的基础性条件，如果专利权人并不拥有市场支配地位，则其行为也就不应受到反垄断法的规制。市场支配地位是指企业在相关市场上具有某种程度的支配与控制力量。① 简单地讲，拥有市场支配地位就意味着

---

① 参见宁立志：《专利搭售许可的反垄断法分析》，载《上海交通大学学报（哲学社会科学版）》，2010 (4)。

经营者可以控制相关市场上的商品交易条件而不受竞争压力的影响，或者可以通过自己的行为有效地阻止或者妨碍市场竞争。① 由于专利权人拥有专利并不等同于拥有市场支配地位，因此，对专利权人是否拥有市场支配地位应当依法考察认定。

我国《反垄断法》第18条规定了认定经营者具有市场支配地位的考察要素，包括经营者在相关市场的市场份额、相关市场的竞争状况、经营者控制销售市场或者原材料采购市场的能力、经营者的财力和技术条件、其他经营者对该经营者在交易上的依赖程度、其他经营者进入相关市场的难易程度等多个方面。此外，《关于知识产权领域的反垄断指南》第14条指出，认定拥有知识产权的经营者在相关市场上是否具有支配地位，还可具体考虑交易相对人转向具有替代关系的技术或者商品等的可能性及转换成本、下游市场对利用知识产权所提供的商品的依赖程度、交易相对人对经营者的制衡能力等因素。对于专利权人而言，判断其是否具备市场支配地位应当充分考虑技术市场的特殊性，主要从以下几个方面进行判断。

（一）专利技术所占的市场份额

市场份额的大小是确定市场主体是否拥有市场支配地位最直观的依据。技术市场份额的确定与一般商品市场份额的确定方法不同，根据欧盟《技术转让集体豁免条例》第8条的规定，市场份额应当根据市场销售额的价值来计算，如果市场销售额价值无法获取，则可以依据包括市场销售量在内的其他可靠的市场信息来计算相关企业的市场份额。② 在具体的操作过程中，欧盟采取的做法通常是利用被许可技术所生产的产品的销售额来确定其市场份额，即根据被许可技术所生产的产品在下游市场中的销售额占下游市场总销售额的比重来计算专利技术的市场份额。我国《关于知识产权领域的反垄断指南》第5条中也有类似的规定，即：计算经营者在相关技术市场的市场份额，可根据个案情况，考虑利用该技术生产的商品在相关市场的份额、该技术的许可费收入占相关技术市场总许可费收入的比重、具有替代关系技术的数量等。

（二）专利技术的可替代程度

如果一项专利技术具有极强的独特性，在相关市场上是独一无二、无

① 参见马海生：《专利许可的原则：公平、合理、无歧视许可研究》，150页，北京，法律出版社，2010。

② See Commission Regulation（EU）No 316/2014 of 21 March 2014 on the application of Article 101（3）of the Treaty on the Functioning of the European Union to categories of technology transfer agreements，(2014) OJ L 93，28. 3. 2014，p. 23，Article 8.

法替代的，交易相对人若想达到一定的生产或经济效果必须使用该技术，否则可能造成经济效益的减损或者产品质量明显下降及成本大幅升高。在这种情形下，专利权人极有可能拥有市场支配地位。

（三）专利拒绝许可对竞争产生的危害程度

如果专利拒绝许可只是造成某些竞争者的生产效率略低于得到许可的竞争者，并未对其造成致命打击，被拒绝许可相对人还可以在相关市场上开展竞争，则专利权人的行为并没有达到支配市场的效果。但是，如果专利权人的拒绝许可直接导致被拒绝许可相对人无法在相关市场开展正常的经营活动，直接被排挤出相关市场或者直接被限制进入新的相关市场，此时，则极有可能认定该专利权人拥有市场支配地位。

二、是否构成关键设施

如前文所述，当运用关键设施理论对专利拒绝许可是否适用反垄断法进行分析时，首要条件是拒绝许可的专利技术构成关键设施。构成关键设施的专利技术可以简单地概括为：经营者参与相关市场竞争或者进入新的相关市场所必不可少且不可替代的，同时专利权人又能够合理地进行许可的专利技术。如果一项专利技术构成关键设施，专利权人就在相关市场的竞争中掌握了决定市场竞争效果的关键因素，这类技术的拒绝许可直接导致相关的竞争者难以继续在相关市场中开展竞争，或者对下游竞争市场造成人为的准入障碍，损害市场的自由竞争，应当受到反垄断法的规制。反之，如果一项技术不构成关键设施，被拒绝交易相对人可以寻求到其他的替代性技术或方案或者在不用该技术的情况下也能开展正常的生产经营活动，此时，专利拒绝许可只是对被拒绝交易相对人的生产效率产生一定的影响，不足以使被拒绝交易相对人无法参与竞争，并没有对竞争造成严重不利影响，因此也就没有必要在反垄断法层面进行规制。

三、是否产生排除、限制竞争的后果

这一后果要件是判定专利拒绝许可应否由反垄断法进行规制的关键性要素。对于竞争效果的考量，应当摒弃主观意图，从实际竞争动态的客观角度对专利拒绝许可产生的效应进行合理分析。在这一层面上，不能因专利权人主观上具有排挤竞争对手、控制相关市场的意图就认定其行为产生或者可能产生排除、限制竞争的后果。例如专利权人自认为其专利技术具有独特性，是竞争所必需的，通过拒绝许可的方式禁止竞争者使用其专利技术，以期达到独占相关市场的目的，但是其竞争者并没有被排挤出相关市场，反而因为专利权人的拒绝许可而激励自己投入人力、物力、财力，从而研究出与专利权人技术效果相似的技术或者比专利权人技术更为先进的技术。在这种情况下，虽然被拒绝交易相对人投入了研发费用，但是其研发投入并没有使正常经营活动难以维系，而是实现了想要达成的预期目标，更有可能促进技术的更新，是有利于社会创新和技术进步的。此时，拒绝许可并没有造成市场竞争的损害。因此，在对专利拒绝许可产生的竞争效应进行分析时，不能简单地从主观或者任何一个单一方面来判断其行为是否违法。正如前文所述，专利拒绝许可具有竞争的双重效应，既有积极效应，又有消极效应，因此，应当借助经济分析的方法，对其产生的竞争效应进行综合考量，对其利弊进行充分比较，从而在利害权衡的层面上分析拒绝许可是否产生或者可能产生排除、限制竞争的不利后果。

第六节　对我国的启示

我国《反垄断法》第 55 条只是对滥用知识产权排除、限制竞争行为的规制作出了原则性的规定，其具体的实施依赖于相关配套的行政法规和部门规章。2015 年 8 月 1 日开始施行的《关于禁止滥用知识产权排除、限制竞争行为的规定》，使知识产权领域的反垄断执法逐渐有法可依。但是该规定的适用范围受到行政职能范围的局限，且规定本身也还有一些不足之处，因此，国务院反垄断委员会于 2019 年 1 月 4 日发布了《关于知识产权领域的反垄断指南》，以增强知识产权领域反垄断规范的可操作性和可预见性，提高经营者对自身活动的预判性。综合本章前述分析，我国在制定和执行专利拒绝许可的反垄断法指南相关规范时，应当立足于我国国情，充分吸收域外先进的立法执法经验，不断完善我国反垄断法对专利拒绝许可的规制制度。

一、操作指南与一般性立法的协调

我国当前对包括专利拒绝许可在内的滥用知识产权排除、限制竞争行为进行规制，采用的是一般性立法与专门性操作指南并行的模式，但还存在很多问题，例如法律规范过于分散、法律条文过于原则、违法认定标准不明确等。针对这些不足之处，我们需要从以下几个方面进行完善。

（一）完善《反垄断法》，增设知识产权滥用条款

专利拒绝许可是专利权行使的一种形态，也是在更广泛层面上知识产权行使的类型之一。我国《反垄断法》第 55 条规定了知识产权行使行为的适用除外制度，同时规定排除、限制竞争的知识产权滥用行为依然适用《反垄断法》，但是并没有明确知识产权滥用行为应当如何认定。因此，有必要对《反垄断法》进行完善：一方面，对原有的适用除外的知识产权行使行为明确“正当行使”的要件；另一方面，增设涉嫌垄断的知识产权滥用条款，明确《反垄断法》规制的知识产权滥用行为的基本特征，便于执法机构依据《反垄断法》关于知识产权滥用行为的一般性条款判断某一特定的专利拒绝许可是否应受《反垄断法》的规制。

（二）细化《专利法》，明确专利拒绝许可的基本要件

《专利法》作为旨在促进科技进步和经济发展的专门性实体法律，应当对可预见的专利权的行使行为进行利益均衡和价值判断的精细化。我国 1984 年、1992 年、2000 年、2008 年《专利法》都没有对专利权滥用行为进行规定，在 2015 年《专利法修订草案（送审稿）》中增加了专利权滥用的条文①，2020 年 10 月 17 日全国人大常委会通过的修正后的《专利法》基本保留了“送审稿”中的这一条文，即《专利法》第 20 条规定：“申请专利和行使专利权应当遵循诚实信用原则。不得滥用专利权损害公共利益或者他人合法权益。滥用专利权，排除或者限制竞争，构成垄断行为的，依照《中华人民共和国反垄断法》处理。”但新增的规定也只是原则性地禁止权利人滥用专利权损害公共利益或者他人合法权益，禁止滥用专利权排除、限制竞争，并没有对专利权滥用行为进行系统的类型化规定，致使行为判断的标准不明确，留下了很大的随意性。因此，将来应当在新增的一般性规定的基础上，对具体的滥用专利权的行为进行类型化规定，以保证行为判断的准确性和可预测性。

（三）完善《关于知识产权领域的反垄断指南》，增强立法的可操作性

美国、欧盟和日本等国家和地区都制定了专门的知识产权反垄断指南，并在其中对每一种知识产权滥用行为的概念、构成要件、违法性判定、损害后果和法律责任等进行了具体的制度构建。2019 年 1 月 4 日，国

---

① 国务院 2015 年 12 月发布的《专利法修订草案（送审稿）》第 14 条规定：“申请专利和行使专利权应当遵循诚实信用原则。不得滥用专利权损害公共利益或者不合理地排除、限制竞争。”

务院反垄断委员会正式发布了《关于知识产权领域的反垄断指南》，该指南对知识产权领域较为特殊的规制原则、相关市场界定方法、市场支配地位确定等进行了必要的制度创新，对知识产权的滥用行为进行了类型化规定，在设置整体规制原则的基础上，针对每一类别的滥用行为设置了具体的分析方法和规制路径，但该指南仍然存在一些缺陷，具体到专利拒绝许可，应更加关注专利技术的不可复制性、不可替代性、必不可少性和可许可性这四个特征，对双重竞争效应进行综合判断。

二、规制的基本原则

法律原则是在一个法律体系中居于指导地位的准则，是防止法律规则造成不良后果的重要保障。对于完善我国专利拒绝许可的法律规制制度而言，最为基础性和全局性的制度内容在于明确规制的基本原则，具体而言，应该坚持利益平衡原则、合理分析的违法性判断原则。

（一）坚持利益平衡的基本原则

专利制度本身就融入了利益平衡的内在理念，而反垄断法规制专利滥用行为就是为了纠正和避免排除、限制竞争的消极效应，恢复和维护专利权人私人利益和社会公共利益的平衡。在对专利拒绝许可进行规制时，利益平衡原则是其中的一项重要原则，《关于知识产权领域的反垄断指南》必须关注不同主体之间利益的平衡，既考虑到专利许可产生的激励创新作用，又要保证市场竞争机制的充分发挥，在对具体行为进行认定时，以个案分析原则为指导，充分兼顾各方利益，以期在执法中达到利益平衡的良好状态。此外，我国当前处于以技术引进为主的经济发展阶段，国内不少企业都还处在学习、模仿、借鉴外来技术的过程中，因此，制度设计应有利于技术引进，或为技术引进营造宽松的法律环境，对那些对相关市场竞争秩序影响十分微小的拒绝许可可不进行反垄断法层面的规制。同时，我国可以借鉴欧盟，以一定的市场份额界限构建合理的“安全港”制度或者豁免制度①，以保证专利权人的私人利益与社会公共利益的平衡。

---

① 欧盟《技术转让集体豁免条例》规定了两种豁免的情形：（1）当许可协议的双方是竞争关系时，在受影响的相关技术和产品市场上，各方占有的市场份额之和不超过20%；或者（2）当许可协议的双方不是竞争关系时，在受影响的相关技术和产品市场上，各方单独占有的市场份额不超过30%。See Commission Regulation（EC）No 772/2004 of 7 April 2004 on the application of Article 81（3）of the Treaty to categories of technology transfer agreements，（2004）OJ L 123，27.4.2004，p.11.

（二）适用合理分析的违法性判断原则

合理分析原则是指判断一项行为是否违法，需根据具体情况比较该行为带来的利弊，对其积极效应和消极效应进行对比分析，判断其积极效应能否抵消其产生的消极效应，进而确定行为是否构成违法的判定规则。合理分析原则在运用时会着重考虑行为人的市场力量、技术本身的地位以及拒绝许可产生的市场效应等。根据合理分析原则，在对专利拒绝许可进行违法性判断时，应当考量该行为的性质、行为人的市场地位、双方的竞争关系、行为产生的后果等多种因素，对每一项因素进行具体分析，最终综合比对其积极效应和消极效应，以便科学地判断拒绝许可是否违法。《关于知识产权领域的反垄断指南》第 16 条基本确立了对专利拒绝许可的合理分析原则，即判断专利拒绝许可是否构成滥用市场支配地位时，可以考虑以下因素：（1）经营者对该知识产权许可做出的承诺；（2）其他经营者进入相关市场是否必须获得该知识产权的许可；（3）拒绝许可相关知识产权对市场竞争和经营者进行创新的影响及程度；（4）被拒绝方是否缺乏支付合理许可费的意愿和能力等；（5）经营者是否曾对被拒绝方提出过合理要约；（6）拒绝许可相关知识产权是否会损害消费者利益或者社会公共利益。

三、相关市场界定的改进

我国《反垄断法》以及国务院反垄断委员会《关于相关市场界定的指南》对相关市场的界定作出了原则性规定，但是并没有针对知识产权领域的特殊性对相关市场的界定进行特别诠释。同时，尽管《关于禁止滥用知识产权排除、限制竞争行为的规定》中增加了“技术市场”的概念，但并没有明晰技术市场的定义以及界定方法，这导致知识产权案件中相关市场界定规则的可操作性不强。《关于知识产权领域的反垄断指南》结合知识产权的特殊性，改进了相关市场的界定规则，尤其是提出了“技术市场”的概念和界定方法，但并未对相关的产品市场和创新市场的界定问题予以明确。

（一）专利产品市场的界定

专利产品市场是指含有某项专利技术的产品所形成的相关产品市场。对于相关产品市场的界定，传统行业普遍适用的是假定垄断者测试方法（简称“SSNIP 方法”），将产品价格作为相关市场界定的基础。但是对于专利产品而言，虽然含有专利技术的产品和不含专利技术的普通商品在价格上可能有很大的差别，但是消费者更倾向于支付更高对价而选择专利产品，此时，功能的替代性优先于价格的替代性。在专利产品市场的界定中，不能机械地适用 SSNIP 方法，而应该更多地考虑专利产品的性能和消费者的心理，从客观功能（专利产品所能达到的使用目的）和主观功能（消费者心理选择上的倾向性）两大方面，结合价格因素等对专利相关产品市场进行界定。

（二）专利技术市场的界定

技术市场是技术领域一种特殊的相关产品市场形态，这一概念最早见于美国《知识产权许可的反托拉斯指南》①，随后欧盟、日本等国家和地区也相继对此作出规定。技术市场的界定方法与一般的产品或服务市场的界定方法相似，是分别对技术和含有该技术的产品从对需求者的可替代性角度来界定。比较特殊的是，由于技术交易基本上不受交通运输条件的制约，并且使用领域转换性强，因此极有可能将没有实际进行该技术交易的区域和领域也划入相关市场的范围。《关于知识产权领域的反垄断指南》第 4 条中指出："界定相关技术市场可以考虑以下因素：技术的属性、用途、许可费、兼容程度、所涉知识产权的期限、需求者转向其他具有替代关系技术的可能性及成本等。"

（三）创新市场的界定

创新市场是针对特定新产品和新方法或其改进的研究和开发，或者与该研发相似的替代性工作形成的市场。创新市场界定主要适用于那些替代性技术尚未问世的情形。执法机关通过调查与特定技术可能存在替代关系的研发工作来确定创新市场，然后通过调查消费者或者被许可人对技术重要性的认识来确定大概的市场份额，以此来确定特定技术的所有权人是否在创新市场上拥有市场支配地位。但是，创新市场是通过对潜在的竞争者进行考量来确定市场份额的，大多数经营者的研发活动都是秘密进行的，这种测算本身存在很大的障碍。同时，创新市场界定可能导致创新市场中规模性研发活动的夭折，从而不利于整体技术水平的提升。这一界定方式目前仍然存在诸多争议，我国不应盲目引入或至少在引入时要尽量谨慎。《关于知识产权领域的反垄断指南》也并未引入创新市场，仅仅是提及

---

① 美国《知识产权许可的反托拉斯指南》3.2.2 规定："技术市场包括被许可的专利技术及其近似的替代物，近似替代物指的是能够限制被许可专利权在相关市场力量行使的替代技术或产品。"

"根据个案情况，还可以考虑行为对创新、研发等因素的影响"。

四、关键设施理论的适用

国家工商行政管理总局 2010 年颁布的《工商行政管理机关禁止滥用市场支配地位行为的规定》中提到了"必需设施"，这一表述类似于欧美的"关键设施"，但是，我国对关键设施理论的运用还不成熟，在适用过程中对行为所产生的竞争效果的分析也有所欠缺，该理论的适用还需要进一步完善。

（一）关键设施理论引入反垄断法

拒绝交易广泛存在于经济和贸易领域，专利拒绝许可只是其中一种表现形式。关键设施理论最初适用于基础设施领域，后来才逐渐适用于知识产权领域，我国对关键设施理论的借鉴和适用也不应局限于知识产权领域，而可以广泛适用于拒绝交易案件。因此，可以在反垄断法中引入一般性的关键设施理论，将其作为审查拒绝交易案件违法性的关键条件，若拒绝交易的标的构成关键设施，则拒绝交易往往构成反垄断法层面的违法行为。在具体认定过程中，构成关键设施需要满足以下条件：（1）该设施具有不可替代性，其他经营者重新建立该设施在一般情况下不可行；（2）该设施是在相关市场中开展正常经营活动所必不可少的；（3）该设施的控制者提供该设施是可行的，不存在技术性障碍，也不会造成该设施的减损或毁坏。

（二）明确关键设施理论在专利拒绝许可规制中的适用条件

在专利许可领域，判断其拒绝许可违反反垄断法的前提条件是拒绝许可的标的技术构成关键设施。在判断其违法性时，结合美国、欧盟等国家和地区的经验，具体认定过程如下：（1）该项专利技术是经营者及其竞争者在相关市场中开展正常经营活动所必不可少的，缺少该专利技术，就可能造成竞争者无法开展正常的生产经营活动；（2）该专利技术在相关市场中客观上不存在可替代的技术，其他经营者重新研发该类技术因其成本巨大而无力负担；（3）该专利技术的专利权人拒绝许可该技术导致了排除、限制竞争的后果，造成相关市场上自由竞争秩序的破坏，危及公共利益；（4）经营者客观上没有可以抗辩的合理理由，即经营者向被许可方许可该专利技术客观上是可行的，且不会造成对专利技术的巨大损害。

（三）在关键设施理论指导之下完善专利强制许可制度

专利强制许可是一种非自愿许可，是在一定情况下国家依法授权第三人未经专利权人许可使用受专利保护的技术。① 我国专利强制许可制度伴随着《专利法》的修订而不断完善。当前，我国《专利法》规定了五类可以申请专利强制许可的事由②，其中合理条件下拒绝许可的强制许可包括不充分实施的强制许可和反垄断的强制许可两种情形。对于反垄断的强制许可，《专利法》只是规定了“被依法认定为垄断行为”这一条件，在国家知识产权局颁布的《专利实施强制许可办法》中也只是复述了该条文，没有对具体的垄断行为的认定及专利技术特征作出详细界定，这使得该条文在实际适用中具有较大的模糊性。如本章所述，判断专利拒绝许可构成反垄断法层面的违法行为的最为重要的标准就是专利技术构成关键设施，只有专利技术构成关键设施，专利的拒绝许可才有损害市场竞争的危险，进而被认定为垄断行为，这时才需要借助国家强制力对其进行强制许可。因此，应当结合关键设施理论，对该条文进行改进，以关键设施理论限定强制许可的范围，保证法律规制的确定性，防止强制许可权力的滥用。

综上所述，随着我国经济社会的发展和改革开放的深入，越来越多的跨国公司进入中国市场，许多公司利用其技术优势，企图通过专利拒绝许可甚至技术封杀的方式控制我国市场，造成相关市场竞争的极度不充分。没有正当理由的专利拒绝许可对提升我国企业生产能力和技术水平、增强市场竞争力，乃至保障消费者权益都会产生明显的负面影响。因此，利用反垄断法对那些可能产生排除、限制竞争后果的专利拒绝许可进行规制，对于保护我国自由竞争的市场机制、争取国家经济发展机遇，乃至实现国家发展权都是十分必要和重要的。只有在反垄断法层面对专利拒绝许可进行规制，才能实现专利权人私人利益和社会公共利益的平衡。

---

① 参见林秀芹：《TRIPs体制下的专利强制许可制度研究》，1页，北京，法律出版社，2006。

② 我国当前可以申请专利强制许可的五类事由包括：（1）合理条件下拒绝许可的强制许可（包括不充分实施的强制许可和反垄断的强制许可，参见《专利法》第53条）；（2）国家出现紧急情况或基于公共利益的强制许可（参见《专利法》第54条）；（3）基于公共健康目的的药品专利的强制许可（参见《专利法》第55条）；（4）依赖性专利的强制许可（参见《专利法》第56条）；（5）基于公共利益目的的半导体技术专利的强制许可（参见《专利法》第57条）。

第四章　专利独家许可

专利独家许可是专利权人在实施专利过程中，基于技术控制、后续管理及品牌信誉等考量，将其专利技术在一定期限和一定地域范围内只许可给特定经营者的营销型商业安排，具有竞争的双重效应。正常营销下的独家许可可以在短时间内以较小成本完成专利技术的产业化，产生规模经济效应，进而在整体上促进社会技术创新；但是，具有竞争关系的专利权人与被许可人之间的独家许可以及拥有市场支配地位的专利技术的独家许可则可能危及相关市场竞争秩序。因此，有必要在反垄断法层面明确专利独家许可的违法构成要件，以为专利独家许可的反垄断分析提供理论支持。

近几年，音乐版权独家许可模式引起的巨大争议和众说纷纭，暴露了学界对知识产权独家交易问题研究的严重不足。鉴于此，本章对专利领域的独家交易——专利独家许可作一专门探讨和系统分析。

专利是专利权人就其发明创造依法获得的、在一定范围和期限内享有的独占权利，自获得授权时起，即具有一定的法定垄断性。专利权人作为权利主体，享有就该专利技术订立契约的自由。近年来，专利权的行使也开始出现独家交易类型，与版权领域集中于独家授权形式不同的是，专利领域的独家交易类型更为丰富。实践中已经出现的专利独家交易类型大致有以下几种：（1）专利产品的独家销售许可。例如，2009 年拜耳先灵医药公司通过签订独家营销和分销协议，获得胰岛素生产商 Bioton 公司的胰岛素产品 SciLin 在中国的独家经营权。[①]（2）专利技术独家实施许可。例如，2003 年香港科森药业有限公司通过与美国 Octame 公司签订涉及治疗癌症、艾滋病和诸如脑卒中的急性炎症等疾病的药品专利的独家许可协议，获得在中国（包括香港地区和台湾地区）、韩国、新加坡及东南亚其

① 参见王丹：《拜耳获胰岛素产品独家许可》，载《医药经济报》，2009 年 7 月 23 日。

他国家或地区独家开发、生产、再许可该药品专利技术的权利。[①] (3) 包含分许可权利的专利技术独家许可。例如，2016 年吉华集团与亨斯迈公司达成独家许可协议，吉华集团获得在中国市场独家生产、销售和推广具有亨斯迈专利的活性超级黑染料的权利，同时亨斯迈公司授予吉华集团在中国境内分许可该活性超级黑染料的权利。[②]

在专利领域，独家许可正在从高端医药行业向传统化工产业蔓延，虽然当前并没有出现明显损害市场竞争、侵害消费者权益的案件，但并不能保证以后就一定不会出现。随着专利权人的市场地位的增强和业务范围的拓展，专利权人为获得不正当溢价利益和相关市场的控制权，极有可能通过独家许可的方式形成或者强化其市场支配地位、构建相关市场的准入壁垒或者开展不正当竞争活动。此时，专利权人专有权的行使就可能造成相关市场竞争秩序的破坏，危及消费者福祉和社会整体经济效益。如果只有在专利独家许可产生上述问题时才对其进行违法性认定的探讨，那么就可能造成规制滞后的困局。因此，在学理层面对专利独家许可进行违法性探讨，对于保障专利权人专有权利和维护社会公共利益具有未雨绸缪的作用。

第一节　专利独家许可的基本概念

专利独家许可是专利许可领域的独家交易行为，因此在对其进行适法性与违法性判断之前，有必要对独家交易与专利独家许可这两个主要概念予以明晰。

一、独家交易

独家交易（exclusive dealings），通常称为排他性交易，在经济学领域表现为一种排他性分销渠道。实践中，独家交易多涉及两个身处不同相关市场、分属不同经营领域的经营者，且两个经营领域多具有上下游关系，如生产商和批发商、批发商和零售商、生产商和零售商等。一般而言，独

① 参见《科森与 Octame 签订专利独家许可协议》，载《中国高新技术产业发展导报》，2003 年 8 月 26 日。

② 参见《亨斯迈授予吉华集团在中国市场独家生产和销售专利活性超级黑染料的许可》，载《纺织导报》，2016 (9)。

家交易是两个经营者通过协议约定一个经营者在特定范围、特定区域内仅向另一个特定的经营者供应或者购买商品或服务，协议的当事人一方不能与另一方的竞争对手进行交易。

独家交易根据不同的标准可以进行不同的划分。以独家效果的实现是否存在公权力基础为标准，可以划分为体制型独家交易和协议型独家交易。体制型独家交易存在于根据国家政策方针要求实行垄断经营的行业中，最为典型的是我国长期存在的专卖制度①；协议型独家交易则是指市场自发形成的基于经营者合意达成的独家交易。体制型独家交易往往基于国家政策、法律的规定而合法，协议型独家交易则有可能产生竞争问题。以促成独家交易的市场主体数量为标准，可以划分为单方主导的独家交易和双方合意的独家交易。需要注意的是，单方主导的独家交易的主导方更具有话语权，而接受独家交易的一方当事人往往处于谈判劣势地位，此时，独家交易构成市场支配地位滥用的概率较高；而双方合意的独家交易类型在实践中则可能构成垄断协议。以独家交易对象所处的交易阶段为标准，可将独家交易划分为独家供应、独家销售和混合的独家交易三种类型。独家供应是指商品或服务的供应商只允许其经销商经销其一家的商品，不允许经销同类竞争者的商品；独家销售是指销售商要求其供应商在特定期限、特定地域范围内只向其一家提供商品或服务②；与此二者相对应，混合的独家交易就是既包含独家供应又包含独家销售的独家交易情形。以独家交易的存续时间作为标准，可以划分为长期独家交易和短期独家交易，该期限的判断需要根据具体行业的特性予以特殊对待。以专利领域为例，不同类型的技术对市场产生的效应是不一样的，其期限的判断也应在评估相关市场竞争状态的前提下，结合替代技术的研发周期进行。例如，在一份上海立信会计学院所作的对某针灸治疗仪专利申请技术独占实施许可权评估的报告中指出，在该针灸治疗仪所在的电子医疗仪器领域，市场竞争程度高，产品及技术的更新换代周期较短，一般在 5 年内市场上就可能出现具备相同功能的新产品③，此时，如果独家许可的期限明显过

① 专卖制度是指国家对某些特定产品的产、运、销全过程或部分环节实行垄断经营的制度。从专卖制度在我国的存续实践看，专卖的对象包括：消费量大且利润丰厚的产品，如烟、酒、糖、茶、盐等；某些具有特殊用途、需控制产品适用范围的产品，如鸦片、麻醉品等；某些对社会经济具有重要作用的产品，如农药、化肥等。

② 参见吕明瑜：《竞争法制度研究》，31 页，郑州，郑州大学出版社，2004。

③ 参见李惟庄、肖明：《对某针灸治疗仪专利申请技术独占实施许可权的评估》，载《中国资产评估》，2007 (7)。

长，则可能产生抑制创新的不良后果。

二、专利独家许可

专利独家许可是独家交易在专利许可领域的体现，与一般有形商品独家购买和独家销售不同的是，专利独家许可的客体是专利技术，具有无形性特征，同时因国家公权力的授权而使权利本身具有专有性特征。因此，在专利许可领域，独占与一定程度的垄断是业内常态，而共享成为一种特殊情形，这也使得专利独家许可的适法空间相对于传统行业而言更大。

专利独家许可是专利许可的一种类型，按照被许可人享有实施权的排他程度不同，专利许可的方式分为独占许可、排他许可和普通许可。独占许可对专利权人的权能限制最大，在独占许可情形下，在合同约定的时间、地域范围内，专利权人不能将其专利技术许可给他人使用，并且专利权人自己也不能使用，只有被许可人可以实施该专利技术。普通许可是对专利权人权能限制最小的许可方式，在普通许可情形下，被许可人不享有专有实施权，专利权人除可以自己实施专利技术外，还可以另行许可其他经营者实施专利技术。而排他许可介于独占许可和普通许可之间，仅排除第三人对专利技术的实施，即专利权人不能再将专利技术许可给其他任何第三人实施，但专利权人自己仍享有专利技术的实施权，专利技术的实施权属于专利权人和被许可人。在排他许可情形下，专利权人和被许可人可能在专利技术所涉产品市场开展竞争，二者之间既是纵向的技术许可关系，又是横向的竞争关系，当二者的许可实际上达成市场分割或其他横向限制效果时，极有可能构成垄断协议而招致反垄断法严厉的控制。由此可见，在专利许可领域，独占许可和排他许可客观上都造成了在相关市场中，除专利权人外，只有获得许可的单一经营者才能实施该专利技术而其他同业竞争者不能实施的后果，此两种类型的专利许可方式均为典型的独家许可类型。

综上所述，专利独家许可就是指专利权人在许可他人实施专利技术时，约定在一定的期限和地域范围内，只由被许可人实施该专利技术，专利权人不再允许其他经营者实施该专利技术，被许可人获得在该约定期限和地域范围内的技术独家实施权。

第二节　规制专利独家许可的法律路径

专利权人基于自身利益最大化选择适宜的许可方式实施其专利技术是专利权人自主参与市场经营的体现，在传统民法、合同法以及知识产权法层面均具有合理性与合法性，这些法律很难对其进行控制，而反不正当竞争法的调整更多地注重竞争公平而非竞争自由，其对专利独家许可行为的调整也略显不足，因此，调整专利独家许可的最优路径落入反垄断法。

一、传统私法难以应对

（一）专利法规制无力——合法专有权的防护

专利权人许可他人实施其专利技术是合理行使权利、迅速回收创新成本的有效手段，是实现专利技术产业化和提高生产效率的便捷路径。专利权人可以自由选择专利技术的许可方式和许可范围，自主决定专利许可的数量和程度，专利法不对其进行限制。专利法对专利技术的实施采取的是保护为主的态度，将专利许可作为专利权行使的一种方式予以承认和鼓励，不对专利独家许可行为予以禁止，同时对侵害专利权的行为——例如未经专利权人同意而实施其技术——采取禁止态度。如果专利权人在实施专利权时仅追求利益最大化而忽视产业技术进步和社会整体发展，通过独家许可强化其支配地位或者构筑相关市场技术壁垒，那么，从形式上看专利权人的行为仍属于专利权的行使方式，专利法保护专有权的立法理念难以应对此类行为。

（二）合同法规制无能——契约自由的尴尬

契约自由是私法领域意思自治的核心所在，最初是建立在一个有足够多的买方和卖方、每个人都可以自由选择交易对象的完全竞争的市场假设之上①，但这种满足充分信息交换的市场只存在于经济学家的乌托邦中。在专利领域特别是关键技术供不应求的情况下，市场失衡状态频繁出现，客观存在的技术垄断削弱了契约自由的自愿性、自主性和可选择性。尤其当专利技术构成某一相关市场竞争的必要条件时，完备契约自由的市场前

① 参见［美］罗伯特·考特、托马斯·尤伦：《法和经济学》（第五版），史晋川、董雪兵等译，208页，上海，格致出版社、上海三联书店、上海人民出版社，2010。

提已经不复存在。在专利独家许可中，被许可人为获得专利技术的实施权往往违背自己意愿接受专利权人设置的不合理交易条件，实际上限制了契约自由，尤其在那些期限较长、变更条件严格和许可涉及技术多样的独家许可中更为明显。此时，形式上的契约自由掩盖了实质上交易双方地位不平等、利益不均衡的状态，合同法更多地注重形式正义，对此种实质非正义显得应对无能。此外，受到不公平对待未能进入相关市场的经营者并没有成为合同的相对人，这也突破了合同相对性原则，合同法也就显得无计可施。

（三）侵权责任法规制基础薄弱——直接损害方的缺失

侵权责任法的核心在于保障私权，其处理的是当事人之间没有合同关系但客观上一方行为造成另一方损害的情况，侵权责任法的适用前提是权利人不当扩大行权边界而给他人造成损害。就专利权而言，专利权人基于国家公权力授权获得专有权和一定程度的垄断权。如果其权利行使违背了专利制度设立的初衷，不当扩大行权范围或者不当限缩第三人权利，则堕为专利权的滥用，在这个过程中如果对无合同关系的第三人造成损害，则须承担责任。但在实践中，专利独家许可损害或危及的往往不是某一特定经营者的权益，其造成的损害大多无法找到直接的被损害方，涉及的是对相关市场竞争秩序的干预，危及的是自由公平的市场竞争秩序，因此不能明确直接的受损害方，也就没有适格的损害赔偿原告方。此时，侵权责任法适用的基础难以明确。

二、竞争法规制路径

（一）反不正当竞争法旨趣有别——法益差异

反不正当竞争法的作用是在市场竞争中确立经营者的行为准则，规制竞争过度状态下经营者违反诚实信用原则和公认的商业道德、通过不正当手段攫取他人竞争优势的行为。从这个意义上讲，反不正当竞争法追求的是公平竞争，关注的是受不正当竞争行为损害的市场经营者的合法利益，侧重于经营者私益保障，以保证竞争质量。如前文所述，超越适法边界的专利独家许可行为侵害的不是特定经营者的权益，行为类型表现为专利权人借由独家许可滥用其市场支配地位或者通过某些独家许可的形式达成垄断协议，更多的是对市场竞争自由的损害。由此可见，反不正当竞争法与专利独家许可的规制需求存在法益和规制旨趣的差异。

（二）反垄断法规制专利独家许可的合理性

相对于反不正当竞争法，反垄断法不从保护单个的竞争者出发，而是保护自由有效的竞争秩序，其主要规制的是限制竞争行为。市场有效竞争并不排斥一定市场势力的存在，有效竞争是一种规模经济效应和竞争的积极作用有效协调的竞争状态，是一种市场主体积极竞争与合理垄断状态的协调①，即在相关市场中，虽然短期内存在一定的市场势力，但从长期来看能够促进经济增长和技术进步。具体到专利许可领域，专利技术往往涉及某一新技术市场或者某一新产品市场的建立或革新，专利许可也就极易影响相关市场的竞争结构。若专利权人借由独家许可意图控制相关市场或者下游市场，甚至强行影响交易相对方的自主决策权，此时，相关市场的技术垄断特性可能强化专利权人的优势地位，弱化甚至消除相关市场的竞争，竞争效率将明显下降，最终造成社会福利的减损，有效竞争状态也将遭到破坏。当有效竞争被明显破坏时，反垄断法的介入才能最为行之有效地扭转这一逆境。反垄断法通过规制限制竞争行为，保证经营者自由竞争，维护良好有效的竞争状态，以达成经营者私人利益与社会公共利益的良性平衡，促进社会福利的最大化以及社会生产效率和社会公平水平的提升。我国《反垄断法》第 55 条规定滥用知识产权排除、限制竞争的行为，适用《反垄断法》。由此可见，对于没有正当理由，出于独占和控制市场的目的而实施的专利独家许可，产生或者可能产生排除、限制竞争效果的，从专利技术相关市场有效竞争的角度考量，反垄断法的规制是最优路径。

第三节　专利独家许可违法行为类型辨析

实践中，可能触及反垄断法的专利独家许可有两种类型：一种是专利权人与被许可人均实施专利技术的排他性许可，专利权人与被许可人之间既是纵向的许可关系，也是横向的竞争关系，此时往往需要认定独家许可关系是否构成实际意义上的垄断协议；另一种是普通的纵向类独家许可，即专利权人与被许可人之间只是技术许可的上下游关系，二者不在同一相关市场中开展竞争，此时，违法的情形既可能构成双方之间的纵向垄断协议，也可能构成以专利权人为中心的轴辐型垄断协议，还有可能构成专利权人市场支配地位的滥用。当专利技术属于标准必要专利或者成为某一相

① 参见李振军：《有效竞争概念的新界定》，载《兰州学刊》，2007（6）。

关市场的关键设施时，对专利独家许可违法性的认定更多地落入专利权人市场支配地位的滥用范畴。因构成滥用市场支配地位的专利独家许可类型较为明确，本章不赘述，下文将着重对可能构成垄断协议的专利独家许可进行比较分析。

一、垄断协议的类别

垄断协议是一种对竞争损害巨大的限制竞争行为，世界各国大多在反垄断立法中明确以禁止性条款对其加以控制。[①] 垄断协议是指两个或两个以上的经营者以协议方式实施的控制价格、地域、数量等的具有限制竞争性的共同意思表示。[②] 在专利独家许可中，有可能达成的垄断协议类型有纵向的排他性交易协议、横向的市场分割协议以及兼具横向与纵向关系的轴辐型垄断协议（又称中心辐射型垄断协议）。[③]

轴辐型垄断协议就是在一个核心共谋行为中，一个策划者（"枢纽"）控制着众多的二次共谋者（"轮辐"），这些二次共谋者参与了与策划者在一定范围内的独立交易，这些交易的叠加进一步强化了策划者的垄断地位。在这种行为中，"枢纽"通常是相关市场中的主要购买者或者供应商，而"轮辐"则由参与阴谋的分销商组成，轴辐协议的"轮毂"则是每一个横向竞争者即分销商与"枢纽"即策划者之间的连接协议，最终，"轮辋"呈现为系列协议构成的共谋状态。以美国诉苹果公司电子书案为例，亚马逊公司出售美国六大出版商约90%的电子书，苹果公司在进入由亚马逊主导的电子书业务过程中，与5家出版商分别以代理人的身份签订了代理分销协议，约定电子书的零售价格由出版商设定，而苹果公司获得零售价的30%，出版商获得70%。在这个过程中，通过协议确定价格的方式，使出版商提高了电子书的价格，造成苹果公司实际上为出版商之间建立了一个垄断协议，最终第二巡回法院认定其构成中心辐射型的价格串通，并

① 世界各个国家和地区对垄断协议概念的规定不尽一致，美国《谢尔曼法》称其为"共谋"，德国《反限制竞争法》称其为"限制竞争协议"，日本《禁止垄断法》称其为"不正当交易限制"，韩国《规制垄断与公平交易法》称其为"不正当协同行为"。虽然各国立法中的称谓有所区别，但有一点是共同的，即相对于对其他限制竞争行为的规制，对垄断协议的规制更为严厉。

② 参见刘继峰：《竞争法学》，2版，81页，北京，北京大学出版社，2016。

③ 中心辐射型垄断协议，即美国最早提出的 hub-and-spoke cartel，美国对这一概念的使用可以追溯到20世纪30年代。See *Interstate Circuit*, *Inc*. v. *United States*, 306 U. S. 208 (1939); *Kotteakos* v. *United States*, 328 U. S. 750 (1946). 自2000年以后，欧洲反垄断当局也开始使用这一概念。See *JJB Sports PLC* v. *Fair Trading*, [2006] EWCA Civ 1318 (UK Ct App 2003).

没有采纳苹果公司申辩坚持的纵向协议诉求。①

二、专利独家许可构成垄断协议的行为表现

通过以上分析可知，专利权人有可能自己不实施技术，也有可能是专利技术的实际实施者，因此，可能构成的垄断协议类型也不尽相同。

（一）构成纵向排他性交易协议

当专利权人自己不实施专利技术且其授予许可的专利技术实施者只有一家时，专利独家许可是最为纯粹的独家许可。在这种许可中，专利权人与被许可人之间的关系是纯粹的上下游关系，专利权人的身份类似于独家销售协议中的制造商。在技术的专有独占性许可中，专利权人不能再向其他经营者许可技术，这就可能限制被许可人所在市场的自由竞争。同时，基于技术的锁定效应以及许可协议所规定的限制条件，被许可人转换其他替代技术的成本较高，实际上也可能限制其他技术经营者在该技术市场中的竞争，对新加入该技术领域的竞争者以及原有竞争者造成竞争阻碍。

（二）构成横向市场分割协议

市场分割协议按照产品种类范围、产品销售地区范围、产品客户范围等多个维度对市场进行人为割裂，相关经营者在其所得的市场范围内享有独家交易权，禁止其他经营者涉足，属于严重限制市场竞争的行为。在专利独家许可中，当专利权人与被许可人同时享有专利的实施权时，专利权人与被许可人之间存在横向的竞争关系，专利权人通过独家许可协议，与被许可人分割市场，使相关市场达到不竞争的状态，最终可以轻松控制其所分配市场的生产规模和价格，剥夺消费者的选择权。市场分割协议往往作为核心卡特尔受到最严厉的打击，很多国家对其采取本身违法原则的规制路径。

（三）构成以专利权人为枢纽的轴辐型垄断协议

轴辐型垄断协议既存在横向的竞争关系，又包含纵向关系。在独家许可中，如果专利权人在多个地域市场中实施独家许可，则以专利权人为枢纽，获得许可的经营者之间构成横向的竞争关系，而专利权人与众多的被许可人之间则是上下游的纵向关系。此时，获得许可的经营者之间并不存在直接的共谋行为，共谋行为以专利权人为轴心展开，通过专利权人的每

① See *United States* v. *Apple Inc.*, 952 F. Supp. 2d 638, 694 - 695 (S. D. N. Y. 2013), 791 F. 3d 290, 313 - 14 (2d Cir. 2015).

一个单项独家许可协议来达到操纵价格、划分地域、设立市场壁垒等目的，实现消除竞争、控制相关市场的效果。对于此种类型的专利独家许可，因其严重地限制竞争，更多地适用本身违法原则进行规制。

第四节　专利独家许可竞争效应比对

专利独家许可对相关市场的竞争产生的影响并不是单一的，它既可能对专利技术的推广以及竞争秩序起促进作用，又可能造成排斥竞争对手、限制竞争范围等不良后果。在实际的反垄断分析过程中，重点考察的因素就是独家许可对竞争的促进作用是否超越了对竞争的限制。因此，对专利独家许可可能产生的竞争效应进行比对分析是反垄断分析的重点。

一、竞争促进效应分析

（一）节省商业成本，增进消费者福利

在专利许可过程中，除一般性商业订约成本外，专利权人出于技术转化水平及技术信誉维护等要求，往往需要对技术实施者的资质进行综合考量并在其实施过程中进行监督和管理。专利许可需要付出管理成本、技术评估成本、技术维护成本等多项特殊成本。专利独家许可因其许可对象少、许可期限长、许可状态稳定等特点，可以明显降低双方的商业成本：对于专利权人而言，不需要重复进行技术实施环境考量和商业谈判，可以有效节省订约成本，同时因技术实施者只有一家，技术实施中的管理和维护成本可以有效降低；对于被许可人而言，独家许可使其获得特有技术优势，可促使其更为有效地利用技术成果改善生产经营，从而降低产品的生产成本，为终端价格的降低提供空间，最终有利于增进消费者福利。

（二）防止搭便车行为，营造品牌效应

在公平竞争的市场环境中，企业各自独立开展经营活动，通过自己的努力获得经营优势，而不能不付出成本就坐享他人之利。专利技术往往能促进产品性能的重大改善，其本身可作为产品营销宣传的重要组成部分。在专利独家许可中，除专利权人自身以外，只有被许可人有权实施专利，也只有被许可人可以对应用该专利技术的产品进行广告宣传和推广，这样就可以有效地防止被许可人在专利技术项下的正外部效应的外溢，阻止其他经营者不劳而获的搭便车行为，在维护专利技术信誉和企业商誉的同

时，促进专利产品品牌的打造和形成，产生品牌效应。

（三）激励技术创新，提升竞争水平

独家许可一般伴随着更高额的许可费或对专利权人更为有利的比例许可费安排，有利于专利权人借由专利技术获得经济收益。这种利益驱动机制能够带动更多的科研人员从事新技术的开发，激励更多的经营者通过改进技术寻求竞争优势，从而有利于产业技术水平的进步和社会整体生产效率的提升。此外，如果得到许可的是试图进入相关市场的经营者，在专利技术的帮助下，新的经营者能够迅速在相关市场中站稳脚跟，从而丰富相关市场的竞争主体，提升自由竞争质量；而如果得到许可的是相关市场中原有的经营者，其他未得到许可的经营者为了提升竞争优势，往往也会努力改善自身的经营管理水平，积极开发替代性技术或者更为先进的技术，这样就能够带动产品竞争及技术竞争程度的提升，促进竞争的多元化。

此外，专利独家许可还可以推动专利产品规模化生产，促进专利产品售后服务体系的建设和完善。同时，其稳定且明确的技术产品生产模式极大地增加了行业前景的可预测性，有利于改善经营者的投资经营策略，防止资源的过度投入或投资不足，优化社会资源配置，提高资源利用效率。

二、竞争抑制效应分析

（一）构筑市场壁垒，损害竞争自由

在专利独家许可的情形下，在相关市场中专利技术的实施者除专利权人之外只有一家经营者，此时，有权实施专利技术的经营者在该相关市场中处于明显的优势地位。通过独家许可，专利权人可以自行控制专利产品的生产规模，尤其是当该专利技术成为在某一相关市场中开展经营活动的基础性技术或关键性技术时，专利独家许可实质上就成了人为设置的市场进入壁垒，可以将原有竞争对手排挤出该市场，并阻碍潜在的经营者进入该市场。这种市场阻碍效果对经济实力稍显逊色的中小经营者而言是致命的，实力较弱的中小经营者没有能力负担独家许可下的高昂许可费，从而更难进入相关市场，相关市场的竞争结构因此受到影响。

（二）强化市场支配地位，抑制创新

市场支配地位是一种显著超过其他经营者的市场力量，拥有市场支配地位的企业大多能够妨碍其他经营者的经济自由，甚至能够将他们从市场上驱逐出去。拥有专利技术并不意味着拥有市场支配地位，但是当该专利技术成为其他经营者参与市场竞争所必不可少的条件时，专利权人极有可能借由专利技术获得相关市场的支配地位。当专利权人拥有市场支配地位或者在相关市场中形成明显的优势地位时，专利独家许可就成为其扩大市场支配地位影响力的一种有效手段。通过技术许可，专利权人可以自行遴选进入由该专利技术主导的下游市场的经营者，以控制下游市场的竞争程度和竞争水平。同时，专利权人极有可能借助技术成果向被许可人强行搭售其他非必要技术并索取高额许可费，甚至要求被许可人接受其回馈授权[①]等要求。此时，被许可人在所需专利技术之外，还必须为并不需要的其他技术缴纳专利许可费或者放弃自身技术及技术改进可能带来的收益，其产品利润被层层盘剥，最终导致企业用于技术创新的资金大幅减少，不利于企业技术创新。

（三）诱发不良竞争导向，公平竞争受损

独家许可的专利技术大多能够有效改善生产技术、降低生产成本、提升生产效率，这种巨大的经济诱因促使经营者积极争取获得专利技术的独家许可。在这个过程中，专利许可价格被哄抬，使得专利技术实施市场中的竞争变形为资金水平或市场势力的比拼，专利技术许可成本成倍增长。此时，经济实力稍显逊色而技术水平相对较高的中小型高科技企业没有办法负担高额的许可费用而丧失实施专利技术的机会。此外，最终在价格战中获胜的经营者由于前期投入巨大成本，难有更多的资金投入后续生产和产品营销，巨额的专利许可成本最终会在专利产品的销售价格中得到体现，使得产品价格上涨，最终损害消费者的福祉。更为严重的是，为获得交易机会，谋求专利许可的经营者可能采取商业贿赂、不当返利等手段诱使专利权人许可其专利技术，此种不正当竞争手段往往能在短期内得到较大的利益反馈，却极有可能在某一行业中诱发不良竞争导向，损害相关市场的公平竞争秩序。

此外，专利独家许可还可能造成被许可人对专利技术的锁定效应，对不同品牌间同类技术的竞争起到阻碍作用。而发生在上下游经营者之间的专利独家许可在一定程度上产生了一定的纵向控制效果，在现实中也有可能成为企业为规避纵向合并审查而采取的经营性策略，导致实际上产生关联企业的不当集中效果。

---

① 在回馈授权协议中，许可方要求被许可方就其对许可技术所作的后续改进或通过使用标的技术所获得的新技术，向许可方报告、转让或授权。有关回馈授权的详细阐述，可参见本书第七章。

第五节 专利独家许可的违法性认定分析及法律适用

基于前文分析，正常的专利独家许可是专利权人专有权的实现方式，不受反垄断法的非难，只有当专利独家许可在实际上达成垄断协议或者构成滥用市场支配地位时，才受反垄断法的规制，因此，反垄断法分析专利独家许可的违法性路径就成为关键所在。下文将从垄断协议和滥用市场支配地位两个角度对专利独家许可的违法性认定及法律适用问题予以分析。

一、可能构成垄断协议的专利独家许可

对于垄断协议，反垄断法有本身违法原则和合理原则两种判定路径，二者适用的垄断协议类型不同。由于专利独家许可可能构成的垄断协议类型兼有横向协议、纵向协议以及轴辐型协议，因此，专利独家许可可能构成垄断协议的违法性分析路径，也应当在明晰其行为表现的基础上，综合考虑各类因素，在垄断协议规制框架下对限制竞争的专利独家许可予以控制。本节针对不同类型的垄断协议，以本身违法原则和合理原则两种路径来探讨专利独家许可可能构成垄断协议的违法性认定。

（一）适用本身违法原则直接认定违法的情形

在适用本身违法原则判定垄断协议的违法性时，只要协议实际存在即认定其违法，而无须证明行为产生的后果、对竞争的效果以及是否具有效率或经济上的合理性，即无须再进行具体的市场竞争效果分析。本身违法原则适用于那些对竞争损害极大，或者其带来的其他价值不足以弥补其对市场竞争造成的损害的垄断协议。例如，美国对横向固定价格协议、限制产量协议、分割市场协议、联合抵制协议以及纵向转售价格维持协议等恶意行为适用本身违法原则，更是在知识产权许可领域明确规定对极少数涉及固定价格、划分市场或客户、限制产量的行为以及某些联合抵制行为适用本身违法原则。[①] 涉及固定价格、限制产量以及分割市场的垄断协议因其直接破坏了市场机制的调节作用，对市场竞争造

① 参见美国司法部和联邦贸易委员会颁布的《知识产权许可的反托拉斯指南》第 5.1 节。本章论述以 2017 年 1 月 12 日发布的最新版本为准。

成了不可逆转的重大损害，不论其参与者是否有恶意，对其适用本身违法原则都是合理的。由此，在专利独家许可中，如果许可协议实际上是为了固定价格、限制产量以及划分市场，例如在横向独家许可中，专利权人与被许可人约定专利产品的生产数量，协议决定专利产品的价格，或者就专利产品的销售市场进行地域划分，则不论专利权人主观上是否存在恶意，行为的后果如何，都应当判定其违反反垄断法而受到制裁。又如，专利权人自己不实施技术，而是通过一系列的独家许可安排使处于不同地域市场的平行竞争者之间实际上达成了固定价格、限制产量以及划分市场的协议，这就构成了轴辐型垄断协议，此时也可直接适用本身违法原则判定其违法。

（二）合理原则适用于专利独家许可的违法性判定

合理原则是在反垄断法发展过程中逐渐形成的违法性判定原则，有些垄断协议不应被判定为当然违法，其违法性应当通过对经营者行为以及相关市场的综合分析，在对竞争双重效应进行比对考量的前提下予以判定。美国司法部于1988年颁布的《反托拉斯法国际适用指南》中就强调了合理原则在判定专利许可是否违反反垄断法时的作用，此后在《知识产权许可的反托拉斯指南》中也规定了对专利许可行为的违法性判定多适用合理原则。实践中，美国反垄断执法机构也大多依据竞争效应的分析来判断专利许可是否违法。在美国，独家许可引发反垄断规制的案件多发生在竞争者之间，即实际上产生了品牌间竞争减损的情况，例如在美国诉Math Works公司案①中，美国司法部对两家软件公司的独家许可安排进行审查，最终认定两家公司的独家许可旨在消除两家公司之间的竞争，构成非法协议，并要求二者将部分知识产权许可给第三方。欧盟于2014年修订的《关于技术转让协议适用〈欧盟运行条约〉第101条第3款的第316/2014号条例》（简称《316/2014号条例》）② 将独家许可的条款从划分市场或消费者的例外条款中删除，在实际适用中更加注重竞争效应的分析，而在与此配套的适用指南中也强调只有当独家许可可能封锁第三方竞争者进入相关市场或者扩大市场支配地位影响力时，才构成反垄断法层面的违

① See *United States* v. *Math Works*, *Inc*. No. 02－888－A，2002 WL 32081399（E. D. Va. Oct. 21，2002）.

② Commission Regulation（EU）No 316/2014 of 21 March 2014 on the application of Article 101（3）of the Treaty on the Functioning of the European Union to categories of technology transfer agreements Text with EEA relevance.

法行为。[①] 由此可见，运用合理原则判断非核心型垄断协议的违法性是比较合理的，在实践中，运用合理原则需要考虑的因素主要有协议针对的具体交易情况、行为前和行为后的市场状况、协议的性质、行为已经或者可能产生的后果以及其他相关因素。具体而言，在专利独家许可是否违法的认定中，应当注意以下几个方面。

1. 考察专利独家许可的效果

一般而言，专利独家许可的实施都是为了获得更多的利润，对于专利独家许可结果的判定，比较明显的因素就是专利产品的价格和产量。如果在一份或者不同地域市场内的多份专利独家许可协议实施后，专利产品的价格明显上涨，市场中出现供给减少的情况或者产品来源明显变得单一，那么这实际上造成了消费者选择范围变小、所付对价变多的状况，减损了消费者的公平交易权和自主选择权，在多数情况下该专利独家许可是违反反垄断法的。

2. 判断专利独家许可所涉相关市场的竞争状况

专利独家许可行为涉及的是专利技术的实施，专利技术的实施目的最终落入专利产品的竞争中，因此，专利独家许可至少涉及两个市场：一个是以替代性技术为竞争对象的技术市场，另一个是以专利技术所生产的产品为竞争对象的产品市场。在技术市场中，如果除该专利技术外，还存在可以与之进行充分竞争的其他替代性技术，则该专利技术并不足以控制相关技术市场，此时，独家许可更多地被作为一种正常的知识产权行使行为；在产品市场中，如果该许可的专利技术只是在一定程度上提高了生产效率、改进了产品质量或性能，同时在价格上并没有明显优势而同类产品依然可以自由竞争，则独家许可往往也不会被苛以反垄断重责。反之，如果专利技术市场或专利产品市场本身竞争不充分，独家许可就更有可能对竞争秩序产生重大损害，从而极有可能被认定为违法。

3. 分析专利独家许可协议签订的主观目的

执法机关在对行为产生的效果进行考察的前提下，可以通过对主观目

---

① 在欧盟，就竞争者之间的许可协议而言，如果许可人在产品市场上的市场地位有限或者缺乏有效利用该技术的能力，即双方仅在技术市场而非产品市场上开展竞争，则不会违反反垄断法；就非竞争者之间的许可协议而言，适用指南只对占支配地位的被许可人获得一项或多项竞争技术的独家许可，以及拥有市场支配地位的许可人滥用其权利，借助独家许可扩大其支配地位影响力的独家许可予以关注。See Guidelines on the application of Article 101 of the Treaty on the Functioning of the European Union to technology transfer agreements，pra175 - 181.

的的分析判断经营者的主观恶意，尤其是在独家许可协议尚未进入实施阶段或者已经实施但效果不明显时，主观目的就可作为判定独家许可协议违法性的重要依据。如果专利权人或者独家被许可人的目的是限制竞争、控制相关市场，进而谋求垄断利润，则可判定其违法；但如果经营者基于其他合理理由实施专利独家许可，例如技术实施条件要求、技术实施者资质要求、产业效率提升等，则不能直接判定其违法。经营者由于惧怕反垄断法的追责，往往采取十分隐秘的方法，并且采取各种手段销毁或隐匿证据。实践中通过查阅经营者的单证、协议、会计账簿、业务函电、电子数据等已经不足以获取证据，因此，以自首换减免处罚的宽大制度成为获取证据的有效办法。此外，结合具体案情和经济学原理，适当采用法律推定的方法判断行为人的主观目的也成为一种高效便捷处理案件的手段。①

4. 评定当事人的市场力量

当垄断协议的参与者具有一定的市场力量时，其行为的违法性概率将增加，反之，其协议也不太可能被判定违法。一般而言，如果市场主体不具备影响市场的力量，其行为只能影响与其交易的相关当事人，很难对竞争秩序乃至社会公共利益产生损害。而企业一旦拥有了影响市场的力量，取得了支配性地位，其经营行为对整个产业竞争秩序的影响就会凸显出来。在专利独家许可的情形下，如果专利权人在相关技术市场上拥有支配地位，或者被许可人在相关产品市场上具有支配地位，技术的独家许可在一定程度上能够强化其支配地位的影响力，造成相关市场技术壁垒的产生，不利于市场的自由竞争。判断当事人是否具有市场力量，需要考察的因素包括市场份额、相关市场的竞争状况、经营者的财力水平和技术条件、竞争依赖性以及潜在竞争者进入市场的难易程度等。需要特别注意的是，阻碍经营者进入相关市场，不仅包括事实上对竞争者进入相关市场的阻碍和延缓，还包括导致其他经营者虽然能够进入相关市场，但其进入成本显著提高，无法达到有效竞争规模的情形。

5. 是否属于法定的豁免范围

豁免制度是反垄断法将那些形式上符合垄断协议要件，但是从对竞争的损害、社会公共利益、整体经济效果以及消费者利益等角度分析具有益

① See Keith N. Hylton, *Antitrust Law: Economic Theory and Common Law Evolution*, Cambridge University Press, 2003, p. 82. 转引自李剑：《论垄断协议违法性的分析模式——由我国首例限制转售价格案件引发的思考》，载《社会科学》，2014 (4)。

处的行为排除出反垄断法苛责范围的一种免责制度。世界主要发达国家和地区均规定了豁免制度，我国《反垄断法》明确规定了六类垄断协议豁免情形外加一类兜底情形，具体包括技术合理化协议，统一产品规格、标准的协议，中小企业增效协议，环境保护等公益谋取协议，危机共度协议，外贸保障协议等。每一项得以豁免的协议均有其需要满足的特殊要件，其共性要件在于：（1）不会严重限制相关市场的竞争；（2）能够使消费者分享由此产生的收益。在分析专利独家许可协议是否可以准用该条款时，需要综合考虑该独家许可协议：（1）是否有利于改善产品的生产或销售，是否能够显著提高经济效率，从而有利于技术改善与社会进步；（2）是否能够使消费者分享由此产生的收益，而不会因价格变动、产量降低损害终端消费者的权益；（3）是否是为实现以上两大目标所必不可少的限制，是否对企业附加了额外的、不必要的限制；（4）是否会严重限制相关市场的竞争。

二、可能构成滥用市场支配地位的专利独家许可

在探讨专利独家许可行为是否构成市场支配地位滥用时，应当在评价专利权人是否拥有市场支配地位的前提下，评估该专利技术是否在相关市场中构成关键设施，再在分析比对其竞争效应的过程中认定其行为的违法性。其分析思路和步骤与专利拒绝许可情形下的反垄断分析一致，故可参见本书第三章的相关内容，此处不赘述。

需要补充的一点是，在对专利独家许可进行反垄断分析的过程中，应该为涉案当事人提供“安全港”抗辩和豁免的机会。“安全港”豁免制度是在知识产权领域普遍适用的、旨在推动专利权人私人利益与社会公共利益平衡的制度。根据“安全港”豁免制度，一定市场份额以下的知识产权限制行为不具有明显的反竞争性，得获反垄断法的豁免。这一制度是在判定市场支配地位过程中便于执法的一项制度，在对相关经营者市场份额分析的基础上，对“安全港”内特定市场份额以内的行为人的行为予以直接豁免，可以有效节省执法资源，提高执法效率。美国《知识产权许可的反托拉斯指南》第 4.3 节规定了反垄断安全区，只要涉知识产权的限制行为不属于依照本身违法原则处理的固定价格、限制产量、分割市场和联合抵制的限制行为，并且没有关于降低产量和提高价格的内容，如果许可人和被许可人在受该限制行为影响的相关市场上的共同份额不超过 20%，则执法机构不会质疑其合法性。欧盟在其《关于技术转让协议适用〈欧盟运

行条约〉第 101 条第 3 款的第 316/2014 号条例》中也保留了“安全港”制度，根据该条例第 3 条，具有竞争关系的当事人的市场份额合计不超过 20%，不具有竞争关系的当事人各自的市场份额不超过 30%，则技术转让协议享受集体豁免而不受反垄断法的规制。日本在《关于知识产权利用的反垄断法指南》第二章中将知识产权限制行为分为对竞争产生重大影响的情形和对竞争的削弱效果轻微的情形。对竞争的削弱效果轻微的情形是除去核心限制①之外，相关经营者在产品市场的市场份额合计在 20%以下或市场份额无法计算时相关市场中至少有四个替代性技术的情形，此时认为其属于技术权利的正当行使行为而不受反垄断法规制。我国的《关于禁止滥用知识产权排除、限制竞争行为的规定》中也明确了“安全港”制度，该规定第 5 条从横向和纵向两个角度设置了“安全港”制度：在横向层面上，具有竞争关系的经营者合计市场份额不超过 20%，或者市场上存在至少四个替代性技术；在纵向层面上，经营者与其交易相对人在各自的相关市场中的市场份额均不超过 30%，或者市场上存在至少两个替代性技术。国务院反垄断委员会于 2019 年 1 月 4 日发布的《关于知识产权领域的反垄断指南》中也沿用了“安全港”制度，并进一步明晰了“安全港”的范围，规定市场份额难以确定时，要求相关市场中除协议各方控制的技术外，存在四个或者四个以上能够以合理成本得到的由其他经营者独立控制的具有替代关系的技术。

概言之，在对可能构成滥用市场支配地位的专利独家许可进行违法性分析时，在判断专利权人以及被许可人市场份额的前提下，明确其是否属于“安全港”范围。如果其并未超出“安全港”界限，则应视其为专利技术的专有实施，不对其适用反垄断法；在超出“安全港”范围时，则应在考量市场竞争状况、技术的可替代程度等因素后，判断其是否具备市场支配地位，最终在明确专利技术是否构成关键设施的基础上，考察并比对行为对竞争产生的影响，以判定其是否需受反垄断法规制。

三、适用法律时的法条竞合问题

如上所述，专利独家许可既有可能构成协议型垄断，又有可能构成滥用型垄断。实际上，所有的专利独家许可都具有协议的外观，其中部分协

① 包括限制技术产品的销售价格、销售数量、销售份额、销售区域或销售对象的行为，限制研发活动的行为以及强迫对改进技术进行转让（独占性回授）的行为。

议可能构成横向垄断协议。比如，有竞争关系的经营者之间进行专利交叉许可时，彼此要求对方独家许可，此时的规制路径和法律适用一般争议较小。但当许可方与被许可方并非竞争关系，专利独家许可呈现为一种纵向限制时，是将其纳入纵向垄断协议范畴进行规制（适用《反垄断法》第 14 条），还是纳入滥用市场支配地位范畴进行规制（适用《反垄断法》第 17 条），就会出现法条竞合问题。

对于《反垄断法》第 14 条和第 17 条法条竞合问题的解决，《反垄断法》以及《禁止垄断协议暂行规定》、《禁止滥用市场支配地位行为暂行规定》等配套规章均未提及，且学者们持有不同的观点。一种观点认为应适用第 17 条，例如有学者认为：经营者和交易相对人之间并不存在竞争，纵向垄断协议并非一种独立的垄断行为，其只能充当横向垄断协议或者滥用市场支配地位的手段，因此应删除第 14 条。① 也有学者认为：我国《反垄断法》第 14 条并未对纵向非价格垄断协议作出明确规定，盲目适用兜底条款只会给现行商业模式带来极大的不确定性。相较于第 14 条，第 17 条的规制路径更为明确，易于操控，且可以减少理论上的冲突以及实践中的机会主义行为。② 但另一种观点认为应分情况讨论，例如有学者认为：法条的选择取决于是否存在协议以及行为人的市场地位。考虑到市场支配地位认定难度较高，如果能够证明经营者之间存在协议，原则上应优先适用垄断协议制度；只有在协议不存在或者难以证明的情况下，才需要适用滥用市场支配地位制度。③ 也有学者认为：条款的选择取决于违法行为的实际影响以及执法机关的执法目的。如果执法机关希望更好地保护消费者，则可以选择禁止垄断协议制度，不必考察经营者所占的市场份额；如果执法机关意在事中或者事后控制，则可以选择禁止滥用市场支配地位制度。④

（一）禁止纵向垄断协议制度与禁止滥用市场支配地位制度的异同

为明晰纵向限制的反垄断法规制路径，解决《反垄断法》第 14 条与第 17 条的法条竞合问题，首先应了解禁止纵向垄断协议制度和禁止滥用市场支配地位制度的联系和区别，知晓两者在主体范围、表现形式、规制

① 参见许光耀：《纵向价格限制的反垄断法理论与案例考察》，载《政法论丛》，2017（1）。

② 参见万江：《窜货的法律规制》，载《中外法学》，2016（4）。

③ 参见焦海涛：《“二选一”行为的反垄断法分析》，载《财经法学》，2018（5）。

④ 参见吴宇飞：《规制价格垄断协议的再思考——以奔驰汽车价格垄断案为例》，载《中国物价》，2015（10）。

原则以及法律责任方面存在何种异同。

1. 主体范围

根据《反垄断法》第 14 条的规定，纵向垄断协议发生于经营者和交易相对人之间。有学者认为，此种主体限定过于宽泛，无法对潜在规制对象作出清晰描述，因为任何商业化的交易在主体类型上都存在着经营者和交易相对人。① 但也有学者提出，第 14 条所指称的交易相对人应为经营者，不能为消费者，此为与滥用市场支配地位行为的一个显著区别，即如果主体是经营者和消费者，则不能适用禁止纵向垄断协议的规定，只能考虑适用禁止滥用市场支配地位的规定。② 对于滥用市场支配地位的行为，根据《反垄断法》第 17 条的规定，适用主体被限定为具有市场支配地位的经营者。相较于经营者与交易相对人，具有市场支配地位的经营者的范围要小得多，规制范围更为明确，证明难度也更大。

2. 表现形式

纵向限制可分为纵向价格限制和纵向非价格限制两类。《反垄断法》第 14 条仅明确列举了两种纵向价格垄断协议，即转售价格维持协议和限定最低转售价格协议，其他类型的纵向价格垄断协议和纵向非价格垄断协议只能适用第 14 条第 3 项兜底条款的规定。《反垄断法》第 17 条列举了拒绝交易、指定交易、搭售、附加不合理条件等多种纵向非价格限制，国家工商行政管理总局也在利乐案中利用兜底条款对忠诚折扣行为进行了处罚。③ 由此可见，对于纵向价格限制，可直接依据行为类型适用《反垄断法》第 14 条的规定；对于纵向非价格限制，可以适用第 14 条的兜底条款或者第 17 条进行规制。

但从实践来看，由于兜底条款并未明确列出纵向垄断协议的构成要件，且在同时存在明确规定和兜底条款的情况下，根据“禁止向一般条款逃逸”的基本原则，行政机关对于纵向非价格限制应优先适用《反垄断法》第 17 条，而非内容相对抽象的兜底条款，以便统一裁量标准，防止自由裁量权被滥用。此结论也可从前文述及的高通案得到印证，虽然该案同时满足纵向垄断协议和滥用市场支配地位行为的构成要件，但国家发改委却选择适用《反垄断法》第 17 条。此外，如果无法证明经营者具有市

① 参见丁茂中：《纵向垄断协议兜底条款的适用困境及其出路》，载《竞争政策研究》，2019 (2)。

② 参见焦海涛：《“二选一”行为的反垄断法分析》，载《财经法学》，2018 (5)。

③ 参见国家工商行政管理总局行政处罚决定书（工商竞争案字〔2016〕1 号）。

场支配地位，则很难适用《反垄断法》对纵向非价格限制进行规制，实践中也比较少见适用第 14 条的兜底条款进行处罚的案件。最为典型的当数日进公司诉松下电器公司案，松下电器公司在管理章程中要求下游经销商各自划定客户保护圈，原则上不允许其他经销商开发圈内客户并向其进行销售。① 该行为明显属于纵向客户限制，但在法官释明之后，日进公司仍坚持按照《反垄断法》第 13 条，即禁止横向垄断协议的规定主张权利。究其原因，无非是日进公司无法证明松下电器公司具有市场支配地位，且认为法院很难支持其适用第 14 条的兜底条款所提起的诉讼主张。

3. 规制原则

由于纵向价格垄断协议和纵向非价格垄断协议分别以明确列举和兜底条款的形式规定在《反垄断法》第 14 条中，所以它们所适用的规制原则也有所不同。对于纵向价格垄断协议所应适用的规制原则，目前在我国反垄断执法机构与法院之间以及法院内部仍存在巨大分歧。反垄断执法机构将第 14 条中的“禁止”解读为“本身违法式禁止”，即只要涉案协议在形式上符合法律所列举的典型垄断协议的类型，就可以认定该协议为垄断协议，无须考虑其是否会造成排除、限制竞争的效果，部分法院也同意此观点。② 而多数法院则认为“禁止”应指“合理原则式禁止”，不能仅因协议中包含《反垄断法》第 14 条的列举项就认定其构成垄断协议，应进一步分析协议是否会造成排除、限制竞争的效果。③

对于纵向非价格垄断协议，由于《反垄断法》第 14 条第 3 项的兜底条款并未对其构成要件进行详细规定，因此只要属于经营者和交易相对人所达成的协议，且会排除、限制竞争，均可以被认定为纵向垄断协议。对于“排除、限制竞争”的认定，根据国家市场监督管理总局于 2019 年 6 月 26 日发布的《禁止垄断协议暂行规定》第 13 条，需要结合市场竞争状况、经营者在相关市场中的市场份额及其对市场的控制力、协议对商品价

---

① 参见上海市第一中级人民法院（2014）沪一中民五（知）初字第 120 号民事判决书。

② 反垄断执法机构查处的典型纵向垄断协议案件有：（1）茅台纵向垄断协议案；（2）五粮液纵向垄断协议案；（3）合生元等奶粉企业纵向垄断协议案。在海南裕泰科技饲料有限公司与海南省物价局的行政诉讼纠纷中，海南省高级人民法院也支持了反垄断执法机构的观点，参见海南省高级人民法院（2017）琼行终 1180 号行政判决书。

③ 法院审理的典型纵向垄断协议案件有：（1）锐邦公司诉强生公司纵向垄断协议纠纷案，参见上海市高级人民法院（2012）沪高民三（知）终字第 63 号民事判决书；（2）东莞市横沥国昌电器商店诉东莞市晟世欣兴格力贸易有限公司、东莞市合时电器有限公司纵向垄断协议纠纷案，参见广东省高级人民法院（2016）粤民终第 1771 号民事判决书。

格的影响等多方面因素进行综合判断，即应适用合理原则。因此，对于纵向非价格垄断协议的认定，仍然需要考虑经营者的市场地位因素。如果经营者不具有显著的市场力量，则纵向非价格协议一般不太可能产生排除、限制竞争的效果，也就无须为《反垄断法》所禁止。因为纵向协议中的当事人双方是互补性关系，无论限制来自上游还是下游，被限制方总会因此遭受一定的损害。因此，纵向协议的一方总会有阻碍另一方施加限制的动机，但如果施加限制方具有显著的市场力量，那么被限制方阻碍限制的动机便会实际地被弱化甚至消灭，进而会减少被限制一方市场的竞争。① 因此，经营者的市场地位通常是认定纵向垄断协议的重要参考因素。

对滥用市场支配地位行为进行规制的路径，则相对明确，主要分为界定相关市场、认定市场支配地位、认定滥用行为且不具有正当理由、认定具有反竞争效果四个步骤。② 虽然此分析框架较为明确，但实则每个步骤的灵活性都较强。对于相关市场的认定，理论上存在着需求替代性分析、供给替代性分析、假定垄断者测试等多种方法，但实践中依然很难准确界定，特别是在平台经济飞速发展的背景下，相关市场的界定变得更为复杂。正如奇虎公司与腾讯公司滥用市场支配地位案的判决书所指出，互联网环境下的竞争存在高度动态的特征，相关市场的边界远不如传统领域那样清晰。③ 尽管如此，在判断经营者的市场支配地位时，仍需要划定相关市场的范围。

对于经营者市场支配地位的认定，主要有《反垄断法》第 19 条的市场份额推定方法和第 18 条的综合因素分析认定方法两种方法。根据第 19 条的规定，单个经营者在相关市场拥有 50%以上的市场份额，可推定其具有市场支配地位。在纵向垄断协议的认定中，同样也需要考量经营者的市场力量。有学者便提出可以借鉴市场支配地位认定中的推定方法，以是否具有相关市场二分之一以上的市场份额作为认定纵向垄断协议中显著市场力量的判断因素。但此种观点明显存在可商榷之处，纵向垄断协议中显著市场力量的认定标准应低于市场支配地位的认定标准。④ 因为市场力量

① See European Commission, Guidelines on Vertical Restraints, OJ (2010) C 130/1, para. 98.

② 参见孟雁北：《利乐案法律框架分析》，载《竞争政策研究》，2017 (6)。

③ 参见最高人民法院 (2013) 民三终字第 4 号民事判决书。

④ See European Commission, Guidelines on Vertical Restraints, OJ (2010) C 130/1, para. 97.

仅是纵向垄断协议认定过程中的一个重要参考，只要纵向协议足以对商品的价格、数量、质量等产生不利于消费者的影响，或者对市场进入、技术进步等产生不利的影响，即使其不具有较高的市场份额，也可被认定为垄断行为。至于为何将其作为一个重要参考，原因在于具有较高市场份额的经营者所达成的纵向协议，往往具有更强的排除、限制竞争的效果。但在滥用市场支配地位行为的认定中，市场支配地位的认定属于基础性分析，要求更为严格，不可将两制度画等号。

除了界定相关市场和认定市场支配地位，还需要考虑经营者实施涉案行为是否具有正当理由，对涉嫌滥用行为所产生的正负竞争效应也应进行权衡。与禁止纵向价格垄断协议制度的规制原则仍存在巨大争议不同，《反垄断法》对于以上两个步骤（考量有无正当理由和权衡正负竞争效应）有明确的规定，应适用合理原则。

4. *法律责任*

《反垄断法》第 46 条和第 47 条对实施纵向垄断协议和滥用市场支配地位行为的经营者规定了相同的法律责任，即“由反垄断执法机构责令停止违法行为，没收违法所得，并处上一年度销售额百分之一以上百分之十以下的罚款”。但如前文所述，相较于纵向垄断协议制度中的显著市场力量，市场支配地位的认定难度明显更大。对于纵向限制，可能存在以下两种情况：（1）同时符合《反垄断法》第 14 条和第 17 条的违法要件；（2）仅符合第 14 条的违法要件，不符合第 17 条的违法要件，即经营者不具有市场支配地位。对于前一种情况，从目前的执法和司法实践来看，执法机关或者司法机关仍会尊重法条的明确规定，不会随意去适用兜底条款，适用第 17 条的可能性更大。而对于后一种情况，如果经营者和交易相对人也达成了合意，很明显，纵向垄断协议的证明难度会低一些，但纵向垄断协议和滥用市场支配地位行为却被规定了相同的法律责任。如果反垄断执法机构依据第 14 条对经营者进行处罚，那么经营者完全可以利用法律自身的矛盾，以未违反第 17 条进行抗辩，其中深涉类案同判和公平适用法律的大问题。①

（二）纵向限制的现行法适用

上文综合比较了禁止纵向垄断协议制度和禁止滥用市场支配地位制度

---

① 参见焦海涛：《纵向非价格垄断协议的反垄断法规制：困境与出路》，载《现代法学》，2019（4）。

在主体范围、表现形式、规制原则以及法律责任四个方面的异同，在现行法律体系下对于纵向限制，应根据《反垄断法》第 14 条或者第 17 条所明确列举的行为类型适用条文，即转售价格维持行为和限定最低转售价格行为适用第 14 条，拒绝交易、指定交易、搭售、附加不合理条件等明确规定于第 17 条的行为应适用第 17 条。对于第 14 条和第 17 条皆未明确列举的纵向限制类型，考虑到市场支配地位的证明难度较高以及反垄断执法谦抑性的特征，应适用第 17 条兜底条款的规定。具体理由如下：

第一，明确市场在资源配置中的决定性作用。十八届三中全会决定指出："经济体制改革是全面深化改革的重点，核心问题是处理好政府和市场的关系，使市场在资源配置中起决定性作用和更好发挥政府作用。"《反垄断法》对垄断行为的规制也属于人为调整市场的一种手段，此种手段的介入应符合法律的规定以及具有一定的谦抑性，防止因过度干预而对正常市场竞争秩序造成反向损害。此外，《反垄断法》的适用应符合我国现阶段的经济发展状况。国务院反垄断委员会专家咨询组前召集人张穹先生在"庆祝《反垄断法》实施十周年学术研讨会"上指出："面对来自国际竞争的压力，我国企业还比较弱小，鼓励企业做大做强仍是今后一段时间政策制定的重点。"[①] 现阶段，我国经济发展的主要目标并不是抑制大企业的发展，而是应为我国不同类型的企业创造良好的营商环境，避免行政性垄断行为的发生。因此，《反垄断法》的适用应保持谦抑性，只有在确认纵向限制会产生排除、限制竞争的效果时，《反垄断法》才应介入规制。

第二，充分尊重法律条文的指引作用。首先，对于企业而言，《反垄断法》的规定将对其经营行为起到明确的指引作用，而兜底条款由于本身的不确定性，很难为企业行为提供指引。其次，无论是对于禁止纵向垄断协议制度还是对于禁止滥用市场支配地位制度，《反垄断法》所规定的法律责任都较重，除没收违法所得外，还可以并处上一年度销售额百分之一以上百分之十以下的罚款。而且，反垄断处罚不仅意味着经济上的支出，还会对企业声誉造成重大影响。《反垄断法》所针对的对象多是具有显著市场力量的经营者，一旦遭受行政处罚，将会给其带来一系列的社会负面影响。此外，虽然我国《反垄断法》已经颁布十多年，但由于其适用范围较为明确且狭窄，所以多数企业以及公众对其了解依然甚少，合规意识不

---

① 戴龙、黄琪、时武涛：《"庆祝〈反垄断法〉实施十周年学术研讨会"综述》，载《竞争政策研究》，2018 (4)。

强。因此，在适用《反垄断法》对经营者进行处罚时，应充分尊重法律条文的指引作用，根据第 14 条或者第 17 条所明确列举的行为类型适用法律条文。关于“第 14 条和第 17 条出现法条竞合时，应优先适用第 14 条”的观点，可能会降低法律的指引作用以及盲目扩大《反垄断法》的规制范围，导致第 14 条第 3 项的兜底条款被滥用，正常的市场竞争秩序被反向损害。

第三，《反垄断法》对经营者的纵向限制应保持谦抑态度。首先，经营者所实施的限制转售价格、限制销售地域、限制销售客户等纵向限制，可能出于某些正当的目的，如为了快速进入新市场、为了防止恶意竞争等，且对竞争也可能具有正面效应，如可以防止搭便车、保证产品质量等。此外，经营者所实施的纵向限制可能是基于经营者与交易相对人完全自愿的合意，被限制方虽然在某方面因限制行为遭受到了一定损失，但可能在其他方面收到了补偿，因此《反垄断法》也应尽量尊重经营者之间的意思自治，不应随意介入干预，成为违约者的“保护伞”①。其次，目前纵向限制在我国具有普遍性，实际上几乎所有合同都有双方当事人彼此之间的约束和限制，而我国反垄断执法人员不仅数量有限，且执法经验相对不足，需要通过深入细致的调查和分析才可作出结论，若武断地干预市场，更有可能对经济生活造成破坏，背离《反垄断法》的立法初衷。② 因此，考虑到纵向限制所具有的双重竞争效应，以及我国目前的执法水平，对于第 14 条和第 17 条皆未明确列举的纵向限制，应适用要求更为严格的禁止滥用市场支配地位制度。③

综上所述，对于专利独家许可，既要在专利法层面承认专利权人的合法专有权，保证其能够通过自己的技术获得利益回报、得到竞争优势，又要在反垄断法的视角下防止专利权人权利的不当行使，避免其为逐利而危及竞争秩序，以达到专利权人私人利益与社会公共利益和消费者福祉之间的和谐。尤其在现阶段，我国面临很多核心技术依然依赖外国公司的现状，在反垄断法层面，应警惕跨国公司在进入中国市场时，企图借助专利独家许可的方式控制、操纵中国市场。因此，在反垄断法层面明确专利独家许可的适法界限和法条依据，对促进专利技术市场及产品市场的良性竞争具有重要的意义。

---

① 丁茂中：《原则性禁止维持转售价格的立法错误及其解决》，载《政治与法律》，2017（1）。

② 参见兰磊：《转售价格维持违法推定之批判》，载《清华法学》，2016（2）。

③ 参见宁立志、贺敬林：《纵向限制的反垄断法规制》，载《法律适用》，2021（1）。

第五章　专利搭售许可

第一节　搭售与专利搭售许可的含义

一、搭　售

搭售（tying）作为一种市场营销手段，不同学科都对其给予相应关注。虽然不同学者对搭售的界定并非完全一致，但其基本内涵相差无几。一般而言，搭售可理解为：两种或两种以上的产品（包括技术和服务，下同）捆绑在一起进行销售，即买方在购买一种产品时，须以同时购买另一种产品为条件。其中，买方意图购买的产品称为“结卖品”（tying product），而被要求同时购买的另一产品称为“搭卖品”（tied product）。

搭售的表现形式多种多样。卖方在销售某种产品时，可直接要求买方同时购买另一种产品，也可要求买方不得从其他卖家购买特定产品。前一种形式称为“显性搭售”或者“内向型搭售”（tied in），后一种形式称为“隐性搭售”或者“外向型搭售”（tied out）。此外，按照搭售的手段，可以将搭售分为“技术搭售”和“协议搭售”，前者是指卖方通过技术手段，将结卖品与搭卖品设计成必须配套同时使用方可正常工作而无法与相关竞争产品相兼容的情形；后者是指卖方通过协议的方式，要求买方在购买结卖品时，须同时购买搭卖品或者不得从他方购买特定产品的情形。①

① 参见龙柯宇：《知识产品搭售及其反垄断规制探讨》，载《首都经济贸易大学学报》，2013（3）。

与搭售相联系的一个概念是“捆绑销售”。有学者认为“捆绑销售”与搭售的概念是一致的。① 也有学者指出了二者内涵的差异，即“捆绑销售”涉及的产品一般是固定搭配的，而搭售涉及的产品不一定存在固定搭配，对被搭售产品的单独购买亦不存在限制。② 搭售往往是将几种不同的产品一同销售，而“捆绑销售”也可能是将多个同种产品捆绑在一起共同销售。有的国家和地区的反垄断立法对二者内涵作了区分。例如，欧盟2004年《关于技术转让协议适用欧共体条约第81条的指南（2004/C 101/02）》认为，技术许可中的搭售是许可人就一项技术授予许可，须以被许可人接受另外一项技术的许可，或者从许可人那里或其指定的某人那里购买某种产品为条件。捆绑是指将两项技术，或者一项技术和一种产品打包销售。③ 美国2007年《反托拉斯执法与知识产权：促进创新和竞争》报告认为，搭售（tying）是卖方或者租赁方以契约形式或者技术条件，要求买方或者承租方同时购买或者租赁另外的产品或者服务。捆绑销售（bunding）是产品只以固定搭配的方式进行销售。④ 而在此之前的1995年美国《知识产权许可的反托拉斯指南》并没有对二者进行区分。在此，需要指出的是，虽然上述指南和报告对搭售和“捆绑销售”的内涵作了区分，但有关分析仍然将二者放在一起进行，并统称为“搭售”。多数国家反垄断立法都有关于搭售的规定，而鲜有“捆绑销售”的规定。究其原因在于，在产品日益高科技化且市场营销模式也日趋复杂化的今天，搭售形式也变得多样化。但是，不同形式的搭售具有反垄断法意义上的一致性，即都要考量这一行为对市场竞争的效果如何。因此，本章从反垄断法视角对专利搭售许可作统一分析，不再区别搭售与“捆绑销售”。

与搭售相关的另一个概念是“附加不合理的交易条件”。我国《反垄断法》第17条第1款第5项规定“没有正当理由搭售商品，或者在交易时附加其他不合理的交易条件”均为滥用市场支配地位的行为。根据该条文的表述，搭售是“附加不合理的交易条件”的一种类型，而“附加其他不合理的交易条件”是指具有市场支配地位的经营者在搭售商品之外，附

---

① 参见［韩］权五乘：《韩国经济法》，崔吉子译，209页，北京，北京大学出版社，2009。

② 参见吴汉洪、钟洲：《论搭售的反垄断争议》，载《中国人民大学学报》，2016（4）。

③ See Guidelines on the application of Article 81 of the EC Treaty to technology transfer agreements（2004/C 101/02）§193－195.

④ See U. S. Department of Justice and Federal Trade Commission，Antitrust Enforcement and Intellectual Property Rights：Promoting Innovation and Competition（2007）. 该报告的网址是：www. ftc. gov/reports/index. shtm。

加的其他不合理交易条件。[①] 由于搭售比“附加其他不合理的交易条件”具有更明显的反竞争性，故将其单独列出予以强调。根据国务院反垄断委员会《关于知识产权领域的反垄断指南》第 18 条，涉及知识产权的附加不合理交易条件包括但不限于：“（一）要求进行独占性回授或者排他性回授；（二）禁止交易相对人对其知识产权的有效性提出质疑，或者禁止交易相对人对其提起知识产权侵权诉讼；（三）限制交易相对人实施自有知识产权，限制交易相对人利用或者研发具有竞争关系的技术或者商品；（四）对期限届满或者被宣告无效的知识产权主张权利；（五）在不提供合理对价的情况下要求交易相对人与其进行交叉许可；（六）迫使或者禁止交易相对人与第三方进行交易，或者限制交易相对人与第三方进行交易的条件。”

搭售与“商业模式”也密切相关。主流观点认为，商业模式是一种描述企业如何对经济逻辑、运营结构和战略方向等具有内部关联性的变量进行定位和整合的概念性工具，说明了企业如何通过对价值主张、价值网络、价值维护和价值实现四个方面的因素进行设计，在创造顾客价值的基础上，为股东及伙伴等其他利益相关者创造价值。[②] 商业模式最基本的因素包括收入来源、定价方法、成本结构、最优产量等[③]，而将不同产品组合销售并设计较为优惠的价格是经营者常用的商业模式。搭售与此种商业模式的外观十分相似，经营者也可能以组合销售的商业模式为由否认其实施搭售行为，因此有必要对二者予以区分。搭售与组合销售的商业模式相比，最主要的区别在于前者极度依赖于经营者的市场支配地位，具有较为明显的强制性，而组合销售本身具有经济上的合理性，无论经营者的市场地位如何，均能为其创造经济价值，无强制性或者强制性较弱。

二、专利搭售许可

专利搭售许可是指在专利许可中实施的搭售行为，即专利权人在实施专利许可时，要求被许可人在专利权人处或其指定的第三人处购买或接受被许可人意图购买或接受的许可以外的其他专利、非专利技术、商品或服

① 参见王先林：《涉及专利的标准制定和实施中的反垄断问题》，载《法学家》，2015（4）。
② 参见原磊：《商业模式体系重构》，载《中国工业经济》，2007（6）。
③ 参见原磊：《国外商业模式理论研究评介》，载《外国经济与管理》，2007（10）。

务，否则拒绝许可。[①] 常见的专利搭售许可形式包括“标准必要专利＋非标准必要专利”“专利产品或专利方法＋原材料”“专利产品＋售后服务”“专利方法＋商标”等。[②] 例如，喷墨打印机和墨盒的专利权人强行要求购买者从其处购买墨水，微软在其包含专利权和著作权的“视窗”系统中搭售杀毒软件，等等，都是专利许可中的搭售行为。专利搭售许可的动因主要有两方面：一是基于正当目的，例如专利权人通过搭售质量可靠的原材料、配套产品等来保证自己专利产品的品质，维护自己的声誉，以降低被许可人使用较低劣的配套产品、技术或服务所带来的损害其声誉的风险。二是基于非正当目的，例如搭售无效专利，以及通过传导效应将其在结卖品市场上的控制力延伸到搭卖品市场。

与普通搭售相比，专利搭售许可涉及的因素更为复杂。首先，专利搭售许可与普通搭售所处的经济环节不同，因而对市场的影响也不同。普通搭售的经营者具有完全的定价自主权，往往将其产品直接销售给最终消费者，而专利搭售许可的专利是下游企业从事生产的投入品，在标准必要专利的情况下，标准必要专利则是下游企业不可或缺的必要投入品，同时标准必要专利持有人索要的许可费往往受到标准制定组织的限制，专利持有人并不具有完全的定价自由。[③] 其次，专利搭售许可具有较强的技术性，对其判定的过程更为复杂。搭售是将两个独立的产品捆绑在一起销售，如何判断两个产品是否独立本身就充满争议，而专利之间或专利与产品之间的独立性判断具有更强的专业性，往往需要技术人员予以辅助。最后，普通搭售只涉及反垄断法，而专利搭售许可需要充分考虑反垄断法与专利法之间的协调。一方面，普通搭售是经营者基于经济优势地位实施的行为，主要考虑其对市场竞争的直接影响；而专利搭售许可是专利权人基于知识优势地位实施的，既要考虑其对市场竞争的影响，也需要考虑其对专利制度基本目标的实现程度，因为它可以增加专利权人的经济回报从而激励创新。另一方面，虽然不能因为拥有专利权而推定经营者拥有市场支配地位，但由于专利权是一种合法的垄断权，专利权人往往比普通经营者有更

---

① 《关于知识产权领域的反垄断指南》第 17 条指出，涉及知识产权的搭售，是指知识产权的许可、转让，以经营者接受其他知识产权的许可、转让，或者接受其他商品为条件。知识产权的一揽子许可也可能是搭售的一种形式。

② 参见郭德忠：《专利许可中的搭售》，载《河北法学》，2007 (9)。

③ 参见唐要家、李恒：《FRAND 承诺下标准必要专利搭售许可的动机及其竞争效应》，载《产经评论》，2019 (4)。

强的力量实施搭售行为，对市场竞争的损害可能更为严重。

与专利搭售许可相联系的一个概念是“专利联营”（patent pool）。专利联营指两个或两个以上专利拥有者，为了能够彼此之间相互分享专利权或者统一对外进行专利许可而将各自的专利共同许可给联营成员或者第三方。专利联营的具体方式包括达成协议、设立公司或者其他实体等。专利联营各方通常委托联营成员或者独立的第三方对联营进行管理。专利联营本质上是专利权人在一定范围内让渡、安排自己的排他性专利权的协议。[①] 实际上，作为专利许可方式之一的专利联营，可以被理解为专利搭售许可的类型之一。专利联营一般可以明显地提高效率，是克服“专利丛林”（patent thicket）的有效手段。专利联营整合了互补技术，降低了交易成本，排除了专利间的实施交互限制，避免了昂贵的法律诉讼。当然，专利联营也可能损害竞争，例如，联合后拥有市场支配地位的专利权人共同作出排他性安排，通过安排阻止或者阻碍联营成员从事研发进而阻碍创新，等等。[②] 有关专利联营的更多论述，可参见本书第十五章。

我国《反垄断法》第 55 条规定：“经营者依照有关知识产权的法律、行政法规规定行使知识产权的行为，不适用本法；但是，经营者滥用知识产权，排除、限制竞争的行为，适用本法。”因此，专利搭售许可应被置于此框架内进行分析，即：如果某一专利搭售许可属于正当行使知识产权的行为，则不适用《反垄断法》；反之，则适用《反垄断法》。

第二节　专利搭售许可的竞争效应分析

对搭售的反垄断经济分析源于哈佛学派的“双重垄断理论”或者说“杠杆理论”，即垄断企业利用已有市场中的支配地位扩大其在另一个市场中的市场份额，从而获取竞争优势[③]，损害搭卖品市场的竞争秩序，最终在搭卖品市场中也取得支配地位。因此，这一理论认为，对搭售行为应适用本身违法原则。芝加哥学派提出了“单一垄断利润”理论以反驳哈佛学

① 参见宁立志、胡贞珍：《从美国法例看专利联营的反垄断法规制》，载《环球法律评论》，2006（4）。

② See Antitrust Guidelines for the Licensing of Intellectual Property (1995) 5.5.

③ See Rubinfeld, D. L., Antitrust Enforcement in Dynamic Network Industries, *The Antitrust Bulletin*, 1998, 43, pp. 859, 870－871.

派的观点，这一理论认为：在搭售甲乙两种产品时，市场所能承受的最高总价格是一定的。如果行为人在甲产品上已经采用了最高垄断价格，则只能在乙产品上采用竞争性价格，否则买方就会减少甲产品的购买量。垄断利润只有一份，行为人完全可以在结卖品市场上将其全部赚到手，不需要创设第二个垄断；同时，即使获得第二个垄断也不能进一步提高总价格，因而无法增加垄断利润。[①] 因此，搭售的作用主要是积极的，反垄断法不应予以一般性禁止。虽然这两种理论都有缺陷，哈佛学派未考虑搭售行为的正面效果，芝加哥学派则忽视了搭售的消极效果，但可以看出，搭售对市场竞争具有双重效应，不可偏废其一。专利搭售许可的正面效应是其得以存在的现实依据，并可使其获得反垄断法的豁免；而对市场竞争产生负面效应则使专利搭售许可被纳入反垄断法的规制范围。

一、正面效应

（一）节约成本，降低价格

由于专利技术较复杂，专利权人在开发这些技术时就已耗费大量时间、人力和财力，在通常情况下，他们对该技术的熟悉程度远远超过其他生产者或经营者。因此，若要生产某些与被许可专利技术相匹配的产品或开发某些相匹配的技术，专利权人无疑具备更大的知识优势。由于拥有相关的技术背景，专利权人能够耗费更少的成本生产和销售匹配产品。既然搭售许可能为专利权人节约一定的生产和销售成本，专利权人为了使自己的搭售行为更容易被交易相对方接受，有可能降低搭卖品与结卖品的总体售价，使被许可方享受更加低廉的价格，其实质是专利权人将从搭售许可中得到的利润部分惠还给被许可方。

（二）提供交易便利，降低交易费用

在专利许可中，被许可的专利技术与普通产品或服务相比更具专业性和复杂性。在很多情况下，被许可方若要使该专利技术发挥最大的效用，需要寻找与之相匹配的其他技术产品或者服务。被许可方自己寻找技术产品或服务不但费时费力，而且寻找到的技术产品或服务还不一定与该专利技术最为匹配。而专利权人对专利技术的熟悉程度远胜过被许可方，专利权人通过搭售能为被许可方提供最为合适的配套技术产品或服务，使被许可的技术发挥最大效用。因此，从成本效益分析的角度看，搭售许可能降

---

① 参见许光耀：《搭售行为的反垄断法分析》，载《电子知识产权》，2011（11）。

低被许可方的成本，节省其时间精力，对其生产效益的提高起到积极作用。

在专利联营的一揽子许可中，这项优势更为明显。被许可方所需的多项专利可能掌握在不同的专利权人手中，若被许可方与多个专利权人分别谈判，不但耗时漫长、耗资巨大，还可能因为后期谈判不成功致使先期购买的专利技术最终不能充分发挥作用。因此，专利权人以专利联营的形式将多种专利打包进行许可，不但能够保障被许可方得到全部所需专利，还能为其缩短谈判周期、节省交易成本。比如一部智能手机的生产，可能涉及数万件专利，逐一谈判获取专利许可难以想象，一揽子许可成为必然选择。

（三）保障质量

被许可方利用专利技术生产出的产品通常需要零配件、辅助产品或服务的配合才能发挥最大的效用，因此，零配件、辅助产品或服务的选择对于消费者而言就至关重要。在某些情形下，被许可方为了获取更高利润，往往会置消费者利益于不顾，使用劣质零配件或辅助产品，不但会损害消费者利益，同时也给专利权人的商业信誉及其专利技术的商品声誉带来损害。专利权人通过在合同中规定配套技术、服务或零配件的使用，可以对被许可方的生产进行一定的控制，从而保证专利产品的质量，保障消费者的利益。因此，专利权人通过搭售对被许可方的行为加以控制，有其合理性。

此外，专利权人通过搭售行为获取的经济利润能用于降低生产成本和从事新技术开发，最终让消费者享受更多新技术与新产品，使专利权人与消费者实现双赢。可见，专利搭售许可对于达致专利制度的初衷有积极的作用。搭售行为使专利权人获取的利益超过专利本身带给专利权人的预期利益，在这种利益驱动之下，专利权人更愿意将新技术申请专利，并实施专利许可行为，从而有助于社会整体技术水平的提高，专利权人自己也有更大的动力从事新技术的研究开发。从这个意义上讲，专利搭售许可对于新技术的研发和专利技术的推广应用都有积极意义。

二、负面效应

虽然越来越多的经济学家承认搭售许可在许多情况下能够实质地提高效率，且对竞争制度和专利制度也有一定的积极作用，但是它带来的限制竞争的后果和对交易相对人利益的威胁也是不容忽视的。

（一）损害交易相对人的合法权益

专利搭售许可毕竟是处于市场优势地位的专利权人实施的一种强制性行为，它对被许可方在搭卖品市场上的选择自由造成了破坏，是对合同自由原则的违背。这可能突破专利权本身应有的利益范围，导致专利权人的利益边界不断扩张，从而颠覆法律所预设的利益平衡，损害交易相对人的合法权益。这种行为可能违背民法的权利不得滥用原则和公序良俗原则，对市场经济秩序产生不良影响。

（二）对搭卖品市场的竞争自由造成一定的限制

虽然搭售许可能够给被许可方和消费者带来某些便利或利益，但是对搭卖品相关市场上的其他竞争者而言，搭售许可使他们的产品丧失了与搭卖品进行公平竞争的机会，从而抑制了可替代产品的发展，产生反竞争的效果，即产生将搭卖品竞争供应商封闭在外的限制性影响。

（三）进一步巩固了搭售行为人的市场优势地位

搭售行为人的市场优势地位为其日后实施限制竞争行为提供了更多条件。毫无疑问，虽然专利权人实施搭售行为有多种动机，但对经济利益的追求是第一位的。通过搭售获取的垄断利益不但巩固了专利权人原有的优势地位，还会进一步刺激其逐利心理。在这种心理的驱使下，专利权人日后会实施更多的限制竞争行为来攫取利益。

（四）可能损害消费者利益

尽管搭售降低了交易成本，交易价格客观上有下降的空间，但这种降价并非一定会发生，有时甚至会相反。在搭售许可中，专利权人为了谋取垄断利润，可能会向被许可方收取高于其应支付的技术成本与搭卖品价格的许可费。若这一部分垄断利润由被许可方承担，则会损害其利益。若被许可方将该负担转嫁到专利产品的消费者身上，则会降低消费者福利，影响社会福利水平。

可见，专利搭售许可的负面效应也是客观存在的。正因为如此，通过专利搭售许可排除、限制竞争的行为成为反垄断法的规制对象。

第三节　专利搭售许可的分析路径

从反垄断法视角看，专利搭售许可排除、限制竞争有两种形式：一是在某一市场拥有支配地位的专利权人直接滥用其优势地位，实施排除、限制竞争的专利搭售许可；二是某些有关联关系的专利权人通过垄断协议的形式组成专利联盟，取得在相关市场上的支配地位，并协调行动一致对外，实施排除、限制竞争的专利搭售许可。二者虽然在表现形式上不同，但实质相同，因此，对其进行反垄断法规制的分析路径也是相近的，即：首先要判断某一专利权人或专利联盟是否具有相关市场上的支配地位，进而判断其专利搭售许可行为是否构成了市场支配地位的滥用，是否产生了排除、限制竞争的效果。

一、许可方是否具有市场支配地位

许可方是否具有市场支配地位是认定搭售许可是否违法的前提条件。市场支配地位（market dominant position）是指企业在相关市场上具有的某种程度的支配与控制力量。搭售许可在多数情况下系许可方利用其市场支配地位实施的限制竞争行为。若许可方在被许可专利技术的市场上并无市场支配力，则其自然没有强迫被许可方购买搭卖品的能力。因此，只有许可方拥有市场支配地位且滥用该地位进行搭售许可时，反垄断法才需要对其加以规制。然而，市场支配地位的认定十分复杂，一般需要综合考量诸多因素。例如我国《反垄断法》第 18 条规定，认定经营者具有市场支配地位，应当依据诸如经营者在相关市场的市场份额、相关市场的竞争状况、经营者控制销售市场或者原材料采购市场的能力、经营者的财力和技术条件、其他经营者对该经营者在交易上的依赖程度、其他经营者进入相关市场的难易程度等因素。

在反垄断法较为严厉的国家或反垄断政策较为严厉的时期，人们常常将拥有知识产权等同于拥有市场支配地位本身。如在 1962 年的美国诉 Loew's 公司案中，Loew's 公司在有版权的主流电影上绑定了不流行的电影，法院就认定："如果实施搭售的商品具有专利权或版权，则其必须拥有的市场支配力将被假定。专利持有人的发明受到法律保护，但其不能滥用专利权在其他领域获取利益。"①

近年来，美国等国家摒弃了这一观念，规定不得因专利权人享有专利权，便直接推定其具有市场支配地位。专利技术能否使专利权人拥有市场支配地位，既取决于该专利技术或产品在市场上的需求情况和竞争程度，也取决于专利权人对该专利技术实际如何运用。在 2006 年的 *Illinois*

① *United States* v. *Loew's*, *Inc.*, 371 U. S. 38 (1962).

Tool Works *Inc*. v. *Independent Ink*, *Inc*. 案①中，美国最高法院认为，拥有专利权不一定就意味着专利权人拥有对市场的支配地位，原告必须证明被告的搭售行为的确依据了市场支配地位，只有这样，法院才能裁定这一行为是违法的。最后，美国最高法院将该案发回联邦地区法院重审。

我国关于知识产权与认定市场支配地位的关系遵循"不因经营者拥有知识产权而推定其在相关市场具有市场支配地位"的基本原则。经营者拥有知识产权，并不意味着其必然具有市场支配地位，在具体认定上应依据《反垄断法》第 18 条、第 19 条规定的认定或者推定经营者具有市场支配地位的因素和情形进行分析，结合知识产权的特点，对多种因素进行综合考量。一般而言，可从以下几个方面对专利许可方的支配地位进行认定。

一是许可方在被许可专利的相关技术市场上是否占有足够的市场份额，以至于能够强迫被许可方购买搭卖品。与此相应，相关市场上其他可替代性技术的市场份额、其他技术所有人进入该市场是否存在障碍等都是判定许可方市场地位的参考因素。

二是在许可方曾经实施过的专利许可中，搭售条款被接受的程度。一般而言，搭售条款被接受的程度越高，则许可方被认定为在相关市场上拥有支配地位的可能性就越大。

三是被许可方转向具有替代关系的技术或者商品等的可能性及转换成本。若被许可技术具备很强的独特性，在相关技术市场上无其他可替代技术，享有独占地位，则可认定许可方具备市场支配力量。在这种情形下，由于被许可方所需技术是独一无二、无替代品的，除了接受许可方的专利搭售许可，被许可方别无选择，或者即使存在替代品，被许可方的转换成本过高而难以承担。

四是被许可方对许可方的制衡能力。被许可方作为交易相对人所具有的制衡能力能够对许可方的市场支配地位产生影响，即如果被许可方具备强大的议价能力或充分有效的抗衡力量，那么，许可方的市场支配地位就很难得到认定。

二、专利搭售许可是否构成支配地位的滥用

多数国家的反垄断法都采行为主义，即将拥有市场支配地位和滥用市场支配地位的行为分别对待，仅将后者作为反垄断法规制的对象。拥有市

---

① See *Illinois Tool Works Inc*. v. *Independent Ink*, *Inc*., 126 S. Ct. 1281 (2006).

场支配地位的专利权人进行专利搭售许可，并不一定意味着支配地位的滥用。反垄断法的合理原则要求执法机构或法院在认定专利权人的行为是否构成支配地位的滥用时，应综合考量搭卖品与被许可技术间的关联程度、专利权人对于搭卖品的价格要求是否合理等多种因素，并赋予专利权人相应的抗辩权。具体来讲，应主要考虑以下因素。

(一) 搭卖品与被许可技术间的关联程度

搭卖品是否具备独立性是认定搭售许可是否合法的关键因素。若搭卖品本身即是被许可技术不可或缺的一部分，或离开搭卖品，没有其他替代品能使被许可技术正常发挥作用，则专利权人的行为属于正常的权利行使行为。至于评价的原则和规则具体如何适用于搭售许可，搭卖品与被许可技术达到何种程度的关联性才能得到反垄断法的豁免，各国的反垄断法因其宽严程度不同而采不同标准。但一般而言，两者关联性越强，搭售许可的违法性越弱。

1. 买方需求与交易习惯因素

在不同的法律视角下，对搭卖品独立性的认定标准并不相同。在美国*Senza-Gel Corp.* v. *Seiffhart*案中，专利权人在授予实施许可时强制被许可方购买搭卖品——某机器，虽然该机器可作为独立的产品出售，但联邦巡回法院只将该搭售行为认定为专利权滥用，而非垄断。法院认为，本案中的搭卖品机器与结卖品专利是否相互独立这一事实问题并未从反垄断法的角度得到解决。[①] 法院强调，专利权滥用案件中的判断标准与反垄断案件中判断搭卖品是否为独立产品的标准是不同的。在专利权滥用案件中，判断搭卖品是否独立于被许可技术时仅需考察专利技术的性质；而在反垄断案件中，法院在判断产品的独立性时还需考虑买方的需求。[②] 这里所称买方应包括技术的被许可方。因此，在认定搭售许可是否违反反垄断法时，执法机构或法院不但需要考量专利技术的性质，还需要站在买方的角度对搭卖品的独立性进行认定，并判断专利权人是否无视相关知识产权或者商品的性质差异及相关关系。

如果依专利技术的性质，搭卖品与该专利技术并无太大关联，搭卖品具有较强的独立性，但在相关时间市场或地理市场上，该搭卖品对买方而

① See *Senza-Gel Corp.* v. *Seiffhart*, 803 F. 2d 661 (1986).

② 参见许春明、单晓光：《“专利权滥用抗辩”原则——由 ITC 飞利浦光盘案引出》，载《知识产权》，2006 (3)。

言是必不可少的，且在相关市场上无替代品，则搭售行为仅能被认定为专利权滥用，而不构成垄断。反之，从买方的角度出发，若搭卖品与被许可技术能够有意义地分离开来出售，且使用搭卖品市场上的替代品可以满足买方的合理需求，又不至于影响该专利技术的运作功能，则即使依专利技术的性质，该搭卖品与专利技术有一定的关联性，专利权人也不得以此理由强制被许可方购买搭卖品，排除搭卖品市场的竞争。

另外，市场交易习惯也是确认搭卖品是否具有独立性的重要考量因素。例如，在将鞋子和鞋带一起销售时，没有人会认为鞋子与鞋带是两个独立的产品，因为二者的独立性非常弱，以至于分别销售几乎没有经济价值。即使是独立性较强的产品，例如汽车与轮胎，二者分别销售也有经济价值，但出于市场交易习惯，不会有人认为在销售汽车时一并销售轮胎是违法的搭售行为。《关于知识产权领域的反垄断指南》第 17 条中规定，认定涉及知识产权的搭售是否构成滥用市场支配地位行为，可以考虑搭售是否符合交易惯例或者消费习惯。需要指出的是，交易习惯是在长期的市场交易活动中逐步形成的，具有强烈的市场主体自治属性。交易习惯可以成为证明某一市场竞争行为具备合法性的重要证据，但合乎交易习惯并不能够成为唯一的最终裁决依据，因为反垄断法还要考量其他的不同法益，且交易习惯在时间和地域上有一定的相对性。

2. “整合产品”的认定

当搭卖品相对于被许可技术不具备独立性时，两者多被认定为“整合产品”，即两者在功能上互相整合，作为一个整体发挥效用。但由此引发一个新问题，对“整合产品”的具体认定需要从技术的功能上进行分析，这种分析无法避免地涉及对被许可标的进行纯技术上的考察与评估。如何准确地对“整合产品”进行纯技术上的认定，对法官而言有相当难度。著名的微软搭售案就是一个典型的例子。在该案中，最大的争议点就在于 Windows 95 操作系统与 IE 浏览器的关系如何认定，两者是相互独立的产品，还是功能上必须互衔的“整合产品”。微软公司辩称，Windows 95 是“集成”而不是“捆绑”了浏览器功能，因为它不可能在将浏览器移出的同时还保证其主要功能不受损害。[①] 法院认为，只有将多种功能的产品组合销售，相比将这些产品分开出售由买方自行组合，更能够给买方提供明

① 参见陈炜恒、蒋雪雁：《垄断？反垄断？——微软案件评析》，载《世界知识》，1998 (23)。

显溢利和优势的产品组合才属于“整合产品”。何谓明显的优势呢？法院指出，“整合产品”并不意味着生产者将几种不同功能的产品机械地组合在一起，这种整合必须具备一定的实际使用价值与科技价值。对买方而言，购买卖方组合出售的“整合产品”与自己分别购买不同的产品进行组合相比，前者能够使其产生或增加实质的产品功能上的利益，而不仅是交易效率上的便利。①

微软搭售案虽属软件著作权许可中的搭售问题，但其与专利许可中的搭售原理相通，对专利搭售许可的研究具有借鉴意义。从法院的判决中，我们可以看出，法院对“整合产品”的判断标准为溢利和优势标准，即只要搭卖品与结卖品的组合能够给买方增加功能利益带来明显优势，就应认定二者不具备独立性。优势标准意味着在搭售许可中，即使存在可替代搭卖品的产品，但如果该搭卖品与专利技术的结合可以使专利技术更为有效地发挥作用，搭卖品与结卖专利还是可以被认定为“整合产品”，只要其具备相对优势即可。显然，采用这一标准，搭售许可被认定为合法的概率会大大增加。笔者认为，法院的评判标准尚属相对宽松。若从保护竞争与买方自由选择权的角度出发，对“整合产品”的认定应采取必要标准，判断专利搭售是否具有合理性和必要性，如是否为实现技术兼容、产品安全、产品性能等所必不可少的措施等。若存在可替代产品，也能够使专利技术有效实施，即使搭售能够为买方提供功能上的优势，也不宜否定搭卖品客观上的独立性。对搭售许可中搭卖品独立性的认定，反垄断法到底采取哪种标准，不能一概而论，而应顾及国家政策。若一国政策倾向于鼓励创新，优先考虑法的效率价值，则应采优势标准；若其政策偏向于保护自由竞争秩序，则采用必要标准更为合理。

3. 一揽子许可问题

在“专利联营”引发的强制性一揽子许可中，以上的判定标准也可被用来对其进行合法性认定。当专利联营体要求被许可人为专利池中的无效专利交纳使用费时，其行为当然违法。但若将被许可人希望得到的专利与其他专利打包授权，该行为是否违法就要看被搭售的专利与被许可人原本所需专利的关系。对此，多数国家如美国、日本都采用技术必要性标准，要求打包授权的专利必须均为“核心专利”，即这些专利必须相互结合才能发挥作用，缺一不可，且无可替代专利技术的存在。否则，专利联营体

① See *United States* v. *Microsoft Corp.*, 147 F. 3d 935947 - 51 (D. C. Cir. 1998).

要求被许可人接受其他专利的行为即构成违法的强制性一揽子许可。由于对“核心专利”的认定具有相当的科技知识难度，美国等许多国家的法律都规定司法部门必须以完全独立于专利联营体之外的专家的认定结论为准。

（二）许可方对于搭卖品的价格要求是否合理

将搭卖品的价格作为认定搭售许可是否违法的因素，反映出法律保护消费者利益、增进社会福利的价值导向。在质量相同的前提下，若搭卖品的价格明显高于同类替代品的价格，则该搭售行为被认定为违法的可能性较大。反之，若搭卖品与同类产品的价格相同甚至低于同类产品的价格，从被许可方的角度而言，搭售行为能够节约采购成本，节省寻找替代品的时间和精力，降低总体成本；从消费者的角度而言，搭售行为能够使其享受质量更好的产品和更优惠的价格。因此，搭售行为的违法性也相应减弱。

（三）是否存在法定豁免情形

豁免制度的核心内容在于对合理利益的关注，对原本违反反垄断法的行为予以宽容。在具体分析某一专利搭售许可是否构成市场支配地位滥用时，应同时考察该行为是否属于法定豁免情形。部分域外立法对知识产权搭售许可获得反垄断法豁免的情形作了具体规定。欧盟 2004 年《关于技术转让协议适用欧共体条约第 81 条的指南（2004/C 101/02）》认为，要使许可技术在技术上得到满意的利用，或者要保证按照许可进行的生产能符合许可人和其他被许可人遵守的质量标准，搭售产品可能是必要的，这能够提高效率。在这种情况下，搭售通常要么不限制竞争，要么满足《欧共体条约》第 81 条第 3 项关于豁免的规定。我国台湾地区也有类似规定。台湾地区“公平交易委员会”2007 年发布的“对于技术授权协议案件之处理原则”第 5 条对视为不违反“公平交易法”的情形作了列举性规定，这些情形包括对授权实施范围限制、授权期间限制、最大努力条款、制造数量或使用次数最低数量限制以及对专利商品、原材料、零件等品质限制等等。

《关于知识产权领域的反垄断指南》第 17 条中也提出，分析涉及知识产权的搭售是否构成滥用市场支配地位行为，可以考虑搭售“是否违背交易相对人意愿”、“是否排除、限制其他经营者的交易机会”，以及“是否限制消费者的选择权”等因素。

三、专利搭售许可是否产生了排除、限制竞争的效果或危险

是否产生排除、限制竞争的效果是判断专利搭售许可可否被纳入反垄断法规制的最终依据，这可以从两方面进行考察。

一方面，许可人在进行搭售时是否有排除其他竞争者以及限制竞争的目的。许可人在搭售时，主观上如果有排除或限制竞争的目的，则会增加被认定为非法的可能性。欧盟法将许可人的目的作为认定其行为合法与否的要件。如果单纯从理论上讲，这一要求有其合理性，因为行为人的主观恶性程度直接影响到其行为的性质和效果，坚持主观要件可以使法的公平价值更好地实现。但由于该要件的最终判定依赖于对行为人主观状态的考察，在实践中具体认定起来有模糊性，易生歧义，增加了认定难度，故需结合其他因素进行考虑。

另一方面，搭售许可要受到反垄断法的规制，必须在客观上发生实际限制竞争的后果或存在足以限制竞争的危险。例如，要着重考虑搭售所覆盖的搭卖品市场比例的大小，即搭售的规模。搭卖品数量越大，对搭卖品市场竞争状况的负面影响就越大，也就越可能受到反垄断法的规制。否则，这种搭售行为最多只能构成专利权滥用，而不能被认定为垄断。这还涉及正负效应能否相抵的问题，即搭售许可的正面效应能否抵消其限制竞争的负面影响的问题。在判断搭售许可是否违法时，对于利益的权衡尤为重要，这就需要借助经济学的成本效益方法来进行分析。若该行为的正面效应远远大于其限制竞争的负面影响，出于整体利益的考虑，则可认定其违法性较弱；若该行为的正面效应不足以抵消其限制竞争的负面影响，则其被认定为违法的可能性就大大增加了。当然，一国的政策是倾向于保护市场竞争秩序还是鼓励创新，也是权衡搭售行为利弊的重要背景。因此，在搭售案件的审判过程中，要评价搭售许可的实际经济影响及其合法性，执法机构或法院必须权衡搭售许可在鼓励创新、节约交易成本、保护消费者利益等方面的社会收益与破坏合同自由、阻碍市场竞争方面的社会成本。只有这样，执法机构或法院才能对此类案件作出既与竞争政策相一致，又与专利政策相符合的判决。① 但这样的权衡对于执法机构或法院而言绝非易事，执法人员或法官不但要了解时常变化的政策，还需借助精确

① 参见［美］Jay Dratler，Jr.：《知识产权许可》（下），王春燕等译，513页，北京，清华大学出版社，2003。

的经济学理论，兼顾技术合理性来分析案件。因此，能否真正在案件的审理过程中运用这一标准，还取决于执法人员或法官是否具备精深的法律经验和对科技甄别资源的调遣能力。

第四节 对我国实践的建议

我国《反垄断法》第55条对滥用知识产权排除、限制竞争行为的规制作了原则性规定，而此条款的有效实施还依赖于相应实施细则与指南的制定。国务院反垄断委员会出台的《关于知识产权领域的反垄断指南》，对《反垄断法》相关规定进行了细化，为滥用知识产权行为适用《反垄断法》提供了指引。《指南》立足我国国情，充分考虑我国知识产权领域的发展状况和执法实践，适当参考了美国、欧盟、加拿大、日本和韩国等国家和地区相关指南的主要内容，借鉴欧美国家的成熟做法和经验，提炼我国知识产权领域反垄断法治实践经验和最新研究成果，充分顾及了知识产权领域反垄断执法不确定性的特点。在对专利搭售许可适用反垄断法的过程中，我国应在坚持合理分析原则的基础上，明确违法搭售的判断标准，同时也要在宏观上协调好反垄断法与专利法之间的关系。

一、坚持合理分析的基本原则

在反垄断法发展的早期，部分国家曾将搭售和专利搭售许可纳入本身违法的范围，而不作合理分析。随着合理原则被更多的司法程序所采用，这一情况逐渐发生改变，专利搭售许可逐渐成为合理原则适用的对象。合理原则是反垄断法基本价值目标——经济效率的集中体现，能对变动不居的经济世界与不断更新的经济理念作及时的回应。① 合理原则能够周全地照顾到诸多不同利益，使反垄断分析判定更具恰当性。专利搭售许可的反垄断法分析应顺应发展趋势，坚持合理原则，基于该类行为对市场竞争影响效应的二重性形成最后的判断。如此，方能在综合考量专利搭售许可的正面效应与负面效应的基础上，在个案中作出适当裁决。当然，合理原则

---

① 参见郑鹏程：《论“本身违法”与“合理法则”——缘起、适用范围、发展趋势与性质探究》，载王艳林主编：《竞争法评论》，第一卷，59～78页，北京，中国政法大学出版社，2005。

的实践意义还在于由此原则派生出来的判断涉案行为合法与非法的更具体的标准。对此，本书多个章节有所阐述，于此不赘。

二、明确违法搭售的判断标准

我国相关法律法规及司法裁判对于违法搭售行为判断标准的认识经历了一个逐渐深化、逐步细化的过程。在《反垄断法》出台后一段时期内，我国法律法规尚未就违法搭售行为作出专门性规定，相关判断标准主要在司法实践中形成和发展。2013 年，最高人民法院在奇虎公司与腾讯公司垄断纠纷上诉案判决书中指出，搭售应当符合如下条件：搭售产品和被搭售产品是各自独立的产品；搭售者在搭售产品市场上具有支配地位；搭售者对购买者实施了某种强制，使其不得不接受被搭售产品；搭售不具有正当性，不符合交易惯例、消费习惯等或者无视商品的功能；搭售对竞争具有消极效果。① 与此相接近，国家工商行政管理总局于 2015 年出台的《关于禁止滥用知识产权排除、限制竞争行为的规定》第 9 条规定，搭售应同时符合下列条件："（一）违背交易惯例、消费习惯等或者无视商品的功能，将不同商品强制捆绑销售或者组合销售；（二）实施搭售行为使该经营者将其在搭售品市场的支配地位延伸到被搭售品市场，排除、限制了其他经营者在搭售品或者被搭售品市场上的竞争。"可以看出，这一时期我国在违法搭售的判断标准中，强调搭售行为具有强制性，但将"强制"作为非法搭售的必要条件留下了执法漏洞，即不存在"强制"或者不存在明显"强制"的捆绑折扣、软件捆绑等得不到法律的制裁。② 2019 年国家市场监督管理总局出台的《禁止滥用市场支配地位行为暂行规定》第 18 条第 1 款中规定，禁止"违背交易惯例、消费习惯或者无视商品的功能，将不同商品捆绑销售或者组合销售"。同年，国务院反垄断委员会出台的《关于知识产权领域的反垄断指南》第 17 条专门对涉及知识产权的搭售作出了规定，其第 2 款列举了分析涉及知识产权的搭售是否构成滥用市场支配地位行为的因素，包括："（一）是否违背交易相对人意愿；（二）是否符合交易惯例或者消费习惯；（三）是否无视相关知识产权或者商品的性质差异及相互关系；（四）是否具有合理性和必要性，如为实现技术兼容、产品安全、产品性能等所必不可少的措施等；（五）是否排除、限制其他

---

① 参见最高人民法院（2013）民三终字第 4 号民事判决书。

② 参见郑鹏程：《论搭售的违法判断标准》，载《中国法学》，2019（2）。

经营者的交易机会；（六）是否限制消费者的选择权。”这一时期我国对违法搭售的判断标准，已淡化了关于“强制性”的要求，这一点应当予以肯定。根据《关于知识产权领域的反垄断指南》，目前我国判断违法搭售行为的标准可以归结为：（1）结卖品与搭卖品具有独立性；（2）经营者在结卖品市场具有支配地位；（3）搭售行为具有“一定强制性”；（4）无正当理由；（5）造成竞争损害。下文对此展开分析，由于该标准中的第 2 点、第 5 点是滥用市场支配地位的通用要件，此处不再赘述。

结卖品与搭卖品具有独立性是构成违法搭售的前提条件，具有正当理由则是搭售行为免受反垄断法苛责的抗辩事由，但目前我国相关规范性文件和司法实践中将独立性与正当理由混为一谈，《关于知识产权领域的反垄断指南》第 17 条第 2 款所列因素中的第 2、第 3、第 4 项实际上就是关于独立性与正当理由的要求，有必要对此予以澄清。正如本章第三节第二部分所述，判断独立性的因素主要包括买方需求（或称“消费习惯”）、交易习惯和产品功能等。其中，交易习惯需要经过长期商业实践才能形成，而且在时间和地域上具有相对性，其适用不具有普适性，即使在特定时间和地域内存在某种交易习惯，但如果此种习惯从一开始就是基于经营者滥用市场支配地位而形成的，也不能以此为依据认定结卖品与搭卖品不具有独立性。产品功能主要用于认定结卖品与搭卖品是否构成“整合产品”，需要对二者进行纯技术上的考察评估，主要适用于技术搭售的情形，对协议搭售而言意义不大，因此也不具有普适性。本书认为，独立性的根本判断标准应为买方需求因素，正如亚当·斯密所言，“消费是所有生产的唯一归宿和目的”①，交易习惯与产品功能最终也都是为了满足买方需求。因此，在独立性认定方面，交易习惯与产品功能只能作为参考因素，最终判断标准在于买方需求。但是在正当理由方面，买方需求、交易习惯与产品功能均可作为独立的抗辩事由。需要注意的是，作为独立性认定标准的买方需求与作为正当理由的买方需求内涵是不完全相同的，前者是拟制的一般购买者需求，而后者可以是某一具体的购买者需求。

此外，搭售行为应当具有“一定强制性”，即《关于知识产权领域的反垄断指南》第 17 条中的“是否违背交易相对人意愿”。之所以说“一定强制性”，是因为虽然搭售一般是经营者强制实施并违背交易相对人意愿

① ［英］亚当·斯密：《国民财富的性质和原因的研究》（下卷），郭大力、王亚南译，227 页，北京，商务印书馆，1997。

的，但在某些情况下（尤其是技术搭售中），搭售的强制性较弱或者不易被发现，交易相对人主观上不知自身“被强制”，此时仍应当认定搭售行为违背交易相对人的真实意愿而具有“一定强制性”。

三、正确处理特殊的专利搭售许可案件

专利搭售许可经常以较为隐蔽的一揽子许可方式实施，对此，《关于知识产权领域的反垄断指南》第 17 条专门指出，知识产权的一揽子许可也可能是搭售的一种形式。在专利一揽子许可的情形下，需要准确判断所涉专利之间的关系，主要包括完全无关、竞争关系、障碍关系、互补关系四种情形。一揽子许可的专利之间在技术功能或效果上完全无关的情形较为罕见，竞争关系则是指不同的专利具有相同或近似的技术功能或效果。一般而言，将完全无关或具有竞争关系的专利组合许可是明显的违法搭售行为，除非被许可方需要此类许可，例如具有竞争关系的专利可以分别用于生产不同品质的产品，满足不同层次的消费需求。障碍关系是指使用某一专利以使用另一专利为前提，常见于对既有专利进行改进形成新专利的情形，互补关系是指不同专利需要共同配合使用才能实现所需要的技术功能或效果。一般而言，将具有障碍关系或互补关系的专利组合许可符合交易习惯或产品功能因素，具有经济上的合理性。但是如果具有互补关系的专利存在其他替代性专利，组合许可互补性专利的行为仍可能构成违法搭售。

涉及标准必要专利的搭售许可更为复杂，常见的形式包括标准必要专利搭售标准必要专利、标准必要专利搭售非标准必要专利、标准必要专利搭售非专利技术、标准必要专利搭售产品等。标准制定组织在将专利技术纳入标准之前，往往会要求标准必要专利权利人作出以公平、合理、无歧视的条件（fair，reasonable，and non-discriminatory，FRAND）许可其专利的承诺。标准必要专利权利人通过搭售行为可以规避 FRAND 承诺对许可价格的限制，提高专利总许可费从而增加自身利润，但会导致最终产品的价格提高和销量下降，损害下游市场竞争和消费者福利。[①] 此种基于标准必要专利的搭售比普通搭售对竞争的损害程度更为严重，损害范围更为广阔，因此，反垄断执法机构应对涉标准必要专利的搭售行为保持高度警惕。虽然不能因为经营者拥有专利权而推定其具有市场支配地位，但可

① 参见唐要家、李恒：《FRAND 承诺下标准必要专利搭售许可的动机及其竞争效应》，载《产经评论》，2019（4）。

以考虑根据经营者拥有标准必要专利而推定其支配地位与行为的强制性，从而加大对涉标准必要专利的搭售行为的打击力度。

前文已述及，经营者还可能以组合销售等商业模式为由否认其实施搭售行为。笔者认为，在判定具有市场支配地位的经营者实施的是违法搭售行为还是组合销售等商业模式时，可以先假设其不具有市场支配地位，再判断其能否长期维持此种行为并获得利润，进而甄别其行为的性质。商业模式、标准必要专利与搭售甚至可能出现在同一个案件中，例如在美国联邦贸易委员会诉高通案①中，高通拥有大量蜂窝通信标准必要专利，同时也是全球调制解调器芯片的主要供应商，其创立了独特的“无许可-无芯片”商业模式，将签订专利许可协议作为销售芯片的前提，在购买者不愿签订许可协议时，以停止芯片供应相威胁。通过此种安排，高通在上游专利许可市场和下游芯片市场的垄断地位都得以巩固和加强。虽然上诉法院基于国家安全考虑认为高通的行为是一种合法的商业模式②，但客观来说，如果高通在芯片市场上不具有支配地位，其“无许可-无芯片”政策便难以维持，因而此种商业模式的合法性仍然存在疑问。

四、恰当协调反垄断法与专利法之关系

知识产权不当行使的反垄断法规制规则的制定与完善涉及知识产权专门制度和专门的反垄断法律制度。③ 所以，在知识产权专门法中完善规制知识产权滥用的制度是必要的，这也为反垄断法关于禁止滥用专利权排除、限制竞争的规定作好铺垫和衔接。具体到专利搭售许可，我国《专利法》在强调保护专利权人合法权益的同时，也应完善对专利权滥用的规制措施。④ 如此，方能对各类专利权不当行使行为进行全面规制，以保障

① See *Federal Trade Commission* v. *Qualcomm Incorporated*, 411 F. Supp. 3d 658 (N. D. Cal. 2019).

② See *Federal Trade Commission* v. *Qualcomm Incorporated*, 969 F. 3d 974 (9th Cir. 2020).

③ 参见王先林：《知识产权与反垄断法：知识产权滥用的反垄断问题研究》（修订版），358页，北京，法律出版社，2008。

④ 2008年修正的《专利法》对专利权不当行使的规制措施作了初步规定。例如，第48条规定：“有下列情形之一的，国务院专利行政部门根据具备实施条件的单位或者个人的申请，可以给予实施发明专利或者实用新型专利的强制许可：（一）专利权人自专利权被授予之日起满三年，且自提出专利申请之日起满四年，无正当理由未实施或者未充分实施其专利的；（二）专利权人行使专利权的行为被依法认定为垄断行为，为消除或者减少该行为对竞争产生的不利影响的。”2020年修正的《专利法》继承了本条内容，现为第53条。

微观市场竞争的长远利益。在处理专利权滥用案件时，需要平衡专利法与反垄断法之间的紧张关系，合理规制利用专利权实施的反竞争行为。一方面，对于具有明显促进竞争效果的专利权行使行为予以充分包容；另一方面，对于竞争效果不明确、市场环境复杂的竞争行为则应充分论证，确保规制结果的科学性和准确性。协调好反垄断法与专利法的关系这一指导思想，尤其应被用来指导那些疑难的和复杂的专利搭售案件的办理。

第六章　专利许可中的差别待遇

第一节　对差异化许可的一般性认识

差别待遇（differential treatment）是指“在没有合理理由区分好恶时，不公平地对待众人”[①]。这里的“不公平”应包括机会不公平与结果不公平两层意思。差别待遇主要表现为在市场经济活动中经营者在没有合理理由时，对两个以上交易相对人施加不同的交易条件，导致公平交易机会的丧失或不公平交易结果的产生。在订立专利许可合同时，专利权人为了实现专利技术的充分利用和收益最大化，通常会根据交易对象、市场需求等因素订立包含差异化交易条件的许可合同。当差异化交易条件体现为许可价格上的差异时，即构成差异化许可价格。差异化许可价格是专利许可中差别待遇最典型的形式，故本章主要研究差异化许可价格，其原理可用于其他交易条件的差别待遇。[②]

由于差异化价格是专利许可人对两个以上被许可人施加的不同交易条件，因此，从专利许可人的角度加以分析更利于探寻差异化许可价格产生的原因。这些原因主要包括以下两个方面：一是基于许可人的趋利心理。亚当·斯密将理性人的趋利心理称为经济理性。专利许可人正是基于这种经济理性，最大限度地榨取被许可人的剩余价值以实现利润最大化。在完全竞争市场的假设中，市场受供求规律影响，各种交易信息对称。如果许可人向被许可人索取高于专利许可边际成本的价格，则被许可人将选择价格更优惠的许

---

① Bryan A. Garner，*Black's Law Dictionary*（9th Ed），West Group，2009，p. 534.

② 美国高通公司专利垄断案中就包含涉嫌违法的差异化许可价格，高通公司因在中国实施包括专利许可中的差别待遇在内的多项违法行为于 2013 年年底被中国国家发改委立案调查，并于 2015 年年初被处罚，罚款额近 61 亿元人民币。

可人进行交易。因此，在完全竞争的市场条件下，差异化许可价格难以出现。但在现实经济活动中，市场供求关系瞬息万变，交易信息不对称的现象十分普遍，被许可人无力承担收集充足的市场信息进而作出合理决策所需的巨大成本。因此，通过对交易成本、专利依赖程度等方面的衡量，被许可人只能被动地接受专利许可人提出的差异化许可价格。二是专利许可人规避风险的需要。无论是通过自身研发还是向他人购买，专利许可人拥有一项专利必然要承担相应的市场风险。在知识经济时代，科学技术的更新日渐频繁，已有的专利技术随时可能被新的专利技术所替代，丧失赢利能力。为了降低这种风险并实现获利，专利许可人倾向于将专利许可给他人使用，并收取一定的许可使用费。由于不同被许可人对专利的需求弹性各不相同，对许可使用费也存在不同的价格预期，专利许可人为了促使专利许可合同的达成，尽快收回成本，实现获利，从而最大限度地降低风险，通过差异化的许可价格客观上可以满足不同被许可人的预期，主观上可以达到大小通吃的目的。

在市场经济活动中，专利许可人就同一专利对不同被许可人收取有差异的许可使用费是意思自治原则的体现。TRIPS 协议第 28 条第 2 款①和我国《专利法》第 12 条②均赋予了专利权人许可他人使用专利的权利，但 TRIPS 协议和《专利法》都并未涉及该权利的具体内容。根据法律解释学的观点，在法律规范的理解与适用过程中，由于理解能力或立法水平等主客观因素的影响，常出现法律规范所使用的语言文字的内涵和外延不统一，或法律规范的立法目的与适用效果不一致的情形。这时需要对该法律规范进行法律解释，以保证法律适用的可预期性。利用体系解释方法，将前述条款与 TRIPS 协议第 28 条第 1 款③和《专利法》第 11 条④结合起

---

① TRIPS 协议第 28 条第 2 款规定，专利所有人有权转让或通过继承转让其专利，有权缔结许可证合同。参见世界知识产权组织编著：《知识产权指南——政策、法律及应用》，北京大学国际知识产权研究中心翻译，278 页，北京，知识产权出版社，2012。

② 我国《专利法》第 12 条规定："任何单位或者个人实施他人专利的，应当与专利权人订立实施许可合同，向专利权人支付专利使用费。……"

③ TRIPS 协议第 28 条第 1 款规定，如果该专利所保护的是产品，则有权制止第三方未经许可制造、使用、许诺销售、销售，或为上述目的而进口该产品；如果该专利保护的是方法，则有权制止第三方未经许可使用该方法的行为或者使用、许诺销售、销售或为上述目的进口至少是依照该方法而直接获得的产品。参见世界知识产权组织编著：《知识产权指南——政策、法律及应用》，北京大学国际知识产权研究中心翻译，278 页，北京，知识产权出版社，2012。

④ 我国《专利法》第 11 条第 1 款规定："发明和实用新型专利权被授予后，除本法另有规定的以外，任何单位或者个人未经专利权人许可，都不得实施其专利，即不得为生产经营目的制造、使用、许诺销售、销售、进口其专利产品，或者使用其专利方法以及使用、许诺销售、销售、进口依照该专利方法直接获得的产品。"

来理解，可知专利许可权的权能包括许可他人制造、使用、许诺销售、销售、进口其专利产品等内容。同时，《民法典》第 6 条也规定："民事主体从事民事活动，应当遵循公平原则，合理确定各方的权利和义务。"具体到价格制定方面，我国《价格法》第 6 条规定："商品价格和服务价格，除依照本法第十八条规定适用政府指导价或者政府定价外，实行市场调节价，由经营者依照本法自主制定。"据此，专利许可人享有根据研发成本与市场供求变化对专利许可进行自主定价的权利。但应当注意的是，行使自主定价权并非意味着不受法律的约束。随着法制的完善，自主定价权正逐步被纳入法律规制的范畴。在市场竞争条件下，尽管立法的目的在于保护竞争而不在于保护竞争者的个体利益，但是如果某一被许可人因为许可人的自主定价行为而丧失选择机会或被强制收取更高的许可价格，那么被许可人就无法分享公平、自由竞争所带来的制度福利，这种人为操纵的竞争秩序和竞争价格也是不公平的。竞争法的介入就是要矫正那些披着经营自由、契约自由外衣的形式公平而实质上不公平的结果。保护市场活动中平等自由的竞争秩序、竞争条件，乃至消费者的整体福利，都是竞争法特别是反垄断法追求实质公平价值的重要体现。

第二节　差异化许可价格对竞争的影响

差异化许可价格对竞争具有正负两方面的影响。差异化许可价格的正面效应为其合理存在提供实践支撑，而差异化许可价格的负面效应则使差异化许可价格的实施受到反垄断法的规制。通过对差异化许可价格正负两种效应的分析，可以进一步理解差异化许可价格对竞争的影响。

一、正面效应

在专利许可实践中，由于被许可人的自身实力、对专利的依赖程度各有差异，被许可人对于许可价格的预期也有所不同，因此不同的许可价格会影响被许可人对专利的需求。当专利许可人实施较高的许可价格时，拥有较高价格预期的被许可人获得专利的需求不受高价影响，仍然能够获得专利许可。但此时较高的许可价格会严重阻碍预期价格较低的部分被许可人对专利许可的需求，这部分被许可人会转而寻求该专利的替代品，专利许可人将无法获得这一部分专利许可费。专利许可人为了满足更多的被许可人对专利许可的需求而实施较低的许可价格时，则难以获得前述的高额许可利润，更重要的是能够被广泛接受的许可价格往往接近或低于专利许可人的价格底线，使其难以收回成本、实现获利。为了充分利用专利获得更多收益，专利许可人针对不同被许可人实施差异化的许可价格。这样做一方面可以满足预期价格较高的被许可人对专利许可的需求，专利许可人可以获得这部分高额利润；另一方面也可以实现预期价格较低的被许可人获得专利使用权的愿望，专利许可人可以将专利广泛地许可给预期价格较低的被许可人，以提高该专利在相关市场的份额并获得一定的边际收益。专利许可人这样做可以避免许可价格过高或过低而丧失一部分被许可人或一部分许可费，进而最大限度地实现其专利价值。在这种利益驱动之下，专利许可人更倾向于采用包含差异化许可价格的专利许可策略，从而有助于技术的推广及社会整体技术水平的提高，进而促进竞争。

二、负面效应

除了对竞争具有正面的影响，差异化许可价格的实施也可能带来一定的负面效应。当然，并非所有的差异化许可价格都可能损害竞争，现实中差异化许可价格的情形比较复杂，对竞争的负面效应也不是一成不变的，一般来说包括这样一些具体影响：

首先，差异化许可价格动摇市场经济的公平基础，增加未受惠被许可人获取技术的成本，破坏相关市场的公平竞争。① 承载着差异化许可价格的专利与其他生产资料结合形成最终产品时，会导致产品成本存在差异，并最终影响产品的零售价格。与那些以较高许可价格获得专利的未受惠被许可人相比，以较低许可价格获得专利许可的受惠被许可人拥有更充足的利润空间和更强大的竞争力。

其次，差异化许可价格削弱市场调节机制中的价格信号功能。商品的价格不仅能够客观地反映该商品的市场价值，而且能够真实地反映该商品的市场供求状况，从而引导资源的有效配置。由于专利具有无形财产的特征，因此，专利无法像有形财产一样明码实价地置于货柜上买卖。专利许可价格一般是通过协商的方式产生的，而这个过程实际上就成了专利许可

① 向经营者支付较低价格或使经营者所得收益较低的消费者被称为受惠的买方（favored），而支付较高价格或使经营者所得收益较高的消费者则被称为未受惠的买方（disfavored）。参见［美］赫伯特·霍温坎普：《联邦反托拉斯政策：竞争法律及其实践》（第3版），许光耀、江山、王晨译，624页，北京，法律出版社，2009。

人了解被许可人预期价格并最终以该价格定价成交的过程。专利许可人以不同的预期价格为依据主动地调整许可价格，在各交易相对人之间形成了有差别的许可价格。专利许可人的初始报价通常很高，被许可人在一轮一轮的议价中逐渐将预期价格透露给专利许可人直至成交，被许可人的消费者剩余同时部分地转变为专利许可人的利润。从表面上看差异化许可价格满足了众多被许可人对专利的需求，实则破坏了市场信息的真实性。换句话说，此时的专利许可价格已经不是根据生产成本加上供应成本的变化来确定的，而是被人为地制造出差异，价格机制一定程度地被扭曲，不仅不能反映正常的市场供求状况，而且最终可能导致社会资源配置的低效。

最后，差异化许可价格潜在地巩固专利许可人的市场地位，恶化市场结构。早期反垄断法在规制知识产权中的垄断问题时，通常将拥有专利直接视为拥有市场支配地位。随着反垄断理论对专利制度研究的不断深入，拥有专利已不再当然地被视为拥有市场支配地位。① 但专利，尤其是可替代性较低的关键专利，无疑仍是一种强有力的竞争工具。专利许可制度的基本目的就是促进专利流通和技术普及。实施差异化许可价格的专利许可人能够最大限度地满足不同被许可人对专利不同的价格预期，提高该专利在相关市场的市场份额，排挤类似专利技术，进而巩固其市场地位，导致市场竞争结构性地缺乏活力。

正是由于差异化许可价格对市场竞争存在正负两方面效应，反垄断法律制度并不当然地否定差异化许可价格行为，因此需要依合理原则对该行为作进一步分析。

第三节　差异化许可价格的反垄断法分析

由于差异化许可价格涉及专利许可人的自主定价权，加之差异化许可价格的合理界限不易明确，因此，专利许可人实施差异化许可价格并不必然地对市场竞争造成损害。在分析差异化许可价格是否构成市场优势滥用时，需坚持对具体行为采用反垄断法问题的一般分析路径，从相关市场的

---

① 2006 年，在 *Illinois Tool Works Inc.* v. *Independent Ink*, *Inc.* 案件中，美国最高法院取消了对专利所有人不利的推定，认为专利所有人并不当然获得市场控制力。这不仅体现了合理原则在涉知识产权反垄断领域的适用，而且表明法院加大了对知识产权所有人的保护力度。

界定入手，进而认定专利许可人的市场地位、行为构成以及对竞争的损害等具体情节。

一、是否具有市场支配地位

若在相关市场范围内专利许可人不具有市场支配地位，被许可人就可转向相关市场内的其他许可人寻求替代性的技术，回避专利许可人先期实施的不公平价格行为。此时，专利许可人的差异化许可价格也将难以为继。因此，在分析滥用差异化许可价格以排除、限制市场竞争时，应该首先衡量该专利许可人是否具有市场支配地位，而市场支配地位的衡量则应从界定具体专利许可行为的相关市场入手。与有形产品相关市场的界定不同，美国司法部和联邦贸易委员会的《知识产权许可的反托拉斯指南》和欧盟委员会的《关于技术转让协议适用条约第 81 条第 3 款的第 772/2004 号条例》将知识产权许可的相关市场区分为相关产品市场和相关技术市场。[①] 这种区分方式符合专利实施许可的权利内容，能够较为准确地反映专利或专利产品的相关市场范围。

我国《关于相关市场界定的指南》虽未就认定专利许可的相关市场作出详细规定，但也列举了界定相关产品市场应考虑的若干因素，包括被许可人因许可价格或其他竞争因素变化而转向或考虑转向购买其他专利许可的可能性以及专利的技术特点、用途和总体特征等因素。[②]《关于知识产权领域的反垄断指南》就知识产权领域相关市场界定的技术细节作了进一步规定："知识产权既可以直接作为交易的标的，也可以被用于提供商品或者服务（以下统称商品）。通常情况下，需依据《关于相关市场界定的指南》界定相关市场。如果仅界定相关商品市场难以全面评估行为的竞争影响，可能需要界定相关技术市场。根据个案情况，还可以考虑行为对创新、研发等因素的影响。"总之，由于专利具有无形性的特点，在分析专利垄断案件时应考察专利技术本身所构成的相关技术市场和相关产品市场。

---

① 美国《知识产权许可的反托拉斯指南》中还提及了相关创新市场的概念。相关创新市场主要针对企业的创新活动，由于专利研发所具有的风险性和不确定性，对相关创新市场的考量，即对企业创新活动的影响进行评估具有不可预知性，因此《772/2004 号条例》中并没有涉及相关创新市场的概念，在美国反托拉斯实务中，相关创新市场也因为缺乏科学的评估方法而受人诟病。

② 我国《关于相关市场界定的指南》第 3 条第 5 款规定："在技术贸易、许可协议等涉及知识产权的反垄断执法工作中，可能还需要界定相关技术市场，考虑知识产权、创新等因素的影响。"

在相关市场范围内，准确、恰当地界定专利许可人的市场地位表面上是一个技术问题，需要对专利技术有充分的认识，但它又不是一个单纯的技术问题，还需要对该专利所涉领域有一定审察，亦需熟知该领域内反垄断监管的尺度。一般来说，判断专利许可人是否具有市场支配地位需从以下方面进行考量。

（一）市场份额

在专利许可市场中，拥有可替代技术的多个专利许可人的经营规模各不相同，占据的市场份额也各有差异。一般来说，市场份额直观地反映了专利许可人市场支配能力的大小，而市场份额小的专利许可人不具备实施差异化许可价格的条件，只有当专利占有足够的市场份额或形成市场进入壁垒时，被许可人才会被动地接受差异化的许可价格。另外，专利、类似技术的市场份额以及其他专利技术的市场壁垒是否存在都是判断专利许可人市场地位的参考因素。①

（二）专利的可替代性

虽然专利技术的升级、更新给专利可替代性因素的认定增加了不确定性，但在某一固定时段，专利的可替代性仍是衡量市场支配地位的重要标准。具有较低替代性，尤其是具有独占性的专利技术和产品在专利许可活动中的竞争优势更加明显，更有利于形成市场支配地位。值得注意的是，科技产品的快速创新以及专利联盟的日益壮大使得一些功能完全不同的专利技术可能实现相互替代，此时仅使用狭义的专利替代性分析方法难以准确界定相关市场的范围。当对专利的认识尚未明晰时，对相关市场的认定可适当宽松。凡技术特点、价格和用途具有相似性的，可作互换或相互替代的专利技术也应被纳入考察范围。② 如在全球交互式网络电视（IPTV）服务市场上，应用最广泛的是 MPEG－4 Visual 和 H. 264 两种视频压缩编解码技术标准。虽然采用了不同的编解码技术，但从技术功能与用途的角度来看，这两种技术标准均能够向家庭用户提供集合数字电视、互联网浏

① 市场份额仅反映某一时期相关市场内各专利许可人所占比重。与专利的可替代性类似，仅依据市场份额的大小并不能充分证明某专利许可人具有市场支配地位。市场份额的大小是否实际反映市场力量，通常还取决于相关市场的竞争状况和市场进入壁垒等多种因素。

② 相关市场的认定一般可以从需求替代性和供给替代性两个角度进行分析。在通常意义上，从供给替代性的角度看，当具有市场支配地位的生产商利用其优势地位进行价格安排时，潜在的市场进入者（具体到专利许可领域，即为其他专利许可人）就有可能进入该产品市场。但由于专利研发的高风险性和不确定性，专利相关市场的市场进入障碍颇高，进而导致供给弹性不足。因此，更多地从需求替代性的角度对相关产品市场进行分析。

览、多媒体欣赏、视频通信以及固话业务等多种服务的综合交互式服务技术方案。因此，这两种技术标准属于同一相关技术市场。

（三）行为的持续性

在市场竞争过程中，差异化价格是一种常见的竞争手段。因此，不能因为专利许可人实施了差异化许可价格就立即认定其市场支配地位的存在，被许可人是否接受该价格与彼时的市场竞争环境、自身经营状况以及市场供需水平都存在密切联系。鉴于此，对市场支配地位的衡量还需要考察差异化许可价格实施的持续性。美国 1956 年的 Du Pont 案①和 1964 年的 Grinnell 案②均表明“如果出现持久的价格歧视，则证明销售商在价格较高的市场或供应成本最低的市场具有市场力量，只有‘持久’的价格歧视才能证明存在着市场力量”③。考察专利许可人持续实施差异化许可价格的能力能够拓展市场支配地位的衡量标准，为利用市场份额认定支配地位的方法提供佐证，提高认定结论的科学性。

此外，相关市场的进入壁垒、专利技术所处产业的商业惯例与产业发展的程度、专利许可人的创新能力以及技术更新的速度都可作为认定专利许可人是否具有市场支配地位的考量依据。

二、是否实施了差异化许可价格

判断专利许可人是否实施了差异化许可价格可以从以下几个方面进行考察。

首先，判断专利许可人是否采用了有差异的许可价格策略。“构成一项歧视至少需要发生两个交易”④，因此，许可价格的差异只能基于专利许可人与不同被许可人分别订立的专利许可合同而存在。一般来说，有差异的许可价格策略主要有两种表现形式：一是直接差异。直接差异在实践中最容易判断，通常直接反映在专利许可费金额的差别上。二是间接差异。间接差异较之直接差异，其形式更为隐蔽，在市场竞争中的运用也更为普遍，主要表现为对不同被许可人给予不同程度的优惠措施，如暗中折

---

① See *United States* v. *E. I. Du Pont de Nemours & Co.*, 351 U. S. 377. 76S. Ct. 994 (1956).

② See *United States* v. *Grinnell Corp.*, 236 F. Supp. 244.

③ ［美］赫伯特·霍温坎普：《联邦反托拉斯政策：竞争法律及其实践》（第 3 版），许光耀、江山、王晨译，146 页，北京，法律出版社，2009。

④ *Bruce's Juices Inc.* v. *American Can Co.* 1947，330 U. S. 743.

扣、推销津贴、提供额外服务等。

其次，差异化许可价格是否基于同一交易标的而作出。有差异的许可价格和相同的交易标的似乎是认定差异化许可价格存在不言自明的两项要件，美国《罗宾逊-帕特曼法案》第1条和《欧共体运行条约》第102条分别使用了“相同等级和质量的货物”（commodities of like grade and quality）和“同等交易”（equivalent transactions）的表述作为判断交易标的是否相同的依据。与有形商品不同，专利技术的标准化程度很高。一方面，专利技术作为一种技术方案或设计方案具有可重复的基本特征；另一方面，在专利权产生的过程中，在专利申请阶段需遵循严格的单一性原则，一项专利申请只能包含一项技术方案，而不能将两项或两项以上的技术方案作为一项申请提出。在通过专利审查后国家行政机关也会对该技术方案授予专门的专利编号。因此，在以单个专利技术为标的的专利许可合同中认定交易标的的同一性并不复杂。但是在实践中，以多个专利为交易标的的专利许可合同也十分常见①，此时对相同交易标的的认定就不像法条规定的那样简单。除了授权和付款等基本内容，专利许可合同中还可能包括其他条款，如交叉许可、回馈授权等特殊许可条款，这些特殊的许可内容可能使有差异的使用费获得法律的支持。在Western Electric公司诉Stewart-Warner公司案②中，专利许可人Western Electric公司在一揽子许可合同中愿意给予被许可人Stewart-Warner公司优惠的许可价格以换取对该专利技术的回馈授权，然而在讨论拆分一揽子许可合同、分别订立许可合同的方案时，Western Electric公司却拒绝给予Stewart-Warner公司“以回授换降价”的条件。Stewart-Warner公司认为Western Electric公司的行为构成差别待遇，而美国第四巡回法院则认为除非Stewart-Warner公司能够证明无论是一揽子许可还是单一专利许可，Western Electric公司都不愿意给予“以回授换降价”的交易机会，否则法院将支持Western Electric公司的决定，因为“并不要求所有被许可人都能受到完全相同的对待，只要被许可人不受歧视即可”③。虽然本案只涉及Stewart-Warner公司一个被许可人，但两份许可合同之标的并不相同。一揽子许可不仅可以减少双方的交易费用，降低交易成本，还可保证

① 参见《Facebook将5.5亿收购微软所持部分AOL专利》，http://tech.sina.com.cn/i/2012-04-24/08597009273.shtml。

② See *Western Electric Co. v. Stewart-Warner Corp.*，631 F.2d 333.

③ 该判决书要求Western Electric公司许可其部分或所有专利获取专利许可费时，不应歧视任何被许可人。See *United States v. Western Electric，Inc.*，1956 (D.N.J. 1956).

Western Electric 公司技术方案的完整性，提高被许可人在实施技术方案时的经济收益，因此，Western Electric 公司根据不同的协商情况给予有差别的交易条件并不构成差别待遇。鉴于此，在涉及以多个专利技术为交易标的的专利许可合同时，许可价格会因为交易标的、特殊许可内容等因素而有所差异，此时应适当放宽对交易标的"同一性"的解释标准，反复比较交易标的与不同交易条件之间的关联性以及对市场竞争秩序的影响，进而认定专利许可人的行为是否构成差异化许可价格。

最后，差异化许可价格是否存在合理抗辩事由。差异化许可价格是一项复杂的市场活动，并非具有市场支配地位的专利许可人实施了上述形式的差异化许可价格都必然受到反垄断法规制。"是否存在'正当理由'是判断支配企业的行为是否属于'滥用行为'的关键。"[①] 通过对专利许可价格抗辩事由的分析，可以更清晰地界定滥用差异化许可价格和反垄断法规制的边界。美国《克莱顿法》将合理成本理由和善意适应竞争视为合理抗辩的正当理由；而欧共体竞争法为价格差异行为提供了两项合理抗辩的正当理由：一是证明实施价格差异行为具有客观必要性，二是证明价格差异能够实质性地提高经济效率。[②] 我国《反垄断法》和《关于知识产权领域的反垄断指南》均未对差异化许可价格的合理抗辩事由进行明确规定。虽然我国现行立法对此规定十分模糊，欧美的相关规定也不尽相同，但从各国反垄断法律条文中仍能发现各国反垄断法对于差异化许可价格的合理抗辩事由存在共识，即专利许可人实施差异化许可价格等差别待遇行为无论是为了适应竞争还是为了降低成本，都必须具有经济上的合理性。具体来说，应包括以下几种情形。

（一）善意适应竞争[③]的需要

在专利许可市场中，差异化许可价格属于专利许可人价格策略的一种，而价格策略在很大程度上取决于专利许可人以及专利技术所处的竞争

① 李平：《垄断行为认定研究》，载《社会科学研究》，2008（4）。

② 参见《欧共体委员会适用欧共体条约第 82 条查处支配地位企业滥用排挤行为的执法重点指南》第 27 条，http://www.euchinawto.org/index.php?option=com_docman&task=doc_download&gid=641。

③ 善意适应竞争是美国《罗宾逊-帕特曼法案》规定的合理抗辩事由之一，该法第 2 条 B 款但书规定，"如果卖家证明其低价销售或者向买主提供低价的服务或设备是出于真诚地适应竞争对手的低价竞争行为，那么卖家就可以此证据反驳对他的初步指控"。虽然《欧共体条约》没有明文规定善意适应竞争抗辩，但在欧共体委员会和欧洲法院的实践中也逐渐形成了类似的抗辩事由。See *Tetra Pak International SA* v. *E. C. Commission* (Case T—83/91), (1997) 4 C. M. L. R. 726.

环境和市场地位。随着反垄断法律制度的不断完善，具有市场支配地位的专利许可人在价格竞争中的定价空间受到很大的压缩，许可人既要避免许可价格过高或过低，触碰反垄断法的监管红线，又要保持自身许可价格的竞争力，维持盈利空间。当竞争对手出于恶意竞争目的，施策削弱专利许可人的市场份额并破坏正常的竞争秩序和市场结构时，若专利许可人基于善意（good faith），采取一定的应对策略，由此而产生的有差异的许可价格将是被允许的。因此，合理地适用“善意适应竞争”抗辩事由有利于这些专利许可人在许可活动中平衡自身经济利益与市场竞争环境，并为其正常的定价策略提供适度的法律空间。

（二）许可条款的差异

在专利许可合同中，除了对专利技术转让等事项进行协商，关于专利许可后的使用状况也需要进行约定，其中最常见的许可条款包括专利许可的时间区间、许可使用的范围以及使用专利的次数等等。以订立长期专利许可合同为例，对于专利许可人来说，长期专利许可合同比短期许可合同更节约时间以及专利使用的后续成本，如专利技术的培训费用；对于被许可人来说，长期合同比短期合同的单位时间费用更低，更符合边际成本递减的规律。当然，将许可条款的差异作为专利许可人实施差异化许可的正当理由会对中小规模的被许可人产生不利影响，但是应当看到，这种不利影响实质上是中小规模被许可人由于经营规模与经济实力的差距而应承担的不利因素，而非基于许可人意欲歧视的主观恶性。因此，许可条款的差异可以成为实施差异化许可价格的正当理由。

（三）交易成本的差别

交易成本是指专利许可人在专利许可合同的订立以及交付过程中所承担的成本。与许可条款不同，交易条件与专利本身以及专利的许可、使用并无直接关联，一般是指专利许可合同履行中的诸多条件，如付款方式、专利交付方式和地点等条件。作为一种智力成果，专利具有无形性的特点，但作为一种商品，专利仍需依附于有形载体，这就导致专利的交付方式与地点等差异会影响许可合同双方的交易成本。另外，许可费用的支付方式也会直接影响专利许可人的后续研发和被许可人的生产经营。因此，当专利许可人能够证明对不同被许可人收取的差异化许可费用是由交易成本的差异引起的，交易成本的差异是以交易条件的差异为基础的，那么，法律就应当承认这种差异的合法性。

三、是否产生排除、限制竞争的效果或危险

排除、限制市场竞争效果或危险是否产生是判断是否应将差异化许可价格纳入反垄断法规制范围的结果要件。当专利许可人对不同被许可人施加差异化许可价格时，支付更高专利许可费的被许可人无疑负担了更高的研发成本，对其自身参与的竞争也产生了一定的不利影响。具体来说，排除、限制竞争的效果或危险主要可以从以下两方面进行考察。

（一）该行为对不同层次市场的损害

利用差异化许可价格对专利许可人所处市场竞争造成的损害属于原生损害（primary-line injury），又称横向竞争损害。这类竞争损害主要发生于竞争性企业的专利许可活动中，如曾经严重破坏我国 DVD 行业发展的以飞利浦、索尼为代表的 3C 联盟、6C 联盟等。这类专利许可人通常拥有强大的自主研发能力，或善于借助公共研究机构的前期基础研究成果进行二次研发。除许可他人使用自有专利进行生产经营外，具有市场支配地位的专利许可人也可以自行生产产品直接投入市场竞争中。免去高额的专利许可使用费，专利许可人拥有更低的经营成本、更有弹性的利润空间，既可将竞争对手排挤出相关市场，又可限制相关市场的竞争活动。如 2009 年，英特尔公司就因实施差异化价格被罚 10.6 亿欧元。① 英特尔公司在 x86 型号的中央处理器市场中占有 70%的份额。该公司利用有条件的回扣和返利，对不同被许可人施加了差异化价格。一方面，英特尔公司以完全或部分隐蔽的回扣或返利为交易条件，要求计算机制造商从英特尔处采购所需的全部或绝大多数 x86 型号的中央处理器，同时也给予那些销售装有英特尔公司 x86 型号中央处理器的零售商直接的返利；另一方面，英特尔公司对限制竞争对手相关产品市场投放和销售渠道的行为进行返利。英特尔公司的行为不仅排除了竞争对手的竞争，而且还因被许可人合作程度以及返利水平的不同造就了结果上的差异化许可价格，对计算机零售商市场的竞争造成了重大影响。“欧盟委员会认为英特尔公司的做法已经严重伤害了欧洲经济区（EEA）的消费者并且限制了 x86 型号中央处理器市场的竞争与创新”②。

① See Antitrust：Commission imposes fine of € 1. 06 bn on Intel for abuse of dominant position；orders Intel to cease illegal practices，https：//ec. europa. eu/commission/presscorner/detail/en/IP_09_745.

② Antitrust：Commission imposes fine of € 1. 06 bn on Intel for abuse of dominant position；orders Intel to cease illegal practices，https：//ec.europa.eu/commission/presscorner/detail/en/IP_09_745.

一般而言，原生损害是专利许可人通过增加竞争对手的经营成本来实现限制、排斥市场竞争目的而对市场造成的损害，对下游市场的损害并不明显。

次生损害（secondary-line injury），亦称纵向竞争损害，是指通过差异化价格对下游市场造成的损害。次生损害的情况多发生在大学或公共研究机构（university and PROs）的专利许可活动中，这类机构在科技的研发与创新领域有着举足轻重的地位，但它们并不致力于专利技术的商品化和产业化发展，其专利主要对外许可（out-licensing），并不与下游市场的被许可人产生竞争。当然并不是说这种纵向的差异化专利许可对市场是无害的，当专利许可人基于扩展产品或技术市场、获得在下游市场的交易机会等趋利目标时，专利许可人的差异化许可价格就会形成杠杆作用，并影响到下游市场的竞争公平。在美国 1948 年联邦贸易委员会诉 Morton Salt 公司案[①]中，Morton Salt 公司的主要经营范围是批发食盐，该公司规定凡连续 12 个月累计从该公司购买达到 5 万箱食盐的买家均可以额外获得每箱 5%的优惠。虽然 Morton Salt 公司抗辩称，这一折扣信息是针对所有买家公开提供的，该折扣并不构成《罗宾逊-帕特曼法案》所规制的歧视行为，不应受到制裁，但审理该案的美国最高法院的布莱克法官则认为：虽然 Morton Salt 公司提供的折扣是公开且相同的，但该折扣利用交易相对人的购买力进行潜在的标准区分，导致只有 5 家大型采购商才有购买力获得高额折扣，而这 5 家采购商的购买力源自其全国性的连锁零售网，因此，Morton Salt 公司的折扣行为实质上构成对下游食盐零售市场的价格差别待遇。

（二）该行为对竞争的损害程度

仅仅区分差异化许可价格对不同市场竞争者的影响仍不足以明晰差异化许可价格对市场竞争、消费者福利造成或可能造成的负面效应。客观来说，任何形式的差异化许可价格都是以最大化地赚取消费者剩余为目的的，但不同形式的差异化许可价格对市场竞争的损害程度也存在差异。参照英国经济学家庇古对一般性价格歧视的类型划分，我们也可将差异化许可价格对市场竞争的损害程度分为三个层级。

1. 一级差异化许可价格

在一级差异化许可价格中，通过准确地辨别、区分众多被许可人不同

---

① See *Federal Trade Commission* v. *Morton Salt Co*. 334 U.S. 37; 68 S.Ct. 822; 92L. Ed. 1196.

的预期价格，专利许可人向被许可人收取其能够或愿意支付的最高额度的专利许可费。这类差异化许可价格对被许可人的消费者剩余的掠夺和市场公平竞争秩序的破坏是最强的，因此又被称为完全差异化许可价格。由于需求替代性较高，普通商品的销售方式如要实施完全差异化的销售价格，必将承担高额的辨识成本，因而完全差异化的销售价格在实践中难以实现。但是在专利需求替代性相对较弱的高科技产业中，一项专利许可潜在的交易对象范围更集中，许可价格的制定对于许可双方的影响更为深远，专利许可人更倾向于承担制定完全差异化许可价格所需的辨识、区别被许可人预期价格的成本。

2. 二级差异化许可价格

二级差异化许可价格是指专利许可人以不同的许可专利数量制定不同的许可价格策略，一揽子许可合同就是典型的二级差异化许可价格。具有市场支配地位的专利许可人对订立一揽子许可合同的被许可人在许可费上给予一定程度的优惠，这是因为一揽子许可合同能够节约大量辨识被许可人预期价格的资源，有效降低订立许可合同的交易成本，加强专利许可人的市场支配地位，而对于那些订立个别专利许可合同或许可专利数量较少的被许可人则收取较高的专利许可费，获得部分被许可人的消费者剩余。因此二级差异化许可价格的产生并非因为被许可人的不同，而是源自许可专利数量的差异。在前述 Western Electric 公司诉 Stewart-Warner 公司案中，Stewart-Warner 公司的价格优惠也是建立在许可专利数量基础上的价格差别待遇行为。

3. 三级差异化许可价格

三级差异化许可价格是指专利许可人将被许可人分为不同市场并对其分别定价[①]，对专利需求弹性不足的被许可人收取较高价格，而对需求弹性充足的被许可人收取较低价格，以此获取更大的利润。如一项防寒材料专利对航天装备制造商和普通户外用品制造商的许可价格就很可能存在差异，因为前者对防寒材料专利的需求是刚性的，几乎没有弹性，而后者对防寒材料专利的需求就不是刚性的，弹性较大。

---

① 三级差异化许可价格对被许可人的划分在经济学上被称为市场分割。最常见的市场分割行为是以地理位置为基础的，但这种分割方式仅适用于有形商品的销售。专利是一种无形财产权，其销售市场的地域属性较弱，因此三级差异化许可价格更倾向于以被许可人对专利的需求弹性为标准进行市场分割。

第四节　我国应对差异化许可价格问题的困境与对策

随着专利技术在各国经济发展中的作用日趋凸显以及国际专利许可市场逐步繁荣，专利许可人更倾向于采用灵活多样的许可策略以便在激烈的专利许可交易中保持自己专利的赢利能力和市场竞争力。近年来，国家知识产权战略的实施以及对科研事业投入的增加推动我国在科技创新领域取得了长足的进步，专利技术的研发投入在国内生产总值中所占比重逐渐增大，专利申请量也跃居世界前列。① 但在国际专利许可市场的竞争中，我国仍处于追赶和相对滞后的状态。面对大型跨国公司利用差异化许可价格对我国相关产业日益频繁的限制和排挤②，我国政府和企业应认清形势，及时调整，积极应对。

一、我国应对差异化许可价格问题需注意的两对基本矛盾

当前我国差异化许可价格实践的困境主要包含两对基本矛盾，这是我国解决差异化许可价格问题所必须认清的历史前提。

（一）不友好的国际专利许可市场竞争环境与国内专利许可价格反垄断执法现状的矛盾

国际专利许可市场给予以我国为代表的技术进口型国家的竞争环境并不友好，发达国家为了推行其以知识产权带动国内经济发展、实现全球扩张的发展战略，利用其强大的市场优势地位和雄厚的技术经济实力对我国国内被许可企业实施价格差别待遇，严重影响了我国企业的国际竞争力。③ 在中国华为公司诉美国交互数字公司（InterDigital Company，IDC）案中，IDC 滥用其在移动通信技术领域的市场支配地位，对所持移动通信

---

① 根据世界知识产权组织 2020 年 12 月 7 日公布的《2020 世界知识产权指标报告》，2019 年我国专利申请量位居世界第一，是位居第二的美国的两倍多。

② 参见《诺基亚炮轰高通 称其利用专利对客户歧视》，http://it.people.com.cn/GB/1068/42899/3833867.html。

③ 联合国贸易与发展会议（UNCTAD）在一份报告中强调：由于商业、跨国公司在向国外附属企业提供使生产过程顺利进行或生产产品所必需的技术之外，通常不愿意向国外附属企业转让其他技术，或者支持后者的创新，所以发展中国家不应该期待仅仅向外国直接投资敞开大门，跨国公司就会转让它们的技术。参见联合国贸易与发展会议：《2001 年技术转让报告》，http://unctad.org/ch/docs/wir01ove.ch.pdf。

技术的被许可人华为公司收取异于其他被许可人的许可费，构成了差异化许可价格。在该案中，华为公司向 IDC 支付的许可使用费比率高达华为公司手机终端净销售额的 1.85%，远高于加拿大 RIM 公司支付的 0.29%、我国台湾地区 HTC 公司支付的 0.21%、韩国三星公司支付的 0.19%以及美国苹果公司支付的 0.02%。2013 年 10 月 28 日，广东省高级人民法院对该案作出终审判决，判定 IDC 构成垄断并赔偿华为公司 2 000 万元。无独有偶，美国高通公司作为全球最大的无线终端处理器、芯片生产商以及数千项无线通信标准专利的持有者，长期利用其在全球通信技术领域的竞争力和话语权对我国相关领域实施价格垄断，极大地遏制和延滞了我国无线通信技术产业的发展和相关技术水平的提升。2013 年 11 月，国家发改委接到中国通信工业协会及相关企业的举报，随即对高通公司展开了反垄断调查。国家发改委称此次举报主要是反映高通公司涉嫌滥用其在无线通信标准市场和手机芯片市场的支配地位，歧视性、差异化地收取专利许可使用费，具体包括实施差异化许可价格、收取不合理高价以及附加不合理交易条件等行为。① 自 2013 年以来，我国反价格垄断执法进入了频密期。国家发改委先后对液晶面板、白酒、奶粉以及黄金饰品行业展开调查并对违法行为实施了行政处罚。这些案件的处理为我国反价格垄断执法和司法活动积累了大量的有益经验，但直到 2019 年 1 月 4 日，《关于知识产权领域的反垄断指南》的正式颁布实施才从立法层面回应了知识产权许可领域的差别待遇问题。《指南》第 19 条不仅明确了在涉及知识产权的交易中，具有市场支配地位的经营者在没有正当理由的情况下，对条件实质相同的交易相对人实施不同的许可条件构成排除、限制竞争，而且还列举了交易

① 高通公司还曾于 2005 年 10 月、2006 年 4 月先后接受了欧共体竞争委员会、韩国公平交易委员会（Korea Fair Trade Commission，KFTC）等反垄断执法机构的反垄断调查。欧共体竞争委员会的调查是由美国博通、瑞典爱立信、日本 NEC、芬兰诺基亚、日本松下移动通信和美国德州仪器六家公司提起的。这六家公司认为，高通公司利用其在第三代无线通信技术标准（3G）中的市场支配地位对仅购买高通自产芯片的手机终端设备生产商收取较低的专利许可费，该行为对购买其他品牌芯片和未独家购买高通自产芯片的生产商构成差别待遇，违反了欧共体竞争法，也违反了制定 3G 标准时高通公司作出的公平、合理、无歧视（FRAND）的许可承诺。KFTC 对高通公司的调查结果显示，高通公司在韩国对其无线终端芯片实施了三种差异化许可价格：（1）对于使用高通公司自产芯片及零部件制造并在韩国国内销售的手机终端设备，在计算专利许可费时将扣除零部件费用；（2）对于使用高通自产芯片制造且出口和在韩国国内销售的手机终端，收取最高限额为 20～25 美元/部的专利许可费，而对于使用其他公司生产芯片制造的手机终端将收取最高限额 30 美元/部的专利许可费；（3）对于使用高通自产芯片制造并出口的手机终端，专利许可费的收取比例从每部售价的 5.75%降至 5%。虽然三次调查的起因和内容不尽相同，但高通公司滥用市场支配地位、实施差异化许可价格的行为始终是各国反垄断执法机构重要的调查内容。

相对人的条件是否实质相同、许可条件是否实质不同以及是否产生显著不利影响等三项认定要件，进一步规范了规制差异化许可价格的判断标准，为扭转不友好的国际专利许可市场竞争环境、改善国内专利许可价格反垄断执法提供了一定的依据。

（二）国内专利许可市场发展与国际义务承担的矛盾

我国经济的发展和产业的进步离不开自主科技水平的提升以及国外先进技术的引进，而加强专利许可价格差别待遇管制立法，在对国外技术许可企业构成制约的同时，也有可能限制我国专利技术出口的议价协商能力，降低因专利技术许可带来的收益。但仅放任我国技术出口环节的差异化许可价格行为，又与我国肩负的以法律平等和机会均等为核心的多项国际义务相左。目前的国际专利许可交易规则都是在发达国家和地区的主导下产生的，而发展中国家的利益在整体的制度设计中缺乏充分甚至必要的考虑。因此，这对矛盾可以概括为正处于从技术进口型向技术出口型国家转型关键期的中国如何权衡自身发展机遇和国际义务承担的矛盾。

二、我国应对差异化许可价格问题的实践对策

我国差异化许可价格问题的解决需要化解国际竞争环境恶劣与国内相关实践欠缺、国内专利许可市场发展与国际义务承担这两对基本矛盾，而现阶段的首要目标无疑是推动我国知识产权差别待遇条款的适用。我国《关于知识产权领域的反垄断指南》第 19 条专门就涉及知识产权的差别待遇作出了初步的规定，但《指南》颁布以来始终未能在实践中进行适用。《指南》所确立的分析思路和考量因素充分考虑了专利的无形性、技术性特征以及专利许可过程中的特殊性问题。鉴于此，应尽快推动《关于知识产权领域的反垄断指南》的适用，以便提升我国知识产权领域反垄断执法工作的科学性。

此外，在将来立法和实践完善的过程中，还应进一步明确差异化许可价格的抗辩事由。实践中，差异化许可价格的合法边界十分模糊，当具体行为符合差异化许可价格反垄断指南中的某些违法特征时，该行为可能并未在实质上损害相关市场的竞争秩序。明确差异化许可价格的适用除外和抗辩理由能够过滤具有违法外观的差异化许可价格行为，保护以正常经营为目的的差异化许可价格行为，节约执法机关辨别、确认违法行为的执法成本。作为美国反托拉斯法律制度的重要内容，《罗宾逊-帕特曼法案》在1936 年实行伊始就受到美国反托拉斯学界和实务界的广泛批评，他们认

为该法旨在保护竞争者而非竞争本身，这与反托拉斯法的核心原则是对立的。导致这一冲突的重要原因在于该法对价格差别待遇抗辩事由的规定过于模糊，难以适用。司法机关无法公正地判断一个具有市场支配地位的企业能否援引“成本差别”或“适应竞争”抗辩，因而也不能准确地认定该企业的价格差别待遇行为能否对抗滥用支配地位的诉由，免于价格垄断规制。该法虽然客观上保护了弱小竞争者参与竞争的权利和机会，维护了市场结构的合理性，但同时也限制了具有市场支配地位企业正当的价格行为，损害了规模经营的竞争效率以及由此带来的消费者福利。我国反价格垄断立法尚未重视差异化许可价格抗辩事由的规定，仅以“正当理由”作为判断价格差别待遇正当性的标准。这一规定不仅具有很强的不确定性，在实践中难以被援引适用，而且忽视了我国竞争法在专利许可市场发展中的调节作用。根据世界知识产权组织《2020 世界知识产权指标报告》，2019 年我国专利申请量为 140 万件，位居世界第一。这不仅预示着我国专利许可市场具有广阔的发展前景，而且也将进一步促进相关立法的完善。因此，我国反价格垄断立法应以维护市场竞争效率为出发点，结合美国和欧盟的相关立法经验，规定合理的差异化许可价格抗辩事由，对不同市场规模许可人的正当价格行为进行充分但适当的保护，并配合国家的产业政策进行宽严适度的反垄断规制，以调节相关产业的发展。

第七章　回馈授权

第一节　对回馈授权的基本认识

一、回馈授权的含义和形态

（一）回馈授权的界定

回馈授权，简称“回授”，是“被许可人同意知识产权许可人有权使用被许可人改进的许可技术的协议”①。回馈授权作为知识产权许可中的一种协议安排，要求被许可人就其对许可技术所作的后续改进、技术创新以及在使用标的技术的过程中基于该技术所研发获得的其他新技术，向许可人披露、报告，并授予许可人相应的权利。在许可协议和技术交易合同中，这种许可人要求被许可人披露并分享对标的技术所作的改良或后续改进的条款就被称为“回授条款”。

（二）回馈授权的分类及比较

不同类型的回馈授权对于许可双方以及市场竞争的影响不尽相同。通过对回馈授权的分类、比较和分析，我们可以深入了解这一行为的效应，有利于对其进行更深层次的研究，从而得到行之有效的利用方式或规制途径。

回馈授权可根据实际情况的具体差异细分为不同类型：以被许可人对许可人的回馈授权能否得到相应的经济补偿为标准，回馈授权可以分为有

---

① Antitrust Guidelines for the Licensing of Intellectual Property, issued by the U.S. Department of Justice and the Federal Trade Commission, April 6, 1995, Page 30. “A grantback is an arrangement under which a licensee agrees to extend to the licensor of intellectual property the right to use the licensee's improvements to the licensed technology.”

偿回授与无偿回授；以被许可人的主观状态为标准，回馈授权可以分为强制性回授与非强制性回授；以回授的进行方式为标准，回馈授权可以分为许可型回授（license-back）与转让型回授（assignment-back）；以被许可人自己是否保留对改进或新技术的权利以及被许可人能否将其研发成果自由向第三方许可即独占性程度为标准，回馈授权可以分为独占型（exclusive）回授与非独占型（non-exclusive）回授；以独占性程度为标准的分类的另一种表述为普通型回授、排他型回授和独占型回授；以回馈授权中许可人与被许可人之间就技术改进所作的告知和授权是否是双向互惠的为标准，回馈授权可以分为非互惠型回授（non-reciprocal agreements）与互惠型回授（reciprocal agreements）；以回授的权利所涵盖的范围大小为标准，回馈授权可以分为广义（broad scope）回授和狭义（narrow scope）回授，广义回授要求被许可人向许可人回授所有对于与原技术相关的改进或新技术的权利，而狭义回授只要求被许可人对与原技术直接相关的后续改进或直接衍生技术进行回馈授权。在实践中，判断一项改进或新技术是否与原技术“直接”“紧密”相关带有一定的主观性，涉及很多不确定因素，因此广义回授和狭义回授的明确划分殊难确定。尽管如此，广义回授和狭义回授之间还是存在着一条明确的理论界限，那就是：狭义回授所涉及的权利是对于这样一些改进或衍生技术的权利，这些改进和衍生技术与原技术的联系如此紧密，以至于对它们的应用可能造成对原权利的侵犯。

在以上几种分类中，最重要的类型是独占型回授和非独占型回授。这是因为，在独占型回授的情形下，许可人不允许被许可人对后续改进技术以及基于原技术得到的新技术进行应用，也就是说，这种回馈授权是单方面的、强制性的；而非独占型回授不仅允许被许可人自己使用，也允许被许可人向他人许可。与独占型回授相比，非独占型回授使被许可人有使用该项改进技术的权利以及向其他人许可改进技术的自由，因此人们通常认为非独占型回授对于竞争的负面影响相对较小。可见，回馈授权是否是独占型的，常常直接影响到人们对回馈授权行为是否具有反竞争性的判断。所以，这一区分在现实中也最为人们所重视。在知识产权滥用规制问题上，大多数国家和地区的法律都将回馈授权进行了独占型和非独占型的区分，相应地，对这两种回授的态度和规制的严厉程度也不一样，如美国、日本、德国、巴西、葡萄牙以及欧盟都允许非独占型回授，而对独占型回授多予以禁止。

二、回馈授权产生的原因

既然回馈授权是许可协议中的一种安排，回授条款的产生与许可活动就是密不可分的。国外一定范围内的统计数据显示，43%的许可协议中包含有回馈授权条款。① 签订许可协议或发放许可证在给许可人带来利益的同时也伴随着风险是回授条款出现的根本诱因。

第一，许可的主要不利之处表现为许可人丧失了对标的技术的进一步控制。例如，通过发放制造许可证，许可人放弃了对制造过程和产品质量的各个细节的控制；同样，在签订销售和发行的许可协议之后，许可人放弃了对广告宣传、销售渠道以及被许可人价格政策的控制。当然，许可人一般会尝试通过许可协议中所商议的条件来保持某种控制，但是，由于被许可人才是最终的实际操作者，他必然比许可人拥有更大的控制权，所以这种契约性的控制往往不能达到预期的效果。

第二，许可会使许可人面临许可标的被盗用的危险。这种"盗用"可能是未经允许的恶意使用或披露，也可能是不经意的侵害行为。在某种程度上，被盗用的风险与企业的规模成正比，而不论其业务是否再授权给别人。许可削弱了许可人对利用技术的方式和预防盗用措施的控制，增加了这种风险。

第三，许可意味着许可人对被许可人利用许可标的创造收益的经营活动产生了一定的依赖。如果许可是非独占的，那么这种依赖的程度将会大大降低。例如，制造商许可经销商非独占地销售其专利产品，如果某一经销商经销不力，制造商可以同时授权其他经销商，还可以选择由自己来销售。但是，假如许可是独占的，许可人对被许可人的依赖将是很强的。在极端的情况下，独占性的许可将使许可人的收益和商业成就完全寄托在被许可人身上，而这对于许可人维持自己在市场竞争中的地位、掌握竞争的主动性和独立性非常不利。

第四，许可使许可人失去与顾客的直接联系。商业经验表明了在识别市场走向以及进行产品和服务的创新过程中与顾客保持联系的重要性。当许可人通过许可将其部分业务授权他人行使时，他可能丧失与其最终用户的联系。在这种情况下，来自最终用户的有关产品缺陷、消费需求、市场

---

① See Caves R., Crookell, H., J. P. Killing, The Imperfect Market for Technology License, *Oxford Bulletin of Economics and Statistics*, 1983, 45, p. 223.

变化以及对产品改进的建议等第一手信息都直接流向了被许可人，而许可人很难迅速得知甚至永远无法知道，从而无法迅速回应市场作出改善，同时也失去了最好的创新构想的来源。长此以往，许可人预见及应付新市场的能力将受到严重影响，而关于产品和服务的新创意的丧失将会降低许可人的竞争能力。

第五，通过允许被许可人使用自己的专利技术，许可人可能最终失去技术优势。而被许可人得以进入同一市场参与竞争，使得许可人也可能失去市场优势地位。

许可人为了追求利益，会采用各种方法最大限度地规避风险、享受利益，回授条款便是这些方法中最重要的一种。由于回馈授权通常是由许可人向被许可人施加的，故下文主要从许可人的角度来分析回馈授权产生的直接原因。回馈授权的出现，一是受到趋利心理的驱动，二是为了规避许可所带来的风险。

（一）趋利驱动

人具有天生的趋利心理，在商品经济条件下，处于竞争中的市场主体会自觉追求利益的最大化，而这种个体利益最大化的行为，可以间接地使整个社会的利益达到最大化。因此，人的这种逐利本能常被称作“经济人理性”。人尽可能地追逐最大利益的本性使每个人都期望不负担成本而享受收益。许可人作为在市场中活动的“经济人”，具有同样的经济理性，也同样具有这种不负担“车费”而“搭别人便车”的倾向。回馈授权的存在不仅使许可人允许、希望、鼓励被许可人对标的技术进行改良或创新，而且更重要的是使得许可人可以对改进技术坐享其成，从被许可人的创新努力中轻松获益。

在许可协议的双方当事人中，许可人通常是拥有先进技术优势或者在市场上处于优势地位的一方，虽然不无例外。正因为这些优势，许可人才能够在许可协议中向被许可人提出各种要求，施加各种限制。由于回馈授权保证了被许可人必须向许可人及时披露、报告、授权取得的技术进步和创新技术，许可人能够轻易维持甚至强化其技术优势或市场支配地位，而强大的技术优势和稳固的市场支配地位将为许可人带来更为巨大的经济利益。对这种优势地位和期待利益的渴望，驱使着许可人在许可协议中加入回授条款。

还有一种可能的情况是，许可双方通过沟通协商达成一项回馈授权安排，以实现对一个完整的技术工艺流程的共同控制。正如一大块未开发的城市用地的整体价值要远远高出它的各个组成部分的价值之和，对于一个完整的技术工艺流程享有一种整体性的专利，显然要比各自分别对流程的某一步骤或某一细节享有专利具有更大的现实意义和经济价值。对于许可人和被许可人来说，回授条款像是一种特殊的信息共享机制、激励机制以及规避风险的方式，通过回授条款的联系，许可双方可以避免彼此之间的重复研究，分散风险，而且回授的互助机制使许可双方易于维持他们相对于市场其他参与者的技术优势。

一项技术发明在从思想、概念发展到真正的商业应用并为公众接受的过程中，通常需要相当的投入和在一定时期内持续的研究、开发和改进。为了实现收益，创新者必须收回研究、开发新技术的成本，或者是创作、制造新产品的成本，被许可人回馈授权的后续改进技术或新技术本身可以看作对许可人原始技术研发投入的回报。回馈授权能以两种方式提高许可人的收入：其一是对技术的改进之处的直接商业利用；其二是将改进技术许可转让给第三方以获得提成费。可见，回馈授权为许可人获得收入提供了更多的机会。①

（二）规避风险

前文已经分析了技术许可给许可人带来的种种风险，虽然风险是不可避免的，但是“经济人理性”决定了许可人不可能因为风险的不可避免而放弃收益。许可人为了实现收益，会利用各种方式，设计各种条款来最大限度地降低风险、弥补损失。回授条款正是为了回避这些风险、弥补相关损失所采取的一种方式。

由于被许可人才是技术的直接使用者，许可切断了许可人与终端用户的直接联系，不利于许可人进一步获得信息、经验和创意，导致许可人可能失去原有的优势地位。因此，许可人必然要求通过许可协议中设定的限制来获得一定程度的控制。基于自己是许可标的技术的发端或者信息支持的源头这一事实，许可人便可顺理成章地在许可协议中加入回授条款，通过回馈授权来保留、获取一定的控制权。这种控制不仅表现在对创新的应用上，而且还体现在技术发展的方向上。通过回馈授权的控制，许可人至少可以在一定程度上掌握原技术的演化，影响技术的发展方向，保护其竞争利益。

---

① 参见［美］Jay Dratle，Jr.：《知识产权许可》（下），王春燕等译，664页，北京，清华大学出版社，2003。

科技的发展日新月异，当许可人和被许可人都使用该技术时，许可人有必要跟上被许可人改进技术的步伐以保持其技术优势。如果被许可人在技术使用过程中通过进一步独立研究开发得到了可获得专利的技术改进，而许可人对被许可人的技术改进没有任何权利，被许可人实际上就成为唯一有权对这项技术改进行使权利的人。在通常情况下，被许可人的技术改进会比原技术更先进、更便利、更有优势，因此许可人的技术很可能沦为毫无用处的过时技术、落后技术，即使在一定期限内，许可人可以获得一定的使用费，最终必然会被挤出相关产品或服务市场。所以，为了避免这种情况发生，许可人通常会要求被许可人及时向自己披露任何对许可技术所作出的改进，并授予许可人在这些改进上的一定的权利，以便许可人及时采取相应措施，增强竞争能力，免遭淘汰。

在某些情况下，许可是为了充分利用被许可人特定的商业活动资源，使许可人自己的产品或服务快速进入新的地区或行业，迅速拓展地理或产品市场。在这种情况下，许可人对被许可人相关的商业活动会产生一定的依赖，这不利于许可人的经济独立和自主创新。当许可双方之间存在竞争时，许可加大了许可人面临的竞争风险。许可人通过回授条款，能对被许可人实施一定的压力，对被许可人的相关活动进行限制，达到缓冲自己压力和化解风险的目的。没有回馈授权的保障，许可人将不得不与被许可人进行对自己不利的竞争。不难想象，在这种情况下，许可人更倾向于选择不进行许可活动。

第二节　回馈授权效应分析

一、回馈授权对竞争的双重作用

回馈授权行为能够产生有利于竞争的积极效果：回授可以使许可双方共同承担投资和创新的风险，补偿许可人进一步研究开发的投入，从而鼓励创新，促进创新市场的竞争和新技术的推广和传播。但是，如果回授条款实质上影响到被许可人或其他市场主体从事研究开发工作的积极性，不合理地削弱竞争对手的竞争力，甚至阻碍他人自由进入市场参与竞争，则会产生抑制竞争的负面效果。

（一）回馈授权对竞争的积极作用

首先，科技总是不断向前发展和不断进步的，一项新技术，总是存在着进一步改进完善的空间。许可协议签订以后，许可人、被许可人都有可能在技术上有新的突破、新的发展，从有利于科技进步和促进经济发展的原则出发，后续改进技术应当相互告知，这样既可以避免一方的重复研究，也有利于新技术及时应用于生产。与此同时，回馈授权有助于在许可人和被许可人之间分散专利技术研发及改进所带来的市场风险，有了回馈授权的保障，许可双方都乐于在市场中进行积极的竞争。

其次，技术改进和创新的空间是无穷大的，将这些创新和改进进一步进行商业应用直到获得成功所需要的成本是难以预测的。在这种情况下，许可人既要收回其在研究开发以及商业应用中所付出的成本，也希望获得其他收入以弥补其在协商过程中所承受的风险。因此，许可人当然希望在后续改进和创新获得成功时有机会参与对最终收益的分配。如果许可人在将自己的技术向他人许可后却不享有对被许可人就该项技术所作改进的权利，必然会挫伤许可人的积极性。回馈授权使得许可人能够知悉并利用基于原技术得到的进一步革新和完善，这样就能保证许可人仍然愿意进行研究开发工作。而双向互惠的回馈授权更能促使许可双方共同去进行技术革新，并且将取得的成果进一步相互许可使用，达到激励创新、活跃市场的目的。

最后，回馈授权能鼓励许可人将技术许可给经验丰富、有研发和改良能力的企业，否则，许可人为了不致被挤出市场，宁愿授权给没有研发和改良能力的企业，甚至更为极端——完全不许可给任何人使用。这种恶意闲置技术的做法会造成资源的极大浪费，不利于整个市场的资源优化配置，也不利于技术的进步和传播，最终会损害整个社会的福利水平和消费者的利益。因此，通过降低许可人所面临的风险，回馈授权有助于激励许可人向最有效的使用者授予技术，尤其是那些具有丰富经验或资源并能够成功应用新技术的公司。

（二）回馈授权对竞争的消极作用

无论是独占型还是非独占型回授，都可能给竞争带来一定负面影响。从被许可人角度看，回授条款限制了被许可人对自己技术改进研发成果自由处分的权利。现实中的回馈授权的情形复杂多样，具体情况千差万别，对于竞争的影响也无法一概而论，因此这里只就某些具体情形来进行具体分析。

通过回授条款，许可人能够知悉被许可人对原许可技术所作的改进，并能对其享有权利，这无疑能进一步强化许可人的技术力量，达到维持甚至加强许可人对该项技术所占有的市场支配地位的目的。这种市场支配地位强化到一定程度时，将可能对市场竞争构成威胁。“金字塔形回授”就是一种比较典型的例子。所谓“金字塔形回授”，就是一种存在多层次授权及回馈授权关系的情形。更准确地说，金字塔形回授并不是指某一个具体的回授条款，也不是指某种具体的回馈授权行为，而是指一种形态、一个体系，“金字塔”是对这一体系的形象描绘。在这种多层次的回授体系中，以最初的许可人（原始技术的所有人）作为塔尖，往下一层是直接的被许可人（原被许可人），可能是一个，也可能是多个。金字塔形回授的特殊之处在于，被许可人可以将自己经许可人授权而得到的技术再向一个或多个人进行许可，并同样以技术的回授作为条件。如此类推，原许可人和原被许可人、再许可人和再被许可人等之间就形成一个上窄下宽的多层次回授体系，形如一个金字塔。不难想象，通过这种“金字塔”体系，放大、强化了回馈授权本身的负面效应。如果在一个产业中形成这种金字塔形的回授关系，有可能造成过高的市场集中度，从而削弱市场竞争。在金字塔形回授中，存在多级多重许可再许可关系，即使不要求每一层级的被许可人必须将其对技术所作的改进或基于原许可技术产生的新技术回头直接授予处于塔尖的原许可人，原许可人也很容易从中受益。这样一来，原许可人几乎可以不作任何努力，一劳永逸，坐享其成，轻易获取大量技术改进信息和成果。“金字塔”越高，层级越多，处于塔尖的许可人所能享有的利益就越大，技术优势也越明显，相应地，其市场支配地位也会越强。假设一个产业中大部分企业加入了这样一个庞大的“金字塔”中，处于塔尖的企业极有可能有足够的能力来操纵整个产业，甚至完全消除竞争。

另一种会严重抑制竞争的回馈授权是“普惠型回授”，普惠型回授是互惠回授的一种特殊形态。简单来说，普惠型回授是指存在多个被许可人的互惠回授，不但许可人和被许可人之间的回授义务是双向的，而且存在多个被许可人。前面已经分析过，回馈授权可能会打击被许可人的创新积极性，而互惠型回授对于被许可人创新积极性的负面影响相对较小；但是，在普惠型回授中，当一个被许可人的创新成果被回授给许可人时，许可人可能会将这一成果再许可给其他被许可人，这样一来，这一被许可人所作的创新努力实际上最终被所有参与者共同分享。对于原始研发者来说，可能投入大量时间、金钱，耗费精力、心思才得到的改进或新技术沦为了“公共产品”，个人收益也因泛大众化而减少，甚至得不偿失。当自主创新成为这样不“经济”的事情，作为理性的经济人，该被许可人进行创新活动的心理刺激就会大大减弱直至完全失去创造的动机。即使是在普通的双向回授中，许可人和被许可人都可能对对方的创新精神和研发活动产生依赖，滋长彼此的消极懒惰情绪，不利于形成一个刺激、鼓励创新的环境，容易导致吃大锅饭。当一个企业参与这种双向回授或普惠型回授时，由于外部性效应，与这一企业有联系的其他市场主体或多或少会受到影响，亦即回授不仅影响许可双方的研发积极性，还可能间接削弱其他市场主体进行研发的动力，既不利于整个创新市场的活跃，也不利于整个社会的技术进步和福利水平的提高。从另一个角度来看，普惠型回授中的许可人和被许可人出于共同的利益追求，很容易达成共识，甚至最终导致共谋，因为在普惠型回授中，当事人通常在同一市场层次形成实际或潜在的竞争关系，这种“横向关系”使他们更容易协调彼此的经营行为，产生与自由竞争背道而驰的后果。

二、回馈授权效应的实例分析

司法实践中对于回馈授权的合法性问题讨论最多的是美国的 *Transparent-Wrap Machine Corp.* v. *Stokes & Smith Co.* 案，该案通常简称为 Transwrap 案。这一案件是回馈授权问题得到人们广泛关注的开端，该案的结论也成为此后对于回授进行评价、认定的基本依据和指导原则。在该案中，原告 Transwrap 公司对一种透明包装机器享有专利，这种透明包装机器不仅可以生产制造用于糖粒、果仁之类商品的透明包装袋，而且可以自动完成填装、封口。1946 年，Transwrap 公司与该案的被告 Stokes & Smith 公司签订了一项许可协议，Transwrap 公司将这一专利技术向对方进行了针对美国北部地区的独占性许可。协议中的一项条款规定，被许可人必须向 Transwrap 公司回授转让任何可能获得的与该专利技术相关的改进。① 也就是说 Stokes & Smith 公司如果取得任何适用于该机器及相关改进技术的专利，应当向许可人告知并无偿转让。之后，Stokes & Smith 公司研发出了与原专利技术相关的改进技术并取得了专利，但是却拒绝向

① The assignment-back covered “any improvement which is applicable to the Transwrap Packaging Machine and suitable for use in connection therewith……”, 329 U. S. at 639 n. 1.

Transwrap 公司回授、转让。当发现对方没有履行关于改进技术专利的约定义务之后，Transwrap 公司就 Stokes & Smith 公司违约一事提起了诉讼，而 Stokes & Smith 公司则提出了抗辩的理由：回馈授权条款本身是不合法的。

第二巡回法院的汉德法官认为：独占型回馈授权本身是违法的，不具有强制执行性。[①] 为了得出这一结论，汉德法官将回馈授权与搭售进行了类比——在搭售的情形中，被许可人不得不向许可人购买本不需要的其他非专利产品或服务，作为其从许可人处获得需要的专利的条件——最高法院在此之前就已经认定，这种搭售安排不合理地扩展了许可人所拥有专利的“合法垄断”的范围，因此搭售违反了专利法，也触犯了宪法包含的公共政策所保护的公众利益。汉德法官认为独占型回授和搭售一样，具有扩展许可人所拥有专利的“合法垄断”的范围的效力。他进一步分析指出，如果在原始专利期满后的一段时间内，只有许可人自己可以对后续改进技术行使独占性的权利，相当于许可人变相地延长了自己的专利权所能带来的合法垄断期。例如，如果许可人的原专利应于 1953 年期满，而改进技术的专利到 1957 年才期满，那么许可人通过回授得到的对改进技术的权利就使他原本止于 1953 年的“合法垄断权”得以延至 1957 年。尽管汉德法官认为独占型回授本身违法，但他还是认为，非独占型回授应当可以被容忍，因为被许可人保留自己对改进技术的权利会使这种“不合理的扩张”得到抑制。

然而，最高法院的道格拉斯法官与第二巡回法院的意见存在分歧。首先，道格拉斯法官认为，回馈授权与搭售的类比是不可取的。道格拉斯指出，在搭售的情况下，许可人是将专利权所具有的合法垄断力扩张到不具备专利权保护的其他产品或服务上；而回馈授权所涉及的问题是“利用一种合法的垄断力来获取另一种合法的垄断力”[②]，因此回馈授权潜在的抑制贸易的倾向并没有违反公共政策。基于以上的推论，道格拉斯法官认为，回馈授权并非本身违法的专利权滥用，因此应当具有强制执行性。尽管如此，道格拉斯强调这一结论并不能使回馈授权免于反托拉斯法的监管。他认为，当回授是一个宏观的、垄断性的市场计划中的一部分，或者

---

① 56 F. 2d 198 (1946).

② *Transparent-Wrap Machine Corp*. v. *Stokes & Smith Co*., 329 U. S. at 644 (1947), “using one legalized monopoly to acquire another legalized monopoly”.

多个回授形成了一种不容忽视的市场集中效应时，回馈授权就可能构成对反托拉斯法的侵犯。道格拉斯法官引用 *Hartford-Empire Co.* v. *United States* 案[①]作为说明，该案被告 Hartford-Empire 公司的“专利池”中有超过 600 项专利，其中相当一部分是利用回授取得的，道格拉斯认为回授在这里是一种违反反托拉斯法的手段。[②]

美国最高法院对于 Transwrap 案的结论并没有真正解决回馈授权条款的合法性问题。虽然法院都认为回馈授权本身并没有直接违反公共政策，但是这一认定并不能作为判断一项回馈授权是否违反了专利法宗旨的具体依据。如果将对搭售行为的分析中的“搭售不合理地扩张了合法的垄断力从而造成对市场交易的抑制”这样一种逻辑应用于对回馈授权合法性的分析，那么结论将是否定的。道格拉斯法官并没有对回馈授权被用作违反反托拉斯法的手段的具体情形进行界定和说明，而只是强调在将来的司法实践中，法庭必须全面衡量某一具体的回授行为所产生的一系列影响，以便作出恰当的判决。

自 Transwrap 案之后，虽然关于回馈授权的合法性问题一直都存在争议，相关的法律却并没有进行相应的修订或完善，这主要是因为在许多涉及回馈授权的案件中，法庭大多只满足于重申在 Transwrap 案中法院已经得到的结论——回馈授权本身并不违法，可以强制执行——而没有对回馈授权的合法性问题进行足够的求证和分析。在许多类似的案件中，回馈授权通常只是作为证明许可人扩张性地滥用专利权的一种证据。例如，在某一案例中，侵犯专利权的被告方声称，由于回馈授权条款的存在而造成专利滥用效应，应导致该专利本身归于无效。而相应地，法院典型的处理方法是忽视回馈授权问题本身，机械地引用 Transwrap 案的结论作为处理这类问题的原则，因此回馈授权问题本身并没有得到足够的关注。美国司法部对于回馈授权问题的处理又是另一种情形，他们将回馈授权引向专利联营，从而在一定程度上成功地对回馈授权进行反托拉斯法管制。因为在专利联营的案例中，回馈授权常常被认定为联营中一种抑制市场竞争的手段。

尽管如此，在另一些案件中，对于回馈授权本身的讨论分析则要明确得多。例如，在 *United States* v. *General Electric Co.* 案中，许可人在相

---

① 323 U. S. 386, reargued, 324 U. S. 570 (1945).

② 393 U. S. at 647.

关市场中处于支配地位，同时在相关的技术领域也拥有支配性的专利权，许可人通过大量被许可人的回馈授权行为，形成了一种专利的联营，从而实现自己不合理地垄断、操纵市场的目的。因此，法庭认为许可人违反了《谢尔曼法》的第 1 条和第 2 条。[①] 在另一个相似的案例 *Kobe*, *Inc*. v. *Dempsey Pump Co*.[②] 中，法庭也得出了相似的结论：回馈授权本身并不违法，但是当回授被用于维持垄断和抑制市场竞争时，回馈授权违反了《谢尔曼法》的第 1 条和第 2 条。显然，法庭在这些案例中并没有局限于对回授本身是否违法的判断，而是着眼于具体的回授对于实际市场竞争所产生的影响。

不过，最近几年，美国司法实践的发展对具有关键意义的 Transwrap 案的结论进行了质疑。更重要的是，美国司法部承认应当对 Transwrap 案的结论进行重大的修正。司法部质疑回馈授权的合法性的最主要理由是：回授行为严重挫伤了被许可人进行创新研发的积极性。正是基于这一原因，司法部将独占型回授认定为本身违反反托拉斯法的行为。

三、分析回授效应的两个视角

在 Transwrap 案中，以下两种理论成为分析回馈授权合法性的主要依据：第一，回馈授权使许可人能够扩张其合法的专利垄断权；第二，回馈授权抑制了市场创新。

（一）专利权滥用理论

前文已述及，汉德法官将回馈授权和搭售进行类比分析，认为回馈授权和搭售一样，扩张了许可人所拥有的专利权的合法垄断力，因此回授行为应当受到法律的限制。对于汉德法官的这种观点，美国最高法院并未从正面进行反驳，而是指称这种“扩张理论”的基础是不可靠的，因为专利法实际上准许这种“第二垄断权”的取得。搭售和回馈授权存在着一个关键的区别，那就是：在搭售的情况下，潜在的被许可人为了获得需要的技术或服务而被迫购买原本并不需要的产品或服务，而回馈授权则并不要求被许可人额外支付许可费或另外购买任何产品，被许可人同意的只是转让

---

① 即“任何契约、以托拉斯形式或其他形式的联合、共谋，用来限制州际或与外国之间的贸易或商业，是非法的。任何人签订上述契约或从事上述联合或共谋，是重罪”，“任何人垄断或企图垄断，或与他人联合、共谋垄断州际或与外国之间的商业和贸易，是重罪”。

② *Kobe*, *Inc*. v. *Dempsey Pump Co*., 198 F. 2d 416, 422 - 23 (10th Cir.), *cert. denied*, 344 U.S. 837 (1952).

或分享某种可能永远不会出现的权利。

另外，大量相关论证已经证明，即使拥有专利权的许可人通过搭售行为在未取得专利权的产品上实施垄断力，这一行为也并不必然使许可人的垄断利润得到增长。从理论上来说，许可人在与潜在的被许可人进行交易之前，就已经设定了一个能使其垄断利润最大化的专利许可价格 P1。如果许可人对未取得专利的搭售产品或服务制定一个高于竞争水平的价格 P2，P2 高出 P1 的部分将被视为被许可人取得专利权的额外支出，因此，市场中潜在的被许可人的数量将会减少，专利许可交易量也会相应减少。所以，虽然搭售行为的产生是许可人期望追求更大的垄断利润的结果，但是垄断利润本身未必如期出现。为了说服被许可人接受许可协议中的回馈授权条款，不难想象许可人也必须作出一定的让步和妥协，所以，和搭售的情形相似，许可人也许无法单单通过回授条款来实现垄断利润的增加。

从上面的经济分析可以看出，美国法院之前对于搭售的合理性分析本身就存在缺陷，美国最高法院不能基于这一原理得出回馈授权本身违法的结论是可以理解的。回馈授权并没有自动扩张许可人合法垄断力的范围，纵然独占型回授能够造成相当于延长原专利期限的效果，从而使得许可人在更长的时间内拥有垄断力，但是这种垄断权的延伸虽不当却轻微得令专利法时常可以容忍而无须剑拔弩张。所以，回馈授权并不一定对市场经济造成危害，不应一概受到法律的禁止。对于回馈授权的法律规制应当限制在对于某一具体的回馈授权行为对现实的市场竞争所产生的影响进行反托拉斯法的审查的范围内。

（二）创新阻碍理论

另一种观点认为，即使基于搭售原理不能得出回授本身违法的结论，回授也违反了一项重要的公共政策：回馈授权严重违背了专利法鼓励创新、促进科技进步的宗旨。因为在回授条款的约束下，被许可人的每一点进步和每一项创新都必须向他人转让或由他人分享，被许可人完全丧失了继续从事创新研发工作的积极性。

在 Transwrap 案中，道格拉斯法官对以上观点表示了反对，他认为“回馈授权会挫伤被许可人的创新动机”这一论断太过主观，难以认定。虽然道格拉斯并没有非常充分的论据来支持他的观点，但是他指出：在某些回馈授权中，尤其是在那些非独占型回授中，被许可人保留着自由应用技术改进的权利，因此被许可人仍然有从事创新研发的动机。经济学分析表明，道格拉斯法官的结论是正确的。

回馈授权涉及许多不确定因素，这些因素分别从不同方面、不同角度相互影响、相互制约。正是这些因素的变化和博弈使得回馈授权既可能产生促进竞争的效果，也可能产生抑制竞争的效果，所以回馈授权的具体情形是非常微妙而复杂的。虽然这些因素的变动和影响是不能确定的，但是要认定回馈授权本身违法，则必须从理论上证明回馈授权确实抑制了创新市场的竞争，违背了专利法的宗旨。

经济学家们认为，回馈授权条款并不一定影响到被许可人的创新动机。签订许可协议、接受回授条款的双方并不都真的认为被许可人会实际从事技术的后续改进研究。回授条款的存在只是作为一种设计，以保证许可人有权接触到可能意外发现的技术改进。在这种情况下，回授条款不太可能影响到被许可人的创新动机。无论回馈授权是对所有改进权利的有偿转让，还是无偿许可，结果可能都一样。被许可人的确会失去一些潜在的利益：如果回授是对于所有改进的完全转让，被许可人会失去潜在的许可费以及本应对技术享有的完全控制；如果回授是无偿许可，被许可人至少损失了许可人本应支付的对价；更进一步，如果协议允许许可人将通过回授条款取得的权利再许可给他人，许可人和被许可人在寻找新的许可交易对象方面就存在着竞争。不过，在技术改进实际上是意外发现的情况下，被许可人的这些潜在损失则并不会影响自己的创新动机。当许可人有理由认为被许可人可能实际从事技术的后续改进和创新研发工作时，回馈授权条款的存在确有可能影响到被许可人的创新积极性，但是，许可双方可以通过诸如允许被许可人保留相应权利、免费使用相关改进技术等协议安排来避免、抵消这种创新动机的损失。

被许可人会实际从事对技术的后续改进的可能性的大小以及许可人担心被许可人会隐瞒任何技术改进成果的程度，直接影响着许可人对于回授条款效果的考虑。也就是说，如果许可人将回馈授权条款设计得过于严苛，实际上很可能影响到被许可人从事创新研发工作的积极性，被许可人取得了任何技术进步，都会极力想方设法对许可人隐瞒而不愿与其分享。所以，许可人潜意识里并不希望回授条款过于严苛而令人难以接受。这就是在某些回馈授权中允许被许可人保留对所回授技术的权利的原因。

从以上两种回授合法性理论来看，回授并不一定产生完全负面的效应，不能简单地被认定为“专利权滥用”或“阻碍创新”。由于对回授的认定和规制不可能简单化、机械化，对于回授不同的域外法例的深入认识和全面分析具有深刻的现实意义。

第三节　域外回馈授权法律规制考察

一、美　国

在美国的立法中，对回授是分不同情形区别对待的：在许可协议中规定独占型回授或转让型回授的条款，属于“本身违法”的情形；而非独占型回授规定则属于“可能违法”的情形。基于这种区分以及回授本身对于竞争影响的双重性，美国的反托拉斯法按照“合理原则”（the rule of reason principle）来分析它，也就是说法院要依案件的具体情况来判断评估回授是否违法。

“美国司法部将‘合理原则’的判断依据归纳为两方面：（1）专利许可中的有关规定（如限制性规定）必须是依附于专利许可协议中合法的主要目的；（2）限制范围不得超过为达到这一主要目的所必需的合理范围。在满足这两方面情况下，则视为专利权人的许可行为是合理的，否则属于违法。使用上述标准的前提是许可的主要目的是合法的，否则属于违法。使用上述标准的前提是许可的主要目的是合法的，否则该标准不能适用。”① 通过这种分析，美国司法部考虑的是许可中的所有限制的总体效应。如果整体上许可没有对竞争产生不利影响或者存在不利影响但没有超过同时带来的对竞争的积极影响，那么司法部就不会对许可的合法性进行质疑。

在认定了回授是作为限制性条款而存在的前提下，法院首先审查其有无反竞争效果，然后查明回授的存在是否为获取某种正当利益所合理需要，最后还要权衡回授所带来的利益是否大于其所造成的竞争损失。适用合理原则进行分析的回授最终是否违法，要取决于对上述几个方面问题的回答。

在富有启发性且常被引用的 Transwrap 案中，最高法院对一项独占型

---

① 徐棣枫、厉宁：《专利领域中的反垄断问题研究——试论滥用专利权》，载《南京大学学报（哲学·人文·社会科学）》，1998（4）。

回授采用了合理原则。① 在该案的审理中，美国最高法院认为回授条款本身并不违法，本身也不构成专利滥用。但最高法院同时警告：这种形式可用于达到违反反垄断法的目的或效果——这一警告成为以后认定回授条款违法的依据。而且，在专利侵权诉讼中，法院一般不认可回授条款构成专利滥用的抗辩。② 由于认同 Transwrap 案判决的权威性，美国司法部与联邦贸易委员会 1995 年共同发布的《知识产权许可的反托拉斯指南》也根据合理原则来分析回授。《指南》对于非独占型回授基本持肯定态度，认为回授可以促进竞争，回授只有在实质上降低被许可人的研发动力从而限制了创新市场的竞争时才具有反竞争性。

但是，Transwrap 案的判决不能说明所有的回授——尤其是那些独占型回授——都是合法的。Transwrap 案中的许可和回授都是区域性独占，双方没有直接的竞争关系，回授对竞争的抑制作用效果并不明显，因此能得到法律的认可。另外，在该案中被许可人无须另外支付使用费就拥有非独占性的权利去应用自己在回授项目上的改进以及许可人在许可项目上的任何改良，这种“流通性权利”③ 削弱了回授的两大潜在的限制竞争作用，这两大限制竞争作用即前文述及的“通过给予许可人在许可技术上被许可人的改进的权益，回授可以维护许可人在该项技术上的支配地位，直到许可或法律保护到期为止。回授还可能破坏被许可人进行研究和开发的积极性，无论他是为了改进许可技术，还是进行相关创新的目的”④。同时，被许可人对许可人自己的改进亦享有相应权利能够避免加剧被许可人与许可人之间在技术地位上的不平等。

通过保证被许可人有权应用自己的改进之处，像 Transwrap 案中的那些“流通条款”就避免了回授的两大限制竞争的作用。因此，那些在司法审查下还能合法存在的回授一般都具有这种“流通条款”；尤其是非独占型回授允许被许可人实施他自己的改进技术并向他人许可，而许可人没有任何力量约束或垄断被许可人的改进，从而保证了有效竞争。所以，非独占型回授一般也能得到认同。然而，“流通条款”和“非独占性”都不能

---

① See *Transparent-Wrap Machine Corp*. v. *Stokes & Smith Co*., 329 U. S. 637, at 648 (1947).

② 参见阎文君：《美国专利滥用原则评介》，载刘爱卿主编：《知识产权审判前沿》，第一辑，74 页，北京，人民法院出版社，2006。

③ “流通性权利”是指对双方的改进或改良所产生的权利。“流通”意味着尽管被许可人将改进回授给许可人，许可人仍应当将该改进再“流通”给被许可人，允许被许可人使用自己的改进。

④ ［美］Jay Dratle, Jr.：《知识产权许可》（下），王春燕等译，662 页，北京，清华大学出版社，2003。

保证回授按照合理原则一定能得到认可。尽管与被许可人没有权利使用自己的技术改进相比，非独占型回授给被许可人和市场竞争带来的消极影响相对较弱，但是回授产生的反竞争影响仍然存在：在非独占型回授中，如果被许可人无权使用许可人的改进，而许可人可以使用被许可人的改进，这样两方的改进就会巩固许可人的垄断地位和市场支配力；在那些存在“流通条款”的回授中，如果被许可人的改进给自己带来的利益不如给许可人带来的利益，则对被许可人进一步寻求发展创新的心理刺激会大大减弱，特别是在许可人就是被许可人的主要竞争者的情况下，除非许可人像在 Transwrap 案中一样——把自己的技术改进也加入许可中而且不另外收费。另外，假如一个许可人在就同一技术向多人许可时约定回授条款，并且许可人和所有被许可人都在相关市场中竞争，那么缺乏互惠的要求就会使许可人享有所有被许可人改进技术所带来的好处，而每个被许可人仅仅享有自己的改进，这将严重损害竞争环境。不过，只有当许可人和一个或更多的被许可人在相关市场竞争时，这种风险才是明显的。如果这个市场非常集中，则这种风险也会相应提高。

二、欧 盟

欧盟竞争法的实体规范集中地体现在《建立欧洲共同体条约》（简称《欧共体条约》）的第 3 条、第 81 条和第 82 条①中。其中，第 3 条是关于建立竞争保护机制使之不受扭曲的原则规定；第 81 条是关于禁止和在一定条件下豁免反竞争性协议的规定；第 82 条是关于禁止滥用市场支配地位的具体规定。根据欧共体委员会的实践和法院判例，下列协议一般适用《欧共体条约》第 81 条第 1 项予以禁止：规定被许可人为未包含专利设计和方法的产品支付专利使用费；规定被许可人将改进了的设计或方案的专有权回授给许可人；规定被许可人为超过保护期限的专利支付使用费；要求必须购买未包含专利设计或方法的货物或服务；规定被许可人出售被许可产品的价格；规定被许可人生产和销售产品的最高质量标准而不同时规定最低标准；等等。② 据此，在一般情况下，由于独占型回授会产生较强

① 根据 1997 年的《阿姆斯特丹条约》第 12 条，原条约第 85 条、第 86 条的新排序为第 81 条、第 82 条。所以，笔者也将相关文件中原条序为 85、86 的条款的条序相应改为 81、82。本章研究完成后，该文件名及前述条序又有变动，请读者以变动后的文件及条序为准。

② 参见冯晓青、杨利华等：《知识产权法热点问题研究》，210 页，北京，中国人民公安大学出版社，2004。

的反竞争效果，《欧共体条约》会禁止包含这种独占型回授条款的技术许可协议。

1996年1月31日，欧盟委员会颁布了《关于技术转让协议集体适用欧共体条约第81条第3款的第240/96号条例》（Commission Regulation (EC) 240/96 on the Application of Article 81 (3) of the Treaty to Certain Categories of Technology Transfer Agreements），（简称《240/96号条例》，也称为《技术转让规章》）。作为《欧共体条约》的关于在知识产权领域禁止反竞争协议的专门文件，该条例最重要的意义在于为认定、处理知识产权转让中的限制性条款提供了直接的法律依据，因为它明确规定了什么样的限制竞争条款是合法的，可以享受豁免待遇，什么样的条款是不合法的，应予以禁止。

《240/96号条例》的正文部分共13条，其中第1条为基本豁免条款，规定集体豁免适用的条件和基本范围，凡符合规定条件并在豁免范围内的技术许可协议，不受《欧共体条约》第81条第1项的禁止；第2条第1款指出了技术转让协议中通常包括的18种一般不影响竞争、应当获得豁免的限制性条款，这些条款也被称为“白色条款”；第3条提出了技术转让协议中不能得到集体豁免待遇的限制竞争条款，这些条款被称为“黑色条款”，凡包含了该条列举的限制性条款的许可合同，皆不予豁免，而且不适用合同无效的可分性规则，以防当事人规避法律；第4条为“灰色条款”和通知异议程序条款，规定对于既不在基本豁免和白色清单之内，又不在黑色清单之内的限制性许可合同条款，尤其是本条列举的合同条款，当事人可将许可合同事项通知欧共体委员会，如果后者在4个月以内未提出异议，即视为获得豁免。

《240/96号条例》对回授进行了独占型或非独占型、互惠型或非互惠型的划分，对于不同类型的回授条款分别作出了不同规定。其中，要求被许可人将其对许可标的作出的改进和新应用给予许可人的非独占性的许可，同时许可人也就其后续改进技术给予被许可人的非独占的互惠回授被列入“白色清单”①，可以得到豁免；同时，将要求被许可人将其就许可

① 早在1984年6月23日欧共体委员会就颁布了《关于技术转让协议适用条约第85（后为81）条第3款的第2349/84号条例》，该条例自1985年1月1日起生效，于1995年12月31日期满失效。《2349/84号条例》第2条（10）规定：“[豁免条款适用于下列情况] 当事人有义务相互交流在开发许可技术的改进中获得的经验，并将这种改进回授给另一个人，如果这种交流或许可是非独占性的。”

标的所作的后续改进技术或新应用方法上的权利全部或部分转让给许可人的非互惠的回授转让列入了“黑色清单”，不予集体豁免，以防止许可人获得对新技术的垄断性控制。《240/96 号条例》对于技术秘密（know-how）授权也同样适用，它认可那些不阻碍被许可人应用自己的改良技术的非独占型回授，但是许可人也有必须将自己的改良披露且将其许可给被许可人的相应义务，不能满足这些条件的回授就被列入黑名单。总的来说，欧盟判断回授条款是否具有反竞争性的关键是衡量回授条款对于市场竞争以及创新的影响程度，对于回授所作的独占或非独占、互惠或非互惠的区分正是出于这样的考虑。

欧盟委员会于 2004 年 5 月 1 日颁布了《关于技术转让协议适用条约第 81 条第 3 款的第 772/2004 号条例》[①]（简称《772/2004 号条例》）以及《关于技术转让协议适用欧共体条约第 81 条的指南（2004/C 101/02）》（Commission Notice 2004/C 101/02），原《240/96 号条例》同时废止。《772/2004 号条例》的重要创新是对竞争者之间签订的技术转让协议与非竞争者之间签订的协议适用不同的规则，与竞争者之间的许可协议相比，非竞争者之间的协议将获得更多的豁免。《772/2004 号条例》对协议的种类也作了区分，分为互惠协议（reciprocal agreements）和非互惠协议（non-reciprocal agreements），互惠协议可以获得更多豁免。这种区分体现出更大的灵活性，使欧盟委员会能够从协议实质判断协议条款是否限制竞争，而不必拘泥于条款的形式。另外，《772/2004 号条例》强调应根据市场力量的程度来确定协议能否豁免，市场份额也成为一个基本的考量因素。所以，在依据《772/2004 号条例》分析技术转让协议中的回授条款时，首先要考虑的问题是协议各方之间的关系是竞争性的还是非竞争性的，回授关系是互惠的还是非互惠的，其次要考虑许可双方的市场份额和市场地位。

《772/2004 号条例》同时规定了“被排除的限制”（excluded restrictions）——这些限制不能享受豁免——主要是独占型回馈授权条款、对权利效力的不争执条款、限制技术研发的条款。不难想象，即使一项非独占型回授，如果限制了被许可人的技术研发，也很可能无法得到豁免。

---

① See Commission Regulation (EC) No 772/2004 of 27 April 2004 on the Application of Article 81 (3) of the Treaty to Categories of Technology Transfer Agreements, http://europa.eu.int/eur-lex/pri/en/oj/dat/2004/l_123/l_12320040427en00110017.pdf.

三、日 本

1989年2月15日，日本公正交易委员会颁布了《关于管制专利和技术秘密许可协议中的不公正交易方法的指导方针》（简称《1989年指导方针》），该准则提出了公正交易委员会分析许可协议时的适用标准。在很多方面，它明显借鉴了美国法和欧盟法。1999年7月30日，日本公正交易委员会颁布了《专利和技术秘密许可协议中的反垄断法指导方针》（简称《1999年指导方针》），对在知识产权领域适用反垄断法提出了全面系统的指导意见，《1999年指导方针》的出台使得日本对知识产权国际许可在国家经济和国际贸易中的重要性的认识得到了国际认可。

《1989年指导方针》将许可条件分为三类条款："白色条款"是公正交易委员会认为可以接受的贸易行为条件；"黑色条款"列举了被认为是不公平的许可条件；"灰色条款"则包括位于白色条款和黑色条款之间的许可条件。在将限制条款分为白色条款、灰色条款和黑色条款方面，《1989年指导方针》明显类似于欧盟的集体豁免制度。而同时，它在对特定类型限制的必要性与对竞争不利影响的可能性之间进行权衡方面，又表现出与美国的合理分析原则的类似性。

《1989年指导方针》第Ⅱ部分第1节（6）指出："（假定是合法的）如果当事人的权利和义务是平衡的，那么许可人可以要求被许可人通知许可人在知识和经验中获得的关于许可技术的改良或专利申请，并要求被许可人给予许可人一个非独占性许可。"① 该条文说明，日本对于回授的态度与欧盟相似，如果强制性回授是非独占性的，且双方的权责均衡，那么它在专利许可中就是合法的。在日本和欧盟的许可制度中，技术改进的回授作为反垄断法一般规制的例外，双方权利义务的对等是必要条件。当回授是独占性的或者双方责任不均衡时，这种限制条款就属于类似美国合理原则的"中间范畴"，需要进一步的分析。因此，与欧盟立法相似，非独占的、互惠的回授在日本被认为是合法的；对于独占型回授和非互惠型回授则必须通过类似美国合理原则的全面衡量和具体分析来得出适当结论。

但是，除传统反垄断法的考虑之外，强调"公平"，是日本准则的一

① ［美］Jay Dratle，Jr.：《知识产权许可》（下），王春燕等译，669页，北京，清华大学出版社，2003。

般特征，“如果许可人没有承担类似加于被许可人身上的束缚的义务，或者内容是不平衡的，以致不利条件都过分强加在被许可人的身上”①，那么这种回授条款也是非法的。也就是说，即使是非独占、互惠的回授，日本立法仍然要衡量许可双方权利义务的平等性，如果双方的权利义务严重失衡，这种回授安排也是不合法的。因此，与美国的合理原则分析相比，日本对回授条款的考察更为细致、深入。

四、我国台湾地区

为使“公平交易法”相关规范更具体化，同时使执法标准更加明确，我国台湾地区“公平交易委员会”参考以往相关案例的经验和台湾地区产业发展的现况，并参考美国、日本及欧盟有关技术授权的相关规定，制定了“审理技术授权协议案件处理原则”。

“审理技术授权协议案件处理原则”的第5条是不违反“公平交易法”事项之例示，也就是说技术授权协议就该条中所列事项进行约定，并不违反“公平交易法”有关限制竞争或不公平竞争的规定。该条第5项规定：“技术授权协议约定被授权人应将改良技术或新应用之方法以非专属之方式回馈授权予原授权人。”第6条是违反“公平交易法”事项之例示，该条第2项规定：“技术授权协议之内容，有下列情形之一，而对特定市场具有限制竞争或妨碍公平竞争之虞者，违反‘公平交易法’第十九条第六款之规定”。而该项列出了九种情形，其中一种是“强制被授权人应就授权之专利或专门技术所为之改良以专属方式回馈予授权人”。可见，在我国台湾地区，“非专属”性的回馈授权是不违反“公平交易法”的，而“专属”性的回馈授权违反了“公平交易法”，这种规定明显参照了美国、欧盟的立法。

五、比较与借鉴

从以上的考察可以看出，自1947年Transwrap案以来，回馈授权行为已经受到相当程度的关注，有必要对其进行规制已成为共识。知识产权法与反垄断法的关系，意味着规制知识产权许可中的限制性行为，既不能简单地直接适用反垄断法，又不能完全无视反垄断法而仅通过知识产权法

① 日本公正交易委员会《关于管制专利和技术秘密许可协议中的不公正交易方法的指导方针》第Ⅲ部分第2节。

来完成。因此，在美国、欧盟和日本这些拥有比较完善的反垄断法的国家和地区，对于回授的分析和规制都是在反垄断法的框架下进行的，受到其反垄断政策的影响。

总的来说，美国和日本、欧盟对知识产权许可执行的是相似的反垄断原则。尽管如此，这些国家和地区的反垄断原则和具体法律规则是在非常不同的制度背景下被应用的，法律制度上的不同在很大程度上解释了这些技术许可在反垄断的实际操作方面的不同。除此之外，美国的立法对于专利许可安排没有就灰色条款进行报告或审查的要求，这同日本和欧盟的立法有明显的区别。美国对于限制竞争行为越来越倾向于根据合理原则去分析，所以对于回授也是依此原则进行分析的。合理原则主要的缺陷就在于法律上的不确定性，因为根据合理原则，最终决定协议存废的是法院，在这种情况下，许可双方不能够准确地预测他们的协议在反垄断法下的合法性。欧盟对于限制竞争的协议采取一般禁止与豁免程序相结合、单独豁免与集体豁免相结合的体制，对于回授采取了根据不同类型区别对待的做法。这种集体豁免体制使许可当事人可以安全地根据规定制定标准的许可合同而几乎不会有违反竞争法的风险，在特殊情况下，当事人还可以就某些没有把握的许可合同条款事先向执法机关申请获得个别豁免。同时，在欧盟的集体豁免体制下或者日本的许可准则下许可人对其会被认为是不合法的许可行为进行辩护的能力降低了合理原则的不确定性。日本对于回授的反垄断审查，既学习欧盟集体豁免的做法，又学习美国的合理原则分析方法，同时坚持自己强调公正的传统。

这些国家和地区对于回授的规范模式和分析方法也反映了成文法国家和普通法国家反垄断法传统的差别。在美国，成文法的制定在相当程度上是针对普通法的不足的，反垄断法的成文规则往往十分原则，需要判例加以补充和解释。因此，美国的《知识产权许可的反托拉斯指南》作为政策性说明文件，表现出不确定性，需要在实践中运用合理原则进行具体分析。成文法国家强调法律的体系性和逻辑性，可操作性和实用性是基本要求。所以，欧盟和日本的相关立法比美国的立法清晰明确。

虽然各国家和地区对知识产权领域的垄断行为管制的立法模式和宽严程度不尽相同，但可以看出各国家和地区都在相互借鉴彼此的优点，在对知识产权协议的反垄断政策上，也在趋近融合，力图保证知识产权不被滥用，知识产权领域的正常竞争不被非法限制，从而有利于竞争秩序的建立并保护消费者的合法权益。例如，20 世纪 90 年代以来，欧盟发现自己在技术出口市场份额、研究开发和创新方面的竞争地位相对美国和日本被削弱了，整体经济效率不如美国，为了推动欧盟企业间技术转让，提高欧盟企业的技术创新能力，欧盟委员会 1996 年颁布的《240/96 号条例》扩大了原先“白色清单”的范围，缩小了“黑色清单”的范围。2004 年颁布的《772/2004 号条例》不再将豁免限于指明的某些具体协议和条款，而是首先对竞争者之间的协议和非竞争者之间的协议区别对待、分别列举，对两类协议的条款作一般性豁免；其次针对严重限制条款作绝对禁止。这种豁免安排，为更广范围的技术许可协议提供了更大的法律确定性，给予知识产权人更大的缔约自由，同时使审查机关能够更便捷地适用。

这些事实对于我国的立法和实践有着重要的启示和借鉴意义。我国应当学习、借鉴美国、欧盟和日本的做法，充分考虑技术创新的需要，对于回授等知识产权领域限制竞争的行为，由竞争法确立基本原则，作出一般性、原则性的规定，再由执法机构根据实践情况作进一步的规范，更加注重个案分析。鉴于市场分析的复杂性，执法需要更加细化。考虑到我国反垄断行政执法和法院司法经验的实际水平，我国在知识产权领域适用反垄断法规则应当追求较高的确定性，尽量避免美国反托拉斯法确定性程度低的尴尬，提高当事人在相关方面的预见能力，有利于当事人守法维权和有关机构进行执法；同时借鉴欧盟的做法，采取一般禁止与豁免程序相结合、单独豁免与集体豁免相结合的体制，使原则性和灵活性相结合。立法部门在制定规则时，可以借鉴日本《专利和技术秘密许可协议中的反垄断法指导方针》的做法，在规则之后举出示范性案例，帮助理解和操作。

第四节　我国对回馈授权规制的现状及实践构想

一、我国对回馈授权进行规制的现状

目前，世界上许多发达国家和地区已经对回授有了相当程度的认识，并通过立法对回授作出必要的规定和限制，而作为发展中国家的我国，仍没有对这一问题给予足够的重视和思考。实际上，作为科技水平相对落后的国家，我国更有必要正确认识回馈授权，充分了解回授会对国内市场产生的负面影响，从而有效避免外国企业利用回授干涉我国企业进行自主研发，阻碍我国的科技进步。

首先，对国际技术许可协议中的回授条款进行必要的规制是保护我国企业自主研发权利、维护我国产业利益的需要。我国作为世界制造业大国，大部分出口生产企业都未能掌握其加工制造产品的核心技术和相关知识产权，竞争优势大多是建立在廉价劳动力和原材料资源上。在这种情况下，我们不仅需要尽可能地引进国外尖端科学技术以及先进经验，更重要的是活跃国内创新市场，鼓励企业自主研发。在与国外企业进行国际贸易或技术许可贸易的过程中，特别要注意防止对方利用回授条款限制我国企业进行技术改进和自主研发，努力避免回授可能造成的负面影响。回馈授权不同于一般的限制竞争行为，它会影响到整个技术领域甚至整个产业。所以，从维护我国产业利益和保障我国市场经济健康、持续发展的角度出发，我国必须尽快制定规制回馈授权行为的相关法律。

其次，对回馈授权进行规制是保护我国市场竞争秩序的需要。与发达市场经济国家相比，我国市场经济起步较晚，市场发育还不成熟，市场体制还不完善，在这种情况下，防范回馈授权可能造成的对国内市场竞争秩序的冲击和破坏显得尤为重要。

最后，回馈授权法律规制是完善我国知识产权与竞争法律体系的需要。纵观国际上立法体系比较完善的国家和地区，其市场体制得以维持，都是知识产权法和反垄断法并举。近年来，美国、欧盟、日本以及我国台湾地区都还专门出台了针对知识产权滥用行为的反垄断规定。相比之下，我国立法注重对知识产权的保护，而忽略了规制知识产权滥用行为的立法。因此，从完善市场法律体系的角度出发，我国需要有专门的法律来应对那些影响力度和范围都超过传统行为方式的知识产权滥用行为。

我国现行的法律规范中专门针对回授的规定不多，少数零星的规定散见于《民法典》《反不正当竞争法》《对外贸易法》《关于知识产权领域的反垄断指南》等相关法律规范中。

《民法典》第 850 条概括性地规定："非法垄断技术或者侵害他人技术成果的技术合同无效。"《最高人民法院关于审理技术合同纠纷案件适用法律若干问题的解释》第 10 条明确列出了属于"非法垄断技术"的六种情形，其中第一种就是"限制当事人一方在合同标的技术基础上进行新的研究开发或者限制其使用所改进的技术，或者双方交换改进技术的条件不对等，包括要求一方将其自行改进的技术无偿提供给对方、非互惠性转让给对方、无偿独占或者共享该改进技术的知识产权"。可见我国对于无偿的、非互惠的、独占的回授持否定态度。《民法典》上述规定对于规范技术转让合同许可方的行为有重要意义，但合同无效只能使合同不能履行，对于技术许可方的威慑力不足。而且合同自治原则使得合同当事人可以利用合法的外表为掩饰，通过“合法”权利的行使达到不正当的目的。所以，《民法典》对于回馈授权行为的规制十分有限。

《技术引进合同管理条例》《技术引进合同管理条例施行细则》对回馈授权曾有所规定，但这些规范性文件现已失效。《技术进出口管理条例》对回馈授权也曾有所规定，但修订时相关条款已被删除。

世界贸易组织 TRIPS 协议第 40 条第 2 款规定：“本协议的规定，不应阻止成员方在其立法中具体说明在特定场合可能构成对知识产权的滥用从而在有关市场对竞争有消极影响的许可贸易活动或条件。如上文所规定，成员方可在与本协议的其他规定一致的前提下，顾及该成员的有关法律及条例，采取适当措施防止或控制此类活动，这类活动包括诸如排他性回授条件、禁止对有关知识产权的有效性提出异议或强制性的一揽子许可。”这是在国际条约的层面明确表示应对排他性的回授进行规制。不过 TRIPS 协议的规定比较笼统，没有规定具体的控制方法。

参照 TRIPS 协议的规定，我国《对外贸易法》第 30 条作出相应规定：“知识产权权利人有阻止被许可人对许可合同中的知识产权的有效性提出质疑、进行强制性一揽子许可、在许可合同中规定排他性返授条件等行为之一，并危害对外贸易公平竞争秩序的，国务院对外贸易主管部门可以采取必要的措施消除危害。”这一规定明确了独占型回授是不合法的。

《关于知识产权领域的反垄断指南》专门对回馈授权的反垄断问题作出了规定。首先，该指南明确了回授的定义，即“被许可人将其利用被许可的知识产权所作的改进，或者通过使用被许可的知识产权所获得的新成果授权给许可人”。其次，该指南区分了回授的类型，并肯定了回授的双重竞争效应，即“回授通常可以推动对新成果的投资和运用，但是排他性回授和独占性回授可能降低被许可人的创新动力，对市场竞争产生排除、限制影响”，而且指出“通常情况下，独占性回授比排他性回授排除、限制竞争的可能性更大”。最后，该指南明确了分析排他性回授和独占性回授对市场竞争产生的排除、限制影响时考虑的因素：“（一）许可人是否就回授提供实质性的对价；（二）许可人与被许可人在交叉许可中是否相互要求独占性回授或者排他性回授；（三）回授是否导致改进或者新成果向单一经营者集中，使其获得或者增强市场控制力；（四）回授是否影响被许可人进行改进的积极性。”

可以肯定的是，我国不认可无偿的、非互惠的、独占的回授，主要是因为这些回授对公平、自由的竞争秩序危害较大。但是，一方面，对于这些回授的构成条件和认定标准缺乏明确细致的规定；另一方面，知识产权行政执法由各地行政管理机构负责，执法部门分散，各部门执法力度不同，存在地区执法差别和地方保护现象。可见，目前我国立法和司法的现状，是无法满足对回授进行有效规制的要求的。

二、我国规制回馈授权的途径选择

（一）合同法规制

我国《合同法》第 3 条规定："合同当事人的法律地位平等，一方不得将自己的意志强加给另一方。"第 5 条规定："当事人应当遵循公平原则确定各方的权利和义务。"第 6 条规定："当事人行使权利、履行义务应当遵循诚实信用原则。"针对技术合同，我国 1987 年颁布的《中华人民共和国技术合同法》第 3 条和第 4 条同样规定："订立技术合同，必须遵守法律、法规，有利于科学技术的进步，加速科学技术成果的应用和推广。""订立技术合同，应当遵循自愿平等、互利有偿和诚实信用的原则。"1999 年以后，《合同法》将《技术合同法》统一纳入合同法体系中，由《合同法》来统一调整技术转让活动。① 2020 年《民法典》颁布，包含上述精神和内容的《合同法》，被整体纳入了《民法典》。可见，在我国，订立技术合同不仅必须遵循诚实信用、平等互利的原则，而且要注重有利于科技进步和推广，这一立法原则应当成为我国衡量、认定回馈授权合法性的一个基本依据。

专利制度和知识产权法的根本目的是赋予技术拥有者合法的信息垄断权，使其通过独占信息的使用许可等方式实现投资的回收并促进经济和科技的发展。因此，技术合同本身具有一定的特殊性：技术拥有者在许可他人使用自己的专利时，附加限制是一种通常的做法，因为这可以有效防止被许可人或者第三人侵犯知识产权的行为，或者有利于知识产权得到有效的使用，如附加使用程度限制、销售区域限制等等，这些限制本身属于垄断权内容的一部分。但是，随着技术贸易的不断发展，技术拥有者往往凭借自身的经济、技术优势，在进行技术转让或实施许可时向被许可人施加

① 《合同法》第 342 条第 1 款规定："技术转让合同包括专利权转让、专利申请权转让、技术秘密转让、专利实施许可合同。"

压力，在合同中提出种种不合理的约束性条件，对被许可人的生产、销售等经营活动甚至被许可人的研究开发工作加以不当干涉和限制，这些限制行为已经违背了技术保护制度的宗旨，破坏了正常的市场竞争，因此，国家有必要以公力对相关领域的“契约自由”进行干预。所以，我国合同法对回馈授权的规制应当包括国家对技术许可合同“契约自由”的限制以及诚实信用原则对许可人的约束。

在现代市场经济条件下，法律推定每个人都具有理性，而契约自由恰好反映出自我决定、自我约束、自我负责的精神，因此，契约自由成为鼓励公平交易的手段。但是，契约自由并非不受限制，市场主体不能滥用契约自由而损害公共利益。“合同自由仅在有同等经济实力的当事人间，且仅在不损害社会公共利益的范围内，才是一种社会理想。”① 所以，法律有必要对技术拥有者设置一定的限制，使其在订立合同时能够顾及对方以及整个社会的利益要求。而且，随着国家经济干预的加强，契约自由逐渐受到修正和限制，公平原则、诚实信用原则、禁止权利滥用原则最终为立法所承认，法官因而得以一定程度地排除当事人的意思自治而直接调整当事人之间的权利义务关系。这些原则的确立不仅是对契约自由的限制，从根本上来说更是弥补契约自由的不足，“发挥契约自由之法律真义”②。

目前，契约自由在技术许可合同中所受到的限制，主要表现为对许可合同中限制性条款的否定。一般说来，技术许可合同中的限制性条款是许可人给被许可人强加的以满足特定要求或限制特定竞争的合同条款。大多数发展中国家更是认为，凡不利于或妨碍技术受让方技术发展的条款即为限制性条款。结合我国《民法典》《对外贸易法》等法律法规关于“改进技术”的有关规定不难看出，回授条款属于我国法律中的限制性条款。回授条款利用了法律赋予专利权人或技术秘密拥有者的合法独占权，不合理地扩大了独占的范围，限制了被许可人的技术研发或运用的自由，妨碍了技术进步。因此，对于技术许可合同中的回授条款，国家有必要进行一定的控制。

技术许可都是通过许可合同的形式进行的，作为限制性做法，回授条款极有可能以表面上协商一致的形式掩盖事实上的以强凌弱。由于许可人一般具有技术优势，掌握了谈判的主动权和控制权，被许可人处于劣势地

① 余延满：《合同法原论》，20 页，武汉，武汉大学出版社，1999。
② 苏俊雄：《契约原理及其实用》，20 页，台北，台湾中华书局，1978。

位（当然不无例外），往往不得不接受对人的不合理要求。回授虽然也可能是非独占和互惠的，但通常都是许可人对被许可人单方面的限制和约束，从而构成了许可双方权利义务形式上的平等而事实上的不平等。表面上来看，合同是双方同意签订的，但实际上对于被许可人并不公平。诚实信用原则是市场经济的行动准则，旨在谋求市场主体地位的平等和利益的平衡。作为对契约自由原则的补救，诚实信用原则应当对技术合同中许可人的行为施以法律约束，对回授条款进行矫正。

然而，运用合同法的诚实信用原则对许可人的行为进行道德层面的约束只能对回授进行抽象的规制，其约束毕竟失之泛化和有欠具体，着力常常较易犹豫且难以操作。而且，诚实信用原则作为掌握在法官手中的衡平法，尽管赋予法官一定的自由裁量权以及适用法律的能动性和创造性，但是对法官本身的素质提出了更高的要求，这些情况都增加了通过合同法来对回授进行规制的难度。因此，合同法对回馈授权的规制只是第一步，对回馈授权进行更为有效的规制，还需另辟蹊径。

（二）竞争法规制

市场经济之所以是资源配置的最优选择并不在于它的自由放任，而在于它最大限度地促进和保护了有效竞争。如果缺乏竞争，生产者将怠于创新、疏于管理，结果必然是消费者利益减损，社会福利下降。所以判断一种市场行为是否理性，是否需要法律的规制就要看它是否不合理地限制了竞争。“竞争是最有效的尺度。”① 美国和欧盟的法律都对非互惠、独占的回授作了比较严厉的规制，就是因为这些回授的反竞争性比较明显。

知识产权作为企业的一项重要的无形资产，在企业竞争过程中具有举足轻重的作用，尤其是一些现代高科技企业，其所具有的经济实力往往取决于所拥有的某项知识产权。由于知识产权本身的垄断性质，企业的知识产权和凭借知识产权所获得的垄断地位极易被滥用。因此，回馈授权从本质上可被认为是许可人滥用其市场优势地位的行为。尤其是在独占型回授的情况下，许可人希望通过不合理的回授条款，削弱被许可人的竞争力，同时加大其他竞争者进入相关市场的难度，达到不正当地维持其市场支配地位并限制竞争的目的。如此，对回授的管制和干预便别无选择地托诸竞争法特别是反垄断法了。

① 冯晓青、杨利华等：《知识产权法热点问题研究》，193 页，北京，中国人民公安大学出版社，2004。

对回馈授权行为的规制通过反垄断法来实现，也是由反垄断法本身的特性决定的。

第一，反垄断法提供了判断回馈授权行为性质的依据。与民事法律倾向于关注行为本身的违法性不同，反垄断法倾向于关注行为产生的促进或阻碍竞争的效果。“那些被视为非法的行为不是由于这些行为本身是罪恶的，而是由于全社会作出了一个共同的判断，即与容忍这些行为相比，禁止这些行为将带来更为有效率的经济。”①可见，人们需要法律对回馈授权这类行为作出的不是道德上的判断，而是实用、功利的判断。由于回馈授权本身复杂多变，而且是新的行为形式，民法或知识产权法都没有对这类行为的性质作出描述和认定，很难从行为方式本身去断定其性质，准确可行的方法是从行为效果上判断。适用反垄断法，关注行为所带来的经济效果可以使判断回馈授权是否属于知识产权领域的权利滥用行为更有说服力。

第二，反垄断法提供了明确可行的分析方法。反垄断法指出了分析相关案件时应该考虑的因素。首先是相关市场，即行为人实施或能够实施市场支配力的范围。反垄断规则总结了一系列界定相关市场的方法，包括考虑产品或服务之间合理的相互替代性、需求交叉弹性、市场进入或市场扩张的障碍以及市场的不完善情况等。在涉及知识产权的案件中还要考虑技术市场和创新市场。依据美国《知识产权许可的反托拉斯指南》的规定，技术市场由被许可的知识产权和相应的替代技术构成，而技术创新市场由对特定的新产品、新工艺进行的研究开发工作以及该类研究开发的近似替代品构成。其次是市场支配力。在确定市场支配力时最重要的因素是市场份额，一般而言，市场份额越高其市场支配力越强。同时也考虑其他竞争者进入市场的障碍，例如知识产权人的技术优势。另外，反垄断法还确定了一系列的原则来引导正确的分析，典型的如“合理原则”和“本身违法原则”。对于回馈授权的判断，应当主要适用合理原则，因为这类行为大多同时具有促进竞争和限制竞争的双重影响，特别是某些行为的限制竞争效果仍存在较大的争议，加之这些行为在我国都属于新现象，司法实践经验不足，选择合理原则作为审判指导较为理智。

第三，反垄断法提供了灵活多样的处理机制。一方面，相对于其他法

① ［美］Jay Dratle，Jr.：《知识产权许可》（下），王春燕等译，498 页，北京，清华大学出版社，2003。

律部门，反垄断法的政策导向性比较明显，这不仅表现为反垄断法的制定修改本身与国家的经济政策密切相关、联动性较强，而且表现为不同时期、不同地区在反垄断执法上可以有所不同。这一点正好能够满足对回馈授权进行灵活规制的需要。另一方面，反垄断法有多种规制方法，包括行政规制方法，如市场调查、掌握和公布垄断情况、通报垄断企业名单等等，同时也包括民事和刑事规制方法。对于实际情况复杂而多变的回馈授权行为来说，这些规制方法较其他方法无疑更全面而妥当。

由此可见，反垄断法在判断标准、分析方法和规制途径方面的优势决定了它能够适应对回馈授权等知识产权领域限制竞争和权利滥用行为的调整，应当成为我国规制回馈授权行为的法律选择。

三、我国回馈授权规制的若干构想

我国《反垄断法》第 55 条规定："经营者依照有关知识产权的法律、行政法规规定行使知识产权的行为，不适用本法；但是，经营者滥用知识产权，排除、限制竞争的行为，适用本法。"这一条关于知识产权垄断的规定，并不像人们期待的那样具体，其除具有表态和宣示的作用外，并未列举具体的行为种类，在司法实践中很难把握。笔者认为其中有立法缺陷的因素，但也不能忽视回馈授权等知识产权垄断行为本身特征的制约。虽然《关于知识产权领域的反垄断指南》专门对回馈授权的反垄断问题作出了规定，但由于影响回授条款效力的因素非常复杂，进一步的立法活动以及执法探索乃至配套的法制宣传都势在必行。

（一）保障创新与保护竞争平衡发展的原则

知识经济时代各种创新不断涌现，自主创新能力已经成为国家竞争力的核心，加强自主创新是应对市场竞争的迫切需要。由于回授对创新和市场竞争可能产生双重影响，对回授的规制要遵循保障创新与保护竞争平衡发展的原则。

知识产权法侧重于鼓励创新，而反垄断法更注重维护市场竞争秩序，两者都是为了追求社会资源的最优配置、积累社会财富以及确保消费者的福利。知识产权制度通过阻止"搭便车"行为来鼓励研究开发中的充分投资，增进社会福利；反垄断法则是通过避免非理性的资源配置和排除市场进入障碍来维护消费者的利益。知识产权法意图促进的创新或创造力只不过是进行永不停息的竞争所用的手段，而保护竞争正是反垄断法的首要目标，因此两者在根本目标上是一致的。所以，对于回授行为的规制完全可以通过知识产权法和反垄断法的合作来实现，即既保障创新又保护竞争。

（二）借鉴域外先进经验与适应我国国情相结合的原则

我国是发展中国家，市场经济还不够成熟完善，科技水平较发达国家低，在这种情况下我们需要的是最大限度地引进高新科学技术和先进经验以促进经济发展，活跃创新市场，鼓励刺激自主研发。虽然目前回馈授权等与知识产权有关的垄断或限制竞争行为在我国还不十分突出，但随着经济全球化所带来的国际经济竞争的加剧、全球范围内知识经济的兴起、科技进步对经济增长的贡献不断提高以及利益格局的变化，这类行为在我国有产生和蔓延的可能。针对回馈授权等反竞争性条款，如前所述，我国现行立法中仅有零星规定，还没有完备的控制机制，防止知识产权滥用、规制与知识产权有关的垄断或限制竞争行为的法律制度体系更是尚未建立。鉴于现行立法的这种状况，我国应借鉴美国、欧盟等国家和地区的立法和执法实践经验，在《反垄断法》基础上，通过进一步的知识产权立法和反垄断立法来针对知识产权许可方面反竞争性的限制条款作出类型化的禁止性规定和豁免性规定，认可特殊条件下或有正当理由时的例外，从而既能充分保护经济竞争，又能实事求是地照顾到合理的暂时限制竞争的商业需要。同时，应由反垄断协调或执法机关根据《反垄断法》等法律的基本规定，制定和完善特定知识产权领域的反垄断行政规章或行为指南，将立法的稳定性和执法的灵活性有机结合起来。另外，反垄断立法应明确相应的程序规定，以便使竞争执法机关和知识产权与技术合同执法机关在处理此类案件时能密切配合、分工协作，从而及时有效地实施法律救济和法律制裁。

在商业和技术交往实践中，限制竞争有时的确有其正当商业理由，如减少投资风险以开发新产品或开拓新市场、推广运用新技术、发挥技术效益和保证产品质量等。如果许可合同中的限制性条款对经济技术进步的推动作用大于其对竞争的消极影响，反垄断立法中应作出例外规定，不予禁止，以满足合理的商业需要。回馈授权作为一种既能保持自己的技术优势，又能促进科技交流的重要途径，应该得到广泛关注和适当利用。因此我国立法者在制定相关法律法规对回授进行规制时，应注意把握一个度，努力发挥回馈授权的优点，遏制它的不利影响，实现个人利益和社会利益的平衡。

（三）探索反垄断法在知识产权领域的具体应用

第一，践行行为主义。我国企业的平均规模比发达国家的要小得多，为了消除企业追求规模经济的后顾之忧，我国反垄断法律实践对于回授的规制应采取以行为主义为主的对象模式，关注回授行为的效应。我国《关于知识产权领域的反垄断指南》主要规制排他型回授和独占型回授，对一般的回授行为则予以豁免，以达到维护竞争和限制竞争之间合理的利益平衡。事实上，随着科学技术的发展和经济形势的变化，各国反垄断执法实践对豁免的行为范围有不断调整的趋势。我国在制定和执行知识产权运用行为的豁免规则时，既要全面衡量回授的复杂因素和具体情形，也要清楚认识我国的现实情况，考虑到我国市场竞争和技术发展的特殊情况，合理确定行为的合法与违法。

第二，规制内容类型化。在规制内容方面，《关于知识产权领域的反垄断指南》已对回授进行了较为细致的分类，即分为一般的回授行为以及排他型回授和独占型回授，这可以提高司法的明确性和可操作性。不同类型的回馈授权对于竞争的影响不尽相同，实际情况相当复杂，而我国在认识、判断、规制回馈授权方面缺乏经验，因此更有必要通过细化回授的分类和深入研究，加强司法的确定性和可靠性。

第三，域外适用。作为发展中国家，我国的技术贸易以引进技术为主，因此，反垄断立法对于回授的规制应当特别专注于防止外国利用回授等限制竞争手段阻碍我国的科技研发工作，破坏我国正常的市场竞争秩序。同时，我国《反垄断法》既已规定其域外适用的效力①，也就是说我国反垄断法可以适用于那些发生在外国但对我国的市场和消费者有着不利影响的限制竞争行为，我们对域外适用可能遇到的障碍应及早着手研究并加以清除。

（四）司法实践中全面考虑回授对竞争的影响

由于回馈授权本身情况的复杂性以及它对于竞争可能产生的双重作用，对于回授对竞争的影响应根据具体情况和特定背景逐一分析评估，不能一概而论。只有这样，才能准确地认定其真实目的和经济后果，从而采取适当的对策。

回授对于竞争的整体影响依赖众多因素的共同作用，这些因素主要有：

---

① 《中华人民共和国反垄断法》第2条规定："中华人民共和国境内经济活动中的垄断行为，适用本法；中华人民共和国境外的垄断行为，对境内市场竞争产生排除、限制影响的，适用本法。"

第一，许可人和被许可人是否存在竞争。假如许可人和被许可人之间不存在竞争，且将来也不可能有竞争，那么回授的负面影响就不会那么严重。

第二，是否存在不止一个被许可人。假如存在多个被许可人，且许可人和所有被许可人都在相关市场中竞争，那么非互惠的回授（即使是非独占性的）会使许可人享有所有被许可人改进技术所带来的好处，而每个被许可人仅仅享有自己的改进，这将加剧许可双方地位的不对等，从而严重威胁竞争。

第三，如果存在多个被许可人，这些被许可人之间是否存在竞争。假如多个被许可人之间存在相互竞争，回授可能产生的消极影响将会减弱，因为许可人将得到所有技术改进的事实并不影响被许可人各自进行研发工作的创新激励。但是，假如由一个被许可人进行的改良通过回授给许可人而间接流向了其他被许可人即改良创造人的竞争者，则他们各自进行技术创新的刺激将减弱，因为在这种情况下被许可人各自的改良相对其他竞争者即其他被许可人并没有优势。

第四，可能会产生何种改进。尽管一些许可协议和回授条款的反竞争效果在理论上是可能的，但是如果在实际中几乎不会发生，例如根本不可能产生任何有实用意义的技术改进，那么指责回授条款的反竞争性是没有现实意义的。

第五，许可贸易金字塔内有关替代产品或服务的独立生产者或提供者的市场力量如何。如果许可协议的当事人（主要是许可人）集中掌握了相当大的市场支配力，则回授可以全面遏制竞争，从而产生反竞争的效果。相反，如果许可协议的当事人在相关产品和服务市场中几乎没有市场支配力，那么通过回授所强加的抑制对竞争的影响则可能无关紧要。

在全面分析了可能对回授本身的限制竞争性产生影响的因素之后，还要从市场结构等更宏观的角度来考察一项具体的回授对市场竞争造成的影响，主要有以下四个方面：是否促使市场结构趋于集中甚至垄断；是否会使竞争者之间更易于进行反竞争性的通谋或协调行为；是否使厂商进入某一市场的成本或难度增加，即是否造成市场进入障碍；是否会使原本可能发生的潜在竞争被抑制。

（五）加强执法队伍和社会法律意识的建设

与那些仅在有关具体的部门或行业实施的特殊性、专门性的法律规则不同，竞争法在性质上属于市场经济的基本的、具有普遍性意义的法律规则，应统一实施于各个行业和部门。因此，从有利于保证反垄断法有效和统一实施的角度出发，对于回授及其他垄断行为的认定和处罚也应当由反垄断执法机构统一进行。限制滥用知识产权的执法需要具备知识产权和反垄断两方面知识的复合型人才，鉴于我国在这两方面的理论和实践都比较薄弱及相关人才十分短缺的情况，国家应当着手进行人才培养，尽早为实施相关法律培训执法队伍。

在经济全球化和知识经济的新形势下，我国面临着加强和完善知识产权法律制度的紧迫任务，人们的知识产权法律意识也需要进一步提高。面对国际上严峻的知识产权扩张形势，政府有必要在全力宣传知识产权保护的同时，帮助树立防范知识产权滥用的法律意识，对广大企业和消费者承担相关的告知义务。在回授的问题上，我国理论界和司法界都存在着缺乏认识和不够重视的现象，普通公众在面对回授条款时更是束手无策，因此，避免回馈授权的负面影响、防范技术交易中的知识产权滥用、加强法律宣传的工作显得格外重要。

总之，回馈授权对于竞争既有积极促进的一面，又有消极遏制的一面，因此对于回馈授权不能一概而论，应根据不同情形进行区分，分别给予不同的对待。在对回授条款进行分析评价的过程中要立足我国国情，全面考虑其对市场竞争、技术创新和资源配置等各种因素的影响程度，既要保护许可人的利益，又要考虑到被许可人等相关主体及社会公众的利益要求，充分考虑各个方面和各个层次的竞争及其相互关系，把握好各种利益要求之间的平衡。

第八章　延展性许可费条款

延展性许可费条款是存在于研究工具专利许可协议中的一种许可费计费模式。延展性许可费条款被合理适用时能够对市场竞争产生一定的积极效应，若延展性许可费条款被滥用并对市场竞争造成实质性损害则可能产生抑制竞争的负面效果。因此，需对延展性许可费条款的内在法律机理进行剖析，以明确延展性许可费条款的合理适用界限、违法特征以及规制手段。为利于获取相关产业发展所需的基础性技术，我国应适度借鉴域外的成熟经验，结合我国法制特点不断引导和完善延展性许可费条款的适用。

第一节　延展性许可费条款概述

一、延展性许可费的概念

随着知识产权在我国经济发展中的地位日益凸显，我国企业的自主创新能力以及管理、运用知识产权的能力也不断提升，专利许可协议逐渐成为各行业发展和竞争不可或缺的经营工具。而专利许可费作为被许可人向专利许可人支付的获取专利使用权的对价更是涉及专利许可协议双方的核心利益，因此专利许可费的协商议定始终是专利许可协议订立过程中的重要环节。通常在专利许可实务中，协议双方既可以选择根据研发或销售专利产品的总金额依照一定比例计算许可费，也可以选择依照制造、使用、销售专利产品或服务的单位，约定每单位应支付的许可费，再根据制造或销售数量，计算出应支付的许可费总额。① 但在以研究工具专利②为客体的许可协议中，由于研究工具专利具有技术内容的前端性以及专利估值的复杂性等特征，这类许可协议在实务中难以适用费率法或从量法来计算许可费。技术内容的前端性是指研究工具专利作为特定产业领域技术革新和科技进步的基础性技术，处于整个技术研发链条的前端。任何特定产业的科技进步均与研究工具专利密切相关，或由其衍生而来或有其辅助之效。但技术内容的前端性也会造成研究工具黯淡的商业化应用前景，研究工具难以直接形成可销售的终端产品，从而影响对研究工具专利价值以及许可费率的评估和计算，造成专利估值的复杂性。而延展性许可费条款则可以较好地应对研究工具专利估值过程中的复杂性问题。如图 8-1 所示，延展性许可费并不以被许可人对许可专利技术的使用行为本身为标准，从而回避了对研究工具专利的估值过程。它主要依据被许可人利用研究工具专利衍生或辅助产生后续研发成果的商业化收益作为计算专利许可使用费金额的基础。在专利许可协议中，这种将许可费计算依据和计算方法延展至后续研发成果的商业化收益的专利许可使用费条款就被称为延展性许可费条款。适用延展性许可费条款，被许可人仅需承担较低的前端基础技术使用成本即可获取大量后续商业化应用研发所需的研究工具专利。另外，研究工具专利许可人也可广泛地同下游技术使用者建立合作关系，使其分担研究工具专利的前期研发成本，同时增加研究工具专利商业化应用的潜力。鉴于此，在订立研究工具专利许可协议时，许可双方均倾向于适用延展性许可费条款以促使许可协议的达成。

专利许可协议中通常包含关于核心概念和关键术语的解释条款、关于

---

① 前一种方法被称为费率法，其计算基础又可分为以销售总额为基准以及以去除成本后的销售净额为基准。其中，销售净额是计算延展性许可使用费时最为常用的一种计算依据。另外，实践中也可同时约定上述两种计算基础，并由缔约双方约定在支付许可费时将其中较高或较低者作为应支付数额。后一种方法又被称为从量法，其计算基础是依照因专利技术而制造的产品单位协商应支付的价格，再结合专利产品制造或销售数量，计算出最终应支付的许可费。

② 研究工具专利是指科研机构和研究人员从事科技研发活动而使用的，有助于技术或产品研究、测试或改进的专利技术。由于研究工具的可专利性并未被各国立法机关所普遍确认，一直以来研究工具始终作为一种社会公共资源为科研机构所使用。直到 1980 年，在 Diamond 诉 Chakrabarty 案中，美国最高法院在判决中确立了“技术的可专利性与该技术是否包含了有生命的物质无关”的观点，并将“该有生命的物质是否是人类干预的结果”确立为生物科技产业研究工具可专利性的判断标准。本案不仅确认了遗传工程中所产生微生物的可专利性，同时也为其他领域的研究工具成为可专利性标的、获得专利法保护奠定了法律基础。与普通专利发明类似，研究工具专利也需要满足授予专利权的实质性条件。See *Diamond* v. *Chakrabarty*, 100 S. Ct. 2204, 2208-2210 (1980).

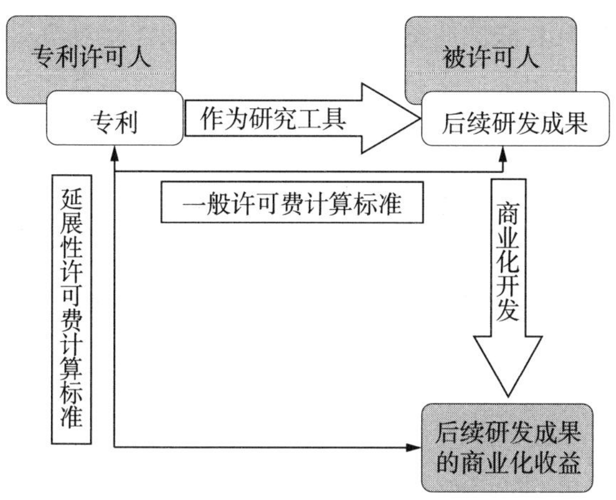

图 8－1　延展性许可费计算方式

专利技术具体实施内容的实施条款、关于技术指导的技术服务条款以及关于专利许可使用费及其支付方式的许可费条款等具体内容。相较于其他内容，专利许可费条款可以更直接地反映协议双方权益的实现情况，亦可在机会发现—估值—交易（discovery-valuation-dealmaking）① 的专利许可商业化流程中反映该专利许可协议对相关市场竞争的可能影响。机会发现是指专利技术潜在商业化应用的问题，即发现某项专利技术进一步商业化研发的潜力和可能性的问题，既可以是对现有专利商业化潜力的发现，也可以是对基于研究工具专利而衍生的后续研发成果商业化潜力的发现。对延展性许可费而言，机会发现是被许可人在研究工具专利许可协议订立过程中接受这种计费模式的重要理由。若研究工具本身不能够辅助后续研究或在其基础上衍生出新的商业化成果，那么被许可人则无意获得该研究工具专利的授权许可，进而不会成为特定市场的潜在竞争者。估值是专利许可协议的核心问题，同时也是左右延展性许可费条款合法性的关键环节。交易是专利许可商业化流程的载体。在技术交易中，专利供需双方使用许可协议作为交易媒介，也即供需双方所进行的许可活动即为交易。无论何种许可协议，被许可人使用资金或其他对价换取专利许可使用权的法律关系始终不变。因此，延展性许可费与许可专利之使用价值的对价是否公平

① 机会发现—估值—交易是专利许可商业化流程的三个重要环节。参见［美］理查德·拉兹盖蒂斯：《评估和交易以技术为基础的知识产权：原理、方法和工具》，国家知识产权局专利管理司组编，中央财经大学资产评估研究所、中和资产评估有限公司译，1 页，北京，电子工业出版社，2012。

合理也成为判断其合法性的重要依据。鉴于延展性许可费对特定市场竞争的深刻影响已经引起了反垄断法实务机关和相关经营者的普遍关注，但目前反垄断法对延展性许可费的技术细节以及合法性的界限尚未取得统一认识，因此，亟待从理论上进行分析和展开，以期涤荡对延展性许可费的模糊认识，维护其促进竞争、鼓励创新的应有效应。

二、适用延展性许可费条款的特定产业环境

延展性许可费条款的适用需要依赖特定的产业环境。在实践中，延展性许可费条款广泛应用于化学（chemistry）、生物科技（biotechnology）以及信息技术（informatics）等技术密集型产业。以化学、生物科技以及信息技术为代表的技术密集型产业的技术和产品较传统产业而言研发耗时更长，加之这类产业的研发投入费用以及研发密度高，导致了这类产业科技创新成果具有很强的不确定性，研发风险难以预估。如果在研发之初依照传统方法计算和收取专利许可使用费，不仅进一步加大了被许可人的研发成本，而且还可能催生研发机构规避研发风险的经营策略，从而产生抑制其研发诱因的不利效果。因此，采用延展性许可费首先可以适应这类产业研发过程中高耗时、高投入的发展特点，降低被许可人的研发成本；其次，这类产业的研发需要借助“关键路径”（critical path）的基础研究成果，而基础研究成果的商品化应用前景并不明朗，采用延展性许可费一方面可以简化专利估值的复杂程序，促进专利许可协议的快速达成，另一方面可以提高基础研究成果的回报预期；最后，这类产业的研发机构相较于传统产业，尚处于起始阶段且缺乏足够的研发资金支持，采用延展性许可费可以使研发机构利用低廉的前期研发成本接触大范围的基础研究成果，有助于提升其研发能力。正是这些产业所具备的共同特点为延展性许可费的正当实施提供了良好的现实基础。

三、延展性许可费条款的特殊法律效力

在明晰了适用延展性许可费条款的特定产业环境之后，还需进一步理解延展性许可费条款的特殊法律效力。虽然延展性许可费基于特定产业背景，但这并不意味着缔约双方就某一研究工具专利订立专利许可协议时只能以被许可人使用该研究工具专利后续研发成果的商业化收益作为许可费的计费基础。若专利权人将自有专利许可给他人使用，此时被许可人可直接支付许可人一定数额的许可费，亦可将此专利作为研究工具进一步商业

开发并取得一定收益，再以该收益作为使用该研究工具专利所应支付的许可对价。在不适用延展性许可费条款时，此专利许可协议的保护对象仍为权利人自有的研究工具专利，而非后续研发产生的商业化成果，即专利权人之权利范围仅限于自有研究工具专利，并不及于研究工具专利的后续研发成果。一旦适用延展性许可费条款，则将以被许可人使用该研究工具专利所研发出的研究成果作为计算许可费的基础。这就表明专利权人对自有研究工具专利所享有的收益权能已冲破专利权权利范围的藩篱而延展至后续研发成果，这也是延展性许可费条款特殊法律效力的核心意义。值得注意的是，回馈授权条款也具有类似的特殊法律效力。作为一种专利许可的协议安排，经双方约定，实施回馈授权的专利许可人可要求被许可人就其对许可技术所作的后续改进或通过使用标的技术所获得的新技术向许可人报告、转让或授权。① 有学者将这种许可人对被许可人的研发成果享有的特殊权利称为延展权（reach-through rights）。② 前述许可人得就被许可人后续商业化成果收取延展性许可费即属延展权的一种具体应用。

第二节　延展性许可费条款对市场竞争的双重效应分析

通过前文对延展性许可费条款诸多特征的分析，我们可以明确在特定条件下适用延展性许可费条款无论是对许可人自身权益抑或是对被许可人研发活动都具有一定的积极效应。但是这种许可费结算方式如果被不恰当地使用，也极易对市场竞争造成不利影响，从而遭到反垄断法的责难。因此，在对延展性许可费条款进行定性分析时，要进一步展开分析适用该条款对市场竞争可能产生的双重效应。

一、积极效应

延展性许可费对市场竞争的积极效应主要表现为促进技术创新和转移，推动下游相关市场的竞争，具体表现在以下三个方面。

第一，有助于研究工具专利价值的衡量，促使专利许可协议的快速达

---

① 参见宁立志、陈珊：《回馈授权的竞争法分析》，载《法学评论》，2007（6）。

② See Richard Li-Dar Wang，Biomedical Upstream Patenting and Scientific Research：The Case For Compulsory Licenses Bearing Reach-Through Royalties，*Yale Journal of Law & Technology*，2008（10），p. 16.

成。如前所述，一项专利许可协议的订立除了需要反复推敲专利技术的实施细节，还需要确定专利使用许可费的数额以及支付方式。因为许可费的数额以及支付方式可直接影响到许可人的经济利益和被许可人对达成专利许可协议的价格预期。美国联邦第六巡回法院就曾于 Prestole 集团诉 Tinnerman Products 公司案中将专利许可使用费定义为"被许可人为使用许可人的专利发明向许可人支付的补偿"①，由此可见许可费数额在许可协议双方各自利益实现过程中的重要作用，而许可费条款的拟定也成为影响许可协议达成的重要环节。

然而，许可费金额的确定与研究工具专利价值的评估存在密切关系。由于研究工具专利的商业化应用前景不明朗，缺乏可商业化的基本证据并且在商业化应用、市场竞争以及法律适用等方面存在着明显的不确定性甚至风险，因此，对研究工具专利的价值进行准确的评估十分困难。若采用延展性许可费条款这种特殊的许可费模式则可用商业化应用成果的实际收益取代复杂的估值过程，不仅反映了许可协议双方对研究工具专利预期的许可使用费价格水平，使得专利权人的许可收益与研发投入相协调，而且提供了恰当的激励机制并降低了因错误估值而导致的经营风险。同时，随着专利价值评估问题的解决也推动了研究工具专利许可协议过程的简化，促使许可协议尽快订立，充分契合了专利制度"促进科学技术进步和经济社会发展"的基本宗旨。

第二，有助于起始公司获得研究工具专利，享有充分参与竞争的经营机会，促进下游市场的技术创新和市场竞争。延展性许可费条款利用不同的许可费计算方式降低了下游研发机构的先期研发成本，从而使它们可以通过更为便利的方式获得所需的基础性技术。这对许多规模尚小或处于起始阶段的研究机构十分重要。由于研究工具专利商业化应用前景并不乐观，专利权人通常会采用数额较小的首期付款与后续商业化应用成果收益提成的复合计算方式（也可不收取首期付款），即适用延展性许可费来维护自有专利的合理收益。正如前文之分析，适用延展性许可费条款能够有效地降低使用研究工具专利的最终成本，否则会增加被许可人所负担的许可费首期付款金额，这必将提高研究工具专利下游市场的进入门槛，剥夺潜在市场竞争者的竞争机会。这种阻碍效果在化学、生物科技、信息技术等产业的起始公司中会进一步扩大。这些起始公司由于缺乏有力的资金支

① *Prestole Corp. v. Tinnerman Products, Inc.*, 271F. 2d. 146, 152 (6th Cir. 1959).

持，难以一次性负担大量前端基础技术所需许可使用费，从而失去了进入下游相关市场的竞争机会，而少数有财力承担研发工具专利许可费的大型研发机构和公司无疑会获得更为有利的技术支持，进一步巩固自身的技术和市场优势。如大型研发机构和公司可以通过商业秘密的方式保护研究工具专利的后续成果，包括后续的研究工具以及商业化应用成果的技术细节，这势必延缓该领域的整体创新速度。而且这种缺乏弹性的市场结构和人为设置的市场进入障碍极易引发下游相关市场中的竞争问题。因此，适用延展性许可费条款可以降低进入下游市场的资金和技术门槛，维护起始公司平等参与竞争的权利。

第三，为专利许可协议双方提供了风险分摊机制。风险是协商专利许可使用费时所必须考虑的问题。由于研究工具专利处于技术链条的前端，该专利的研究属于基础性研究，这就导致了虽然研究工具专利具有一定使用价值，但该价值若不经过进一步的技术研发和市场化开发并不能直接产生经济上的收益。此时，专利许可人需要利用延展性许可费条款来回避过早地与被许可人就许可专利的使用进行结算，从而构建一个合理的风险分摊机制。一方面，延展性许可费条款依赖于被许可人对研究工具专利的后续研发和商业化开发情况。在该专利后续研发的商业化成果取得一定收益后再进行许可费的计算和支付。这可使协议双方均免于承担错误评估研究工具专利价值而带来的许可/使用风险。另一方面，延展性许可费条款根据研发成果后续商业化研发来确定许可费金额的方式为被许可人创设了一项隐性义务，即善意、勤勉地使用许可标的。美国联邦第六巡回法院在Bailey 诉 Chattem 公司案中曾提出："在商业合同中，若甲方应向乙方支付的款额是利润或收入的百分比，或是根据销售、制造、开采的货物确定的使用费，几乎总意味着有一个隐含协议，要求当事人善意、勤勉、谨慎地履行，不得通过停止交易或其他方法造成履行不能。"① 这项义务能够督促被许可人进一步从事商业化应用的研发，从而更好地克服因研究工具及其后续成果不明朗的商业化前景而带来的专利许可费支付不能的风险。

二、消极效应

虽然适用延展性许可费条款对市场竞争具有显著的积极效应，但不可否认的是，该条款也会对市场竞争造成一定的消极效应。

---

① *Bailey* v. *Chattem Inc.*, 684 F. 2d 386, 396 (6th Cir. 1982).

第一，延展性许可费条款可能削弱被许可人的研发诱因。在订立研究工具专利许可协议时，专利许可人可能会要求在专利许可协议中采用延展性许可费的计费模式，即根据被许可人后续研发成果的商业化收益来计算研究工具专利的许可费金额。学者 Eisenberg 曾将延展性许可费比喻为研究工具专利许可人对后续研发成果所课征的一种“税”，她认为：“原则上，延展性许可费类似于对产品研发所课征的一种税，这会降低下游研发机构的研发积极性。”① 这种计费模式会直接削弱被许可人进行后续商业化研发的诱因。如前所述，在协商议定专利许可费的过程中，若被许可人选择传统的费率法或从量法等许可费计费模式来支付专利许可费，则其所支付的费用是相对固定的，而其后续研发成果所获得的全部商业化收益皆归属于自己所有，无须与专利许可人按比例进行分配。此时，被许可人更倾向于利用研究工具专利进行充分有效的后续研发，并利用后续研发的商业化收益抵销其获取研究工具专利所付出的许可费。在这种情况下，被许可人的研发诱因更为正面、积极。与此相反的是，在采用延展性许可费条款时，被许可人所获得的后续商业利益将与研究工具专利权人按比例进行分配。较之研究工具专利权人，被许可人对其后续研发成果的智力投入和付出是决定性的，而被许可人的后续研发成果越成熟，商业化收益越丰厚，其所支付的专利许可使用费总额就越高。此时，相较于传统的许可费计费模式，延展性许可费条款更容易削弱被许可人进行后续成果研发的诱因。②

第二，延展性许可费条款可能造成被许可人的许可费叠加问题（royalty stacking）。③ 由于延展性许可费条款使专利许可人对自有研究工具专利的收益权能拓展至后续研发成果，这就导致了被许可人需以其后续研发成果的商业化收益承担其使用前端基础性专利的许可使用费。加之后续研发成果的取得依赖众多研究工具专利共同发挥作用，这就会造成许可费结算时下游产业的研发机构难以负担的许可费叠加效应，该效应会抑制下游研发机构在科技研发和技术革新过程中的积极性，阻碍研究工具专利的技术

① Rebecca S. Eisenberg, Technology Transfer and the Genome Project: Problems with Patenting Research Tools, *Risk: Health, Safety & Environment*, 1994 (5), p. 172.

② See Michael A. Heller, Rebecca S. Eisenberg, Can Patents Deter Innovation? The Anti-commons in Biomedical Research, *Science*, 1998, 280, p. 699.

③ 许可费叠加问题通常是指因专利丛林（patent thicket）所导致下游产业需对多个上游专利权人支付高额许可费的问题，因适用延展性许可费条款而导致许可费叠加于被许可人的后续研发成果的情形亦属于许可费叠加的一种情形。

传播。

申言之，一项成熟的商业化应用成果通常需要建立在多个研究工具的基础之上。若这些研究工具专利权人均选择延展性许可费计算方式进行许可费结算，那么被许可人的许可费支付义务会集中叠加到其商业化应用成果上，而此时处于下游产业的被许可人就可能会面临商业化应用的利润流（profit stream）被许可费大量侵蚀的问题。倘若这些研究工具的专利许可协议并未采用延展性许可费条款，而采用总额支付或分期支付等一般许可费计算方式，则被许可人所支付的许可费数额是相对固定的。即使被许可人需支付多个研究工具专利的许可费，其仍可以通过勤勉的科技研发和成熟的商业化开发承担研究工具专利的许可使用费。但倘若采用延展性许可费条款，则被许可人后续研发成果获利越大，其需承担的许可费数额也越高。即便被许可人后续研发成果的商业化应用十分成功，其亦可能无法承担多个研究工具专利叠加形成的高额许可使用费。鉴于此，被许可人面对这种无利可图的困境时，很可能因此而选择停止其研发及商业活动。

第三，延展性许可费条款可能抑制下游市场的创新，损害社会公共福利。这主要缘于适用延展性许可费条款可能带来的反公地悲剧（tragedy of the anticommons）。反公地悲剧是指一旦可排除他人使用稀缺资源的权利被过多的主体所拥有，就将导致这些权利主体均无法有效使用该权利，而该稀缺资源也会倾向于低度使用（under use）①，即由于财产过度私有化而导致社会资源无法有效利用的经济学现象。

如前所述，下游产品的商业化成果离不开上游大量研究工具专利的技术支持，这就导致上游专利技术的碎片化可能形成反公地悲剧从而阻碍下游产品的研发。换言之，相较于最终投入市场的成熟产品，上游的研究工具专利技术更像是构建最终产品的一块块碎片。下游研发机构若要继续发展相关技术或形成最终能够进行量产的市场化产品，必须与上游各专利权人进行协商授权，以取得相关研究工具，构建相关的前期研究基础。然而各专利权人的经营策略、竞争状况以及技术细节均不相同，若无法从全部权利人处获得这些研究工具专利，则被许可人的后续研发工作就无法顺利展开。这种前端基础技术取得与研究基础构建阶段的停滞会增加技术的交易成本和使用成本，导致技术资源不易流向有技术需求的研发机构。此

---

① See Michael A. Heller, The Tragedy of the Anticommons: Property in the Transition from Marx to Markets, *Harvard Law Review*, 1998, 111, p. 623.

时，专利技术过度私有化就导致技术资源的使用不充分，有碍后续研发及其成果商业化应用的进程，造成社会公共福利的损失。虽然适用延展性许可费条款可以为资金有限的研发机构提供“先使用，后支付”的有利条件，但专利权人亦有利用延展性许可费条款的延伸性特征扩张其排他性权利的可能，例如在专利许可协议中加入其他限制竞争条款以求利用被许可人的研发成果进入下游市场或巩固自身在上游研究工具专利市场上的优势地位。这种借由延展性许可费从上游研究工具延伸至下游研发成果的杠杆效应（leverage）能够增强或巩固研究工具专利权人在下游市场的市场力量，进而破坏下游市场的市场结构，并可能导致社会公共福利的损害。

第三节　反垄断法对延展性许可费条款的定性分析

通过比较分析延展性许可费条款对市场竞争的双重效应，我们进一步明确了合理实施延展性许可费条款的重要性。一旦该条款被不恰当地适用则可能构成研究工具专利的滥用，从而受到法律的责难。为了进一步明晰延展性许可费条款的特殊性，需要从反垄断法的角度进行一定的定性分析。

一、反垄断法规制延展性许可费条款的必要性

随着专利权社会属性的逐渐加强，订立合理的专利许可费条款与实现专利许可协议双方的权益具有十分密切的联系。而专利私权属性的保护模式又极易导致专利许可协议相关主体之间的利益不均衡。如我国《专利法》第 53 条规定，当具备一定条件时，国务院专利行政部门可根据具备实施条件的单位或个人的申请，给予实施专利的强制许可①，并且根据《专利实施强制许可办法》第 2 条的规定，国家知识产权局可根据申请裁决强制许可费的金额。② 具体到以研究工具专利为客体的专利许可协议，

① 《中华人民共和国专利法》第 53 条规定：“有下列情形之一的，国务院专利行政部门根据具备实施条件的单位或者个人的申请，可以给予实施发明专利或者实用新型专利的强制许可：(一) 专利权人自专利权被授予之日起满三年，且自提出专利申请之日起满四年，无正当理由未实施或者未充分实施其专利的；(二) 专利权人行使专利权的行为被依法认定为垄断行为，为消除或者减少该行为对竞争产生的不利影响的。”

② 《专利实施强制许可办法》第 2 条规定：“国家知识产权局负责受理和审查强制许可请求、强制许可使用费裁决请求和终止强制许可请求并作出决定。”

由于研究工具专利的可商业化程度较低，估值困难，难以确定合理的专利许可费金额，强行由专利行政机关进行裁决，易造成协议的某一方利益的损失；若采用以研究工具专利使用频率或次数为基准的专利许可费计算方式，又可能陷入研究工具专利可商业化程度较低的困境，导致专利许可人的研发投入得不到合理回报。鉴于此，专利强制许可制度虽然能够实现研究工具专利许可协议的快速订立，但疏于对协议相关主体利益的均衡维护，如果一味地从被许可人保护的角度评价延展性许可费条款，那势必会阻碍我国相关科技产业的发展。若选择从反垄断法的角度审视延展性许可费条款，则更利于维护整个相关科技市场的竞争秩序和创新环境以及实现研究工具专利许可协议供需双方的利益均衡。这主要体现在以下两个方面。

第一，反垄断法和延展性许可费条款在法律价值层面的一致性。作为反垄断法的基本价值，公平价值和效率价值的实现是相辅相成的。“只有建立在公平正义基础上的效率才是有意义、值得追求的效率，也只有在能够实现社会整体效率基础上的公平正义才是更高层次的公平正义。”[①] 而对延展性许可费条款的适用同样体现了许可协议双方对公平价值与效率价值的追求。一方面，以后续研发成果的商业化收益作为专利许可费的计算基础意在实现许可协议双方对价的实质公平；另一方面，延展性许可费条款的特点十分突出，对该条款进行客观评价应综合其对市场竞争带来的实质影响，判断其是否具有经济上的整体效率，而不应片面地关注其积极或消极的市场效应。因此，从反垄断法的角度对延展性许可费条款进行定性分析具有价值层面的契合性。

第二，专利权滥用原则与反垄断法规制的趋近。专利权滥用原则是指专利权人不当扩张专利法所赋予的法定垄断权利并将其行使范围扩充至法定范围外而法院中止专利权人因专利侵权取得任何赔偿的权利的法律原则。尽管专利权滥用行为是否必然引发反垄断法的责难仍存在一定的不确定性[②]，但就专利权滥用原则与反垄断法的相互关系而言，两者并不存在必然矛盾。具体到延展性许可费条款，被告主张专利权人滥用专利权触犯

---

① 王先林：《知识产权与反垄断法：知识产权滥用的反垄断问题研究》（修订版），69 页，北京，法律出版社，2008。

② See Richard Calkins，Patent Law：The Impact of the 1988 Patent Misuse Reform Act and Noerr-Pennington Doctrine on Misuse Defenses and Antitrust Counterclaims，*Drake Law Review*，1988（38），p. 185.

反垄断法时，需证明专利权人在相关市场上具有一定市场支配地位或产生了限制竞争的实质影响①，即只有适用延展性许可费条款的许可人在相关市场范围内具有市场支配地位或适用该条款产生了排除、限制竞争的严重效果时，才可能触发反垄断法对延展性许可费条款的关注。而那些不具有前述前提的专利权滥用行为，并不会受到反垄断法的责难。鉴于此，从反垄断法的角度对延展性许可费条款的适用进行定性分析，不仅有助于在个案中理性化地还原延展性许可费条款对市场竞争的真实效应，而且还有助于指导延展性许可费条款的规范适用。

二、反垄断法规制延展性许可费条款的路径分析

虽然明确了从反垄断法的角度对延展性许可费条款进行定性分析的必要性，但对延展性许可费条款效力的认定在法律实务中仍莫衷一是。美国国家卫生研究院在其官方文件中曾表示："延展性许可费或延展权不合理地限制了学术（academic）自由及发表（publication）自由，而且不当地评估研究工具的价值可能会阻碍科学的进程。"② 而在 Integra 诉 Merck 案中，美国联邦巡回上诉法院并未直接适用反垄断法判断延展性许可费条款的合法性，而是讨论了若后续成果所需研究工具专利的数量会对研究工具专利的专利许可费产生影响，尤其是在适用延展性许可费条款时，则需要充分考虑许可费叠加带来的不利因素。③ 这一判决又间接表明了法院在特定情形下对延展性许可费条款作出肯定性结论的可能性。

规制知识产权领域的权利滥用行为通常都依照规制滥用市场支配地位的分析路径，对延展性许可费条款的规制也不例外。在 Zenith 诉 Hazeltine 案中，美国最高法院认为研究工具专利许可人须为被许可人提供可选择的许可费计算方式，既包括延展性许可费，也包括其他不以专利许可范围以外的专利为计算基础的许可费模式。④ 如果被许可人出于自愿而非许可人的

① See Janice M. Mueller, Patent Misuse through the Capture of Industry Standards, *Berkeley Technology Law Journal*, 2002 (17), p. 672.

② National Institutes of Health, Principles and Guidelines for Recipients of NIH Research Grants and Contracts on Obtaining and Disseminating Biomedical Research Resources: Final Notice, Federal Register, 1999 (64): 72093, https://grants.nih.gov/grants/intell-property_64FR72090.pdf.

③ See *Integra Life Sciences I, Ltd. v. Merck KGaA*, 331 F. 3d 860, 871 - 872 (Fed. Cir. 2003).

④ See *Zenith Radio Corp. v. Hazeltine Research, Inc.*, 89 S Ct. 1562, 1584 - 1588 (1969).

强迫，选择更有效率的延展性许可费条款，那么法律则不必介入其中。这一观点在随后的几个案件中被成功适用。在 Bayer 诉 Housey 案中，Housey 公司曾对 Bayer 公司提出了延展性许可费和总额支付许可费两种许可费计算方式。① 法院表示，虽然 Bayer 公司成功举证其他被许可人（包括 Bayer 公司）曾经拒绝 Housey 公司采用延展性许可费条款的请求，但 Bayer 公司并未就许可费的支付方式提出自己认为可行的方案，似有放任 Housey 公司行为之嫌。依据最高法院在 Zenith 诉 Hazeltine 案中的观点，并不能确认 Bayer 公司受到某种程度的强迫。因此，Housey 公司也就不构成以延展性许可费条款为条件的专利权滥用。② 美国最高法院在 Zenith 诉 Hazeltine 案中确立的考察被许可人是否受胁迫接受延展性许可费条款的判断方法基本沿用了规制滥用市场支配地位的分析路径。许可人强迫被许可人接受包含延展性许可费条款的许可协议表明许可人对被许可人具有某种支配和控制的能力，这在反垄断法上被视为市场支配地位。这种市场支配地位一旦被滥用，就有可能放大延展性许可费条款的消极效应，对市场竞争造成损害。因此，可以借鉴规制滥用市场支配地位的分析路径考察延展性许可费条款的违法性。

三、反垄断法对延展性许可费条款违法性的认定

第一，市场支配地位的认定。反垄断法仅对市场支配地位的滥用行为进行规制，而对于经营者依靠合法经营或国家法定授权取得之市场支配地位并不非难。在 1972 年对 Continental Can 案的决定中，欧共体委员会将市场支配地位描述为“无须考虑他人的经营情况，独立进行经济决策的经济现象”③。许可人意图利用延展性许可费条款获取垄断利润时，需以市场支配地位为基础，排除、限制被许可人对延展性许可费条款的异议，使被许可人被动地接受这一条款。因此，研究工具专利的许可人是否具有市场支配地位是其能否进一步在许可协议中滥用延展性许可费条款的关键。但在实务中难以获得认定市场支配地位所需的相关经济数据，导致缺乏对

① 在本案之前，Housey 就其所掌握的 ICT 专利已经订立了约 30 份专利许可费协议，其中有部分被许可人采用了延展性许可费的支付方式，如 SCIOS 公司与 Eli Lilly 公司，亦有部分被许可人选择采用总额支付许可费的方式，如 Takeda Chemical Industries 公司。See *Bayer AG* v. *Housey Pharmaceuticals Inc.*，228 F. Supp. 2d 467，467－468（D. Del. 2002).

② See *Bayer AG* v. *Housey Pharmaceuticals Inc.*，228 F. Supp. 2d 467，470－471（D. Del. 2002).

③ Continental Can，J. O. L 7/25（1972），[1972] C. M. L. R. D11，para. II. 3.

市场支配地位直接认定的基础①，只能通过间接方法对市场支配地位进行测定。

在市场经营过程中，由于经营者的利润率与其市场集中度存在着一定的正向关系，因此，要实现促进市场有效竞争的目标应避免市场结构的过度集中。尽管以市场份额为代表的市场结构指标不是决定市场支配地位的唯一标准，还需要借助其他因素进行辅助考量，但是市场份额在确定市场支配地位中仍然具有决定性的意义。② 计算许可人的市场份额需先确定许可人所持研究工具专利的市场范围。相关市场范围的界定，将对经营者的市场份额产生重要影响，同时也是判断专利许可人是否具有市场支配地位的关键。2017 年美国司法部和联邦贸易委员会联合发布的新版《知识产权许可的反托拉斯指南》中对知识产权许可反垄断案件的相关市场界定问题进行了规定，将此类案件的相关市场分为技术市场、产品市场以及研发市场三个维度。

具体到对延展性许可费条款的分析，若被许可人的研究工具专利尚未产生后续商业化研究成果或后续研究成果尚未形成特定产品，则仅需就研究工具专利所在的技术市场及被许可人研发活动所处研发市场进行界定。首先，需界定研究工具专利的技术市场范围，即由被许可的研究工具专利及其近似替代技术所构成的具有一定竞争关系的市场范围。其次，需界定被许可人研发活动所处研发市场的范围，即可能受许可协议中延展性许可费条款影响的研发竞争的范围。③ 若该研究工具专利已形成了后续商业化产品，则还需对该产品所在的产品市场进行界定，即与该产品发生竞争关系的同类产品或替代产品。由于此类产品已具有商业化特征，因此应充分考虑消费者和潜在竞争者的立场。从需求替代性角度分析时，应充分考虑消费者对产品的交叉需求弹性、产品的可替代性以及消费者主观判断等诸

① 经济学家勒纳（Abba P. Lerner）和贝恩（Joe S. Bain）曾试图通过对剩余需求弹性和经营者超额利润的测量来判断市场支配地位，并分别提出了勒纳指数（Lerner Index）和贝恩指数（Bain Index）的测量方法，但由于在具体实务中经营者的边际成本、机会成本等经济数据均难以准确获得，因而影响了测量结果的准确性。

② 参见［德］P. 贝伦斯：《对于占市场支配地位企业的滥用监督》，载王晓晔编：《反垄断法与市场经济》，204～205 页，北京，法律出版社，1998。转引自王先林：《知识产权与反垄断法：知识产权滥用的反垄断问题研究》（修订版），191 页，北京，法律出版社，2008。

③ 在研发市场中，被许可人对研发活动的研发投入就是研发市场中的竞争工具。尤其是在高科技产业中，高投入与高回报具有一定程度的正向关系，被许可人的竞争对手可能会因其获得关键性研究工具专利而调整自身的研发投入。因此，界定研发市场范围需先界定可能受该许可协议影响的研发竞争范围。

项因素；从供给替代性角度分析时，应充分考虑潜在竞争者生产转换的资金成本和时间成本、生产技术转换的可能性、技术市场的进入门槛等诸项因素。

第二，许可人是否有滥用延展性许可费条款的行为。许可人是否有滥用延展性许可费条款的行为是认定延展性许可费条款违法性的行为要件。一方面要判断是否存在比延展性许可费更好的估值方法。如前所述，延展性许可费有助于解决研究工具专利许可时的估值问题。若实践中存在比延展性许可费更有效率的解决研究工具专利许可估值问题的方法，则无须适用延展性许可费条款。判断是否存在更有效率的研究工具专利估值方法涉及的因素有很多。例如，若研究工具专利本身已具有一定的商业化成果或与研究工具相类似的技术已具有一定的商业化成果，那么即可利用其现有市场价值来估算研究工具价值。① 因此，依个案情形判断，若存在比延展性许可费更有效率的估值方法，则适用延展性许可费无法充分体现这种许可费计算方法的优点以及对市场竞争的积极效应，许可协议双方也就缺乏适用延展性许可费条款的逻辑基础以及现实需要，倘若坚持适用则恐有滥用之嫌。另一方面还要判断延展性许可费条款是否因许可人滥用市场支配地位而强迫被许可人订立。若延展性许可费条款并非许可人滥用市场支配地位强迫被许可人接受，则说明该协议是双方自由协商并且充分考虑了延展性许可费可能产生的双重效应的结果，并不存在前述 Zenith 诉 Hazeltine 案中的违法情节。然而，若专利许可人滥用其市场支配地位在许可协议订立时强迫被许可人接受延展性许可费条款，则一般认为被许可人并无与专利许可人分摊研发风险的主观意愿，或被许可人自身研发资金充足，无须利用延展性计算方式降低初始许可费的金额，而此时许可人强行适用延展性许可费条款易阻碍下游市场的研发动力和自由公平的竞争。

第三，评估延展性许可费条款的反竞争效应。值得注意的是，即使前述两项要件均成立，反垄断执法机构仍不能直接判定许可人滥用其市场支配地位适用延展性许可费条款的行为违反反垄断法，还需要综合考量适用

① 市场价值估算法是通过观察开放市场交易中，他人就所涉及的类似主题资产达成共识的市场价格，从而取得一个价值的参考。市场价值估算法主要是基于替代原则，将实际发生的交易与虚拟交易进行比较，虽然从来没有一个实际交易与虚拟交易完全匹配，但估价者通过对两个交易可比性的合理、审慎的判断，其估值结果应该会比以延展性许可费来估算研究工具价值的结果更为准确。参见［美］罗素·帕尔、戈登·史密斯：《知识产权价值评估、开发与侵权赔偿》，国家知识产权局专利管理司组编，周叔敏译，180 页，北京，电子工业出版社，2012。

延展性许可费条款对市场竞争带来的双重效应，即对延展性许可费条款限制竞争效应和促进竞争效应进一步权衡。只有当许可人之延展性许可费适用行为产生了排除、限制竞争后果或危险，或该行为之限制竞争效应强于促进竞争效应时，才能依据反垄断法规制许可人的滥用行为。对延展性许可费条款的反竞争效应进行评估一般应从该条款的相关内容入手，主要包括以下因素。

（1）研究工具专利所处产业的科研活动对其他研究工具专利的需求。若该产业的研发活动需要大量研究工具专利作为技术支撑，则有较大概率产生许可费的叠加效应。

（2）许可协议是否设置反叠加条款（anti-stacking provisions）。反叠加条款是指许可费在特定条件下随着被许可人所需支付给其他许可人的许可费数额的变动而变动，例如，若被许可人因使用各种研究工具支付的总延展性许可费占比超过一定比例，则研究工具专利权人的许可费将依双方约定按比例减少，从而减轻被许可人的许可费支付压力。通过设置反叠加条款能够有效减少许可费叠加效应的产生及损害，进而降低延展性许可费条款的反竞争效应。

（3）延展性许可费的时效。延展性许可费的适用不是无时限的，在双方设置延展性许可费条款时通常会约定结算许可费的时间。而延展性许可费的时限越长，被许可人越有可能获得后续商业化研发的成功，许可人也越有可能获得高额回报，但该条款对下游市场研发动力的抑制效果也就越强。在实践中就曾出现许可双方约定许可费结算时间超过专利有效期的案例。① 尽管在超出专利保护有效期之后，许可人不再享有法定垄断权，也不再产生限制竞争的效果，但研究工具专利后续商业化研究成果的经济收益仍在增加，该条款对被许可人的创新仍具有事实上的抑制效果。② 因此，在评估延展性许可费条款的反竞争效应时应对延展性许可费的时效加以适当关注。

（4）延展性许可费的计算比例。与延展性许可费的时效类似，延展性许可费的计算比例也是评估延展性许可费条款反竞争效应的重要因素。计算比例越高，延展性许可费条款抑制下游研发动力的效果就越强；而该比例越低，延展性许可费条款对市场竞争的负面效应就越弱。

---

① See *Brulotte* v. *Thys Co.*, 85 S. Ct. 176, 178－181 (1964).

② See *Scheiber* v. *Dolby Laboratories*, 293 F. 3d 1014, 1017－1022 (7th Cir. 2002).

（5）作为延展性许可费结算基础的后续商业化研发成果的范围。商业化研发成果的范围也会对延展性许可费条款反竞争效应的评估产生重要影响。在实践中，曾有许可人将非专利产品纳入延展性许可费计算基础之中①，这种做法扩大了延展性许可费计算基础的范围，同时也增加了被许可人的许可费支付金额，增强了该条款的反竞争效应。

通过对以上诸要素的审查和权衡，更利于判断个案中滥用延展性许可费条款的反竞争效应。

第四节 对我国的几点启示

延展性许可费条款是研究工具专利许可协议中常用的许可费计算模式，具有特定的适用空间及适用条件，在许可协议双方基于合意合理适用时能够有效地平衡专利许可人获取经济收益的强烈愿望和被许可人对专利技术的迫切需求，一旦超出合理的适用条件构成延展性许可费条款的滥用，则极易损害被许可人的合法权益并危及相关市场的竞争秩序和市场结构。然而大多数国家的反垄断法尚未就涉及专利许可使用费率的垄断问题进行直接规制，这一方面是因为专利许可使用费的金额及计算方式对市场竞争的影响比较间接，其反竞争效应相对较弱；另一方面是因为许可费条款一般表现为具体的许可价格（金额），而价格垄断行为通常是作为一般规制对象的具体行为表现而存在的，如差异化许可价格就是滥用交易中市场支配地位行为的一种表现。尽管如此，仍不能轻视延展性许可费条款滥用的反竞争效应，尤其是在该条款适用较多的特定领域。

在以化学、生物科技、信息技术为代表的高科技产业中，科技研发对研究工具专利十分依赖。在高投入、高收益、高风险的研发领域聚集了众多处于起始阶段的经营者，他们一方面是研发市场竞争的参与者或潜在竞争者，是相关市场的市场结构的优化因子，另一方面是相关产业科技进步的实践者，为研究工具专利的下游市场带来研发动力。因此，从反垄断法的视角来看，延展性许可费条款不单是一种许可费计算方式，更是一项特

① 在 Automatic Radio 诉 Hazeltine 案和 Zenith 诉 Hazeltine 案中，都存在许可人强制将非专利产品作为研究工具专利的后续商业化研发成果，并以此扩大延展性许可费条款计算基础范围的情形。See *Automatic Radio Mfg. Co.* v. *Hazeltine Research*, *Inc.*, 70 S. Ct. 894, 896 - 900 (1950); *Zenith Radio Corp.* v. *Hazeltine Research*, *Inc.*, 89 S Ct. 1562, 1584 - 1588 (1969).

殊的许可协议安排。它的合理适用能够有效降低高科技产业的进入门槛，有利于市场竞争秩序的维护。

近年来，我国高科技产业发展势头迅猛，无论是产业整体规模，还是相关科研水平均取得了长足进步，但我国仍是一个技术进口国，对国外先进技术的依赖尚未完全消失。如表 8-1 所示，在化学产业的相关技术中，2006—2010 年间我国在制药技术、食品化学等产业链下游市场的专利申请量均超过了日、德等化学工业发达国家，食品化学的专利申请量还超过了美国，但在基础材料化学、有机精工化学、高分子聚合物等前端技术市场的专利申请量与西方发达国家仍有一定差距。类似的情况在机械工程、电气工程等产业中也普遍存在。①

表 8-1　2006—2010 年中国、美国、德国、日本在化学产业相关技术中的专利申请量

单位：件

相关技术	中国	美国	德国	日本
有机精工化学	18 730	73 308	37 794	36 941
生物技术	16 163	62 881	16 232	20 210
制药技术	43 967	118 744	30 781	27 743
高分子聚合物	10 733	28 988	18 848	44 887
食品化学	20 180	19 211	5 144	13 267
基础材料化学	24 854	45 944	33 583	41 648
冶金技术	29 455	18 639	15 966	43 091
表层技术	11 239	34 817	15 290	52 075

因此，在今后的产业发展过程中，为了掌握相应的研究工具和研究基础，我国的研发机构必然要与持有相关研究工具专利的国外公司进行专利许可谈判，而延展性许可费条款势必成为我国众多科技研发机构进入相关领域、参与竞争所面临的法律难题。为了妥善解决这一难题，可从以下几个方面着手。

第一，不能简单参考域外的解决模式，应结合我国法律制度的特点进行本土化改造。以美国为代表的英美法系国家在适用和裁判延展性许可费

① See World Intellectual Property Organization，2012 World Intellectual Property Indicators，http://www.wipo.int/ipstats/en.

条款上有较为丰富的经验。但美国反垄断法对专利许可领域滥用行为的规制多沿用专利权滥用原则，延展性许可费条款也不例外。这就导致对延展性许可费条款的规制内容多由判例法确立，在成文法上缺少明确规定，仅在 2003 年《促进创新：竞争与专利法律及政策的适当平衡》① 和 2007 年《反托拉斯执法与知识产权：促进创新和竞争》② 两份报告中就延展性许可费条款对市场竞争的双重效应以及可能的竞争问题进行了简短的分析。尽管我国《反垄断法》和《关于知识产权领域的反垄断指南》均已颁布实施，但我国执法和司法实践中仍缺乏对延展性许可费条款适用行为的相关经验，如果不在法律文本中设置对延展性许可费条款行为外观和评价标准的规定，不仅失去了对延展性许可费条款适用主体的指导作用，而且不利于统一法律实践对延展性许可费条款适用的评价。鉴于此，可以考虑在日后修订《关于知识产权领域的反垄断指南》时加入规制以延展性许可费为代表的知识产权许可费的一般性条款，引领执法和司法机关在实践中开展工作。

第二，注重在执法和司法过程中的经验积累，加强对知识产权许可协议订立过程的反垄断规制。法谚云，徒法不足以自行。在执法和司法过程中加强对合法适用延展性许可费条款的判断能力才是规范延展性许可费条款适用、促进相关产业发展的关键。另外，还需加强知识产权许可协议订立过程中的反垄断规制。我国现行知识产权反垄断法律制度更多地关注对滥用知识产权行为的规制，但仍有部分在知识产权许可协议订立过程中就存在的滥用行为尚未受到法律的关注，如许可使用费的价格歧视问题。拓展对垄断行为的全面认识，更利于开展反垄断执法和司法活动，维护市场的竞争秩序。

第三，增强科技企业知识产权的管理水平，提升知识产权竞争活动中的应对能力。法律的保护是一种公力救济，其保护范围和及时性都稍逊于权利人的自力救济。面对产业发展可能遇到的法律难题，产业内的经营者和研发机构也应该主动提升自身的知识产权管理水平和知识产权竞争活动中的应对能力。尤其要注重对专利价值评估与许可费协商能力、方法的培

---

① See U. S. Federal Trade Commission，To Promote Innovation：The Proper Balance of Competition and Patent Law and Policy，http://www.ftc.gov/os/2003/10/innovationrpt.pdf.

② See U. S. Department of Justice and Federal Trade Commission，Antitrust Enforcement and Intellectual Property Rights：Promoting Innovation and Competition，http://www.ftc.gov/reports/innovation/P040101PromotingInnovationandCompetitionrpt0704.pdf.

养和积累。一方面，经营者作为许可协议的被许可人应充分知悉自身科研活动对研究工具专利的需求程度及该专利的可替代性等信息；另一方面，经营者还需进一步加深对协议所涉研究工具专利的科研及商业价值的了解，并结合自身经营和研发状况选择恰当的协商策略，以期在专利许可协议的订立过程中以相对公平的条件达成协议，避免陷入专利许可人的垄断陷阱。

第九章　不争执条款

第一节　不争执条款概述

不争执条款又称为不质疑条款，是指知识产权许可协议中规定的、使用知识产权的被许可人不得对该知识产权的有效性进行质疑的条款。

从适用领域来看，知识产权许可协议可以分为两大类：技术性知识产权许可协议和非技术性知识产权许可协议。非技术性知识产权许可协议，比如商标权、著作权使用许可协议中的不争执条款的效力在双方当事人之间基本无争议，对其他主体和社会整体的影响也不大，因此不是本书讨论的重点。技术性知识产权许可协议又可以细分为专利技术领域的许可协议和非专利技术领域的许可协议。非专利技术领域的不争执条款争议较小，一般能够得到承认和执行。对于专利技术领域的不争执条款，各国倾向于怀疑其效力，至少从政策上看专利技术领域的不争执条款的效力有更大的不确定性。① 再者，专利技术较之于其他技术对一国的科技发展水平和经济发展速度的决定作用更明显。如无特别说明，本章主要以专利技术领域的不争执条款为例展开讨论。

不争执条款产生的具体原因有多种，概括起来不外乎两大类：其一，专利权人想让自己的利益趋于安定，降低许可协议的成本。在专利审查中，不论是采用形式审查还是实质审查，都不可能完全准确地对专利的有效性作出认定。被许可人通常是“有充足经济动机去挑战发明者

---

① 因为专利权意味着相对严格的技术控制，没有独立和平行开发的规定，是知识产权中唯一既禁止独立开发又禁止反向实施的权利形态。而且专利在法律上的不确定性更为明显，现有技术是决定新颖性的关键。

的发现的可专利性的个人"①。在此种情况下，专利权人的权利处于不稳定状态，即使后来经过法院的认定否认了使用人的异议，但从提出异议时起停止支付的使用费也有不能追回的风险，专利权人的经济利益因此会受到损失。再者，专利诉讼往往持续时间较长，支付的成本高昂，专利权人仅仅因为拥有专利就要冒如此大的风险显然不合理。其二，专利权人出于维持独占地位的需要。如果是实力弱小的许可人，他们当然担心其独占实施的利益受到侵犯，于是不争执条款成为其"护身符"之一。在某些情形下，专利权人拥有强大的技术和经济实力，在相关的领域占有绝对优势，专利使用人短期内很难对专利的有效性进行质疑或者质疑的成本很高。此时专利权人在许可协议中规定不争执条款的主要目的是防止远期发生的质疑，给自己的独占实施利益再加上一重保险。由此分析我们可以看到，不争执条款的出现有其积极的一面，不论是保持自身利益安定还是维持独占地位都有一定的合理性。但是这种对许可人自身利益保护的手段如果被不当地扩张超出了合理的范围，也极有可能嬗变为垄断的工具。在认定不争执条款的效力和合法性时，要具体分析，权衡两种效果。

第二节　不争执条款双重效果权衡过程中的价值取向

不争执条款作为知识产权许可协议的一部分，自然应受到知识产权法的调整。知识产权是一种合法的垄断，权利人的独占地位得到法律的保障。然而，如果专利权人的独占程度超出了保护权利人的必要范围，构成对专利权的滥用，就要对此行为重新审视。在促进创新与促进竞争及提高效率、保护私权与促进公益的矛盾中作出权衡和选择，要找准两个价值体系的契合点。

一、不争执条款可能造成影响的双重性

不争执条款是专利权人寻求利益稳定的保证，如果该条款能对合同双方生效，专利权人就会极大地减少其诉讼风险，更乐意将其专利授权给他人使用，提高专利的使用效率以尽快回收成本、获得盈利。而且风险成本

① *Lear*, *Inc*. v. *Adkins*, 395 U. S. 653, 670 (1969).

的减少就意味着降低了被许可人的专利使用费，对于降低成本、促进消费者福利也是有益的。如果法律严格限制不争执条款，甚至鼓励被许可人及知情者对专利的有效性提出异议，表面的结果是专利的真实性得到了保证，不符合专利条件的技术进入公共领域促进了技术发展，深层次的后果很可能要么是专利权人不愿意将专利许可给他人使用，选择自己实施，要么是发明人不申请专利，用商业秘密等其他方式来保护其权利。专利权人在很多情况下不具备实施专利的最佳条件，由其自己实施专利效率不高，浪费资源，对消费者也不利。商业秘密保护没有期限，不需要公开，难以进入公知领域，对社会技术进步的贡献亦远不如专利。因此，合理的、短暂的限制竞争不仅是专利权人的商业需要，也是社会技术进步、消费者福利提升的需要。

以上的分析都是建立在专利权人的权利真实合法、专利权人没有实施垄断的意图，以及专利权人在相关市场上并未达到一定的集中程度的基础之上。我们并不否认一部分专利权人有意利用不争执条款掩饰其权利瑕疵，甚至具有排除、限制相关领域技术竞争的不良用心。如果不真实的专利得到保护，被许可人和社会公众都要继续为不必要的垄断付费。假如连被许可人都被剥夺了专利异议的权利，其他人就更没有动机和激励去提出异议了。这个时候，被许可人在一定意义上是作为了公共利益的行使工具。即使是真实有效的专利，也不意味着专利权人有规定不争执条款的权利。因为专利等合法性垄断权利的许可使用不仅仅涉及双方当事人的利益，从宏观角度看更是激励社会科技进步和经济发展的有效机制。“给发明和创造的天才火焰添加利益的柴薪”纵然是锦上添花的好计策，但如果这种利益的柴薪只是限于狭隘的个体或者小团体，权利人实施和维持垄断的意图就有可能让不争执条款的积极效果贬值乃至于变质。

二、对不争执条款评价过程中的价值冲突与整合

正是因为不争执条款影响的双重性，对其进行评价要以双重的价值体系为标准：一为知识产权法的价值体系；一为竞争法的价值体系。从立法目的看，知识产权法以促进新技术的产生和传播、使用为己任；竞争法以维护社会的公平、自由的竞争秩序为目标。从立法性质看，知识产权法是私法，以个人的自由权利为根本切入点；竞争法体现了国家公权力对私域竞争关系的介入，以社会进步和公共利益为衡量正当性的标准，具有较为

明显的公法性。

这些差异甚至冲突实质反映了特定情况下私人财产权和社会公共利益的矛盾，但这个矛盾并非不可调和。专利法和竞争法在知识产权许可协议领域也存在一致性。在美国 1990 年的 *Atari Games Corp*. v. *Nintendo of American*，*Inc*. 案中，法官在判决中指出："专利权和反托拉斯法的目标乍看起来似乎是完全不同的。然而，两者实际上是相互补充的，因为两者的目标都在于鼓励创新、勤勉和竞争。"① 专利权作为一种法定垄断似乎是与竞争对立的，但是细细分析下来其实不然。首先，专利权人在专利期内的独占实施利益对其他市场竞争主体本身就是一种刺激。其次，某些产业的专利不仅仅是获取"垄断"利益的方式，更是在行业竞争中生存的必需，数字技术产业、生物技术产业等技术更新迅猛的行业就是如此。再次，专利创新促使某些新兴领域的产生，如人工智能、新材料制造等产业，对传统产业形成极大的竞争威胁。

因此，在对专利许可协议中不争执条款进行评价时，前提是要找准两个价值体系的契合点。只有在两个价值体系的交集之中才是最理想的状态，偏向任何一方都需要矫正。然而，两者交集的确定并非完全自然客观的过程，专利权的垄断程度和竞争的自由程度要受到各国立法者和执法者的主观标准的衡量。这一主观标准的确立又受到诸多因素的影响，比如一国的历史传统、经济结构状态、技术发展水平、专利和竞争政策、法律实践经验等等。所以，对不争执条款的评价是非常"个性化"的过程，两个价值体系的边界处于模糊的混沌状态，只有在个案中经过主管当局的确定才能明晰化。

三、我国对不争执条款进行反垄断法评价的特殊背景

基于各国不同的国情，各国政府对奖励和促进创新、保护工业投资和国际竞争优势、促进新知识传播、激励未来创新等给予不同程度的重视。历史表明，许多发达国家在过去缺乏国际标准时，都是根据本国发展的需要采纳适应其发展水平的保护模式。同时有证据表明，专利制度或许对促进发展和技术传播确有帮助，而一国的主要受益来源于对适合本国的保护

① William C. Holmes，*Intellectual Property and Antitrust Law*，Clark Boardman Company，Ltd.，1996，pp. 5 - 76. 转引自王先林：《知识产权与反垄断法：知识产权滥用的反垄断问题研究》，85 页，北京，法律出版社，2001。

模式的自由选择。① 在世界经济以知识作为发展动力的今天，各国无不将保护具有比较优势的知识产权作为竞争政策的首选。但是除少数核心技术创新国比如美国、日本、西欧国家之外，其他国家特别是发展中国家目前主要是引进和推广新技术，自主创新能力还不能与前者比肩。因此，在缺乏创新能力的国家，鼓励技术信息的流动对该国技术能力建设的帮助远甚于单纯强化知识产权保护。② 除此之外，“这些国家或地区之间，在从竞争政策角度处理知识产权方面，依然存在重要的差别，这些差别无疑与其竞争法律或知识产权法律以及其工业和市场结构的差别联系在一起”③。

我国是世界上主要的技术引进国之一，虽然从长远的政策倾向上看我国要培养自主创新能力，但是作为发展中国家目前我国知识产权政策的着眼点仍然是促进新技术的传播和使用。公平自由竞争、防止垄断的目标至少在当前输给了保障权利人的许可信心、促进新技术传播使用的需求，体现在对不争执条款的反垄断法审查时，有关当局的态度就不那么强硬，标准也不那么严格。再者，我国的市场结构和技术水平相对分散，进一步提升规模仍然是一大需求，技术实力强大、拥有竞争优势的往往是国外的跨国公司，它们也是反垄断法规制的主要对象。我国国内相对弱小的被许可人为了能顺利、经济地使用新技术往往自愿接受限制，对不争执条款作出妥协。因此，反垄断机关大可手下留情，允许一定范围内的自力救济的权利。④ 事实上，即使那些有权利滥用之嫌的优势方制定的不争执条款也不必然对竞争秩序造成实质威胁，也即不争执条款不是本身违法的，因此要具体分析其对相关市场的影响。主管机关只有在分析不争执条款阻碍竞争的现实效果后，才可对其作出反垄断法意义上的认定。

---

① 参见联合国贸发会议—国际贸易与可持续发展中心：《“知识产权保护与可持续发展项目”之政策研究指南——知识产权保护对发展之启示概述》，3 页，https://www.iprsonline.org/unctadictsd/Policy%20Discussion%20Paper/PP_Overview%20_Chinese_.pdf.

② 参见联合国贸发会议—国际贸易与可持续发展中心：《“知识产权保护与可持续发展项目”之政策研究指南——知识产权保护对发展之启示概述》，2 页，https://www.iprsonline.org/unctadictsd/Policy%20Discussion%20Paper/PP_Overview%20_Chinese_.pdf.

③ 联合国贸易和发展会议秘书处在第四次联合国全面审查《多边协议的一套管制限制性商业惯例的公平原则和规则》会议上的报告《竞争政策与知识产权的行使》，23 页，http://www.unctad.org/en/subsites。

④ 也就是承认当事人的合同自由。如果仅涉及个体利益，当事人可以自主约定合同条款，并且不能因为承诺后发生对其不利的情形而反悔。

第三节 不争执条款反垄断法规制的国外立法考察

一、各国对不争执条款的具体规定

（一）美国

美国竞争法领域对知识产权许可协议规制的系统说明是美国司法部和联邦贸易委员会于 1995 年联合颁布的《知识产权许可的反托拉斯指南》（简称《反托拉斯指南》）。《反托拉斯指南》规定了评估知识产权许可协议中限制性措施的框架结构及反托拉斯的分析模式。《反托拉斯指南》指出，有些限制性措施的性质与必然结果都很显然是阻碍竞争的，因此应当将其看作本身违法从而不需要详细探究这些限制性措施对竞争可能产生的影响效果，比如固定价格、限制产量以及在横向竞争对手之间分配市场、集体抵制交易及维持转售价格等。除此之外，在大部分案例中，主管机关都是根据合理原则分析评估的。在决定对许可协议中的限制性措施是适用合理原则还是本身违法原则时，主管机关将评估这些限制性措施是否有望推动能够提高效率的经济活动的联合。①《反托拉斯指南》没有明确规定对不争执条款应当采用何种原则进行分析，法院在判定时受到联邦政策的强大影响。早在著名的 *Lear，Inc.* v. *Adkins* 案中，最高法院就已经确定了联邦专利政策的权威高于州合同法的基础原则。②

从 20 世纪末至今，美国的发展政策是尽可能地促进创新和技术革新以保持竞争力，加上不争执条款并不必然使竞争受到不合理的实质损害，目前较为一致的意见是不将不争执条款视为本身违法，而是用合理原则加以分析。如果该条款促进了竞争，提高了竞争效率，就应当得到支持。③

---

① 参见唐广良主编：《知识产权研究》，第 13 卷，330 页，北京，中国方正出版社，2003。

② 参见［美］Jay Dratler，Jr.：《知识产权许可》（下），王春燕等译，513 页，北京，清华大学出版社，2003。在 *Lear*，*Inc.* v. *Adkins* 案中 Lear 公司以专利无效作为不支付使用费的抗辩理由，加利福尼亚州高级法院适用“被许可方禁止反言”原则支持专利许可方 Adkins。该法院认为被许可方不应当在享受许可协议利益的同时又主张作为协议基础的专利无效。但 1969 年美国最高法院推翻了这一判决，裁定鼓励对无效专利提出异议的联邦政策优于州合同法原则基础上的禁止反悔原则。

③ See William C. Rooklidge，Licensee Validity Challenges and the Obligation to Pay Accrued Royalties：*Lear* v. *Adkins* Revisited（Part II），*J. Pat &Trademark Off. Soc'y*，1987，69（5），pp. 89－90.

（二）德国

德国反垄断法的主要渊源是《反对限制竞争法》，其中第 17 条（许可合同）主要适用于技术性知识产权的转让和许可协议。第 17 条第 1 款规定了原则上不允许知识产权权利人作出超出保护权内容的限制，第 2 款列举了一些得到豁免的限制性措施，“只要这些限制没有超出所获得或被许可的保护权的有效期”，第 2 款第 3 项即为“不允许对被许可的保护权提出异议”，这意味着不争执条款在德国明确得到了反垄断法的豁免，不被视为超出知识产权权利的限制。①

（三）日本

日本《禁止私人垄断及确保公正交易法》第 23 条规定：“本法规定，不适用于被认为是行使著作权法、专利法、实用新型法、外观设计法或商标法规定的权利的行为。”这样，知识产权的垄断正当性在日本法律上得到了明确确认。但是，正当权利的不当行使也可能会对竞争产生限制。1999 年 7 月 30 日，日本公正交易委员会颁布了《专利和技术秘密许可协议中的反垄断法指导方针》（简称《1999 年指导方针》），其第二部分阐述了根据《禁止垄断法》第 23 条对专利许可协议规定的解释，第三部分是从对贸易的不合理限制和私人垄断角度看专利和技术秘密许可协议，第四部分“从不公正贸易实践的角度看专利和技术秘密许可协议的观点”中的第 3 点“限制和责任”明确指出了规定不得质疑专利有效性条款的后果。禁止被许可人质疑专利有效性的专利许可协议将被视为不公平的交易行为和对反垄断法的违反，前提是这种禁止使许可人维持了本不应获得专利的权利并对市场竞争产生了不利的影响。这个观点在技术秘密许可协议中也同样适用，如果被许可的技术秘密已经是公知的。②

从《1999 年指导方针》可以看出，日本在某些情况下将不争执条款视为不公正交易方法的违法行为并对其施加限制性措施，对其要依具体情况进行评估，逐案确定。总体而言，日本的规定类似于美国的合理原则，只是处理过程更多由行政机关参与。

---

① 参见单晓光、刘晓海：《德国〈反对限制竞争法〉对知识产权许可合同的控制》，载唐广良主编：《知识产权研究》，第 15 卷，178 页，北京，中国方正出版社，2004。

② 参见日本《专利和技术秘密许可协议中的反垄断法指导方针》英文版本，日文原文见日本公正交易委员会网站：http://www.jftc.go.jp / e-page/ legislation / index. Html。

二、TRIPS协议和其他国际性条约的规定

（一）TRIPS协议

TRIPS协议是目前为止对知识产权许可协议中限制竞争行为进行规定的最基本、最重要的国际性条约。TRIPS协议第二部分（关于知识产权的可获得性、范围和行使的标准）中专门设了一节“对许可合同中限制竞争行为的控制”，该节中只有一条，即第40条。其第2款规定，各成员方可以在与该协议的其他规定一致的前提下，根据成员的有关法律和规章，采取适当的措施制止或者控制那些可能构成对知识产权的滥用、在市场上对竞争产生不利影响的订立合同的做法或者条件，比如，独占性的回授条件、禁止对知识产权的有效性质疑的条件、强迫性的一揽子许可。

TRIPS协议的规定比较笼统，主要是授权其成员根据本国和本地区的实际，规定在特定情况下构成对知识产权的滥用、对竞争有不利影响的做法或条件，其中，对不争执条款进行评判即是被授权的内容之一。“特定情况”的用语，表明TRIPS协议对此采取了合理原则，对不争执条款是否违法要根据具体情况进行分析。①

（二）欧盟竞争法

欧盟竞争法的实体规范最集中地体现在《建立欧洲共同体条约》（即《罗马条约》）的第3条、第81条和第82条中，这些规则被作为防止知识产权人滥用其权利的基础。2004年4月27日，欧盟委员会颁布了《关于技术转让协议适用条约第81条第3款的第772/2004号条例》（Commission Regulation（EC）No. 772/2004 of 27 April 2004 on the Application of Article 81（3）of the Treaty to Categories of Technology Transfer Agreements，TTBE，简称《772/2004号条例》）。《772/2004号条例》改变了1996年1月31日欧盟委员会发布的《关于技术转让协议集体适用欧共体条约第81条第3款的第240/96号条例》（简称《240/96号条例》）中黑色条款、白色条款和灰色条款的分类，采取一种“宽泛的、伞状体系”的豁免方案，只规定了可以豁免的“安全港”（safe harbor）和不可以豁免的严重限制竞争（hardcore restriction）的条款，除此之外在一定

① 参见王先林：《知识产权与反垄断法：知识产权滥用的反垄断问题研究》，173页，北京，法律出版社，2001。

的市场份额之内①，所有不是被明显禁止的限制都是被允许的。《772/2004 号条例》第 5 条列举了需要在第 81 条第 3 款之下进行个案评估的“安全港”之外的行为和条款，其第 1 款包括不争执条款，但限定为没有损害许可人在被许可人质疑被许可专利的有效性时终止许可的权利的不争执条款。这一规定将不争执条款从《240/96 号条例》的黑色条款中剔除，虽然不争执条款也被排除在豁免范围之外，但是该条款不会影响技术转让协议其他部分的效力，而且对竞争是否产生实质影响也要进行个案评估。②

三、小结与评论

由于知识产权领域利益的复杂性，TRIPS 协议将对不争执条款具体规定的权力赋予了各成员，可见国际层面的统一立法成就不大。反观各国和区域性立法，则是蓬勃发展，风采各呈。美国、日本、欧盟等在对不争执条款的规制上有很多共同特征：其一，都是以比较成熟的反垄断法为基础，在知识产权许可协议限制性条款的具体规则中规定不争执条款。其二，都是由行政机关制定指导方针性质的条例，规制模式的行政性色彩比较明显。其三，都采用了类型化的分析方法，将影响不争执条款认定的因素细化，其中特别重视对市场因素的分析。其四，都在规定一般原则的基础上，更加注重利用多年司法实践经验的积累进行个案分析。其五，都对知识产权政策和竞争政策的变化很敏感，实践中不断作出相应的修改，有更加宽松、灵活的趋势。

除此之外，在对不争执条款具体规制的过程中，各国家和地区也存在着差别。比如美国有合理原则和本身违法原则的区分，执法机关在判断不争执条款效力的过程中有较大的自由裁量权。这一特征虽然有造成当事人心理预期不稳定的劣势，却也具备了审时度势灵活判断的优点。欧盟 2004 年对其 1996 年颁布的《240/96 号条例》中不争执条款的规定作了修改，改变了过去对不争执条款的绝对定性，将其由无效的“黑色条款”变

① 《772/2004 号条例》第 3 条确立了进行豁免的市场份额基准（market-share thresholds），对于竞争者之间的技术转让协议双方当事人在相关技术市场和产品市场的合计份额不超过 20%的，对于非竞争者之间的协议当事人各自在相关技术市场和产品市场的份额不超过 30%的，可适用条例第 2 条之豁免。

② See Fiona Carlin，Stephanie Pautke，The Last of its Kind：The Review of the Technology Transfer Block Exemption Regulation，*NW. J. INT'L L. & BUS.*，2004（24），p. 601.

为需要个案评估的行为。这是适应知识产权政策和竞争政策宽松化的需要，但总体而言执法机关的裁量权较之美国受到了更大的约束，以服务于欧盟内部一体化的目标。① 德国的规定简单明确，直接将不争执条款纳入反垄断法的豁免范围之内，只要这一限制没有超出权利的有效期。第二次世界大战之中受到重创的德国为了尽快地恢复和发展经济，在竞争没有受到实质性损害的前提下，“基于推动和促进技术转让，而对某些滥用技术性知识产权限制竞争的行为做出容忍或者说让步”②，亦即尽可能地用豁免的方式使权利人作出的限制合法化，不争执条款就是以这种方式取得了合法身份。这些个性化的设计无疑在提醒中国，对知识产权许可协议中不争执条款合法性的判定受到一国宏观政策、历史背景、经济状况、市场结构等多方面因素的影响，不能走简单同一化的道路。

第四节　不争执条款反垄断法评价过程中常见的三大误区

一、不争执条款一定违背了被许可人的意愿

对于不争执条款，仅当其对相关技术市场的竞争产生非法限制或排除后果时，才有反垄断法适用的必要性和合理性。③ 而如果是民事主体之间的权利、义务争议问题，应当属于合同法的管辖范畴。仅仅从合同双方的自由意愿来说，知识产权许可协议中的被许可人在很多情况下不一定是被迫接受不争执条款的。如果许可人的权利状态不稳定，必然会增加被许可人的知识产权使用费以作为风险担保。有相当一部分被许可人只是想支付费用使用技术，并不想花费时间、精力和金钱去挑战许可人的权利，毕竟这不是“免费的午餐”。理性的经济人特别是以营利为目的的经营者会充分认识到可能出现的经济负效应，甚至不能继续使用该项知识产权的后

---

① 在欧盟一体化目标的实现过程中，法律体系差异和壁垒的消除是最重要的步骤之一。欧盟因此在进行区域性立法时，努力给成员国构建达到同样法律后果的分析判断模式，减少出现分歧效果和不确定性的可能。在对不争执条款的规制过程中，欧盟委员会也是尽量将可以明确的标准固定下来，缩小执法机关自由裁量的空间。

② 单晓光、刘晓海：《德国〈反对限制竞争法〉对知识产权许可合同的控制》，载唐广良主编：《知识产权研究》，第15卷，186页，北京，中国方正出版社，2004。

③ 参见吴广海：《专利技术许可中不质疑条款的法律规制》，载《科技进步与对策》，2011(9)。

果。在被许可人处于经济或技术的弱势地位时，他们所关注的只是如何使用被许可使用的技术最大限度地赢利。在这种情形下被许可人自愿接受协议中的不争执条款，对相关市场的竞争不会产生实质性影响。

二、不争执条款的评价过程只需关注对竞争的影响

虽然不一定对竞争产生实质性影响，但所有的不争执条款都或多或少对竞争有一定的限制，主管机关要考虑的是这一限制性措施是否会对竞争产生实质性的阻碍。首先，主管机关要判断这一限制性措施是否对于保障专利权人的报偿、促进专利实施是合理必需的。其次，如果是合理必需的，主管机关将在其促进专利实施的效率提高与阻碍竞争的发展效果之间进行权衡，以决定其在相关市场上对竞争可能产生的净作用。阻碍竞争的效果越明显，主管机关要证明的效率提高的程度越高。再次，即使能达到较高程度的效率提高也不意味着一定能得到竞争法的豁免，是否存在实际可行的、限制性规定更少的替代方案与决定某一限制性措施是否合理必要也有一定程度的关联。如果显而易见当事方可以通过限制性规定更少的措施来达到类似的效率提高的目的，那么主管机关将不会理会当事方所主张的提高效率的理由。① 对不争执条款权衡的过程从理论上可以分为以上几个步骤，这也是美国用合理原则评估知识产权许可协议的一般性方法。在对不争执条款的评价过程中要充分考虑效率提高的抗辩理由。当然，对同一许可协议中的不争执条款各国可能作出不同的认定，每个国家的具体市场环境、专利和知识产权政策、经济结构等都可能影响其对效率提高和竞争程度的认定。

三、对不争执条款效力的认定要一锤定音

因对不争执条款的认定有较大的不确定性，有国家规定即使符合豁免的表面条件，如其后果违反了豁免的初衷，主管机关也可以撤销豁免。欧盟《772/2004 号条例》第 6 条规定，如果欧盟委员会在任何情况下发现适用前述豁免的技术转让协议具有有悖于《罗马条约》第 81 条第 3 款的效果，则其有权撤销本条例适用之利益。② 除了法院决定的反复，当事人

① 参见唐广良主编：《知识产权研究》，第 13 卷，337 页，北京，中国方正出版社，2003。

② 参见韩永强：《欧盟 2004 年〈关于技术转让协议适用条约第 81 条第 3 款的 772/2004 号条例〉介绍》，http://www.chinalawinfo.com。

也可能在起诉后达成和解。这时法院是否要坚持继续审查？美国司法实践中的做法是承认由法院提出并同意的、解决专利纠纷的协议是可以强制执行的。“Lear 案赋予了专利被许可人联邦法上的……随时反驳所许可专利的有效性的伴随权利，而不论许可协议中是否包括不争执条款。然而 Lear 案并非没有限制，可能最重要之处在于：Lear 案的政策，尽管强有力，但在支持诉讼自愿和解方面并不凌驾于一般政策规定之上”①。尽管知识产权政策和竞争政策都具有浓厚的公共利益的色彩，但是当事人的自愿和解权利只是受到限制并没有被剥夺，至少在美国已经进入司法审查程序的不争执条款案件在法院同意的情形下仍然是可撤回的。当然，当事人之间的和解虽然对双方有利，但其不利的后果往往需要由整个社会承担，因此我国现阶段是否承认当事人就不争执条款达成的和解仍需进一步商榷。

第五节　不争执条款评价因素的定性分析

从理论上讲，要评价许可协议中限制性措施的实际经济影响及其合法性问题，法院必须权衡合同限制在提高对创新的激励方面的社会收益与在阻止竞争方面的社会成本。只有这样，法院才能对疑难案件（在这类案件中，反托拉斯政策与知识产权政策互相冲突）作出与反托拉斯和知识产权的政策基础相一致的判决。② 现在我们所要讨论的，也是最关键的是法院的权衡方法。成本效益的经济学分析方法从表面看是最合适、最有道理的，但是相关的社会成本和收益的具体参量目前还没有得到一致认同，当前经济学科的现状使得这种评估非常困难。专利激励带来的社会收益是不确定的，任何人都无法提供专利激励最为合适的界限（激励过量或者激励不够都不能带来效益的最大化）。同样，确定不争执条款对竞争的限制效果也是一项远未完成的任务。即使勉强采用了这种带有不确定性的经济学分析方法，其中复杂和精细的计算也很难在司法实践中运用。试图分析所有的参量，对其阻碍竞争和激励创新的具体量进行权衡，就如同用计算机

① ［美］Jay Dratler，Jr.：《知识产权许可》（上），王春燕等译，53～54 页，北京，清华大学出版社，2003。

② 参见［美］Jay Dratler，Jr.：《知识产权许可》（下），王春燕等译，513 页，北京，清华大学出版社，2003。

程序来决定诉讼结果一样不切实际。[1]

从司法实践看，不争执条款效力的认定对各国都是非常棘手的一项任务。比如美国由法院在个案中采用合理原则进行分析，由于经济发展形势、联邦专利政策、市场竞争环境乃至于法官个人倾向的不同，发展出了一系列的判例，对 Lear 案的判决结果逐渐进行修正。1982 年美国建立专门审理专利案件的联邦巡回上诉法院，采取了对专利所有人更负责任的做法，颠覆了许多在 Lear 案影响下所作判决中确立的案例法。[2] 在日本，知识产权许可协议通常在生效前要提交公正交易委员会备案，必要时公正交易委员会可以进行竞争法的审查。虽然日本对知识产权许可协议中限制性条款的立法规定比较严格，但实践中公正交易委员会的执法状况一直没有得到国内外的认可，"一只从来不叫也不咬人的看门狗"（a-watchdog-that-never-barks-and-bites）成为常被日本国内外引用来嘲讽公正交易委员会的一个短语。[3] 我国关于不争执条款效力的立法规定比较笼统，由于自由裁量因素的存在，在执法过程中同样面临着诸多不确定性。下文仅就可能影响主管机关进行权衡的因素作一些定性分析，以作为认定不争执条款效力的参考。

一、宏观环境方面

（一）一国的专利技术水平和经济发展状况

现代全球性的竞争优势很大程度上取决于技术、方法革新的突飞猛进，而传统因素例如财富、可获得的资本和自然资源所起的作用越来越小，因此，世界各国都竞相采取各种方式保持和提高自身的科技竞争力。一般而言，发达国家是现代科学技术的主要投资国和产出国，其专利权保护水平较高；发展中国家主要为先进技术的引进国，其专利保护水平相对较低，为了便于引进外国先进技术发展本国经济，发展中国家也不愿采取

---

① 参见唐广良主编：《知识产权研究》，第 13 卷，515 页以下，北京，中国方正出版社，2003。

② 例如 *Foster* v. *Hallco Mfg. Co.*，947 F. 2d 469 (Fed. Cir. 1991)；*Hemstreet* v. *Spiegel*, *Inc.*，851 F. 2d 348 (Fed. Cir. 1988)；*Diamond Scientific Co.* v. *Ambico*，*Inc.*，848 F. 2d 1220 (Fed. Cir. 1988)；等等。转引自 Christian Chadd Taylor，No-Challenge Termination Clauses：Incorporating Innovation Policy and Risk Allocation into Patent Licensing Law，*Ind. L. J.*，1993，69，p. 215.

③ 参见王先林：《知识产权与反垄断法：知识产权滥用的反垄断问题研究》，138 页，北京，法律出版社，2001。

较高的保护水准，而且较高水平的保护也会给其造成沉重的财政负担。①美国、欧盟等技术先进、经济发达的国家和地区一直比较注重将知识产权作为私有财产来保护，只要权利的使用没有对社会竞争秩序造成较大的威胁，法律就不作干涉，对于专利许可协议中不争执条款的态度也是如此。但是发展中国家更青睐社会经济的整体发展，倾向于制定一个较宽泛的专利权滥用的范围，由主管机关以社会进步为导向进行认定。反映在对不争执条款效力的认定上，技术先进、经济发达的国家往往有较为成熟的法律经验，主管机关认定时的标准更为丰富和准确。而发展中国家相关的法律法规不是很健全，主管机关缺乏司法实践，又受制于自身经济发展的需要，对不争执条款的认定存在更多不确定性因素。

（二）制定法规时的政策背景

竞争法受政策的影响非常明显，比如欧盟在20世纪90年代发现其在出口市场份额、研究开发和创新方面的竞争地位相对于美国和日本来说受到了削弱，于是决定采取必要措施促进科学技术的研究开发工作，并为企业特别是中小企业之间的技术转让提供便利。在此背景下，欧盟1996年颁布了新的《240/96号条例》，明确规定了技术转让协议条款的豁免，扩大白色清单范围，缩小黑色清单范围。② 但是这一条例过于形式主义和刚硬，除明确规定的豁免和欧盟委员会的个案审查外，限制性措施都得不到豁免。所以欧盟委员会竞争指导处前处长Alexander Schaub将该条例描述为“一只等待灭绝的恐龙”③。2001年12月，欧盟委员会发布了一份评估报告，公开承认了《240/96号条例》的缺陷，并承诺将会制定新的更为积极、更为自由和建立在经济分析基础上的技术转让规则。于是2004年4月27日，欧盟委员会颁布了《772/2004号条例》。《772/2004号条例》扩大了规则适用的许可协议的范围，取消“三色”清单代之以更为宽泛的豁免。这一典型的发展过程反映出欧盟的政策转变，欧盟以前担心技术转让协议中的限制性条款会对竞争产生限制性后果，现在则认为“因为技术转让能够减少研发上的重复、增强基础研发的动力、刺激创新的增加、促使

① 参见吴汉东、胡开忠：《无形财产权制度研究》（修订版），302页，北京，法律出版社，2005。

② 参见［美］Jay Dratler，Jr.：《知识产权许可》（上），王春燕等译，127～128页，北京，清华大学出版社，2003。

③ Fiona Carlin，Stephanie Pautke，The Last of its Kind：The Review of the Technology Transfer Block Exemption Regulation，*NW. J. INT'LL. & BUS.*，2004（24），p.601.

技术的扩散和加大产品的市场竞争，因此技术转让协议通常会提高经济效率和促进竞争”①。不同的政策倾向导致了法规的差异和变动，因此不争执条款的效力在不同国家，甚至同一国家的不同时期都可能不同。总体而言，当提高效率的需求大于对限制竞争的恐惧时，不争执条款更可能得到容忍。

二、许可协议的微观背景方面

（一）市场结构的状况

此处的市场结构是指知识产权许可协议所涉及的相关行业的市场状况，主要指市场集中度、经济规模和进入壁垒等。市场集中度是指市场份额控制在少数大企业手中的程度，它是一个反映特定市场竞争和垄断程度的基本概念。如果带有不争执条款的许可协议是由控制较高市场份额的少数大企业作为许可方，其就有很明显的维持垄断的意图。经济规模是指相关行业中企业的规模，不同行业的特性决定了其中企业的集中或者分散程度。经济规模较大的企业所制定的不争执条款对相关市场的竞争状况更容易产生影响，所以应受到反垄断法更为严格的审查。进入壁垒就是新企业进入特定市场、行业所面临的一系列障碍。进入壁垒越多，新企业进入的成本就越高，不争执条款也可能成为已有企业阻碍新企业进入的壁垒之一。出于让新技术尽快进入公共领域、保持行业适当竞争的考虑，不争执条款的效力属于反垄断法考量的范围。

（二）相关市场的界定

相关市场的认定关系到市场支配力和垄断程度的认定。相关市场越小，知识产权越难以得到替代，不争执条款在相关市场的限制竞争的能力就越大。知识产权许可领域的相关市场界定主要考虑相关技术市场和相关产品市场，包括可替代性技术和下游的可替代性产品。如果某个领域具有绝对的技术专有性，在现在和今后相当长一段时间内其他主体难以进入，又没有实际可行的在性能和经济上都合理的替代性产品，那么对这一领域技术许可协议中的不争执条款尤其要谨慎对待。这种不争执条款极有可能是故步自封的专利权人维持自身垄断地位的手段，是出于对新技术和新产

---

① 《772/2004 号条例》“鉴于”条款（whereas clause）第 5 条。转引自张伟君：《欧盟竞争法适用于技术转让协议的集体豁免条例及其修订》，载张伟君、张韬略主编：《知识产权与竞争法研究》（第 2 卷），505 页，北京，知识产权出版社，2014。

品的畏惧而作的事先防范。

（三）对权利质疑的成本

对于有理性的被许可人来说，只要使用费用少于诉讼成本和可能失去的投资、可能支付的损害赔偿金（要考虑败诉概率）之和，他们就会高兴且毫不犹豫地支付使用费。而且两者之间的差额越大，竞争者越有可能选择付出使用费，他们可能付出的也会越多。[①] 这时实际上的不可争执已经淡化了合同中不争执条款的反竞争性，因为即使没有不争执条款的规定也极有可能同样达到阻止被许可人质疑的效果。这时的不争执不是由于滥用了市场或者技术优势，完全是由权利质疑的相关因素决定的。从原则上讲，这种非强力形成的不争执效果不受反垄断法的规制。只有在对权利质疑的成本较小时，仍然试图通过不争执条款排除质疑的可能性的行为才应受到反垄断法较多的关注。

三、许可协议的自身要素方面

（一）双方当事人的关系

欧盟《772/2004 号条例》根据在相关产品市场和相关技术市场上的关系，将许可协议区分为竞争者之间的协议和非竞争者之间的协议，并且在列举实质性限制竞争条款和豁免条款时也是分别规定的。竞争者之间的许可协议受到竞争法更为严格的审查，不争执条款要得到豁免可能更为困难。美国《知识产权许可的反托拉斯指南》第 3.3 节也规定了要审查协议当事人之间的关系主要是横向关系还是纵向关系，抑或二者兼有。横向关系本身并不说明许可协议安排是具有反竞争性的，而纵向关系也不一定能保证促进竞争的发展。但在其他因素相同的情况下，与纵向关系相比较而言，横向竞争者之间的知识产权许可协议中的不争执条款更可能增加排除、限制市场竞争的风险。这两个例证都说明了双方当事人之间的具体关系态势是对不争执条款考察的重要衡量因素之一。

（二）双方当事人的市场地位

一般的主观直觉使我们误以为知识产权许可协议中被许可人总是处于弱势，被迫接受技术强势方的不公平条件。实际上，“小企业、刚建立的工厂和个人是典型的资金不足的许可人，他们比许多被许可人有更少的资

---

① 参见［美］Jay Dratler，Jr.：《知识产权许可》（上），王春燕等译，81 页，北京，清华大学出版社，2003。

源和讨价还价的能力。他们对经济是至关重要的，需要法律的保护。法律应当考虑到这些小投资者正在我们许多最重要的技术领域成为领导者”①。不争执条款是这些弱势的许可人保护自身权利而非谋求和维持垄断地位的手段，因为实力强大的被许可人能付出比较大的成本去挑战许可人的知识产权。在这种情形下，不争执条款很可能不具有或者只有很小的阻碍竞争性，从而对于竞争的限制作用十分微弱，法律应当给予合理包容。反之，如果许可人处于经济、技术上的优势地位，甚至于在特定行业拥有相当份额，按照反垄断法规制寡占的理念就更应受到审查。这一方面是由于许可人市场份额所占比重较大，潜在竞争者进入市场的阻力随之增大；另一方面是由于占市场优势地位的企业所拥有的专利技术和产品难以被他人挑战，如果再在专利许可协议中加入不争执条款，极有可能产生排除、限制竞争的效果。

（三）许可协议的类型

在一般的技术许可协议中被许可人只是为使用独占性的技术付费，并在生产经营中对技术加以利用，而共同支配市场的当事人之间的交叉许可协议、为进行技术联合而订立的许可协议、知识产权集合许可协议等带有技术捆绑的色彩。如果这类协议中又有不争执条款，相互之间对对方的技术不加以质疑，很可能对新技术的推广使用造成障碍，带来相关技术固守停滞、外部使用人门槛过高的后果。由于该类协议可能涉及多方主体，对相关市场的市场支配力和市场份额的影响一般大于两方主体间的协议。上述几种许可协议的反垄断法豁免大都受到严格限制，例如欧盟一直将为了进行技术联合而订立的许可协议排除在反垄断法的豁免之外，直到 2004 年的《772/2004 号条例》才将反垄断法豁免适用于交叉许可协议。我国在对这类许可协议中的不争执条款进行审查时也要设置较为严格的豁免条件。

（四）不争执条款的有效期限

对不争执条款规定不同的有效期限，会对质疑权利有效性的机会成本造成不同的影响。有效期限规定得越长，被许可人对权利质疑的阻碍越

---

① Christian Chadd Taylor，No-Challenge Termination Clauses：Incorporating Innovation Policy and Risk Allocation into Patent Licensing Law，*Ind. L. J.*，1993，69，p. 215. 强大的证据表明小企业有两大原因成为更好的创新者：这些企业的研究人员通常对风险有更强的适应性；创新是这些企业进入市场和获得成功的最好方式。See Panel Discussion，The Value of Patents and Other Legally Potected Commerial Right，*Antitrust L. J.*，1984，53，pp. 535，537.

大；反之，则越小。根据不争执条款有效期限长短的不同，大体有三种可能性：第一种是不争执条款的有效期超出了知识产权的存续期间，具有明显的不合理性，基本不可能得到豁免。第二种是不争执条款的有效期在被许可的知识产权存续期内，但是超出了许可协议的有效期间。在权利的使用期内被许可人至少有使用利益，如被课以不得质疑权利的义务，从某个角度看是一种权利和义务的平衡手段。如果被许可人在不再使用该项知识产权时也被要求不能质疑权利的有效性，这种要求就没有注意双方当事人之间的利益平衡，更可能是许可人优势地位的滥用。第三种是不争执条款的有效期既没有超出知识产权的有效期间也没有超出许可协议的存续期间。虽然这种不争执条款期限的合理性仍需由主管机关认定，但基于其对相关市场的影响更易预见和控制，对权利人经济利益的保障确有合理之处，因此其得到豁免的可能性最大。

第六节　我国不争执条款的立法实践：不足与改进

一、我国不争执条款立法现状评析

我国有关专利许可合同中的不争执条款问题的规定，散见于数个法律法规中，下文将对不争执条款的立法现状和存在的问题作重点阐述。

《合同法》第 329 条规定："非法垄断技术、妨碍技术进步或者侵害他人技术成果的技术合同无效。" 2005 年 1 月 1 日生效的《最高人民法院关于审理技术合同纠纷案件适用法律若干问题的解释》第 10 条第 6 项规定：禁止技术接受方对合同标的技术知识产权的有效性提出异议或者对提出异议附加条件的情形，属于《合同法》第 329 条所称的"非法垄断技术、妨碍技术进步"。《民法典》颁布后，《合同法》被整体纳入《民法典》，《合同法》第 329 条的条文表述和条文顺序都有所变化，即《民法典》第 850 条规定："非法垄断技术或者侵害他人技术成果的技术合同无效。"

2004 年 4 月修订后的《对外贸易法》增设第五章"与对外贸易有关的知识产权保护"。该章中的第 30 条对国际知识产权许可合同中知识产权权利人滥用市场支配地位的行为作出了原则性的规定，即："知识产权权利人有阻止被许可人对许可合同中的知识产权的有效性提出质疑、进行强制性一揽子许可、在许可合同中规定排他性返授条件等行为之一，并危害对外贸易公平竞争秩序的，国务院对外贸易主管部门可以采取必要的措施消除危害。”2016 年 11 月《对外贸易法》修正时，第 30 条得以保留。

国家工商行政管理总局制定颁布并于 2015 年 8 月 1 日起施行的《关于禁止滥用知识产权排除、限制竞争行为的规定》对不争执条款作了规定。其中，第 10 条第 2 项为，具有市场支配地位的经营者没有正当理由，不得在行使知识产权的过程中，“禁止交易相对人对其知识产权的有效性提出质疑”；第 12 条第 3 款第 4 项为，具有市场支配地位的专利联营管理组织没有正当理由，不得利用专利联营“禁止被许可人质疑联营专利的有效性”。

2019 年 1 月 4 日国务院反垄断委员会出台了《关于知识产权领域的反垄断指南》，为执法机构适用反垄断法规制滥用知识产权行为提供了进一步指引。《指南》第 10 条对不质疑条款作了界定，并就不质疑条款对相关市场竞争产生排除、限制影响的考量因素作了列举。[①]《指南》第 18 条第 2 项规定，具有市场支配地位的经营者，没有正当理由，在涉及知识产权的交易中，“禁止交易相对人对其知识产权的有效性提出质疑，或者禁止交易相对人对其提起知识产权侵权诉讼”，可能产生排除、限制竞争的效果的，属于涉及知识产权的附加不合理交易条件的情形。《指南》第 26 条第 2 款第 5 项将“订立不质疑条款”作为分析专利联营可能产生排除、限制竞争的效果的考虑因素之一。

上述的法律和相关规定，构成了我国不争执条款的立法现状。从法律规定中可以看出，我国将存在不争执条款的国内技术合同直接认定为无效，并且认为不争执条款是“非法垄断技术”的行为。对国际知识产权许可协议中有不争执条款并“危害对外贸易公平竞争秩序的”，国务院对外贸易主管部门才可以采取措施，可见国际知识产权许可合同中的不争执条款不一定违反竞争法，需要主管部门个案认定。

首先，上述法律规定都过于简单或模糊。将含有不争执条款的国内知识产权许可协议一概认定为无效在司法实践的操作中固然简便易行，但不

---

① 《关于知识产权领域的反垄断指南》第 10 条规定：“不质疑条款是指在与知识产权许可相关的协议中，许可人要求被许可人不得对其知识产权有效性提出异议的一类条款。分析不质疑条款对市场竞争产生的排除、限制影响，可以考虑以下因素：（一）许可人是否要求所有的被许可人不质疑其知识产权的有效性；（二）不质疑条款涉及的知识产权许可是否有偿；（三）不质疑条款涉及的知识产权是否可能构成下游市场的进入壁垒；（四）不质疑条款涉及的知识产权是否阻碍其他竞争性知识产权的实施；（五）不质疑条款涉及的知识产权许可是否具有排他性；（六）被许可人质疑许可人知识产权的有效性是否可能因此遭受重大损失。”

争执条款对竞争的实质阻碍是否存在受诸多因素的影响，竞争政策也处在不断调整之中，这种“一刀切”的做法难免有失公允。对含有不争执条款的国际知识产权许可协议的规定就更有商榷余地，除宽泛的“危害对外贸易公平竞争秩序”的前提，加上给予国务院对外贸易主管部门“采取必要的措施消除危害”的权力外，没有任何可以实际操作的标准和程序。可能《对外贸易法》的立法目的就是要赋予主管机关——国务院对外贸易主管部门对不争执条款等限制性措施的准司法权。但是，国务院对外贸易主管部门的准司法权如何行使，连基本的程序性规范也没有。

其次，我国立法区分国内知识产权许可协议和国际知识产权许可协议没有必要，是法律适用中的不公平现象。关于我国立法中的“内外有别”“超国民待遇”现象早已引起社会各界的诸多非议，但不争执条款的立法没有摆脱这一窠臼。其实不论是本国的知识产权还是外国的知识产权，只要授权他人在本国使用，就可能对本国的市场造成影响，就应当受到本国竞争法的同等审查。如果我们将包含不争执条款的国内知识产权许可协议一概认定为无效，无疑对我们国内技术的相互转让和使用不利；对于国际知识产权许可协议而言，由于我国是世界上主要的技术引进国，不争执条款又主要是限制作为受让方的我国当事人的利益，因此两者之间的平衡很难把握，赋予主管机关一定的自由裁量权是非常必要的。相对而言，《对外贸易法》的规定较为合理，国内法的相关规定要与此统一，作出相应的修改。

再次，目前我国对不争执条款的规定散见于数个法律规范之中。从《民法典》和最高人民法院的司法解释看，“非法垄断技术”的不争执条款无效，是采用了自由竞争和技术发展作为判断标准。但是《对外贸易法》又明确规定了不争执条款“危害对外贸易公平竞争秩序的”由主管机关采取措施，是采用了竞争秩序作为判断标准。竞争自由及技术发展和竞争秩序标准之争一直都是个难以解决的问题，我国在对不争执条款的法律规制中采取了两种不同的理论至少反映出立法者本身在基本立场上就存在不一致。“竞争与发展在逻辑上并不存在不可调和的矛盾，在发展中竞争并在竞争中发展，这是技术产生及其应用在市场化模式下的应有路径。”① 但是，逻辑上的可以统一并不意味着立法技术上可以并行，在对不争执条款

① 韩永强：《国际技术转让合同中的限制性条款及其法律规制》，广州，广东外语外贸大学，2006。

衡量的过程中究竟哪一原则更为优先可能直接影响着判断结果。再者，如果由执法机关在具体的案例中把握基本的原则问题，难免会出现失误和不统一，导致案件结果和当事人心理预期的不确定。

《关于禁止滥用知识产权排除、限制竞争行为的规定》和《关于知识产权领域的反垄断指南》，对于不争执条款的评判和规制能够发挥一定作用，但其作用领域受限，主要适用于行政执法，且作为指南并不具有法律的效力，作用有限，对于上述法律规定之间的分歧甚至冲突的协调，基本无济于事。

二、对我国不争执条款法律规制的建议

（一）我国的特殊国情决定了不能简单照搬国外的经验

美国、欧盟、日本等对不争执条款的相关立法比较完备，而且有着丰富的司法实践经验，我国在建立对不争执条款的规制体系的过程之中很容易受到上述“先进”国家和地区的影响。这些“成功的典范”移植到中国是否依然有强盛的生命力，并且能发挥其原有的功效呢？首先，这些国家和地区的反垄断法已经有了上百年的历史，实践中形成了比较成熟的立法和执法体系，而我国在相关方面的经验积累比较薄弱，社会公众的接受程度也有待培养。其次，西方国家的反垄断法出台缘于大生产引发的经济高度集中，而多数领域经济相对分散是我国目前经济状况的主要特点。我国反垄断法要体现经济结构、经济发展规划和产业政策的需要，避免出现执行中发展规模经济和打击垄断的两难选择。再次，我国目前是主要的技术进口国而非技术创造国，因此法律规制的目标是促进技术的流转和使用。比较而言，技术先进的西方国家更倾向于维护技术创造者的自主实施优势。特别是随着美国、日本等国在传统制造领域优势的丧失，知识产权壁垒成为这些国家争夺市场优势的策略。以上诸多的差异决定了西方国家的法律经验并不具有普适性，即便从理论上看这些法律制度符合市场经济公平、效率的基本要求，简单移植也很有可能引起水土不服。

（二）不宜对反垄断法期望过高

我国《反垄断法》对不争执条款并没有作出直接的规定。《反垄断法》第 55 条规定：“经营者依照有关知识产权的法律、行政法规规定行使知识产权的行为，不适用本法；但是，经营者滥用知识产权，排除、限制竞争的行为，适用本法。”虽然《反垄断法》较《对外贸易法》的立场和方向更加明确，可以为后续立法提供指导，但这一条关于知识产权垄断的规定

仍然非常抽象，没有列举出不争执条款等具体的行为种类，在司法实践中很难把握。笔者认为其中有立法缺陷的因素，但也不能忽视不争执条款本身特征的制约。如前所述，影响不争执条款效力的因素很复杂，认为通过一部《反垄断法》的制定或修订就能解决所有问题的想法是不切实际的。我国《反垄断法》虽已实施十余年，但在知识产权领域进行反垄断执法和司法的经验尚不丰富，即使在有相当成熟的反垄断法经验的美国和欧盟，也是通过具体的实施指导规则来弥补反垄断立法的不足。因此，我国反垄断法也只需规定对知识产权许可协议中的限制性条款进行竞争法分析的基本原则和一般的判断标准，以此作为认定不争执条款效力的指导，至于对不争执条款效力的具体判断过程，要由其他的法律规范和司法实践来补充。

（三）我国不争执条款法律实践的基本思路

1. 反垄断配套立法的后续跟进与完善

《民法典》和《对外贸易法》对不争执条款的法律规制主要是从许可协议本身的公平、自由角度来考虑不争执条款的合法性，较少从社会技术进步、经济发展方面对其进行具体衡量。从我国促进技术进步和经济发展的政策出发，对不争执条款效力认定的绝对化不利于促进技术引进、传播和发展，因此反垄断后续立法对不争执条款作配套规定是必要的。

《关于禁止滥用知识产权排除、限制竞争行为的规定》对不争执条款进行了限制性规定。《规定》立足于公平自由市场竞争秩序的维护，以行为对竞争产生的影响为权衡标准，对个案中的市场竞争行为进行正负效应评估，这些规定为反垄断执法机构处理专利许可协议中的不争执条款提供了指引。《规定》在第 10 条①和第 12 条②中对作为一项独立的限制竞争行为的不争执条款进行规制，在第 15 条中给出了分析认定经营者是否滥用知识产权排除、限制竞争的五个步骤，在第 16 条中列举了八项分析认定经营者行使知识产权行为对竞争的影响的考量因素。但是《规定》仅就具有市场支配地位的经营者或者具有市场支配地位的专利联营管理组织作出

---

① 《关于禁止滥用知识产权排除、限制竞争行为的规定》第 10 条规定："具有市场支配地位的经营者没有正当理由，不得在行使知识产权的过程中，实施下列附加不合理限制条件的行为，排除、限制竞争：……（二）禁止交易相对人对其知识产权的有效性提出质疑；……"

② 《关于禁止滥用知识产权排除、限制竞争行为的规定》第 12 条第 3 款规定："具有市场支配地位的专利联营管理组织没有正当理由，不得利用专利联营实施下列滥用市场支配地位的行为，排除、限制竞争：……（四）禁止被许可人质疑联营专利的有效性；……"

规定，没有对其他主体特别是一般的许可协议当事人为谋求垄断地位进行不争执安排作出规定。

《关于知识产权领域的反垄断指南》除对不争执条款（即不质疑条款）作出定义性规定之外，还列举了对不争执条款进行竞争影响评估的考量因素。这一规定对于反垄断法之于不争执条款的适用无疑具有重要的指导作用。但是，在具体适用过程中，仍有一些特殊问题需要特别注意。比如，《指南》规定判断不质疑条款对竞争的影响，可以从专利许可是否存在对价即是否有偿的角度进行。在实践中判定专利许可是有偿还是无偿颇为复杂，因为理性经济人为追求市场利益最大化较少会选择许可他人无偿使用自己的专利技术，但对价的支付方式多种多样，可直接可间接，可显性也可隐性，需要综合考虑多种因素判断知识产权许可是否有偿。同时，许可人如果通过商业贿赂、欺诈、胁迫等不正当手段使被许可人接受不争执条款，会对市场竞争产生双重不利影响，但是《指南》并未将通过不正当手段使被许可人接受不争执条款列为考量因素。另外，知识产权本身的有效性特别是专利的有效性是可以通过严格的技术比对和实质审查加以鉴别的，知识产权本身的有效性也应该成为不争执条款正当性考量的因素之一，而《指南》所列举的考量因素并未包含这一项。未来规范性文件的修订，可以考虑从这些方面加以完善。

2. 法律实践中注重经验积累和创新

执法和司法是具体操作性的，与立法相比，“法官所面临的各种社会因素将是安乐椅上的法学家难以想象的”①。我国不争执条款的反垄断执法和司法实践同样面临着现实的困难：其一，我国一直以成文法作为重要的法律渊源，法官自由裁量的能力和空间受限于固有的司法传统，特别是不争执条款的立法起步较晚，执法和司法经验就更加欠缺。其二，对不争执条款效力的具体认定深受经济政策和技术发展政策的影响，而与法律规定相比较，政策变动性大、更加灵活，增加了不争执条款执法中的不确定性。其三，我国竞争执法和司法机关工作人员的素质参差不齐，不争执条款评价过程中的不确定因素非常复杂，赋予执法和司法人员自由裁量的空间过大也不无难以胜任的隐忧。

笔者认为，从理论上解决这些现实问题首要的是加大不争执条款执法的确定性，适当限定自由裁量的空间，所以我国制定的有关知识产权许可

---

① 苏力：《法治及其本土资源》（修订版），自序7页，北京，中国政法大学出版社，2004。

协议的反垄断法实施细则应具有较高的明确性。首先，如果从某些条件，比如许可协议的类型、许可人的市场份额等可以直接判断不争执条款的反竞争性，就不再赋予主管机关分析具体反竞争效果的权力，而是直接认定不争执条款违法。其次，如果在个案中分析不争执条款对竞争的具体影响难度过大、执法成本过高，可考虑采用严格解释加抗辩机会的认定模式，即在符合基本条件的情况下直接认定不争执条款具有反竞争的效果，同时充分发挥抗辩环节的作用。这种严格解释限缩了法官自由裁量的空间，提升了对不争执条款审查的确定性。因为我国是主要的技术进口国，专利许可协议的被许可人往往是弱小的我国当事人，反垄断法需要对其利益加以倾斜保护。而且严格解释可以降低执法成本，从经济效益上看也是有利的。再次，宏观环境的影响是潜移默化的，在个案中需要重点分析的是易于判定的微观因素，比如许可协议的类型、双方的市场地位、相关市场和市场结构等。这种做法保证了绝大多数情况下的公平，提高了司法实践的效率，也给了当事人明确的心理预期，不失为我国现阶段不争执条款法律实践的明智选择。待对不争执条款的司法和执法经验有了一定的积累之后，可以再推动立法的发展和法律的修订，形成良性的互动。

总而言之，在立法上对不争执条款的基本态度是更加宽松和灵活，在执法时努力寻找可确定性因素以实现执法过程中的统一。以上只是对不争执条款规制基本模式构建的开端，随着细节部分的不断丰满，我国对不争执条款的反垄断法规制才能趋于完善。

第十章　专利许可中的价格限制

第一节　专利许可中价格限制的含义和认识基础

一、专利许可中价格限制的含义

专利许可是专利权人在不转让所有权的情况下转移专利权中的使用权的行为。专利许可中的价格限制是指许可人与被许可人在许可协议中约定，被许可人实施所许可专利而制造的专利产品的销售价格由许可人控制，既包括对被许可人初次销售专利产品的价格进行限制，也包括要求被许可人在销售专利产品时对购买人的转售价格进行限制。

专利许可中的价格限制表现形式多样：依据价格限制标准，可分为限制最高价格、限制最低价格和固定价格。依据许可形式，可分为单一许可（single license）中的价格限制、多重许可（multiple license）中的价格限制和交叉许可（cross license）中的价格限制。依据许可人与被许可人之关系，可分为竞争者之间的价格限制和非竞争者之间的价格限制。依据价格限制目的，可分为以维护产品形象为目的的价格限制、以确保投资回收为目的的价格限制和有其他目的的价格限制。依据专利产品所处销售阶段，可分为初次销售（first sale）价格限制和转售（resale）价格限制。可见，专利许可中的价格限制的表现形式十分复杂，不同形式的价格限制对竞争的影响是不同的。复杂的表现形式要求对专利许可中价格限制的反垄断法分析应在类型化规则的指导下，进行个案分析。

需要特别指出的是，初次销售价格限制与转售价格限制存在明显区别，反垄断法也因此表现出不同的态度。[①] 专利产品的转售是专利权人自行制造并销售专利产品于第三人或者被许可人制造并销售专利产品于第三人以后，第三人对专利产品的销售。对专利产品转售价格限制是对第三人销售的专利产品进行价格限制。对专利产品初次销售价格限制所指向的是处于初次销售阶段的专利产品，而对专利产品转售价格限制所指向的专利产品已处于初次销售完成后的贸易流通阶段。有学者指出，专利许可行为并非销售商品，所以也就不会发生转售（转许可为许可人所禁止）的问题，故许可协议也就不适用与转售相关的立法。[②] 实际上，相较于对专利产品初次销售价格的限制，对专利产品转售价格的限制受到反垄断法更为严厉的规制。在美国，有学者认为，1926 年的 *United States* v. *General Electric Co.* 案[③]（简称"GE 案"）中网开一面的规则可以延伸至被许可人的初次销售价格，但不能延伸至转售价格，即许可人不得从事转售价格维持，对这种行为更可能适用本身违法原则。[④] 美国司法部和联邦贸易委员会 1995 年发布的《知识产权许可的反托拉斯指南》也仅对转售价格维持作出规定而未包含初次销售价格，其第 5.2 节如是指出：对知识产权领域内的维持转售价格的行为适用本身违法原则，即当"商品已经进入贸易渠道并且为经销商所有"时，维持转售价格非法。其实，这一规定是对"权利穷竭原则"[⑤] 的重申，法理在于阻止专利垄断权利的过度扩张，保障贸易自由。在知识产权许可中的价格限制问题上，有学者将初次销售价格限制与转售价格限制放在一起讨论，认为知识产权许可中的价格限制即为维持转售价格。[⑥]

① 在美国，司法实践严格区分了对初次销售价格的控制与对转售价格的控制。在 1911 年的 *Dr. Miles Medical Co.* v. *John D. Park & Sons Co.* 案中，生产商要求经销商只能以指定的价格来销售该生产商的商品，美国最高法院认为生产商的这一行为与《谢尔曼法》相悖，适用本身违法原则。在 1926 年的 *United States* v. *General Electric Co.* 案中，美国最高法院认为 Dr. Miles 案的规则不适用于委托协议，因为委托协议中的零售商是生产商的代理人，而不是购买商兼转售商，产品的所有权仍然在生产商手里，即没有发生对经销商的"销售"，因而也没有发生向顾客的"转售"。

② 参见罗昌发：《贸易与竞争之法律互动》，199 页，北京，中国政法大学出版社，2003。

③ See *United States* v. *General Electric Co.*, 272 U. S. 476 (1926).

④ 参见［美］赫伯特·霍温坎普：《联邦反托拉斯政策：竞争法律及其实践》（第 3 版），许光耀、江山、王晨译，267 页，北京，法律出版社，2009。

⑤ 美国判例显示，专利权穷竭原则也不是绝对的。1997 年的 *B. Braun Medical* v. *Abbott Lab.* 案认为，专利权穷竭原则适用的条件是专利产品的无条件销售，专利权穷竭原则不能运用到一个有明示限制条件的销售或许可中。参见董美根：《美国专利使用权穷竭对我国的借鉴——以 Quanta Computer, Inc. v. LG Electronics, Inc. 案为研究进路》，载《知识产权》，2008（6）。

⑥ 参见王先林：《知识产权与反垄断法：知识产权滥用的反垄断问题研究》（修订版），300～301 页，北京，法律出版社，2008。

有学者虽然指出了知识产权许可中的价格限制包括初次销售价格限制和转售价格限制两种情形，但是认为美国《知识产权许可的反托拉斯指南》以及欧盟的相关立法对知识产权许可中的价格限制统一适用“本身违法原则”①。笔者认为这样讨论并没有厘清初次销售价格限制与转售价格限制对竞争的不同影响，从而难以得出较为清晰的结论。

二、专利许可中价格限制的认识基础

当专利权人自行制造并销售专利产品时，作为专利产品所有权人的专利权人对其产品价格加以控制的合理性毋庸置疑，属于其正当的价格权益范畴。而作为许可人的专利权人能否对被许可人制造并销售的专利产品的价格进行控制或者要求被许可人在销售专利产品时对购买人的转售价格进行控制呢?

首先，在专利许可中有两种性质不同的权利分属于许可人和被许可人：一是许可人的专利权，二是被许可人的专利实施权。无论许可人自身实施专利与否，此时的专利权已处于不同主体的合法控制之下。此时，如果许可人之专利权利需要得到完全而长远的维护，在一定意义上还依仗被许可人对专利的完好实施，被许可人对专利产品的市场营销对许可人的利益有重大意义。这一专利权属主体的分离使许可人和被许可人之关系类似于“委托—代理”关系。在“委托—代理”关系中，委托人与代理人相互之间的利益经常是不一致的，有时甚至是冲突的，例如，专利权人更多关注专利的最大化应用和良好声誉的形成等长远利益，而被许可人更可能关注许可费用、专利产品的低成本制造和营销等短期利益。利益的不一致，可能导致“代理问题”。

其次，许可人与被许可人之间的信息不对称也加剧了二者关系之紧张。在市场经济条件下，充分的信息是作出恰当选择所必需的。然而，许可人与被许可人之间的信息不对称是时常发生的，特别是专利权人自身并不制造、销售专利产品的情况导致专利权人与顾客失去联系，专利权人对专利产品制造过程和市场营销等方面的信息不甚了解，更难以知悉专利产品的市场前景，而这些重要因素实际上对专利权人的利益至关重要。相反，制造并销售专利产品的被许可人对这些信息了如指掌。这一信息不对

① 吕明瑜：《论知识产权许可中的垄断控制》，载《法学评论》，2009（6）。

称可能导致专利权人的逆向选择（adverse selection）[①]，且被许可人更易从事损害专利权人之利益的活动。

最后，收取许可费用并非维护许可人长远利益的不二之策。有学者认为，适当的专利许可费用可以有效地保障专利权人的创新利润，但是，收取许可费并非许可人维护其长远利益的万全之策。特别是在采用一次总付（lump-sum payment）方式时，专利权人并不能维护其专利的长远利益，因而选择提成支付（running royalty）的不乏其例，然而在采取提成支付方式时，对专利权人长远利益的有效维护还需结合其他手段，比如价格控制。

可见，由于许可人与被许可人的利益不一致，就需要给予许可人更大的自由选择，以维护其专利的长远利益。许可人倾向于在许可协议中施加相应的限制，以维护其作为专利权人的利益。例如，为确保专利技术的性能和效果、维护安全、防止秘密泄露而对原材料和零部件进行限制被认为是恰当的，即使这种要求通过搭售的形式来实现；为确保被许可专利技术得到有效利用或达到预期效果，许可人要求被许可人尽最大努力使用被许可技术的义务，也被认为是合理的；商业回报分享协议（reach-through licensing agreements）[②] 也被认为是一种较好的确保专利权人创新利润并分配风险的方式，实现了在许可人与被许可人之间投资产业化风险的合理分配。

价格机制是商品经济最为重要的市场调节机制，价格控制权可谓市场主体最具价值的资源。作为专利权人的许可人对其专利产品的销售价格施加控制对于维护其长远利益至关重要。其实，销售权与许诺销售权是专利权人的基本权利，应当认为销售权与许诺销售权包含一定的价格自主成分，即只要价格控制是为了保证专利权人获得专利垄断的合理经济回报，

① 逆向选择是指在市场交易过程中，由于交易双方占有的信息不对称而产生的劣质品驱逐优质品，进而导致市场供应产品平均质量下降的现象。要减少逆向选择现象，需从根本上缓解交易各方之间的信息不对称问题，包括利用市场机制本身缓解信息不对称问题以及通过政府管制来缓解信息不对称问题。参见王俊豪：《政府管制经济学导论：基本理论及其在政府管制实践中的应用》，368页，北京，商务印书馆，2001。

② 美国司法部和联邦贸易委员会2007年4月发布的《反托拉斯执法与知识产权：促进创新和竞争》指出，商业回报分享协议是许可人许可被许可人使用其获得专利保护的研发方法，被许可人将使用该研发方法获得的商业化开发的产品收益，部分分配给许可人的一种协议。该报告还详细分析了商业回报分享协议对市场竞争影响的利弊。联合国贸发会议秘书处在2008年5月发布的《竞争政策与知识产权行使》（Competition Policy and the Exercise of Intellectual Property Rights）报告也重申了专利权人可以有效地通过商业回报分享协议让被许可人分担创新的风险。

就应当被认为是合法的。当然，销售权与许诺销售权既可由专利权人自己实施，也可由专利权人许可他人实施。在后一种情形下，专利权人对被许可人的销售权或许诺销售权施以价格限制可能会受到干涉他人定价自由的责难。但是，此时的专利权并没有因为许可而被稀释，因为专利产品尚未售出。只有当专利产品由专利权人或者被许可人售出后，该专利产品上的专利垄断权才被稀释。可见，无论是专利权人自己还是被许可人实施销售或许诺销售，只要专利权尚未“穷竭”，即专利产品尚未被初次销售，专利权人得对销售权或许诺销售权施以合理的价格限制。由此观之，保障专利权垄断利益是专利制度的基本价值取向，而价格限制在这一基本方面获得了合理性，但各国反垄断法的规定和做法仍表现出一定的差异性。

第二节　域外法例对专利许可中价格限制的态度

专利许可中的价格限制可能对相关市场竞争产生影响，各国家和地区的反垄断法对这一行为表示出不同形式的关注。比较分析域外法例对专利许可中价格限制的态度，可以给我国立法和司法实践以启示。

一、比较法观察

（一）美国

美国立法一直对价格限制行为持严厉态度。《谢尔曼法》第 1 条规定：维持转售低价属于违法。《知识产权许可的反托拉斯指南》第 5.2 节指出：对知识产权领域内的维持转售价格的行为适用本身违法原则。但是，其司法实践遵循着自己的路径。在 1926 年的 GE 案中，美国最高法院允许许可人限制实施专利的被许可人的专利产品的销售价格和条件，但同时也谨慎地遵循专利权穷竭原则，即许可人不得限制初次授权销售之后转售的价格和条件。1965 年的 *United States* v. *Huck Manufacturing Co.* 案①遵循了 GE 案所确认的规则。其实，在多数情况下，专利许可中的价格限制要比上述两则判例中的情形复杂得多。在 1948 年的 *United States* v. *Line Material Co.* 案②中，美国最高法院拒绝将 GE 案确

---

① See *United States* v. *Huck Manufacturing Co.*, 382 U. S. 197, 86 S. Ct. 385 (1965).

② See *United States* v. *Line Material Co.*, 333 U. S. 287, 304 (1948).

定的规则延伸适用于交叉许可中的价格限制，即使交叉许可专利是互补性的。*United States* v. *United States Gypsum Co*. 案[①]表明：对于在整个行业范围内固定价格的许可安排，不予豁免。有学者指出，在 *United States* v. *Vehicular Parking* 案[②]中，法院拒绝将 GE 案确定的规则适用于许可人自己不制造专利产品情形下的价格限制协议。[③] 其实，法院拒绝将 GE 案确定的规则适用于 Vehicular Parking 案的关键在于许可人为了实现控制目的，避免因专利的可疑的有效期和范围受到审判，而自己不制造或销售专利产品。[④]

《知识产权许可的反托拉斯指南》第 3.4 节强调：在绝大多数情况下，对知识产权许可安排中的各种限制要根据合理性规则进行评估。主管机关根据合理性规则对许可限制进行分析的一般方法是考察该限制是否具有反竞争效果，如果有反竞争效果，则考察该限制是否为超出反竞争效果的促进竞争的利益所必需且合理。具体到专利许可中初次销售价格限制问题，该指南的态度并不清晰。[⑤] 有学者认为，《知识产权许可的反托拉斯指南》对该问题根本未予以讨论。也有学者认为，该指南已经划清了转售价格限制与初次销售价格限制的界限，于前者适用本身违法原则，于后者则需要用合理原则来评估；并指出，GE 案所确定的规则适用于初次销售价格限制的情形，而不适用于转售价格限制的情形。[⑥]

（二）欧盟

在欧盟，《欧盟运行条约》第 101 条[⑦]对垄断协议确立了概括性禁止和广泛性豁免相结合的调整模式。该条第 3 项是关于豁免的规定，这一规定的功能与合理原则相似，即竞争当局依据该项规定的四项标准对协议进行审查。可见，合理原则已经由立法确认，而不是由法官自由裁量。这一

① See *United States* v. *United States Gypsum Co*.，333 U. S. 364，68 S. Ct. 525（1948）.

② See *United States* v. *Vehicular Parking*.，61 F. Supp. 656，657（D. Del. 1945）.

③ 参见郭德忠：《专利许可的反垄断规制》，60 页，北京，知识产权出版社，2007。

④ 参见［美］Jay Dratler，Jr.：《知识产权许可》（下），王春燕等译，672 页，北京，清华大学出版社，2003。

⑤ 参见［美］Jay Dratler，Jr.：《知识产权许可》（下），王春燕等译，673 页，北京，清华大学出版社，2003。

⑥ Andrew Tepperman，Licensing with Horizontal Restraints（2000），http://homes.chass.utoronto.ca/~tepper/multiprod.Pdf.

⑦ 随着《里斯本条约》于 2009 年 12 月 1 日开始生效，原来的“欧共体”称谓被“欧洲联盟”所取代，原来的《欧共体条约》更名为《欧盟运行条约》（The Treaty on the Functioning of European Union）。《欧盟运行条约》第 101 条即为《欧共体条约》第 81 条。

豁免制度较合理原则更具确定性和明确性。[①]

欧盟《技术转让集体豁免条例》第 4 条规定的“核心限制”不适用于成批豁免，即不能依据该条例第 2 条的规定而自动获得豁免。于是，个别豁免成为包含“核心限制”条款的协议获得自由的唯一路径，即对涉案协议依据《欧盟运行条约》第 101 条第 3 项所规定的四项标准，在对案件的具体案情进行详细审查的基础上，作出最终判断。专利许可中的价格限制属于该条例规定的“核心限制”范围，因而，专利许可中的价格限制不能适用成批豁免，只能寻求个别豁免。需要指出的是，该条例依据许可人与被许可人之间是否存在竞争关系作了不同规定：具有竞争关系的许可人与被许可人之协议中的价格限制不能获得成批豁免；不具有竞争关系的许可人与被许可人之协议中的价格限制，最高限价和建议价格可以获得成批豁免，而固定价格和最低限价则不能。

（三）日本

日本公正交易委员会 2007 年发布的《关于知识产权利用的反垄断法指南》第四章第四节对销售和转售价格限制作了统一规定，即如果许可人限制被许可人销售或者转售包含许可技术的产品的价格，此类限制行为限制了被许可人和从被许可人处购买产品的分销商在商业行为中最基本的竞争手段，明显地减少了竞争，因此，此类行为通常被认为构成《不公正交易方法》[②] 第 12 条规定的附有限制条件的不公正交易行为。该指南同时分析到，对销售或转售价格的限制以及其他与技术使用相关的限制可能在促进技术的有效利用和技术交易的一定范围内获得合理性认同。但是，这类行为限制了被许可人的商业行为，所以在一些情况下具有减少竞争的倾向。此类行为是否构成阻碍公平竞争，应根据行为是否在为达到促进技术有效利用和技术交易目的所必要的范围内进行来判定。

（四）加拿大

加拿大《知识产权执行指南》[③] 对知识产权许可中的限制作了一般规定，其中并没有专门的针对专利许可中价格限制的规则。该指南第 4.1 节指出：在多数情况下，许可行为具有促进竞争的效果。在评估一项许可安排对相关市场竞争产生的影响时，竞争当局要考察许可条款是否有助于许

---

① 参见许光耀：《欧共体竞争法通论》，149 页，武汉，武汉大学出版社，2006。

② 参见日本公正交易委员会《不公正交易方法》（1982 年颁布，2009 年修订）。

③ Competition Bureau of Canada，Intellectual Property Enforcement Guidelines (2000)，http://www.bureaudelaconcurrence.gc.ca/eic/site/cb-bc.nsf/vwapj/ipege.pdf/ $FILE/ipege.pdf.

可人或者被许可人获得、增强或者保持市场支配地位。该节对需要引起警惕的反竞争行为作了一个特别界定，即除非因为许可行为的存在而降低了（相关市场）原有的竞争状况，否则不宜认定该行为具有反竞争性。其实，这一界定需要对许可行为对相关市场的竞争状况所产生的影响作综合性分析和评估。同时，该指南还指出了竞争当局分析知识产权行使行为对竞争产生不良影响的五个步骤：一是确定行为是行使知识产权的行为，二是界定相关市场，三是通过水平集中度、进入门槛等因素界定经营者所拥有的市场力量，四是确认行使知识产权的行为是否过度地或者实质性地减损或者阻止了相关市场的有效竞争，五是在适当的时候还要考量任何相关的效率理由。这些一般性规定和分析步骤对专利许可中的价格限制是适用的。

（五）我国台湾地区

在我国台湾地区，依据"'公平交易委员会'对于技术授权协议案件之处理原则"第 6 条之规定，限制专利产品价格属于禁止事项，但有两个限定性条件：一是专利许可协议当事人之间具有竞争关系，二是专利许可协议内容对特定市场产生了限制竞争或者妨碍公平竞争的效果。可见，其对限制专利产品价格的反垄断法分析坚持了合理原则，即一方面要考察许可人与被许可人之间的竞争关系，另一方面还要确定该许可行为是否对相关市场产生了限制竞争或者妨碍公平竞争的效果。

二、小 结

通过上述比较法观察，可以得出如下结论：

第一，针对知识产权许可行为制定相应的反垄断指南成为市场经济发达国家和地区反垄断立法的普遍做法，如美国、欧盟、日本、加拿大，以及我国台湾地区均制定有知识产权领域的反垄断指南。这可弥补反垄断法一般规定太过抽象和原则而导致的规则适用不足，更好地指导执法实践，并给市场主体以行为可预期性。

第二，知识产权许可中的价格限制是各国家和地区反垄断立法和司法关注的重点，如美国、欧盟、日本，以及我国台湾地区的知识产权领域的反垄断指南均有关于知识产权许可中价格限制行为的规定，但是，普遍存在的问题是对初次销售价格与转售价格区分不甚明显。如日本《关于知识产权利用的反垄断法指南》对初次销售和转售价格的限制作了统一性规定；美国《知识产权许可的反托拉斯指南》只是对转售价格限制作了相应规定，并没有涉及初次销售价格限制问题。

第三，总体分析思路是导向合理分析，即在综合分析涉案的诸多因素的基础上，衡量利弊，作出最终判断。如我国台湾地区“对于技术授权协议案件之处理原则”第 4 条指出，审理专利许可协议案件应酌情考虑许可协议所增加技术应用机会与排除竞争效果的程度；日本《关于知识产权利用的反垄断法指南》指出，价格限制行为是否构成阻碍公平竞争，应根据行为是否在为达到促进技术有效利用和技术交易目的所必要的范围内进行来判定。

第四，一般分析思路具有一致性。基本步骤包括认定行为类型、判断相关市场、确认许可人与被许可人的市场地位、分析许可行为对相关市场竞争的实质性影响、考察豁免条件与衡量利弊等环节。如加拿大《知识产权执行指南》第 4.1 节对一般分析思路作了具体规定，其他国家和地区规定的一般分析思路也都包含类似的基本步骤。一般分析思路中基本步骤的明确化和清晰化给竞争主管当局的执法工作以直接指导。

第三节　反垄断法分析对专利许可中价格限制的适用思路

在合理原则的指导下，专利许可中价格限制的反垄断法分析首先要界定相关市场，然后，在此基础上综合考量价格限制方式、许可专利所涉市场力量、许可人与被许可人之关系、许可的范围及限制程度与持续时间、竞争者的反应及潜在竞争力量等诸多因素，并综合衡量限制竞争与相关效率之利弊，作出最终判断。

一、相关市场界定

相关市场（relevant market）在反垄断法上具有重要意义。科学合理地界定相关市场，对识别竞争者和潜在竞争者、判定经营者的市场份额和市场集中度、认定经营者的市场地位、分析经营者的行为对市场竞争的影响、判断经营者的行为是否违法以及在违法情况下需承担的法律责任等关键问题，具有重要的作用。因此，相关市场的界定通常是对竞争行为进行分析的起点，是反垄断执法工作的重要步骤。[①]

① 参见国务院反垄断委员会 2009 年《关于相关市场界定的指南》第 1 条。

具体到专利许可中的价格限制问题，相关市场的界定较为复杂。首先，要界定相关产品市场。由于专利技术是一种投入物，可以结合于产品之中或者生产工艺之中，因此，专利许可不仅可以影响投入物市场，而且还可以影响产出市场。① 所以，在界定涉及专利许可的相关产品市场时，不仅要关注最终产品市场，还要关注中间产品市场。可见，需要界定相关市场的产品包括两个方面：一是任何使用该专利技术的专利产品，二是生产含有该专利技术的产品所必需的技术、零部件和原材料。其次，由于专利许可的对象是专利技术，所以，对许可行为进行反垄断法分析时，界定相关技术市场更具直接意义。技术市场包括许可人的技术及与其相近的替代技术，即被许可人可以用以替代该技术的其他技术。如果专利技术可能从现有的商业应用领域转移到其他商业应用领域，那么，这种可能性要求技术市场的界定应包括那些该专利技术还没有实际应用到的商业领域。而如果专利技术已被大量的企业应用于特定的领域，且难以存在其他可达到同等商业应用目的的替代性专利技术，那么，相关技术市场应被界定为该专利技术的商业应用领域。最后，专利许可中的价格限制还可能对新型产品或方法的研发产生负面影响。对产品市场或技术市场的分析可能无法充分地评估专利许可中的价格限制对新型产品或方法的研发所产生的竞争效果，这就要求竞争主管当局把这种可能性影响作为相关产品市场或技术市场中的独立竞争效果，或作为某一独立创新市场中的竞争效果②，即需要界定相关创新市场，考察是否还存在足够的研发力量去开发与许可专利技术具有可替代性的未来技术以及与专利产品具有可替代性的未来产品。具体而言，就是要识别有哪些真正构成竞争的研发力量。要评析这些力量是否具有竞争性，必须考察以下方面：这些研发努力的性质、范围和规模，它们可能利用的资金和人才资源，专有技术，以及其他专项资产（specialised assets）及其时间安排和对可能的开发成果进行利用的能力。③

二、重要因素分析

专利许可中的价格限制对相关市场竞争会产生不同程度的影响，对此

① 参见欧盟 2004 年《关于技术转让协议的指南》第 20 段。

② 参见美国 1995 年《知识产权许可的反托拉斯指南》第 3.2.3 节。

③ 参见欧盟 2011 年《关于横向合作协议适用〈欧盟运行条约〉第 101 条的指南》(Guidelines on the Applicability of Article 101 of the Treaty on the Functioning of the European Union to horizontal Co-operation Agreements）第 120 段。

类影响的判断要依据诸多因素。当然，对这些因素的分析要结合具体案情，并且，不同因素所实际具有的权重在个案中也有差异。

（一）价格限制方式

如前文所述，专利许可中价格限制方式多种多样，关键问题在于不同的价格限制方式对竞争的影响存在差异，因而具有反垄断法上的不同意义。例如，欧盟《技术转让集体豁免条例》第 4 条规定：在技术许可协议中，非竞争者之间的固定价格和限制最低价格条款属于核心限制范围，但限制最高价格和价格推荐是合法的。

具体来讲，为维护产品形象和为确保收回投资所必需的价格限制具有一定的合理性，因为此类价格限制具有目的上的正当性。竞争者之间的价格限制较非竞争者之间的价格限制对竞争影响更大，因为价格限制可能导致竞争者之间原有的竞争被规避。转售价格限制较初次销售价格限制对竞争影响更大，因为转售价格限制可能阻碍已经进入流通环节的专利产品的自由流通，即要受专利权穷竭原则的约束。相对于多重许可和交叉许可中的价格限制，单一许可中的价格限制对竞争影响较弱，因为多重许可中的价格限制可能损害诸多被许可人之间的竞争，交叉许可中的价格限制可能损害许可人与被许可人之间的竞争，而在单一许可中则不存在上述两种情况。对于限制最低价格、限制最高价格和固定价格的合理性还需进一步结合具体情况来分析认定。例如，如果被许可人以低于市场价格的价格出售专利产品以促销其他与专利无关的产品或服务，那么，限制最低价格被认为具有合理性。而当被许可人需要独占许可来补偿初始的成本和风险时，限制最高价格能够保障许可市场和许可产品市场的健康，因而具有合理性。

需要指出的是，价格限制方式是判定专利许可中价格限制对竞争的影响的一个重要因素，而且，在个案分析时对这一因素应当予以优先考虑。当然，这也仅仅是一个需要初步考虑的因素，关于价格限制最终对竞争的影响还需根据具体案情结合其他因素来评价。

（二）许可专利所涉市场力量

市场力量是市场主体在相关市场限制价格、产量及其他交易条件或者影响其他主体进入相关市场的能力。市场力量的大小是分析市场主体行为对竞争的影响时的重要考虑因素。具体到专利许可中价格限制行为对竞争之影响的评价，需要对许可人之专利技术的市场力量进行分析：首先，是否存在其他可替代技术以满足市场需求应得到重点考虑。可替代技术的存在表明许可人之专利技术并非完全垄断。同时，还要考虑到该可替代技术应用的便利程度，如果应用成本相当高昂，那么，这一可替代技术对许可人之专利技术市场的影响较弱。其次，新技术研发的难易程度需要考虑。关于新技术研发的难易程度主要根据技术上的可行性、经济上的可行性等因素来判断。对这些因素的考虑还应顾及从新技术研发到实际应用的时间问题和客户更换新技术的成本问题。最后，某一专利技术在相关技术市场上的市场份额可以作为判定其市场力量的直接依据。在相关技术市场上长期占有较大市场份额能够表明许可人之专利技术具有相当的市场力量。

美国立法和欧盟司法实践都已清楚地表明：专利权的获得并不等同于拥有市场支配地位。但是，这并不意味着知识产权与市场力量全无关系。在供给方面，知识产权可以限制进入，专利尤其如此。可见，知识产权的存在应当成为反垄断分析的因素之一。当任何技术成为技术市场或者产品市场事实上的标准时，该技术可能被认定为具有市场支配地位。① 相对于市场影响力较小的专利技术而言，具有较大市场影响力的专利技术的拥有者对专利产品的价格限制可能对竞争产生更大影响。

（三）许可人与被许可人之间的关系

许可人与被许可人之关系是纵向的还是横向的成为反垄断分析的重要考察因素。如果许可人与被许可人之关系是横向的，并不必然推导出许可中的限制是反竞争的。但是，许可协议中的价格限制条款可能导致许可人与被许可人之间原有的竞争被规避，而且这一限制更利于二者联合以排除其他竞争者。所以，价格限制施加于竞争者之间较施加于非竞争者之间对市场竞争更具影响，增加了违法风险。如果许可人与被许可人之关系是纵向的，则需要分析另外两个横向关系之间的竞争是否受到影响：一是许可人与其竞争对手之横向竞争，二是被许可人与其竞争对手之横向竞争。

交叉许可可能通过整合具有互补性的技术、降低交易成本、清除障碍性专利形成的封锁状态等，而具有促进竞争的效果。但是，交叉许可当被作为赤裸裸的固定价格或者分割市场的手段时，则具有反竞争效果。② 在美国 1948 年的 *United States* v. *Line Material Co*. 案③中，Southern 公司与 Line 公司拥有制造一种电器必需的互补专利，二者签订了交叉许可协议。Line 公司在许可协议中要求 Southern 公司的专利产品售价不得低于

① 参见日本 2007 年《关于知识产权利用的反垄断法指南》第二章第 4 条第 2 项。

② 参见美国 1995 年《知识产权许可的反托拉斯指南》第 5.5 节。

③ See *United States* v. *Line Material Co*.，333 U.S. 287，304（1948）。

Line 公司的售价，并以此作为允许 Southern 公司将其专利许可于第三人的条件。同时，Southern 公司又将制造这一电器必需的专利许可于其他厂商，并规定了类似的限制产品销售价格的条款。美国最高法院认为，“数个专利权人通过定价协议来限制商业，如同数个非专利产品的制造商通过定价协议来限制商业一样，都构成对《谢尔曼法》的违反”。也即 Line 公司和 Southern 公司通过交叉许可中的价格限制，以及 Southern 公司与第三人专利许可中的价格限制，实现了 Line 公司、Southern 公司与作为这一技术的被许可人的众多其他厂商之间的横向价格同盟，它们之间原本具有的竞争被规避了。

在专利联营①中，如果专利是互补性的，则类似于交叉许可中的互补专利情形。对相互竞争的专利而言，联合许可或使用技术可能获得比每个专利权人单独许可或使用技术更高的许可费用和更高的产品价格，因为联营形式消除了竞争性专利权人之间原有的竞争，易于形成专利许可市场上的共谋行为和捆绑销售。此时，如果没有证据证明联合许可专利权能够提高效率，竞争性专利权的联合许可会构成横向价格固定。美国司法部 1997 年最终认可 MPEG－2 技术标准的知识产权许可模式而不对其采取强制行动的重要理由在于该专利联营只包括互补性的而非竞争性的专利。

（四）许可范围、限制程度与限制行为持续时间

许可范围的大小直接决定着价格限制对市场竞争的影响范围的大小。被许可人数量越多，价格限制对被许可专利技术市场竞争的影响也就越大，反之亦然。在美国 1948 年的 *United States* v. *United States Gypsum Co.* ②案中，Gypsum 公司在许可其石膏专利技术的同时，限制被许可人销售石膏专利产品的最低价格。不仅如此，还存在众多接受此类价格限制许可的被许可人，且他们知道该领域内的其他厂商都会接受这一价格限制许可。美国政府指控，许可人与众多被许可人达成许可协议，通过固定专利产品的价格来限制竞争，排挤竞争性非专利产品。法院认为：即使每个单独的专利许可协议是合法的，但是当采取共同行为时，合法的行为可以变

---

① 专利联营（patent pool）指两个或两个以上专利拥有者，为了能够彼此之间相互分享专利权或者统一对外进行专利许可而将专利权集合行使而形成的一系列协议，通常存在一个组织来统一进行管理。专利联营有时也指代一个组织，代表组织的专利联营称为联营体。专利联营的本质是专利权人在一定范围内让渡、安排自己的排他性专利权的协议。参见宁立志、胡贞珍：《从美国法例看专利联营的反垄断法规制》，载《环球法律评论》，2006（4）。

② *United States* v. *United States Gypsum Co.*，333 U. S. 364，68 S. Ct. 525（1948）.

成非法行为。不能用GE案为本案的行为进行辩护，对于在整个行业范围内限制价格的许可不予豁免。

价格限制程度与其违法性直接相关。当然，一个专利产品的售价高于一个非专利产品的售价并不必然构成专利权滥用，因为必须考虑到创新者利用其知识产权的合理回报。但是，过高或过低的价格限制势必增加其违法风险。对“不公平的高价”和“不公平的低价”的判定应当综合考虑下列因素：销售价格或者购买价格是否明显高于或者明显低于其他经营者在相同或者相似市场条件下销售或者购买同种商品或者可比较商品的价格；销售价格或者购买价格是否明显高于或者明显低于同一经营者在其他相同或者相似市场条件区域销售或者购买商品的价格；在成本基本稳定的情况下，是否超过正常幅度提高销售价格或者降低购买价格；销售商品的提价幅度是否明显高于成本增长幅度，或者购买商品的降价幅度是否明显高于交易相对人成本降低幅度；需要考虑的其他相关因素。认定市场条件相同或者相似，应当考虑销售渠道、销售模式、供求状况、监管环境、交易环节、成本结构、交易情况等因素。①

限制行为持续时间越长，其对相关市场竞争的影响也就越大。同时，限制行为的长时间持续也表明许可人拥有相当的市场力量，且可替代者难以进入相关市场。

（五）竞争者的反应及潜在竞争因素

竞争是一个动态的过程，考察许可双方所受到的各种竞争牵制时，不能仅仅着眼于当时的市场竞争状况。现实的竞争对手如果采取扩大生产、调整价格等措施，可能形成牵制；潜在的竞争对手如果进入相关市场，也可能形成牵制。因此，此时需要考察的是现实竞争者采取扩大生产、调整价格等措施以及潜在竞争者进入相关市场是否存在障碍，克服这一障碍需要竞争者付出多大的成本和冒多大的风险。类似障碍包括诸如规模经济与范围经济、使用关键设施和自然资源的特权、重要技术和业已建立的营销网络等属于许可人自己独有的优势；还可能包括成本和其他障碍，如来自消费者转向新供应商的成本等。除此之外，持续性的市场份额的高度集中可能预示着进入和扩大生产存在障碍。② 具体到专利许可中的价格限制，

---

① 参见国家市场监督管理总局2019年《禁止滥用市场支配地位行为暂行规定》第14条。

② Centre for European Policy Studies，Treatment of Exclusionary Abuses under Article 82 of the EC Treaty：Comments on the European Commission's Guidance Paper（Final Report of a CEPS Task Force），http://arno.uvt.nl/show.cgi?fid=99380.

如果现实竞争者能够及时且以较低成本对许可人的价格限制行为采取应对措施，或者潜在竞争者能够进入相关市场而不存在重大障碍，那么，由于存在容易实现的诸多竞争因素，价格限制对竞争可能的损害就会变得难以实现或者难以持续。

除了上述重要因素，协同者或者滥用者的主观状态也构成认定违法与否的重要证据。价格限制行为以协同行为表现时，协同者主观上的共谋和排除、限制竞争的目的是不可或缺的要件；价格限制行为以滥用行为表现时，滥用者主观上是否存在故意以及是否存在排除、限制竞争之目的都是应当予以考虑的。有时，对宏观上的产业惯例和产业发展程度的考量也是必要的。因为专利技术分布在不同产业领域，而各产业领域的惯例具有差异，在产业不同发展阶段专利技术产生与应用等的条件也有所不同，因此，产业惯例和产业发展程度也是判定价格限制行为之合理性所依据的因素之一。

三、竞争影响评价

（一）现实影响与潜在影响

专利许可中的价格限制对相关市场竞争的不良影响可以表现为对现实竞争的排除、限制，例如，作为专利权人的许可人在自行制造并销售专利产品的同时许可他人制造并销售专利产品，那么，许可人与被许可人之间存在直接竞争关系，此时，如果许可人对被许可人制造并销售的专利产品施加价格限制，则直接导致二者之间的竞争被排除。此外，专利许可中的价格限制对相关市场竞争的不良影响也可以表现为对潜在竞争的排除、限制，例如，许可人所拥有的专利为一关键性技术，或者依该技术生产的专利产品是进入该行业必备的中间品，则该关键性技术或该中间产品构成进入相关市场的基础设施，此时，如果许可人对被许可人制造并销售的专利产品施加价格限制，将可能使其他市场主体不能以合理条件获得该基础设施，阻碍了潜在竞争者的进入。

对专利许可中价格限制的反垄断法分析的根本任务就是对限制行为对相关市场竞争的影响作出判断，即限制行为是否对相关市场竞争产生了排除、限制效果，或可能对相关市场竞争产生排除、限制效果。这两种影响效果均会受到来自反垄断法的强制性约束。

（二）推定影响甚微——豁免制度

豁免是违反反垄断法的行为，由于同时满足了一定要件而不受反垄断制裁的制度。针对行使知识产权的行为，特别是知识产权许可行为，在反垄断法中规定豁免制度，即设定相应的“安全区”，已成为各国家和地区反垄断立法的普遍做法。在欧盟，这一豁免制度又被称为“安全港”制度。《技术转让集体豁免条例》指出，在作为协议当事人的企业是竞争性企业的情况下，如果在受协议影响的相关技术和产品市场上，双方当事人的市场份额合计不超过 20%，应适用成批豁免；在作为协议当事人的企业不是竞争性企业的情况下，如果在受协议影响的相关技术和产品市场上，每一当事人的市场份额均不超过 30%，应适用成批豁免。① 日本《关于知识产权利用的反垄断法指南》规定，如果在商业行为中使用技术的企业在相关产品市场上的份额不高于 20%，则该企业对与技术有关的限制可以视为对竞争影响微弱；如果份额不高于 20%，则特定限制行为对相关技术市场竞争的影响也可视为不重要；如果市场份额无法获得，则在至少有四家企业拥有可替代技术且不存在相关商业行为阻碍的情况下，该限制行为对技术市场竞争的影响可以视为是微弱的。② 美国《知识产权许可的反托拉斯指南》也指出反垄断“安全区”对于提供一定程度的确定性，从而鼓励许可行为是有意义的。该指南同时规定，反垄断“安全区”适用条件有二：一是限制行为不具有明显的反竞争性；二是在受该限制行为影响的相关市场上，许可人与被许可人的合计市场份额不超过 20%。③

可以说，豁免制度对专利许可中的部分价格限制行为作出了直接判断，即符合豁免条件的价格限制被认为对相关市场竞争影响甚微，而免受反垄断法的强制性规制；不符合豁免条件的价格限制被认为可能对相关市场竞争产生较大影响，还需要在个案中通过具体分析和审查后作出最终判断。需要指出的是，在某一价格限制行为因被认定满足豁免条件而获得豁免后，不必再对其进行下一步分析。

（三）综合性价值判断——利弊衡量

在个案分析中，当专利许可中的价格限制具有或者可能具有的反竞争效果已经被认定时，竞争主管当局还有必要考虑该价格限制对于促进竞争效率提升是否合理、必要，即竞争主管当局应当衡量促进竞争和反竞争效果，来得出专利许可协议中价格限制对相关市场竞争所具有的最终效果。

---

① 参见欧盟 2004 年《技术转让集体豁免条例》第 3 条。

② 参见日本 2007 年《关于知识产权利用的反垄断法指南》第二章第 5 条、第四章第 1 条第 3 项。

③ 参见美国 1995 年《知识产权许可的反托拉斯指南》第 4.3 节。

如我国台湾地区"'公平交易委员会'对于技术授权协议案件之处理原则"指出，审理技术授权限制案件应比较授权协议所增加的技术利用机会与排除竞争效果的影响程度。

当然，该效率效果还应同时满足相关要件：其一，效率的提高是客观的和可以证明的。例如，美国《知识产权许可的反托拉斯指南》要求个案中的反竞争损害与促进竞争效果相比可能是极其微小的。与此同时，如果反竞争效果会增加，竞争主管当局还应要求提供证据以证明具有更大程度的预期效率。① 其二，限制行为是效率产生所必不可少的。是否存在现实的、明显较少产生反竞争效果的其他许可方式，应作为判定该许可限制是否合理、必要的考虑因素。如果许可人可以通过明显较少产生反竞争效果的许可方式获得相似的效率，则竞争主管当局无须着重考虑许可人所提出的效率主张。除此之外，还应满足产生的效率所带来的好处必须能够为消费者所分享、限制行为不会严重限制相关市场的竞争等条件。

第四节　实践改进建议

2008 年实施的《反垄断法》第 55 条对滥用知识产权排除、限制竞争行为的规制作了原则性规定。2019 年，国家市场监督管理总局颁布实施了《禁止垄断协议暂行规定》和《禁止滥用市场支配地位行为暂行规定》，整合了此前国家发展和改革委员会制定的《反价格垄断规定》和《反价格垄断行政执法程序规定》，这些部门规章细化了《反垄断法》关于价格垄断的原则性规定，对于知识产权许可中的价格垄断行为也是适用的。但是，基于知识产权许可行为的特殊性，制定知识产权领域的反垄断指南是必要的，也有益于增强《反垄断法》第 55 条的可操作性。基于此，国务院反垄断委员会于 2019 年制定出台了《关于知识产权领域的反垄断指南》。《指南》的出台弥补了《反垄断法》的一般规定太过抽象和原则而导致的规则适用不足，但遗憾的是，《指南》未能就知识产权许可中的价格限制作出专门的规定，仍然有在实践中加以完善的空间。综合前述分析，笔者拟对我国关于专利许可中价格限制的反垄断实践提出以下建议。

---

① 参见美国 1995 年《知识产权许可的反托拉斯指南》第 4.2 节。

一、原则与指南

近年来，美国反垄断司法经验认为 1911 年 *Dr. Miles Medical Co.* v. *John D. Park &Sons Co.* 案创立的本身违法原则所依据的基础性经济学判断是不合理的。这一准则的发展与应用给商界带来了不确定性和无效率；不仅耗费了法院和当事人的资源，也迫使企业转而采用那些效率较低的商业行为以避免本身违法的指控。① 而合理原则是反垄断法基本价值目标——经济效率的集中体现，能对变动不居的经济世界与不断更新的经济理念作出及时的回应。合理原则能够周全地照顾到诸多不同利益，使反垄断法分析判定更具恰当性。对专利许可中价格限制的反垄断法分析应坚持合理原则。

当然，合理原则的实践意义还在于由此原则派生出来的判断涉案行为合法与非法的更具体的标准②，这要求强化指南的可操作性。第一，类型化分析有利于增强指南的可操作性。专利许可中的价格限制有多种表现形式，而不同形式的价格限制的合理基础有差异，因而需要及时总结出相应的判断规则和规制规则。具体来讲，指南可以列举专利许可实践中常见的价格限制的表现形式，例如，界定各种价格限制的内涵，以区别不同形式的价格限制行为，一般性指明每一形式的价格限制所具有的合理因素和对竞争可能的影响，具体罗列出评价每种价格限制形式对竞争的影响时应特殊考虑的因素。第二，设定反垄断“安全港”也是有效的方法，因为那些对相关市场竞争影响甚微的价格限制行为可直接获得豁免，而无须受进一步分析与审查。另外，强化指南的可操作性也可增强指南的明确性，明确性是鼓励市场主体投资于创新活动并承担风险的法律框架所必需的因素，是保护动态竞争力量的基本手段。③ 就我国《关于知识产权领域的反垄断指南》而言，专利许可中价格限制的表现形式的相关规则仍是空白，但《指南》设立了涉及知识产权协议的“安全港”规则，列举了“安全港”的具体标准。“安全港”规则的设立增强了经营者对知识产权相关协议的

① 参见［美］托马斯·O. 巴尼特：《竞争法与竞争政策的现代化：来自美国普通法的经验》，李胜利译，载《安徽法学》，2008（3）。

② 参见宁立志：《专利搭售许可的反垄断法分析》，载《上海交通大学学报（哲学社会科学版）》，2010（4）。

③ 参见［美］杰西·马卡姆：《中国〈反垄断法〉下的知识产权保护——价格管制和不确定性问题》，载《环球法律评论》，2010（4）。

预判，给予市场主体明确的预期，对于专利许可中价格限制行为的规制同样具有积极意义。

二、从一般到特殊

我国《反垄断法》和《禁止垄断协议暂行规定》就对价格垄断的规制作了一般性规定。《反垄断法》第 13 条禁止具有竞争关系的经营者达成固定或者变更商品价格的垄断协议；第 14 条禁止经营者与交易相对人达成固定向第三人转售商品的价格或限定向第三人转售商品的最低价格的垄断协议。此外，《禁止垄断协议暂行规定》对上述价格垄断行为的表现形式作了类型化规定。① 但具体到专利许可中的价格限制，适用上述条款还存在着不足：如果许可人自身并不制造并销售专利产品，而对被许可人制造并销售的专利产品施加价格限制，由于二者之间并不存在竞争关系，所以不适用《反垄断法》第 13 条的规定。如果许可人仅对被许可人制造的专利产品的初次销售价格施加限制，而没有对转售价格施加限制，那么，也不能适用《反垄断法》第 14 条的规定，因为此时的被许可人是专利产品的制造人和初次销售人，即许可人与被许可人之间并不存在专利产品的买卖关系。在被许可人销售专利产品于第三人之后，第三人实施的销售才为“转售”。可见，这不同于《反垄断法》第 14 条规定的“向第三人转售”。

因此，关于专利许可中价格限制的反垄断指南应特别明确以下两点：其一，被许可人销售自己依照许可专利技术制造的专利产品为初次销售，不能适用与转售价格维持相同的反垄断规则；其二，许可人对专利产品转售价格的限制是通过被许可人与第三人的销售协议实现的，即许可人并没有直接参与转售价格维持协议。因此，指南应针对专利许可中价格限制这一行为设计出相应的特殊规则。

三、区别对待初售与转售

如上文所述，专利许可中的价格限制包括初次销售价格限制和转售价格限制，二者对竞争的影响是不同的。处于初次销售阶段的专利产品还没有完全进入纯粹流通领域，许可人对专利产品初次销售价格限制的影响主要集中在被许可人与第三人之间的交易上，即并没有制约到更多的交易环节，因此，专利许可中的初次销售价格限制对竞争难以产生长远性损害。

① 参见国家市场监督管理总局 2019 年《禁止垄断协议暂行规定》第 7 条、第 12 条。

并且，此时专利产品距离专利权人较近，也难以受到“法定垄断权”延伸过长嫌疑的指责。专利产品脱离被许可人后，专利产品即进入纯粹流通领域。而许可人对专利产品转售价格限制是通过被许可人与第三人的销售协议实现的，即转售价格限制条款成为被许可人与第三人之销售协议的重要内容，而这不仅直接影响到初次销售交易，更重要的还在于转售价格限制本意是对第三人的转售交易产生影响。许可人也可以通过被许可人和第三人对再转售价格施加限制，依此类推，无论专利产品流通至何人手中，许可人的转售价格限制都可以实现对专利产品销售价格的限制。于是，转售价格限制将严重威胁到商品的自由流通，甚至构成对整个产业的“塔尖控制”。这当然是专利权穷竭原则所极力禁止的，更是需要反垄断法密切关注的。

因此，在制定或完善涉及专利许可中的价格限制的反垄断指南时，应充分考虑到初次销售价格限制与转售价格限制对竞争的影响是大有不同的，对二者应区别对待。

四、价格法、专利法和反垄断法的衔接与协调

专利许可中的价格限制问题涉及价格法、专利法和反垄断法等相关法律。价格法是调控市场主体价格行为的一般法，我国《价格法》确认了市场主体的自主定价权。《价格法》第11条规定：经营者进行价格活动，享有自主制定属于市场调节的价格，在政府指导价规定的幅度内制定价格，制定属于政府指导价、政府定价产品范围内的新产品的试销价格，检举、控告侵犯其依法自主定价权利的行为等基本权利。价格法应合理划定政府干预定价机制的边界。而作为知识产权行使行为，专利权人对专利产品价格的一定控制是专利法维护专利权人利益的基本方式之一。同时，当这一行为产生或者可能产生排除、限制竞争的影响时，作为政府干预市场手段的反垄断法势必要对其加以管制。所以，宏观上完善相关立法以衔接不同规定并恰当处理好其中关系也是必要的，以为专利许可中的价格限制行为提供周全的法制规范。

第十一章　专利许可中的数量限制

在专利许可合同中约定数量限制是专利许可活动中的限制性做法之一，包括限制产量、销量、技术使用次数等多种限制形式。数量限制条款的订立可降低许可人的研发风险，有助于许可人收回前期投资并获得收益。虽然数量限制作为协议双方自由协商的合同条款，理应获得法律的保护，但在特定条件下，专利为一种市场竞争工具，在专利许可合同中约定数量限制条款存在控制市场和限制竞争的可能。各国家和地区结合合同双方关系、数量限制类型、合同当事人的市场份额等多种因素，对数量限制条款予以评判。我国尚未有系统且完整的涉及数量限制的法律规范，仍需在借鉴域外经验的基础上，从垄断协议与滥用市场支配地位这两个角度分析数量限制条款的合法与违法问题。

专利许可活动中的限制性做法种类繁多，每一种限制性做法对竞争的影响都有其独特的机理。本章专门阐述专利许可合同中的数量限制，为相关立法和执法实践对该种限制合法与否的判断，提供一些分析和判定的思路。

第一节　数量限制概述

专利许可合同中的数量限制条款是指在专利许可合同中专利许可人限制自己或者被许可人生产、销售专利产品数量①的条款。专利许可合同中的数量限制是专利许可人与被许可人在签订专利许可合同时约定的合同条款。根据专利许可人许可其专利权的不同目的和方式，可将数量限制分为

① 此处的专利产品包括拥有专利权的产品以及依据专利方法直接获得的产品，下文若无明确说明，皆为此种含义。

以下几类。

第一，产量限制。专利许可合同中的产量限制是指专利许可人在专利许可合同中单方面要求被许可人或与被许可人约定生产专利产品达到某个最低数量或者不能超过某个最高数量。专利许可人与被许可人订立产量限制条款可能是为了确保收回专利研发成本，转移专利研发风险，也可能是为了控制市场上相关专利产品的总量，以此人为地操控市场中该专利产品的供求关系，最终达到控制该专利产品价格的目的。

第二，销量限制。专利许可合同中的销量限制是指专利许可人在专利许可合同中单方面要求被许可人或与被许可人约定双方专利产品的销售数量必须达到一定标准或者控制在一定标准以内。专利许可人与被许可人订立销量限制条款的目的与订立产量限制条款的目的具有一定的相似性，但该项限制条款更容易产生人为划分市场或消费者群体的效应，削弱相关市场内的有效竞争。

第三，专利技术使用次数限制。专利许可合同中的专利技术使用次数限制是指在专利许可合同中专利许可人规定被许可人使用专利技术的最低次数或最高次数。该项限制间接地决定了被许可人利用该专利技术生产产品的最低数量或最高数量。专利技术许可人与被许可人订立此项条款可能是为了推动专利技术的传播，鼓励被许可人积极地实施被许可的技术，也可能是为了控制专利产品的价格，追求专利产品的垄断高价。

第四，专利产品使用次数限制。专利许可合同中专利产品使用次数限制是指在专利许可合同中专利许可人要求被许可人对专利产品的使用必须达到一定的次数或者达到一定的使用次数之后就禁止其继续使用。专利许可人与被许可人订立此项条款可能是为了让被许可人积极使用专利产品，实现专利产品的价值，防止非实施主体进行专利的不当集中或被许可人为了维持自身在相关产品上的垄断地位而买断相同或者替代性专利产品的行为。但此项条款的订立也有可能是从专利产品本身性质出发，从社会公众健康安全的角度考虑，限定专利产品的使用次数，使专利产品的质量符合正常使用标准。

第五，其他形式。随着市场经济的发展，专利许可合同中数量限制条款的形式更加多样，具体包括：（1）既限制被许可人使用专利技术的次数，又限制其利用专利技术生产产品的数量；（2）要求被许可人仅在满足自身生产需要的前提下制造和使用专利产品，禁止其制造后直接销售的行为，即所谓的垄断性使用限制（captive use restriction）；（3）限制被许可人使用专利技术或者专利产品的周期等。这些限制方式都或多或少地阻碍被许可人自由运用专利技术和产品，在特定情况下可能限制市场的充分竞争。

在专利许可合同中增加限制性条款无疑提高了合同订立的成本，且一些限制性条款的订立可能会受到反垄断法的规制，合同双方可能遭受反垄断执法机构的审查，但专利许可合同双方当事人仍然订立数量限制条款，其中的动因何在？本书认为主要有以下两点：第一，利益的驱使。专利许可合同中双方当事人达成数量限制条款，可以通过控制专利产品的数量间接控制相关产品的价格。专利产品与现有的产品相比更具新颖性与创造性，能够产生一定的市场需求，而专利许可合同双方当事人人为地控制专利产品的生产或销售数量，罔顾市场需求，造成专利产品供不应求，以此提高专利产品的价格，使专利产品维持一定的垄断高价。这样，专利许可合同双方当事人就可以依仗技术优势获得价格优势，以此获取市场利益。第二，降低风险。在某些专利许可合同中，许可人会向被许可人提出最低生产或者销售数量的要求，以此来获得合理的专利许可费用。在专利技术或专利产品被研发出来之前，发明创造人需要投入大量的人力和物力，只有使用专利技术或产品达到一定的程度才能回收发明创造过程中所耗费的资金。但是，如果被许可人生产或者销售的产品数量过低，专利权人从被许可人处获得专利许可费用就没有保障。专利权人为了维护自身利益，降低研发成本的回收风险，会在专利许可合同中约定专利产品最低生产数量或者专利技术最低使用次数。

第二节　专利许可合同中数量限制的权源分析

我国《民法典》第 5 条规定：“民事主体从事民事活动，应当遵循自愿原则，按照自己的意思设立、变更、终止民事法律关系。”第 470 条规定：“合同的内容由当事人约定，一般包括下列条款：（一）当事人的姓名或者名称和住所；（二）标的；（三）数量；（四）质量；（五）价款或者报酬；……”民法充分尊重合同双方当事人的意思自治，民法中关于合同的条文多为任意性的规范，或为引导当事人的行为，或为补充当事人意思的不备①，体现合同自由原则。专利许可合同作为技术合同的一类，其订立

① 参见韩世远：《合同法学》，7 页，北京，高等教育出版社，2010。

的过程也应遵循民法的基本原则，由合同双方当事人自由协商合同条款，确定相互之间的权利义务。合同订立的过程是合同双方当事人利益博弈的过程，合同中的各项条款代表了合同当事人不同的利益诉求，专利许可合同中的数量限制条款即是合同当事人之间利益博弈的结果，一般情况下法律不会主动干预，即使可能存在利益失衡的情况，法律也预留一定的空间，由合同当事人通过协商或者行使撤销权的方式矫正利益的失衡，确保合同双方当事人权利、义务的对等。但合同自由并不表示合同双方当事人可以无所顾忌地任意订立合同条款，我国《民法典》第 8 条规定："民事主体从事民事活动，不得违反法律，不得违背公序良俗。"为防止合同当事人滥用合同自由，损害他人或社会公众的利益，法律对合同自由进行一定的限制，要求权利人在不损害他人利益和社会公益的前提下，追求自己的利益，从而使当事人之间的利益关系和当事人与社会之间的利益关系实现平衡。① 专利许可合同的当事人若为了追求技术垄断所带来的高额利润，限制市场中相关专利产品的数量，维持专利产品的垄断高价，将在一定程度上影响公平自由的竞争环境，进而损及消费者的福利。这时市场规制法的主动介入，就成为必要。

专利许可合同客体的特殊性，使当事人订立专利许可合同的行为不仅要遵循合同法的基本原理，也应当符合专利法的一般规定。我国专利法并未具体规定专利权人与他人订立专利许可合同的内容，仅在《专利法》第 12 条中规定："任何单位或者个人实施他人专利的，应当与专利权人订立实施许可合同，向专利权人支付专利使用费。被许可人无权允许合同规定以外的任何单位或者个人实施该专利。"专利法充分保护专利权人的专有权，禁止他人未经专利权人许可的任何使用行为；专利法并未禁止专利权人在专利许可合同中规定限制性条款，依据私法中"法无禁止即可为"的基本原理可推知，专利许可合同中可附加数量限制条款。但这只是该问题的基本面，并不意味着专利法对于专利许可合同的订立了无限制。《专利法》第 1 条规定："为了保护专利权人的合法权益，鼓励发明创造，推动发明创造的应用，提高创新能力，促进科学技术进步和经济社会发展，制定本法。"专利法是在保护专利权人合法权益的基础上，通过促进技术的传播与应用来实现科学技术的进步和经济社会的发展，因此任何有关专利的使用行为都应当有利于专利的传播与应用。若专利权人在专利许可合同

① 参见钱玉林：《禁止权利滥用的法理分析》，载《现代法学》，2002 (1)。

中设定的数量限制条款阻碍了专利的传播与应用，则与专利法的宗旨性规定不符，不能获得专利法的当然首肯，应当受到合理的审视。

第三节　专利许可合同中数量限制的双重作用

虽然专利许可合同中的数量限制在一定程度上间接地控制了市场上专利产品的价格，但这是在技术与其他要素相融合，并实现专利技术传播的过程中存在的伴生现象。对专利许可合同中的数量限制从不同的角度分析，可以发现其既存在鼓励技术创新和传播的积极一面，也存在限制市场自由竞争的消极一面。

一、数量限制的积极作用

首先，数量限制条款的约定以及法律对该约定的某种容忍在一定程度上能鼓励专利权人传播先进技术。对于一些高新技术领域的发明专利而言，专利研发周期长，研发风险大，且研发成功后对市场影响较大，在有足够生产能力的情况下，独享专利技术所带来的垄断利润往往是大多数专利权人的首选，但这样的做法不利于技术的互补和传播。为了鼓励专利权人许可他人使用专利技术，法律允许专利权人在专利许可合同中附加数量限制条款。这样虽然降低了被许可人与许可人竞争的程度，使专利权人保持自身的竞争优势，却也能使其他竞争者和社会大众分享技术的进步，促进新技术的传播以及不同技术间的互补与再创新。

其次，数量限制条款的约定可以敦促被许可人积极使用新技术，防止竞争者因恶意竞争而将专利技术买断雪藏以此来阻隔新技术的传播与应用。一些专利许可合同往往会规定最低生产或者销售数量，一方面，这可以确保专利权人收回专利研发成本，并通过专利许可获得一定的利润，降低了专利权人进行新技术研发和创新的风险，也使其有更多的财力研发新技术；另一方面，这也能抑制竞争者之间的恶意竞争。在一些专利许可合同中，被许可人获得许可并不是为了利用先进技术，而是为了防止此项技术被广泛实施后对其现有市场利润的瓜分。被许可人提前将专利技术通过独占或者获得独家许可的方式买断，而后将该专利技术束之高阁，以此确保自己在相关市场中的优势地位的做法是不利于技术的实施和产业化的，同时也不利于技术的不断进步。而专利许可合同中的最低数量限制可以减少此种情况的发生，促使被许可人积极利用新技术。

最后，数量限制条款可以控制相关市场的产品流通数量，从而将市场预留给其他竞争者或潜在竞争者。专利权人与被许可人因拥有先进的专利技术，在相关市场中具有一定的竞争优势，若专利权人与被许可人积极生产专利产品，使相关市场上的专利产品达到饱和状态，则这时其他竞争者或潜在竞争者在短时间内不可能改变已经形成的市场格局，获取市场利润。在此种情形下，其他竞争者或者潜在竞争者可能会放弃进入相关市场。而专利许可合同中双方当事人自愿将其专利产品保持在一定的数量之内，就将相关市场的空间预留了一部分，这对相关技术或者生产实力暂时较弱的竞争者来说是一种机会，可以激励其积极研发替代性产品，进入相关市场参与竞争，进而激发整个市场的创新与竞争活力。

二、数量限制的消极作用

首先，相关产品的生产或者销售数量本属企业自主经营范畴，专利权人为了实现自身利益在许可合同中约定数量限制条款，实际上限制了其他企业的自主经营权。一方面，被许可企业作为市场逐利主体，通过高额的许可费用从专利权人手中获得专利技术，是为了利用专利技术大量生产专利产品，获取市场效益，也即追求利润最大化是其主要的经营目标。另一方面，由于专利技术是不同于现有技术的创新技术，社会对新产品的接受往往有一个过渡期，所以专利产品生产或销售的数量不可能一开始就保持在一定的水平，或者在市场饱和后也不可能一直保持在相同水平，企业要根据市场需求适当地调节生产或者销售数量。专利权人从自身利益考虑，限制被许可人生产或者销售专利产品的最高数量或者最低数量，不仅干涉了其他企业的自主经营权以及企业对市场的适应，也限制了企业的自由竞争。

其次，数量限制条款间接地控制了相关专利产品的价格，违背价值决定价格的经济理论，降低消费者福利，是一种潜藏负面效应的反竞争行为。产品的生产或者销售数量理应由市场需求决定，而在专利许可合同中约定数量限制条款则人为地控制了特定专利产品的产销，破坏了市场的内在供需调节机制，这会造成相关市场上特定专利产品供不应求或者供过于求，导致价格信息失真，限制自由经济的发展。特别是专利权人作为经济人，出于逐利的本性，在专利许可合同中限定专利产品的最高生产或者销售数量，造成相关市场中该产品的供不应求，以此维持该产品垄断高价，并不符合自由竞争的市场规律，也损害消费者利益。

最后，在多重专利许可，即一对多许可模式中，专利权人对多个被许可人进行产量限制，有可能造成被许可人之间的卡特尔，甚至消除被许可人之间的竞争，使各个被许可区间的消费者都沦为被宰割的对象，对消费者的利益造成损害。[①] 在多重专利许可中，专利权人和多个被许可人约定数量限制条款，实际上是固定了相关市场上该专利产品的每个被许可人的销售地域、销售群体和销售价格。一方面，由于被许可人的产量受到限制，获得相同许可的被许可人为了维持自身的盈利，针对相同的许可条件，相互之间会根据商业习惯或者惯例将相关专利产品控制在特定价格之上以保证最低或必要收入，这易促成被许可人之间的价格跟随或价格卡特尔，被许可人之间的协同行为在一定程度上限制了市场的自由竞争。另一方面，专利权人限制被许可人的产量，导致单个被许可人生产的产品只能维持在一定的地域或范围内销售，不同被许可人的产品不能在本应打通的市场上互相流通，市场因许可人的数量限制而被人为地分割，而本具有竞争关系的被许可人之间的竞争，因为销售地域和销售群体的不同，被人为地削弱甚至消除。这不仅打击了经营者为获得竞争优势而提高服务质量、降低产品价格的积极性，而且使消费者选择的机会变少，损害了消费者权益。

从不同的角度考虑，我们会发现，专利许可合同中的数量限制条款既有维护专利权人利益、鼓励专利权人即时传播技术、促进不同技术之间互补的积极作用，也有限制企业自主经营权、阻碍市场自由竞争、损害消费者福利的不利后果。对于任何专利许可合同中的数量限制，都必须分析其积极效果与消极效果，两相权衡后再决定是否对其进行法律规制。

第四节　域外立法例对数量限制的规定

我国市场经济发展较晚，维护市场竞争和促进科技创新的法律规范仍不完善。而域外许多国家和地区的知识产权与竞争立法、实践已有长足发展，特别是美国、欧盟、日本，以及我国台湾地区等，其市场经济的发展为立法的完善与实施提供了基础性条件和广阔空间，分析这些国家和地区的规定和司法判例对于完善我国法律规范具有一定的借鉴作用。

---

① 参见吕明瑜：《知识产权垄断的法律控制》，379 页，北京，法律出版社，2013。

一、美　国

美国立法与司法实践对专利许可合同中的数量限制条款的态度并不一致。1953 年美国第三巡回上诉法院在 Q-Tips 案的判决中认为 Q-Tips 在专利许可合同中限制被许可人利用专利机器生产的非专利产品数量与型号的行为是合法的，在专利有效期间内，专利权人可以限制他人对其专利任何形式的使用行为。① 1956 年美国最高法院在 E. I. DuPont de Nemours & Co. 案中允许许可人在专利许可合同中直接规定最高产量限制条款，认为“这起案件就是有效产品专利所有者通过许可的方式要求被许可人在指定区域的生产量达到规定数量”②。1967 年在 Hensley 案的判决中，美国第五巡回法院认可了一个最低数量限制的条款，即被许可人销售的专利产品如果低于合同数量，专利权人有权将独占许可改为非独占许可。该法院的观点是，这个限制性规定“可确保被许可人不得因其‘不使用’而剥夺专利权人和社会从这个专利可以获得的利益”③。美国司法机关认为数量限制条款合法的理由是数量限制条款被认为与专利的存在有关，专利权人在专利许可合同中设置数量限制条款并非不恰当地扩张了其专利垄断权的范围；并认为数量限制条款仅是间接地控制被许可产品的市场营销，这种行为在法律和政策层面都是被允许的。④ 而美国司法部和联邦贸易委员会于 1995 年 4 月 6 日联合发布的《知识产权许可的反托拉斯指南》第 3.4 节规定，在专利许可中，水平竞争者（horizontal competitors）之间订立产量限制条款行为本身是违法的。⑤ 2017 年 1 月 12 日公布的新版《知识产权许可的反托拉斯指南》中该项条款的规定并未改变。

二、欧　盟

欧盟对于专利许可合同中数量限制条款的规定经历了从僵化到灵活的

① See *Q-Tips, Inc.* v. *Johnson & Johnson*. 109 F.Supp. 657，95 USPQ 250（D.N.J. 1951）. aff'd，207F. 2d 509（3d Cir. 1953）. cert. denied，347 U. S. 935（1954）.

② *U. S.* v. *E. I. DuPont de Nemours & Co*. 118 F. Supp. 41，99 USPQ 402（D. Del. 1953）. judgment aff'd on other grounds，351 U. S. 377，76 S. Ct. 994，100 L. Ed. 1264（1956）.

③ *Hensley Equipment Co*. v. *Esco Corp*.，383 F. 2d 252，155 USPQ 183（5th Cir.，1967）.

④ See Milton Handler，Michael D. Blechman，An American View of the Common Market's Proposed Group Exemption for Patent Licenses，*International Lawyer*（*ABA*），1980，14（3）.

⑤ See U. S Dept. of Justice and Federal Trade Commission，Antitrust Guidelines for the Licensing of Intellectual Property §3.4，https://www.justice.gov/atr/antitrust-guidelines-licensing-intellectual-property.

发展过程。在1985年1月1日生效的《关于专利许可协议适用条约第85条第3款的第2349/84号条例》（简称《2349/84号条例》）[①] 中有关数量限制条款的规定主要有以下几项：（1）第2条的“白色条款”[②] 中规定许可人可要求被许可人支付最低许可使用费或生产最低数量的被许可产品。[③]（2）第3条“黑色条款”[④] 中规定了限制一方当事人可能制造或销售的被许可产品数量或者限制一方当事人使用被许可发明的次数的条款。1996年1月31日欧盟公布了《关于技术转让协议集体适用欧共体条约第81条第3款的第240/96号条例》（简称《240/96号条例》）[⑤]，在《240/96号条例》第1条关于豁免适用条约第85条第1款的规定中涉及数量限制条款的是第1款第8项，即当合同产品是被许可人产品不可分割的一部分或是被许可人产品的替换件或与被许可人产品的销售有关，且被许可人能够自由决定自己产品的生产数量时，许可人可要求被许可人生产合同产品的数量仅限于为被许可人出售自己产品所需。此条款适用豁免的前提是数量限制条款的订立时间在专利有效期间内。《240/96号条例》第2条的条款类型是，虽然限制性条款已经落入条约第85条第1款的规定，但是由于特殊情况的存在，这些限制性条款同样可以被豁免。有关数量限制条款的规定主要见诸第2条第1款第9项，即许可人要求被许可人支付最低许可费或者生产最低数量的被许可产品或者利用被许可技术的最低次数。第2条第1款第13项则规定若许可合同的目的是让消费者在被许可的地域范围内可以获得其他供货来源，那么许可人可以要求被许可人仅向特定的消费者供应有限数量的被许可产品；若消费者就是被许可人，其本身制

---

① See EEC Commission, Regulation No. 2349/84, 27 O. J. Eur. Comm. (No. L219) 15 (1984)，其已于1996年3月31日失效。此处引用仅在说明欧盟相关立法的变化。

② “白色条款”中主要包含了正常专利许可条款，一般情况下它们不违反《罗马条约》第85条第1款，因此在专利许可合同中设置该类条款是可被豁免的。See Michael L Coleman, Dieter A Schmitz, EEC Patent Licensing Regulation—Practical Guidelines, *Business Lawyer*, 1986, 42 (1).

③ 此条款在1979年《2349/84号条例》的草案中属于第1条“允许条款”，即可能违反《罗马条约》第85条第1款的规定，但是被豁免了。See Michael L Coleman, Dieter A Schmitz, EEC Patent Licensing Regulation—Practical Guidelines, *Business Lawyer*, 1986, 42 (1).

④ “黑色条款”主要包括一般情况下会限制竞争的条款，它们将不会得到豁免。See Michael L Coleman, Dieter A Schmitz, EEC Patent Licensing Regulation—Practical Guidelines, *Business Lawyer*, 1986, 42 (1).

⑤ EU: Regulation (EC) No 240/96 of 31 January 1996 on the application of Article 85 (3) of the Treaty to certain categories of technology transfer agreements，其已于2004年4月30日失效，此处引用仅在介绍欧盟有关数量限制条款相关立法的变化。

造或委托他人制造被许可产品，同时签订许可合同的目的也是让消费者获得其他供货来源，则该情形同样适用本条款的规定。《240/96 号条例》第 3 条是不被豁免的限制性条款，有关数量限制的主要是其第 5 款，即限制一方当事人制造或销售被许可产品数量或者使用技术的次数，第 1 条第 1 款第 8 项和第 2 条第 1 款第 13 项另有规定的除外。《240/96 号条例》第 7 条规定了委员会可以根据案件的特殊情况取消限制性条款的豁免适用，其中有关数量限制条款的是第 4 款，即在授权许可期间，双方当事人是竞争性制造者（competing manufacturers）[①]，许可人限制被许可人生产的最高数量以阻碍被许可人自由使用他人的竞争性技术。2004 年 4 月 27 日欧盟公布了《关于技术转让协议适用条约第 81 条第 3 款的第 772/2004 号条例》（简称《772/2004 号条例》）。[②]《772/2004 号条例》与前述两个条例明显的区别在于，其不再逐条列举适用豁免的条款，更关注协议当事人的市场份额、相关技术和产品市场的结构和动态，由此在规定中区分竞争者之间的协议与非竞争者之间的协议，同时关注协议双方主体的市场份额。《772/2004 号条例》中有关数量限制问题的规定主要有第 4 条第 1 款 b 项，即当协议双方为竞争性企业时，直接或者间接地，单独或与当事人控制下的其他因素相结合地限制产量的条款不适用第 2 条的豁免规定，但在非交叉协议[③]中对被许可人或者在交叉协议[④]中只对其中一个被许可人的协议产品的产量进行限制的除外。第 4 条第 1 款（c）项（vi）规定，当协议双方为竞争性企业时，直接或者间接地，单独或与当事人控制下的其他因素相结合地划分市场和消费者的协议不适用第 2 条的豁免，但在被许可人可自由销售作为自己产品配件的协议产品的情况下，许可人要求被许可人生产协议产品仅为自己使用所需的限制可以适用第 2 条的豁免。第 4 条第 1 款（c）项（vii）规定，当协议双方为竞争性企业时，直接或者间接地，

① 竞争性制造者是指从使用者的角度考虑，制造者生产的产品与专利产品从特性、价格以及预期用途等方面比较是具有可替代性的。

② EU：Regulation（EC）No 772/2004 of 27 April 2004 on the application of Article 81（3）of the Treaty to categories of technology transfer agreements，其已于 2014 年 4 月 30 日失效。此处引用仅在介绍欧盟有关数量限制条款相关立法的变化。

③ 非交叉协议是一种技术使用协议，在该协议中一方当事人授予另一方当事人专利许可、专有技术许可、软件版权许可或者专有技术和软件版权混合的许可，或者双方互相授予许可，但这些许可不涉及互相竞争的技术，也不会被用于生产具有竞争性的产品。

④ 交叉协议是一种技术使用协议，指同一合同关系当事人在同一或不同的技术使用协议中，双方互相授予对方专利许可、专有技术许可、软件版权许可或者专有技术和软件版权混合许可，这些许可涉及互相竞争的技术，或者可被用于生产具有竞争性的产品。

单独或与当事人控制下的其他因素相结合地划分市场和消费者的协议不适用第 2 条的豁免，但为了给消费者提供其他供货来源，在非交叉协议中要求被许可人生产的协议产品仅供应特定的消费者的限制性条款可适用第 2 条的豁免。第 4 条第 2 款（b）项（iii）规定，当协议双方为非竞争性企业时，直接或者间接地，单独或与当事人控制下的其他因素相结合地划分地域或消费者，使被许可人被动销售协议产品的协议不适用第 2 条的豁免，但在被许可人可自由销售作为自己产品配件的协议产品的情况下，要求被许可人生产协议产品仅为自己使用所需的限制可适用第 2 条的豁免。第 4 条第 2 款（b）项（iv）规定，当协议双方为非竞争性企业时，直接或者间接地，单独或与当事人控制下的其他因素相结合地划分地域或消费者，使被许可人被动销售协议产品的协议不适用第 2 条的豁免，但为了给消费者提供其他的供货来源，要求被许可人生产的协议产品仅供应特定的消费者的限制性条款可适用第 2 条的豁免。① 同时，上述所有适用第 2 条豁免的技术转让协议都需满足《772/2004 号条例》第 3 条的规定，即：协议双方为竞争性企业时，双方当事人合计市场份额未超过受其影响的相关技术和产品市场总份额的 20%；协议双方为非竞争性企业时，每一当事人的市场份额都不应超过受其影响的相关技术和产品市场总份额的 30%，而且欧盟委员会可根据具体情况取消限制性条款的豁免。现行有效的《关于技术转让协议适用〈欧盟运行条约〉第 101 条第 3 款的第 316/2014 号条例》（简称《316/2014 号条例》）② 中有关数量限制的规定，与《772/2004 号条例》的规定仅条序不同，实质内容未有改变，此处不再赘述。欧盟对于专利许可合同中的数量限制条款的规定，由最初采用直接规定合法的数量限制条款与非法的数量限制条款这种过于僵化的立法模式到后期注重相关市

① 《772/2004 号条例》第 4 条第 2 款规定："Where the undertakings party to the agreement are not competing undertakings, the exemption provided for in Article 2 shall not apply to agreements which, directly or indirectly, in isolation or in combination with other factors under the control of the parties, have as their object: …… (b) the restriction of the territory into which, or of the customers to whom, the licensee may passively sell the contract products, except: …… (iii) the obligation to produce the contract products only for its own provided that the licensee is not restricted in selling the contract products actively and passively as spare parts for its own products, (iv) the obligation to produce the contract products only for a particular customer, where the licence was granted in order to create an alternative source of supply for that customer……"

② EU：Regulation 316/2014 on the application of Article 101 (3) of the Treaty on the Functioning of the European Union to categories of technology transfer agreement，其已于 2014 年 5 月 1 日生效，有效期至 2026 年 4 月 30 日。

场结构与协议双方主体间的关系，体现了欧盟更加关注对特定市场条件下协议主体行为的监管。

三、日 本

日本先后有多份法律文件对专利许可合同中的限制性条款作出规定，虽然有的（下述前三项）已经废止，但是分析其规定可以看出相关部门对数量限制条款态度的转变：（1）1968 年颁布的《国际许可协议的反垄断指导方针》。该方针规定，对专利产品的产量和销售量加以限制或对专利方法的使用次数加以限制的条款不被视为不正当限制。（2）1989 年颁布的《关于管制专利和技术秘密许可协议中的不公正交易方法的指导方针》。该方针规定，要求最少的生产或者销售数量的条款被认为是公正的，而限制被许可人出口专利产品的能力或者限制其价格或数量的条款被认为可能是不公平的，但以上情况受到有关部门允许的除外，其结论的得出需要对市场上许可人和被许可人的地位、市场状况以及限制的期限进行具体分析。（3）1999 年颁布的《专利和技术秘密许可协议中的反垄断法指导方针》。该方针对于专利许可协议中的数量限制，先判断该项条款是否属于专利权人合法行使专利权的行为，再根据双方当事人的市场份额、市场饱和度、消费者群体、当事人的市场影响力等判断该条款可能产生的限制竞争的后果和对市场影响程度的高低，将该行为的积极效应与消极效应两相比较之后得出结论。（4）2007 年颁布的《关于知识产权利用的反垄断法指南》。该指南指出，对销售价格、销售量、市场份额、销售区域、含有技术的产品的顾客的限制，或者对研发活动的限制，或者要求企业转让改进技术或者授予独占性许可的限制，无须具体分析行为对竞争的效果，可以直接认定该行为违法。①（5）2009 年修改的《禁止私人垄断及确保公正交易法》第 2 条第 9 款（i）项规定，本条所使用的“不公平的交易行为”是指：(a）没有正当的理由，与竞争者合谋拒绝供应特定的企业或限制向特定企业供应产品或服务的数量或材料。(b）没有正当的理由，与竞争者合谋引起另一企业拒绝供应特定的企业或者引起另一企业限制向特定企业供应产品或服务的数量或材料。②

① 参见王先林、潘志成：《反垄断法适用于知识产权领域的基本政策主张——日本〈知识产权利用的反垄断法指南〉介评》，载《电子知识产权》，2008（1）。

② See Act on Prohibition of Private Monopolization and Maintenance of Fair Trade, §2（9）(i).

四、我国台湾地区

我国台湾地区的“公平交易法”对知识产权人行使权利行为的法律规制并没有非常明确的规定，只在第45条规定：“依照‘著作权法’、‘商标法’或‘专利法’行使权利之正当行为，不适用本‘法’之规定。”从该条规定可看出，知识产权人正当行使权利的行为是不受“公平交易法”规制的，但是何谓“知识产权之正当行使行为”并不明确。而有关专利许可合同中的数量限制条款问题，在我国台湾地区“公平交易委员会”制定的“对于技术授权协议案件之处理原则”（简称“原则”）① 中有所涉及。“原则”第5条第8款规定，为确保授权人授权实施费用之最低收入，授权人要求被授权人利用授权技术制造商品之最低数量，要求授权技术之最低使用次数，或就销售商品要求最低数量之约款不违反“公平交易法”事项之例示。“原则”第6条第1款规定，有竞争关系之技术授权协议当事人间以契约、协议或其他方式之合意，共同决定授权商品之价格，或限制数量、交易对象、交易区域、研究开发领域等，相互约束当事人间之事业活动，足以影响特定市场之功能者，违反“公平交易法”第14条规定。“原则”第7条第1款第3项规定，限制被授权人制造或销售商品数量之上限，或限制其使用专利、专门技术次数之上限的行为，如在特定市场具有限制竞争或妨碍公平竞争之虞者，将可能违反“公平交易法”第19条第6款规定。由此可见，我国台湾地区对数量限制条款区分不同情形而规定了不同的结果，既有直接认定为知识产权人正当行使权利的行为，如最低数量限制，也有需分析行为对市场竞争的影响以判断其是否违反“公平交易法”的有关规定，如最高数量限制。

第五节　分析与借鉴

根据我国《反垄断法》第13条第1款第2项的规定，禁止具有竞争关系的经营者达成限制商品生产数量或者销售数量的垄断协议。第55条②原

① “‘公平交易委员会’对于技术授权协议案件之处理原则”，http://www.chinabaike.com/law/got/tw/1394792.html.

② 《反垄断法》第55条规定：“经营者依照有关知识产权的法律、行政法规规定行使知识产权的行为，不适用本法；但是，经营者滥用知识产权，排除、限制竞争的行为，适用本法。”

则性地规定反垄断法对知识产权行为的适用，即知识产权行为一般不适用反垄断法，但是滥用知识产权限制竞争的，适用反垄断法。而关于何谓知识产权滥用，我国法律未置一词。2016 年国家工商行政管理总局公布的《关于滥用知识产权的反垄断执法指南（国家工商总局第七稿）》第三章列举了几种涉及知识产权的垄断协议，其中第 14 条①规定了竞争者之间的产量限制，第 21 条②规定了涉及知识产权的垄断协议的安全港规则。2019 年国务院反垄断委员会出台的《关于知识产权领域的反垄断指南》第 12 条“其他限制”中规定了“限制经营者利用知识产权提供的商品数量”。《指南》并未专门针对知识产权许可中的数量限制具体列明分析因素，而是就所有的“其他限制”作出笼统规定，即《指南》第 12 条第 2 款规定：“上述限制通常具有商业合理性，能够提高效率，促进知识产权实施，但是也可能对市场竞争产生排除、限制影响，分析时可以考虑以下因素：（一）限制的内容、程度及实施方式；（二）利用知识产权提供的商品的特点；（三）限制与知识产权许可条件的关系；（四）是否包含多项限制；（五）如果其他经营者拥有的知识产权涉及具有替代关系的技术，其他经营者是否实施相同或者类似的限制。”另外，《指南》还在总则部分阐明了“分析原则”、“分析思路”、“分析排除、限制竞争影响的考量因素”以及“竞争积极影响需要满足的条件”等。可以看出，我国有关专利许可合同中数量限制条款的规定较为原则，实际可操作性仍有待增强。而分析美国、欧盟、日本，以及我国台湾地区的上述规定和司法判例可知，判断专利许可合同中的数量限制条款是否合法需具体分析以下要素。

① 《关于滥用知识产权的反垄断执法指南（国家工商总局第七稿）》第 14 条第 1 款规定：“竞争者之间的产量限制是指竞争者通过相关知识产权协议限制使用知识产权的数量及方式，或者对使用知识产权生产的商品的生产数量或者销售数量进行限制。”

② 《关于滥用知识产权的反垄断执法指南（国家工商总局第七稿）》第 21 条规定：“为提高涉及知识产权的反垄断执法效率，增强经营者对于自己行为的合法性预期，同时又不会放纵那些明显具有排除、限制竞争效果的垄断协议，针对《反垄断法》第十三条和第十四条所明确列举之外的其他情形设立安全港规则，在安全港范围内可以适用豁免规定。经营者行使知识产权行为有下列情形之一的，可以不被认定为《反垄断法》第十三条第一款第六项和第十四条第三项所禁止的垄断协议，但是有相反的证据证明该协议具有排除、限制竞争效果的除外：（一）具有竞争关系的经营者在受其行为影响的相关市场上的市场份额合计不超过百分之二十，或者在相关市场上存在四个或者四个以上能够以合理成本得到的被其他经营者独立控制的替代性技术；（二）不具有竞争关系的经营者在受其行为影响的相关市场上的市场份额均不超过百分之三十，或者在相关市场上存在两个或者两个以上能够以合理成本得到的被其他经营者独立控制的替代性技术。”

一、当事人之间关系的性质

判断专利许可合同中双方当事人之间关系的重要性在于具有水平关系的当事人相较于具有垂直关系的当事人而言，其订立的许可合同存在更大的限制竞争的负面效果。具有水平关系的市场主体订立限制性许可协议可能会增加价格协同、产量限制、获取或保持市场力量的风险。[①] 美国司法部和联邦贸易委员会联合发布的《知识产权许可的反托拉斯指南》将水平竞争者之间订立产量限制条款的行为认定为本身违法。欧盟《240/96 号条例》第 7 条第 4 款规定，在授权许可期间，双方当事人是竞争性制造者，许可人限制被许可人生产的最高数量以阻碍被许可人自由使用竞争性技术的行为不能获得豁免。同时《316/2014 号条例》《772/2004 号条例》更是明确区分竞争性企业与非竞争性企业。日本《禁止私人垄断及确保公正交易法》也将竞争者之间合谋的数量限制行为认定为不公平交易行为。我国台湾地区“公平交易委员会”的“对于技术授权协议案件之处理原则”第 6 条第 1 款的规定也特别强调达成数量限制合意的协议当事人之间有竞争关系是违法的要件。各国家和地区聚焦于具有竞争关系的企业之间所订立的数量限制条款，可见，分析专利许可合同中的数量限制条款合法与否的考量因素之一即是合同双方当事人的关系。在合同双方当事人关系的判断标准方面，欧盟与美国存在差异，欧盟委员会认为协议双方当事人的关系是非此即彼的，即竞争关系与非竞争关系，判断的标准是若不存在许可协议，双方当事人是不是实际或潜在的竞争者。[②] 美国的《知识产权许可的反托拉斯指南》第 3.3 节规定：知识产权许可协议中双方当事人的关系可能本质上是水平或垂直关系，或者两者兼而有之。若许可协议所影响的行为是一种互补的关系，则许可协议中存在垂直成分[③]；而从分析的

① U. S Dept. of Justice and federal Trade Commission，Antitrust Guidelines for the Licensing of Intellectual Property § 4. 1. 1，https://www.justice.gov/atr/antitrust-guidelines-licensing-intellectual-property.

② See European Commission，European Union Information and Notice：Competition rules relating to technology transfer agreements-Communication pursuant to Article 5 of Council Regulation No 19/65/EEC of 2 March 1965 on the application of Article 81 (3) of the EC Treaty to certain categories of agreements and concerted practices，as last amended by Regulation (EC) No 1/2003. ELLIS，2003：15.

③ 有关垂直关系的例子有：许可人的主营业是研发，被许可人可能是购买许可人开发技术的使用权的制造商；许可人可能是拥有知识产权的产品零部件制造商，被许可人可能是制造结合该产品零部件与其他投入品的产品制造商；许可人可能是产品制造商，被许可人可能是负责产品分销和市场化运营的经销商。See U. S Dept. of Justice and Federal Trade Commission，Antitrust Guidelines for the Licensing of Intellectual Property § 3. 4，https://www.justice.gov/atr/antitrust-guidelines-licensing-intellectual-property.

目的出发，在不存在许可的情况下，许可人与被许可人或被许可人之间在相关市场上是实际或潜在的竞争者，则一般被认定为是一种水平关系。①欧盟委员会所采用的过于僵硬的划分方式，使一些许可协议中双方当事人的关系判定存在争议，如突破性专利或障碍性专利许可协议中双方当事人的关系。② 市场主体关系错综复杂，对于专利许可协议双方当事人关系的认定需充分考虑相关市场的特性，多层次多角度分析，而美国所采用的分析方法具有一定的借鉴意义。

二、数量限制条款的分析应因类而异

一般情况下美国司法机关认为对专利产品或技术的数量限制条款是合法的，但是针对包含专利部件的非专利产品的数量限制条款的合法性则存在争议。欧盟《316/2014 号条例》第 4 条第 1 款（b）项表明，在一般情况下，竞争者之间的产量限制是不被豁免的，但特定情况下的产量限制则是合法的。日本 1989 年颁布的《关于管制专利和技术秘密许可协议中的不公正交易方法的指导方针》规定，要求最少的生产或者销售数量的条款被认为是公正的。我国台湾地区“公平交易委员会”颁布的“对于技术授权协议案件之处理原则”规定，限制被授权人制造或销售商品数量之上限，或限制其使用专利、专门技术次数之上限，在特定市场具有限制竞争或妨碍公平竞争之虞者，将可能违反“公平交易法”第 19 条第 6 款规定。不同的数量限制条款，产生的促进竞争与抑制竞争效果的比重不同，其最终将得到不同的法律评价。由此可见，对专利许可合同中数量限制条款分析的又一考量因素是数量限制条款的类型和性质。

---

① See U. S Dept. of Justice and Federal Trade Commission, Antitrust Guidelines for the Licensing of Intellectual Property § 3.4, https://www.justice.gov/atr/antitrust-guidelines-licensing-intellectual-property.

② 在《772/2004 号条例》的评估报告中，欧盟委员会认为突破性专利的许可人与被许可人是非竞争关系，但是在 2003 年左右，欧盟委员会对于突破性专利的许可人与被许可人的关系的认定与原先相比发生了明显改变，欧盟委员会采纳了一种合理的经济分析方法：（1）如果新的技术是一种彻底突破的新技术，那么原先的“老”产品将会消失，被许可人只能通过许可的方式获得专利技术与许可人竞争；（2）如果不允许许可人在专利许可合同中增加某些地域限制、消费者或者产量限制条款以便其能够收回前期研发成本并保护其他被许可人将产品引入市场的前期投入的话，则许可人是不会愿意将自己的专利许可给被许可人的，许可人会选择独自使用专利，这样会限制知识的传播以及技术利用的效率。（3）最终，突破性专利会导致许可人的市场份额迅速地上涨以致高于 20%，这就会令人怀疑许可的可实施性，从而影响法律的确定性。See Maurits Dolmans, Anu Piilola, The New Technology Transfer Block Exemption—Will the New Block Exemption Balance the Goals of Innovation and Completion?, *IPL Newsletter*, 2003 (21).

在专利许可合同中常见的数量限制条款有：(1) 最低数量限制，如专利产品的最低产量或销量限制，专利技术的最低使用次数限制，利用最低许可使用费的方式控制专利产品的最低数量；(2) 最高数量限制，如专利产品的最高产量或销量限制，专利产品或技术的最高使用次数限制；(3) 专利产品或技术的垄断性使用限制；(4) 对专利技术生产的非专利产品的数量限制或几种数量限制条款兼而有之。下文分述之。

首先，最低数量限制。最低数量限制不仅可以确保许可人在被许可人不实施专利时也能获得许可费，而且能够促使被许可人对被许可专利充分利用，达到鼓励创新、促进技术应用的效果，保证相关市场上专利产品的供给，激励许可人与被许可人为了获得市场份额而努力挖潜，激发市场竞争活力。由此专利许可合同中的最低数量限制条款合法的可能性较大，欧盟的《2349/84 号条例》与《240/96 号条例》，日本的《关于管制专利和技术秘密许可协议中的不公正交易方法的指导方针》，以及我国台湾地区的"对于技术授权协议案件之处理原则"都将最低数量限制条款认定为合法。但是在特定的专利许可环境下，最低数量限制条款抑制竞争的效果更为突出，如专利许可合同的双方当事人是竞争关系，许可人要求最低数量限制条款是为了阻止被许可人使用其他竞争性技术；又如在相关专利产品市场低迷的状态下，要求被许可人履行最低数量条款的义务，加重了被许可人市场销售的压力，造成相关专利产品的囤积，降低了专利的市场价值。

其次，最高数量限制。与最低数量限制的规定相反，最高数量限制往往被认定为非法，虽然最高数量限制条款的订立仍然促进了技术的传播，但其更多地会产生抑制竞争的效果。如具有垂直关系的主体之间订立最高数量限制条款可能会造成被许可人之间的卡特尔，形成划分市场区域、市场份额以及特定消费者群体的效果，排除、限制了被许可人之间的竞争；具有水平关系的主体之间订立最高数量限制条款则可能会使许可人与被许可人之间达成一致行为，通过控制专利产品的产量或销量的方式间接控制专利产品价格。由此欧盟的《2349/84 号条例》与《240/96 号条例》，日本的《关于管制专利和技术秘密许可协议中的不公正交易方法的指导方针》未将专利许可合同中的最高数量限制条款认定为合法，而我国台湾地区的"对于技术授权协议案件之处理原则"直接将其认定为非法。但这并不表示专利许可合同中的最高数量限制条款本身违法，因为某些特定产品或技术的特性要求其必须被限定最高数量，如医疗器械的使用，在

Mallinckrodt, *Inc*. v. *Medipart*, *Inc*.① 案中，法院认定专利权人“仅限一次使用”的限制属于专利权人合法行使权利的行为。

再次，专利产品或技术垄断性使用限制。欧盟委员会规定，专利产品或技术的垄断性使用限制合法的前提包括被许可人可自由生产或销售包含专利产品或技术的非专利产品，或者被许可人可以自由出售专利产品配件，用于被许可人非专利产品的保养和维修。但这并不表示符合前述条件的垄断性使用限制当然合法，还需结合具体情况分析。一方面，垄断性使用限制可以鼓励专利权人传播先进技术，在协议双方当事人不具有竞争关系时订立此种限制性协议并不会改变市场结构，同时也会有利于许可人监督许可使用费的支付。另一方面，垄断性使用限制可能造成许可人与被许可人划分市场份额（特别是在交叉许可协议中），限制市场上相同技术之间的竞争以及因禁止被许可人售卖专利配件而排除被许可人之间利用配件的价差来获利的行为，为许可人对不同被许可人实施差异化许可费创造了空间。

最后，对专利技术生产的非专利产品的数量限制。美国司法机关认为就方法专利而言，只要当事人出于正常使用专利的目的，专利权人对于非专利产品的产量限制即是专利授予的合法行为。如在 *American Equipment Co*. v. *Tuthill Building Material Co*.② 案中，法院认定专利权人限定非专利砖块的价格和产量的行为并未违反《谢尔曼法》。而当事人若是出于产量分配的目的限制非专利产品的数量，则法院将会像对待普通协议一样审查专利许可协议，并不考虑协议所涉及专利。③ 如在 *Hartford-Empire Co*. v. *United States*④ 案中，美国最高法院认为专利权人对于非专利产品的产量限制违反反垄断法。⑤ 专利许可合同中规定以专利技术生产

① See *Mallinckrodt*, *Inc*. v. *Medipart*, *Inc*., 976 F. 2d 700 (1992).

② 在该案中，被告是砖块处理机器的专利权人，其将该机器销售给芝加哥区域的砖块制造商，在许可合同条款中规定砖块制造商生产非专利产品砖块只能在一定限额内，若超过限额则需缴纳更多的许可使用费。法院认为就数量限制条款本身而言其是有效的。

③ See *American Equipment Co*. v. *Tuthill Building Material Co*., 69 F. 2d 406, 21 U. S. P. Q. (BNA) 198 (C. C. A. 7th Cir. 1934).

④ 在该案中，被告（专利权人）在涉及器械专利的交叉许可协议中规定了利用该专利器械生产的非专利产品的生产限额，美国最高法院认为被告出于抑制竞争的目的，采取一系列有阴谋的限制许可行为已经超出了专利法的保护范围。

⑤ See *Hartford-Empire Co*. v. *U. S*., 323 U. S. 386, 65 S. Ct. 373, 89 L. Ed. 322, 64 U. S. P. Q. (BNA) 18 (1945), supplement, 324 U. S. 570, 65 S. Ct. 815, 89 L. Ed. 1198, 65 U. S. P. Q. (BNA) 1 (1945).

的非专利产品的数量限制条款一方面可以让专利权人掌控以专利技术生产的非专利产品市场化的程度，鼓励专利权人积极传播先进技术，实现互补性技术间的集成。① 但另一方面限制以专利技术生产的非专利产品数量可能会存在专利权人不恰当地将专利垄断权扩张到非专利产品市场的风险，阻碍非专利产品市场的自由竞争。

三、当事人的市场份额

市场主体所拥有的市场份额直接代表了其可能存在的市场力量，一般而言，市场份额越高，其市场力量越大，同时市场份额也反映了竞争者之间的成本优势与其他竞争优势。② 欧盟委员会颁布的《316/2014 号条例》第 3 条规定了市场份额基准，即：协议双方当事人为竞争性企业，则双方企业在相关市场上合计的市场份额未超过 20％就可以适用第 2 条的豁免规定；协议双方当事人不是竞争性企业，则双方当事人在各自的相关市场上的市场份额都未超过 30％就可适用第 2 条的豁免规定。美国 1995 年《知识产权许可的反托拉斯指南》第 4.3 节规定了“安全港条款”，即知识产权的许可协议没有明显的反竞争性且许可人与被许可人的合计份额未超过在受知识产权许可合同限制性条款影响的每一相关市场总份额的 20％，则执法机关不会质疑知识产权许可协议限制性条款的有效性。一般而言，知识产权许可合同中的限制性条款是否落入了“安全港”范围，最主要的是分析产品市场，但若是单独分析产品市场不能有效反映知识产权许可合同对技术或研发的竞争影响，此时就需要用其他的“安全港”标准考察知识产权许可协议的限制性条款对技术或研发的竞争影响，主要包括技术市

① 许可人作为技术的供应者，应当像有形产品的供应者一样，可以自由决定自己的销售量。由于知识产权或是产品制造程序的一部分或是产品的一部分，所以许可人决定自己产量的方式只能是控制被许可人使用被许可技术的次数或生产产品的数量。若许可人不享有决定被许可人生产产品数量或技术使用次数的自由，大量的许可协议在一开始就不会被订立，这将对新技术的传播产生消极的影响。See European Commission，European Union Information and Notice：Competition rules relating to technology transfer agreements-Communication pursuant to Article 5 of Council Regulation No 19/65/EEC of 2 March 1965 on the application of Article 81（3）of the EC Treaty to certain categories of agreements and concerted practices，as last amended by Regulation（EC）No 1/2003，ELLIS，2003：43.

② European Commission，European Union Information and Notice：Competition rules relating to technology transfer agreements-Communication pursuant to Article 5 of Council Regulation No 19/65/EEC of 2 March 1965 on the application of Article 81（3）of the EC Treaty to certain categories of agreements and concerted practices，as last amended by Regulation（EC）No. 1/2003，ELLIS，2003：35.

场和创新市场的“安全港”标准。技术市场的“安全港”标准是：如果（1）知识产权许可合同中的限制性条款不具有明显的反竞争性，（2）且除签订知识产权许可合同的当事人之外还存在四个或四个以上的独立控制技术的其他主体，这些主体所提供的技术从可比成本角度考虑，对于使用者而言与许可协议中约定的技术具有可替代性，那么执法机关一般不会质疑知识产权许可合同中的限制性条款的有效性。创新市场的“安全港”标准为：如果（1）知识产权许可合同中的限制性条款不具有明显的反竞争性，（2）且除许可合同的当事人以外还存在四个或四个以上的独立控制实体（independently controlled entities），这些实体拥有专门的资产或特质以及努力研究和开发的积极性，这些与许可合同当事人的研究开发活动具有很强的可替代性，则执法机关一般不会质疑知识产权许可合同中的限制性条款的有效性。[①] 专利许可合同中数量限制条款受到规制的主要原因是该限制性条款产生了更多抑制竞争的效果，若许可人或被许可人要抑制相关市场的竞争则需要其拥有足够的市场力量，能够直接或间接控制相关市场上产品的供应、价格、质量，限制相关市场上的产品流通与技术更新，阻止潜在竞争者的进入；等等。市场份额正是判断市场主体的市场力量的量化标准。专利许可合同当事人的市场份额仅能表示其可能拥有的市场力量，欧盟和美国规定的“安全港”条款也仅表示在“安全港”范围内的主体之间订立数量限制条款所产生的反竞争效果较小，并不表示“安全港”范围外的主体之间订立数量限制条款就一定受到法律规制。

通过上述分析可知，任何类型的数量限制都有其促进竞争和抑制竞争的两面性，但不同的数量限制合法与违法的可能性不同，在具体分析时需要考虑许可合同当事人之间的关系、数量限制条款的类型、许可合同当事人的市场份额等具体要件。

第六节　专利许可合同中数量限制的反垄断法规制路径

利用反垄断法规制违法的数量限制条款可以从两方面着手：一方面，

① See U. S Dept. of Justice and Federal Trade Commission，Antitrust Guidelines for the Licensing of Intellectual Property §3. 4，https://www. justice. gov/atr/antitrust-guidelines-licensing-intellectual-property.

专利许可合同中的数量限制是双方当事人约定的合同条款，可以从垄断协议的角度对其予以研判；另一方面，拥有专利的权利人往往具有一定的市场影响力，专利权人与被许可人之间订立数量限制条款的，可以考虑专利权人是否存在滥用市场支配地位的行为。

一、是否具有垄断协议的性质

我国《反垄断法》第 13 条第 1 款第 2 项规定，具有竞争关系的经营者达成限制商品的生产数量或者销售数量的协议为垄断协议，应受到反垄断法的规制，而《反垄断法》第 15 条规定了豁免适用第 13 条的条件，其中，产品研发、提高中小企业经营效率、维护社会公共利益以及复苏市场经济等都可以成为豁免适用的条件。我国《关于知识产权领域的反垄断指南》第二章“可能排除、限制竞争的知识产权协议”中的第 12 条“其他限制”中规定，“经营者许可知识产权，还可能涉及下列限制：……（三）限制经营者利用知识产权提供的商品数量……”日本的《禁止私人垄断及确保公正交易法》也规定，不公平交易行为包括：(1) 没有正当的理由，与竞争者合谋拒绝供应特定的企业或限制向特定企业供应产品或服务的数量或材料。(2) 没有正当的理由，与竞争者合谋引起另一企业拒绝供应特定的企业或者引起另一企业限制向特定企业供应产品或服务的数量或材料。《欧共体横向合作协议指南》第 18 条和第 25 条规定，固定价格、限制产量或者划分市场或客户的协议是最有害的，直接影响市场竞争过程及结果，没有必要评估其对竞争的实际影响，可以推定其会对市场产生消极影响，几乎总是被禁止的。① 美国《知识产权许可的反托拉斯指南》第 3.4 节规定，在专利许可中，水平竞争者之间订立产量限制条款行为本身是违法的。由此可知横向产量限制行为一般构成排除、限制竞争的垄断协议，违反反垄断法，无须对其进行具体分析。而附有其他类型数量限制条款的专利许可合同是否构成反垄断法规制的垄断协议则需具体分析。

（一）专利许可合同双方当事人的关系

首先，不同关系的专利许可合同当事人订立相同的限制条款对市场竞争所产生的影响不同。如上文所述，欧盟和美国一般认定横向产量限制条款为本身违法，而纵向产量限制条款则需要进行合理分析，存在合法的可

① 参见邵建东、方小敏、王炳等：《竞争法学》，227 页，北京，中国人民大学出版社，2009。

能性。以垄断性使用限制为例：水平关系的市场主体订立此项限制性条款会维持或加强许可人所具有的市场地位，致使相关专利零部件或技术的价格上涨。而若是垂直关系的市场主体订立此项限制性条款，则可能是为了鼓励许可人传播技术，保证专利产品零部件的质量。其次，专利许可合同中当事人的不同关系决定了受合同影响的市场范围。一般而言，具有水平关系的竞争者仅需考虑双方当事人所处的相关产品或技术市场，而垂直关系的竞争者则需考虑上游的供应市场和下游的运营市场。最后，专利许可合同当事人的不同关系在一定程度上能够反映主体意思自由的程度以及合同当事人所希望产生的协议效果。作为经济主体，专利权人许可与其有竞争关系的其他人使用专利权的前提是，专利权人可以通过限制被许可人的行为来确保自己所拥有的市场地位不被削弱、市场利益不被瓜分。若专利权人与被许可人是竞争关系且合同当事人之间是单向许可而非交叉许可，则被许可人作为产品或技术需求方往往处于谈判弱势地位，专利许可合同更多地体现许可人的意思。这时候专利权人即许可人可能会利用自己的优势实施排除、限制竞争的行为。而专利权人许可与其具有垂直关系的其他人使用专利权，其主观上更多是希望自己的专利能够对下游市场产生影响，实现互补技术之间的整合，扩大专利的使用和传播范围。此时专利许可合同双方当事人约定数量限制条款的目的是实现专利供给方的愿景，客观上可能起到鼓励创新、促进竞争的作用。

（二）专利许可合同当事人的市场地位

专利许可合同中当事人的市场地位代表其可能对市场产生的影响，特别是当事人具有市场支配地位时，能够避免相关市场上的有效竞争，可以在很大程度上自主决定自己的市场行为，不用依赖其他的竞争者、顾客和最终的消费者。[①] 在一个完全竞争的市场环境中，任何一个企业都不能忽视其他市场参与人的存在而任意地选择和实施自己的竞争策略与竞争行为。若企业具有市场支配地位，这个或这些企业就可以实施一些特定的竞争行为，阻碍其他竞争者自由地开展竞争活动，对相关市场上的有效竞争产生不利影响。[②] 因此，若专利许可合同当事人的市场力量并不强大，其订立数量限制条款的行为一般只能影响合同双方当事人，并不会对市场竞

① Case 85/87，Hoffmann-La Roche，1979 ECR 461：38.

② See F. M. Scherer，*The Economic Effects of Compulsory Patent Licensing*，New York University，1977，pp. 47 - 48.

争或消费者需求造成影响。但若专利许可合同当事人具有市场支配地位，其订立数量限制条款不仅影响合同双方当事人的行为，更为重要的是影响市场竞争，可能造成相关市场上的供需失衡或阻碍技术的传播。

（三）合同双方订立合同的主观目的

许可合同双方订立数量限制条款的主观目的表示许可合同双方当事人意欲达到的合同效果，我国《反垄断法》第 39 条规定，反垄断执法机构可以查阅、复制经营者的有关单证、协议、会计账簿、业务函电等文件、资料。这些资料可以作为证明经营者签订合同的主观目的的直接证据。《反垄断法》第 46 条第 2 款规定，经营者主动向反垄断执法机构报告达成垄断协议的有关情况并提供重要证据的，反垄断执法机构可以酌情减轻或免除对该经营者的处罚。一般而言，对合同当事人的主观目的判断具有一定难度，若合同当事人出于排除、限制竞争的目的签订合同，其并不会将明显的违法证据留存，所以还需要通过其他间接方法判断当事人是否有限制竞争的主观目的，如结合具体案情和经济学原理，运用法律推理和证明技术，推定经营者之间是否具有主观的意思联络及垄断的主观目的。①

（四）消费者选择权是否受到限制

专利许可合同中的数量限制条款并不当然违法的主要原因之一是其能够产生一定的积极效果，即鼓励专利权人传播技术，让消费者共享先进技术所带来的福利。垄断使消费者被迫接受垄断高价，垄断高价是垄断者对消费者的剥削，是市场经济中强者对弱者利益的侵害。市场竞争带来的好处应该让全体大众分享，消费者应该享受竞争性的价格，而不是垄断性的价格。合法的数量限制条款能够增加消费者的选择，市场主体为了吸引消费者会努力研发，降低产品价格，提高产品质量，整个市场向良性竞争的状态发展。然而，如果数量限制条款不但没有增加消费者的选择，反而减少了市场中的竞争主体，维持或增强了市场主体的市场地位，强化了市场集中度，增加了市场进入障碍，市场中的消费者不得不接受垄断高价，则此种情形下的数量限制条款往往损害市场竞争，需要反垄断法予以规制。

（五）合同签订前后的市场竞争状况

专利许可合同中数量限制条款可能受到法律规制的缘由之一是合同订立后市场结构改变，市场上实际或潜在竞争者数量减少或消失，市场竞争

---

① 参见李剑：《论垄断协议违法性的分析模式——由我国首例限制转售价格案件引发的思考》，载《社会科学》，2014（4）。

状况发生改变的时间、范围、持续时长等都表明专利许可合同中数量限制条款对市场的影响。若专利许可合同中的数量限制条款未改变市场竞争格局，则其在很大程度上并不违反反垄断法，如垂直关系的市场主体订立垄断性使用限制条款，同时允许被许可人自由销售自己的产品。订立许可合同之前，许可人与被许可人具有垂直关系，许可人并不销售与被许可人有竞争关系的产品，许可人并不是被许可人所在市场的相关零部件产品的供应者；同时，在获得许可人的许可前，被许可人并不销售享有专利的零部件，也非自己所处市场的专利零部件的供应者。这时候许可人要求被许可人履行垄断性使用的义务并不增加或减少相关市场的产品供应，合同签订前后的市场竞争状况并未发生改变。此种情形下专利许可合同当事人受到反垄断法规制的可能性较小。对市场竞争状况的分析是一个复杂的过程，不仅需要参照经济学数理模型的定量分析，也需要基于经验事实的定性分析。

（六）专利许可合同中的数量限制条款是否属于豁免情形

我国《反垄断法》第 15 条第 1 款[①]规定了豁免适用第 13 条和第 14 条的情形，这也是国家为了适应经济周期波动、国际贸易形势等客观情况变化而赋予经营者一定的“特别垄断权”的做法。在专利技术研发的过程中，成本相对较高，且许可人开拓新产品市场需要保证产品质量，所以若专利许可人为了提高产品质量、降低成本、增进效率，统一产品规格、标准或者实行专业化分工，或者为了提高中小经营者经营效率、增强中小经营者竞争力，或者因经济不景气，为了缓解销售量严重下降或者生产明显过剩等而限制许可人的生产或者销售数量，则具有一定的合理性，即使在一定的程度上专利许可人与被许可人的数量限制行为排除、限制了市场竞争，也是可以得到豁免的，因为这种暂时性的垄断行为可以促使后期市场更有效地竞争以及市场经济的建设，从长远角度考虑是有利于市场经济发展的。我国《关于知识产权领域的反垄断指南》第 13 条规定了“安全港规则”，若专利许可中的数量限制条款符合下列条件之一，通常不会被认

---

① 《反垄断法》第 15 条第 1 款规定：“经营者能够证明所达成的协议属于下列情形之一的，不适用本法第十三条、第十四条的规定：（一）为改进技术、研究开发新产品的；（二）为提高产品质量、降低成本、增进效率，统一产品规格、标准或者实行专业化分工的；（三）为提高中小经营者经营效率，增强中小经营者竞争力的；（四）为实现节约能源、保护环境、救灾救助等社会公共利益的；（五）因经济不景气，为缓解销售量严重下降或者生产明显过剩的；（六）为保障对外贸易和对外经济合作中的正当利益的；（七）法律和国务院规定的其他情形。”

定为《反垄断法》第 13 条第 1 款第 6 项和第 14 条第 3 项规定的垄断协议，但是有相反的证据证明该协议对市场竞争产生排除、限制影响的除外：(1) 具有竞争关系的经营者在相关市场的市场份额合计不超过 20%；(2) 经营者与交易相对人在受到涉及知识产权的协议影响的任一相关市场上的市场份额均不超过 30%；(3) 如果经营者在相关市场的份额难以获得，或者市场份额不能准确反映经营者的市场地位，但在相关市场上除协议各方控制的技术外，存在四个或者四个以上能够以合理成本得到的由其他经营者独立控制的具有替代关系的技术。

二、是否属于许可人滥用市场支配地位

各国家和地区的立法与司法实践已经达成共识，即“不以当事人拥有知识产权而当然地认定其具有市场支配地位”，但专利作为不同于现有技术且具有突破性进步的创新成果，在一定时间范围内其替代性较弱，一般情况下具有实用价值的专利在研发成功后会使专利权人具有一定的市场影响力，专利权人与被许可人在合同中约定数量限制条款存在滥用市场支配地位的可能。

(一) 许可人是否具有市场支配地位

市场支配地位 (market dominant position) 一般是指企业在相关市场上具有某种程度的支配与控制力量。① 市场支配地位是德国《反限制竞争法》与《欧盟运行条约》中使用的概念，美国反托拉斯法使用的是“垄断力”(monopoly power)，日本《禁止垄断法》中使用的是“垄断状态”②。市场支配地位是一种经济力量和市场地位，拥有此种地位的行为人能够避免相关市场上的有效竞争。虽然市场支配地位不等同于垄断，但市场支配地位的最终取得会导致市场中有效竞争的消失。③ 当然，市场支配地位的拥有者未必能完全主宰市场，也未必一定能决定市场价格或左右市场参与者的意愿，其只能在一定程度上摆脱市场对自身行为的控制和调整，使垄断变成一个大概率事件。

① 参见宁立志：《专利搭售许可的反垄断法分析》，载《上海交通大学学报（哲学社会科学版）》，2010 (4)。

② 邵建东：《论市场支配地位及其滥用》，载《南京大学法律评论》，1999 (1)。

③ See Hanns Ullrich, Mandatory Licensing Under Patent Law and Competition Law: Different Concerns, Complementary Roles, Reto M. Hilty, Kung-Chung Liu, Compulsory Licensing Practice Experiences and Ways Forward, Springer, 2015, pp. 333－396.

市场支配地位的认定必须确定相关市场的范围和市场主体的市场份额。相关市场界定是鉴别和明确企业间竞争边界的竞争政策工具，它能够建立一种框架，执法机关能够在此框架中实施竞争政策。相关市场界定的主要目的是采用一种系统化的方式确定目标企业面临的竞争约束。换句话说，从产品和地域两方面界定相关市场范围，其目的是确定目标企业的实际竞争者，这些竞争者可以约束目标企业的行为且能够限制目标企业在有效竞争压力下的独立行为。① 对相关市场主要是从需求的角度进行划分，包括划分产品、时间以及地域范围，即相关时间和地域范围内的产品之间是否具有需求替代性。相关市场的大小可以决定专利权人的市场占比进而决定其在相关市场中有无支配地位，但这不仅需要考虑专利发明本身的特性，还需要考虑：拥有替代性产品或技术的企业与目标企业相比较，其竞争力的强弱；市场上是否存在进入障碍以及进入障碍的效果；从动态的市场中分析是否存在潜在竞争者；若是专利技术，则还需考虑专利技术运用到工业中的可能性以及影响力；客户或供应商变成所谓的“垄断者”后，相对应的供应商或客户的独立性。②

市场份额与市场支配地位并非同一概念，市场份额是衡量市场主体是否具有市场支配地位的重要参考因素之一，市场份额既包括合同当事人的市场份额，也包括竞争者的市场份额。市场份额可以直观地反映许可人或被许可人在相关市场上的市场影响力，许可人市场份额的多寡直接决定了许可人是否有能力将其意志强加于被许可人。我国《反垄断法》第 19 条第 1 款规定，有下列情形之一的，可以推定经营者具有市场支配地位：(1) 一个经营者在相关市场的市场份额达到二分之一的；(2) 两个经营者在相关市场的市场份额合计达到三分之二的；(3) 三个经营者在相关市场的市场份额合计达到四分之三的。各国家和地区在判断经营者是否具有市场支配地位时主要考虑的就是该经营者的市场份额的大小，因为市场份额在一定程度上反映了企业或者企业联合的市场竞争力。但仅凭单纯的市场份额并不能直接认定市场主体是否具有市场支配地位，还需结合其他标准，如市场结构、市场潜在竞争者、企业的市场行为、企业达到其所处市

① See Varga，Sinisa，Abuse of a Dominant Market Position in the Frames of the EU Antitrust Law，*Review of European Law*，2006，8 (2).

② See Hanns Ullrich，Mandatory Licensing Under Patent Law and Competition Law：Different Concerns，Complementary Roles，Reto M. Hilty，Kung-Chung Liu，Compulsory Licensing Practice Experiences and Ways Forward，Springer，2015，pp. 333 - 396.

场地位的时间和新的竞争者进入市场的必要时间等。如在 United Brands 案中，United Brands 的市场份额仅 40%左右，但是相关市场是零碎的且没有任何一个竞争者的市场份额超过 16%。同时 United Brands 拥有香蕉种植园且控制了整个香蕉的运输、配送以及商标“Chiquita”，其差不多控制了香蕉生产和销售的所有环节。考虑这些因素后，欧盟认为 United Brands 在香蕉市场上具有市场支配地位。我国《关于知识产权领域的反垄断指南》第 14 条也明确规定，经营者拥有知识产权并不意味着其必然具有市场支配地位，需依据《反垄断法》的规定予以认定或推定。同时该条结合知识产权的特点，提出了具体的参考因素。①

（二）许可人是否滥用市场支配地位

许可人拥有市场支配地位并不能招致反垄断审查，只有许可人滥用其所拥有的市场支配地位排除、限制竞争，损害其他经营者和消费者的利益时，反垄断法才会予以规制。判断许可人是否滥用市场支配地位，需考虑以下几个因素。

1. 数量限制条款的设定是否为专利许可合同签订所必需

创新性技术或产品的研究需要长期和连续的人才与资本投入，且在短期内难以实现投入与产出的平衡，而一旦有所突破可能会实现技术进步，大幅提高相关领域的生产效率。若专利权人是为了保证专利许可费的最低收入，以此尽快收回前期研发成本而规定专利技术的最低使用次数或专利产品的最低生产或者销售数量，则其行为具有一定的合理性。同时被许可人因最低数量条款的要求会积极生产专利产品，这也有利于专利的推广与应用。因此，专利权人为了回收前期研发成本、降低研发风险、获得后期的研发创新资金而订立数量限制条款，属于合法行使专利权的行为。

2. 数量限制条款对许可人和被许可人市场行为的影响

若许可人通过设置数量限制条款积极许可其专利权，未提高相关市场中专利产品的价格，没有减少相关市场中消费者的选择机会，亦未协调被许可人之间的行为，同时被许可人因数量限制条款积极投资生产，更新现有技术，降低生产成本与其他被许可人进行自由竞争，则此种情形下的许可人被认定为滥用市场支配地位的可能性较小。但若许可人通过数量限制

---

① 参考因素包括：第一，交易相对人转向具有替代关系的技术或者商品等的可能性及转换成本；第二，下游市场对利用知识产权所提供的商品的依赖程度；第三，交易相对人对经营者的制衡能力。

条款进一步增强其已有的市场支配地位，提高专利产品价格，限制被许可人行为，为不同被许可人划分地域、消费者群体等，被许可人因数量限制条款而必须与其他被许可人保持一致行动，企业营销策略必须遵循专利许可合同的规定，被许可人的活动限于特定区域和消费群体，则此种情形下的许可人被认定为滥用市场支配地位的可能性较大。

3. 专利技术或专利产品的商业惯例（commercial practices）和特性

许可人或者被许可人所处市场的商业惯例是指在商品交易长期发展中形成的为所有参与交易者公认并得到普遍遵循的习惯做法。这主要是从交易效率和交易安全的角度考虑，如计算机接入技术限制同一时间的最大访问数量，以确保网络的畅通与网页浏览的顺畅。专利产品的技术特性更是需要考虑的重要因素，如军工产品制造技术、具有一定社会危害性的化学武器等影响社会公共安全的产品或技术，必须限制最高数量。所以在分析许可人是否滥用其市场支配地位时需要考虑一些行业是否存在特殊的商业惯例以及被许可技术或产品是否具有特殊属性。

4. 许可人在往期专利许可合同中数量限制的普遍程度

专利权人为了谋求自身利益最大化，一般都会将专利技术许可给需要该项技术的需求方，如果许可人在每一份专利许可合同中都设定了相同的数量限制条款，其行为会造成不同被许可人之间的卡特尔或者其他协同行为，限制或者消除不同被许可人之间的竞争，那么具有市场支配地位的专利权人就有可能涉嫌滥用市场支配地位，排除、限制市场竞争，从而引起反垄断法的警惕。而偶发性的或非普遍性的数量限制，只要不构成不合理的差别待遇，其违法的可能性要小得多。

专利许可合同是私人协议，当事人可自由协商决定合同数量条款，且最低数量条款可以确保专利权人研发专利所应获得的合理回报，鼓励专利权人积极许可他人使用专利，促进不同技术之间的互补；最高数量限制条款也能为那些暂不具备相关技术的竞争企业和潜在的竞争企业预留市场，促进市场竞争。但是当合同双方当事人具有一定竞争关系或者具有一定市场影响力的时候，专利许可合同中的数量限制条款产生的反竞争效果也是很明显的，若该行为排除、限制了相关市场的竞争，就需要反垄断法的规制。为了维护市场的有效竞争以及促进科学技术的不断创新，我国相关实践应尽快完善，区分不同的情形，分析专利许可合同中数量限制条款的利弊，对相关行为进行合理规制。

第十二章　专利许可中的商标使用限制

在专利许可中限制商标使用，是专利权人在专利许可中附加限制性条件的表现形式之一。其既可能产生有利于专利权人和被许可人的正面效应，也有可能产生限制市场公平自由竞争的负面效应。因此，对于专利许可中的该类条款不能一概而论，而应从民法、专利法和商标法等私法维度以及反垄断法这一公法维度对专利许可中的商标使用限制进行考量，并在借鉴其他国家和地区处理该问题的成功做法的基础上，明确专利许可中的商标使用限制是否构成垄断的判断标准。

第一节　专利许可中的商标使用限制概要

专利许可是专利权行使的重要方式，也是专利权人借助被许可人的商业资源进行市场拓展的法律工具。但专利许可可能使专利权人面临对技术的垄断性减弱，甚至失去技术优势以及培养出新的竞争对手等不利局面。因此，专利权人往往在许可中附加一些限制性条件以克服不利，甚或谋取更多利益。专利许可中的商标使用限制就是这些限制中的一种。这些限制如果超出合理范围，过度限制竞争，进而损害公共利益和其他经营者的合法利益，就有可能构成垄断。我国《反垄断法》的配套规章《关于禁止滥用知识产权排除、限制竞争行为的规定》以及配套指南《关于知识产权领域的反垄断指南》等文件中，虽对拒绝许可、限定交易、搭售等限制性行为作了规定，但对知识产权许可中的商标使用限制只字未提。这一做法是极不明智的。

专利许可中的商标使用限制，作为专利权人在专利许可中附加的限制性条件的表现形式之一，是指专利权人（许可人）在许可他人使用其专利技术时，附带要求被许可人在商品上贴附专利权人或其指定的第三人的特定的商标。[1] 从竞争的角度来看，该种行为的主要弊病是将市场支配力量及其利益从许可专利的技术市场扩张到其他市场，以及由此导致不在许可专利范围内的部分竞争被限制或被消除。与专利许可中的其他限制相比，该种行为有其特殊性。实践中，基于商标的识别来源功能和质量保证功能，商标与专利的许可往往是捆绑在一起的。在商标许可的情况下，商标许可人有义务监督被许可人使用其注册商标的商品质量或服务质量，出于此种考虑，与该商标有关的专利技术往往也随之允许被许可人使用。而在专利许可的情况下，许可人一般也会将商标使用权授予被许可人，以控制含有专利技术的产品的市场流通，从而为获取最大的经济效益创造条件。可见，专利许可中的商标使用限制常作为商业惯例或交易习惯而存在，其目的主要是维持依赖被许可专利技术所生产的商品的商业信誉，故具有一定的合理性，较容易获得双方当事人的认可和接受。不可否认，虽然该种行为客观上有可能对市场竞争构成威胁，但如果贸然地以反垄断法对其加以规制，可能会打破商业交易领域的原有秩序和平衡关系，带来不利于竞争的后果。因此，判断该种行为应否受到反垄断法否定性评价的关键在于结合具体案情分析相关条件，认定其是否构成专利权的滥用和不当限制竞争。

第二节　对专利许可中商标使用限制的多视角观察

对专利许可中的商标使用限制进行法律调整，涉及多种法律的适用可能，它们是民法、专利法、商标法以及反垄断法。

一、私法视角

（一）民法

埃尔曼引述澳大利亚法理学家佩顿（G. W. Paton）的观点指出："今天，大多数法律制度都在试图对不受约束的个人主义表现加以控制，控制

[1] 如果撇开商标的特殊性不论，专利许可中的商标使用限制有时可被纳入广义的"搭售"中，即专利搭售商标，但商标使用限制比一般的搭售更复杂，需要更加谨慎地加以对待。因此，除少数国家（如美国）将商标使用限制纳入搭售框架内，更多国家和地区对其单独加以规定，并给予特别的关注。有关专利搭售许可方面的一般论述，参见宁立志：《专利搭售许可的反垄断法分析》，载《上海交通大学学报（哲学社会科学版）》，2010（4）。

的方式是通过法院判决或立法发展出一种广泛而略失雅致地称作'滥用权利'的概念。这种概念认为一项权利，即使是被合法地取得，也不能够用来满足与其原始目的相悖的目的。"① 而"知识产权在今天，至少在我国，是被当作一种民事权利对待的。它甚至是在我国的民法通则中被实实在在地规定在民事权利中的"②。因此，民法的基本原则当然也适用于知识产权。具体到权利不得滥用原则，虽然在各国知识产权法中很少明文规定，但其对知识产权的行使同样具有约束力。

我国《民法典》第8条规定了权利不得滥用原则："民事主体从事民事活动，不得违反法律，不得违背公序良俗。"其要义就是"要求民事活动的当事人在行使权利及履行义务的过程中，实现个人利益与社会利益的平衡"③。在专利许可中，基于专利自身的合法垄断性，法律允许专利权人对被许可人作出相关的限制，但这种限制必须不违背权利不得滥用原则。同时，由于"民法基本原则的不确定规定和衡平性规定性质，具有授权司法机关进行创造性司法活动的客观作用，民法基本原则中的法律补充原则，更是直接授予司法机关在一定范围内创立补充规则的权力"④。换言之，包括权利不得滥用原则在内的民法基本原则只是在特定情况下起漏洞补充作用，不能成为主要的适用依据，只有在专利法对专利行使的界限没有规定或规定不明时，才能够对包括专利许可在内的专利行使予以一定程度的控制。客观地讲，其作用有限，而且，原则直接适用于个案也不宜常态化。因此，对于专利许可中的商标使用限制，执法和司法机关不会轻易使用民法中的权利不得滥用原则加以分析或规制。

当然，民法视角的观察，还需要具化到民法中的合同制度层面。专利权人和被许可人之间的专利许可合同，从本质上看，仍属于平等主体之间就专利许可实施事宜所达成的协议，需要遵循合同自由的理念。如果专利权人和被许可人基于自主协商达成协议，那么专利权人在许可他人使用自己的专利技术时，完全可以要求被许可人必须在商品上使用其指定的商

① G. W. Paton, *A Text-Book of Jurisprudece*, 4th ed., Oxford: Clarendon Press, 1972, p. 474. 转引自［美］H. W. 埃尔曼：《比较法律文化》，高鸿钧等译，61页，北京，清华大学出版社，2002。

② 郑成思：《知识产权论》，3版，1页，北京，法律出版社，2003。

③ 徐国栋：《民法基本原则解释——以诚实信用原则的法理分析为中心》（增删本），160页，北京，中国政法大学出版社，2004。

④ 徐国栋：《民法基本原则解释——以诚实信用原则的法理分析为中心》（增删本），13页，北京，中国政法大学出版社，2004。

标。但从另一个角度看，虽然合同自由理念为专利许可中的商标使用限制提供了相应的理论支撑，但是该理念本身在由近代民法向现代民法的转变中，已得到了一定的修正。“应当说明的是，现代民法上的合同自由，与19世纪资本主义国家所实行的自由放任主义是有严格区别的，是指在法律允许范围内的自由，并非不受限制的自由，不允许滥用合同自由以损害他人利益和社会公益。”① 也就是说，合同自由并不是绝对的自由，基于合同自由而产生的专利许可中的商标使用限制如果构成对市场竞争的威胁，进而有导致垄断情形之虞，监管当局一定不会坐视不管，完全的意思自治在这种场合并不能实现。同时，即使以修正的合同自由理念规制专利许可中的商标使用限制问题仍多少显得有些力不从心。一方面，民法中的合同规范一般不涉及权利许可的细节，而是给当事人预留巨大的自治空间，至多只为许可提供一定的原则指导和基本结构框架；另一方面，如果不具体分析个案中的特殊情形，单纯基于专利许可中存在商标使用限制而直接认定合同无效，则又显得过于武断，并不能有效解决专利许可中的限制竞争问题。

(二) 专利法

专利法属于确权性质的法律，以确认和保障专利权为主要目的。权利要求书作为专利申请中的重要文件，在专利申请被批准后即成为具体说明专利权限范围的书面文件。② 也就是说，在专利权的范围界定上，主要以权利要求书为依据，任何超越这一依据而扩大专利权范围的企图都是不正当的。就专利许可而言，专利权人仅有权许可他人行使自己依靠权利要求书获得保护的专利权的全部或部分，而不能延及其他。同理，在专利许可中所附加的限制条件也应当以专利权所及的范围为限。而专利许可中的商标使用限制将专利权的行使不恰当地转移到与其无关的领域，不仅超出了专利权自身权利范围的边界，而且在客观上有可能形成违背市场自由竞争规则的垄断。虽然专利许可中的商标使用限制可能会带来积极的经济效益，并在提高创新的激励方面产生积极的影响，但是专利法本身并不要求或允许在界定专利权范围时考虑专利许可中的限制条款的竞争效果，换言之，基于专利权自身范围的局限性，单纯依靠专利法并不能为专利许可中的商标使用限制提供足够的规制依据或支持理由。

---

① 梁慧星：《民法总论》，4版，48页，北京，法律出版社，2011。

② 参见刘春田主编：《知识产权法》，4版，211页，北京，高等教育出版社，2010。

（三）商标法

从根本上来说，专利的被许可人使用何种商标属于商业自由范畴，不应受到专利权人的干涉。依照《商标法》的相关规定，商标权人使用商标的义务是法定的，如此规定的目的主要是防止商标的闲置，保证更有效地利用资源。① 而专利许可中的商标使用限制实质上是以约定的方式从外部对被许可人强加的义务，常常违背被许可人的意愿，并有可能对自由竞争造成损害。即使从专利许可人同时授权被许可人使用商标的角度来考虑，被许可人是否接受授权使用商标，也应当完全出于自愿，不能出于使用许可人专利的目的而被迫接受一项自己原本不愿意接受的所谓的商标使用授权。从商标识别或标示商品来源这一主要功能来看，被许可人排除专利许可因素的干扰而自由决定使用商标，也是其履行社会责任、保护消费者合法权益的必然要求。

二、公法视角：反垄断法的介入

知识产权制度属于私法体系，由于受到私法自身性质和调整手段的限制，某些滥用知识产权的行为无法通过私法制度本身加以解决。如果过分强调知识产权，任由企业滥用核心专利技术，或者通过知识产权许可协议限制和扭曲竞争，也会使企业丧失竞争的动力，丧失创新的积极性。② 在此背景下，公法（尤其是反垄断法）的介入就成为必然。反垄断法对知识产权滥用的介入主要体现在反垄断法通过维护有效竞争，使社会个体的知识产权行使行为不致破坏社会整体利益（实质公正和社会整体效率）。③ 具体到专利许可中的商标使用限制，虽然基于专利权本身是法律赋予的垄断权而认可其可在一定范围内限制竞争，但必须将这种消极后果控制在可容忍的范围之内，因此，通过专利许可的方式在与专利无必然联系的商标使用领域实施限制竞争的行为，必定受到以维护市场自由竞争秩序为使命的反垄断法的特别关注。

拥有专利权虽不必然但往往会使权利人在某一特定市场拥有或形成垄

① 商标权人使用注册商标，首先是商标权人的一项权利；同时，我国《商标法》第 49 条第 2 款规定，注册商标连续 3 年停止使用的，任何单位或个人均可向商标局申请撤销该商标。由此可见，已注册商标的使用是注册商标权人维系其权利的重要方式。

② 参见李明德、黄晖、闫文军等：《欧盟知识产权法》，51 页，北京，法律出版社，2010。

③ 参见王先林：《知识产权与反垄断法：知识产权滥用的反垄断问题研究》（修订版），92 页，北京，法律出版社，2008。

断地位，因此，如果权利人利用该种地位实施限制竞争的行为，如专利许可中可能危及公益的商标使用限制，对自由公平竞争的原则构成威胁，则可能构成对反垄断法的违反。显然，专利权人利益的扩张与市场竞争之间的冲突，实质上反映着特定情况下不同利益之间的矛盾。保护专利权的要求由于主要反映权利人的个体利益，原则上应当由包括合同法、专利法和商标法在内的私法规范予以调整。但是，受其自身性质和手段的局限，同时由于缺乏主动和强制干预性而只能事后援引，私法规范在面对专利许可中的限制性做法影响市场自由竞争时往往难以有所作为。而反垄断法作为公法则不同，可由专门的政府主管机关积极主动介入或干预。基于保护社会公益的目标，使用公法的方法调整原本由私法调整的领域，解决个体私益与社会公益之间的矛盾，其干预的力度、范围和影响力远非私法规范所能及。对于专利许可中的商标使用限制，如果是在考虑质量保证等因素的基础上所作出的约定，衡量利弊，从保护消费者合法权益的角度考虑，不宜将其纳入反垄断法的打击范围；而如果是出于限制竞争的考虑，则可以排除私法规范的适用，将其置于反垄断法的规制之下。①

第三节　对专利许可中商标使用限制的正负效应分析

一、专利许可中商标使用限制的正面效应

在商业实践中，专利许可有可能使许可人和被许可人达到双赢的结果。对专利权人而言，由于自身不具备最大限度地利用专利技术的能力，通过专利许可，可以增加其报偿，从而刺激创新，减少交易费用，提高经济效率。而专利许可中存在的商标使用限制也并非全无益处。在此情形下，专利权人不仅仅考虑将自己的专利许可他人使用以获取相关收益，从维护自身商标声誉的角度出发，专利权人还会有更强的责任心监督被许可人，进而达到有效保证产品质量的目的，这对广大消费者而言无疑是个福音。而对被许可人而言，也许在资金、市场、人才等其他资源都满足的情况下，专利技术的缺乏成为企业发展的瓶颈，而获取他人的专利技术常常

① 参见王源扩：《试论与知识产权有关的反竞争行为及其法律控制》，载《政法论坛》，1996（4）。

是企业发展的捷径，即使可能要以使用专利权人指定的商标作为获得专利许可的代价。

与此同时，专利许可也是专利权人传播有关技术、产品或服务的信息的一种方法。当专利权人的商标与商号连同其他知识产权一道被许可使用时，许可的广告宣传价值显然能够极大地提高。① 而通过被许可人的商业努力，例如良好的广告宣传、售后服务，许可人能够与被许可人一道获得社会的好评，提高专利产品的声誉和信誉。总之，即使存在专利许可中商标使用限制的情形，双赢的结果仍然有可能有效实现。

二、专利许可中商标使用限制的负面效应

专利许可中商标使用限制的不利之处同样存在。从微观层面对专利权人和被许可人的影响来看，首先，由于专利和商标的双重许可，专利权人可能会产生惰性心理，失去了自己成为“垂直结合”企业的激励，可能永远达不到一个“研”“产”“供”“销”等一条龙服务的充分“垂直结合”企业的经济规模，甚至被指定使用了他人的商标后因缺乏自有的原生性营销渠道，过分依赖他人营销体系，而最终可能失去市场竞争力。其次，专利许可可能会产生一种令许可人最不愿意看到的结果，就是在失去技术优势的同时为自己培养了新的竞争对手。“加多宝”就是在被许可使用的过程中壮大起来的，最终成为许可人“王老吉”可怕的竞争对手；中国“红牛”与泰国“红牛”之争也内含性质类似的问题。最后，虽然被许可人良好的商业行为可以为专利权人带来好的品牌声誉，但是，被许可人的不良商业行为也可使专利权人的品牌声誉受损。如果被许可人的产品粗制滥造，则必定会使专利权人的同一品牌产品的声誉受到损害。

而从宏观层面对市场竞争的消极影响来看，首先，这类条款使特定竞争者获得了“专利＋营销渠道＋商标”的结合优势，抬高了其他竞争者进入市场的门槛，同时客观上可能会限制被许可人的经营自由，使其无法充分地释放竞争潜能。其次，这类条款会阻碍其他经营者进入某一市场，或无法凭借竞争实力扩大其业务，抑制了潜在竞争。最后，这类条款由于在某种意义上破坏了商标的识别来源功能和质量保证功能，亦损害了消费者的利益。②

---

① 参见［美］Jay Dratler，Jr.：《知识产权许可》（上），王春燕等译，22页，北京，清华大学出版社，2003。

② 参见王源扩：《试论与知识产权有关的反竞争行为及其法律控制》，载《政法论坛》，1996（4）。

三、小 结

综上所述，专利许可在带给专利权人巨大商业利益的同时，也带来了与之相伴的商业风险。因此，为了维护其经济利益，同时降低商业风险，专利权人通常都会通过许可合同限制被许可人的活动，商标使用限制仅仅是专利权人有可能在专利许可中采取的限制手段之一。包括商标使用限制在内的专利许可中的各种反竞争性限制条款，一般都会对经济竞争产生消极影响，但在特殊情况下，也有促进经济技术进步和保护消费者利益的积极意义，如保证产品质量、维护品牌形象或商标信誉。而从动机来看，这类条款可能是为了许可人的利益，也可能是为了被许可人的利益，还可能是为了其共同利益或相关第三人的利益。因此，对专利许可中的商标使用限制，必须结合其具体背景和特定情况具体分析，只有这样才能准确地认定其真实目的和经济后果，从而采取适当的法律对策，不应一律予以禁止。而从合法垄断与限制竞争的关系来看，知识产权垄断权的正当行使会在一定的范围和程度上限制竞争，但这种对竞争的限制是实施激励竞争的知识产权法的必要代价。“如果知识产权没有激励竞争的基本功能，保护知识产权的法律制度就没有任何积极和现实的意义。”①

第四节　域外法律对专利许可中商标使用限制的态度及其启示

一、域外立法

（一）美国

集中反映美国反托拉斯法②在知识产权许可领域重要发展动向的是美国司法部和联邦贸易委员会于 1995 年 4 月 6 日联合发布的《知识产权许可的反托拉斯指南》（简称《反托拉斯指南》）和 2007 年 4 月 17 日联合发布的《反托拉斯执法与知识产权：促进创新和竞争》的报告（简称《反

① 王晓晔：《欧共体竞争法中的知识产权》，载《环球法律评论》，2001（2）。

② 在美国，专利许可中的商标使用限制被理解为广义上的搭售行为之一，因此，对美国法律的考察基本上遵循有关搭售的评判思路。

托拉斯报告》）。后者并没有完全取代前者，而是在体现前者指导思想和主要内容的基础上进一步发展和完善。

《反托拉斯指南》指出，以被许可人购买另一项知识产权或商品或服务为条件而授予某一项知识产权的做法在某些情况下被认定为非法搭售；并进一步指明了构成非法搭售的要件，即：(1) 销售者对于搭售的产品具有市场支配力；(2) 该安排对被搭售产品市场中的竞争产生负面影响；以及 (3) 以效率提高为理由进行辩解尚不足以抵消其限制竞争的负面影响。该指南还将一揽子许可包括在这一类限制性条件之中。一揽子许可是指一方在一项或一组相关的许可合同中，许可他方同时使用其多项知识产权标的。如果一揽子许可是强制性的，即接受其中一项标的的许可以同时接受其他标的的许可为条件，则视为搭售，适用与其他搭售行为同样的处理规则。

而《反托拉斯报告》则将搭售和捆绑销售放在一起讨论，指出：根据目前的判例法，对于搭售和捆绑案件，包括知识产权的搭售和捆绑案件，法院适用的原则仍然是附条件的本身违法原则，即只有在卖方在搭售品市场具有市场支配力并符合其他条件的情况下，搭售和捆绑才构成违法；并且在适用这种附条件的本身违法原则时会更多考虑市场分析。

在《反托拉斯指南》和《反托拉斯报告》的规则框架下，专利许可中的商标使用限制并不当然构成垄断，判断构成垄断的核心要件在于许可人具有市场支配力，即经济上或技术上控制市场的力量和取消市场竞争的能力。从经济角度来看，搭售会迫使被许可人购买或接受他本不需要的产品，或者在市场中排斥被搭售产品的其他供应商，从而扭曲市场，损害竞争，但也只有当一项搭售产品具有市场支配力时才会如此。而拥有专利权并不等于就拥有市场支配力，因此，专利许可中的商标使用限制并不全然就是非法的。

（二）欧盟

欧盟竞争法的实体规范最集中地体现在《建立欧洲共同体条约》（简称《欧共体条约》）的第 3 条、第 81 条和第 82 条中。① 其中，第 3 条是关于建立竞争保护机制使之不受扭曲的原则规定；第 81 条是关于禁止和在一定条件下豁免反竞争性协议的规定；第 82 条是关于禁止滥用市场支配地位的具体规定。1996 年 1 月 31 日，欧盟委员会颁布了《关于技术转

① 根据 1997 年的《阿姆斯特丹条约》第 12 条，原条约的第 85 条、第 86 条重新编号为第 81 条、第 82 条。本章也将相关文件中原编号为 85、86 的条款的编号相应改为 81、82。

让协议集体适用欧共体条约第 81 条第 3 款的第 240/96 号条例》（简称《240/96 号条例》），该条例于 1996 年 4 月 1 日生效，有效期为 10 年。根据该条例第 1 条，某些类型的协议条款虽然可能产生限制竞争的后果，但也显著地降低了商业投资风险，满足了企业获得确定的投资回报的合理预期，从而有利于鼓励和推动新技术的传播、利用，因此，可以根据《欧共体条约》第 81 条第 3 款的规定给予豁免待遇。其中，就包括“商品标识限制”。该条例第 1 条第 1 款第 7 项规定，要求被许可人在许可的生效期间内只使用许可人的商标或特有装潢，以区别被许可的产品，只要许可协议不禁止被许可人在其制造的被许可产品上表明自己是该产品的制造者，这种限制条款就可以得到豁免。同时，专利许可中限制使用商标的行为虽然可以得到豁免，但考虑到其确实又具有限制竞争的后果，这一豁免不是无期限的。①

2004 年 4 月 27 日，欧盟委员会颁布了《关于技术转让协议适用条约第 81 条第 3 款的第 772/2004 号条例》（简称《772/2004 号条例》），该条例替代了《240/96 号条例》，并于 2004 年 5 月 1 日起实施。《772/2004 号条例》是欧盟范围内订立知识产权许可协议的最重要的指导性文件，对规范知识产权的行使具有重要的意义。与之前的《240/96 号条例》将技术转移协议中的限制性条款分为“白色条款”、“黑色条款”和“灰色条款”，并分别给予可以豁免、不能豁免和经过异议程序后给予豁免的做法不同，《772/2004 号条例》不再对限制性条款作上述区分，而采用根据效果分析的更为灵活的经济分析模式，仅列举了少量予以禁止的核心限制条款（其中不包含专利许可中的商标使用限制），并通过市场力量分析区分出真正需要适用欧共体竞争法进行审查的协议。具体而言，《772/2004 号条例》将技术转让协议分为竞争者之间的协议和非竞争者之间的协议。协议双方为竞争者的，如果各方当事人在相关市场的份额合计不超过 20%，其行为可以得到豁免；协议双方为非竞争者的，如果每一当事人在相关市场的份额均未超过 30%，其行为也可以得到豁免。而对于协议双方的市场份额超过上述标准的，还应当采取“合理原则”进行分析，判断其协议是否排除或限制了竞争，进而决定其能否得到豁免。

由于《772/2004 号条例》有效期于 2014 年 4 月 30 日届满，2014 年 3 月欧盟委员会在《772/2004 号条例》的基础上形成并公布了《关于技术

① 参见王晓晔：《欧共体竞争法中的知识产权》，载《环球法律评论》，2001 (2)。

转让协议适用〈欧盟运行条约〉第 101 条第 3 款的第 316/2014 号条例》（简称《316/2014 号条例》），该条例于 2014 年 5 月 1 日生效，有效期至 2026 年 4 月 30 日。该条例的具体内容与《772/2004 号条例》相比，变动不大。

从上述几个条例的规定不难看出，从解放大量对相关市场竞争不会产生实质性影响的专利许可协议，进而推动技术传播的理念出发，欧盟对专利许可中的商标使用限制采取了较为宽容的态度。《240/96 号条例》直接将其列入豁免范围，而依据《772/2004 号条例》和后来替代该条例的《316/2014 号条例》，将其认定为垄断的可能性更是微乎其微。

（三）日本

1989 年 2 月 15 日，日本公正交易委员会颁布了《关于管制专利和技术秘密许可协议中的不公正交易方法的指导方针》（简称《1989 年指导方针》），其中“可能是不公平的”限制条款（“灰色清单”）中涉及专利许可中的商标使用限制问题，即：“下列类型的限制条款可能是不公平的，但这种结论需要对市场上许可人和被许可人的地位、市场状况以及限制的期限进行具体的分析：……（4）要求在商品上使用许可方的商标……”

1999 年 7 月 30 日，日本公正交易委员会又颁布了《专利和技术秘密许可协议中的反垄断法指导方针》（简称《1999 年指导方针》），以替代《1989 年指导方针》。总的来说，《1999 年指导方针》仍侧重对被许可人利益的保护，这突出表现在该指导方针假定许可人相对于被许可人而言处于“交易中的优势地位”。该指导方针的第四部分详细阐述了公正交易委员会从不公正交易方法的角度应怎样对待有关专利和技术秘密许可协议的观点。其中，在有关专利产品销售的限制和义务部分，涉及专利许可中的商标使用限制问题。《1999 年指导方针》指出，在专利许可协议中，许可人在有些情况下会对被许可人销售专利产品施加限制，如在专利产品上使用其指定商标的限制。在专利许可协议中的许多限制不被认为是依专利法规定行使权利，因此这些限制妨碍公平竞争的程度将依照其对市场竞争的影响程度逐案确定。

在日本提出“知识产权立国”的国家战略这一背景之下，2007 年 9 月 28 日，日本公正交易委员会颁布了《关于知识产权利用的反垄断法指南》（简称《2007 年指南》），以替代《1999 年指导方针》。《2007 年指南》阐述了公正交易委员会在知识产权领域适用反垄断法时所遵循的基本原则，包括区分权利行使行为和违反反垄断法的行为、界定受限制行为影响的相关市场以及分析限制行为对竞争的效果。此外，该指南指出，如果在商业行为中使用技术的企业在相关产品市场的份额等于或低于 20%，或者在产品份额无法获得，或产品份额不能满足审查对技术市场的影响效果时，在至少有四家企业拥有可替代的技术且不存在相关商业行为的妨碍的情况下，该企业实施的与技术有关的限制可以被视为对竞争产生微弱的影响。应当说，这样的一个判断标准，对于认定专利许可中所附加的商标使用限制是否合理无疑具有明确的指导意义。

（四）韩国

在韩国①，专利权不当行使行为起初仅受专利法的规制。1980 年韩国《公平交易法》开始将专利权不当行使行为纳入反垄断法规制的框架。2000 年，韩国公平交易委员会制定《知识产权审查指南》，对知识产权行使中的不公平交易行为类型及不能视为违法的行为类型进行了规定，以提高《公平交易法》适用的一致性和可预测性，促进公平交易秩序。从《知识产权审查指南》的适用范围和《公平交易法》的实践来看，适用《公平交易法》的专利权行使行为主要是专利权人的专利实施许可行为，其中，不公平专利实施许可是指地位不平等的许可人和被许可人之间签订具有不公平条件的专利实施合同，进而导致不公平后果。比如，使用不公平手段签订的或含有不公平内容的专利实施许可合同，即是指专利权人使用欺诈或强迫等手段签订的，或者含有妨害被许可人的自由意思决定或强加不利益之内容的专利实施许可合同。一般来说，韩国公平交易委员会是以不公平性为主要标准来判断此类专利实施许可合同的违法性的。交易内容的不公平性意味着妨害交易对方的自由意思决定或强迫对方接受不利益，其侵害了或可能侵害公平交易的基础。专利实施许可中的商标使用限制即属于此类情形。

在判断专利权行使行为是否属于《公平交易法》所禁止的不公平交易行为时，其标准在于行为是否具有妨害公平交易的可能性。实践中，韩国公平交易委员会在审查并适用这一标准时，首先要确定相关市场，其次要分析被审查者（行为人）的市场支配力和年度销售额，进而针对不同情形的不公平交易行为分别适用本身违法原则与合理原则。包括专利实施许可中商标使用限制在内的大部分不公平交易行为都属于适用合理原则的行

① 对韩国该议题的详细论述可参见宁立志、［韩］金根模：《韩国公平交易法中的专利权不当行使及其启示》，载《法商研究》，2010（5）。

为，由韩国公平交易委员会负责证明该行为为违法行为。此时，应将妨害公平交易的可能性与效率提高、消费者福利增多的可能性进行比较。当前者大于后者时，行为就被认定具有妨害公平交易的可能性。

（五）我国台湾地区

我国台湾地区“公平交易法”并没有直接规定其适用于对知识产权领域垄断行为的规制，仅在其第 45 条笼统规定对正当行使知识产权行为有一项适用除外。为处理日益增多的技术授权案件，使“公平交易法”相关规范更加具体化，使执法标准更为明确，我国台湾地区“公平交易委员会”参考以往案例经验及台湾地区产业发展现状，并参酌美国、欧盟和日本的相关规定，于 2001 年 1 月 18 日制定了“审理技术授权协议案件处理原则”，作为处理相关案件的参考基准。后经 2005 年 2 月和 8 月以及 2007 年 5 月的修订，该文件的名称改为“‘公平交易委员会’对于技术授权协议案件之处理原则”，其内容包括目的、名词定义、基本原则、审查分析之步骤、不违反“公平交易法”事项之例示、技术授权协议禁制事项例示（之一与之二）和法律效果。“对于技术授权协议案件之处理原则”规定的技术授权协议禁制事项例示之一，涉及专利许可中的商标使用限制问题，即：“有竞争关系之技术授权协议当事人间以契约、协议或其他方式之合意，共同决定授权商品之价格，或限制数量、交易对象、交易区域、研究开发领域等，相互约束当事人间之事业活动，足以影响特定市场之功能者，授权协议当事人不得为之。技术授权协议之内容，有下列情形之一，而对特定市场具有限制竞争或妨碍公平竞争之虞者，授权协议当事人不得为之：……（2）为达区隔顾客之目的，规定其须使用特定营销方式、限制授权协议相对人技术使用范围或交易对象……”

在判断诸如专利许可中的商标使用限制等授权协议内容的合法性时，首先依“公平交易法”第 45 条的原则性规定进行检视，判断相关行为是否属于知识产权的正当行使；若涉嫌有违原则性规定的宗旨，则进而依“对于技术授权协议案件之处理原则”进行审查，并着重审查技术授权协议对商品市场、技术市场和创新市场可能或实际产生的限制竞争或不公平竞争的影响。除考虑授权协议内容的合理性之外，还应审查以下事项：（1）授权人就授权技术所具有的市场力量；（2）授权协议当事人在特定市场的市场地位及市场状况；（3）授权协议增加的技术利用机会与排除竞争效果的影响程度；（4）特定市场进出的难易程度；（5）授权协议限制期间的长短；(6) 特定授权技术市场的国际或产业惯例。

二、域外立法的启示

通过对上述域外相关立法的分析和比较不难看出，虽然在认定专利许可中的商标使用限制是否违法时的参考因素有所差别，但上述国家和地区均不会因为专利许可协议中存在商标使用限制条款而直接认定其违反反垄断法，而是灵活运用合理原则，并注重对个案的具体情况进行分析，方得出最终结论。其中，专利权人是否具有市场支配地位是认定违法与否的关键。在这一点上尤其值得一提的是，上述国家和地区往往规定了比较明确的市场份额比例作为认定市场支配地位的标准，这无疑大大增强了法律适用的统一性和可操作性。同时，在对专利许可中的商标使用限制进行法律适用时，民法、专利法、商标法仅作为基础性参酌依据，竞争法成为直接适用的法律。上述做法对于完善我国规制专利许可中的商标使用限制行为的相关实践具有借鉴意义。

第五节　对专利许可中商标使用限制的多角度观察

专利许可中双方当事人的具体情形千差万别、多种多样，对专利许可中的商标使用限制进行类型化分析，一方面有助于厘清和理解其特殊性，另一方面也为在个案中结合具体案情权衡利弊作出最终判断提供了更为清晰的思路。

一、基于当事人之间关系的角度

从当事人之间的关系来看，专利许可中商标使用限制的双方当事人之间的关系可以区分为纵向关系和横向关系。纵向关系是指当事人在相邻或相关的市场层次上互补或相互衔接的关系，即当事人在不同的市场上或者在同一市场的不同水平层次上从事经济行为。这一情况在许可协议中是极为常见的。横向关系则是指许可人与被许可人在没有订立许可协议的情况下就是同一市场上的实际或潜在的竞争者。“一般而言，横向关系各方之间订立的许可协议触犯反托拉斯法的可能性相对更大一些，因为这类当事人之间更容易协调其经营行为，如限制产量，共同提高价格或限制开发创新等。因此，认定许可合同各方之间的关系，对于最终结论的得出有一定的关系。”[①] 反映在反垄断实践中，对纵向关系一般适用合理原则进行分析，而对于横向关系则适用本身违法原则的概率更高。但是，许可人与被许可人之间存在纵向关系不一定就能保证促进竞争的发展，而许可人与被许可人之间存在横向关系也并不说明许可协议一定不利于竞争的发展。界定这种关系的目的仅仅是提供分析的思路和侧重点，帮助决定许可协议安排是否可能有不利于竞争发展的影响以及判断这些影响是如何产生的。[②]

二、基于所涉及主体的角度

从所涉及主体的角度来看，专利许可中的商标使用限制可分为两种情形：一是专利权人要求被许可人使用许可人自己的商标，二是专利权人要求被许可人使用其指定的第三人的商标。对于前者，反垄断法的任务主要是平衡专利权人与被许可人之间的利益关系，并兼顾市场竞争秩序的维护。对于后者，由于涉及专利权人和被许可人之外的第三人，则极有可能构成专利权人和第三人之间的联合限制竞争行为。所谓联合限制竞争行为，是指两个以上的行为人以协议、默契或其他联合方式实施的排除或者妨碍竞争的行为。应当说，相较于前者，该种行为的危害性更甚。如果专利权人与作为第三人的商标权人基于共同意思而实施共同限制竞争的行为，往往会对被许可人的正常生产经营和自由竞争造成极大的阻碍，进而影响相关市场的竞争秩序甚至社会整体利益，因此，应将其纳入反垄断法的规制范围，使专利许可回到正常的法定垄断范围之内。[③] 当然，当被许可人是那些实力强大的技术采购商时，商标使用限制条款也可能由被许可人提出。对于这种情形与商标使用限制条款由许可人提出的情形，反垄断分析思路和理念是相通的，没有实质区别。

三、基于双方力量对比的角度

从双方力量对比的角度来看，专利许可中的商标使用限制可在专利权人强势和专利权人弱势两种情形下发生。依照惯常理解和专利许可实践中的常态，许可人由于拥有垄断性的专利权而处于强势地位，因此，许可人

① 王先林：《知识产权与反垄断法：知识产权滥用的反垄断问题研究》（修订版），109 页，北京，法律出版社，2008。

② See Antitrust Guidelines for the Licensing of Intellectual Property § 3. 3，Issued by the U. S. DOJ and the FTC in April 1995.

③ 参见冯晓青：《知识产权、竞争与反垄断之关系探析》，载《法学》，2004 (3)。

完全能够凭借权利人的身份，迫使被许可人接受商标使用限制的条款。此时，该条款对相关市场的竞争状况更容易产生影响，所以应受到反垄断法更为严格的审查。但在实践中，并不能绝对排除许可人处于力量上的弱势地位的情形。实际上，“小企业、刚建立的工厂和个人是典型的资金不足的许可人，他们比许多被许可人有更少的资源和讨价还价的能力。他们对经济是至关重要的，需要法律的保护。法律应当考虑到这些小投资者正在我们许多最重要的技术领域成为领导者”①。此时，处于强势地位的被许可人出于迫切需要获得专利许可等方面的考虑，有可能接受处于弱势地位的许可人提出的商标使用的限制条件。因此，在专利许可的商标使用限制中，许可人并不必然具有市场支配地位，甚至其市场地位尚不如被许可人，这就需要在判定该限制条款对市场竞争的影响时采取更为灵活和务实的态度，而不能拘泥于以往由习惯性思维所得出的结论。

四、基于被许可人可否表明自己是产品实际制造者的角度

从被许可人可否表明自己是产品实际制造者的角度来看，专利权人在限制被许可人使用商标的同时，如果允许被许可人在其制造的被许可产品上表明自己是该产品的实际制造者的话，则可以理解为专利权人并没有向竞争者和最终的消费者隐瞒自己与被许可人之间已经在商标使用限制上达成协议的企图，为竞争对手和消费者了解专利权人的状况，以便确定相应的竞争对策和消费策略提供了条件，因此，这种做法不会对市场竞争秩序和竞争程度构成不合理的限制或阻碍。换言之，在这种情形之下对竞争所产生的影响应当被认为仍处于可以容忍的范围之内。同时，这一做法也可有效维持商品来源标识的真实性，体现了对消费者选择权的尊重和负责。而禁止被许可人表明自己是该产品的实际制造者的做法，不仅有可能构成对竞争的阻碍，也在事实上构成了对消费者的误导甚至欺诈，有违商标的本质。

五、基于是否违背被许可人意愿的角度

从是否违背被许可人的意愿来看，专利许可中的被许可人接受商标使用这一限制条件并不必然是违背自身意愿的，换言之，被许可人有可能自

① Christian Chadd Taylor, No-Challenge Termination Clauses: Incorporating Innovation Policy and Risk Allocation into Patent Licensing Law, *Ind. L. J.*, 1993, 69, p. 215.

愿接受商标使用限制。作为理性的经济人，被许可人所关注的只是如何使用被许可的专利技术以最大限度地赢利。如果商标使用限制对其赢利不会产生影响，或者权衡利弊不会产生太大影响的话，接受商标使用限制条款对被许可人而言并不是一件难以抉择的事情。而如果限定其使用的商标声誉较高、影响广泛，基于对自身利益的考虑，甚至基于搭商标便车的心理，接受商标使用的限制往往可以降低销售或管理成本，对被许可人而言未必不是一件好事。此时，基本上可以排除被许可人的心理因素在判断专利许可中的商标使用限制是否合理方面的影响，而应将关注的重心置于该限制对整个市场竞争秩序的影响方面。当然，被许可人接受商标使用限制条款如果并非出于自愿，将在很大程度上扭曲被许可专利产品市场中商标的声誉和品牌价值的归属，对竞争者未来的交易机会也将造成影响，理应受到反垄断法的重点规制。

六、基于有效期限的角度

从有效期限的角度来看，专利许可中商标使用限制的期限不同，其对竞争的影响也不尽相同。大致来说，专利许可中商标使用限制的期限有三种可能性：第一种是专利许可中商标使用限制的期限超出了专利权的有效期间，具有明显的不合理性。该类行为基本上不可能得到豁免。第二种是专利许可中商标使用限制的期限在被许可的专利权有效期间内，但是超出了许可协议的存续期间。在专利权的有效期间和许可协议的存续期间内被许可人至少有使用利益，限定其对商标的使用，从某个角度看是一种权利和义务的平衡手段。如果被许可人不再使用该项专利权时仍无商标使用的自由，则有可能打破双方当事人之间的利益平衡而构成许可人专利权的滥用。第三种是专利许可中商标使用限制的期限既没有超出专利权的有效期间也没有超出许可协议的存续期间。这种限制的合理性尽管仍然需要主管机关认定，但它对相关市场的影响更易预见和控制，对权利人之经济利益的保障确有合理之处，因此得到豁免的可能性也最大。专利和著作权是临时的垄断权，其垄断范围和期限有所不同。窄范围和短期限的知识产权经常使垄断利益减少并使传播机会增加①，而专利权人在专利许可协议中限制被许可人商标使用的行为是其专利垄断权的延伸或扩张，所以有效期限

① 参见［美］罗伯特·考特、托马斯·尤伦：《法和经济学》（第五版），史晋川、董雪兵等译，107 页，上海，格致出版社、上海三联书店、上海人民出版社，2010。

的长短在判断专利权人行为合法与否时影响重大。

第六节　我国有关规制专利许可中商标使用限制的实践完善

一、我国有关规制专利许可的立法

（一）《民法典》及相关司法解释

在我国《民法典》颁行之前，主要由《合同法》调整合同关系。我国《合同法》在保护合同自由的基础上，规定了有限的规制专利许可的条款。具体而言，《合同法》第 329 条规定："非法垄断技术、妨碍技术进步或者侵害他人技术成果的技术合同无效。"进而，第 343 条规定："技术转让合同可以约定让与人和受让人实施专利或者使用技术秘密的范围，但不得限制技术竞争和技术发展。"《民法典》颁布后，《合同法》被整体并入《民法典》，前述两个条文经小幅修改后进入了《民法典》。《民法典》第 850 条规定："非法垄断技术或者侵害他人技术成果的技术合同无效。"第 864 条规定："技术转让合同和技术许可合同可以约定实施专利或者使用技术秘密的范围，但是不得限制技术竞争和技术发展。"

很显然，上述规定较为笼统。最高人民法院于 2004 年 12 月 16 日发布的《关于审理技术合同纠纷案件适用法律若干问题的解释》第 10 条规定："下列情形，属于合同法第三百二十九条所称的'非法垄断技术、妨碍技术进步'：（一）限制当事人一方在合同标的技术基础上进行新的研究开发或者限制其使用所改进的技术，或者双方交换改进技术的条件不对等，包括要求一方将其自行改进的技术无偿提供给对方、非互惠性转让给对方、无偿独占或者共享该改进技术的知识产权；（二）限制当事人一方从其他来源获得与技术提供方类似技术或者与其竞争的技术；（三）阻碍当事人一方根据市场需求，按照合理方式充分实施合同标的技术，包括明显不合理地限制技术接受方实施合同标的技术生产产品或者提供服务的数量、品种、价格、销售渠道和出口市场；（四）要求技术接受方接受并非实施技术必不可少的附带条件，包括购买非必需的技术、原材料、产品、设备、服务以及接收非必需的人员等；（五）不合理地限制技术接受方购买原材料、零部件、产品或者设备等的渠道或者来源；（六）禁止技术接受方对合同标的技术知识产权的有效性提出异议或者对提出异议附加条件。”可见，上述司法解释涉及专利许可中几种典型的限制性做法，如技术返授、限制使用竞争性技术、限制生产经营、搭售、独家交易、效力质疑限制等，对于规制专利许可具有重要意义。但遗憾的是，该司法解释并未明确提及专利许可中的商标使用限制问题，对于这种限制能否适用该司法解释的第10条第4项仍存在疑问。

（二）《对外贸易法》的相关规定

2004年4月6日修订、2004年7月1日实施的《对外贸易法》在增加的“与对外贸易有关的知识产权保护”专章中，除了重申知识产权保护问题，还特别规定了控制知识产权滥用的内容。该法第30条规定：“知识产权权利人有阻止被许可人对许可合同中的知识产权的有效性提出质疑、进行强制性一揽子许可、在许可合同中规定排他性返授条件等行为之一，并危害对外贸易公平竞争秩序的，国务院对外贸易主管部门可以采取必要的措施消除危害。”2016年11月7日全国人大常委会对《对外贸易法》进行修正，该条得以保留。该条在列举知识产权滥用形式时使用了兜底性表达“等行为”。乐观地猜测，该条似乎为规制专利许可中的商标使用限制预留了空间，且“强制性一揽子许可”的规定，在解释上亦可能包含专利许可中的商标使用限制，但是，该法仅仅适用于对外贸易领域，导致其在规制专利许可方面的适用范围受到较大限制。

（三）《反垄断法》的相关规定

自2008年8月1日起施行的《反垄断法》第55条规定：“经营者依照有关知识产权的法律、行政法规规定行使知识产权的行为，不适用本法；但是，经营者滥用知识产权，排除、限制竞争的行为，适用本法。”应当说，这一规定确立了在知识产权领域适用反垄断法的基本原则和制度，具有非常重要的意义。但必须指出的是，现实中的竞争问题充满复杂性，往往需要执法机构根据每一个案件的具体情况进行具体分析，不能完全或仅仅依靠立法机关制定出普遍适用的法律规范，因此，反垄断法条文具有原则性是各国反垄断法的普遍特征，我国《反垄断法》也不例外。

（四）国家工商行政管理总局《关于禁止滥用知识产权排除、限制竞争行为的规定》的相关规定

2015年4月7日，国家工商行政管理总局公布了《关于禁止滥用知识产权排除、限制竞争行为的规定》，《规定》第1条明确指出知识产权存在滥用的可能，从保护市场竞争与激励创新的目的出发，就需要从反垄断法的角度规制滥用知识产权的行为；而其第2条更是表明反垄断与保护知识产权的最终目标具有一致性，即促进竞争和创新，提高经济运行效率，维护消费者利益和社会公共利益。《规定》主要涉及以下几类知识产权滥用行为：拒绝许可，限定交易，搭售，独占性回授，有效性质疑，差别待遇，专利联营，标准必要专利以及其他不合理条件。同时《规定》还规定了相应的豁免条款，即根据行为主体的市场份额进行判断和放行；且在第15条中规定了知识产权涉嫌排除、限制竞争的分析步骤，如从行为性质、表现形式，行使知识产权当事人之间的关系，相关市场的界定，知识产权人的市场地位以及知识产权人行使权利的行为对市场竞争的影响等方面进行分析。《规定》并未就专利许可中的商标使用限制作出明确规定，其第10条第6项规定的"对交易相对人附加其他不合理的限制条件"虽然可以被解释为包含商标使用限制，但毕竟较为笼统，无法凸显专利许可中商标使用限制这一特殊条款的复杂性。

（五）国务院反垄断委员会《关于知识产权领域的反垄断指南》的相关规定

2019年1月4日，国务院反垄断委员会出台了《关于知识产权领域的反垄断指南》，对经营者滥用知识产权行为适用《反垄断法》提供了指引和具体要求。《指南》也未就专利许可中的商标使用限制作出明确规定，但是其第12条关于"其他限制"的规定对商标使用限制有一定的参考意义，该条第2款规定："上述限制通常具有商业合理性，能够提高效率，促进知识产权实施，但是也可能对市场竞争产生排除、限制影响，分析时可以考虑以下因素：（一）限制的内容、程度及实施方式；（二）利用知识产权提供的商品的特点；（三）限制与知识产权许可条件的关系；（四）是否包含多项限制；（五）如果其他经营者拥有的知识产权涉及具有替代关系的技术，其他经营者是否实施相同或者类似的限制。"《指南》第17条第2款规定："分析涉及知识产权的搭售是否构成滥用市场支配地位行为，可以考虑以下因素：（一）是否违背交易相对人意愿；（二）是否符合交易惯例或者消费习惯；（三）是否无视相关知识产权或者商品的性质差异及相互关系；（四）是否具有合理性和必要性，如为实现技术兼容、产品安全、产品性能等所必不可少的措施等；（五）是否排除、限制其他经营者的交易机会；（六）是否限制消费者的选择权。"

（六）小结

在跨国公司对我国运用各种娴熟的知识产权策略限制受让人和第三人

的竞争及技术扩散，滥用其知识产权优势地位维持其竞争优势，并已经或者必将威胁到我国企业在市场竞争中的生存以及我国社会公众的普遍利益的背景之下[①]，我国的立法相对滞后：首先，有关规制专利许可中限制竞争行为的规定不完整、不明确；其次，相关规定主要散见于有关的法律、行政法规、司法解释与指南之中，不系统，对现实的复杂性也反映不充分；最后，对于专利许可中的商标使用限制问题未有只言片语的规定，而且诸多规范仅适用于对外经济贸易活动中的行为，其适用范围极为有限，这对于改变大量中国企业利用境外技术与商标进行贴牌生产和代工，并逐渐丧失自我创新能力的状态，极为不利。

二、完善我国规制专利许可中商标使用限制实践的构想

保护知识产权以激励创新和实施反垄断法以维护竞争之间存在一个协调的问题，这使得在知识产权领域适用反垄断法更具复杂性，因此，将专利许可中的商标使用限制置于反垄断法的视野中进行考察，既不能因为专利权固有的垄断性而对专利权的行使加以特别的约束，也不能因为保护知识产权的需要而对专利权的所有行使行为都网开一面。应充分考虑到专利许可可能带来的正面效应，即使在专利许可已经构成典型的限制竞争行为时，仍需进一步考虑该行为在维护专利权人的利益、促进技术创新等方面的积极影响。因此，规制专利许可中的商标使用限制行为，一方面，主要依靠反垄断法；另一方面，又不能笼统地套用反垄断法中的通行做法，需要相关指南对此予以细化。2019 年的《关于知识产权领域的反垄断指南》并未涉及商标使用限制行为，故其仍有完善的空间。

（一）从宏观层面对专利许可中商标使用限制的基本定位

在对专利许可中商标使用限制行为的基本定位上，必须看到，前述美国、日本和欧盟成员国多属于发达国家，其对专利许可中的商标使用限制采取较为宽松的态度，与其强大的经济优势和技术优势密切相关。在国际技术贸易中，在专利许可中限定商标使用往往是发达国家凭借技术优势向发展中国家扩张商标进行品牌渗透的重要手段，换言之，发达国家可以借此为本国企业在全球赢得更大的市场份额。因此，我国在借鉴上述发达国家规制专利许可中商标使用限制的相关立法时，要充分考虑到我国作为发

---

① 参见张伟君、单晓光：《知识产权保护对企业技术转让的影响》，载《知识产权》，2008(1)。

展中国家的现实国情，而不能全面照搬外国的规定，以保护和发展民族品牌。因此，我国在完善相关指南时，一方面，从保护民族品牌的角度考虑，不宜将专利许可中的商标使用限制直接归入完全豁免的“白色条款”；另一方面，从有利于我国引进先进技术和广泛参与国际技术贸易活动的角度考虑，也不宜将其归入不能得到豁免的“黑色条款”。比较理想的做法是将其归入“灰色条款”，即不直接认定其效力，而是运用合理原则，结合个案的具体情况，作出最终的认定，从而在防范外来强势商标扩张的同时，不妨碍先进技术的引进。

（二）从微观层面明确专利许可中商标使用限制是否构成垄断的判断标准

基于专利许可中商标限制条款的特殊性，特别是其对市场竞争影响的双重性，除从前述多视角对其进行观察和分析之外，还应当结合具体案情，重点分析和认定相关市场、专利权人的市场支配地位，并权衡其对市场竞争的有利影响和不利影响等因素，再作出最终的判断。

1. 相关市场的界定

相关市场是反垄断法上的基本概念，只有先确定市场范围，才能判断对象的行业性质、市场份额、竞争地位，从而决定对象是否具有市场支配地位，以便反垄断法的下一步适用。① 专利许可领域的相关市场界定主要考虑相关产品市场和相关技术市场。其中，产品市场是由能够与某种产品发生竞争关系的同类产品或紧密替代品所组成的市场；而技术市场则是指由标的技术和可以互相替代的同类技术之间相互竞争所构成的市场。对专利许可中的商标使用限制条款而言，相关市场越小，可替代性技术与下游的可替代性产品越少，专利权越难以被替代，该条款在相关市场的限制竞争能力就越大。如果在某个领域专利权人具有绝对的技术优势，目前和今后相当长一段时间内其他主体难以进入，又没有实际可行的在性能和经济方面都合理的替代性技术和产品，那么，这一领域中专利许可的商标使用限制条款就极有可能是专利权人利用自身垄断地位谋求不合理利益的手段，理应从反垄断法的角度对其予以审查。

2. 专利权人市场支配地位的认定

判断专利许可中的商标使用限制是否构成垄断，先决条件是认定专利

---

① 参见吴振国：《〈中华人民共和国反垄断法〉解读》，165～166页，北京，人民法院出版社，2007。

权人是否具有市场支配地位。对此，《关于禁止滥用知识产权排除、限制竞争行为的规定》第 9 条“涉及知识产权的搭售”即规定，具有市场支配地位的经营者在没有正当理由的情况下，实施搭售行为，排除、限制竞争的，受到反垄断法的规制。由于专利权本身并不等同于市场支配地位，因此在认定专利权人是否拥有市场支配地位时，往往也要遵循界定市场支配地位的一般标准。我国《反垄断法》第 18 条规定：“认定经营者具有市场支配地位，应当依据下列因素：（一）该经营者在相关市场的市场份额，以及相关市场的竞争状况；（二）该经营者控制销售市场或者原材料采购市场的能力；（三）该经营者的财力和技术条件；（四）其他经营者对该经营者在交易上的依赖程度；（五）其他经营者进入相关市场的难易程度；（六）与认定该经营者市场支配地位有关的其他因素。”此外，《关于知识产权领域的反垄断指南》第 14 条规定，认定拥有知识产权的经营者在相关市场上是否具有支配地位，还可结合知识产权的特点具体考虑以下因素：“（一）交易相对人转向具有替代关系的技术或者商品等的可能性及转换成本；（二）下游市场对利用知识产权所提供的商品的依赖程度；（三）交易相对人对经营者的制衡能力。”

需特别指出的是，相关市场的市场份额是认定专利权人是否具有市场支配地位的最为直观和重要的参考因素。我国《反垄断法》第 19 条规定：“有下列情形之一的，可以推定经营者具有市场支配地位：（一）一个经营者在相关市场的市场份额达到二分之一的；（二）两个经营者在相关市场的市场份额合计达到三分之二的；（三）三个经营者在相关市场的市场份额合计达到四分之三的。有前款第二项、第三项规定的情形，其中有的经营者市场份额不足十分之一的，不应当推定该经营者具有市场支配地位。被推定具有市场支配地位的经营者，有证据证明不具有市场支配地位的，不应当认定其具有市场支配地位。”据此，在认定实施包含商标使用限制的专利许可的专利权人是否具有市场支配地位时，如果是单一的专利权人实施专利许可，其市场份额达到 1/2 以上，如果是两个以上的专利权人共同实施专利许可，在其合计市场份额达到 2/3 或 3/4 以上的同时，每个专利权人的市场份额达到 1/10 以上，方可认定其具有市场支配地位。

除此之外，考虑到某些含有商标使用限制条款的专利许可协议对相关市场竞争的影响可能微乎其微，《关于禁止滥用知识产权排除、限制竞争行为的规定》第 5 条与《关于知识产权领域的反垄断指南》第 13 条均设立了“安全港”条款，使其免受反垄断法的规制，包括：具有竞争关系的经营者在相关市场的市场份额合计不超过 20%；经营者与交易相对人在受到涉及知识产权的协议影响的任一相关市场上的市场份额均不超过 30%；如果经营者在相关市场的份额难以获得，或者市场份额不能准确反映经营者的市场地位，但在相关市场上除协议各方控制的技术外，存在四个或者四个以上能够以合理成本得到的由其他经营者独立控制的具有替代关系的技术。

3. 专利许可中的商标使用限制对市场竞争的影响

认定专利权人具有市场支配地位并不意味着其专利许可中的商标使用限制必然构成垄断。换言之，认定专利权人具有市场支配地位仅仅是认定专利许可中的商标使用限制构成垄断的必要条件而非充分条件，应当在此之外运用合理原则，着重分析该条款对竞争的双重影响，特别是将其阻碍竞争的后果与其促进竞争的效果相比较。

一般而言，该条款阻碍竞争的后果既包括对现实竞争的排除和限制，如减少相关市场竞争者的数量，或者消除原本存在的竞争，也包括对潜在竞争的排除和限制，如设置或提高相关市场的进入障碍，使其他竞争者不能以合理的条件获得相关的专利，阻碍潜在竞争者的进入。当然，该条款也可能产生对竞争有利的影响，如提高生产或者资源利用的效率等。一般而言，该等效率必须同时满足以下条件：(1) 效率的提高是客观的和可以证明的；(2) 知识产权权利人的限制性行为是效率产生所必不可少的；(3) 产生的效率必须能够为消费者所分享；(4) 知识产权权利人的限制性行为不会严重限制相关市场的竞争。由此可见，阻碍竞争的效果越明显，需要证明的效率提高的程度越高。

如果专利许可中的商标使用限制对竞争产生或者可能产生不利影响，但专利权人能够证明该条款同时也产生或者可能产生有利影响，且有利影响大于不利影响，则不宜将其纳入反垄断法的规制范围。必须说明的是，评价专利许可中的商标使用限制条款的实际影响及合法性，必须权衡该条款在阻止竞争方面的社会成本与在激励创新方面的社会收益。虽然成本效益的经济学分析方法看似是最合理的，但是相关的社会收益和成本的具体参量目前还没有得到一致认同，使这种评估非常困难。换言之，专利激励对经济整体的贡献程度与商标限制条款对竞争的负面效果均是不确定的。因此不得不承认，即使勉强采用了这种带有不确定性的经济学分析方法，其中复杂和精细的计算也很难在司法实践中被套路化运用。试图分析所有的参量，对其中阻碍竞争和激励创新的具体量进行权衡，就如同用计算机程序来决定诉讼结果一样不切实际。[①] 而这一方面验证了反垄断法在知识产权领域适用的诸多无奈，另一方面也说明在该领域不断总结执法和司法经验，并根据不同时期在知识产权领域适用反垄断法的基本政策，不断完善并形成灵活性与适用性更强的反垄断法相关指南的重要性。

① 参见［美］Jay Dratler，Jr.：《知识产权许可》（下），王春燕等译，514～518页，北京，清华大学出版社，2003。

第十三章 标准专利通论：规制基本思路

专利权人利用技术标准实施各种专利滥用行为，将危害到技术创新和市场竞争。为了防止和规制专利权人的滥用行为，标准化组织通常在其专利政策中对专利信息披露、必要专利甄选以及专利许可条件作出规定。但相较而言，具有社会本位和以保护公平竞争为目标的竞争法能起到更好的规制作用。国际上的竞争立法对技术标准中的专利权滥用均作出了规定，这些规定对我国有重要的借鉴意义。竞争法应依合理原则审查涉及技术标准专利的垄断协议和滥用市场支配地位行为，合理权衡其中的利弊，谨慎地作出法律判断。

技术标准随着社会经济的不断发展而不断演化，在当代知识经济的大背景下日益成为实施企业知识产权战略、参与国际市场竞争的高端形式。随着大量专利技术被采用，技术标准既在克服技术信息不对称、提升产品效能、促进国际贸易等方面发挥着积极作用，又为专利权人①滥用专利权、实施垄断行为以不当地获取竞争优势提供着便利。我国华为公司诉IDC案被称为中国技术标准垄断第一案，其中就涉及大量的专利权滥用造成的垄断法律问题。只有厘清技术标准中专利权的权利行使边界，既保护技术标准中专利权人的合法权益，又防止专利权人排除、限制竞争，才能辩证地实现技术创新与公平竞争的协调统一。

第一节 技术标准中的专利权及其滥用的判定

一、技术标准、技术兼容与网络效应

技术标准是对产品生产的规格、参数等技术方法、方案或路线的一种

① 由于实践中专利权的行使形式多样，本章所使用的“专利权人”的概念，既包括专利权人，也包括专利持有人。

约束。技术标准多为政府或标准化组织制定的强制性标准或推荐性标准，也有市场选择自发形成的事实技术标准。技术标准给现代社会带来的益处是多方面的：一是可以降低产品生产成本、增进创新、提高效率，是国际贸易的重要基础。二是可以帮助消费者辨识出合格的商品，从而减少消费者对于商品的不安全感或不信任感，为公共安全和公共卫生提供坚实的保障。三是可以为各种产品提供统一接口和平台，实现产品和系统之间的兼容，为消费者提供多样化的选择，扩大产品的需求，进而可相应地增加供给，扩大市场规模。四是使市场竞争产生规模经济的成本优势，增加对相关市场外投资者的吸引力，使新的竞争者不断进入该市场，以实现更高水平的竞争。

技术标准的广泛实施带来的必然结果是产品之间的技术兼容。① 技术兼容的积极作用主要表现在：一是提高消费者使用产品的效用。技术兼容意味着不同产品有更多的可接入性与可互换性，使消费者之间可以通过多个相互兼容的产品进行信息交流，以达到功能对接或效用互补的目的。二是降低市场的不确定性。技术兼容降低了客户和用户面临的技术风险，增强了消费者的期望和市场信心，进而促进市场的快速增长。三是形成了技术积累，为技术创新提供了更多的机会，有利于促进技术进步。如果产品之间不兼容，消费者在考虑是否选择新产品时，会担心如果其他消费者没有选择新产品，他将失去与这些消费者继续进行信息交流和功能对接的机会，这种顾虑使消费者选择新产品的自由在一定程度上缩小了。技术兼容也存在一定的消极作用：一是使无兼容性或缺乏兼容性的产品在市场竞争中被淘汰，减少了消费者选择的多样性，在一定程度上减损了消费者的福利，间接地起着与削减产量相似的卡特尔效果。② 二是企业进行技术创新的路径受到限制，进而使企业的技术选择不一定是最优的，这将提高企业在技术创新上的投入成本。

规模化的技术兼容会加强网络效应。网络效应是指消费某特定产品的单个用户，随着该产品用户数的增加而获得的增加效用。③ 网络效应广泛

---

① 技术兼容按照软硬件不同可分为物理兼容和信息兼容；按照新旧规格不同可分为前向兼容与后向兼容；按照接入的指向可分为单向兼容和双向兼容；按照兼容的程度可分为完全兼容和部分兼容。

② See Thomas A. Piraino, Jr., A Proposed Antitrust Approach to Collaborations Among Competitors, *Iowa L. Rev.*, 2001, 86, pp. 1137, 1204.

③ 网络效应可分为"直接网络效应"和"间接网络效应"。直接网络效应是指消费者之间的相互依赖性，消费这些产品所获得的效用随着购买相同产品或兼容产品的其他消费者数量的增加而增强，如有线、无线通信，互联网等产业。间接网络效应主要产生于基础产品与辅助产品之间技术上的互补性，这种互补性使基础产品和辅助产品都无法单独存在。这就像 DVD 播放机和 DVD 碟片，如果只有前者而没有后者，用户购买 DVD 播放机就没有任何价值。See Katz M L, Shapiro C., Network Externalities, Competition, and Compatibility, *The American Economic Review*, 1985, 75 (3), pp. 424 - 440.

存在于信息、电子、通信等现代高科技产业，是影响技术标准的重要因素。在网络效应下产品的使用越广泛，对单个消费者的价值就越大。企业之间设置通用的技术标准接口，能够使不同企业生产的不同产品实现技术兼容，以吸引越来越多的消费者使用该种产品。在市场认同度不断提升的情况下，企业又会对该种技术标准进行推广，确立该种技术标准在市场上的引领地位，最终使产品占领更大的市场。在当代日趋激烈的高新技术产业竞争中，技术标准借助网络效应成为竞争的制高点，竞争的胜利者可以在相当长的时期内占有相关产业较大的市场份额，获取高额的利润。

二、技术标准与专利权的融合及专利权的滥用

在传统产业中，经济效益主要取决于产品质量和生产规模，技术革新速度缓慢，因而传统技术标准的目的主要是保证产品的可交换性和通用性，并不涉及专利技术，所以传统的技术标准主要体现出公共产品的属性。① 其一，技术标准的产生是技术应用于生产的必然结果，某个企业掌握了标准技术并不产生技术的消耗与再生问题。其二，技术标准的获取也不需要通过竞价，因为技术标准需要不同企业之间协同合作，并得到社会的广泛认同。其三，技术标准制定以后会对社会生产与消费产生积极的作用，具有正的外部效应。而专利权属于民事权利的范畴，在本质上具有私权属性，是私法上确认的私人利益，而非一切人共享的权利。② 专利权融入技术标准之后，技术标准的公共属性和专利权的私权属性之间产生了矛盾。如果技术标准中含有专利技术，则标准实施者在实施标准时需要获得专利权人的授权，这无疑给技术标准的推广增加了难度，违背了技术标准应有的价值。因此直到 20 世纪，标准化组织在制定技术标准时仍然倾向于排除专利权，如 IETF③ 在选用技术标准时就长期坚持尽量采用非专利技术的原则。但在经济全球化、信息技术和数字技术革命的背景下，新兴技术领域的专利数量迅速增长，专利技术的产业化速度加快，技术标准越

① 经济学认为，公共产品具有正的外部效应，其消费是非排他性的，即一个人对公共产品的消费并不会排斥或者减少其他人对公共产品的消费；公共产品的获取是非竞争性的，即对该产品的获得不需要通过竞争（或竞价）的方式，也就是说市场经济的价格机制在此不起作用，一个人无法通过抬高价格而使另一个人的消费数量减少。

② 参见吴汉东：《知识产权的多元属性及研究范式》，载《中国社会科学》，2011 (5)。

③ IETF (Internet Engineering Task Force，互联网工程任务组）始创于 1986 年，其主要任务是互联网相关技术规范的研发和制定。目前，IETF 已成为全球互联网界最具权威的大型技术研究组织。

来越难以绕开专利技术，一些标准化组织如 IETF 不再坚持排斥专利技术的立场，转而认可在技术标准方案中可以包含必要的专利技术，并且明确专利权人可以从专利许可中获取合理的收益。伴随着 20 世纪末以来发达国家专利制度的变革①和标准制定组织专利政策的调整，世界范围内企业之间的专利竞赛愈演愈烈，技术标准中专利技术的数量越来越多，使技术标准的私有排他性急剧增强。

由于网络效应的存在，技术标准一旦被采用，就会在生产者和消费者两个方面形成固定的生产模式和消费认知，每一个环节的研发设计和生产制造都必须遵循技术标准的路径，同时只有符合技术标准要求的技术改进和创新才能被消费者所接受，这就产生了锁定效应。在某一技术标准支配市场的情况下，更加先进的生产技术会因为不符合标准要求而难以被市场认同。例如，Dvorak 键盘比目前广泛使用的 QWERTY 键盘设计更加合理，更有利于使用者提高打字效率，但是技术锁定效应使后进入者 Dvorak 键盘处于劣势，以至于大多数键盘用户很少知道这种键盘排列方式。为了维持和扩大消费者规模，技术标准中每一项新的技术改进都必须考虑与现有技术标准兼容，后续研发者只能沿着现有的技术路径进行创新，因此，技术标准在引领技术创新的走向时，也限制了技术的发展路径，进而使技术标准的拥有者和使用者都被锁定在一组技术束上，而改变这种路径依赖必须付出高昂的成本。锁定效应下的技术标准和技术创新之间既存在共生与互利的关系，又存在对立与阻碍的关系。当技术标准锁定最优技术时，共生与互利关系占主导地位；当技术标准锁定次优技术时，对立与阻碍关系占主导地位。② 锁定效应一方面使专利权人持续地通过市场支配地位获取垄断利润，同时滋生创新惰性；另一方面使竞争企业绕开既有路径开发新技术的难度加大，加大了新旧技术的替代成本。

正是由于技术标准会形成路径依赖，使相关技术和产品的选择趋于集中，专利权人获得了超越专利权本身固有内涵的市场力量，滥用专利权的动机由此增加。例如专利权人为了使自己的专利技术被纳入技术标准之中，在技术标准制定时故意隐瞒或不当披露现存或者未决的专利信息，而在技术标准广泛实施时又披露出所谓新的专利或者新的专利申请情况，从

① 20 世纪末美国专利法在各具体制度上的变革体现了加强专利制度激励，或者称“亲专利”的政策走向。参见和育东：《“专利丛林”问题与美国专利政策的转折》，载《知识产权》，2008 (1)。

② 参见陶爱萍、沙文兵：《技术标准、锁定效应与技术创新》，载《科技管理研究》，2009 (5)。

而主张专利权；或者在技术标准制定时承诺以公平、合理、无歧视的条件进行专利许可，但是在技术标准广泛实施时拒绝按照公平、合理、无歧视的条件授权，并收取高额的专利许可费。如果技术标准实施者拒绝支付专利许可费，专利权人就会以诉讼或禁令等方式进行威胁，逼迫实施者支付许可费。此时技术标准制定者及实施者均被专利权人实施了"劫持"，处于两难境地：如果选择舍弃该专利技术而重新制定技术标准，从技术和经济的角度看不可行或成本过高，并且由于锁定效应的作用，该技术标准会有失去市场竞争力的风险。如果继续采用该专利技术，过高的专利许可费或其他不公平的许可条件将抑制实施者适用技术标准的意愿，导致技术标准无法得到充分实施和有效利用，降低了技术标准的价值。① 企业即使使用了技术标准，也会出于防止被专利权人继续"劫持"的考虑而不进行充分生产，从而导致技术标准不能够充分发挥其积极作用。专利权人还可以通过拒绝许可阻止后续技术的研发，一方面阻止技术标准的自我更新，另一方面使新的技术难以获得市场需求，导致技术革新的停滞。② 这都将危害到技术传播、创新和市场竞争，对整个产业发展造成极大的破坏。

三、技术标准中专利权滥用的判定

权利不得滥用是现代法治的重要原则之一，它要求充分权衡权利人与相对人双方的正当利益。在权利被滥用的情况下，权利人的行为会破坏平衡关系，使他人的利益受到损害。专利制度以公开技术方案为代价使权利人获取对专利技术的独占，通过有偿许可来弥补专利权人的技术研发投入，通过赋予专有属性克服公开技术方案的风险，并持续激励技术创新以惠及全社会，进而达到一种利益平衡。技术标准中融入专利技术后，专利权的专有性即垄断性得到了加强，专利技术的其他替代技术会遭到市场的排斥，这就打破了专利制度的利益平衡。因此，既要尊重技术标准中的专利权，亦要充分重视技术标准的公共性，在分配权利、限定权利范围方面使专利权与其他可能相抵触的利益相协调，在公共利益与私有利益之间创设一种适当的平衡，使技术标准能够有效地促进先进技术的传播应用，进

① See David L. Meyer, How to Address "Hold Up" in Standard Setting Without Deterring Innovation: Harness Innovation by SDOs, ABA Section of Antitrust Spring Meeting Panel on Standards Development Organizations, March 26, 2008.

② See Sean P. Gates, Standard, Innovations and Antitrust: Integrating Innovation Concerns into the Analysis of Collaborative Standard Setting, *Emory Law Journal*, 1998, 47, p. 583.

而帮助创新主体进行技术积累并加快技术创新的速度和质量。

专利权作为一种知识产权，与思想、信息、知识的表述和传播有着密切的关系，在保障创造者权益的同时，必须考虑促进知识广泛传播和推动社会文明进步的公益目标。[①] 如果专利权人违反自己应有的注意义务在行使专利权时超出了法律所允许的界限，导致损害他人利益或社会公益，就会构成专利权的滥用。1917 年美国最高法院在 *Motion Picture Patents Co. v. Universal Film Manufacturing Co.* 案中首次提出了"专利权滥用"的概念。[②] 在该案中美国最高法院认为专利权人对于许可的限制超出了专利权范围，属于专利权的滥用，这种限制是无效的。专利权滥用是专利权人利用专利权的合法垄断性不当地牟取权利界限以外的利益，需要由专利法、民法等私法进行矫正。如果这种滥用行为对市场竞争产生了严重的限制效果，还需要受到竞争法的规制。

判断技术标准中的专利权滥用可从三个方面的要件入手：一是主观要件，即专利权人超越专利权的权利界限不正当行使权利的主观过错。专利权滥用的目的在于通过超越边界的权利行使获取不正当利益，因此权利人对于滥用行为所产生的后果应是持希望或者放任的态度，不可能存在疏忽大意或过于自信认为能够避免损害的情形。因此专利权滥用在主观要件上应是故意，过失一般不构成滥用。如在技术标准的制定过程中故意隐瞒专利信息，待专利被纳入标准之后再主张权利，索要高额的许可费或者拒绝许可，就充分体现了专利权人滥用专利权的主观目的。二是行为要件，即专利权人超越界限行使专利权的行为表现。专利权人只能在合法确立的权利界限内拥有垄断的权利，超出该权利界限就无法享受法定的垄断权。对于专利权的利益边界要根据实际情况，从专利法、民法、竞争法等角度综合考量。技术标准中的专利权滥用行为，如专利权人在技术标准制定时隐瞒专利信息，待实施后又主张专利权；又如对使用含有其专利的技术标准的企业生产的产品实施转售价格维持、产量或销售以及地域的限制，在许可时实行搭售，等等，超出了专利权的权利界限，应受到法律的规制。三是结果要件，包括损害标准实施者合理使用专利技术的合法权益的直接后果，以及阻碍技术进步、排除或限制竞争、减损消费者福利等间接后果。在对行为结果的分析中，如果滥用专利权产生了严重限制竞争的后果，对

---

① 参见吴汉东：《试论知识产权限制的法理基础》，载《法学杂志》，2012（6）。

② 243 U. S. 502（1917）.

它的规制就会超出专利法、民法的私法范畴，而进入竞争法的范畴。

第二节 技术标准中的专利权滥用规制模式述评

一、标准化组织的专利政策

标准化组织的专利政策对于规范技术标准中的专利权行使非常重要，可以将其视为防止和规制专利权滥用的第一道防线。标准化组织的专利政策一般从以下三个方面进行展开。

（一）专利信息披露制度

对于在技术标准中采用的专利技术，标准化组织的专利政策会要求成员对其所知的专利进行披露。有些标准化组织虽然没有对披露作出规定，但规定专利权人对于没有披露的专利技术须允许使用者免费使用并不得申请法院救济，这也产生与披露相同的效果。如 ISO/IEC① 要求制定标准的参与者应将其所知道的并认为会在标准文件中涉及的专利权提请委员会注意；如果专利技术被接受，纳入该专利技术的建议者应请求专利权人作出愿意同任何申请人在其权利范围内以公平、合理、无歧视的条件通过协商讨论许可事宜的声明。在专利权人作出的声明没有被完全接受的情况下，除非相关委员会授权，标准文件不得公开。如果标准文件公开后才发现其所包含的条款中涉及的专利不能以公平、合理、无歧视的条件获得许可，标准文件将被交回委员会重新考虑。标准化组织根据技术标准的可操作性对专利信息披露的程度要求有所不同，大多数标准化组织都只考虑披露已获得的专利，少数标准化组织要求披露正在申请而尚未获得批准的专利信息，如 OSGi② 要求披露所有的与所制定的技术标准有关的专利信息，包括正在申请而尚未获得批准的专利信息；ATM③ 论坛要求其成员披露所

① ISO（International Organization for Standardization，国际标准化组织）与 IEC（International Electrotechnical Commission，国际电工委员会）都是国际上重要的标准化组织，ISO/IEC 联合技术委员会是二者联合成立的合作机构，其专利政策体现在 ISO/IEC 工作指南（ISO/IEC Directives）中。参见张平、马骁：《标准化与知识产权战略》，2 版，55 页，北京，知识产权出版社，2005。

② OSGi（Open Service Gateway Initiative，开放服务网关协议）是 Java 动态化模块化系统的一系列规范。

③ ATM（Asynchronous Transfer Mode，异步传输模式）是实现 B-ISDN 的一项技术基础，是建立在电路交换和分组交换的基础上的快速分组交换技术。

有已经公布的专利申请，但是没有公布的专利申请无须披露。

标准化组织关于专利信息披露的政策在法理上来源于禁反言原则。美国1981年《合同法重述（第二版）》将允诺禁反言原则解释为：若允诺人有合理的理由预见其允诺会引致受允诺人或第三人作为或不作为，并且该允诺确实导致了此种作为或不作为，则如果强制执行该允诺可以避免不公平，该允诺就是具有约束力的。① 禁反言原则适用的条件是：第一，存在无对价支持的允诺；第二，允诺人有理由预见其允诺将会导致受允诺人产生依赖；第三，受允诺人对允诺产生了实际的依赖；第四，受允诺人因对允诺产生依赖而遭受损失或损害。此种误导可以是具体的陈述、作为、不作为，或者有陈述义务时保持沉默。② 专利权人按照专利政策具有披露专利的义务而没有披露，或承诺以公平、合理、无歧视的条件进行许可而又提出不合理的条件，即可被认为是存在误导行为。禁反言原则适用的结果是专利权人暂时不能主张专利权，因为此时专利权人有一双“不洁之手”。如1987年Compuserve公司发布了图像互换格式（graphics interchange format，GIF）的免费标准，然而事实上这项标准中包含了一项Unisys公司已经获得的LZW专利。Unisys公司在GIF标准占领市场的过程中对其专利保持沉默，一直到1994年才开始主张专利权。③ Unisys公司的这种对市场的沉默导致了禁反言原则的适用。

（二）必要专利制度

必要专利是技术标准不可缺少的技术，没有其他非专利技术可以替代。一些标准化组织（如DVB④组织、ATSC⑤）规定，在获取标准必要专利遭到拒绝时，可以进行再次评估，判断该专利技术是否确实必要；如果是必要的，则通过研发新技术来绕开该项技术。技术标准中的专利原则上应该都是必要专利，如果要包含非必要专利，至少要考虑以下因素：第一，包含这类非必要专利是否属于合理需要或者具有促进竞争的效果；第二，专利权人是否可以进行单独许可，以及交易者是否有权从替代性专利中仅选择自己需要的一项并获得许可。由于技术标准的复杂性和技术的日

① See Restatement (Second) of Contracts, § 90.

② See Mark A. Lemley, Intellectual Property Rights and Standard Setting Organizations, *Cal. L. Rev.*, 2002, 90, p. 1918.

③ See Mark A. Lemley, Antitrust and the Internet Standardization Problem, *Conn. L. Rev.*, 1996, 28, p. 1087.

④ DVB（Digital Video Broadcasting，数字视频广播）是国际承认的数字电视公开标准。

⑤ ATSC（Advanced Television Systems Committee，美国高级电视业务顾问委员会）主导美国的数字电视国家标准。

新月异，评估一项被纳入技术标准的专利是否为必要专利是非常困难的。实践中，大多数标准化组织均不负责提供关于专利的权威信息，因此必要专利的认定主要由中立的评估机构进行。

ISO、IEC 和 ITU① 三大国际标准组织于 2012 年发布、实施了其修订后的《ITU-T/ITU-R/ISO/IEC 共同专利政策实施指南》。该指南明确了专利的含义是指发明专利、实用新型专利和其他类似法定权利（包括上述任何权利的申请）中所包含和确定的权利要求，而非整项专利。这些权利要求对于某项标准文件的实施是必要的。因此在技术标准实施过程中所涉及的专利许可仅仅是某项专利中的必要权利要求，对于某项专利中的不同权利要求，专利权人可以作出不同的许可承诺。②

（三）专利许可制度

标准化组织关于专利授权方面的政策有免费（royalty-free，RF）许可和合理、无歧视（reasonable and nondiscriminatory，RAND）③ 许可。RF 许可情形比较少见，如微软公司的 XML Schema 标准提案，在其同意免费许可后被 W3C 采纳。④ RAND 许可情形较为常见，许多标准化组织明确规定如果专利权人不承诺“合理、无歧视”的专利许可原则，就不会在制定的技术标准中采用该专利权人的专利技术；如果没有替代技术并且标准的制定又无法绕过该专利，标准将停止制定或会被撤销。电气和电子工程师协会（Institute of Electrical and Electronics Engineers，IEEE）于 2015 年 3 月生效的新专利政策明确了 RAND 许可的含义：第一，“合理”是指可以对专利持有人进行的合理补偿，但不包括由于该必要专利权利要求所涉及的技术被纳入 IEEE 标准而产生的溢价（如有的话）。而且政策还指出合理费率应该按照一项专利发明的“最小可销售单位”收取。第二，“无歧视”是指专利许可条件针对的是为实施 IEEE 标准中的任何强制的或者选择性的部分规范性条款提供许可，并一视同仁地对待条件相同的交

① ITU（International Telecommunication Union，国际电信联盟）是主管信息通信技术事务的联合国机构，负责分配和管理全球无线电频谱与卫星轨道资源、制定全球电信标准、向发展中国家提供电信援助、促进全球电信发展。

② 参见朱翔华：《国际标准组织专利政策的最新进展》，载《中国标准化》，2014（3）。

③ 欧洲地区也称公平、合理、无歧视（fair，reasonable and nondiscriminatory，FRAND）许可。有的文件为统一称谓，表述为“F/RAND”，如 2013 年美国司法部和专利商标局联合发布的《标准必要专利权利人基于 F/RAND 原则下政策救济声明》（Policy Statement on Remedies for Standards-Essential Patents Subject to Voluntary F/RAND Commitments）。

④ See David J. Teece，Edward F. Sherry，The Interface Between Intellectual Property Law and Antitrust Law：Standards Setting and Antitrust，*Minnesota Law Review*，2003，87，p. 1913.

易相对人。[①]《ITU-T/ITU-R/ISO/IEC 共同专利政策实施指南》还明确，专利权人如果要转让其专利权，则应尽合理努力告知受让人其向标准化组织的许可声明的存在。[②]

对于标准化组织成员承诺遵守专利政策进行 RAND 或 RF 许可，在标准制定之后又退出标准化组织，应如何主张专利权的问题，标准化组织专利政策多规定，许可承诺不随标准化组织成员身份的终止而同时终止，在 RF 许可条件下，不允许专利权人主张许可费或拒绝许可；在 RAND 许可条件下，应继续遵守合理、无歧视的许可原则，不允许拒绝许可。因为技术标准的制定一般要经过一个严格的程序，如若因专利权人主张专利权而不得不对其进行修改，则将造成资源浪费，且不利于市场的稳定，极大地抵消了标准化给消费者带来的福利。这种规定在法理上有其合理性：其一，从法理上审视，此种义务是基于对当事人正当利益的保护以及对社会公共利益的考虑，在性质上应属于合同法上的后合同义务。专利权人即使退出标准化组织，基于后合同义务仍然要受专利政策的约束，也不得违反规定主张专利权。其二，受到默示许可原则的约束。[③] 既然专利权人同意其专利技术被纳入技术标准，则可以推定专利权人已经同意放弃拒绝他人使用的权利。对默示许可可以依据当事人的行为、可适用的书面协议或信件中的条款和内容、当事人的合理期待、公正与平等的指示以及知识产权制度赖以建立的各种政策等多种情况进行判断。[④] 若专利权人同意将其专利在合理且无歧视的条件下许可他人使用，则有理由认为，使用者在支付合理的许可费之后就可以自由地使用该技术标准，也就是推定专利权人默示许可的存在，专利权人是否退出标准化组织对该默示许可并无影响。

二、竞争法规制的国际比较

涉及技术标准的专利权滥用已经成为国际贸易新的壁垒，引起世界各

---

① 参见 Phil Wennblom：《IEEE 标准协会的专利政策修订》，载《竞争政策研究》，2015（3）。

② 参见朱翔华：《国际标准组织专利政策的最新进展》，载《中国标准化》，2014（3）。

③ 默示许可源于美国的一个判例，参见 *De Forest Radio Telephone Co. v. United States*, 273 U. S. 236（1927）。专利权人的语言或行为足以使他人能够合理地推定专利权人已同意其使用专利进行制造、使用或销售，并且他人据此确切地实施了相关行为，可以构成一种许可（默示），该许可可以在侵权诉讼中构成一种抗辩。法院在该案中还明确当事人之间的关系实为合同关系而非侵权关系。该理论已得到广泛的适用。参见袁真富：《基于侵权抗辩之专利默示许可探究》，载《法学》，2010（12）。

④ 参见［美］Jay Dratler，Jr.：《知识产权许可》（上），王春燕等译，185 页，北京，清华大学出版社，2003。

国及国际组织的高度关注。国际上的竞争立法就对该问题的规制已达成一定共识，但具体做法各有不同。

（一）美国的法律、政策

美国有关技术标准与专利权的竞争立法已经形成了较为完整的体系。最早阐明反垄断和知识产权之关系的文件是 1995 年美国司法部与联邦贸易委员会联合发布的《知识产权许可的反托拉斯指南》。该指南就知识产权与反托拉斯法的关系确立了三个一般性原则：第一，反托拉斯机构认为知识产权类似于其他任何形式的财产；第二，反托拉斯机构并不推定知识产权会产生一种反托拉斯意义上的市场支配力；第三，反托拉斯机构承认知识产权授权许可使公司可以结合使用各种互补性的生产因素，这一般具有推动竞争发展的积极效果。[①] 该指南体现出美国反托拉斯法改变过去对知识产权的严苛态度，转向积极和宽容的方向，提倡根据合理原则合理地评估知识产权对竞争的影响，构成了美国反托拉斯法对待技术标准专利的基本态度。

2002 年美国司法部与联邦贸易委员会举办了“知识经济时代的竞争政策与知识产权法”听证会，并据此在 2003 年发布了题为《促进创新：竞争与专利法律及政策的适当平衡》（To Promote Novation：the Proper Balance of Competition and Patent Law and Policy）的报告，指出创新通过发展新的和更好的商品、服务以及方法等方式增进消费者的福利，而竞争政策和专利政策都能促进创新，二者之间应进行协调以达到适当的平衡。[②] 该报告的结论和建议是：第一，虽然大多数专利制度运行良好，但是维持竞争政策和专利政策适当平衡的一些调整仍然是必要的。低劣的专利品质、法律标准以及可能造成反竞争效果的程序会导致不正当的市场地位，并且会不合理地增加成本。第二，问题专利与竞争密切相关，并且会损害创新。品质低劣的专利或问题专利实质上可能是无效的或权利主张过于宽泛的专利。企业的问题专利可能使其竞争者放弃在问题专利所不当覆盖的领域的研发，这将阻碍创新或增加创新成本。在技术标准组织大量存在的电子、信息等产业中，专利权人经常采用专利联营、交叉许可等方式集合大量的专利进行许可，这些专利相互重叠交错，构成了密集的专利丛林，极大地增强了专利权人的市场地位。该报告反映了美国在知识产权领

---

① See Antitrust Guidelines for the Licensing of Intellectual Property § 2.0, issued by the U.S. DOJ and the FTC in April 1995.

② See http://www.ftc.gov/os/2003/10/innovationrpt.pdf.

域实施反垄断的新动向，与前述指南一脉相承。

2007 年美国司法部与联邦贸易委员会发布了一份题为《反托拉斯执法与知识产权：促进创新和竞争》的报告。① 该报告在上述两个文件的基础上，专门针对技术标准作了专章讨论，指出技术标准能够产生网络效应，使更多的有价值的产品实现兼容，从而增加消费者的福利。该报告关注了专利劫持问题，认为高额的许可费通过抬高产品价格转嫁给了依据该技术标准生产的产品的消费者，使消费者受到了损害。为了减少专利劫持，一些标准化组织要求参与制定者必须披露其相关专利信息，以避免技术标准日后的使用者由于信息缺失而造成侵权；同时也会要求成员同意就其享有的技术标准所涉及的必要专利进行合理、无歧视的许可，甚至在选择该专利技术之前就向专利权人提出上述要求。专利权人联合起来就此许可条件与标准化组织之间的谈判可能会构成对《谢尔曼法》的违反，但是出于促进竞争的考虑，执法机构会依合理原则来审视之。可以说，该报告是美国反垄断机构对待技术标准中的专利权滥用的基本态度，具有重要的理论与实践参考价值。

2013 年美国司法部和专利商标局联合发布了《标准必要专利权利人基于 F/RAND 原则下政策救济声明》。② 该声明重申了 2007 年报告关于技术标准中的专利劫持的观点，并对标准化领域问题较多的 F/RAND 问题进行专门论述，指出：虽然对于技术标准中的专利权人进行金钱补偿是非常有必要的，但是在某些情况下对于负有 F/RAND 义务的标准必要专利的实施给予禁令并不符合公共利益，特别是在专利权人的行为与其对标准化组织作出的 F/RAND 许可承诺条款不相符合时，因此发布禁令需要格外谨慎。

2019 年美国司法部和专利商标局联合发布了新一版的《标准必要专利权利人基于 F/RAND 原则下政策救济声明》③，撤回了 2013 年发布的旧声明，并指出旧声明容易被误解为政府机构建议在处理涉及 F/RAND 承诺的专利纠纷中适用一套与非标准必要专利不同的独特法律规则，使得禁令和其他补救措施不适用于侵犯标准必要专利的诉讼。2019 年的新声

① See http://www.usdoj.gov/atr/public/hearings/ip/222655.pdf.

② See http://www.uspto.gov/about/offices/ogc/Final_DOJ-PTO_Policy_Statement_on_FRAND_SEPs_1-8-13.pdf.

③ See https://www.uspto.gov/sites/default/files/documents/SEP%20policy%20statement%20signed.pdf.

明对颁发禁令采取了更宽松的态度，指出如果特定案件的事实证明有必要采取补救措施，那么法律规定的包括禁令和损害赔偿在内的所有补救措施都可能适用于侵犯标准必要专利的情况，但必须遵守 F/RAND 承诺。

（二）欧盟的法律、政策

《欧盟运行条约》第 101 条、第 102 条确定了欧盟竞争法的总体框架，对处理专利权滥用问题同样适用。如果技术转让中的限制竞争条款损害或可能损害成员国之间的贸易，则会受到第 101 条第 1 款的约束；如果专利权人凭借专利权滥用市场支配地位，损害了成员国之间的贸易，则会受到第 102 条的约束。

2004 年欧盟委员会发布了《关于技术转让协议适用条约第 81 条第 3 款的第 772/2004 号条例》（简称《772/2004 号条例》）[①]，构成了欧盟确定技术许可协议之合法性的最新标准。《772/2004 号条例》是对 1996 年《关于技术转让协议集体适用欧共体条约第 81 条第 3 款的第 240/96 号条例》（简称《240/96 号条例》）的改进，扩大了条例适用的技术转让协议范围，明确适用于两个企业间的“交叉协议”（reciprocal agreement）。该条例还取消了《240/96 号条例》对豁免与否的情况作出的清单性列举，代之以核心限制（hardcore restrictions）、排他限制（excluded restrictions）等区分方式。总体上看，《772/2004 号条例》对回馈授权、不争执条款等行为持更加宽容的态度。

2011 年年初欧盟委员会发布了《关于横向合作协议适用〈欧盟运行条约〉第 101 条的指南》（Guidelines on the applicability of Article 101 of the Treaty on the Functioning of the European Union to horizontal co-operation agreements）。[②] 该指南第七部分以“标准化协议”（standardisation agreement）为题，将标准化协议的情形分为三类：通常会限制竞争的情形、通常不会限制竞争的情形、需要进行效果分析的情形。该指南分析了标准化协议可能影响的产品或服务、技术、标准制定以及测试和认证等四个相关市场，指出标准制定可以通过减少价格竞争、阻碍技术创新、排斥特定企业使用标准三种方式实行限制竞争。该指南认为当技术标准成为市

---

① See http://eur-lex.europa.eu/LexUriServ/LexUriServ.do?uri=OJ:L:2004:123:0011:0017:en:pdf. 2014 年欧盟委员会发布的《关于技术转让协议适用〈欧盟运行条约〉第 101 条第 3 款的第 316/2014 号条例》与《772/2004 号条例》在基本内容上区别不大，在此不再赘述。

② See http://eur-lex.europa.eu/LexUriServ/LexUriServ.do?uri=OJ:C:2011:011:0001:0072:en:pdf.

场壁垒时，标准的所有者可以通过标准控制有关市场的产品或服务，并以拒绝许可或主张超高额许可费的方式“劫持”标准实施者。该指南指出标准化组织的专利政策必须明确专利权人要签署包含 FRAND 条款的协议。但是关于该部分的争议仍在继续：“竞争派”批评欧盟委员会没有进一步采取措施，如对公开最高许可费率作出强制性规定；而“知识产权阵营”则担心欧洲创新受到限制而反对在指南中纳入标准化的内容。①

2017 年欧盟委员会发布了《制定关于标准必要专利的欧盟方案》(Setting out the EU approach to Standard Essential Patents)②，该方案虽然并不属于法律声明，也不影响欧洲法院对欧盟法律的解释，对委员会在竞争领域适用欧盟规则也不具有约束力，但表明了欧盟委员会对标准必要专利的最新态度。该方案强调要通过多种措施建立平衡、顺畅、可预测的标准必要专利框架，例如，提高标准必要专利披露的透明度，建立标准必要专利池和许可平台，为标准必要专利创造一个可预测的实施环境，促进标准化和开源之间的有效互动，等等。该方案还建议将“华为诉中兴案”③ 所确立的行为标准④作为颁发禁令的重要依据。

（三）日本的法律、政策

1993 年日本公正交易委员会发布了《关于共同开发的禁止垄断法上的指南》(Guidelines Concerning Joint Research And Development Under The Antimonopoly Act)，对拒绝参与制定标准的共同开发行为适用《禁止私人垄断及确保公正交易法》作了说明。⑤ 该指南认为如果技术标准制定参与者的市场占有率合计很高，并从研发的内容等来看该成果与该领域

---

① 参见周红阳、林欧：《反垄断法规制专利标准化垄断的制度模式》，载《法律适用》，2013 (12)。

② See https://eur-lex.europa.eu/legal-content/EN/TXT/?uri=CELEX%3A52017DC0712.

③ Case C-170/13 Huawei Technologies，EU:C:2015:477.

④ 在该案中，欧洲法院认为，TFEU 第 102 条应解释为，标准必要专利持有人已经对标准制定组织作出了不可撤销的保证，在符合公平、合理、无歧视性条款（FRAND）的基础上授予第三方专利，且不滥用市场支配地位，在该法条的意义上，权利人可以采取法律行动，如申请停止侵权的禁令、召回侵权产品等。权利人应：(1) 在采取行动之前，告知被控侵权人侵犯的专利及侵权的具体方式；在被控侵权人表明其基于 FRAND 条款请求获得专利许可的意愿时，权利人应当提供一份包含各项条款，并特别说明专利许可费的计算方式的具体书面的许可要约；以及 (2) 如果基于非客观因素，被控侵权人继续使用所涉标准必要专利，而未积极回复要约，依照行业内的商业惯例和信守诚实信用原则，如果侵权人的行为纯属策略性的、拖延的或不真诚的，那么专利权人寻求救济措施或申请禁令的行为不构成滥用支配地位。

⑤ See http://www.jftc.go.jp/en/legislation_gls/imonopoly_guidelines.files/jointresearch.pdf.

事实上的标准相关联的可能性很大，则某一事业者因被拒绝参加，致使其获得有关的成果的能力受到限制，并且难以找到其他的手段，从而使其事业活动陷入困境，并有可能被排除出市场时，将构成禁止垄断法上的问题。随后日本公正交易委员会在 1995 年又发布了《关于事业者团体的活动的禁止垄断法上的指南》(Guidelines Concerning the Activities of Trade Associations Under the Antimonopoly Act)①，指出对于行业规格标准要依据“合理原则”来判定为设定标准而对当事人实施的限制性行为是否具有合理性；并认为设定有关与需求者的利益相一致的规格标准原则上不违法。2001 年日本公正交易委员会专门就技术标准的限制竞争问题发布了《关于技术标准与竞争政策的研究报告书》，对技术标准制定过程中的参加者限制、不正当利用网络效应等限制竞争问题，以及标准实施过程中拒绝许可、搭售、隐瞒专利信息等限制竞争行为进行了阐述。②

2005 年日本公正交易委员会在广泛征求日本政经各界的意见，并同美国司法部、美国联邦贸易委员会以及欧盟委员会等进行了大量协调的基础上发布了《关于标准化和专利联营的指南》(Guidelines on Standardization and Patent Pool Arrangements)。③ 该指南对技术标准制定过程中的限制竞争行为作了列举，主要有固定价格、限制产量等产品价格限制、替代性技术标准开发限制、不合理地延伸技术标准范围、不合理地排除竞争者的技术方案、故意将竞争者排除在技术标准应用范围之外等。该指南同时也阐述了专利联营不影响竞争的情形，即依据技术标准生产的产品市场份额不高、有若干替代性技术标准存在或技术标准涉及的所有必要专利都可以从专利联营之外的途径获取。

2007 年日本公正交易委员会发布了《关于知识产权利用的反垄断法指南》(Guidelines for the Use of Intellectual Property under the Antimonopoly Act)，该指南于 2010 年和 2016 年进行了修订。该指南是日本公正交易委员会就日本《禁止垄断法》第 21 条的适用除外条款所作的理解和适用，提出了在知识产权领域适用反垄断法的基本原则，分析了公正交易

① See http://www.jftc.go.jp/en/legislation_gls/imonopoly_guidelines.files/tradeassociation.pdf.

② 参见王为农、黄芳：《企业联合组织滥用技术标准的反垄断规制问题》，载《浙江社会科学》，2005 (3)。

③ See http://www.jftc.go.jp/en/legislation_gls/imonopoly_guidelines.files/Patent_Pool.pdf.

委员会对拒绝许可、限定许可范围以及专利联营、多重许可安排和交叉许可的基本观点。① 该指南认为：知识产权制度可以促进交易，不同技术的组合可以提高技术的使用效率，形成相关技术市场和与技术相关联的产品市场，增加竞争主体，从而有助于推动竞争。但是如果知识产权人拒绝许可他人使用技术，或者在许可他人使用技术的同时对被许可人在继续研发、原材料采购、销售价格、销售区域或者其他任何方面施加不当限制，那么技术或与技术相关的产品的竞争有可能受到损害。这些基本观点在技术标准的反垄断判断中具有指导意义。

2009 年日本公正交易委员会修订后的《禁止私人垄断及确保公正交易法》第 2 条第 6 款规定了“不合理的贸易限制”，即经营者通过合同或其他形式与其他经营者共同实施的限制，或者执行固定、维持或提高价格，或者限制产量、技术、产品、设备或竞争者的商业行为，由此在任何贸易领域对竞争造成实质损害。该条第 9 款（i）项规定，本条所使用的“不公平的交易行为”是指：（1）没有正当的理由，与竞争者合谋拒绝供应特定的企业或限制向特定企业供应产品或服务的数量或材料。（2）没有正当的理由，与竞争者合谋引起另一企业拒绝供应特定的企业或者引起另一企业限制向特定企业供应产品或服务的数量或材料。② 日本公正交易委员会对“不合理的贸易限制”以及“不公平的交易行为”的定义有助于识别技术标准中的垄断行为。

2018 年日本专利局发布了《标准必要专利许可谈判指南》（Guide to Licensing Negotiations Involving Standard Essential Patents）。③ 虽然该指南对执法机构和法院没有约束力，但它为标准必要专利许可谈判提供了实用指导，并对相关法律问题以及世界各地法院如何解决这些问题进行了全面分析。受益于世界各地在关键问题上的决策和政策的趋同，该指南为专利权人和标准实施者提供了协商标准必要专利许可的结构化框架和行动计划。该指南对技术标准中的垄断问题的处理有一定参考价值。

（四）联合国对该领域的关注动向

联合国贸发会议在 2008 年发布了题为《竞争政策与知识产权行使》

---

① See http://www.jftc.go.jp/en/legislation_gls/imonopoly_guidelines.files/070928_IP_Guideline.pdf.

② See Act on Prohibition of Private Monopolization and Maintenance of Fair Trade §2.(6)(9).i.

③ See https://www.jpo.go.jp/e/system/laws/rule/guideline/patent/document/seps-tebiki/guide-seps-en.pdf.

(Competition Policy and The Exercise of Intellectual Property Rights: Revised Report) 的报告，介绍了当时在竞争政策与知识产权行使领域存在的理论争论、国际框架和发展维度。① 该报告认为由于各国对于竞争的标准各异，在短期内难以从国际层面对竞争政策和知识产权进行协调，如2004年世界贸易组织就停止了关于竞争政策的谈判，因此至2008年国际上处理竞争政策的唯一官方多边法规仍然是1980年联合国大会通过的《联合国关于控制限制性商业惯例的公平原则和规则的多边协议》(United Nations Multilaterally Equitable Principles and Rules for the Control of Restrictive Business Practices)。该报告认为发展中国家知识产权政策的设计必须在保护知识产权、加速技术的传播、发展国内工业和创新能力的需要之间取得平衡。该报告探讨了专利丛林、交叉许可、专利联营等可能存在限制竞争风险的专利组合形态，并对专利许可中不得主张权利无效、回馈授权等条款进行了竞争法的分析。② 该报告专门在“竞争、知识产权与标准制定”部分论述了标准化组织的竞争法律问题，指出标准化组织可能会被其成员利用来限制竞争，如隐藏专利信息后又索要高额许可费，并认为要应对这种专利劫持行为，标准化组织必须设定规则要求成员披露专利信息并承诺作出合理、无歧视的许可。该报告将标准制定作为一个专门议题进行深入讨论，说明该领域是一个全球性的竞争法律问题。该报告虽然未能给出解决方案，但是无疑为解决该领域的竞争问题提供了一个宽阔的视角。

此外，世界知识产权组织也长期关注知识产权与竞争政策之间的协调问题，并发布了一系列研究报告，如《WIPO关于支持技术转让的知识产权许可协议反垄断层面的调查》(WIPO Survey on the Antitrust Dimension of IP Licensing Agreements in Support of Technology Transfer)③、《智能手机行业的专利和小型参与者》(Patents and Small Participants in the Smartphone Industry)④、《技术转让协议和反垄断调查》(Survey on Technology Transfer Agreements and Antitrust)⑤、《拒绝许可

---

① See http://www.unctad.org/en/docs/c2clpd68_en.pdf.

② 参见王先林、仲春：《知识产权领域反垄断的国际视角——〈竞争政策与知识产权行使〉介评》，载《电子知识产权》，2009 (5)。

③ See https://www.wipo.int/export/sites/www/ip-competition/en/studies/technology_transfer_survey.pdf.

④ See https://www.wipo.int/export/sites/www/ip-competition/en/studies/clip_smartphone_patent.pdf.

⑤ See https://www.wipo.int/export/sites/www/ip-competition/en/studies/tta_survey.pdf.

知识产权研究》(Study on Refusals to License IP Rights)① 等，对 FRAND 原则的含义和性质、标准必要专利的许可条件、标准必要专利诉讼中禁令的颁发条件等问题进行了讨论。

（五）比较分析

在对待技术标准中的专利权行使与竞争法的关系上，各国采取了大体一致的做法，相互之间也有所借鉴，反映了国际竞争立法理念的趋同。一是肯定了技术标准在促进技术创新、增进消费者福利方面的一致性，同时认为在实践中的确存在专利权滥用的情形，需要加以协调和规制。竞争法对专利权行使的规制，既要防止专利权人滥用专利权导致反竞争后果，又要防止竞争法过度干预专利权行使，从而抑制创新。这是规制技术标准中的专利权行使的基本原则。二是基于专利权限制竞争的效果对具体行使行为作不同区分。通过经济分析，可将专利权的行使总体上划分为严重限制竞争、不构成限制竞争、构成限制竞争但可以豁免等种类，相应地，竞争法采取直接认定违法或通过竞争分析后再予以定性的方式进行处理。例如美国 2007 年的创新报告中指出，标准化组织在确定将技术纳入标准之前为了减少专利挟持而采取的联合行为并不当然违法。三是对技术标准中的专利权行使的竞争法分析趋于具体化和可操作化。可以看出 21 世纪以来，上述立法都关注到技术标准中的专利权行使，日本 2005 年指南专门对标准化中的专利联营问题作出规定，欧盟 2011 年指南、联合国贸发会议报告都设专章对技术标准中的专利权行使问题进行了深入探讨。这说明发达国家和国际组织的技术标准化活动正在蓬勃发展，企业凭借技术标准进行着激烈的竞争，技术标准中的专利权行使与竞争法的冲突日益凸显，已经引起了各国政府和国际社会的广泛关注。随着国际市场竞争的加剧，技术标准中的专利权行使与竞争法的关系将成为一个国际共性问题。

在竞争法具体规制理念方面，各国又有所不同。基于对市场机制的信任，美国总体上采取保守主义态度。美国反垄断机构尊重标准化组织的协调方式和能力，一般不介入技术标准的制定过程，只是对超出标准化组织规范能力的限制竞争行为进行干预。而且由于判例法的法律传统和诸如指南、报告、声明等文件的非强制性质，美国反垄断机构的态度

① See https://www.wipo.int/export/sites/www/ip-competition/en/studies/refusals_license_IPRs.pdf.

较为原则，在具体案件中援用指南等文件也不多见。相反，欧盟对技术标准的制定和实施都予以高度关注，而且围绕《欧盟运行条约》第 101 条、第 102 条对垄断协议和滥用市场支配地位作了非常详细的规定。例如 2011 年指南中对 FRAND 承诺进行了非常细致的规定，同时对不符合“安全港”范围的协议是否违反竞争法还提供了一系列判定参考，带有相当的强制性。由于法律传统相近，日本与欧盟的做法较为接近，针对技术标准与专利权颁布了大量的指南，内容涵盖技术标准制定和实施的各个环节，而且时间更早、内容更为细致。这反映了日本国内对技术创新与市场竞争关系的高度关注。联合国作为国际组织只能以较为原则的态度阐明立场，其侧重点在于充分表达发达国家与发展中国家的不同立场，其提供的总体框架对于我国结合自身的发展目标制定竞争政策具有重要的参考意义。

三、竞争法规制的优越性

标准化组织的专利政策对技术标准中的专利权滥用能够进行一定程度的规范，并起到非常积极的作用。但是相比较而言，专利政策主要是基于专利法、合同法等私法制度对标准化组织成员和技术标准实施者进行约束，而竞争法在打击限制竞争行为、维护公平竞争的市场秩序方面的作用更加强大，对技术标准中的专利权滥用的规制也更加有效。

（一）法律本位上的优越性

标准化组织的专利政策是标准化组织协调其成员和标准实施者利益的结果。作为技术标准制定者，标准化组织既要尽力促成标准必要专利能够被吸纳进技术标准，又要设定公平、合理、无歧视的条件保证技术标准得到广泛的实施，由此就必须协调专利权人和标准实施者的利益。专利政策的这种性质决定了虽然其对专利权人行使专利权的限制在一定程度上保护了竞争，但其直接目的是促进技术标准的制定和实施，并非维护有效竞争。标准化组织通常也缺乏足够的动力去严格执行专利政策中限制专利权滥用的有关条款。例如，标准化组织一般都规定了专利信息披露的义务，但是为了避免施加过重的义务，往往对披露义务要求很低，即使违反该义务也往往不严格追究。而由于技术标准的公共属性，技术标准中的专利权滥用损害的不仅仅是标准实施者的利益，在更深的层次上损害了包括标准实施者、技术改进者、消费者在内的广泛群体的利益，并对整个市场竞争秩序造成严重负面效果，甚至影响到一个行业的健康发展。而竞争法的社会本位决定了其规制着眼点不局限于某个特定标准实施者或竞争者，而是着眼于社会的整体利益，纠正专利权人不当行使专利权给社会竞争秩序和社会整体利益造成的损害，使之恢复到法定垄断范围内，从而能够更好地解决危害市场秩序的深层次问题。

（二）法律政策上的优越性

标准化组织的专利政策解决的主要是技术标准制定和实施过程中的专利许可的具体问题。由于不同标准化组织各自有不同的特点，专利权人也有各自不同的考虑，某种行为违反某个标准化组织的专利政策，并不一定违反另一个标准化组织的专利政策，因此标准化组织的专利政策只是在相对有限的范围内具有参考意义。而竞争法是国家调节经济运行的基础性法律，其执行过程中包含着国家产业政策与竞争政策的协调。因此，以竞争法来规制技术标准中的专利权滥用，可以体现国家对技术创新、产业发展、市场竞争和消费者权益保护等多方面因素的综合考量。同时竞争法通过类型化的规制方式为专利权人提供了一种规范的行为模式，可以有效地预防专利权滥用行为的发生，规制的结果具有重要的示范意义和普遍的参考意义。

（三）法律责任上的优越性

标准化组织的专利政策实质上是一种民事合同，约束的当事人主要是标准化组织、标准化组织的成员、技术标准实施者，故其在效力上具有相对性。若一方违反专利政策，另一方只能依据合同追究其违约责任。同时，专利政策的私法性质，决定了其缺乏强有力的惩罚性机制。因此，事实上很多标准化组织的专利政策是相对乏力的，并且标准化组织在其专利政策被违反时多采取消极躲避态度，拒绝参与争议的解决。[①]而竞争法赋予了竞争者，甚至消费者诉讼资格，而且代表消费者利益的社会组织也可以提起公益诉讼，完全脱离合同相对性的约束。竞争法不仅强调民事责任的追究，同时还赋予竞争执法机关强大的行政执法权，可以以行政责任、刑事责任来弥补民事责任的不足。以竞争法来规制技术标准中的专利权滥用，无疑可以全方位、多角度地发力，达到法律规制的目的。

---

① 有学者对 29 家明确规定 FRAND 许可规则的标准化组织进行了统计分析，发现 93.1% 的标准化组织都拒绝参与有关专利许可争议的解决。参见马海生：《标准化组织的 FRAND 许可政策实证分析》，载《电子知识产权》，2009（2）。

第三节　竞争法对技术标准中专利权滥用规制的类型化分析

一、竞争法的适用原则

适用竞争法对技术标准中的专利权滥用行为进行规制要以合理原则为主要适用原则，从促进竞争和限制竞争两方面进行分析。合理原则的地位是在竞争法从结构主义向行为主义的变迁中逐步确立的，尤其是受到芝加哥学派的推动。从国外立法看，早期竞争法对专利权的行使持较为严厉的态度，如美国于20世纪30年代后的数十年中在不断加强反托拉斯执法的同时弱化对专利权的保护，在专利纠纷诉讼中绝大部分已授权的专利被判定为无效。① 后来专利权得到竞争法的合理对待，各国立法充分强调专利权保护制度与竞争法在促进技术创新方面的一致性，并明确不应将专利权的行使等同于限制竞争行为。合理原则根植于竞争法对竞争效率、公平正义、消费者利益等诸多价值的综合兼顾，是竞争法对社会整体利益的价值追求的集中体现。② 国外判断技术标准化是否构成竞争法上的违法行为时主要参考的因素有：技术标准拥有者的市场影响力，技术标准是否被自愿采纳，被技术标准化排除的商品的竞争性，被技术标准化排除的竞争者种类，参与标准制定的主体身份，制定、实施标准的程序，对竞争限制更少的替代性标准，以及技术标准化的行为动机和目的。③ 对这些参考因素可以与专利权的具体行使结合起来合理地予以考虑，综合判定其违法性问题。下文从垄断协议和滥用市场支配地位两个角度对该领域的竞争法问题进行类型化讨论，从对竞争的正面效果和负面效果两方面辩证地分析其违法与否。

二、对垄断协议的规制

（一）垄断协议的判定

技术标准中的垄断协议实质上是专利权人之间、专利权人和被许可人

① 参见宁立志、胡贞珍：《美国反托拉斯法中的专利权行使》，载《法学评论》，2005（5）。
② 参见李钟斌：《反垄断法的合理原则研究》，69页，厦门，厦门大学出版社，2005。
③ 参见吴太轩：《技术标准化的反垄断法规制》，76～83页，北京，法律出版社，2011。

之间的协议、决议或协同行为。标准化组织的组织章程、知识产权政策、筛选或修改专利的会议决议等都可能是垄断协议的表现形式，都是竞争法重点审查的对象。随着竞争执法的强化，书面的协议或决议已经不常见了，协同行为成为限制竞争协议的常用方式。技术标准中涉及专利权的限制竞争协议通常具有这样一些特征：一是各方行为具有相似性，如专利权人一致提升许可费，并且提升幅度非常相近。二是各方有限制竞争的共同目的，如回馈授权所涉各方均希望减少竞争。三是各方实施了限制竞争的行为，如专利权人共同固定专利产品价格等。实践中由于垄断协议趋于隐蔽，需要结合不同的证据综合加以判断。

国外一些法律、政策结合市场份额情况规定了许可协议豁免的情形。如欧盟《772/2004号条例》认为，许可协议在两种情况下被认为对生产和销售具有促进作用，并且可以增进消费者福利，除非包含了严重限制竞争的内容：一是在当事人存在竞争关系的情况下，他们在相关市场的市场份额总共不超过20%；二是在当事人不存在竞争关系的情况下，每个当事人在相关市场的市场份额不超过30%。我国国家工商行政管理总局2015年颁布的《关于禁止滥用知识产权排除、限制竞争行为的规定》第5条以及国务院反垄断委员会2019年颁布的《关于知识产权领域的反垄断指南》第13条，在很大程度上借鉴了国外立法例。①

（二）垄断协议的主要情形及其规制

1. 专利联营

专利联营（patent pool，又称专利池、专利联盟）作为专利权人之间的协议，是标准化组织较为常见的专利许可形式，有时直接表现为标准化组

① 《关于禁止滥用知识产权排除、限制竞争行为的规定》第5条规定："经营者行使知识产权的行为有下列情形之一的，可以不被认定为《反垄断法》第十三条第一款第六项和第十四条第三项所禁止的垄断协议，但是有相反的证据证明该协议具有排除、限制竞争效果的除外：（一）具有竞争关系的经营者在受其行为影响的相关市场上的市场份额合计不超过百分之二十，或者在相关市场上存在至少四个可以以合理成本得到的其他独立控制的替代性技术；（二）经营者与交易相对人在相关市场上的市场份额均不超过百分之三十，或者在相关市场上存在至少两个可以以合理成本得到的其他独立控制的替代性技术。"《关于知识产权领域的反垄断指南》第13条规定："如果经营者符合下列条件之一，通常不将其达成的涉及知识产权的协议认定为《反垄断法》第十三条第一款第六项和第十四条第三项规定的垄断协议，但是有相反的证据证明该协议对市场竞争产生排除、限制影响的除外：（一）具有竞争关系的经营者在相关市场的市场份额合计不超过20%；（二）经营者与交易相对人在受到涉及知识产权的协议影响的任一相关市场上的市场份额均不超过30%；（三）如果经营者在相关市场的份额难以获得，或者市场份额不能准确反映经营者的市场地位，但在相关市场上除协议各方控制的技术外，存在四个或者四个以上能够以合理成本得到的由其他经营者独立控制的具有替代关系的技术。"

织的专利政策。科技创新是一个累积的过程，一项后续专利技术往往必须利用前面多种基础研究创新的成果，故其实施需要征得基础专利权人的同意。如果基础创新的专利形成了专利丛林，后续专利又与基础专利互为障碍性专利，这将造成对基础专利利用不足和基础专利闲置的反公地悲剧。① 技术标准中通常包含多项专利技术，这些专利技术往往互为障碍性专利，如果形成了许可僵局，不仅技术标准的推广和新技术的商业化进程受到阻碍，而且技术标准中的专利权人的利益也会受到极大的限制甚至损害。专利权人联合起来以专利联营的形式统一对外许可，可以有效地清除障碍专利，减少诉讼成本，分散专利权人之间的风险，被视为避免反公地悲剧的一种有效途径。② 同时技术标准的统一性、便捷性、权威性，以及技术标准的网络效应使技术标准下的专利联营具有显著的竞争优势。③

但是专利联营也可能具有反竞争性，例如有些技术标准中可能存在具有横向竞争关系的专利，这些专利权人之间通过专利联营达成协议，消除或降低了竞争性专利之间的竞争。有些专利联营要求每个成员向其他成员按最低收费标准许可现有的和未来开发的专利，这就为成员提供了搭便车的可能性，因此会降低成员的技术创新的动力。专利联营还可以借助技术标准的制定和实施产生原本不存在的市场力量或增加现存的市场力量，这种市场力量的产生或增加使专利权人更容易从许可中获得垄断利润。④ 从竞争法规制的角度需要权衡专利联营在标准实施过程中的总体利弊，主要考量以下因素：第一，专利构成。如果专利联营中的专利是竞争性专利，该专利联营一般被认为是不利于竞争的；如果专利联营中的专利是障碍性专利或互补性专利，则一般会被认为具有促进竞争的效果。如果专利联营中的专利是必要专利，那么联营本身一般不存在限制竞争问题；但是如果联营中存在非必要专利，或者存在无效、过期专利，则限制竞争可能性较大。第二，开放程度。如果采用封闭式专利联营禁止吸纳包括能够促进标

① 美国密执安大学教授黑勒（Michael · A. Heller）认为，对于一项资源来说，如果每个人都拥有排他权，从而使所有的权利人都无法有效地行使使用权，则该项资源就具有了反公地的特性，它将会因人人都难以进入而可能陷入利用不足或闲置浪费的反公地悲剧。参见高洁、陆健华：《专利丛林引发的反公地悲剧及对专利政策的思考》，载《科技进步与对策》，2007（6）。

② See Carlson S. C., Patent Pools and the Antitrust Dilemma. *Yale Journal on Regulation*, 1999, 16 (2), pp. 359 - 399.

③ 参见姚远、宋伟：《技术标准的网络效应与专利联盟》，载《科学学与科学技术管理》，2011（2）。

④ 参见宁立志、胡贞珍：《从美国法例看专利联营的反垄断法规制》，载《环球法律评论》，2006（4）。

准进步的技术在内的其他技术，或专利联营限定的参加专利联营的条件与标准技术发展无关，则更可能具有限制竞争的效果。第三，许可方式。如果专利联营在标准实施中只允许一揽子许可，则限制竞争的可能性增大，因为标准实施者不一定对联营中的所有专利都产生需求。如果联营中的专利权人之间约定有回馈授权的条款，则独占性的回馈授权较非独占性的回馈授权危害性大。四是许可费。如果通过专利联营进行价格固定，或者采取不合理的、歧视性的许可费率，则有限制竞争的可能。

2. 固定价格

技术标准中的专利权人达成协议，联合起来固定专利产品价格，就构成了价格卡特尔。由于技术标准已经就产品的技术规格、质量指标等作出统一的要求，如果价格也实现了一致性，则具有了相当程度的反竞争效果，因此该行为受到竞争法的高度关注。对于专利权的权利范围是否能够及于专利产品的价格，有一个认识的过程。在著名的 *U. S.* v. *General Electric Co*. 案中，美国最高法院认为专利权人为了确保自己的回报可以正常、合理地限定销售的方法和价格。① 但是美国司法部持不同立场，并促使法院接受专利权人限制产品价格的前提是不能将此权利延伸至未使用专利技术的部分。此后美国法院对与专利许可有关的固定价格行为逐渐持严厉的态度。在 *United States* v. *United States Gypsum Co*. 案中，美国最高法院认为被告之间关于固定专利产品石膏板价格的行为构成共谋，从而违反《谢尔曼法》。② 由于固定价格行为具有严重的限制竞争效果，一般依本身违法原则直接认定其违法。在技术标准中的专利授权中，如果技术许可协议中约定依照技术标准生产的产品必须以固定的价格销售或必须以某一最低价格进行转售，则属于限制竞争协议，应予禁止。当然，如果许可费从销售额中提成而来，而售价又关系到许可费的基本保障，进而涉及权利人能否收回成本，则不无合理审查的余地。

3. 回馈授权

技术标准中的回馈授权，是指技术标准中的专利权人与实施标准的被许可人达成协议，约定前者有权使用后者就许可技术所作的后续改进或通过使用标的技术所获得的新技术。回馈授权可以使许可双方共同承担投资和创新的风险，补偿许可人进一步研发的投入，促进资源的优化配置和新

---

① 272 U. S. 476 (1926).

② 333 U. S. 364 (1948).

技术的推广。但是回馈授权能使许可人使用被许可人的改进技术，强化许可人的技术力量，达到维持，甚至加强许可人对该技术所享有的市场支配地位的目的，同时降低被许可人进行技术创新的动力，而这可能对市场竞争构成威胁。① 回馈授权，依被许可人对许可人的回馈授权能否得到相应的经济补偿，可分为有偿回馈授权和无偿回馈授权；以是否允许被许可人向许可人之外的其他人进行许可为标准，可分为非独占性回馈授权和独占性回馈授权。相对于有偿回馈授权、非独占性回馈授权而言，无偿回馈授权、独占性回馈授权更有可能限制或损害竞争。通常技术标准中的回馈授权主要是为了保证基础技术与改进技术之间的兼容性，以提升技术标准的实用性和适应性。但是这种回馈授权也有可能加强许可人自身的市场力量，使许可人轻易地获取技术改进成果，进而有效地限制或排除其他竞争者的进入；同时协议安排的“寄生性”得到加强，许可人与被许可人的技术创新动力随之减弱。以下因素将增强回馈授权限制竞争的可能性：许可人与被许可人存在竞争关系；回馈授权是非互惠性的；存在多个被许可人，许可人可以享有各被许可人改进技术的成果；被许可人之间存在竞争关系；技术改进对基础专利产生较大影响；许可人拥有强大的市场支配力。特别是许可人通过回馈授权将改进的技术纳入技术标准之中，使替代标准或适用该标准的技术的替代品难以产生，这将严重地限制竞争。我国国家发展和改革委员会在处罚高通公司案②中认为，高通公司在无线标准必要专利许可中，强迫某些被许可人将持有的相关非无线标准必要专利向当事人进行许可，强迫某些被许可人免费进行反向许可，否定中国被许可人所持有专利的价值，并限制被许可人就持有的相关专利主张权利或者提起诉讼，抑制了被许可人进行技术创新的动力，阻碍了无线通信技术的创新和发展，排除、限制了无线通信技术市场的竞争，并最终传导到消费终端，损害了消费者的利益。

三、对滥用市场支配地位的规制

(一) 相关市场的界定

在技术标准与专利权紧密融合的背景下，为防止专利权人利用技术标

① 参见宁立志、陈珊：《回馈授权的竞争法分析》，载《法学评论》，2007 (6)。

② 参见中华人民共和国国家发展和改革委员会行政处罚决定书（发改办价监处罚〔2015〕1号）。

准实施限制竞争行为，对相关技术市场的界定十分重要，在依照传统的规则对产品市场、地域市场以及时间市场进行分析的同时，还需要考虑技术标准的特殊性。一是网络效应的影响。由于技术标准往往具有强烈的网络效应，在界定相关市场时需要考虑网络效应及与此紧密相关的用户安装基础、转移成本、网络型产品的兼容性与差异性的影响。① 网络效应的存在使传统的价格测试法如假定垄断者测试法（SSNIP）受到较大影响，因为网络效应降低了产品的需求替代，使消费者在选择产品时更加注重与其他消费者的选择的兼容性，这种锁定效应固化了消费者的需求，导致价格的变动所引起的消费者转移并不明显。二是技术市场的界定。技术标准是对产品功能的规定或者指标要求，不同的技术标准在满足消费者需求方面是不同的。虽然技术标准可能导致技术发展路径的锁定，但是这种锁定不是一成不变的。技术的路径客观上是多样化的，技术之间存在可替代性。不同的技术路径产生不同的技术标准，也就是说技术标准之间也是存在竞争的，这样就产生了具有可替代性的技术市场。技术是与产品品质紧密联系的，先进技术决定了较高的产品品质，特别是在某些高新技术产业，产品品质的竞争往往高于价格竞争，因为消费者更加关注产品品质。因此在界定技术市场时，需要考虑技术标准之间的替代性以及技术标准中的专利技术与标准之外的技术的替代性。② 技术之间的替代性越弱，则技术市场的范围越小。在华为技术有限公司（简称“华为”）诉美国交互数字集团公司（InterDigital Group of Campanies，IDC）垄断案中，华为主张相关地域市场是中国市场和美国市场，相关商品市场是被告方在3G无线通信技术中的WCDMA、CDMA2000、TD-SCDMA标准下的每一个必要专利许可市场构成的集合束，即被告方在中国和美国的3G无线通信技术标准（WCDMA、CDMA2000、TD-SCDMA）中的每一个必要专利许可市场均构成一个独立的相关市场。法院认可了华为的观点，并指出基于3G标准中每一个必要专利的唯一性和不可替代性，被告方在3G标准中的每一个必要专利许可市场均拥有完全的份额，具有阻碍或影响其他经营者进入相关市场的能力。③

① 参见张小强：《网络经济的反垄断法规制》，115～117页，北京，法律出版社，2007。

② 关于相关技术市场界定的更多论述，可参阅宁立志：《与知识产权有关的相关市场界定》，载《竞争政策研究》，2015（3）。

③ 参见叶若思、祝建军、陈文全：《标准必要专利权人滥用市场支配地位构成垄断的认定》，载《电子知识产权》，2013（3）。

(二) 市场支配地位的认定

判断技术标准中的专利权人是否拥有市场支配地位，主要从以下方面综合考量：一是不同性质的技术标准的影响。不同类型的技术标准获取市场份额的难易程度不同，对于专利权人是否具有市场支配地位有重要的影响。法定标准由政府部门或其授权的组织制定，受到国家强制力保护，相较于依靠技术的普遍使用而自然形成的事实标准而言，其中的专利权人更容易获得市场支配地位。国际标准是全球通行的技术标准，一般都经受了国际市场的检验，具有非常强大的市场竞争力，相较于只在一国之内实行的技术标准而言，其中的专利权人更容易获得市场支配地位。① 二是技术革新的动态情况。随着技术的快速发展，技术标准也不可能一成不变，必然要作出及时调整，增加或者减少有关专利技术。这对技术标准中的专利权人构成了约束。如果技术标准中的必要专利因为有了可替代的竞争技术而成为非必要专利，则该特定专利权人的市场地位会受到极大挑战。另外，标准化组织可以借此对专利权人实行制约，如果某个专利权人存在滥用标准专利的行为，标准化组织可能会选择排斥那些实施滥用行为的专利权人继续参与标准化过程。② 三是技术标准之间的竞争。现代技术变革速度越来越快，技术生命周期加速缩短，尤其是在信息技术领域，互联网三大定律仍在发挥作用。③ 这对技术标准拥有者的研发能力、实施机制、市场化效率等方面提出了很高的要求。新的技术标准竞争者如果能够在技术和市场上取得重大突破，则很有可能打破既有标准的技术锁定，成为新的技术引领者。特别是在光盘技术标准、通信技术标准领域，一些技术标准刚刚制定出来，更先进的技术标准也接踵而至，甚至出现同时制定不同代技术标准的现象，例如 3G 移动通信技术标准 WCDMA 刚推出不久，电信设备制造企业便已经开始组织制定更高的 3.5G 技术标准 HSPA、4G 的 LTE 技术标准。如果技术标准从整体上失去了市场支配地位，则其中的专利权人也就失去了限制竞争的基础。

---

① 参见董新凯：《标准必要专利持有人市场支配地位认定的考量因素》，载《知识产权》，2015 (8)。

② 参见韩伟、尹锋林：《标准必要专利持有人的市场地位认定》，载《电子知识产权》，2014 (3)。

③ 互联网领域有三条重要的定律，即摩尔定律、吉尔德定律和迈特卡尔定律，均是阐述信息技术进步的速度。例如摩尔定律认为，当价格不变时，集成电路上可容纳的元器件的数目，每隔 18～24 个月便会增加一倍，性能也将提升一倍。换言之，每一美元所能买到的电脑性能，将每隔 18～24 个月增加一倍以上。

（三）滥用市场支配地位的主要情形及其规制

1. 违反专利信息披露义务

标准的制定者和实施者出于降低标准实施成本等因素的考虑会有避开专利技术的倾向，因此一些专利权人违反专利信息披露义务，采取隐瞒专利信息或虚假承诺放弃权利的方式使自己的技术被标准吸纳，待标准得到普遍实施后又主张专利权，借机获取更多的许可费。这种行为体现为初始的不作为和后来的滥作为，受到各国竞争法的普遍关注。典型的如美国Dell、Rambus 案等①，在这些案件中，美国联邦贸易委员会认为：专利权人在标准制定过程中不披露相关专利信息是不合理地限制竞争，由此导致一些电脑制造商将被延迟使用该技术标准，提升了该技术标准的实施成本。专利权人误导该标准化组织采用了与专利权相冲突的技术标准，此后又企图利用由该标准产生的市场力量收取许可费，其行为构成违法。遂裁决专利权人不得实施专利权。中国国家标准化管理委员会、国家知识产权局于 2013 年联合制定、发布的《国家标准涉及专利的管理规定（暂行）》第二章专门对国家标准制定过程中的专利信息披露作出了详细的规定。此类行为在竞争法上的违法构成要件有：一是专利权人在标准制定过程中有披露专利信息的义务。这种义务一般基于标准化组织的专利政策要求，是此类行为违反竞争法的前提。若无此种义务，则没有追究责任的基础。二是知道或应当知道有披露专利信息的义务而故意不披露、不按照要求作适当的披露或作出虚假承诺。专利权人违反披露的义务却又希望其专利技术被纳入技术标准而产生借助技术标准的实施获取更多利益的结果，即有专利劫持的主观恶意。三是专利权人采取误导性披露专利信息方式，诱使技术标准制定者吸纳了其专利技术，否则该专利技术会被标准制定者拒绝采纳。四是专利权人借助技术标准获取了市场支配地位，专利权人通过收取高额许可费、拒绝许可等方式实施专利劫持，产生损害市场竞争的后果。损害竞争的后果主要体现为三个方面：第一，阻碍技术的进步，即降低了更为先进或更为实用的替代技术的出现概率或市场竞争力。第二，增加标准实施成本，即许可费的增加、产品使用和产出的减少、标准实施者生产激励的减少等。第三，减损了消费者福利，即增加的标准实施的成本转移至消费者，从而损害了消费者的利益。

---

① 参见孙南申、徐曾沧：《美国对技术标准中专利信息不披露行为的反垄断措施》，载《华东政法大学学报》，2009（1）。

2. 不公平许可费

专利权人借助技术标准的实施而获得市场支配地位之后，有充分的动机违反 FRAND 原则向技术标准实施者索要不公平许可费。同时由于技术标准往往涵盖多项专利，所以如果技术标准实施者为了实施标准而向每个专利权人均支付许可费，则又产生专利费的堆叠。在 2013 年摩托罗拉诉微软案中，法院认为标准专利许可费是否符合 FRAND 原则，要看专利许可费是否能够实现标准化组织要求参与者作出 FRAND 许可的初衷，有效防止专利劫持。① 实践中判断许可费是否具有竞争法上的违法性，需要综合考量如下因素：一是合理性。既要考虑许可人的技术研发投入、专利对标准的贡献度、许可费回报水平等因素以吸引专利技术进入标准，同时也要参考同类或具有一定可比性的专利技术许可费、产品价格和依据标准专利技术生产的产品利润率以激励标准实施者实施标准。在 2008 年美国 N-Data 案中，N-Data 公司（Negotiated Data Solutions LLC）通过受让得到了 National 公司（National Semiconductor Corp.）拥有的已纳入电气和电子工程师协会（IEEE）有关以太网（Ethernet）标准的 Nway 专利，但是 N-Data 公司并没有按照 National 公司向 IEEE 承诺的一次性 1 000 美元许可费许可该技术，而是主张远高于 1 000 美元的许可标准。美国联邦贸易委员会指控 N-Data 公司违反了《联邦贸易委员会法》第 5 条的规定，禁止 N-Data 公司起诉未按照其要求支付高额许可费的企业，同时限制其转让该专利技术。② 本案中 N-Data 公司收取远高于 1 000 美元的许可费被法院认为是不合理的，正是综合考虑到市场普遍接受情况。二是非歧视性。标准专利的许可对相同或相近条件的被许可人应采用大致相同的许可费率，不能有所歧视。如果在无正当理由的情况下，对某被许可人收取显著高于其他相同或近似条件的被许可人的许可费，则有可能构成价格歧视。在华为公司诉 IDC 案中，IDC 在其专利被纳入标准时承诺遵守公平、合理、无歧视的原则，但是在与华为谈判过程中，IDC 四次对华为开出高出其他被许可人数倍的许可费。2012 年 IDC 向华为开出最后价码：从 2009 年到 2016 年按照销售额确定支付许可费率为 2%，这一许可费率与苹果、三星等公司的相比过高。深圳市中级人民法院和广东省高级人民法院均认为：IDC 在专利许可费收取方面构成垄断，理由是 IDC 对华为的四次报价均明显高于其对

① 参见刘晓春：《摩托罗拉诉微软 探寻 RAND 标准的努力》，载《电子知识产权》，2014（1）。

② See http://www.ftc.gov/enforcement/cases-proceedings/051-0094/negotiated-data-solutions-llc-matter.

其他公司的许可费，甚至高达百倍；对全球手机销量远不如苹果、三星等的华为公司索要高价明显缺乏正当性、合理性。因此 IDC 实施了不公平的高价销售行为，构成垄断。[①] 本案中，法院将 IDC 对不同被许可人的许可费作比较，认为不存在差异化定价的合理理由，从而认定其构成垄断行为。

3. 拒绝许可

拒绝许可是专利权人当然的权利，专利权人即使拥有市场支配地位，也无义务将其专利许可给他人。但是当专利权人拒绝许可的行为对市场竞争产生了严重的负面影响时，竞争法会对专利权人施加强制性的义务。[②]

技术标准形成以后，专利权人为保证自己的垄断利润往往拒绝对其他有意实施标准的竞争者进行许可，从而阻止其进入相关市场参与竞争。对于这种行为是否违法，可以参考关键设施原则。关键设施原则（the essential facilities doctrine）是美国在 Terminal Railroad 案[③]中依据《谢尔曼法》第 2 条确立的。在该案中美国最高法院认为，一个独占者控制了对于其他竞争者来说关键的设施，那么该独占者必须允许他人合理地进入该设施，假如这种进入是可行的话。通常由于技术标准的网络效应和产品品质鉴别特性，不符合技术标准的产品很难占有市场，因此专利技术通常随技术标准成为其他企业进入行业的关键设施，专利权人有义务披露相关技术信息，并依 FRAND 原则许可他人使用。在德国 Standard-Spundfass 案[④]中，法院根据关键设施原则对专利权人的拒绝许可进行了否定：德国化学工业协会制定了一项生产合成材料桶的标准，该标准涵盖了一项专利技术。一家意大利企业在向专利权人提出有偿使用其专利技术的请求被拒绝后，生产和销售了该产品，因此受到专利权人的起诉。法院认为一项技术一旦成为行业标准，它就应像标准化组织制定的标准一样对任何企业都是开放的，否则这个标准就不能起到推动竞争的作用，相反还会成为排除、阻碍和损害竞争的工具。结果法院判决专利权人必须进行专利许可，不得拒绝。由于以竞争法为据实施强制许可是对专利权的极大限制，所以在适用关键设施原则时应该从严掌握，主要从四个方面考虑：一是该技术

① 参见广东省高级人民法院（2013）粤高法民三终字第 306 号民事判决书。

② 国家工商行政管理总局《关于禁止滥用知识产权排除、限制竞争行为的规定》第 7 条第 1 款规定："具有市场支配地位的经营者没有正当理由，不得在其知识产权构成生产经营活动必需设施的情况下，拒绝许可其他经营者以合理条件使用该知识产权，排除、限制竞争。"

③ See *United States* v. *Terminal Railroad Association. Inc.*, 224U. S383 (1992)

④ 参见王晓晔：《与技术标准相关的知识产权强制许可》，载《当代法学》，2008 (5)。

标准包含的专利技术是不是企业进入该行业参与竞争的必备条件，二是许可使用该专利技术客观上是否可行，三是企业研发可替代的技术是否具有可能性，四是拒绝许可是否具有合理性。一般来讲，通常只有技术标准中的必要专利才能构成拒绝许可的标的，因为必要专利的唯一性和不可替代性决定了其权利人拥有足够的市场力量实施拒绝许可。即使如此，要适用关键设施原则还需要判断拒绝许可是否具有合理的理由。如果许可的条件过分无利可图，以致无法弥补专利权人的研发成本，导致专利权人拒绝许可，这时就不能以竞争法来实施强制许可。

专利权人作出拒绝许可的决定时，通常还会向法院要求发布禁令。但是对于涉及技术标准的专利禁令，各国司法机关对执法尺度拿捏不一。因为涉及技术标准的专利禁令通常是专利权人寻求谈判砝码、威胁被许可人接受非 FRAND 许可条件的重要手段，所以，在这种情况下，司法机关会处于两难境地：如果轻易支持禁令，则专利权人会居于优势地位，实施专利劫持以强迫被许可人承受实施标准的巨大成本；如果过于限制专利权人申请禁令，则被许可人会居于优势地位，实施反向劫持，以低于合理水平的许可费实施专利，甚至不支付专利许可费。德国联邦最高法院所确定的橙皮书案规则充分反映了基于财产权的尊重而对反向劫持保持的警惕，而欧盟委员会对三星案的处理则更加关注劫持行为对竞争产生的损害。欧盟委员会在 2012 年 12 月对三星提出指控，称三星没有按照合理和非歧视性的原则将那些标准专利授权给竞争对手，反而试图利用其 3G “标准基本专利” 禁止苹果 iPhone 和 iPad 在欧洲销售，滥用了它所拥有的标准专利，违反了竞争法。虽然欧盟委员会在 2014 年 4 月 29 日接受了三星公司的承诺，但是其同时指出，拥有市场支配地位的标准专利拥有者利用标准必要专利寻求专利禁令违反了欧盟竞争法。① 由于橙皮书案规则受到广泛质疑和欧盟委员会采取不同做法，欧洲法院在 2015 年华为与中兴专利纠纷案的预先裁决中指出：专利权人向标准化组织作出许可声明的行为使潜在被许可人产生了合理的期待，如果支持禁令会使潜在被许可人的信赖利益受损，专利权人必须在认为被侵权时采取警告、磋商等一系列行动后才能寻

① See http://europa.eu/rapid/press-release_IP-14-489_en.htm，visited on Oct. 18，2014. 主管竞争政策的委员会副主席 Joaquín Almunia 指出：所有市场参与者必须遵守竞争规则。我们对摩托罗拉案件的决定和对三星公司承诺的接受都清晰地表明利用标准的必要专利（基础专利）寻求禁令是具有反竞争性的。专利的拥有者应该获得合理的报酬，同时标准的实施者应该获得公平、合理、无歧视的许可。

求禁令的救济，同时被许可人也必须对专利权人的行动进行积极回应。[①] 欧洲法院的最新观点是在专利权人和被许可人之间寻求平衡，这对技术标准的有效实施具有重要的意义。因此，目前国际上的主流观点是，专利权人作出 FRAND 许可承诺并不代表放弃寻求禁令救济的权利，但是在潜在被许可人积极表示愿意在 FRAND 条件下接受许可的情况下仍然要求发布禁令的行为构成滥用市场支配地位。我国广东省高级人民法院在 IDC 案中认为，IDC 在缔约阶段违背 FRAND 许可义务，向美国国际贸易委员会和特拉华州地方法院提起禁令之诉，而华为在谈判中一直处于善意状态，IDC 在美国提起诉讼的目的在于逼迫华为接受过高许可条件，属于滥用市场支配地位的行为。[②] 广东省高级人民法院的观点显然符合国际主流观点。《最高人民法院关于审理侵犯专利权纠纷案件应用法律若干问题的解释（二）》亦秉持这种观点，明确规定：对标准必要专利权人违反 FRAND 许可承诺义务而申请禁令，同时被许可人无明显过错的，法院不予支持。[③]

4. 搭售

涉及技术标准必要专利的搭售主要表现为将标准必要专利与非标准必要专利捆绑在一起进行许可，从而将专利权人在标准必要专利市场的优势传导至非标准必要专利市场，剥夺被许可人的选择权，加强了专利组合的整体定价权，导致被许可人为非必要专利支付不必要的许可费用。[④] 搭售有可能是基于保证标准专利技术的品质、维护专利权人的商业声誉以及降低许可费等正当的目的，也有可能是企图将市场控制力向被搭售品市场延伸，从而达到限制竞争和获得高额垄断利润的目的。如在微软 IE 免费捆绑销售案和 DVD 专利联盟一揽子协议收费案中，微软利用竞争所形成的垄断设置了一个无形的标准壁垒，其他电脑厂商因为微软的技术标准垄断无法自由进入市场与微软竞争。[⑤] 这不仅导致消费者的选择权被剥夺，利

---

① 参见赵启杉：《竞争法与专利法的交错：德国涉及标准必要专利侵权案件禁令救济规则演变研究》，载《竞争政策研究》，2015（2）。

② 参见广东省高级人民法院（2013）粤高法民三终字第 306 号民事判决书。

③ 该解释第 24 条第 2 款规定："推荐性国家、行业或者地方标准明示所涉必要专利的信息，专利权人、被诉侵权人协商该专利的实施许可条件时，专利权人故意违反其在标准制定中承诺的公平、合理、无歧视的许可义务，导致无法达成专利实施许可合同，且被诉侵权人在协商中无明显过错的，对于权利人请求停止标准实施行为的主张，人民法院一般不予支持。"

④ 参见王先林：《涉及专利的标准制定和实施中的反垄断问题》，载《法学家》，2015（4）。

⑤ 参见黄武双：《技术标准反垄断的特征及其对我国反垄断立法的启示——从微软垄断案说起》，载《科技与法律》，2007（3）。

益受到损害，而且阻碍了市场新产品的创新和开发，是需要竞争法予以规制的。技术标准中的搭售主要表现为相关专利技术的捆绑销售和一揽子协议，而这些技术中常常包含无效专利、非必要专利等等。

我国国家发展和改革委员会在处罚高通公司[①]时认为，高通公司利用在无线标准必要专利许可市场的支配地位，没有正当理由在无线标准必要专利许可中搭售非无线标准必要专利许可。结合该案，认定搭售时除了要判断专利权人是否具有市场支配地位，还要分析以下条件：一是搭卖技术与被许可技术之间的关联程度。如果关联程度很低，甚至相互之间没有关联，则搭售对竞争的危害很大。例如国家发展和改革委员会对非无线标准必要专利与无线标准必要专利作了分析，认为：二者性质不同、相互独立，分别对外进行许可并不影响上述两种不同专利的应用和价值。高通公司对二者不作区分，不向被许可人提供专利清单，而是采取设定单一许可费并进行一揽子许可的方式，不具有合理性。二是违背被许可人意愿。国家发展和改革委员会认为，尽管一些被许可人可能会主动选择寻求高通公司整体专利组合许可，但部分被许可人为了获得高通公司无线标准必要专利许可而不得不接受非无线标准必要专利许可。这说明了高通公司的一揽子许可是强制性的，违背了被许可人的意愿。三是专利搭售许可是否产生了排除、限制竞争的效果。国家发展和改革委员会认为，由于高通公司强制搭售非无线标准必要专利许可，被许可人必须从高通公司处获得非无线标准必要专利许可并支付许可费，理性的被许可人通常不会辟出额外费用再进行规避设计或者寻求替代性技术。这使与高通公司持有的非无线标准必要专利具有竞争关系的其他替代性技术失去了参与竞争的机会和可能，严重排除、限制了相关非无线标准必要专利许可市场的竞争，阻碍、抑制了技术创新，最终损害了消费者的利益。

第四节　政策建议

专利权滥用在技术标准实施过程中屡见不鲜，已经引起许多国家和地区的关注。事实上欧盟、美国已经多次以竞争法打击微软、谷歌等科技巨

① 参见中华人民共和国国家发展和改革委员会行政处罚决定书（发改办价监处罚〔2015〕1号）。

头，说明竞争法是对滥用标准专利行为遏制的有效手段。我国作为知识产权的引进大国，对国际技术标准多为被动接受，其中的专利垄断行为也让我们深受其害。近年来我国明显加强了这方面的立法，如国务院反垄断委员会《关于知识产权领域的反垄断指南》第 11 条和第 27 条、国家工商行政管理总局《关于禁止滥用知识产权排除、限制竞争行为的规定》第 13 条、《最高人民法院关于审理侵犯专利权纠纷案件应用法律若干问题的解释（二）》第 24 条，均对技术标准中的专利权行使作出了规定，国家标准化管理委员会、国家知识产权局联合发布的《国家标准涉及专利的管理规定（暂行）》对国家标准涉及专利的有关情形也予以了明确。此外，《专利法》第四次修正也对此予以了关注。对此本书提出以下建议。

一、突出反垄断基本法在规制体系中的核心地位

从世界各国家和地区的立法及实践看，反垄断法在法律本位的引领、法律政策的把握和法律责任的追究等方面具有优势，在规制技术标准中的专利权滥用方面发挥着不可替代的作用，在规制体系中应居于核心地位。由于反垄断法作为基本法的基础地位，其对涉及知识产权的技术标准的规定宜粗不宜细，应注重在宏观上发挥指导作用。具体来说，建议从以下几个方面对我国《反垄断法》进行完善。

（一）进一步阐明反垄断法与知识产权的关系

反垄断法本身充满着不确定性，与知识产权的关系尤为复杂，需要根据实际情况在激励技术创新和维护有效竞争之间寻求适当的平衡。我国《反垄断法》第 55 条对反垄断法与知识产权之间的关系作了简要的规定，但是该规定过于原则、笼统。有学者对该条质疑，认为权利人依法行使知识产权的行为不能保证得到反垄断法的豁免，例如 IDC 要求华为支付高额许可费，以及在华为未支付许可费而使用专利的情况下到法院请求颁发禁令之行为，依据专利法并不违法，但是依反垄断法则是滥用市场支配地位。① 因此，对该条的规定有必要作进一步的完善，建议从总体上明确知识产权法与反垄断法在政策目标上的一致性，并概括地阐明行使知识产权行为存在违反反垄断法的可能，要受反垄断法的规制，同时将实践中已经类型化的违反反垄断法的行使知识产权行为以列举和兜底概括的形式表现出来，使该条更加清晰、更加具有实践的指导意义。

---

① 参见王晓晔：《标准必要专利反垄断诉讼问题研究》，载《中国法学》，2015（6）。

(二) 补充明确专利劫持行为的有关类型

实践中，技术标准中的专利劫持行为一般都被纳入反垄断法关于禁止滥用市场支配地位的制度框架之中。我国《反垄断法》第 17 条第 1 款第 1～6 项对滥用市场支配地位的情形作出了明确规定，但是并未对违反专利信息披露义务行为、不正当的寻求专利禁令救济行为进行规定。在这方面，我国司法实践已经走在立法的前面，例如我国广东省高级人民法院在 IDC 案中已经将 IDC 在美国寻求专利禁令认定为滥用市场支配地位行为。同时《国家标准涉及专利的管理规定（暂行）》第二章专门规定了国家标准的专利信息披露要求，虽然并非反垄断条款，但是也说明有关部门对实践中违反专利信息披露义务行为的重视。因此，建议利用《反垄断法》第 17 条第 1 款第 7 项关于“国务院反垄断执法机构认定的其他滥用市场支配地位的行为”的规定，为新型滥用市场支配地位的情形释放出认定的空间，时机成熟时通过修法将其补充进《反垄断法》第 17 条列举的行为之中，或者对第 55 条的但书部分加以细化，作为执法或司法明确的法律依据。

(三) 形成立体化的规制体系

虽然反垄断法居于核心地位，但是规制技术标准中的专利权滥用行为毕竟是立体化的，仅靠反垄断法的规制是不够的。例如我国现行《专利法》第 53 条将“专利权人行使专利权的行为被依法认定为垄断行为，为消除或者减少该行为对竞争产生的不利影响”作为强制许可的情形之一，弥补了以往强制许可制度未考虑竞争效果的缺失。《民法典》第 850 条将“非法垄断技术或者侵害他人技术成果的技术合同”规定为无效。此外，民法有关注意义务、诚实信用和权利不得滥用等基本原则，标准化组织专利政策的内部引导和预防，以及反不正当竞争法对不正当竞争行为的规定，都构成了规制技术标准中的专利权滥用的重要补充。实践中要充分运用这些法律和政策，使其充分发挥各自的积极作用，取长补短，只有这样才能达到理想的效果。

二、注重细致化的操作指南

我国有关部门经过广泛而深入的调研，已经制定或正在制定一批关于规制滥用知识产权行为的指南和涉及专利的技术标准规定，这些对于维护公平竞争的市场秩序将起到积极的作用。结合本章的研究，作如下建议。

（一）尽可能作出细致化、实用性的引导

从国外竞争规制实践来看，大量专业、细致的指南在引导经营者作市场决策时起到了非常重要的作用。我国反垄断法实施时间不长，执法和司法的经验积累有限，反垄断机构、标准化组织以及消费者对技术标准中的专利权滥用更是缺乏理论与实践方面的足够认知，需要若干细致的操作指南来帮助他们对有关行为进行准确的判断。因此，在反垄断基本法从宏观上作出规制指导、其他法律分别从不同方面进行规制的同时，制定一系列非强制性的、不拘一格的指南实有必要。一是条款要细致。指南并不需要像法律那样对某种情形作出定性，进而规定若干法律责任，而是可以针对实践中的具体情况作出各种可能的分析，引导相关主体作出合法的决策。技术标准中的专利权行使类型多样，情况各有不同，应在指南里详细地列举并予以深入分析，从法律规范和经济模型等多个角度对不违法、可能违法、明显违法等情形进行详细阐述。二是内容要实用。指南就是操作手册、使用说明，应以最直观、生动的方式帮助相关主体理解法律、政策的内涵，而非简单地对法律条文进行枯燥解释。在对各种情形进行详细分析时，可以引用具有代表性的、得到广泛认可的典型案例加以辅助说明，从主要案情、裁判要领、风险防范等多个角度进行论述，力求充分实现指南应有的效果。

（二）以反垄断法基本制度为总体框架

对技术标准中的专利权滥用进行竞争法规制，属于反垄断法适用的特别领域，应当遵守反垄断法有关垄断协议、滥用市场支配地位、经营者集中的三大规制制度框架。2015 年国家工商行政管理总局制定的《关于禁止滥用知识产权排除、限制竞争行为的规定》第 13 条对涉及标准制定和实施的垄断行为作了专门规定，但只是将之纳入滥用市场支配地位制度之中，并未在垄断协议中作出规定。事实上，技术标准中非价格形式的专利权滥用如专利联营协议、回馈授权等可能也是垄断协议的表现，不能忽视这种垄断行为的存在。相比较而言，2019 年国务院反垄断委员会出台的《关于知识产权领域的反垄断指南》在“可能排除、限制竞争的知识产权协议”一章和“涉及知识产权的其他情形”一章中对标准制定以及知识产权人可能在标准实施过程中滥用权利的行为确定了分析因素，在体系上相对完善。在形成和完善关于滥用知识产权的反垄断指南过程中，应在反垄断法三大制度框架内对技术标准中的专利权滥用进行系统性规定。

（三）形成统一的技术标准的反垄断指南

目前对技术标准中专利权滥用的规制散见于各类文件之中，未能形成一套体系化的规范。事实上技术标准所涉及的垄断问题不仅在技术竞争领域较为突出，而且具有相对的系统性。这种系统性表现为此类行为密布于垄断协议、滥用市场支配地位、经营者集中、行政垄断等整个反垄断法制度框架中，同时既有涉及知识产权的垄断问题，又有不涉及知识产权的垄断问题。因此可以在有关指南施行一段时间之后，系统性地予以总结、归纳，形成专门的关于技术标准的反垄断指南，并在其中针对涉及专利权的技术标准垄断问题作专门的、集中的规定。在体例上可以先阐明技术标准中的专利权与竞争政策之间的关系，明确反垄断审查原则；再对各种典型的技术标准中专利垄断行为作出详细规定，列明判断其违法性所需考量的各种因素；最后设计兜底条款，以为新型垄断行为留出空间。

三、采用多元的解决模式

自我国《反垄断法》颁布、实施以来，各反垄断执法机构和法院系统在反垄断执法和司法方面均进行了积极的探索，但是与一些发达国家的竞争执法相比，无论是在适用法律的成熟度上还是在法律运用经验积累上仍显不足。对技术标准中的专利权滥用进行竞争法规制，不仅问题复杂，而且具有不确定性，需要市场主体、执法司法机关共同积累经验，探索有效、便捷的解决模式。

（一）注重经营者承诺制度的运用

经营者承诺制度本质上是一种基于公共利益考量的执法和解，在反垄断执法中运用得非常普遍，例如美国司法部可以与被调查者达成协议并在法院作出“同意判决”之后中止调查，联邦贸易委员会可以通过签发“同意令”的方式终止调查，欧盟许多反垄断案件也都是以和解的方式结案。在涉及专利的技术标准案件中，适用经营者承诺制度更有其重要价值。因为这类案件往往涉及专利权的正当行使与违反反垄断法行为的性质认定，涉及专利法、民法、反垄断法、反不正当竞争法等多个法律部门，而且执法机关往往难以取得绝对有力的证据，不得不处在证据不足而放弃调查和勉强作出具有争议的处罚决定的两难境地。同时由于现代技术更新升级速度加快，技术标准实施者若由于执法调查的冗长而失去在稍纵即逝的商机中实施专利技术的机会，则会在市场竞争中处于不利的地位，这在一定程度上也会对市场竞争构成损害。注重适用经营者承诺制度，不仅能够提升反垄断执法的效率，还有助于在其间适当地把握国家产业政策与竞争政策之间的平衡，更加有利于问题的解决。

（二）鼓励反垄断私人诉讼

反垄断私人诉讼由私主体依法发起，是市场主体维护自身合法权益、制止垄断行为、维护竞争秩序最基本的法律手段。在反垄断法律制度发达的英美法系国家，私人诉讼占据主导地位；就是倚重行政执法的大陆法系国家近年来也纷纷完善相关制度，推动反垄断法的私人执行。从我国有关案件来看，私人诉讼往往起到了推动反垄断法执行的效果。例如专利权人不正当地申请专利禁令救济是一种滥用市场支配地位的行为，但是这种行为在反垄断法中并无明文规定，然而在IDC案中，广东省高级人民法院率先在司法实践中对其予以认定，体现了私人诉讼的灵活性。由于技术标准的复杂性及专利权人的强势地位，需要进一步减轻被许可人的举证责任，同时鼓励消费者公益组织提起公益诉讼，以在一定程度上弥补被许可人诉讼能力的不足。

（三）充分发挥标准化管理机构的职能

除反垄断执法、司法途径之外，做好技术标准化的事前预防工作也非常重要。国家标准化管理委员会、国家知识产权局应根据实践情况对《国家标准涉及专利的管理规定（暂行）》作进一步完善，同时应充分发挥职能，积极采取预防措施规范专利权人的权利行使。一是加强对技术标准化工作的指导，鼓励国内企业积极参与国内外技术标准制定，获得更多技术标准制定过程中的发言权，在国外技术标准专利权人实施针对我国企业的专利滥用行为时，增加我国企业进行反制的筹码。二是严格执行专利信息事前披露制度，将专利信息的披露范围扩大到正在申请专利的相关技术信息。明确无论是国家标准还是行业标准、地方标准，只能包括必要专利，禁止标准制定者将非必要专利纳入技术标准。三是明确FRAND许可的具体内涵，同时明确在制定国家标准时，如果某专利属于必要专利而专利权人拒绝许可或拒绝实施FRAND许可，则可以基于公共利益的目的实施强制许可。[①] 四是强化审查职能，对行业标准和地方标准不能只是备案，而是要利用公平竞争审查制度进行专利政策的反垄断审查，必要时可以会同

---

① 《国家标准涉及专利的管理规定（暂行）》第15条规定："强制性国家标准确有必要涉及专利，且专利权人或者专利申请人拒绝作出第九条第一项或者第二项规定的专利实施许可声明的，应当由国家标准化管理委员会、国家知识产权局及相关部门和专利权人或者专利申请人协商专利处置办法。"

国务院反垄断机构和知识产权局共同审查，对不符合反垄断要求的严格督促整改。五是在国际标准化组织中积极发表意见和建议，与国际技术标准制定者积极对话，积极反对利用技术标准滥用专利权的行为，主动寻求对技术标准垄断行为的国际法律救济途径。

第十四章　标准专利专论：FRAND 承诺的性质

第一节　FRAND 承诺的界定

专利制度为私权提供保护，以激励创新，促使技术手段由单一迈向多元；标准化活动以公益为终极目标，代表成熟、领先的工艺水平，使技术要求由混杂趋向统一。[①] 作为先进技术代表，专利被纳入标准之中实属技术发展之必然。

当本身具有合法垄断性的专利权遇上产生技术锁定效应的标准之时，便产生了标准必要专利（standard essential patent，SEP），与此同时专利权与生俱来的垄断属性也被推向极致。其后果在于，由于专利的排他性要求实施者预先取得许可，SEP 的存在便意味着将具有公益性的标准化活动中最关键的一环——对于标准使用的掌控——交到拥有利害关系的专利权人手中，稍有不慎，便有放任 SEP 权利人利用标准化活动谋求私利，滥用专利权以拒绝许可或谋取高额许可费用，进而扰乱市场秩序、妨碍公平竞争的可能。为了防止上述情形的产生，旨在限制 SEP 权利人之权利的 FRAND 承诺应运而生。

一、FRAND 承诺之内涵

当下，大多数标准制定组织（standard setting organisation，SSO）

---

① 2017 年 11 月 4 日，新修订的《中华人民共和国标准化法》正式颁布。根据该法第 2 条，标准本质上是一种产生于各产业及社会事业之中的技术要求，具有统一性。这种统一性正是标准产生技术锁定效应的根源。

均要求 SEP 权利人作出承诺，保证将以 SSO 在其知识产权政策①中所列明的公平、合理、无歧视条款为指导，向所有标准实施者授予实施许可。SEP 权利人依据这一要求所作出的承诺即我们通常所称的 FRAND 承诺。

若尝试对 FRAND 承诺进行释义，不难发现这一承诺之内涵较为抽象。FRAND 承诺又被一些 SSO 界定为 RAND（reasonable and non discriminatory，合理非歧视）承诺，两者虽有一词之差，但含义基本相同。②如果说“合理”着重解决 SEP 许可费率问题，认为其确定应当符合公平合理的基本要求③，那么“无歧视”一词虽在许可费率确定方面有着相同公司同等对待、不同公司区别对待的内涵④，但实则更侧重于与“公平”一词相结合，以限制专利权人对其专利权的行使手段及对合同相对人的选择可能。为保证标准的顺利实施，在一般情况下，SEP 权利人应一视同仁地对任何必须执行涉权标准的使用者授予专利实施许可，无正当理由不得拒绝。由于上述释义仍无法摆脱对众多模糊性词语的使用，实践中在判断许可行为是否符合要求时尚需法官依个案进行具体分析，因此，FRAND 条款的抽象性在实践中所带来的不确定性为多数学者所诟病。⑤

但在笔者看来，这一抽象性之于 FRAND 承诺而言是合理且必然的。鉴于 SEP 数量庞大且可能涉及多种技术、覆盖多个领域，故而 SSO 仅能根据保障标准运行、实现公共利益之目的，概括性地归纳出为达到此目的所应履行的义务、应当采取的手段所具有的一般特征，而将所有细节的处理交由 SEP 权利人与标准实施者根据自身需求磋商解决。反之，过于细

① 本章所称的知识产权政策均是广义上的，包括 SSO 所制定的所有与知识产权相关的政策，并不限于以“知识产权政策”命名的文件，例如欧洲电信标准化协会（ETSI）的《知识产权指南》、国际标准化组织（ISO）的《共同专利政策》等。

② FRAND 承诺与 RAND 承诺有细微语义差异，可以认为前者包含后者，但二者实际所指无实质区别。

③ 参见王先林：《涉及专利的标准制定和实施中的反垄断问题》，载《法学家》，2015（4）。

④ Mario Mariniello，Fair，Reasonable and Non-Discriminatory（FRAND）Terms：A Challenge for Competition Authorities，*Journal of Competition Law & Economics*，2011（7），pp. 523，525，532；Richard J. Gilbert，Deal or No Deal? Licensing Negotiation in Standard-Setting Organizations，*Antitrust Law Journal*，2011，77，p. 855. 转引自罗娇：《论标准必要专利诉讼的“公平、合理、无歧视”许可：内涵、费率与适用》，载《法学家》，2015（3）。

⑤ 参见马海生：《标准化组织的 FRAND 许可政策实证分析》，载《电子知识产权》，2009（2）。

致、固化的规定可能不仅难以满足当事人的多样化的实际缔约需求，亦可能使 SEP 权利人的排他权之行使陷入瘫痪，进而沦为 SSO 实现其目的之工具。① 后文中亦将述及，在具体案件中，这一抽象性更赋予法官较大的自由裁量权，使法官能够根据 FRAND 承诺对在实践中所产生的问题作出具体处理。

需要说明的是，本章所讨论的 FRAND 承诺仅指当存在 SEP 时，权利人根据 SSO 在其知识产权政策之中列出的 FRAND 条款之要求所作出的承诺。因此，FRAND 承诺具有两个特征：其一，由于并非所有 SSO 均在其知识产权政策中加入了 FRAND 条款②，故该条款属意定性要求而非法定原则性规定，并不存在于所有 SEP 之上；其二，该承诺是应 SSO 之要求而由 SEP 权利人被动作出的，并非该权利人主动选择之结果，故而应排除其主动承诺的情形。

二、从 FRAND 承诺到 FRAND 原则

近年来有关 SEP 的专利侵权诉讼大量涉及专利法及反垄断法，被诉专利侵权人以 SEP 权利人未遵循 FRAND 承诺授予许可，构成滥用市场支配地位为由，对专利权人在专利侵权之诉下提出的禁令请求作出抗辩。在这些案件中，FRAND 承诺似乎被理所当然地作为一项原则性要求，不断得到重申。

以我国为例，在司法实践中，法院自华为诉 IDC 案起就指出 SEP 权利人“在合同签订、履行时均应遵循公平、合理、无歧视的原则”③，认为 FRAND 承诺之效力不仅及于许可合同之内容，而且贯穿 SEP 授权许可之谈判、签订、履行的整个过程。④ 深圳市中级人民法院在华为与三星公司的 SEP 侵权纠纷案⑤中进一步表示，FRAND 原则不仅指导整个 SEP 许可谈判，而且这一原则作为一项义务，应同时由 SEP 权利人和标准实施者所负担。⑥

---

① 参见［英］弗里德利希·冯·哈耶克：《法律、立法与自由》，第一卷，邓正来、张守东、李静冰译，71 页，北京，中国大百科全书出版社，2000。

② 参见马海生：《标准化组织的 FRAND 许可政策实证分析》，载《电子知识产权》，2009（2）。

③ 广东省高级人民法院（2013）粤高法民三终字第 306 号民事判决书。

④ 参见叶若思、祝建军、陈文全：《标准必要专利使用费纠纷中 FRAND 规则的司法适用——评华为公司诉美国 IDC 公司标准必要专利使用费纠纷案》，载《电子知识产权》，2013（4）。

⑤ 参见广东省深圳市中级人民法院（2016）粤 03 民初 840 号民事判决书。

⑥ 如广东省深圳市中级人民法院（2016）粤 03 民初 840 号民事判决书中提出：“为了保证技术标准的推广应用和标准必要专利制度的健康运行，标准必要专利权人和标准必要专利的实施人均有按照 FRAND（公平、合理、无歧视）原则进行标准必要专利许可谈判的义务。”

FRAND 承诺被作为原则性规定的趋势同样延伸至我国立法层面。《国家标准涉及专利的管理规定（暂行）》第 9 条将作出 FRAND 承诺之要求纳入国家标准的制定、修订过程；最高人民法院在其司法解释①中亦已将 FRAND 承诺定性为 SEP 许可活动中的一项原则，认为其属于 SEP 权利人所应承担的义务。

FRAND 承诺在 SEP 案件中占据越来越重要的位置，对 SEP 许可合同（通常被称为“FRAND 许可”）之订立、履行的指导作用已然毋庸置疑。但一个被忽略的事实是，FRAND 条款依据各 SSO 的知识产权政策而产生，仅为专利被纳入标准的专利权人应 SSO 之要求所作出的一项承诺，并非专利法的一项根本原则，即使 FRAND 承诺在 SEP 实施许可的相关实践中理所当然地得到了广泛接纳，这种接纳也并不能弥补法律上对其的认知不足。

此故，倘若抛开 FRAND 承诺之性质在许可之时谈论该承诺是否应当得到遵守、应由何人于何时遵守、应如何得到遵守，在其被违反之际谈论何人可得救济、基于何种制度、应给予何种救济，则在法理上难逃主观臆断之嫌。

第二节　以结果为导向的 FRAND 承诺性质之争

目前学界对于 FRAND 承诺之性质的解读，主要以 SEP 权利人承诺的结果为导向，从标准实施者的角度进行观察与分析。之所以称之为结果导向，是因为许多现有分析着眼于当事人意思表示作出后已确定下来的权利义务状态。

在通常情况下，当 SSO 所制定的某项标准覆盖一个或数个专利时，若其上的专利信息披露与 FRAND 承诺均已完成，由此产生的后果可被一分为二：从形式上看，SSO 将把这一标准所涉专利及其专利权人的相关信息纳入 SEP 数据库中，以供标准实施者查阅；从效果上看，这些信息的告知作用使标准实施者有理由相信，该 SEP 权利人已作出 FRAND 承诺并同意依 FRAND 条款向所有标准实施者授予专利实施许可，因而

① 参见《最高人民法院关于审理侵犯专利权纠纷案件应用法律若干问题的解释（二）》第 24 条第 2、3 款。

FRAND 承诺一经作出即对 SEP 权利人产生法律上的拘束力，构成该权利人的一项义务。[①]

申言之，在以结果为导向的分析框架下的各类研究更注重从已作出的 FRAND 承诺的外在形式与法律效果着手对其性质进行分析，由此产生了诸多学说，在此仅择其中三种主要观点予以评述。[②]

一、要约说

从标准实施者的角度看来，FRAND 承诺由 SEP 权利人向其作出，须其受领，并具有使权利人自身受法律拘束的意愿。该承诺的这些特征聚集在一起，确实散发出浓烈的要约气息。尽管 FRAND 条款之内涵的抽象性导致该承诺仅有原则性规定，尚不具备订立合同的必要条款[③④]，尤其是许可费率的不确定，使 FRAND 承诺有别于要约，但是，我国从《合同法》到《民法典》“合同编”中的鼓励交易原则促使司法解释[⑤]提出，只要能够确定合同的当事人、标的和数量，则即使价款不确定，要约仍应被视为有效。因此，即使无法根据 FRAND 承诺之内容确定许可费率，这一价格条款的缺失仍不能成为否认 FRAND 承诺之要约属性的理由。

然而，从法律效果来看，要约说却有过度限制专利权行使之嫌，不宜采纳。早在 2011 年，荷兰海牙地区法院便于一项判决[⑥]中否认了 FRAND 承诺构成要约的可能。该法院认为：如果承认 FRAND 承诺构成要约，那么标准实施者使用标准的行为即可构成对要约的默示承诺。若允许这种不经谈判便成立许可合同的情况发生，意味着专利权人在向 SSO 披露 SEP 的同时便几乎放弃了对于专利权的行使。从激励理论的角度来看，这对于依赖技术创新来引领产业发展的标准化活动来说，剥夺具有创新激励作用

---

① De Haan T., Un an de jurisprudence en propriété industrielle dans le Benelux, in *Propriété industrielle*, jan. 2012.

② 在本章所列举的三种观点之外，还有学者主张强制缔约说与默示许可说。但由于强制缔约说须以存在法定缔约义务为前提，默示许可说又仅适用于专利权人故意不披露其 SEP 的特定情形，故这两种观点都有其明显局限性，笔者在此不予详述。

③ 我国《合同法》第 14 条将对于要约的要求表述为“内容具体确定”。《民法典》颁布后，该条成为《民法典》第 472 条。

④ 参见马俊驹、余延满：《民法原论》，4 版，17 页，北京，法律出版社，2016。

⑤ 参见《最高人民法院关于适用〈中华人民共和国合同法〉若干问题的解释（二）》第 1 条。

⑥ T. La Haye, 14 oct. 2011, KG ZA 11 - 818.

的专利权无异于釜底抽薪。

二、要约邀请说

FRAND 承诺之内涵的模糊性使之有不具备合同主要条款，因而难以被视为要约的风险，故有观点退而求其次，认为该承诺至少能构成要约邀请。

诚然，从构成要件上看，要约邀请说并无不妥，但就其法律效果而言，要约邀请与要约的最根本区别在于其对发出该邀请的一方当事人并无法律上的拘束力。倘若遵循要约邀请理论，尽管 SEP 权利人作出了 FRAND 承诺，这一承诺却不能对其后续行为产生约束的效果，所谓对许可合同谈判、签订、履行之指导作用便无从谈起。

三、单方法律行为说

实际上，SEP 权利人所负有的产生于 FRAND 承诺的义务具有如下特点：一方面，在 SEP 权利人与标准实施者之间，只有一方当事人作出了意思表示①，并不存在使合同得以成立之合意，而专利权人的意思表示却真实地单方面加重了其负担。另一方面，鉴于标准之开放性，我们无法确定哪些主体将使用标准而成为 SEP 许可合同的潜在当事人，仅在标准实施者得知 SEP 权利人之承诺并要求其履行后，另一方当事人才得以确定，双方方可进入磋商阶段，共商许可合同之条款。这亦是我们将另一方当事人称为潜在被许可人的缘由。简而言之，FRAND 承诺实为 SEP 权利人对潜在被许可人所作出的一项负担行为。

在上述负担行为中，专利权人确有设立、变更民事法律关系的意图，故该行为符合法律行为的构成要件。另外，从 SEP 权利人与潜在被许可人的双方关系来看，这一法律行为由权利人一方作出即成立，但由于其涉及他人的权利义务，须经对方受领方能产生意思表示的法律效果。②③ 据此，不难理解为何有判决④及学者⑤将 FRAND 承诺视为单方法律行为，

---

① SEP 权利人作出的 FRAND 承诺符合意思表示构成中的关于内心意思与外在表示的要求，属于完整的意思表示，笔者在此不作赘述。

② 单方法律行为又细分为需要受领的与无须受领的单方法律行为。

③ 参见朱庆育：《民法总论》，2 版，136 页，北京，北京大学出版社，2016。

④ 参见北京知识产权法院（2015）京知民初字第 1194 号民事判决书。

⑤ 参见李扬：《FRAND 承诺的法律性质及其法律效果》，载《知识产权》，2018（11）。

更明确地说，视为需要受领的单方法律行为。

与一些绝对反对声[①]相左，笔者认为当 FRAND 许可声明由专利权人主动作出时，这类承诺是符合需要受领的单方法律行为之特质的。申言之，当专利权人出于自己的意志，主动表示将依据 FRAND 条款对任何潜在被许可人授予专利实施许可时，需要受领的单方法律行为实则是对这类许可声明之性质的最恰当诠释。但正如前文所述，本章所划定的 FRAND 承诺之范围并不包括这种主动声明的情形。

就本章所讨论的 FRAND 承诺而言，这些承诺为 SEP 权利人应 SSO 之要求而作出，单方法律行为说仅将注意力静态地聚焦在该承诺作出后所产生的法律效果之上，却忽略了这一承诺的债因植根于权利人对 SSO 的某种期待之中。后文中将进一步述及，FRAND 承诺产生之根源并不在权利人，而在体现着 SSO 的意志的 FRAND 条款，SEP 权利人仅处于被动接受地位。FRAND 承诺与权利人主动作出的 FRAND 许可声明在法律效果上的相同并不能抹去二者在产生根源上的不同，这也使 FRAND 承诺区别于单方法律行为，被架构在一个特殊合同之中。

这一观点的进一步阐明有赖于对 FRAND 承诺之作出过程的动态把握，从该承诺的外在法律效果向内在自由意志展开探究，对 FRAND 承诺进行层层剖析。

第三节　以过程为导向的 FRAND 承诺性质分析

一项专利之所以成为 SEP，是因为其所覆盖的技术被纳入某项标准之中，为实施该项标准不可逾越之环节。然而在实践中，由于各个 SSO 并不承担对 SEP 进行检索的义务，专利权人须通过专利信息披露才能使其专利被推定[②]为 SEP。一旦专利权人发现其专利被纳入某项标准制定草案，根据各个 SSO 的专利信息披露制度，该权利人有义务将其所拥有专利的信息或正在审查进程中的专利申请信息告知该 SSO。正是在这一专利

---

① 参见刘影：《论 FRAND 条款的法律性质——以实现 FRAND 条款的目的为导向》，载《电子知识产权》，2017 (6)。

② 之所以使用“推定”一词，是因为专利权人所披露的专利虽被视为 SEP 而被纳入 SSO 的数据库，但其标准必要性并未经实质审查，地位并不稳固，可能被反证所推翻或因专利无效而丧失。

信息披露过程之中，SSO 对专利权人提出了作出 FRAND 承诺的要求。

为规范信息披露与承诺形成的过程，各 SSO 均有专利信息披露的固定形式，其中以表格填写形式最为常见。为了兼顾分析样本的代表性与行文的简洁性，笔者将主要以国际性的标准化组织 ISO 与近些年广泛涉案的欧盟标准化组织 ETSI 为参考范例。[①][②]

在上述两个组织中，专利权人如需进行专利信息披露，应通过 ISO 的"专利声明及许可宣告表"[③] 或 ETSI 的"知识产权许可声明表"[④]（均简称"许可声明表"，下同）进行。两大 SSO 的许可声明表所涵盖的内容基本相同。以 ISO 为例，其许可声明表大致分为五大版块：(1) 专利权人相关信息，指明专利权人，为潜在被许可人提供必要的联系方式。(2) 所涉标准化文件信息，明确许可声明涉及哪一组织的哪一标准化文件。(3) 许可声明，专利权人在此表明其是否同意依 ISO 拟定的 RAND 条款授予许可。(4) 所涉专利信息，包括专利申请状态、所属国家、专利号或专利申请号及专利名称。(5) 专利权人签名。

信息填写完毕，专利权人尚需依 SSO 指示将表格寄还方才完成了一项专利信息披露。专利权人所作出的这一连串动作相叠加，实际上产生了一个意思表示。

一、表格填写：权利人意思表示的作出

从许可声明表的内容分布可以看出，其虽以"许可声明"命名，但明确包括两大组成部分：FRAND 许可声明和专利信息披露。

专利信息披露部分仅起指示作用，只需专利权人据实填写相关信息。许可声明部分却需专利权人作出选择，为使专利权人明确其许可意愿，该部分以单项勾选的形式列出，选项有三：(1) 依据 RAND 条款无偿授予

---

① 选择 ETSI 作为区域化国际组织的代表，是因为根据 IPlytics 2017 年出具的数据报告，全球范围内 70%以上的 SEP 是向 ETSI 披露的，因此 ETSI 在标准化活动中占据重要位置，其文件的参考性较强。

② See IPlytics，EU Landscaping Study on Standard Essential Patents (SEPs)，https://www.iplytics.com/wp-content/uploads/2017/04/Pohlmann_IPlytics_2017_EU-report_landscaping-SEPs.pdf.

③ Patent Statement and Licensing Declaration Form for ITU-T or ITU-R Recommendation / ISO or IEC Deliverable，26 Jun. 2015. 该许可声明表及下文中的《共同知识产权政策》《共同知识产权政策实施准则》均由 ISO、IEC、ITU（包括 ITU-T 及 ITU-R）三大国际标准化组织共同起草。

④ IPR Licensing Declaration Forms，ETSI Rules of Procedure，29 Nov. 2017，version 13.

许可；（2）依据 RAND 条款有偿授予许可；（3）拒绝根据前述要求授予许可。[①] 专利权人须在以上选项中择其一以完成其许可声明，并提供相关信息以准确定位所涉专利，完成披露程序。

信息披露对于许可声明具有补充作用，二者存在于同一表格之上，合为一个意思表示。专利权人在发现其专利可能被纳入某一标准后，若须向该 SSO 披露其专利之存在，则依该 SSO 指引获取表格，根据自身许可意愿在表格上作出选择并附上相关信息，这是将内心意思表露于外的体现。然而容易被忽略的是，在此之前 SSO 已作出一个要约。

二、表格提供：SSO 在先要约的作出

SSO 将预先拟定的许可声明表置于其网站之上，需要披露专利之人依自身意愿下载、填写、寄送的行为，即表示其愿意接受该表格内容之拘束。同时，大多数 SSO 均以许可声明表附加知识产权政策作为补充说明的形式，单方列明了专利权人为其专利取得 SEP 地位所须履行的 FRAND 许可声明义务与专利信息披露义务，使许可声明表具有要约所应具备的具体程度和确定性，实际上使 SSO 提供表格的行为构成向不特定对象的要约。[②]

以 ISO 为例，根据 ISO 许可声明表之规定，若专利权人同意以无偿或有偿方式授予许可，即表示将遵循 ISO 为指导与标准相关的知识产权工作而制定的《共同知识产权政策》。[③] 该知识产权政策第 2 条指出，当专利权人勾选许可声明中前两个选项之一时，意味着该权利人愿意根据 ISO 的 RAND 原则在合理、无歧视的基础上与不特定的相对人进行许可磋商。[④] ETSI 也提出，当专利权人勾选同意授予不可撤回的实施许可之选项时，意味着承诺将遵循 ETSI《知识产权政策》[⑤] 第 6.1 条，基于公平、

---

① 当专利权人选择拒绝授予许可时，SSO 由于需要重新拟定标准，故要求专利权人在该声明中提供以下信息：专利号或专利申请号（对于正在申请中的专利），涉及上述标准化文件的部分，及一份对被上述标准化文件所覆盖的专利所进行的描述。

② 许可声明表的各种特征显示其为格式合同，但在此该合同是否为格式合同与我们对 FRAND 承诺之性质的探讨并不相关，故不赘述。

③ 参见 Common Patent Policy for ITU-T/ITU-R/ISO/IEC（ITU-T、ITU-R、ISO、IEC 共同知识产权政策），2007 年 4 月 18 日版。

④ 参见 Common Patent Policy for ITU-T/ITU-R/ISO/IEC（ITU-T、ITU-R、ISO、IEC 共同知识产权政策），2007 年 4 月 18 日版，第 2.1 条及第 2.2 条。

⑤ 参见 ETSI Intellectual Property Rights Policy，2017 年 11 月 29 日版。

合理、无歧视的要求以无偿或有偿的方式授予实施许可。

由此可见，依上述要约，专利权人除了作出是否许可、如何许可的选择并提供相关专利信息，还需寄送表格，才能使其专利获得 SEP 推定。

三、表格寄送：合同关系产生

正因许可声明表构成 SSO 对有披露 SEP 之需的不特定专利权人之要约，故专利权人前述的一系列行为所组成的意思表示实则成立面向该要约所作出的承诺。除专利权人不愿授予许可的情形外，在其表示愿意依据 FRAND 条款无偿或有偿地授予实施许可的其他任何情况下，根据适用法律不同，自该承诺由权利人寄出或自其到达 SSO 之日起①，即有合同成立于 SSO 与专利权人之间。②

由于 SSO 并不对所披露专利的标准必要性进行审查，故自该合同成立之时起，专利权人所披露的专利即被推定为 SEP。相应地，成为 SEP 权利人的专利权人承担两项给付义务：其一，向 SSO 提供标准所涉 SEP 的相关信息；其二，向任何标准实施者依据 FRAND 条款授予实施许可，即履行 FRAND 承诺。这两项义务相辅相依，不可分离，不仅因为形式上二者存在于同一表格之内，亦因为离开披露信息的 FRAND 承诺将使 SSO 无法定位其所指向的专利，离开 FRAND 承诺的信息披露将因其不完整而不为 SSO 所接纳，而拒绝在信息披露中作出 FRAND 承诺的行为则将导致该专利所覆盖的技术被移出标准。

尽管 SSO 将该表格命名为许可声明表，但就依托该表格而存在的上述合同而言，笔者认为将该合同命名为 SEP 披露合同更为合适。这是因为双方订立合同的主要目的均围绕 SEP 信息披露而存在，专利权人希望通过专利披露取得 SEP 权利人之资格，而 SSO 则希望通过专利披露扫清标准实施中可能存在的专利权障碍。

申言之，作为标准制定者，SSO 不进行生产经营活动，无标准使用之需求，故而不会成为 FRAND 承诺中的“标准实施者”。这就意味着与一

---

① 不同国家法律对于通过信件所作出的意思表示何时生效的规定，主要分为投邮主义与到达主义两种。投邮主义为了合理分配风险，主张在信件寄出，也就是投递人对信件失去控制时意思表示发生效力，而到达主义主张在对方当事人收到信件时意思表示生效。我国采到达主义。

② 学界对于判断合同成立应具备哪些要素尚有争议，本章采通说，即最高人民法院所提出的包括行为人、意思表示和标的的三要素说。参见最高人民法院《关于适用〈中华人民共和国合同法〉若干问题的解释（二）》第1条。

般合同不同的是，SEP 披露合同中的两项给付分别指向不同对象：专利披露义务之履行应面向合同相对人 SSO，但 FRAND 承诺中的义务的履行却通过当事人之间的合意指向合同以外的第三人。FRAND 承诺的存在使 SEP 披露合同被赋予了较强的利他属性，符合为第三人利益合同的基本特征，而 FRAND 承诺作为该合同中不可剥离的一项义务，则是存在于其中的为第三人利益约款之中，居于从属地位。

第四节　SEP 披露合同与 FRAND 承诺的为第三人利益合同架构

对为第三人利益合同的成立与生效要件的规定，不同国家、地区的立法模式不尽相同。[①②] 但究其根本，要成立此类合同仅需满足两个最基本的构成要件：原因关系有效成立，且有为第三人利益约款成立于其上。[③] 被一些学者视为成立要件的第三人直接请求权，在德国等部分国家的立法模式中确实具有构成要件之地位[④⑤]，但笔者认为，在法律无特殊规定的情况下，这一直接请求权实为此类合同所产生的法律效果之一，相关讨论将在后文进行。

一、作为原因关系的 SEP 披露合同

诚然，为第三人利益合同之精髓在于利他的为第三人利益约款，但该约款须建立在存在于缔约人与受约人之间的某一原因关系基础之上。在 FRAND 承诺之中，原因关系无疑表现为存在于 SSO（缔约人）与 SEP 权利人（受约人）之间的基础合同——SEP 披露合同。

依前文分析，该合同在我国法律上已然成立，但这一基础合同的双方当事人中似乎只有 SEP 权利人一方负担义务，二者的权利义务看似失衡，

① 主要包括无权代理模式、直接取得模式、接受模式及折中模式。

② 参见袁正英：《第三人利益合同制度研究》，86～88 页，北京，高等教育出版社，2015。

③ 参见尹田：《论涉他契约——兼评合同法第 64 条、第 65 条之规定》，载《法学研究》，2001（1）。

④ 这一模式被称为直接取得模式，以德国、英国为代表，在该模式中合同成立要件亦为其生效要件。一些学者认为此类合同的有效成立须满足四个要件，即是受这一立法模式的影响。

⑤ 参见王利明：《论第三人利益合同》，载公丕祥主编：《法制现代化研究》，第八卷，南京，南京师范大学出版社，2002。

而在不同国家的法律之下，这种合同权利义务的明显失衡可能对合同关系的成立与否或效力如何产生不同影响。针对这一权利义务的失衡现象，华为公司在其与 Unwired Planet 公司于英国的争诉的一审程序①中即提出，根据法国法②，合同应对当事人双方的权利义务均产生影响，否则合同不成立。若撇开这一案件，试想涉案组织并非 ETSI 而无须适用法国法，英美法系的合同法上亦有对“对价”（consideration）的要求，对价的缺失将影响合同的成立。而我国合同法虽然在合同的成立上无类似要求，但《民法总则》与《合同法》及之后的《民法典》规定的违反公平原则的“显失公平”情形，影响合同之有效性，其构成的客观要件便是给付与对待给付的显然不相称。因此，如若专利权人因 SSO 之要求承担了向标准实施者为给付的义务，而 SSO 未作出相应的对待给付，则 SEP 披露合同就面临不成立或可撤销的风险。

然而，SEP 权利人之给付并非没有对价。以 ETSI 为例，该组织《知识产权指南》③ 第 3.1.2 条规定，在专利权人完成专利信息披露并作出 FRAND 承诺后，SSO 将把专利权人所提供的信息录入或保留在该条所述的 SEP 数据库之中 。这一录入或保留行为实际上成立 SSO 的对待给付。该观点为 Unwired Planet 诉华为案的一审主审法官伯斯（Birss）所采纳。伯斯法官进一步指出，各 SSO 要求进行专利披露的最直接目的就是给标准制定者、使用者提供信息，以提示该 SEP 之存在④，而该提示对于专利权人的根本价值在于使其专利获得 SEP 推定，有利于专利权人在未来顺利行使权利。类似条款同样存在于 ISO 的《知识产权政策》之中。⑤ 此外，ISO 还在该文件第 4.1 条中进一步表明，制作许可声明表格的目的就是给 SEP 信息数据库提供明确的信息。鉴于以上条款，SEP 权利人有理

① See *Unwired Planet International Ltd* v. *Huawei Technologies Co. Ltd*，*Huawei Technologies (UK) Co. Ltd.*，High Court of England and Wales，[2017] EWHC 711 (Pat). 在针对该判决的二审程序中，双方当事人未就一审法院所认定的 FRAND 承诺所依托的合同依法成立这一事实问题提出上诉。

② 该案所涉标准之制定者为 ETSI，根据 ETSI《知识产权政策》第 12 条之规定，因该政策之实施所产生的纠纷适用法国法，故虽然该案审判地为英国，依然适用依据该政策所签订的基础合同中所约定的法律。

③ 参见 ETSI Guide on Intellectual Property Rights，2013 年 9 月 19 日版。

④ See *Unwired Planet International Ltd* v. *Huawei Technologies Co. Ltd*，*Huawei Technologies (UK) Co. Ltd.*，High Court of England and Wales，[2017] EWHC 711 (Pat)，pt. 121.

⑤ 参见 Common Patent Policy for ITU-T/ITU-R/ISO/IEC（ITU-T、ITU-R、ISO、IEC 共同知识产权政策），2007 年 4 月 18 日版，第 6 条。

由期待其所提供的专利信息被SSO纳入数据库内，作为其给付之对价。

需要说明的是，尽管现阶段SSO的对待给付义务相对较轻，几乎仅限于向数据库录入从SEP权利人处被动接收的信息，但至少从欧盟来看，SSO所承担的这一义务之内涵在不久的将来将有大幅增加的趋势。2017年11月，欧盟委员会在其发布的《制定关于标准必要专利的欧盟方法》①中指出，一方面，为了提高存储在SSO数据库中的信息质量并使之更易为标准实施者所获得，欧盟委员会将促使各SSO提高数据库中专利相关信息的更新频率，若某SEP被卷入诉讼，则SSO还应提供所涉案件信息，如案号或在终审案件判决已作出时提供其裁判要点，特别是其中涉及专利之权利有效性、标准必要性的部分②；另一方面，针对可能出现的过度披露现象，也就是将并非标准必要之专利披露为标准必要专利的现象，欧盟委员会提出将引导各SSO逐步加强对披露信息的准确性及专利标准必要性的核实力度，并支持各SSO尝试性地在专利披露环节向专利权人适度收取一定费用，以引导专利权人慎重对待专利披露程序，提高专利披露质量。③

综合上述，SSO之对待给付的存在，使作为SSO与专利权人之间的原因关系的SEP披露合同在各国法律上均得有效成立。

二、作为为第三人利益约款的FRAND承诺

要成立为第三人利益合同，尚需有体现当事人愿使合同外第三人受益之意愿的约定建立于原因关系之上，我们称这一约定为为第三人利益约款。该约款的成立与否涉及第三人能否确定、给付内容可否视为利益这两方面的问题。

（一）FRAND承诺中第三人的确定

就受益主体而言，为第三人利益合同的成立并不要求在订约时第三人已确定，只要为第三人利益约款约定了第三人之确定标准，使其能够得到确定即可。④

---

① 参见European Commission，Setting out the EU approach to Standard Essential Patents，COM（2017）712 final，2017年11月29日版。

② 参见European Commission，Setting out the EU approach to Standard Essential Patents，COM（2017）712 final，2017年11月29日版，第1.2.1条。

③ 参见European Commission，Setting out the EU approach to Standard Essential Patents，COM（2017）712 final，2017年11月29日版，第1.2.2及1.2.3条。

④ 参见王利明：《论第三人利益合同》，载公丕祥主编：《法制现代化研究》，第八卷，南京，南京师范大学出版社，2002。

FRAND 承诺中面向“任何标准实施者”授予许可的要求，使受益主体的范围虽未最终确定但却得到限定，该范围囊括了所涉标准的所有使用者，包括正在实施或未来可能实施标准的一切主体，符合使第三人能够得到确定的要求。

（二）FRAND 承诺中利益的存在

在给付内容层面，为第三人利益合同是对合同相对性之突破，与私法自治原则相悖，因此，法理上对于给付标的有所设限：第三人所受领的给付须为一项利益。反观 FRAND 承诺，受约人 SEP 权利人“依据 FRAND 条款授予许可”的给付内容并非一个实际存在的标的物，而是一个积极作为的行为，要确定这一行为是否对第三人构成利益，尚须具体分析。

解决上述问题的前提，在于弄清这一行为的法律性质及其内容究竟为何。其性质及内容也是后续判断专利权人是否违反 FRAND 承诺的重要标准，因而是厘清 SSO、SEP 权利人与标准实施者三方之间的关系所无法绕开的议题。

1. SEP 权利人所为给付之性质

根据约定，SEP 权利人若为其给付，则须对第三人授予许可。然而，“授予”一词是否意味着专利权人必须与标准实施者签订许可合同，抑或仅须为达成许可合同作出最大努力？

为捕捉“授予”一词的准确含义，回溯各 SSO 的知识产权政策是最直接的解释路径，但这一路径在此似乎并不能为我们提供太多帮助。例如，ETSI 在其《知识产权政策》中要求专利权人在 FRAND 条款下授予（grant）不可撤回的许可合同①，而 ISO 则仅要求 SEP 权利人与标准实施者磋商（negotiate）合同许可事宜。这就意味着，根据两个 SSO 的不同表述，从义务角度出发，对受约人之义务的法律性质可以作出两种不同解释：结果义务或是行为义务。② 与之相对应，从权利角度出发，对专利权人之权利行使可能有两种不同的影响：完全受限或为公益之需而部分受限。

（1）义务性质层面：结果义务抑或行为义务。

作为违约责任之下的分类，将合同义务分为结果义务与行为义务事实上体现了债务人所负担义务的不同强度。如果说结果义务要求债务人实现

① 参见 ETSI《知识产权政策》第 6.1 条。

② 我国学者对于行为义务（亦称手段义务）与结果义务的解读，可参见叶名怡：《违约与侵权竞合实益之反思》，载《法学家》，2015（3）。

债权人所预期的某特定结果，那么行为义务则仅要求债务人采取适当手段，尽其勤勉义务，至于是否达到某一既定目标在所不问。进行这一区分的意义在于：若某项义务未得到履行，违反结果义务的违约责任为严格责任，无须债权人证明债务人之过错；而对违反行为义务的债务人则适用过错责任，债权人将对债务人之过错承担举证不利的败诉风险。[①]

应用到 FRAND 承诺中，此分类意味着尽管 SEP 权利人需要依据 FRAND 条款向第三人授予许可，但对其义务之性质采用不同的解释方法，会产生截然不同的法律效果。

如果 FRAND 承诺被视为一项行为义务，那么正如 ISO 所要求的一样，该承诺仅需 SEP 权利人依 FRAND 条款尽其所能地与潜在被许可人进行许可磋商，并不以最终达成许可合同作为判断义务得到全面履行之标准。在这种情况下，专利权人只有在磋商过程中违反了勤勉义务，才须承担违约责任。

但若该承诺被赋予结果义务的性质，即无论谈判状况如何，受约人均负担签订一个符合 FRAND 条款的许可合同的给付义务，那么为第三人利益约款所赋予第三人的则是一个必将得到签署的许可合同。这无疑将保证每个标准实施者均获得许可，使标准得到广泛实施。但由此产生的后果并不完全乐观。一方面，由于许可合同必将存在，从谈判之初便阻碍 SEP 权利人行使其专利权，这种“不缔约即违约”的责任形式将大大增加潜在被许可人之于专利权人的谈判筹码，前者只需一再拖延或作出拒绝的意思表示即可单方造成合同流产，致受约人违约。另一方面，FRAND 条款的抽象性留白了合同的主要条款，特别是许可费率条款，这更为潜在被许可人利用其在谈判中的优势地位肆意压低费率提供了便利条件。倘若对 ETSI 许可声明表中的“授予”一词作文意解释，将其置于结果义务之下，SEP 权利人与潜在被许可人之间的利益平衡有时刻被压垮的危险，极易产生专利反向劫持现象。

（2）专利权限制层面：完全受限或部分受限。

解决 SEP 权利人之义务的法律性质问题的实质，在于明确其在“授予”的同时是否有拒绝许可[②]的空间以行使专利权。

---

① See Simler Ph., Classification des obligations, *JurisClasseur Civil Code*, 15 déc. 2017, pt. 21 - 29.

② 本章所称的拒绝许可除明示的拒绝许可之外，还包括实质性的拒绝许可行为。后者代指 SEP 权利人虽未明确拒绝，但转而提起专利侵权之诉以获得禁令或迫使被许可人接受不合理高价的情形，仍产生与拒绝许可类似的效果。

这个问题曾长久地困扰着法律实务界。2015 年以前，欧盟范围内对 SEP 权利人的拒绝许可行为有两种相左的处理方式。一方面，以德国联邦最高法院所审理的 Orange-book-standard 案①为代表的一派认为，在一定条件下，SEP 权利人可主张其提起侵权诉讼、要求禁令救济的行为并不必然构成对市场支配地位的滥用②，也就是说，专利权人行使其专利权的行为仅在妨害竞争秩序的情况下，部分受到限制；另一方面，欧盟委员会在其自 2012 年 1 月起对三星公司展开的反垄断调查中指出，在 SEP 权利人已作出 FRAND 承诺且标准实施者已表示其有意就许可合同进行磋商的情形下，专利权人只要寻求禁令即违反竞争法。③ 对于欧盟委员会而言，许可合同的签订乃履行 FRAND 承诺之必然后果，在许可磋商程序启动后，专利权的行使几乎被完全禁止。

为了解决这一分歧，欧洲法院在 2015 年涉及 ETSI 所制标准的华为诉中兴案④中明确了自身在 SEP 权利人权利行使限制程度这一问题上的立场。遵循该判决之要旨，即使 SEP 权利人根据 ETSI 的要求作出了 FRAND 承诺，只要权利人遵循一定的磋商步骤⑤，其寻求禁令救济的行为便不构成对市场支配地位的滥用。⑥ 这就意味着在 FRAND 承诺的框架下，尽管 ETSI 使用“授予”一词，也不必然带来“签订”许可合同的后果，SEP 权利人保留对其专利权行使的空间，其权利仅部分受限而未被剥夺。

这一判决亦从反面确认了在义务层面上，SEP 权利人仅负有依据 FRAND 条款与潜在被许可人以订立许可合同为目的进行磋商的义务，并不必成就达成许可合同的结果，故该义务属行为义务。

2. SEP 权利人所为给付之内容

SEP 权利人所负义务的法律性质决定着其给付内容如何。根据前述分析，既然 FRAND 承诺中受约人之义务为行为义务，那么这一为第三人利

---

① BGH，6 Mai 2009，KZR 39/06，*Orange-book-standard*.

② 参见赵启杉：《竞争法与专利法的交错：德国涉及标准必要专利侵权案件禁令救济规则演变研究》，载《竞争政策研究》，2015（12）。

③ See European Commission，Press Release IP/12/1448，http://europa.eu/rapid/press-release_IP-12-1448_en.htm.

④ See CJEU，16 July 2015，Case C-170/13，*Huawei Technologies Co.Ltd* v. *ZTE Corp.and ZTE Deutschland GmbH*.

⑤ 关于欧洲法院所确定的协商步骤对于受约人与受益第三人之间的权利义务的影响，笔者将在下文详细阐述，此处暂为搁置。

⑥ See CJEU，16 July 2015，Case C-170/13，*Huawei Technologies Co.Ltd* v. *ZTE Corp.and ZTE Deutschland GmbH*，pt.71，pt.77.

益约款所赋予标准实施者的其实是一个与 SEP 权利人根据 FRAND 条款进行磋商的机会。

（1）赋予第三人磋商机会的利他性之争。

对于 FRAND 承诺所赋予标准实施者的以 FRAND 条款为指导进行许可磋商的机会是否有利他属性，是否构成为第三人利益约款中所谓的利益，尚有争议。

有观点认为，即使 SEP 权利人未作出 FRAND 承诺，出于 SEP 的锁定效应，标准实施者仍将以获得许可为目的与该权利人进行磋商，故该磋商机会并不属于利益。这一观点所忽略的是，若 SSO 未将 FRAND 承诺作为专利信息披露的必要条件，许多权利人并不会主动援引 FRAND 条款来约束谈判进程，甚至可能直接拒绝与部分标准实施者进行磋商。易言之，这一磋商机会的实质是 SSO 凭借其优势谈判地位，预先为标准实施者取得了他们在单独磋商机制中不一定能取得的机会及条件。

亦有学者指出，除赋予利益外，FRAND 承诺为潜在被许可人设置了一定负担，这特别体现在其支付许可合同价款的义务上。[①] 同时，我国法院也将遵守 FRAND 条款作为潜在被许可人的一项义务。[②] 这再次对该承诺能否构成为第三人利益约款提出了挑战。而存在这一挑战的深层原因，在于民法上在为第三人利益约款能否在赋予第三人利益的同时使其负担一定义务的问题上本就争议尚存。部分学者认为，第三人不能承担任何义务，若缔约人在赋予第三人利益的同时又为其设置了负担，则负担部分应构成对其的要约，第三人的接受行为即是对该要约的承诺，此时为第三人利益合同消失，代之以新的合同。[③] 依另一些学者之观点，为第三人利益合同可以为第三人取得利益附加一定条件，但这并不意味着该约款可以要求第三人为对待给付。[④] 此外，还有一些学者认为，即使合同在第三人的权利之外又附加了一定的义务，但只要获利远大于负担[⑤]，则不影响该合

---

① See Caron Ch.，L'efficacité des licences dites "FRAND"（ou L'indispensable conciliation entre la normalisation et le droit des brevets d'invention grâce *à* la stipulation pour autrui），*Comm. com. électr*. n° 7－8，juill. 2013，étude 12.

② 参见广东省高级人民法院（2013）粤高法民三终字第 306 号民事判决书，广东省深圳市中级人民法院（2016）粤 03 民初 840 号民事判决书。

③ 参见孙桂林：《第三人利益合同的概念及成就条件》，载《集美大学学报（哲学社会科学版）》，2006（1）。

④ 参见史尚宽：《债法总论》，621～622 页，北京，中国政法大学出版社，2000。

⑤ See Malaurie Ph.，L. Aynès et Ph. Stoffel-Munck，Les obligations，7e éd.，LGDJ-Lextenso éditions，2015，n° 807.

同的为第三人利益属性。尽管如此，各方均不否认的是，当受约人对第三人之给付为纯利益时，必然成立为第三人利益合同。这也是为第三人利益合同作为对合同相对性之突破的最初样貌：仅赋予第三人利益。

（2）与第三人磋商合同下的纯利益。

要厘清上述问题，法国学者在学理上对为第三人利益合同作出的类型化区分能为我们提供有益启发。

根据受约人对受益第三人所负担之债的内容不同，我们通常所说的为第三人利益合同是由缔约人通过约款将自己所拥有的债权赋予第三人，因而被称为设第三人债权合同（Stipulation de créance pour autrui），以区别于为第三人立约合同（Stipulation de contrat pour autrui）。后者代指缔约人向第三人赋予的利益是由受约人所允诺的一个缔约机会的特殊情形，通常能让第三人获得在单独谈判机制中所未必能获得的缔约机会与条件。[①] 不过法国学者的分类并未止步于此，因为他们发现，尽管一些合同会为第三人详细确定缔约内容，有的却仅满足于对合同的订立作出一些原则性规定，给未来合同的当事人留出协商空间。面对这一可能，根据即将订立的合同是否内容确定、是否仍需磋商，法国学者又在为第三人立约合同下将受约人的义务分为单纯的缔约义务（Promesse de contracter，指合同条款明确，仅需第三人接受即成立的情形）与以缔约为目的的磋商义务（Promesse de négocier）。[②] 法国学者虽对这两种合同作出区分，但并未根据义务不同为其分别命名。出于行文便利之考量，笔者暂将包含这两种不同义务的为第三人利益合同分别称为与第三人缔约合同和与第三人磋商合同。

从分析第三人权利义务变化的视角将与第三人磋商合同单独列出的意义在于，在为第三人利益合同之中仅有此类合同在任何情况下均不会对受益第三人施加负担。对于设第三人债权合同来说，若合同有偿，其中的为第三人利益约款可能要求第三人承担支付对价的义务；至于与第三人缔约合同，由于合同具体条款已经确定，第三人对于为第三人利益约款的接受，实际上是对一个合同的接受，也就意味着接受了一个权利与义务的集合体，必然有负担附于其中。然而在与第三人磋商合同中，缔约人仅对合

① See Martin D., La stipulation de contrat pour autrui, in *D.*, 1994.

② See Mignot M., Fasc. unique : Effets du contrat *à* l'égard des tiers-Stipulation pour autrui, *JurisClasseur Civil Code*, pt. 84 - 89.

同作出了原则性要求，即使第三人表示接受，仍不能单凭此行为便使许可合同成立于受约人与第三人之间。质言之，第三人的接受行为仅仅撬动了许可磋商之门，其中的权利、义务仍将由受约人与第三人共同规划。因此，第三人对约款的接受行为仅对磋商进程有启动作用，并不对第三人附加任何义务。

遵循以上思路，FRAND 承诺以提供磋商机会为内容，实际上将 SSO、潜在被许可人与 SEP 权利人三方之间的关系归入为第三人利益合同之细分下的与第三人磋商合同，即 SEP 披露合同；又因该合同仅为订立 FRAND 许可合同提供原则性指导，使后者不经磋商无法成立，故 FRAND 承诺本身无法对潜在被许可人附加任何义务。也就是说，FRAND 承诺赋予潜在被许可人的实为一项无任何负担的纯利益，不构成对私法自治原则的违反，亦不对为第三人利益合同的成立形成阻碍。FRAND 承诺得成立为第三人利益约款。

三、SEP 披露合同与 FRAND 承诺之主从关系

为了厘清为第三人利益合同中的“组织体法律关系”①，学界通常认为，在一般意义上的为第三人利益合同（设第三人债权合同）中，基础合同与为第三人利益约款之间有着主、从合同的相互关系，这不仅要求两个法律行为之间存在主从关系，更要求两个法律行为本身均为合同。因此，这一理论在 SEP 披露合同这一与第三人磋商合同之中成立与否尚需探讨。

（一）驳主、从合同论

之所以讨论 SEP 披露合同与 FRAND 承诺之间的相互关系，是因为存在将 FRAND 承诺本身认定为为第三人利益合同的主合同，而将在该承诺指导下所订立的 FRAND 许可合同认定为从合同的观点。②

1. 主、从合同论之悖

根据主、从合同理论，有学者将 FRAND 承诺本身认定为一个为第三人利益合同，并认为 FRAND 承诺即是存在于 SSO 与 SEP 权利人之间的主合同。根据这一合同，SEP 权利人负担与潜在被许可人缔约的义务，而

① 袁正英：《第三人利益合同制度研究》，20～21 页，北京，高等教育出版社，2015。

② 该观点亦为部分国内学者所采纳，可参见徐颖颖：《标准必要专利权人 FRAND 许可声明的法律关系研究——以欧洲通信标准协会的规定为例》，载《电子知识产权》，2017 (11)。

履行这一缔约义务所订立的FRAND许可合同即为该为第三人利益合同所赋予第三人的利益，成立FRAND承诺的从合同。

笔者虽赞同其所使用的对为第三人利益合同的整体分析框架，却认为其剖析路径有待商榷。该观点将FRAND承诺本身看作为第三人利益合同，实际上是将这一为第三人利益约款看作该合同的主要条款或唯一条款，这本身就忽略了SEP权利人的专利信息披露义务与FRAND承诺之间的不可分割性。

即使承认上述前提，该观点仍有其缺陷。若两个法律行为存在主从关系，则从法律行为须依赖主法律行为而产生，且其命运也应随主法律行为的变化而变化，主法律行为之无效亦将带来从法律行为之无效。而在FRAND承诺中，即使FRAND许可确实依赖FRAND承诺而产生，其效力却与FRAND承诺之效力是完全割裂的，因此不满足主、从合同之特征。

2. 主、从合同论的理论误区

上述缺陷产生之直接原因在于忽略了FRAND许可之产生尚需双方当事人进行磋商，而究其根源，实乃未厘清设第三人债权合同和为第三人立约合同中第三人之债权的来源有着根本区别所致。

在设第三人债权合同之中，缔约人借助为第三人利益约款将本是向自己作出且应向自己履行的债权外化，将其履行利益赋予第三人，因此，为第三人利益约款中的债权来源于缔约人原本享有的内容具体、确定的债权，自该约款订立之时起从合同即成立，第三人接受的意思表示仅产生使该从合同生效以巩固第三人权利的法律效果。在这种情形中，主、从合同的理论得以适用。

对于为第三人立约合同（包括与第三人缔约合同和与第三人磋商合同）而言，基础合同与为第三人利益约款之间仍有主从关系，但区别于设第三人债权合同的是，其约款中的债权虽由缔约人所订立，缔约人却不享有也无意享有之，故该债权自始至终都直接属于第三人——债的设立与履行自始分离。我们可以说，该债权完全由缔约人为第三人所定制，以使第三人获得在单独谈判机制中无法获得的磋商机会与缔约条件。① 这种约款在实践中十分常见，例如公司为员工谋福利，与某咖啡厅约定所有本公司

① See Malaurie Ph., L. Aynès et Ph. Stoffel-Munck, Les obligations, 7e éd., LGDJ-Lextenso éditions, 2015, n° 807.

员工购买咖啡均得享受半价优惠即足以成立与第三人缔约合同，对于公司这一法人来说，其本身并无意享用咖啡。在 FRAND 承诺的语境之下，SSO 实际上根本无须适用其本身所制定的标准，无取得许可合同之必要，FRAND 承诺所赋予的磋商机会对其没有任何直接价值。FRAND 承诺实际上通过 SSO 身为标准制定者的力量，让潜在被许可人顺利进入与 SEP 权利人的磋商阶段并得援引本可能无法援引的 FRAND 条款。

质言之，在为第三人立约合同中，为第三人利益约款在第三人接受之前仅有受约人的单方意思表示，不构成合同。第三人的意思表示不再起巩固作用，而起设权作用，使第三人得直接要求受约人向其为给付，提供进行磋商或缔约的机会。而为第三人利益约款效力之所能及应止于该给付的全面履行，也就是说，履行该给付所缔结的合同一经成立，由磋商机会所带来的缔约过程即宣告结束，第三人产生于为第三人立约合同之债权消灭。因此，产生的新合同完全独立于为第三人立约合同，与其并无从属关系。

综合上述，一方面，根据前文论证的 FRAND 承诺与 SEP 信息披露义务的紧密联系，FRAND 承诺必须依赖于 SEP 披露合同而存在，该承诺无法独立成立为第三人利益合同，故主、从合同论之前提不成立。另一方面，即使以 FRAND 承诺本身作为为第三人利益合同，这一合同也无法逃脱其为第三人立约合同的本质属性，因此，FRAND 许可自其产生便独立于该承诺而存在，而非 FRAND 承诺之从合同，故主、从合同论之结论亦不成立。

（二）立主、从法律行为论

如果说 FRAND 承诺依赖于 SEP 披露合同这一原因关系而存在，又具有利他属性，那么这一承诺无疑符合为第三人利益约款的基本样貌。既然主、从合同关系理论已被驳斥，对其法律性质又应作何解释？

根据上文对为第三人立约合同的分析，FRAND 许可合同在受约人（SEP 权利人）与第三人（标准实施者）磋商之后方才成立，此时与 SEP 披露合同这一基础合同同时存在的，只有 SEP 权利人的 FRAND 承诺这一个意思表示。不过，该意思表示一经作出即对受约人具有拘束力，只要第三人表示接受，即产生可请求给付（要求权利人提供 FRAND 许可磋商机会）的效力。通过上述特征可以推知，在为第三人立约合同的框架之下，FRAND 承诺属于法律行为，并且是一个特殊的单方允诺。

强调“特殊”一词，意在明确该法律行为因其之于基础合同的从属性而并非一个真正意义上的单方允诺。[①][②] 正是这一从属性导致原因关系中双方当事人的意志对其均有影响：FRAND 承诺虽由 SEP 权利人作出，其内容却完全由 SSO 的单方意志所确定，权利人在此作为允诺人仅处于被动接受地位。关于这一点可从该允诺之形成及其利他属性分别进行论证。

就该允诺之形成而言，与一般单方允诺产生于允诺人单方意志的状况所不同的是，此处的允诺同时处在一个为第三人利益合同中，因而可被分为两个部分：作为允诺人，SEP 权利人所作出的愿意给予磋商机会的意思表示确实增加了自身负担，是其给付义务的直接来源；而作为受约人，SEP 权利人之意思表示的全部内容，包括赋予第三人利益、限定第三人范围、对 FRAND 条款的遵守等，都是由缔约人 SSO 单方决定的，受约人意思表示之内容实则从根本上来源于缔约人的意志。

就该允诺之利他属性而言，由于单方允诺亦构成私权自治原则之例外，故允诺人须具有为他人设置利益的意愿。在 FRAND 承诺这一特殊的单方允诺中，SEP 权利人作为允诺人，其直接目的仅为使其专利成为 SEP，这一目的是完全利己的。而根据上文分析，该允诺作为为第三人利益约款又确实是纯粹赋予标准实施者利益的，究其利他性之来源，实则完全来自缔约人 SSO。SSO 通过对允诺内容的控制，使所有标准实施者均有机会在 FRAND 条款下顺利取得许可，保障标准顺利实施，实现社会公共利益。

质言之，FRAND 承诺不能被定义为一般单方法律行为的原因植根于其所依赖的为第三人利益合同。有了缔约人与受约人双方意愿的结合，方才形成了受约人的完整意思表示，使之既近似于单方允诺，又区别于单方允诺。[③]

由此可以说，FRAND 承诺作为 SEP 披露合同中的为第三人利益约款，不构成合同，而属于一个特殊的单方允诺，依赖 SEP 披露合同而存在，两者呈现出从法律行为与主法律行为的相互关系。

这也就解释了为何欧洲法院在上述华为诉中兴案中将 SEP 权利人违反其 FRAND 承诺的行为界定为侵犯了“第三人的信赖利益”[④] 而非其债

---

① 单方允诺指以允诺人承担给付义务为内容的单方法律行为，其构成、效力并非本章重点，在此不予详述。

② 参见徐涤宇、黄美玲：《单方允诺的效力根据》，载《中国社会科学》，2013 (4)。

③ 参见李和平：《论民法对单方法律行为的控制》，载《法学杂志》，2012 (8)。

④ CJEU，16 July 2015，Case C-170/13，*Huawei Technologies Co. Ltd* v. *ZTE Corp. and ZTE Deutschland GmbH*，pt. 53.

权。一旦受益第三人的信赖利益被辜负，如何救济便涉及为第三人利益约款的效力问题。

第五节　FRAND 承诺的为第三人利益约款效力

明确 FRAND 承诺的法律性质何如，与 FRAND 许可有何关系，根本目的在于适用建立于其上的法律制度，以期更好地维护所涉各方的既得利益。

我们将看到，FRAND 承诺赋予第三人直接请求权，FRAND 许可又以其先合同义务为第三人提供信赖利益保护，二者的共同作用使我们得以民法的力量弥补专利法、反垄断法效力之不足。在司法层面，欧洲法院在华为诉中兴案中对磋商过程的规范，亦弱化了 FRAND 条款的模糊性给磋商过程带来的不确定性。

一、基于 FRAND 承诺的直接请求权

德国、法国等大多数大陆法系国家均明确规定，自为第三人利益合同成立之时，第三人即取得面向受约人的直接请求权。直接请求权对于第三人而言意义重大，它使第三人完整地取得了缔约人之于受约人的权利：在合同履行过程中，得直接请求受约人向其履行约定义务；在合同履行不当时，得以自身名义寻求受约人对其违约责任之承担。缔约人保留这一请求权的残余部分，仅可要求受约人向第三人履行义务。

（一）我国《民法典》往直接请求权迈出一步

虽然为第三人利益合同已为多数国家所认可，但在我国，从《合同法》到《民法典》，关于直接请求权的规定有个渐进过程。在我国《合同法》之框架下，针对该法第 64 条①是否属于对为第三人利益合同的一般性规定，能否产生使受益第三人取得直接请求权的法律效果，学界颇有争议。

产生争议的主要缘由在于上述条文未明确赋予第三人直接请求权。据此，有观点认为《合同法》仅确立了不真正的为第三人利益合同，实则为

① 我国《合同法》第 64 条规定："当事人约定由债务人向第三人履行债务的，债务人未向第三人履行债务或者履行债务不符合约定，应当向债权人承担违约责任。"

"经由被指令而为交付"[①] 这种特殊的合同履行方式。

尽管如此，亦有学者指出，将赋予第三人面向债务人的直接请求权作为判断某一合同是否属于为第三人利益合同的标准的做法，有过度依赖他国民法的既成规定作茧自缚之嫌，忽略了为第三人利益合同的核心特质是使法律行为以外的第三人获得利益。[②] 并且，《合同法》虽未明确规定第三人的直接请求权，但并不妨碍此类合同在我国法律上的有效性，亦不妨碍当事人在基础合同中约定赋予第三人直接请求权以成立大陆法系中所谓的真正的为第三人利益合同。[③]《民法典》颁布后，《合同法》第 64 条成为《民法典》第 522 条第 1 款。同时《民法典》在本条增加了第 2 款："法律规定或者当事人约定第三人可以直接请求债务人向其履行债务，第三人未在合理期限内明确拒绝，债务人未向第三人履行债务或者履行债务不符合约定的，第三人可以请求债务人承担违约责任；债务人对债权人的抗辩，可以向第三人主张。"很显然，《民法典》的这一款的增设，使我国对为第三人利益合同的规定往第三人取得直接请求权迈出了宝贵的一步。笔者认为，尽管法律未径行规定第三人的直接请求权，只要当事人有使第三人取得该权利的意愿，亦得使后者享有真正的为第三人利益合同所带来的利益。

（二）SEP 披露合同中直接请求权之赋予与确定

在 SEP 披露合同这一为第三人利益合同中，并无条款明示当事人是否赋予受益第三人直接请求权，然而这并不代表 SSO 与 SEP 权利人没有赋予潜在被许可人直接请求权的意愿。

1. 直接请求权之赋予意愿溯源

在一般情况下，当合同对某事项未进行约定或约定不明时，应遵循合同目的解释，探知当事人的真实意图。在直接请求权赋予问题上，《德国民法典》即持此观点。该法典第 328 条第 2 项规定，在为第三人利益合同欠缺有关第三人直接请求权之约定时，宜根据合同目的判断当事人意图以确定之。[④] 这便要求我们回归 SEP 披露合同本身，从当事人的约定中推断

---

① 尹田：《论涉他契约——兼评合同法第 64 条、第 65 条之规定》，载《法学研究》，2001 (1)。

② 参见崔建远：《为第三人利益合同的规格论——以我国〈合同法〉第 64 条的规定为中心》，载《政治与法律》，2008 (1)。

③ 参见李和平：《论民法对单方法律行为的控制》，载《法学杂志》，2012 (8)。

④ 参见袁正英：《第三人利益合同制度研究》，29～30 页，北京，高等教育出版社，2015。

其本意。

如前文所述，由于 FRAND 承诺的利他属性完全来源于 SSO 的单方意志，故此处我们只需探寻 SSO 是否有赋予标准实施者直接请求权的意愿即可。

针对 FRAND 许可谈判，ISO 在其许可声明表中指出，为达成专利实施许可而进行的谈判应在专利权人与标准实施者之间根据双方自身意志进行①，SSO 不参与其中。在这一问题上，ETSI 采相同立场并对其动机进行了进一步阐明。在 ETSI《知识产权指南》第 4.1 条中该组织表示，由于 SSO 属于技术实体，若在其组织内部处理许可谈判及具体许可条款之拟定等非技术问题，只会使标准制定过程变得更为复杂、冗长，偏离标准制定之初衷。

根据上述规定不难发现，SSO 作为标准制定者，十分清楚自身并非商业、法律方面的专家，而仅专注于技术领域。这些组织明确将自己置于 FRAND 许可磋商、条款订立之外，目的在于明示其对于与标准制定、程序运作无关的法律问题均无意参与。这些组织制定知识产权政策之目的仅在于“为标准制定过程创造便利条件”②，要求 SEP 权利人作出 FRAND 承诺的意义也仅在于扫清标准制定、使用中的障碍，而不在于通过这一承诺为自己创制任何权利。

诚然，根据合同相对性原则，SSO 作为原因关系中的债权设定者，在没有约定的情况下，无疑仅由其享有面向 SEP 专利权人的请求权。但该请求权的行使仅对标准实施者之权利义务产生影响，属基础合同法律效力之范畴，只要 FRAND 条款得以顺利实施即于标准制定无碍。由此可知，SSO 主动参与为第三人利益合同的目的，仅在于引导许可谈判进程，以 FRAND 条款约束 SEP 权利人的缔约行为；而 SSO 拒绝参与许可谈判之意图，就在于让专利权人与标准实施者自行处理双方的权利义务。据此可以推断，SSO 尽管拥有请求权却全无行使之意愿，其将请求权赋予潜在被许可人的意图昭然若揭。

因此，即使在我国法律未径行赋予为第三人利益合同中的受益第三人直接请求权的情况下，FRAND 承诺中的标准实施者作为第三人仍然能够

---

① 参见 Common Patent Policy for ITU-T/ITU-R/ISO/IEC（ITU-T、ITU-R、ISO、IEC 共同知识产权政策），2007 年 4 月 18 日版，第 2.1 条及第 2.2 条。

② ETSI Guide on Intellectual Property Rights，2013 年 9 月 19 日版，第 1.1 条。

依原因关系当事人之意志取得直接请求权。

2. 潜在被许可人直接请求权的确定

通说认为，遵循私法自治原则，即使为第三人利益约款赋予受益第三人的是纯利益，尚需第三人表示其有意享受合同所赋予利益，其对该利益的直接请求权才得以确定。这一接受的意思表示无任何特定形式，明示、默示均可。[①] 在 FRAND 承诺中若采此观点，就意味着潜在被许可人除可明确要求进入 FRAND 许可磋商外，亦可以通过专利实施行为对该利益进行默示接受，潜在被许可人的直接请求权已然蕴含其中。

但在欧盟的华为诉中兴案中，欧洲法院在这一问题上提出了相反观点。欧洲法院首先对 SEP 权利人提出了要求，要求权利人主动向侵权的标准实施者告知其 SEP 的存在，随后又要求侵权人表明其有意订立许可，即明示其有接受为第三人利益合同所赋予之利益的意愿。[②] 也就是说，直接实施 SEP 并不被视为对合同利益的接受，这一接受须以明示的方式作出以享有直接请求权，且标准实施者有两次明示其意愿的可能：其一，同一般专利许可一样，于实施 SEP 前主动请求缔结 FRAND 许可合同；其二，若已经实施了 SEP，则在收到权利人的警告后及时表示有意缔约。这也从另一方面表明，在未取得实施许可的情况下，实施 SEP 的行为并不必然导致被认定侵权的后果。

实际上，欧洲法院所作出的这种安排是由标准之特点所决定的。由于每个标准中通常都包含大量的 SEP[③]，标准实施者很难逐个考察所涉 SEP 是否具有标准必要性[④]，并且若要求实施者在标准实施前与每个 SEP 权利人均进行许可谈判，意味着实施者将为标准实施的前期准备工作作出巨大投入，这将使标准之实施化为泡影。[⑤]

二、FRAND 承诺之履行：许可磋商的进行与救济

当作为第三人的标准实施者请求 SEP 权利人向其给付为第三人利益合同所约定的利益时，即要求提供在 FRAND 条款下进行许可磋商的机会

---

① 参见史尚宽：《债法总论》，622 页，北京，中国政法大学出版社，2000。

② See CJEU, 16 July 2015, Case C-170/13, *Huawei Technologies Co. Ltd* v. *ZTE Corp. and ZTE Deutschland GmbH*, pt. 61, pt. 63.

③ 在欧盟的华为诉中兴案中，所涉标准“long term evolution”即包含 4 699 个 SEP。

④ See CJEU, 16 July 2015, Case C-170/13, *Huawei Technologies Co. Ltd* v. *ZTE Corp. and ZTE Deutschland GmbH*, pt. 62.

⑤ See CJEU, 16 July 2015, Case C-170/13, Opinion of Advocate General, n. 53.

时，FRAND 许可磋商程序便启动了。FRAND 条款为当事人磋商提供指导，并在必要时与 FRAND 许可所延伸出的先合同义务相结合，对当事人予以救济。

（一）FRAND 许可磋商中当事人义务的确定

在最理想的状况下，SEP 权利人与潜在被许可人均遵守 FRAND 条款，并在许可费率上达成共识，FRAND 许可合同得以顺利缔结。在这一过程中，当事人双方均负有义务。

1. FRAND 承诺与 FRAND 许可的双重效力

乍看之下，若潜在被许可人亦须遵循 FRAND 条款，则与前文所提出的 FRAND 承诺仅赋予第三人纯利益的观点相悖，有使其负担之嫌，实则不然。

事实上，潜在被许可人在磋商过程中对 FRAND 条款的遵循义务并不来源于为第三人利益合同，而来源于尚未产生的 FRAND 许可。质言之，FRAND 承诺中债的特殊性决定了，此处对为第三人利益合同之履行就是对 FRAND 许可合同之准备。因此，一旦进入许可合同磋商阶段，便有两个合同共同作用于 SEP 权利人与潜在被许可人：一方面，基于已生效的为第三人利益合同，SEP 权利人作为受约人有义务遵循 FRAND 条款，与作为第三人的潜在被许可人进行磋商；另一方面，基于尚处于准备阶段的 FRAND 许可，SEP 权利人与潜在被许可人作为具有特殊对待关系的谈判双方，均应本着诚实信用原则遵守其先合同义务。

民法设置先合同义务的目的之一就在于保护在合同准备过程中将自身利益不断暴露给对方的一方当事人，防止其法益受到损害①，因此，在得知相对人有遵守 FRAND 条款之义务后，潜在被许可人若遵循诚实信用原则，则亦应遵循包含 FRAND 内容在内的先合同义务进行磋商，否则，在明知对方有义务须遵循时仍提出与之相悖之要求，则有恶意磋商之嫌。

至此我们可以说，潜在被许可人遵守 FRAND 条款的要求，源于前置于许可合同磋商阶段的先合同义务，出于为第三人利益合同与 FRAND 许可的共同要求。

2. 当事人义务在判例中的确定

从判例层面来看，既不同于德国联邦最高法院在前述 Orange-book-standard 案中对于标准实施者之善意的较高要求，如作出先行提出要约、

① 参见王洪亮：《债法总论》，24 页，北京，北京大学出版社，2016。

预先履行合同义务等特定行为，又不同于欧盟委员会在针对摩托罗拉公司的反垄断调查[①]中仅要求标准实施者抱有订立 FRAND 许可合同之意愿的较低善意要求，欧洲法院在华为诉中兴案中对于许可合同磋商步骤所作出的具体安排，从实践层面极好地诠释了谈判双方应如何履行其 FRAND 义务以展现其善意。

根据欧洲法院在华为诉中兴案的判决，当潜在被许可人表示其有意缔结 FRAND 许可合同后，SEP 权利人须向潜在被许可人提出符合 FRAND 条件的要约，而后者应根据善意原则对要约作出回应，避免任何形式的拖延。[②] 此时潜在被许可人仅处于被要约状态，尽其必要注意义务即为保持善意。

但是，一旦潜在被许可人对专利权人的要约表示拒绝，则须“以书面形式及时作出符合 FRAND 条款的反要约”[③]。如果说要求要约以书面形式作出是出于交易安全与证据提供方面的考量，那么“及时”与“符合 FRAND 条款”则是潜在被许可人履行其先合同义务的必然要求，是诚实信用原则与为第三人利益合同相结合的产物。不仅如此，在潜在被许可人于拒绝专利权人的要约前已经实施了 SEP 所覆盖的专利技术的情况下，自其拒绝要约时起，还需根据普遍认可的商业惯例提供适当担保。[④]

实际上，依据先合同义务，即使司法层面未对磋商进行细致指导，采取及时回应、避免拖延、提供担保等措施也是一个善意相对人在以订立合同为目的的接触中所理应负担的义务。欧洲法院所做的，只是将这些“理应”存在的磋商步骤以判例的形式固定下来，以指导后续谈判。

（二）FRAND 许可磋商中当事人义务的违反

从近年来大量出现的 SEP 诉讼可以看出，为订立 FRAND 许可合同所进行的磋商并不是总能顺利进行。当然，善意当事人对合同的部分条款意见相左而影响谈判效率的情形并不罕见，此时当事人仍可以参照华为诉

---

① See European Commission, Press Release IP/13/406, http://europa.eu/rapid/press-release_IP-13-406_en.htm; European Commission, Memo/13/403, http://europa.eu/rapid/press-release_MEMO-13-403_en.htm.

② See CJEU, 16 July 2015, Case C-170/13, *Huawei Technologies Co. Ltd* v. *ZTE Corp. and ZTE Deutschland GmbH*, pt. 62, pt. 63.

③ CJEU, 16 July 2015, Case C-170/13, *Huawei Technologies Co. Ltd* v. *ZTE Corp. and ZTE Deutschland GmbH*, pt. 66.

④ See CJEU, 16 July 2015, Case C-170/13, *Huawei Technologies Co. Ltd* v. *ZTE Corp. and ZTE Deutschland GmbH*, pt. 67.

中兴案的磋商要求展现其善意之姿。在经过一轮要约、反要约后，即使双方不能就 FRAND 许可的具体实施细节达成一致，仍然可以经协商一致选择求助于某独立第三方以确定 FRAND 费率①，如此，当事人双方依然践行了诚实信用之原则，不构成对 FRAND 条款的违反。

但更多的时候我们发现，谈判陷入僵局往往源于双方当事人中某一方的恶意。当下，面对这种恶意，当事人几乎均直接诉诸专利法与反垄断法。这两种特别法上的救济方式手段有限却又威力较大，源于专利法的禁令救济能给被诉侵权人造成巨大经济损失，反垄断法的制裁又可以直接阻断专利权的行使，这导致两法愈加成为跨国公司专利战之工具。相反，有正当理由拒绝许可的 SEP 权利人仍有被诉滥用市场支配地位的风险，而真正希望取得 FRAND 许可的标准实施者却可能受救济手段、举证能力之限而无法得到恰当救济。

正因为如此，认清 FRAND 承诺的为第三人利益约款属性，有助于借助民法的力量限制反垄断法这一公法在私法领域的工具化使用，帮助 SEP 权利人找到其专利权正确行使的范围而不被完全架空，同时使法益受到损害的当事人得到合理救济。

1. *以民法兜底专利法以应对第三人之恶意*

由于为第三人利益合同要求 SEP 权利人基于 FRAND 条款进行磋商，潜在被许可人可能利用这一义务的拘束力，消极拒绝、延误磋商进程，避免达成许可合同，以期尽可能拖延许可费的支付，达到无偿使用专利的目的。这些行为通常被称为专利反向劫持。实践中，SEP 权利人通常以专利法为武器诉其侵权以寻求禁令，但倘若标准实施者主张其有订立许可合同的意愿，则很多时候难以从专利法上对其行为进行规制。

然而若回归民法，基于 FRAND 许可谈判，潜在被许可人的这些行为无非是违反了其先合同义务，均可被归入我国《民法典》第 500 条所规定的在订立合同过程中所禁止的假借订立合同恶意磋商，或者单方中断缔约致使合同无法缔结等未尽必要注意义务、违反诚实信用原则的行为之内。

鉴于有双重合同关系作用于 SEP 权利人与潜在被许可人的磋商过程，潜在被许可人对先合同义务的违反所带来的后果亦是双重的。

一方面，从 FRAND 许可的角度来看，当潜在被许可人违反其在磋商过

---

① See CJEU, 16 July 2015, Case C－170/13, *Huawei Technologies Co. Ltd* v. *ZTE Corp. and ZTE Deutschland GmbH*, pt. 68.

程中所应遵循的先合同义务时，SEP 权利人可能已经产生了一定的缔约费用。对于这一行为所带来的损失，SEP 权利人可基于其信赖利益寻求损害赔偿。当然，在此情形之下 SEP 权利人尚需证明存在潜在被许可人对先合同义务的违反行为、可归责于潜在被许可人的过错以及自身因此所承受的损失。

另一方面，从 SEP 披露合同的角度来看，FRAND 承诺中 SEP 权利人的义务属于行为义务，一旦潜在被许可人蓄意拖延、作出与 FRAND 条款完全相左的反要约等行为，对 SEP 权利人履行其 FRAND 承诺产生阻碍，成为无法继续 FRAND 许可磋商的直接原因时，SEP 权利人便从其义务中解脱出来，而得行使原本被 FRAND 条款所束缚的专利权，以潜在被许可人之恶意为正当理由拒绝授予许可。此外，对已实施专利的标准实施者，SEP 权利人可提起专利侵权之诉，要求停止侵权、召回侵权产品或寻求损害赔偿，而无须有竞争法上的后顾之忧。

在此，民法发挥了其对专利法的兜底作用。专利权作为知识产权的一种，本属私权，应以私法作为对其调整与规范的基础。也就是说，根据一般法与特别法的关系，在作为特别法的专利法没有规定时，应以民法为基础对专利权进行保护。①

2. *以民法补充反垄断法以制裁受约人之恶意*

一旦进入合同磋商阶段，受约人 SEP 权利人也可能违反 FRAND 承诺，利用其基于标准所取得的锁定效应及市场控制力对一些竞争者拒绝许可，或以侵权之诉迫使相对人接受高额的许可费用。SEP 权利人的这些行为违反了其订立的为第三人利益合同，违背 FRAND 承诺之初衷，损害潜在被许可人的利益，产生专利劫持现象，在某些情况下亦有扰乱竞争秩序之虞。与前文所述 SEP 权利人有正当理由拒绝许可之情形不同，在专利劫持中，SEP 权利人漠视诚实信用原则，具有恶意。

欧盟范围内，知识产权领域滥用市场支配地位的案例众多，足以在反垄断层面搭建起对于专利劫持现象的法律评价体系。自 Magill 案②与 IMS Health 案③开始，当年的欧共体法院④即认定当涉案知识产权构成必要设

① 参见李扬：《重塑以民法为核心的整体性知识产权法》，载《法商研究》，2006（6）。

② See CJEC，6 Apr. 1995，Joined Cases C - 241/91 P and C - 242/91 P，*RTE and ITP* v. *Commission*.

③ See CJEC，29 Apr. 2004，Case C - 418/01，*IMS Health*.

④ 在《里斯本条约》于 2009 年 12 月 1 日生效之前，如今的欧洲法院（European Court of Justice）曾一度保留着欧洲共同体法院（Court of Justice of the European Communities）的名称。

施时，权利人拒绝许可或作出可视为实质拒绝许可的行为，即可构成对市场支配地位的滥用。在 ITT Promedia 案[①]中欧洲法院又指出，当专利权人以给潜在被许可人施压、扰乱市场竞争秩序为目的提起专利侵权之诉时，提起该诉讼的行为即可被认定为滥用市场支配地位。此外，针对 FRAND 许可磋商阶段可能出现的反竞争行为，借华为诉中兴案，欧洲法院较为详细地列举出了专利权人积极作为即不构成滥用市场支配地位的情形。欧洲法院实际上从反面指出，在所列举的情形下专利权人倘若不作为或作为不符合要求，即可被认定为滥用市场支配地位，具体包括专利权人未作出侵权警告、未提出 FRAND 要约或所提出的要约不符合 FRAND 条款等情形。

不过，即使在这些判例的指导之下，反垄断法亦无法在出现专利劫持问题时为权益受到侵害的潜在被许可人提供全面救济。究其原因有二。

其一，从反垄断法的立法目的来看，为了维护公正的市场竞争环境，反垄断法所保护的法益乃是竞争秩序，但专利劫持行为并不一定对市场竞争秩序造成影响，从而架空反垄断法之适用基础。这是因为从滥用市场支配地位的角度来看，随着对相关市场的界定方式从静态分析到动态分析不断演进变化，对于知识产权权利人是否拥有市场支配地位的判断愈来愈注重个案分析，纵使权利人拥有 SEP，也不必然被认定为在相关市场上占据支配地位。[②] 另外，即使 SEP 权利人被认定为拥有市场支配地位，由于涉及 SEP 的案件中，越来越多的当事人双方可能都是同一标准之中不同 SEP 的拥有者，均在自身所拥有的 SEP 的相关市场上有着支配地位[③]，故而在同一标准之中势均力敌。在此情形下，被诉 SEP 权利人是否能真正对对方产生“支配”效果，当被诉者反过来援引其相对人的市场支配地位时，双方的市场支配地位是否会产生相互抵消的效应[④]，使滥用市场支配地位无成立之基础，在这些情况下如何处理专利劫持问题，在反垄断之框

① See ECFI，17 July 1998，Case T-111/96，*ITT Promedia NV* v. *Commission of the European Communities*.

② 参见林秀芹、刘禹：《标准必要专利的反垄断法规制——兼与欧美实践经验对话》，载《知识产权》，2015（12）。

③ 这一点在欧洲法院审理的华为诉中兴案中有明确体现，华为与中兴两家公司均为涉案标准中多个 SEP 的权利人，但是双方当事人并未针对华为是否具有市场支配地位这一问题提出异议，因此欧洲法院直接认定了华为的市场支配地位，而未作具体分析。

④ See Treppoz E.，Chronique Droit européen de la propriété intellectuelle-La judiciarisation des licences FRAND，in *RTD Eur*. 2015.

架下尚属未知。

其二，倘若 SEP 权利人的行为确实构成滥用市场支配地位而使反垄断法有其用武之地，从权利救济的角度来看，反垄断法所提供的救济途径仍不能完全满足标准实施者的需求。尽管反垄断法上的救济有公共权力作为后盾，能够直接对出现的限制竞争行为进行有效制裁，且救济措施多种多样，横跨多个法律领域，具有较强的体系性①，但在 SEP 领域，寻求救济的当事人主要是各标准实施者，当这些标准实施者秉持其善意时，他们诉诸法律的真正目的不在于惩罚 SEP 权利人对市场竞争秩序的破坏，亦不在于弥补由此所衍生出的对市场的损害，而在于依 FRAND 条款取得许可，排除被诉侵权之忧，然而，这并不是反垄断法上的罚款、禁令、损害赔偿等救济措施所能给予的。

这些问题的解决已经远远超出了反垄断法之所能及，落入民法的调整范围。其原因植根于私法与公法、私权与公权、私益与公益的相互关系中。专利权为一项私权，仅在其行使对公益产生影响之时，才得运用具有明显公法属性的反垄断法对其进行干预。② 易言之，虽然 SEP 涉及的标准制定、使用活动具有公共属性，极易对公益产生影响，对其滥用行为之规制理应由反垄断法主导，但对于技术标准所包含的专利权来说，当这一私权的行使囿于私权自治时，仍应回归民法，以补充反垄断法之不足。

前述 FRAND 承诺为第三人利益约款属性的认定，使为第三人利益合同制度在此得以适用。这一制度将 FRAND 承诺纳入合同法的框架之中，并赋予第三人直接请求权，使其得越过 SSO 直接向 SEP 权利人请求履行其在 FRAND 承诺中的磋商义务。这就意味着，SEP 权利人的行为即便未对公正的市场竞争环境造成影响，只要其无正当理由拒绝许可，即构成对合同法上其给付义务的违反，潜在被许可人便可追究其违约责任。

另外，相对于反垄断法而言，合同法对于违约或违反先合同义务的救济措施更为丰富。对于善意标准实施者而言，其运用诉权的真正目的在于取得 FRAND 许可，消除被判侵权之忧，而非以牺牲生产经营活动为代价取得损害赔偿。而在民法上除损害赔偿之外，违约人还可能以继续履行的形式承担违约责任。潜在被许可人通过存在于其直接请求权之上的继续履

① 参见黄勇：《中国反垄断法下的救济措施》，载王晓晔主编：《反垄断立法热点问题》，北京，社会科学文献出版社，2007。

② 参见王先林：《反垄断法的基本性质和特征》，载《法学杂志》，2002 (1)。

行请求权，可以要求未履行或未完全履行 FRAND 承诺这一为第三人利益约款中的义务的 SEP 权利人继续依据 FRAND 条款履行其许可磋商义务，以期缔结 FRAND 许可合同，使所涉标准得以顺利实施，生产经营活动得以正常进行。

在 SEP 领域，当反垄断法之适用与救济难以为继之时，利用 FRAND 承诺为第三人利益约款之性质回归民法，不仅消除了对不妨碍竞争之行为无法直接诉诸反垄断法的弊端，同时更加符合标准实施者根本目的在于实施专利的客观需求。

第十五章　专利联营

第一节　对专利联营的基本认识

一、专利联营概念界定

专利联营是由英文“patent pool”① 翻译而来的。由于 patent pool 包含的意义超过了文字本身的意义，因此国内对它的翻译并不统一，存在多个版本。从名词角度的译法有“专利联营”“专利联盟”“专利池”等，从动词角度也有将其翻译为“专利联合授权行为”②。本书采用“专利联营”的译法。

要准确界定“patent pool”，首先要弄清“patent”和“pool”的含义。作为法律意义上的概念，“patent”源自英文“Letters Patent”，原意是指英国国王亲自签署的独占权利证书，包括“垄断”和“公开”两方面的意思。而“pool”这一术语用于描述许多不同的协议安排，《元照英美法词典》对其的解释是“由若干自然人或法人组成的、从事特定业务或商业投机的组织，其目的在于消除联营体成员之间的竞争，借助联营体的经济力量建立垄断、控制价格或费率或操纵证券价格，或成功进行单个成员难以完成的交易等。若联合导致在某一行业领域消除竞争，则违反反托拉斯法”③。但该词典并未直接对“patent pool”作出解释。“patent”和

① 国内一些文章有时表述为“patent pools”，“patent pools”是“patent pool”的复数形式，两者含义相同。在外文文献中，一般使用“patent pools”或“a patent pool”，如果是动词就使用“patent pooling”。

② 我国台湾地区一般将其译为“专利联合授权行为”。

③ 薛波主编：《元照英美法词典》，1065 页，北京，法律出版社，2003。

“pool”合在一起使用最早出现在19世纪50年代后期的美国，到20世纪初已经非常普遍。

目前国内对专利联营的定义各有不同。有的将其表述为“专利联盟（patent pool）是指由多个专利拥有者，为了能够彼此之间相互分享专利权利或者统一对外进行专利许可而形成的一个正式或者非正式的战略联盟组织”①；有的将其定义为“专利池（patent pool）是两个或者更多的知识产权权利人‘把作为交叉许可客体的多个知识产权，主要是专利权放入一揽子许可中’所形成的知识产权集合体。进入专利池的公司可以继续用池中的全部知识产权从事其研究和商业活动，而不需要就池塘中的每个知识产权寻求单独的许可”②。此外，国内学者还从不同的视角对专利联营进行了界定。③ 目前我国对专利联营作出较为权威的界定当数国家工商行政管理总局制定的《关于禁止滥用知识产权排除、限制竞争行为的规定》，其第12条第4款规定：“本规定所称专利联营，是指两个或者两个以上的专利权人通过某种形式将各自拥有的专利共同许可给第三方的协议安排。其形式可以是为此目的成立的专门合资公司，也可以是委托某一联营成员或者某独立的第三方进行管理。”与此界定类似，2019年1月4日国务院反垄断委员会印发的《关于知识产权领域的反垄断指南》第26条第1款规定：“专利联营，是指两个或者两个以上经营者将各自的专利共同许可给联营成员或者第三方。专利联营各方通常委托联营成员或者独立第三方对联营进行管理。联营具体方式包括达成协议，设立公司或者其他实体等。”但是，国内学界对此存在不同的声音。由于国内涉及专利联营的文章不多，因此要准确理解“patent pool”的含义，还必须深入了解专利联营在国外是如何被界定的。

在专利联营最早出现的美国，人们对专利联营之内涵的认识经历了一个不断演进的过程。早期的美国学者普遍将专利联营视为“制造商彼此分享专利权的协议”，但这种看法并未获得美国法院的认同。美国最高法院在1948年的美国诉莱恩材料公司案（*United States* v. *Line Material Co.*）

---

① 李玉剑、宣国良：《专利联盟反垄断规制的比较研究》，载《知识产权》，2004（5）。

② 魏衍亮：《通过考察“专利池”审视DVD收费事件与企业知识产权战略》，载唐广良主编：《知识产权研究》，第16卷，282～283页，北京，中国方正出版社，2004。

③ 其他关于专利联营概念的重要论述，参见张平：《专利联营之反垄断规制分析》，载《现代法学》，2007（3）；陈欣：《专利联盟研究综述》，载《科技进步与对策》，2006（4）；等等。

中，甚至认为“专利联营不是一个专门术语，这个词只不过是用来表达可以使用超过一个专利权人之专利权而已”①。随着专利联营对美国经济发展重要性的增加以及学者研究的不断深入，专利联营作为一个专门术语得到了社会的普遍承认。近年来，学者基于不同的视角分别对专利联营进行了界定。从法学角度加以研究的学者将专利联营视为一种协议，较有代表性的观点有：(1) 罗伯特·P. 梅吉斯（Robert P. Merges）认为，专利联营“是多个专利持有者间集合其专利的协议”②；(2) 乔尔·I. 克莱因（Joel I. Klein）认为，“专利联营是两个或多个专利权人相互许可或对第三方许可其一项或多项专利权的协议”③；(3) 史蒂夫·C. 卡尔森（Steve C. Carlson）认为，专利联营是“私人间的协议，由相互竞争的专利权人将各自的专利交由一家独立的公司，对外授权他们共同的专利组合”④。从经济学角度进行研究的学者则将专利联营视为一个组织实体，如卡尔·夏皮罗（Carl Shapiro）将专利联营视为“将两个或多个企业的专利权打包许可给第三方的单一实体”⑤；乔希·勒纳和琼·梯诺尔（Josh Lerner & Jean Tirole）认为专利联营是“知识产权所有人相互之间以及与第三方共同分享专利权的正式或非正式组织”⑥。在实务界，美国反垄断主管机构和专利主管机构对专利联营的认识也经历了一个不断深化的过程。美国1995年《知识产权许可的反托拉斯指南》第5.5节中对专利联营进行了较权威的界定：交叉许可与联营安排是不同类型知识产权的两个或两个以上所有者相互许可或对第三方许可的协议。2001年美国专利商标局在《专利联营白皮书》中表达了类似的观点：专利的集合，最初是两个或两个以上的专利所有者达成的协议，通过该协议将一个或多个专利许可给一方或第三方。后来发展成为“把作为交叉许可客体的多个知识产权——主

---

① *United States* v. *Line Material Co.*, 333 U. S. 287, 313n. 24 (1948).

② Robert P. Merges, In Institutions For Intellectual Property Transactions: The Case for Patent Pools (September 6, 2016), http://www.law.berkeley.edu/institutes/bclt/pubs/merges/pools.pdf.

③ Joel I. Klein, Crossing Licensing and Antitrust Law (September 6, 2016), http://www.usdoj.gov/atr/public/speeches/1123.htm.

④ Steve C. Carlson, Patent Pools and the Antitrust Dilemma, *Yale J. on Reg.*, 1999, 16, p. 368.

⑤ Carl Shapiro, Navigating the Patent Thicket: Cross Licenses, Patent Pools, and Standard Setting, *Innovation Policy & the Economy*, 2001 (1), p. 134.

⑥ Josh Lerner, Jean Tirole, Public Policy toward Patent Pools, *Innovation Policy & the Economy*, 2007 (8), p. 157.

要是专利权——放入一揽子许可中所形成的知识产权集合体”。这种对交叉许可与专利联营不加区分的做法在 2007 年美国司法部和联邦贸易委员会的联合报告《反托拉斯执法与知识产权：促进创新和竞争》中得到了纠正，该报告将专利联营界定为“一群专利持有人将各自的专利权相互许可并共同许可给第三方的协议”。

在日本，许多官方文件也对专利联营作了界定，如 1999 年《专利和技术秘密许可协议中的反垄断法指导方针》规定，专利联营是指数个专利权人将其拥有的专利授权给一个特定主体，由其再授权给联营体的成员或第三人。2005 年《关于标准化和专利联营的指南》基本上沿用了这一概念。2016 年修订的《关于知识产权利用的反垄断法指南》规定：专利联营是指多个对某项技术拥有不同专利的主体将他们的专利权利本身或许可权利集中于特定的合作组织或机构，以便于该组织或机构可以向专利联营的成员或其他主体提供必要的许可。这种组织或机构的形式可以有多种：既可以为此目的专门成立，也可以指定已有的机构执行这一任务。而在日本学术界，有学者对专利联营的定义是：“专利联营是指数个拥有专利权的专利权人经协商确定，将其各自所拥有的专利权或专利的实施权限集中于核心体中，然后各自再从该核心体中获得所需要的专利实施许可的协议方式。”①

此外，其他国家或地区的官方文件也对专利联营进行了界定。欧盟委员会 2014 年公布的《关于技术转让协议适用〈欧盟运行条约〉第 101 条的指南》第 244 段规定：技术联营是指两个或多个当事方将一揽子技术组合许可给联营贡献者及第三方的协议。在结构上，技术联营可以采取有限数量的当事方间简单协议的形式或委托独立实体组织联营技术许可的复杂组织协议形式。新加坡竞争委员会 2007 年发布的《知识产权的对待》则将专利联营界定为：两个或两个以上当事方将一揽子技术组合不仅许可给联营贡献者，而且也许可给第三方的协议。

从以上对专利联营的定义来看，可以发现专利联营的定义一般包含以下要素：第一，主体涉及两个或两个以上专利权人；第二，这些专利权人之间相互授予各自的专利权，相互分享专利权；第三，这些专利权被统一

① ［日］根岸哲、杉浦市郎：《经济法》，190 页，法律文化社，1996。转引自国家知识产权局知识产权发展研究中心编著：《规制知识产权的权利行使》，287 页，北京，知识产权出版社，2004。

授予一个组织，这个组织可能是本身就存在的，也可能是专门成立的一个管理组织，其对专利进行集体管理。根据这些要素，在参考国外学者的定义的基础上，笔者认为，专利联营是指两个或两个以上专利拥有者，为了能够彼此之间相互分享专利权或者统一对外进行专利许可而将专利权集合行使而形成的一系列协议，通常存在一个组织来统一进行管理。因此，专利联营有时也指代一个组织。①

二、专利联营的形成原因

专利联营最早出现在美国，至今已存在百余年，并在美国法律和工业史上扮演了重要的角色。总体上看，专利联营是科技和经济发展到一定阶段的产物。不同的利益主体，如专利权人、制造商以及包括政府机关在内的非营利机构等组建专利联营的原因复杂多样，没有任何一个专利联营形成的原因是单一的。美国第一个专利联营，即1856年的缝纫机专利联营，包含多项缝纫机专利。这个专利联营的产生过程是：在1846年，埃利亚斯·豪（Elias Howe）发明了缝纫机，并申请了专利。这种机器比手工缝法速度快得多。在这个发明出现几年后，艾萨克·辛格（Isaac Singer）和艾伦·威尔逊（Allen Wilson）分别将该缝纫机加以改进，并在未获得埃利亚斯·豪许可的情况下加以使用。1856年，埃利亚斯·豪提起侵权诉讼，起诉艾萨克·辛格和艾伦·威尔逊侵犯其专利权。最后三人以组成缝纫机专利联营的方式结束了这场诉讼。组成专利联营后，三人共享他们所拥有的专利，而埃利亚斯·豪的年收入从他加入联营体前的300美元跃升到加入后的20万美元。② 其后不断出现许多专利联营，如1917年，美国海军救助秘书处的一个委员会建议成立的航空器专利联营，其成员囊括了几乎全部的美国航空器生产商；还有1977年成立的MPEG-2压缩技术标准的专利联营等。

探究美国专利联营的形成，其最主要的动因是清除障碍专利。在美国，由于专利商标局鼓励创新的政策（如授予二次开发专利），障碍专利普遍存在，而障碍专利的存在常常阻碍技术的运用和发展。为了解决这一

---

① 参见宁立志、胡贞珍：《从美国法例看专利联营的反垄断法规制》，载《环球法律评论》，2006（4）。

② See Bradley J. Levang, Evaluating the Use of Patent Pools for Biotechnology: A Refutation to the USPTO White Paper Concerning Biotechnology Patent Pools, *Santa Clara Computer & High Tech. L. J.*, 2002 (19), p. 236.

问题，专利权人自愿或被迫设立专利联营。通常设立专利联营是在存在障碍专利，并因此引发专利侵权诉讼，且在诉讼中仍无法解决当事人之间的冲突时的一种迫于无奈的选择，例如上述缝纫机专利联营的形成。而上述航空器专利联营，也是在长达十年的诉讼后，在政府的干涉下才组成的：航空器的两大专利权人 Wright 公司和 Curtis 公司之间的矛盾阻碍了新航空器的建设，而美国急需这种新飞机加入第一次世界大战，因此就施加压力，迫使上述公司组成专利联营。由此观之，政府的干预，也是专利联营的形成动因之一，但是其根本原因还是障碍专利的存在。

然而，随着专利联营的发展壮大，引发的问题也逐渐增多。由于专利联营天然地具有共谋的便利，有些专利权人便利用这一形式，共同把持市场，联合限制竞争，谋取垄断地位，获取垄断利润；有的甚至是为了实现一揽子许可或庇护无效专利以收取更多权利金等目的而组成专利联营。比如美国 Summit Technology/VISX 专利联营就是通过组成专利联营来进行固定价格、限制许可条件等违法行为，最终被联邦贸易委员会强制解散。

20 世纪 90 年代以来，专利联营大多是在产业标准的驱动下设立的，并成为推行技术标准的必要工具和有力手段。然而，在某些高新技术领域，如生物技术等，由于这些技术领域通常与标准不相关，因而组建专利联营的直接原因在于消除“专利丛林”所带来的“反公地悲剧”。另外，值得一提的是，在一些发展中国家及新兴经济体，除上述原因外，专利联营的组建还有其他独特原因。例如在中国，中彩联专利联营成立的目的主要在于组织国内彩电企业与国外专利联营进行谈判，以降低高昂的专利许可费用。①

三、专利联营的类型

不同的专利联营在联营动机、联营结构、联营专利类型、专利之间的相互关系、联营体是否对外开放以及联营体对成员的限制等方面存在较大差异。下文将具体阐述几种主要的分类和几种典型的专利联营。

第一，依联营体内被联合专利的范围、种类划分。不同的联营体所含专利的范围和种类各不相同：一些联营体中的专利仅涉及一件单一的商业设备，而另一些联营体则可能包含若干各不相同的、涉及不同市场中的不同设备的专利；有些联营体仅限于在联营体成立时就存在的专利，而有些

① 参见饶爱民：《专利联营概念的探析与界定》，载《电子知识产权》，2010（5）。

联营体则可包含后来申请并获得授权后再加入的专利。据此，可将专利联营分为同一技术领域专利联营和跨技术领域专利联营，以及仅限现有专利的当期式专利联营和可接纳新生专利的展期式专利联营。

第二，依联营体是否对外开放划分。按联营体是否对外开放可将专利联营分为开放式联营和封闭式联营。所谓开放式联营是指专利联营将联营体成员的专利“打包”许可给联营体以外的其他公司；所谓封闭式联营是指联营体内的专利技术只供联营体成员使用，不对外进行专利许可。①

第三，依联营体内所包含的专利相互之间的技术关系划分。联营体内专利之间的关系可分为竞争性关系和非竞争性关系。非竞争性关系又分为互补性关系、障碍性关系以及完全无关三种。竞争性关系是指在技术市场上具有相互替代性的关系。互补性关系是指涉及的技术具有相互补充性。障碍性关系则是指一专利的实施以另一专利的实施为前提，后者对前者构成实施障碍并形成制约，专利之间具有相互制约、相互障碍的关系。因为实践中联营体内一般不包含完全无关的专利，因此联营体内主要存在三种类型的专利：竞争性专利、障碍性专利、互补性专利。区分和理解联营体内众多专利之间的关系对评价专利联营的竞争效果十分关键②，因此，下文将对这三种专利关系进行专门的解析。

（一）竞争性专利

竞争性专利是指在市场中处于相互竞争关系的产品专利或方法专利。③ 竞争性专利产生于不同发明者就同一用途设计出的完全具有新颖性的不同方法或产品，这些方法或产品可以替代市场上已被授予专利的方法或产品，或发明者充分修改了现存专利产品，导致其被认定为原始发明（original patent）的“周边发明”（invented around），而不被认为侵犯了现存专利的情形。竞争性专利是在市场中被被许可人认为具有相互替代性的专利。例如，如果有三项涉及生产自行车的工序的专利，且各工序之间在一个自行车生产商看来具有完全可替代性的话，那么这三项专利之间就是竞争关系。如果专利之间是竞争性的，那么一个人在获得其中一个专利

① 参见李玉剑、宣国良：《专利联盟：战略联盟研究的新领域》，载《中国工业经济》，2004（2）。

② 参见宁立志、胡贞珍：《从美国法例看专利联营的反垄断法规制》，载《环球法律评论》，2006（4）。

③ See Gillbert Goller，Competing，Complementary and Blocking Patents：Their Role in Determining Antitrust Violations in the Areas of Cross-Licensing，Patent Pooling and Package Licensing，*J. Pat. & Trademark Off. Soc'y*，1968，50，pp. 725 - 726.

权时将会消除，至少显著减少对其他两个专利的需求。如果一个专利的专利许可费降低，那么最终会导致对其他竞争专利的需求的降低。因此，如果由具有竞争性关系的专利组成专利联营，它们之间的竞争将会被限制，甚至消除，因此其容易引起反垄断法的关注。

（二）障碍性专利

障碍性专利起源于漫长的创新过程。开发者往往无法预见最初获得的专利（original patent）可能覆盖的所有潜在的技术领域，如果仅允许最初被授予专利的权利人单独进行该技术的开发，那么创新将会受到抑制，因为个人的能力毕竟有限。为此，美国专利商标局以牺牲法律权利界限（legal titles）的清晰为代价，授予最初专利权人以外的人就该技术二次开发的权利，并就新开发的技术授予专利（只要其满足可专利性），以促进创新。① 二次开发的专利（improvement patent）被认为从属于前者即基本专利（dominant patent）。从属专利和基本专利被认为具有相互障碍性，因为从属专利的实施只有在侵犯基本专利的情况下才可能实现。同样，基本专利在没有经过从属专利权利人同意的情况下也不能实施那些显然已更先进的从属专利的技术效果。尽管从属专利的授予给创新提供了动力，但它导致了许多法律上纠缠不清的状况。由障碍性专利组成的专利联营的反竞争性一般较弱，因为它不会明显地消除专利之间的竞争，而且往往还具有促进经济效率提高的效果。

（三）互补性专利

互补性专利是在不同的发明者就一项大发明中的不同组成部分分别申请专利的情形下形成的，这些专利包含的技术，如果没有其他任何一个专利的授权，都将变得毫无价值。因此如果互补性专利权利人之间不进行合作，专利的商业应用将受到阻碍。比如在生产灯泡时，如果仅拥有真空球状物的专利权而没有钨丝专利权就无法生产出灯泡。又如涉及钢笔芯的专利与涉及钢笔外部结构的专利可被视为具有互补性，缺乏任何一个专利都无法生产出钢笔。互补性专利之间不具有替代性，因为它们执行完全不同的功能。相反，如果互补性专利权利人之间没有合作，类似灯泡产品的生产将无法进行，而这会阻碍经济发展。对于互补性专利而言，随着对其中一个专利需求的增加，对另一个专利的需求也会增加。互补性专利联营与障碍性专利联营相

① See Robert P. Merges, A Brief Note on Blocking Patents and Reverse Equivalents: Biotechnology as an Example, *J. Pat & Trademark Off. Soc'y*. 1991, 73, pp. 878 - 879.

似，都具有促进经济效率提高的效果，但两者稍有不同：互补性专利没有基本专利和从属专利之分，互补性专利之间是“平等”的、互补的、缺一不可的，而障碍性专利中的基础专利离开从属专利仍然能得到运用。两者虽有不同，但从竞争法的角度，可将它们归为一类进行研究。

四、专利联营与交叉许可

专利联营与交叉许可都是解决潜在“专利丛林”难题的有效方式。当两个或多个专利权人对同一项产品拥有专利权时，任何一方在未取得他方许可的情况下都无从整体经营该产品，从而阻碍这项技术的应用和发展。在市场经济条件下，企业解决这一问题的方法主要有两种：一种是交叉许可，另一种是专利联营。专利联营与交叉许可在某些方面具有相同的功能，两者具有一定的替代性，并且专利联营体内部成员之间也是通过交叉许可的方式达到共享专利的效果。由于在很多方面具有相似性，人们往往容易将两者混为一谈。例如，美国 1995 年《知识产权许可的反托拉斯指南》就将两者相提并论。事实上，专利联营与交叉许可在很多方面具有差别，法律对两者的调整也不尽相同。在 2007 年美国司法部和联邦贸易委员会联合发布的《反托拉斯执法与知识产权：促进创新和竞争》报告中，反垄断执法机关首次对交叉许可和专利联营进行了区分：“交叉许可通常是指双方当事人为避免侵权诉讼而达成的双边协议”，而“专利联营通常是指一群专利持有人将各自的专利权相互许可并共同许可给第三方的协议”。无独有偶，日本于同年颁布的《关于知识产权利用的反垄断法指南》也对两者进行了区分，认为“交叉许可是指两家以上拥有自己的技术的企业相互之间许可对方使用技术权利的商业行为”。因此，正确地认识两者间的关系，无论是对我国企业界，还是对反垄断执法机构，都具有重要的意义。具体而言，两者的区别主要体现为以下两点：

首先，专利联营虽然也是由多方协议组成，但其往往伴之以一个独立的、统一的专利管理组织实体，即专利联营体，通过该组织来实现成员间的协调及对外许可工作等，且往往还存在一个评估专利价值以及划分专利许可费的机制①；而交叉许可协议则仅仅是协议，协议之外并没有一个独

① 划分专利许可费的方法有许多种，如先评估联营体内专利的相对价值，对一些有特别价值的专利分配较多许可费或逐步增加许可费；又如每个专利权人平均分配专利许可费。此外，还有其他一些方法。

立的组织来实施协议内容，也没有较固定的评估机制。

其次，专利联营除在成员之间进行交叉许可外，还可能对联营体外的企业进行专利许可，而交叉许可仅仅在协议各方之间进行，不涉及协议外第三方。

尽管专利联营和交叉许可存在上述不同，但两者本质上都是在互惠基础上达成的共同分享专利权的协议，并且它们都能获得相似的效率，包括：促进互补性技术的一体化，降低交易成本，消除障碍性专利，减少侵权诉讼及其不确定性，促进技术的传播，等等。因此，反垄断执法机构对两者采取的分析方法基本相同，一般都根据合理原则对两者进行反垄断评估，综合权衡其促进竞争的效果与阻碍竞争的效果。

第二节　专利联营对竞争的影响

对专利联营进行竞争法规制十分困难，专利联营被认为是反垄断法中最难处理的问题之一，因为它既具有促进竞争的效果，又可能会妨碍竞争的正常进行。因此，对其进行规制，需要作具体的分析。

一、促进竞争的效果

专利联营具有明显的促进竞争的效果，主要表现在以下几个方面。

（一）清除障碍专利，促进技术发展

如前所述，将专利联合起来的最初原因就是清除障碍专利。由于障碍专利的存在会阻碍技术的应用和进步，甚至阻碍某个工业领域的发展（正如航空器领域曾经出现的情形一样），因此，清除障碍专利显得尤为必要。而组成专利联营是清除障碍专利十分有效的方式，因为障碍专利中各专利权人都享有排除对方制造、使用、销售专利产品的权利，只有将他们联合起来，相互授权，才可避免相互阻碍的情形发生。在清除障碍专利的同时，专利联营也促进了技术的迅速发展，如果没有专利联营，技术的应用将因众多的专利纠纷而被阻碍。①

（二）解决法律冲突，减少诉讼费用

专利联营是解决法律冲突，包括专利侵权纠纷和专利权属纠纷的最有

① 参见宁立志、胡贞珍：《从美国法例看专利联营的反垄断法规制》，载《环球法律评论》，2006（4）。

效途径。当不同公司从事相同的研究或处在相同的生产领域时，它们经常会产生专利冲突，包括相互侵权的情形和对专利所有权的争议，并由此引发诉讼，而专利诉讼的成本极高，例如在美国，每年有数额巨大的费用被花费在专利诉讼中①，且诉讼具有很大的风险性和不确定性（因为在诉讼中，法官很可能发现涉讼专利可专利性存疑或不可执行，从而判决否定专利的效力）。相较于耗时长、成本高且具有不确定性的专利诉讼，许多公司更愿意选择通过建立专利联营或签订交叉许可协议的方式来解决纠纷。这种解决方案不仅效率高，而且成本低。对那些小型公司而言，这种解决方式更具吸引力，因为它们没有足够的能力去打一场专利侵权官司。而对那些害怕专利在法院被宣告无效的专利权人而言，这种方式也更具有吸引力。另外，专利联营经常要求成员就对其核心技术的任何改进专利进行回馈授权②，以减少重复研究和将来诉讼的风险。

（三）提高许可效率，减少交易费用

专利联营建立了一个授权或许可使用专利技术的有效机制。作为一种知识产权的集体管理制度，专利联营的突出特点是通过一站式的对外许可，实现了交易的一体化和便捷化，因而专利联营是一种高效率低成本的专利权集中管理模式。在专利联营中，专利所有人将他们的专利联合起来并建立一个独立的组织负责办理所有专利的许可业务，这种方式可以显著提高许可效率。如果没有专利联营，一个公司将不得不分别从各项专利的所有人处获得所有必需的技术。这种分别获得许可的过程不仅需要更多的时间、金钱和资源，而且会出现一些专利权人在许可过程中对被许可人“敲竹杠”和“劫持”的问题。例如，在专利权人知道自己拥有的专利是技术实施过程中所需要的最后一项专利，并且知道该专利消费者（consumer）不能获得其许可将无法最终将该技术付诸商业生产时，专利权人就会显著提高专利使用费（royalty），因为他知道该专利消费者已获得的其他所有专利许可的价值的实现都取决于他的最后一个许可。如果他拒绝许可，则其他已获得的许可对该消费者而言变得毫无价值。专利联营则有效地解决了这一问题：通过联营专利的打包许可，专利联营成员可以向那些寻求使

① Josh Lerner, Patenting in the Shadow of Competitors, *J.L.& Econ.*, 1995, 38, pp.463, 470.

② 回馈授权是知识产权许可中的一种协议安排，其要求被许可人就其对许可技术所作的后续改进和通过使用标的技术所获得的新技术，向许可人报告、转让或授权。有关回馈授权的详细论述，可参见本书第七章相关内容。

用专利来制造产品的企业提供“一站式”许可。专利联营对外提供的“一站式”许可大大简化了被许可人获取所有专利的程序，减少了交易者即缔约主体的数量，提高了许可人和被许可人双方进行许可交易的效率。在“一站式”许可模式下，被许可人仅需和联营管理人进行协商谈判，就可以获得所需的全部（或部分）必要专利技术。同样，许可人只需授予联营管理机构非排他性的分许可即可达到实行交易的目的。因此，专利联营大大降低了许可交易双方的成本，提高了许可的效率。

（四）提升专利价值，激励研发投资

专利联营可使专利的价值有更多机会充分发挥，进而鼓励研发投资(R&D)。由于专利联营具有效率性，因此其可以帮助专利拥有者充分享有其获得的专利所包含的价值，可以鼓励研发投资的热情，因为对新技术进行研发投资的动机来自专利的预期价值。一方面，联营体是从技术到产业的一条相对便捷之路，在一定程度上使专利开发应用的效率更高，并能提升专利的预期价值，进而能鼓励研发投资。另一方面，在专利联营的“一站式”许可下，被许可人出于交易成本考虑，倾向于一并接受联营专利，这样，被纳入联营中的互补性专利即便没有联营外的专利技术先进，仍然有较高的概率被被许可人采用。可见，专利联营能帮助专利权人实现提升专利技术市场价值的愿望，这可能进一步激发其继续从事研发投资的积极性。此外，专利联营还可能促使企业合理地预测拟研发技术的感知价值，诱发其投资研发并申请专利的动机，这也会为企业的进一步创新提供激励。

（五）分散市场风险，获取投资回报

专利联营创建的机制是参与者对其技术商业行为共享收益、共担风险。这种机制提供了创新的动力，因为专利联营增强了专利权人收回研发资金的可能性。在一些专利联营中，成员可能基于联营体许可费百分比获得固定的收入，而不管他们各自专利经济价值的高低。例如，在MPEG-LA专利联营体中，所有的核心专利①在价值上都被视为相等，不管其在研发过程中的实际成本是多少。这种安排最终将联营体所带来的财富全部分配给所有成员，使成员获得稳定的收入。另外，联营体的所有成员都能平等地获得联营体中的技术，这也提高了每个成员的专利的交换价值。专

① 所谓核心专利即必要专利，是指实施标准以制造产品所必须使用的专利，或实际上除使用该专利外，没有其他可选择的专利。核心专利之间的关系为互补性关系。

利联营在电子信息技术市场上不断涌现的事实说明，专利联营具有降低风险的益处，因为电子信息技术市场的更新变化最快，风险也最高。

（六）促进信息共享，缓和溢出效应

在市场中能否胜出在很大程度上取决于信息的及时获取，以及高效地利用有限的资源。专利联营通过提供一个在联营成员间以及成员与被许可人间的技术信息共享机制为成员提供了更多获得信息的机会。在未组成专利联营的一般情形下，各企业均对于其研发成果竭尽所能加以保护，避免该项成果泄露出去而使其竞争者受益，而在专利联营体中，成员愿意就相关技术资讯互相交流，以避免重复研发造成浪费。此外，通过鼓励成员之间以及成员与被许可人之间的交流，商业秘密也将减少，能促进知识的传播。

专利联营也可缓冲技术溢出的外部效应（overlapping efforts）。当一个企业投资于研究开发时，一定数量的知识就会溢出企业进入公共领域，使它的竞争者受益。专利联营可以通过确保每一个成员既是信息生产者也是他人信息的接受者，达到共享信息的效果，从而部分抵消和缓解溢出效应。

二、限制竞争的效果

虽然专利联营促进竞争的效果十分明显，但它也会产生限制竞争的消极效果：专利联营协议在形式上具备垄断协议的特征，可能会赋予联营企业市场支配地位。[①] 专利联营对联营体内成员的技术创新有时亦有消极作用：尽管专利联营可以通过分散成员的风险鼓励创新，但它的另一些特征却有相反效果。如果没有专利联营的技术共享机制，企业就有进行研发的压力和经济动力，因为拥有更多的专利发明能使它们在市场上获得领先于竞争对手的竞争优势。然而，专利联营中的竞争者达成了共享现有甚至将来专利的协议，创新的结果将会被他人分享，专利权人不会因为获得新专利而比其竞争对手有优势，因此可能缺乏投资于新发明的动力，怠于进行创新。此外，专利联营还可能成为无效专利的“庇护所”：如果无效专利技术被包藏在专利联营体内，其他成员往往不愿意冒着破坏内部和谐的风险煞费苦心地去证明其是否有效，专利联营以外的专利被许可人往往也会

① 参见张陈果：《专利联营、限制竞争与反垄断规制的法史学考察——以一战前后的德国为例》，载《华东师范大学学报（哲学社会科学版）》，2015（3）。

因为昂贵的专利诉讼费用或者为保持与专利联营的长期关系而不愿意吃力不讨好地去证明其是否有效。这样，专利联营保护了本应通过诉讼而被宣告无效的专利，维持了不应有的垄断，从而抑制竞争。“竞争不应被无价值的专利抑制，这与一个真正具有价值的发明的专利权人的垄断权应受保护对公众同样重要。”①

具体而言，分析专利联营的反竞争性首先应对联营体内专利之间的关系进行区分，专利联营内专利之间的关系是判断其是否具有反竞争性的重要因素。一般认为，如果专利联营内的专利是竞争性专利，那么该专利联营将不利于竞争，降低社会福利，因为竞争性专利的联合明显消减了水平领域的竞争，它的反竞争效果是显著的；如果联营体内的专利完全是互补性或者障碍性专利，那么专利联营将有利于竞争，增加社会福利。② 互补性专利联营与障碍性专利联营具有相似性，因此，下文仅对竞争性专利联营和障碍性专利联营的限制竞争效果进行分析。

（一）竞争性专利组成的专利联营的限制竞争效果

1. 抑制了技术创新

竞争性专利是具有相互替代性的专利，在进入联营体前它们本是相互竞争的，如果没有组成专利联营，专利消费者就可以在它们之间进行选择，分别同它们进行谈判，利用它们之间的相互竞争以最优的条件获得所需专利。但是当这些竞争性专利进入联营体后，竞争被消除了，同时也消减了创新的压力和激励，进而阻碍了技术创新。由于拥有更多的专利发明并不能使联营成员在市场上与竞争对手相比有优势，而创新的成果反而会被他人分享，因此成员缺乏投资于新发明的动力，怠于进行创新。

2. 产生或增强专利联营体的市场力量

通过联合竞争性专利，限制专利权人在提供技术许可时的竞争，专利联营将两个或更多竞争者的经济力量结合了起来，因此产生了原本不存在的市场力量或增强了现存的市场力量。而这种市场力量的产生或增强，使专利权人更易于从许可中获得垄断利润。如将执行某一特定功能的最好的两个技术联合起来的专利联营即属此类情形。例如，假设钢笔市场是一个相关市场，同时假设联营体中的一项技术能以每根 0.1 美元的成本生产钢

① *Pope Mfg. Co.* v. *Gormully*, 144 U. S. 224, 234 (1892).

② See *Standard Oil* (*India*) v. *United States*, 283 U. S. 163, 171 (1931); *International Mfg. Co.* v. *Landon*, 336 F. 2d 723, 730 9th Cir. (1964).

笔，另一项技术能以每根 0.15 美元的成本生产，而所有联营体外的其他技术只能以每根 0.2 美元的成本生产。如果一个厂商仅能排他地获得第一项最好的技术，那么它最多能以每根 0.14 美元的价格卖钢笔，并独占市场。如果再提高价格，在理论上看，将面临来自获得次好技术（即每根成本价为 0.15 美元）的厂商的竞争。如果厂商可获得最好的技术而它的竞争者又被拒绝授予次好技术，那么该厂商可能以每根 0.19 美元的价格出售钢笔而不会面临任何竞争（因为联营体外的其他技术的成本价是每根 0.2 美元）。因此，对于被许可人来说，被整体授予最好和次好的技术比仅获得最好的技术更具有市场优势。当然，这种市场优势也取决于有多少个被许可人可以获得这种整体授权。结论是，通过联合最好和次好的技术，联营成员可提高他们的专利许可费用。①

值得注意的是，在评价专利联营是否产生市场力量时，市场份额并不是市场力量的精确代表。知识产品与传统财产显著不同，以传统财产为基础的企业要显著地改变其市场份额通常需要较长的时间和巨额成本，而以知识产品为基础的企业，其市场份额可能在短期内很容易地被改变，因为知识产权人在有效期内可以向人们源源不断地提供权利而不会用尽，而且提供权利的成本极小。以知识产权为基础的企业具有服务整个市场的扩张能力，因此现存的市场份额并不能代表将来的市场份额。例如，超过 60%的市场份额通常被认为具有市场力量，然而拥有 60%市场份额的专利联营体并不必然意味着其可以无视拥有较少份额的竞争对手的反应而显著抬高价格。这些仅具有较小份额的竞争对手拥有的技术可能被消费者认为仅比联营体拥有的技术差一点或与之相差无几。当拥有 60%份额的所谓“垄断者”试图抬高价格时，它的市场份额可能会较快地下降，直至失去市场，因为拥有较少，甚至没有市场份额的边缘企业可能凭借其神奇的新技术进行颠覆式创新，有效地抑制表面“垄断者”的任何显著提价行为。因此，市场份额并不代表全部，在衡量技术市场中的市场力量时，应超越市场份额去评估竞争性技术所具有的经济力。这需要比较不同技术的相对效率，因而在进行反垄断分析时需要利用更多经济学资源。

3. 易于形成市场共谋

专利联营的首要反竞争效果是促进横向联合，形成价格共谋。从性质

---

① See Roger B. Anddwelt, Analysis of Patent Pools under the Antitrust Laws, *Antitrust L.J.*, 1984, 53, pp. 622 - 623.

来看，专利权人达成的联营协议通常具有明示共谋特征，但由于这种联合是专利联营的固有属性，因此反垄断法通常不会加以制止。① 联营行为消除了部分竞争者，从而增加了联营体成员与联营体外的专利权人在技术市场共谋的可能性。假设有十种涉及某个特定功能的技术，且生产效率相当，而其中八种组成了一个专利联营。一般而言，在十个不同的竞争者之间达成共谋较为困难，因为参与方太多，难以达成共识。但当其中八个组成了一个整体，仅由一个决策者作决定时，他与另两个竞争者之间的共谋就变得容易得多。同时，专利联营也可能会成为便利许可人之间或许可人与被许可人之间在下游产品市场进行默示价格协调的机制。

另外，竞争性专利组成的专利联营产生的竞争问题缘于具有竞争关系的专利之间的竞争被消除，因此，联营体内竞争性专利的数量越多，联营体威胁竞争的可能性就越大。从这个角度看，不断吸收新专利的开放式联营比封闭式联营更易产生竞争法问题，因为前者的成员数量和专利数量往往较多并不断增加。但是，事物还有另一面：随着联营体内竞争性专利的数量逐渐增加，联营成员相互之间从事共谋的可能性会随之降低。

（二）障碍性专利组成的专利联营的限制竞争效果

虽然由障碍性专利组成的专利联营可解决专利之间相互障碍及因无授权而无法实施某些专利的问题，具有明显的促进竞争的效果，但是即使是障碍性专利这种最应采取联营形式的技术组合，也存在给市场竞争和消费者利益带来巨大损害的风险。因此，反垄断主管机关不应认为包含障碍性专利的专利联营必然合法。

1. 整体授权的反竞争性

障碍性专利组成的联营体往往进行整体授权，因为这种方式被认为是必要且有效率的。美国司法部和联邦贸易委员会表示，它们将允许全部由障碍性专利组成的专利联营成员将他们的专利整体授权。理由是：如果一个专利联营仅由障碍性专利组成，那么一个被许可人必须获得这些许可的所有组成部分，否则将可能对没有获得许可的那些专利承担侵权责任。通过允许将若干障碍性专利进行一个单一的整体授权，可确保被许可人取得这项技术上所存在的所有专利权。通过促进技术的传播，交叉许可和联营安排通常是促进竞争的。② 美国有关当局认为，如果专利联营符合以下三

① 参见饶爱民：《专利联营的反竞争效果分析》，载《经济研究导刊》，2012（13）。

② 参见尚明主编：《主要国家（地区）反垄断法律汇编》，276页，北京，法律出版社，2004。

个条件，消费者的利益将不会被侵害：第一，联营中所有专利相互间具有障碍关系；第二，这个整体许可中所含的所有专利对每个被许可人都是必需的；第三，所有的专利都有效且可实施。如果这些条件不能都满足，而专利消费者又必须整体购买联营体中的所有专利，那么这将损害其利益。

而美国学者卡尔森认为，上述假设是有问题的。[①] 首先，假设专利联营中的所有专利都是相互障碍的，并由此推出被许可人只有获得联营体内所有专利的授权才能使用这项技术，这个推论过程是值得商榷的，因为"由障碍性专利构成的联营"（a pool of blocking patents）这个短语本身是模棱两可的。这个短语限定的情形是指所有的专利都互为障碍性专利还是联营体内各专利仅与一个或更多其他专利但不是所有其他专利互为障碍性专利？假设一个专利联营由一个基本专利 X 和两个从属专利 Y、Z 组成，且两个从属专利是分别从不同的方面对基本专利进行改进而获得的专利。根据定义，X 与 Y、X 与 Z 都互为障碍性专利，但是 Y 与 Z 并不互为障碍性专利。那么这个联营体内所有专利是否都互为障碍性专利呢？

其次，假设所有潜在被许可人需要同样的专利权，由此得出，一个单一的专利联营体可以以整体形式授权给所有被许可人，这也是不成立的。不同的被许可人会有不同的需求。一些被许可人可能需要开发同时包含 X、Y、Z 专利的产品，但也有些被许可人所需的技术仅涉及 X、Y 或 X、Z 组合中的一个，如果允许将它们捆绑以整体形式进行授权，被许可人就需要接受对其而言不必要的专利，增加其经济负担。

最后，假设联营体内所有专利都是有效且可实施的，这个假设也时有疑问。事实上，专利联营常常成为无效专利的庇护所，许多联营体内含有已先行失效的专利，甚至一些无效专利，且通常很难避免。如果专利联营被允许进行整体授权，那么越来越多的无效专利将从被许可人处获得使用费。

因此，专利联营如果确实具有障碍性，则应被允许进行整体授权。但如果内含没有障碍性的部分，则整体授权就可能构成专利滥用。所以，正如前文所阐述的，专利所具有的特殊性质使任何试图对整体授权适用统一规则的努力变得十分复杂和困难，因例而异，才是明智的。再者，当相关专利的数目较大时，建立一个完全由障碍性专利组成的专利联营变得几乎

① See Steve C. Carlson, Patent Pools and the Antitrust Dilemma, *Yale J. on Reg.*, 1999, 16, p. 383.

不可能。

2. 导致建立私有标准

专利联营在依赖技术标准的工业领域制造了一定的麻烦。如果一项技术被知识产权保护，标准制定组织通常拒绝在标准制定过程中对其加以采纳，即使这项技术十分先进。以互联网工程任务组（IETF）为例，IETF声明“尽量采用那些非专利技术中的优秀技术，因为IETF的目的是使其制定的标准广为适用，如果涉及专利权的问题，标准的适用将涉及专利权的授权问题，从而影响人们采用该标准的兴趣”①。只有专利权人放弃知识产权的保护或作出必要承诺，其专利才可能被纳入标准制定程序中。然而，专利联营却使知识产权人以他们所拥有的受知识产权保护的技术建立私有标准或事实标准成为可能，因为联营体内协调一致的行动使专利权人建立统一的标准变得较为容易。如果这个联营的范围有限，其他竞争者可能会设法挑战这个私有标准。然而问题在于，专利联营常常联合了本会为了自己的技术能成为技术标准而相互竞争的诸多专利权人。专利联营为该多数专利权人提供了保护，使他们既恰当地参与了私有标准的制定，又免于放弃自己的知识产权。这势必带来较高的市场进入壁垒而损害后续竞争。

3. 不需明确协议而达成价格同盟

对于公然的协议垄断行为，如共谋制定专利使用费、固定价格等，各国反垄断主管机构一般较警觉而能及时发现，并采取措施，因为这些行为具有明显的反竞争性。但是共谋定价并不都需要如此公开、明确的行为。一旦专利被联合起来，许多机制会自然地导致专利权人不约而同地提高专利产品的价格而无须借助任何明确的、可能引起当局注意的协议，比如专利使用费回扣计划，该计划提供了这样一种机制：专利权人在提高价格的同时仍保持着自由竞争的表象。其具体运作方式是：成员将他们的专利转让给联营体，而联营体再将这些专利的使用权许可给成员，并收取许可费。这就增加了联营体的成员使用他们自己专利技术的成本，而这些增加的成本随后被转嫁到第三人购买专利的价格之中。在这种情况下，联营体成员仍然各自在市场上进行竞争，也没有任何联合对付第三人的固定价格协议，这些成员以及联营体内作为内部被许可人的其他成员所确定的对外

① 董颖：《数字空间的反共用问题》，载《电子知识产权》，2001（12）。转引自张平、马骁：《标准化与知识产权战略》，34页，北京，知识产权出版社，2002。

许可价格因此都是具有竞争性的价格，但是因为许可人的进价已经因支付给联营体许可费而被提高了，因此给被许可人的价格也相应地提高了。这种专利使用费回扣无形中抬高了价格。

另外，由障碍性专利构成的专利联营为专利权人之间达成并执行心照不宣的共谋协议提供了微妙的途径。由众多障碍性专利构成的专利联营常常有着“一荣俱荣、一损俱损”的经济关联，每个成员的技术实力，甚至其他资产都构成对联营体，进而间接对联营体其他成员的支持，成为支持专利联营的后盾。一旦联营体共赢的潜规则被破坏，导致专利联营体解散，各专利权人都将损失巨大。因此，所有成员可能心照不宣地维持价格、限制销售或划分市场。由于联营体成员具有共同的利益，他们均不会轻易破坏这个潜规则。出于维护自身利益的需要，专利权人一般会选择尊重这种潜规则，以保证专利联营体的长远生存。

三、对专利联营的反垄断分析原则

本身违法原则和合理原则是分析反垄断案件的两个重要原则。本身违法原则是指对市场上的某些限制竞争行为，不必考虑它们的具体情况和后果，即可直接认定这些竞争行为严重损害了竞争，构成违法而予以禁止。适用本身违法原则可以简化反垄断执法机构进行调查和取证的程序，提高认定经营者行为违法的效率，节约行政成本。但是，本身违法原则在简化执法程序、节约成本的同时，可能会损害反垄断执法的公平和正义。合理原则是指在认定一项限制竞争行为是否构成垄断和违法时，应在充分考虑当事人的行为意图、行为方式以及行为后果等因素后，综合权衡个案的效率效应和竞争效果。合理原则的优点是对个案行为进行实质性分析，有利于判决结果的公正，弥补了本身违法原则过于僵硬的不足。合理原则的缺点是具有很大的弹性，增强了争议解决的不可预见性，增加了诉讼成本和寻租的机会。

专利联营是一柄双刃剑，具有明显的促进竞争效果和潜在的反竞争效果，因此对其适用本身违法原则显然是不合适的，一般适用合理原则对其进行分析，综合考量其正反两方面效果。美国 1995 年《知识产权许可的反托拉斯指南》规定，对大多数专利联营许可协议应当根据合理原则进行审查，主要审查联营协议的反竞争效果：首先，审查联营许可人间的水平协调行为是否可能导致下游产品间的价格竞争减少，如替代性技术的专利联营是否会导致最终产品的价格上升，联营参加方是否可能利用联营从事共谋；其次，审查联营是否可能损害创新，如联营组合专利权后是否会降低研发的积极性、阻止新产品的开发和妨碍降低成本的工艺创新等。目前，美国反垄断主管机构运用合理原则对专利联营进行分析时，主要基于个案的特定事实，重点审查以下两个问题：(1) 涉案的联营许可协议是否会促进互补性专利技术的一体化；(2) 如果促进了互补性专利技术的一体化，由此引起的竞争益处是否会超出许可协议其他方面所产生的竞争损害。

但这并不意味着总是要适用冗长而复杂的合理原则来对联营行为的合法性进行分析。在适当的场合，进行简略的分析就足以评估出该行为的合法性。如果对一个联营进行简要分析就能看出它属于明显的反竞争行为，如固定价格协议，那么就可直接对其适用本身违法原则。美国 1995 年《知识产权许可的反托拉斯指南》规定，“如果专利联营安排是达到公然固定价格或划分市场的方法，则可能要受本身违法审查”。在欧盟，2014 年的《关于技术转让协议适用〈欧盟运行条约〉第 101 条的指南》规定，技术联营的创立必然意味着联合销售联营技术，仅由或主要由替代性技术组成的联营会等同于固定价格卡特尔，本身应被认定为违反了欧盟竞争法。因此，对于明显的严重损害竞争的专利联营协议，应当根据本身违法原则进行分析。

鉴于专利联营具有明显的促进竞争效果和潜在的反竞争效果，单纯地适用本身违法原则或合理原则显然都是不可取的，应当根据各国的具体国情和社会经济发展水平确定反垄断执法的原则。在法律资源和执法能力有限的情况下，合理确定和划分本身违法原则和合理原则的适用范围能够有效地保证执法的效率。[①] 因此，在专利联营反垄断执法中，将本身违法原则与合理原则结合起来，能够大大地提高反垄断执法的效率，即通常对专利联营采用合理原则进行分析，仅在适当的场合，通过简要分析就足以评估出该行为合法与否时，才对其适用本身违法原则。

第三节　美国对专利联营的反垄断法规制

一、美国规制专利联营的历史发展

美国的专利联营自其出现以来走过了坎坷的历程，反托拉斯法律和政策在很大程度上决定了专利联营的命运。在自 1856 年第一个专利联营

① 参见唐要家：《反垄断经济学：理论与政策》，21 页，北京，中国社会科学出版社，2008。

(缝纫机专利联营) 产生后长达160多年的发展历史中，美国规制专利联营的态度发生了几次戏剧性的变化，经历了从对其完全放任到严格规制，再到合理规制的演变过程。

(一) 完全放纵时期

在《谢尔曼法》颁布后的前二十年里，即反托拉斯时代初始阶段，美国社会普遍认为行使专利权属于《谢尔曼法》禁止商业限制的例外情况，而专利联营则是专利权的延伸，因此应豁免适用《谢尔曼法》。在这种背景下，专利联营成为共谋行为无条件的庇护所，反托拉斯法完全放任其发展，而不加以规制。法院一般不把与专利有关的行为纳入反托拉斯调查的范围，它们认为“这些专利法的目标就是垄断”[①]。根据契约自由原则，专利权人和其他工业产权的拥有者享有广泛的、膨胀的权利。[②] 1902年，美国最高法院在波盟特诉全国哈罗公司案 (*E. Bement & Sons* v. *National Harrow Co.*) 中首开专利联营豁免反垄断法审查的先例。在本案中，专利联营设立了统一的许可条款，固定被许可产品的价格，并禁止被许可人挑战联营专利的有效性，但美国最高法院认为，“专利法的原则就是除了极少数例外情况，任何专利权人设置并经被许可人同意的有关制造、使用和销售产品权利的条件，只要不是本身违法，都应得到法院的支持。合同中维持垄断或固定价格条件的事实本身并不违法”[③]。美国最高法院在本案中确认了专利法优先于反托拉斯法适用的地位，判决专利联营豁免适用反托拉斯法，其判决结果充分反映了当时对专利联营的放纵态度。

(二) 严格执法时期

美国最高法院很快意识到了对待专利联营的过度宽容，并在10年后的另一个相似案例中突然改变了态度，专利权人通过专利联营完全自由地进行共谋的时代已经结束了。在1912年的 *Standard Sanitary Manufacturing Co.* v. *United States* 案中，美国最高法院认定一个标准卫生设备专利联营构成了垄断，并要求其解散。自此，美国法院开始以一种带有敌意的眼光来对待专利联营，专利联营也由此进入了发展的“黑暗时代”。在1945年的哈特福德帝国公司诉美国案 (*Hartford-Empire Co.* v. *United States*)[④]

① *E. Bement & Sons* v. *National Harrow Co.*, 186 U.S. at 91.

② See Willard K. Tom, Joshua A. Newberg, Antitrust and Intellectual Property: From Separate Spheres to Unified Field, *Antitrust L. J.*, 1997, 66, p. 169.

③ *E. Bement & Sons* v. *National Harrow Co.*, 186 U.S. at 91.

④ *Hartford-Empire Co.* v. *United States*, 323 U.S. 386 (1945).

中，美国最高法院谴责涉案专利联营消除了替代性技术之间的竞争以及具有垄断玻璃制造业的图谋，并判决该专利联营滥用市场支配地位进行固定价格和产量限制的行为违反了《谢尔曼法》。在整个 20 世纪六七十年代，美国最高法院一直将适用于专利权滥用的本身违法原则适用于专利联营，只要证明存在这种垄断性滥用的延伸，无须证明具有反竞争效果，法院通常会拒绝实施该专利的诉讼请求。① 在随后的一系列案件中，绝大多数专利联营都被认定为非法。

与此同时，反垄断执法机构对专利联营的态度也变得很不友善。从 20 世纪 30 年代起，美国司法部开始对专利联营展开了大规模的听证与调查，并提起了一系列针对专利联营的诉讼。截至 20 世纪 60 年代，美国司法部几乎审查了所有的专利联营，并认定 9 个专利联营在本质上违反了反垄断法。1969 年，美国司法部颁布了一份专利许可行为的清单——后来发展为著名的“九不准”（the “Nine No-Nos”）原则②，只要违反了其中的任何一条，除了构成反托拉斯法上本身违法的行为，还可能构成专利权滥用意义上本身违法的行为。1977 年，该原则被正式纳入《国际经营活动中的反托拉斯执法指南》，成为正式的审查标准。“九不准”原则的出台表明美国司法部对专利联营的怀疑态度达到了顶峰。自从“九不准”出台后，涉及专利联营的案件数量开始减少，因为美国司法部强硬的执法政策使专利权人不敢通过专利联营或交叉许可协议进行合作。③

（三）合理规制时期

20 世纪 70 年代后期，专利制度不受重视的负面影响在美国开始呈现。70 年代末 80 年代初，美国已出现巨额贸易赤字，国内经济进入低潮期，美国进行研发投资的总额明显减少。在这样的背景下，美国政府重新

---

① 参见饶爱民：《美国专利联营反垄断规制路径的演变及启示》，载《安徽农业大学学报（社会科学版）》，2010（1）。

② “九不准”包括下列内容：（1）要求被许可人从专利权人处购买非专利材料是非法的；（2）专利权人要求被许可人在许可协议执行后向专利权人转让任何应属被许可人的专利是非法的；（3）企图限制专利产品购买者转售该产品是非法的；（4）专利权人不应限制被许可人经营专利范围以外的产品或劳务的自由；（5）在没有被许可人同意的情况下不得向其他任何人转让许可为非法；（6）强制性一揽子许可的做法是非法的；（7）专利权人作为许可条件坚持让被许可人支付与被许可出售专利产品的销售无合理关系的专利使用费是非法的；（8）制造方法专利权人企图对被许可人用专利方法生产的产品的销售加以限制是非法的；（9）专利权人要求被许可人销售其专利产品时必须遵守指定价格或最低价格是非法的。

③ See Robert P. Merges，Contracting into Liability Rules：Intellectual Property Rights and Collective Rights Organizations，*Cal. L. Rev.*，1996，84，pp. 1293，1355.

认识专利制度的重要性。为适应高新技术产业发展的需求，美国政府开始实施强化专利保护的知识产权战略，并对专利制度进行一系列的制度创新，以强化对创新企业的专利保护。20 世纪 80 年代以来，专利联营的经济价值重新获得了社会的认同，美国法院和反垄断执法机构转而对专利联营采取支持的态度。随着这一时期专利权滥用原则的适用范围不断被缩小，美国法院不再运用本身违法原则来审查专利联营。1995 年，美国司法部和联邦贸易委员会联合发布了《知识产权许可的反托拉斯指南》，开启了反托拉斯法合理规制专利联营的新时代。《知识产权许可的反托拉斯指南》提议大多数联营许可协议应当根据合理原则进行审查，主要审查协议的反竞争效果。2007 年，司法部和联邦贸易委员会联合发布的《反托拉斯执法与知识产权：促进创新和竞争》报告再次确认了 1995 年指南关于专利联营反托拉斯审查的原则和方法的合理性。这预示着美国对待专利联营的态度已经趋于理性，即专利联营既不免受反托拉斯审查，也不应当受到特别的怀疑。在执法和司法实务中，美国反垄断主管机构和法院通过经济分析方法来权衡专利联营促进竞争的效果与潜在的反竞争效果，以综合判断个案中专利联营的合法性。

二、美国反托拉斯法对专利联营的规制现状

美国是判例法国家，司法先例是反托拉斯法规范专利联营主要的法律渊源。在成文法方面，《谢尔曼法》《克莱顿法》等是规范专利联营的重要依据。除此之外，美国反垄断主管机构还颁布了一些涉及知识产权许可的政策性文件，如 20 世纪 70 年代初美国司法部发布的“九不准”原则、1995 年的《知识产权许可的反托拉斯指南》以及 2007 年的《反托拉斯执法与知识产权：促进创新和竞争》联合报告。为了增强法律的透明度，为专利联营当事方提供明确的行为预期，美国司法部从 1997 年开始连续发布了多份商业审查函（business review letters）①，用来分析处理多个专利联营的典型案件，并对类似的案例起指导作用。

1995 年《知识产权许可的反托拉斯指南》集中反映了美国反垄断主管机构对待专利联营的一般态度、分析方法和法律适用原则。该指南于

① 商业审查函是根据申请人的申请，由美国司法部对特定商业安排，从反托拉斯法角度所发表的意见。最初的五份商业审查函分别是 MPEG-2 专利联营审查函、3C DVD 专利联营审查函、6C DVD 专利联营审查函、3G 专利联营审查函和 UHF RFID 专利联营审查函。这五份商业审查函的英文全文可以在美国司法部网站（http://www.usdoj.gov/）上查阅。

2016 年修订，但涉及专利联营的部分并未有实质性变化。1995 年《知识产权许可的反托拉斯指南》首先分析了知识产权法与反托拉斯法的关系，确立了三个一般性原则：(1) 在反托拉斯分析方面，主管机构认为知识产权与任何其他形式的财产同等重要；(2) 主管机构并不假定知识产权产生了反托拉斯意义上的市场支配力；且 (3) 主管机构认识到，知识产权许可使企业可以结合各种互补性生产要素，一般来说是促进竞争的。该指南还以举例的方式对有关专利联营方面的垄断行为的追究原则，以及在执法中应采取的一般态度、分析方法等进行了解释。

1995 年《知识产权许可的反托拉斯指南》还对上述三个一般性原则如何适用于专利联营安排进行了具体分析。一方面，指南分析了专利联营促进竞争的效果，认为专利联营安排通过互补性技术的一体化、减少交易成本、消除封锁性地位以及避免高成本的侵权诉讼等，带来了促进竞争的好处。另一方面，指南也指出了专利联营在某些情况下可能具有的反竞争效果：(1) 利用专利联营来垄断定价、限制产量、分配市场。(2) 如果专利联营成员在没有协议的情况下会成为竞争者或很可能成为潜在竞争者，而且他们之间的交叉许可又不能带来某种明显的社会经济效益，执法机构通常将予以追究。(3) 如果专利联营在下面的情况下拒绝其他企业参加也可能被认为影响了正常市场竞争：被专利联营排除在外的企业，失去了在相关产品市场上进行有效竞争的能力；专利联营在相关市场上具有垄断地位；参加专利联营的限制条件与联营内技术的发展没有必然的联系。(4) 专利联营妨碍了联营成员的研发创新。①

2007 年，美国司法部和联邦贸易委员会联合发布了《反托拉斯执法与知识产权：促进创新和竞争》报告，对 1995 年《知识产权许可的反托拉斯指南》实施十多年来知识产权领域的反垄断政策进行了简要回顾及评价，主张对知识产权权利行使过程中的各种限制性行为运用合理原则进行分析，重点是分析其对促进创新、改善效率的影响。该报告第三章专门对专利组合的交叉许可和专利联营进行了反垄断分析，认为主管机构现有指南中的有关专利联营协议的反垄断分析方法是合理的，足以应对知识经济时代产生的新问题。同时，主管机构在结论部分重申其一般会根据合理原则对专利联营进行审查。在运用合理原则时，反垄断主管机构既要审查联

① 参见尚明主编：《主要国家（地区）反垄断法律汇编》，276～277 页，北京，法律出版社，2004。

营的预期竞争效果，又要审查其限制竞争的可能性。执法机构在报告中得出了如下结论：（1）执法机构会继续按照1995年《知识产权许可的反托拉斯指南》的分析框架，根据合理原则来分析交叉许可和专利联营对竞争的影响；（2）由互补性专利组成的联营总体上是促进竞争的；（3）将可替代的专利并入专利联营的行为也并不当然具有反竞争的效果，关于其对竞争的影响将根据个案的具体情况进行分析；（4）对于专利联营协议中许可专利的条款对竞争的影响，将在个案基础上结合有利于竞争的因素和反竞争效果进行分析；（5）执法机构一般不评估专利联营确定的许可费用收费标准的合理性。①

三、几个典型案例及具体分析方法

美国反托拉斯主管机构处理专利联营的实践经验十分丰富，处理的案件更是不胜枚举。美国司法部反托拉斯署于1997年开始陆续发布了多份商业审查函，分别用来分析处理多个专利联营案件。这些审查函分析了专利联营带来的反托拉斯问题，讨论了这些专利联营行为可能减少竞争的特性，反映了美国反托拉斯法在这一领域的最新发展动向。美国司法部发布的这些商业审查函，都没有对所涉及的专利联营采取反托拉斯执法行动(antitrust enforcement action)。囿于篇幅，笔者从众多的案例中挑选了三个典型案例进行比较，并总结美国反托拉斯主管机构分析处理专利联营协议的基本观点和具体考量因素。

（一）MPEG-2专利联营案

MPEG-2是广泛应用于DVD、通信、卫星和广播等领域的数字视频压缩技术。MPEG-2专利联营由美国哥伦比亚大学和日本索尼公司等10家公司组成，并以共同成立的MPEG-LA充当专利许可的管理者。早在MPEG-2技术标准问世之后不久，就有竞争对手以违反反托拉斯法为由将MPEG-2技术标准组织告到美国司法部。1997年美国司法部对MPEG-2专利联营进行了审查，并最终认可了这种知识产权联合许可的模式。在该案中，美国司法部作出不采取强制行动的结论是基于以下六个方面的因素：（1）该专利联营只包括互补性的而非竞争性的专利，它们各自

① See U. S. Department of Justice & Federal Trade Commission, Antitrust Enforcement and Intellectual Property Rights: Promoting Innovation and Competition (April, 2007), https://www.justice.gov/atr/antitrust-enforcement-and-intellectual-property-rights-promoting-innovation-and-competition.

是为遵守 MPEG-2 技术标准所必需的，并且该联营协议对专利是否“必需”（essential）的界定是明确的，因为它要求两点：一是包括在联营中的每一专利没有技术上的替代品，二是参加联营的这些专利只在彼此相结合时才对 MPEG 产品有用。那些专利权人不是以竞争性的技术联营，而是将各自技术作为互补的技术成分贡献于联营体。（2）该许可是非独占性的，参加联营的每一个专利仍然可从单个的许可人那里单独得到，因此该联营不是采取一种要求被许可人接受其不想要的一揽子许可或多重许可的机制。（3）该专利联营利用专家来选择哪些专利是必需的，可以纳入联营中来，因此避免了不适当地将联营中其他专利的竞争性替代专利包括在内的情况。共同的许可人作为独立的实体聘请专家并支付费用。另外，由于每个成员的许可使用费是以其提供的必需专利的数量为分配依据，因此这种许可使用费的结构会促使联营成员拒绝其他成员非必需的专利。（4）该专利联营承诺平等进入。（5）该专利联营允许单方面同该标准进行竞争，这意味着它没有任何内容限制许可人开发替代技术，因此该专利联营将不会限制创新。（6）该专利联营带来了显著的效率，联营协议减少了积累为制造 MPEG-2 产品所需的各种许可证的时间和费用，该联营可能有利于竞争。①

（二）Summit Technology /VISX 案

Summit Technology/VISX 专利联营案是美国反托拉斯主管机构裁定违法，并采取反垄断执法行动的一起案件。1998 年 3 月，美国联邦贸易委员会宣布对 Summit 公司和 VISX 公司有关光折射角膜切除术（简称 PRK）的专利联营提出指控。PRK 是一种用激光改变角膜的眼外科手术，它能使许多人不需要戴眼镜或隐形眼镜。Summit 公司和 VISX 公司是经美国食品与药物管理局批准销售 PRK 设备的仅有的两家公司。Summit 公司和 VISX 公司将它们的 PRK 专利的大部分许可给了一家合伙企业，这家合伙企业然后将这些专利权全部许可给 Summit 公司和 VISX 公司，并只许可给它们。Summit 公司和 VISX 公司销售或出租 PRK 设备给眼科医生，并向那些医生授予实施 PRK 方法的分许可证。该专利联营协议要求 Summit 公司和 VISX 公司每实施一次 PRK 方法要向合伙企业支付 250 美元。而 Summit 公司和 VISX 公司又向它们各自的分许可证的被许可人每次收取 250 美元。

① 参见王先林：《知识产权与反垄断法：知识产权滥用的反垄断问题研究》（修订版），288～290 页，北京，法律出版社，2008。

本案中，美国联邦贸易委员会首先指控该协议排除了 Summit 公司和 VISX 公司之间本来在 PRK 设备市场、专利许可以及有关该方法的技术许可方面的竞争；其次指控该协议的排他性质减少了各方许可 PRK 技术给其他企业的刺激，从而限制了其他企业获得该技术；最后指控该协议中的费用条款大大地提高了消费者为 PRK 方法支付的价格。在美国联邦贸易委员会看来，付给合伙企业的 250 美元许可费事实上成为消费者支付费用的最低标准。VISX 公司和 Summit 公司与美国联邦贸易委员会于 1998 年 8 月达成和解，并同意解散专利联营。随后，美国联邦贸易委员会继续指控 VISX 专利是通过欺骗美国专利商标局获得的，因而是无效的。2000 年 9 月，美国专利商标局发布复审证书，重新确认 VISX 专利有效。美国联邦贸易委员会于是重启了该案，并于 2001 年 2 月撤回了指控。①

为什么美国反托拉斯主管机构在上述两个案件中采取了不同的态度呢？从对这两个专利联营的比较中，可以得到答案。

首先，MPEG 联营仅限于那些只有与其他专利相结合才对 MPEG-2 产品有用的专利，即是互补性专利的结合。而在 Summit Technology/VISX 案中，所联合的专利是竞争性专利。美国联邦贸易委员会指控，Summit 公司和 VISX 公司在没有该联营协议的情况下，本来可以并且也会在 PRK 设备的销售或出租方面通过相互挑战对方的专利或者其他方式彼此竞争。

其次，两种联营的排他性不同。MPEG 联营中的专利既可以从单个成员处获得，也可以从联营体中获得。而 Summit Technology/VISX 专利联营禁止任何当事人进行单方面许可，只能通过联营体进行许可。

最后，在 Summit Technology/VISX 联营中，无论是 Summit 公司还是 VISX 公司都有单独的拒绝许可权或许可否决权，这种否决权减少了两家公司中的任何一家将专利许可给其他 PRK 制造商的可能性。两家公司没有进行单方面许可的诱因，并且实际上也没有许可给任何人。而 MPEG 联营是特别用来促使将其所包括的专利以非歧视的条件许可给其他的制造商。

（三）3C DVD 专利联营案

3C 是指由索尼（Sony）、飞利浦（Philips）、先锋（Pioneer）三家拥有 210 项专利的公司创建的 3C DVD 专利联营，这是一个涉及 DVD 技术

---

① See Gavin Clarkson, David Dekorte, The Problem of Patent Thickets in Convergent Technologies, *Ann. N. Y. Acad. Sci.* 2006, 1093, pp. 180 - 200.

标准的专利联营。作为联营许可方之一的飞利浦公司，代表联营其他成员的利益，通过与权利拥有人签订双边协议的方式担任联营的共同许可人。美国司法部在 1998 年的商业审查函中对该专利联营进行了分析，并裁定其不违法，其推理过程有如下要点。

1. 该专利联营是互补性专利的结合

美国司法部认为在涉及标准的专利联营中，联营体内包含的专利必须是该标准所必需（essential）的专利，以确保专利之间彼此互补。如果专利之间存在替代性，则有碍竞争的问题就会发生。此类情形有二：第一，联营中的专利包含所有替代专利。替代专利是具有竞争关系的专利，本处于竞争状态，许可费可因为竞争而发生变动。专利联营若包含所有替代专利，加之专利许可过程中许可费收取方式统一，那么就会造成专利许可中替代专利间许可费固定，而价格固定被认为是当然违法的。第二，联营中的专利包含部分替代专利。这会造成未被列入的替代专利的竞争力可能被剥夺或减弱。至于如何确保 DVD 光驱专利联营中的所有专利仅包含互补专利，美国司法部相信专家有能力判断，使其不致包含实质替代专利，但是专家必须中立，且薪水与判断结果无关，以保证专家的判断不致偏颇。

2. 该案中联营不会导致相关市场的竞争闭锁

理由有三：第一，许可费不多，许可费占制造成本的比例很低，对产品价格影响不大；第二，该联营体将专利开放地授予任何有兴趣的人；第三，许可人不会取得各被许可人的成本资料，因此不会产生共谋问题。

3. 对创新市场影响不大

由于专利联营中的专利许可行为仅限于已提交的核心专利，未提交的专利不在联营许可的范围内，因此，联营体成员继续研发所产生的专利并非当然变成专利联营体中的专利，故而许可人继续研发的诱因不致降低。另外，被许可人的回馈授权仅限于核心专利，故而回馈授权范围已缩减。而且许可人因回馈授权所取得的权利，可转授权给其他被许可人，因此，可使其他被许可人减少取得核心专利的成本，并降低将来有人拒绝许可核心专利使用权的可能。因此美国司法部认为该专利联营对创新市场影响不大。①

四、小　结

从上述法律规定以及相关案例可以看出，美国反托拉斯主管机构对待

① 参见国家知识产权局知识产权发展研究中心编著：《规制知识产权的权利行使》，62～64 页，北京，知识产权出版社，2004。

专利联营的态度是灵活的，在对其进行具体分析时考虑到了专利联营可能给竞争带来的利弊，因此在执法过程中往往会综合考虑各种因素进行分析。通过对比分析上述案件，可以发现美国反托拉斯主管机构在处理这类案件时采用如下判断标准：

（1）判断被调查的专利联营中专利的有效性以及专利之间的相互关系。如果包含无效专利或已过期专利则不能得到反托拉斯法豁免。另外，如果专利之间的关系是竞争性的，那么将引起竞争法关注；如果是互补性或障碍性的，则一般被认定为具有促进竞争的益处。

（2）专利联营的许可是不是独占性的。如果许可是非独占性的，即参加联营的每一项专利仍然可从权利人那里单独得到，则对竞争没有损害；反之，将受到反垄断审查。

（3）专利联营内包含的专利是不是必需的（essential），即是否是核心专利。如果联营包含许多非必需的专利（对互补性专利而言），那么将产生妨碍竞争的效果。“必需”的标准有两点：一是包括在联营中的每一项专利没有技术上的替代品，二是该参加联营的专利只在彼此相结合时才有用。如果联营是利用独立专家来选择哪些专利是必需的，那么该联营就更不易受反托拉斯法关注，因为当局对专家基本上持信任态度。

（4）是否允许“平等进入”，即是否允许以相同的条件向所有被许可人提供许可。“平等进入”排除了任何使联营被用来损害其成员的竞争对手的可能性，因此不会排斥相关市场的竞争。

（5）是否限制创新，是否带来显著的效率等。联营中的组合专利权是否会削弱研发的积极性、阻止新产品的开发和妨碍降低成本的工艺（方法）创新是美国反托拉斯主管机构分析潜在的或现有的专利联营可能具有的竞争效果时的一个基本关注点。在司法部审查的五个专利联营案件中，反垄断主管机构赞成专利联营的一个重要原因就是这些专利联营都不会损害创新市场，并且联营成员继续进行研发的积极性也不会受到影响。

第四节　日本对专利联营的反垄断法规制

与美国相同，同为知识产权强国的日本也重视对知识产权与反垄断关系问题的研究，且早已将专利联营纳入反垄断法进行规制。日本涉及专利联营的法律规范主要有《禁止私人垄断及确保公正交易法》（简称《禁止垄断法》）以及日本公正交易委员会制定的一些指南，例如《关于管制专利和技术秘密许可协议中的不公正交易方法的指导方针》（1989 年）、《专利和技术秘密许可协议中的反垄断法指导方针》（1999 年，已废止）、《关于标准化和专利联营的指南》（2005 年）、《关于知识产权利用的反垄断法指南》（2007 年，2016 年修订）等。

一、《禁止垄断法》的规定

日本《禁止垄断法》是其处理一切垄断问题的基本法律。该法第 1 条规定了立法目的，即通过禁止私人垄断、不合理限制交易及不公正的交易行为，防止经济力量的过度集中，排除因联合、协议等方法形成的对生产、销售、价格、技术等不合理限制以及其他对商业活动的不正当限制，促进公平、自由竞争，发挥事业者的创造性，繁荣商业活动，提高就业水平及国民实际收入水平，以总体上确保消费者的利益并促进国民经济民主、健康发展。①

为了达成上述目的，《禁止垄断法》禁止下述三类行为：私人垄断、不合理交易限制、不公正的交易行为。《禁止垄断法》第 3 条规定：事业者不得进行私人垄断或不合理的限制交易行为。第 19 条规定：事业者不得实施不公正交易行为。所谓“私人垄断”，依《禁止垄断法》第 2 条第 5 项的规定，系指事业者单独地或与其他事业者相结合，或采取合谋等其他任何方式，排除或者控制其他事业者的商业活动，从而违反公共利益，实质性地限制一定交易领域内竞争的行为。所谓“不合理的限制交易行为”，依《禁止垄断法》第 2 条第 6 项的规定，系指事业者以契约、协议或其他合意行为，与其他事业者共同决定、维持或提高交易价格，或对数量、技术、产品、设备或交易对象等加以限制，相互拘束或支配其商业活动，从而违反公共利益，对一定交易领域内的竞争构成实质性的限制。所谓“不公正交易行为”，依《禁止垄断法》第 2 条第 9 项第 6 款的规定，系指以下可能妨害公平竞争，且由日本公正交易委员会认定的行为：（1）不公正地歧视其他事业者的行为；（2）以不公平的价格进行交易的行为；（3）不正当地采取引诱、强制的方式，使竞争方的顾客与自己进行交易的行为；（4）以不正当地限制对方商业活动为条件而进行交易的行为；（5）不正当地

① 参见时建中主编：《三十一国竞争法典》，155 页，北京，中国政法大学出版社，2009。

利用自己交易地位与对方进行交易的行为；（6）不正当地妨碍与自己有竞争关系的事业者与其他事业者的交易行为或妨碍其作为股东、干部的公司与其他交易者的交易行为；或者在该事业者是公司时，以引诱、唆使或者强制的不正当方式，使该公司的股东或者干部作出有损于公司利益的行为。

日本《禁止垄断法》并没有专门对专利联营作出规定，专利联营中所有问题都被纳入《禁止垄断法》禁止的上述三类行为中进行分析和规制。但在《禁止垄断法》中，立法者注意到了如何协调和规范知识产权拥有者行使其排他性权利的行为与《禁止垄断法》的适用之间的关系问题。日本在《禁止垄断法》第 21 条（原第 23 条）① 中作了明确的界定："行使著作权法、专利法、实用新型法、外观设计法和商标法规定的权利的行为，不适用本法。"然而，关于对该条的理解，在日本一直存在着不同的观点②，主要有：（1）适用除外说。该学说认为，就被确认为行使了知识产权法上的权利的行为而言，即使是违反了《禁止垄断法》第 3 条关于"事业者不得为私的垄断或不正当的限制交易"和第 19 条关于"事业者不得使用不公正的交易方法"的规定，《禁止垄断法》对其也不适用。这是较早的观点，目前很少有人再坚持这一学说。（2）权利滥用说。该学说认为，涉及知识产权的行为可分为：被确认行使知识产权法上的权利的行为和行使并非知识产权法上的权利的行为。对于后者《禁止垄断法》当然适用，即若权利人在行使权利时，滥用了其权利，超越了原有的范围，则这一行为违法。（3）背离宗旨说。该学说主张，即使是被认为行使知识产权的行为，当该行为背离了知识产权制度的基本宗旨时，同样可以对其适用《禁止垄断法》。该学说是日本经济法学界目前的主流学说，其基本观点后又被日本公正交易委员会所采纳。（4）确认说。该学说认为，知识产权同所有权等一般性财产权一样，都是以形成竞争秩序为目的的，第 21 条的存在，仅仅是在竞争上将知识产权同其他一般性财产权同等对待，该规定是为了确认，知识产权这一独占权（排他权）的存在和行使，其本身并不违反《禁止垄断法》。

从上述各学说的观点中可以看出，多数观点还是认为第 21 条所确认

---

① 日本《禁止私人垄断及确保公正交易法》制定于 1947 年，后来进行了多次修改，最近的一次修改是在 2019 年，部分条文在顺序上有所变动。

② 参见时建中主编：《三十一国竞争法典》，282～285 页，北京，中国政法大学出版社，2009。

除外适用的，并非违反了《禁止垄断法》的行为，违反了《禁止垄断法》的行为同样适用该法。也就是说，该条并没有缩小《禁止垄断法》可能适用的领域，仅仅是确认了拥有和正当行使专利权等知识产权法所赋予的权利的行为，其本身并不违反《禁止垄断法》。

二、《专利和技术秘密许可协议中的反垄断法指导方针》

早在1968年，日本公正交易委员会就根据《禁止垄断法》第6条的规定，颁布了《国际许可协议的反垄断指导方针》，明确将国际许可协议中的9种不公正的交易行为纳入《禁止垄断法》的调整范围之内。针对技术市场频频出现的利用知识产权合法排他性限制竞争的事件，日本公正交易委员会于1989年发布了《关于管制专利和技术秘密许可协议中的不公正交易方法的指导方针》，将许可协议中的限制性条款分为白色条款、灰色条款和黑色条款。然而，这两个指南均没有明确涉及专利联营。后经修改和补充，特别是在借鉴欧盟和美国的经验的基础上，日本公正交易委员会于1999年颁布了《专利和技术秘密许可协议中的反垄断法指导方针》（简称《1999年指导方针》）。在该指导方针中，日本公正交易委员会首次公开阐明了其对《禁止垄断法》第21条的理解，并对专利联营作出了专门规定。

（一）知识产权法与禁止垄断法之间的适用问题

《1999年指导方针》对专利许可协议与《禁止垄断法》第21条的关系进行阐述，指出，被认为是依据专利法行使权利的行为，不受《禁止垄断法》的规制，不会构成对《禁止垄断法》的违反；但即使是被确认为依据专利法等行使权利的行为，当其背离了以奖励发明等为目的的技术保护制度的基本宗旨和目的时，就不能再“被确认为行使权利的行为”，而应当对其适用《禁止垄断法》。具体判断可循以下两个阶段进行：第一，首先判断相应的行为是否属于行使权利的行为。如果断定该行为不属于行使权利的行为，则对其适用《禁止垄断法》。第二，如果确认是属于行使权利的行为，则应依据技术保护制度的目的和宗旨对其作进一步的审查，当确认该行为背离了技术保护制度的宗旨和目的时，对其适用《禁止垄断法》。在确认某一行为应适用《禁止垄断法》之后，再根据指南的基本观点对该行为进行评估，以确定它应属于不合理的交易限制、私人垄断还是不公正的交易行为。

(二) 私人垄断问题

《1999 年指导方针》对可能出现的利用专利、技术秘密的排他性形成“私人垄断”的问题作出了直接的规定。其规定了以下几种情形：(1) 通过在竞争者之间订立相互许可使用合同或专利联营合同的方式限制竞争；(2) 强有力的企业将专利权等积聚在自己手中引发限制竞争问题；(3) 在许可使用合同中设定限制性条款，构成了垄断问题。从私人垄断的角度来看，如果专利联营被用于排除（主要是联合拒绝许可）或控制其他企业的经营活动，并且实质性地限制了特定产品或技术市场的竞争，则会构成《禁止垄断法》上的“私人垄断”。

(三) 不合理的交易限制问题

在通常情况下，由于专利权等知识产权的特殊性，许可人出于保护自身权益和技术的需要，对被许可人施加一定的约束应当属于合理合法的范围，但在下列场合，有可能构成不合理的交易限制：(1) 竞争者之间订立了相互许可使用合同，即通常所说的交叉许可协议。在这种场合，许可协议是否形成了对市场的分割，当事人之间是否就限制竞争达成了协议，是判断是否构成不正当地限制交易的关键。(2) 在竞争者之间订立了专利联营合同。(3) 知识产权的拥有者同时向几个被许可人发放其权利使用许可时，利用使用许可对该数个被许可人施加共同的约束条件，在他们之间划定彼此间的市场范围，并且统一产品的价格等。从不合理的交易限制角度来看，专利联营可以产生促进竞争的效果，其本身并不违法，但如果当事人利用专利联营协议从事相互限制性的商业行为，如相互限制销售价格、生产数量、销售数量、销售渠道、销售地域、研究开发等，实质性地限制特定商品或特定技术市场上的竞争，则可能构成《禁止垄断法》第 3 条中的不合理的交易限制。

(四) 不公正的交易行为问题

关于不公正的交易行为的规定主要有三种情形：(1) 原则上不属于不公正的交易行为的情形；(2) 在有些场合属于不公正的交易行为的情形；(3) 原则上属于不公正的交易行为的情形。第三种情形违反了《禁止垄断法》，主要包括：第一，权利人对被许可使用人在被许可使用的专利权消灭后继续使用该项专利技术作出了限制，并对其附加了使用该项技术应继续支付使用费的义务；第二，权利人对被许可使用人自己或与第三人就被许可的专利、技术秘密或竞争技术进行开发研究或共同开发研究作出了限制；第三，权利人要求被许可使用人承担将改进发明、应用发明、改进的技术秘密和应用技术秘密归属于其权利本身的义务，以及实施独占使用许可的义务；第四，合同终止后仍附加了许多限制，并且明显违反了法律规定。因此，如果在专利联营中规定了上述限制，则该专利联营的行为将被纳入不公正的交易行为。总之，从不公正的交易行为角度来看，属于“白色条款”范围内的专利联营协议条款会被视为“依专利法的权利行使行为”；属于“灰色条款”范围内的专利联营协议条款除非具有合理的限制理由，否则不应被视为“依专利法的权利行使行为”；属于“黑色条款”范围内的专利联营协议条款，如限制转售价格、限制销售等，一律不得被视为“依专利法的权利行使行为”。

此外，《1999 年指导方针》还专门对专利联营进行了具体分析。根据该指南，专利联营是指数个专利权人将其拥有的专利授权给某一特定主体，由其再授权给联营体的成员或其他第三人。一般来说，专利联营具有增加专利的使用效率、促进成员的技术交流等益处，通常不会产生《禁止垄断法》上的问题。但是如果出现了以下情况，就违反了《禁止垄断法》：第一，专利联营的成员彼此同意接受共同限制，包括对于专利产品的销售价格、产量、销售据点或销售区域等的相互限制，或对于研发领域或授权对象的相互限制等。第二，出现若不参加专利联营，就不可能从事相应事业的活动的情形，即事实上由该专利联营所建立的市场已形成了封闭性的市场结构，而且随着规模的不断扩大，相应的知识产权不断地集中，所形成的市场的封闭程度也越来越高，在这种情况下，若是拒绝向外部发放相应的知识产权使用许可，那么就构成“私人垄断”。此外，对于研发领域或授权对象进行相互限制等，也将违反《禁止垄断法》的规定。

三、《关于标准化和专利联营的指南》

2005 年，日本公正交易委员会颁布了首个专门涉及标准化和专利联营的政策性文件——《关于标准化和专利联营的指南》[①]（简称《2005 年指南》），阐明了反垄断法审查技术规格标准化活动和联营专利进行规格技术许可的原则。其目的在于为当事人提供明确的行为预期，以防止发生违反反垄断法的行为。其规定代表了日本公正交易委员会处理专利联营及相关问题的新态度，因此，对该指南进行分析研究十分必要。

---

① See Guidelines on Standardization and Patent Pool Arrangements(2006)，https://www.jftc.go.jp/en/legislation_gls/imonopoly_guidelines_files/Patent_Pool.pdf.

《2005 年指南》由三部分组成：引言部分阐述了信息技术等领域产品规格标准化的重要性，简要分析了专利联营解决“专利丛林”难题的作用，重申了《1999 年指导方针》对专利联营的适用性；第二部分详细阐明了反垄断法审查标准制定活动的原则，明确了反垄断法适用于产品规格的标准化活动和标准专利权的行使；第三部分详细分析了标准中的联营专利引发的反垄断问题，指出了标准专利联营的反垄断审查方法，并结合参考案例具体分析了专利联营许可条款的竞争效果。鉴于该指南第三部分集中体现了日本反垄断法审查技术规格标准化活动及联营专利进行规格技术许可的指导原则和具体分析方法，下文将作具体阐述。

（一）基本观点

标准专利联营和许可参与者与标准开发活动中的参与者并不必然相同，其对竞争效果的影响也不一样。因此，即使在标准开发活动不违反反垄断法的情形下，对标准专利联营和许可活动进行反垄断审查也是必要的。

（1）标准专利联营是高效率地授予必要专利许可以及保证总体许可费用不致过高的一种有效方式。专利联营通过促进新产品的生产和营销的方式来鼓励竞争。但是，如果竞争者组成的标准专利联营相互限制专利的利用以及对下游市场中被许可人的商业活动施加限制，则专利联营可能会限制竞争。

（2）对标准专利联营活动引发的垄断问题将根据个案特点以及市场情况，例如标准化产品在相关产品市场的份额及联营在该市场中的地位等进行评估。对于联营对竞争产生的效果将进行综合评估，不仅包括反竞争效果，也包括促进竞争的效果。在以下情况下，即应用该标准的产品市场份额不高，并且存在数个替代性的技术标准，或者标准涉及的所有必要专利可以通过专利联营以外的途径获得，竞争者组建的标准专利联营通常不会对市场竞争产生实质性影响。此外，除固定价格或划分市场外，如果专利联营在相关市场所占的份额不超过 20%或者还存在其他至少四种可以利用的技术标准，则竞争者通过专利联营许可专利技术，对被许可人施加特定的限制通常不会产生反垄断法问题。

（3）即使不能满足上述这些条件，在许可时对被许可人附加条件限制也并不必然引起《禁止垄断法》上的问题。每个专利联营案件的具体情况不同，因此应结合具体的市场条件，例如涉及标准的产品在相关市场的市场份额、市场中是否存在其他替代性联营或标准存在个数等，来分析其对竞争的影响。

（二）审查联营行为是否违反《禁止垄断法》的方法

1. 被联营专利的技术特征

第一，仅由核心专利构成专利联营的情形。仅包含核心专利的联营行为与其他专利联营行为对竞争的影响是不同的。如果联营专利仅为核心专利且许可条件固定，则专利技术之间的竞争不会受到限制。为了避免违反反垄断法，将联营中的专利限制为核心专利是必需的。确保对每一专利是否为必要专利的评估不会武断，以及由具有技术特长的独立第三方进行评估也是必需的。

第二，由非核心专利构成专利联营的情形。如果联营的专利包括非核心专利，并对竞争产生下列影响，则该行为有可能限制竞争，从而产生反垄断法上的问题：一方面，如果若干替代性技术专利组成联营并以固定的条件对外许可，则由于这些替代性技术专利基于许可条件原本相互竞争，联营后这些替代性技术之间的竞争会受到限制；另一方面，如果存在若干替代性技术专利且部分组成了联营，并与核心即必要专利一同实施一揽子许可，没有纳入联营的技术很难被联营被许可人接受，从而被排除出技术市场。

总之，当非核心专利被联合时，反竞争的效果应被审视，必须进行分析评估。基于上述各种市场条件，分析非核心专利联营对竞争产生的影响应考虑以下因素：联合这些专利是否有合理的必要性或有促进竞争的影响；专利拥有者是否能不通过专利联营而自行对外许可他们的专利；市场中的商业组织是否可以选择它们认为必要的专利，并只就这几项专利签订许可协议。

2. 参加联营活动的限制条件

《2005年指南》认为，仅限定那些符合特定条件的专利权人加入联营体一般并不引起《禁止垄断法》上的问题，只要这些条件被认为对专利联营的管理具有合理的必要性，并且不会限制竞争。而在参加联营体时附加某些限制，当限制被认为对管理活动具有合理的必要性，并且对特定的参与者没有无理的歧视时，一般也不会引起《禁止垄断法》上的问题，例如，基于每个专利对实现产品功能的重要性不同进行许可费用的分配等。

然而，对参与者就被联营专利进行使用上的限制，例如禁止在联营体外进行许可，一般并不被认为对管理具有合理的必要性，它很可能对竞争产生显著的影响。因此，附加这些限制将有违反《禁止垄断法》的风险。

3. 联营活动的管理

在联营活动的运行过程中，通常由一个管理机构负责许可、收取许可费、审计被许可人的经营状况以检查其是否符合许可条件等。该机构还收集被许可人的商业秘密，诸如产量、销售价格等。如果联营体成员或联营体中的其他被许可人能够获得这些商业秘密，那么这些信息将可能被用于实施违反《禁止垄断法》的行为，例如产量限制或销售配额、固定价格等。

《2005 年指南》指出：为了避免这些违反《禁止垄断法》行为的出现，并确保联营活动具有促进竞争的效果，限制专利联营管理机构获得被许可人的商业秘密十分重要。一个可行的建议是，专利联营体的管理机构由与联营体成员没有人员和资本关系的第三方担任。

（三）专利联营许可协议中对被许可人的限制

专利联营在许可协议中对被许可人进行的种种限制，可根据《1999 年指导方针》中的原则来分析其对竞争产生的效果。但通过联营体签订的涉及标准的许可协议可能对下游市场的被许可人的商业活动产生很大影响，并且这种影响将广泛牵涉许多其他被许可人。因此，认真分析其对竞争的影响十分必要。

1. 对不同的被许可人设定不同的许可条件

涉及标准的专利拥有者组成专利联营，并对不同的被许可人实行不同的许可条件，例如授权使用范围限制以及以不同的专利许可费进行许可等，并不必然引起《禁止垄断法》上的问题。它们对竞争的影响将在不同的案件中得到审视，以判断这样对不同的被许可人适用不同的条件有多大的合理性。例如根据下游市场的供给状况决定许可费，或根据被许可产品的生产规模来决定，这些并不会引起《禁止垄断法》上的问题。

然而，联营体在许可协议中没有正当理由对某些特定的商业组织施加不同的条件，例如无正当理由拒绝许可、要求不合理的高于其他被许可人的许可费用、不合理地限制专利的使用范围等行为直接并严重影响遭遇这种歧视的被许可人的竞争力，因而存在违反《禁止垄断法》的风险。《2005 年指南》认为，为了避免违反《禁止垄断法》，除非有区别对待的合理必要性，否则对被许可人应一视同仁。

2. 对研发活动的限制

在通过专利联营体许可涉及标准的专利过程中，限制被许可人对涉及标准的技术的进一步研发或单独研发与该标准技术竞争的技术，或限制其与第三方联合研发与该标准技术竞争的技术，都将使发展这些技术或标准变得十分困难，并有限制产品和技术市场的竞争的风险。

但在制定标准被认为是一项必须共同研发的活动，并且一小部分竞争者努力地共同开发出了该标准的核心技术的情况下，上述限制行为被认为是在合理限制的范围内。但是，一旦标准制定活动完成，在许可协议中限制被许可人进行研发将可能被认为不再具有任何合理的必要性，并引起《禁止垄断法》上的问题。

3. 回馈授权的义务

要求被许可人就其对技术的改进回馈授权给联营体的行为将限制技术市场的竞争，理由如下：首先，这项义务将加强该联营体在市场中的优势地位，同时也使发展替代技术或替代标准变得困难；其次，如果被许可人的改进技术提供了与联营体中的专利技术不同的功能或效用，那么这些技术之间的竞争被限制了。

但在被许可人的改进技术专利正好构成标准的核心专利的情形中，在要求被许可人加入联营体时，如果不限制其只能通过联营体许可，且没有其他使用核心专利的限制以及对被许可人没有歧视性对待，则回馈授权一般不会引起《禁止垄断法》上的问题。

4. 对无效专利不得提起诉讼的限制

对被许可人附加不得挑战专利有效性条款或称不争执条款（non-challenge clauses）将剥夺被许可人质疑联营体中的专利有效性的机会，如果协议中允许这种对专利有效性的质疑，可能导致联营体中的所有其他专利权人都终止与被许可人之间的许可协议的后果。比起终止所有的协议，被许可人更愿意放弃对专利有效性提出质疑，因为后者对其商业活动影响较小。因此，以终止与被许可人就联营体中的所有专利所订许可协议为威胁，对被许可人附加非挑战性条款，将引起《禁止垄断法》上的问题。

但如果仅终止那些被提起无效诉讼的专利的许可协议，并将这些专利排除出联营体，则不会剥夺被许可人质疑联营体中专利有效性的机会，也不会引起《禁止垄断法》上的问题。

5. 禁止以专利权对抗的条款（non-assertion of patents clauses，NAP）

当被许可人研发出自己新的专利技术时，如果专利联营限制被许可人在联营体内主张其专利权，并禁止其对联营体中的专利拥有者行使其所获得的专利权，将实质上导致被许可人的专利成果在联营体内的聚集。这意味着在协议中对被许可人的这种限制将增强专利联营体的优势地位，限制了被许可人之间可替代技术的竞争，并实质上限制了技术市场的竞争。

但是，在被许可人获得或将获得一个与标准有关的核心专利的情况下，如果在要求被许可人带着该核心专利加入联营体时，不强令其仅通过联营体进行许可，且没有其他对使用该核心专利的限制，亦不对其区别对待，那么对被许可人施加上述限制（NAP）一般不会引起《禁止垄断法》上的问题。

四、《关于知识产权利用的反垄断法指南》

进入 21 世纪，日本面临着在新形势下既要保护知识产权以激励创新，又要通过反垄断法的实施确保竞争机制不被扭曲的难题。在此背景下，日本公正交易委员会通过广泛征求意见，于 2007 年 9 月颁布了《关于知识产权利用的反垄断法指南》[①]（2016 年对部分内容进行了修改，简称新《指南》），1999 年颁布的《专利和技术秘密许可协议中的反垄断法指导方针》同时废止。新《指南》的内容包括四部分：第一章“序言”概述了竞争政策与知识产权制度的相互关系、该指南的适用范围和主要内容，第二章阐明了反垄断法适用于与知识产权有关的限制行为的基本原则，第三章从私人垄断和不合理交易限制的角度分析了日本公正交易委员会对限制技术使用、限定许可范围以及专利联营、多重许可和交叉许可的基本观点，第四章从不公正交易行为的角度分析了日本公正交易委员会对限制技术使用、限定技术使用范围等各种限制性行为的基本态度。

（一）基本原则

新《指南》阐述了日本公正交易委员会在知识产权领域中适用反垄断法时所遵循的基本原则，即区分知识产权权利行使行为和违反反垄断法的行为、市场界定的原则、减少竞争效果的分析方法。

（二）关于私人垄断与不合理交易限制的观点

新《指南》指出：与技术使用有关的限制如果“排除或控制了其他企业的商业行为”，则必须根据《禁止垄断法》中有关私人垄断的条款进行审查。阻止技术使用的行为、限定技术使用范围的行为以及对技术使用施加限制性条件的行为，通常被视为权利行使行为。但是，如果这些行为实

---

① See Guidelines for the Use of Intellectual Property under the Antimonopoly Act（2007, revised 2016）, https://www.jftc.go.jp/en/legislation_gls/imonopoly_guidelines_files/IPGL_Frand.pdf.

质性地限制了特定商业技术领域内的竞争，并违背了知识产权制度的宗旨和基本目标，则构成私人垄断，应受到反垄断法的规制。

新《指南》指出：如果“一家企业与其他企业合作，相互限制或协同从事商业行为”，则对与技术使用有关的限制将根据《禁止垄断法》中的不合理交易限制的条款进行审查。从不合理的交易限制观点对上述行为进行审查非常必要，尤其在与技术有关的限制所涉及的当事方之间存在竞争关系的情形下，竞争者之间组成的专利联营就是这样的例子。

新《指南》指出：专利联营有利于促进商业行为所需要的技术的有效利用，建立专利联营不会自动构成对交易的不合理限制。但在下列几种情形下，专利联营的许可行为可能会构成不合理的交易限制：（1）如果在一个特定的技术市场中，拥有替代性技术的各方设定一个专利联营，共同制定使用该替代技术的许可条件（包括技术的使用范围）并实质性限制与这些技术有关的交易的竞争，则该行为构成对交易的不合理限制；（2）如果这些企业限制联营各方对许可给专利联营的技术的任何改进，或共同限制被许可人，实质性地限制了与技术有关的交易的竞争，则构成对交易的不合理限制；（3）如果在特定产品市场相互竞争的企业就生产产品所必需的技术建立专利联营，并从专利联营中获得这些技术的许可，若这些企业共同制定使用技术的产品的价格、产量、销售客户，则在该行为实质性地限制了系争产品交易的竞争时，构成对交易的不合理限制；（4）如果在特定产品市场相互竞争的企业建立专利联营，并由联营体作为唯一机构向其他企业授予许可，若该专利联营机构在没有合法理由的情况下拒绝向新的加入方或已加入方授予许可，则构成共同阻碍新的进入或阻止现有企业商业行为的行为。该行为在实质性限制了系争产品交易的竞争时，构成对交易的不合理限制。①

（三）关于不公正交易行为的观点

依据新《指南》，如果专利联营施加与技术使用有关的限制符合一定的要件，并倾向于妨碍公平竞争，则根据《禁止垄断法》中有关规制不公正交易行为的条款对其进行审查。专利联营实施的阻止联营技术使用、限定技术使用范围、施加与联营技术有关的限制以及施加其他限制条件等行为，通常不会违反反垄断法，但若这些行为具有妨碍公平竞争的倾向，并

① 参见王先林：《知识产权与反垄断法：知识产权滥用的反垄断问题研究》（修订版），162～163页，北京，法律出版社，2008。

与专利制度的目标相背离，则构成不公正交易行为。

五、典型案例分析

《关于标准化和专利联营的指南》列举了九个案例，这些案例是指南中部分观点的具体化，对实践具有很大的指导作用。出于篇幅考虑，下文仅述及其中的三个案例。

（一）案例一

A、B、C 三个公司是家庭用具 a 的主要制造商。由于 a 需要与其他外围的设备配套使用，这三个公司就将外围设备的技术规格标准化，以扩大 a 的市场。此外，这三个公司将涉及这些规格标准的技术中的核心专利组成一个联营体，并开始将它们的这些专利许可给其他生产商。该标准产品在 a 商品的相关市场中的市场份额超过了 70％。而 D 公司和 E 公司在没有使用上述联营体的核心专利的情况下，共同开发出了一种能实现相同功能的替代技术，这两个公司生产的 a 商品与上述标准是兼容的。另外，在这两个公司获得了相关替代技术的专利后，它们也开始考虑将这些替代专利许可给其他生产商。在这种情况下，A、B、C 三个公司与 D、E 公司协商，希望 D、E 公司将它们的替代专利加入相关联营体，并与 A、B、C 公司的核心专利一起，整体授权给其他生产商；并要求 D、E 公司在没有经过联营体同意的情况下不能将它们的专利单独许可给其他生产商。

《2005 年指南》分析：在这个案例中，A、B、C 公司利用标准生产的产品份额在 a 家庭用具的相关市场中已超过 70％，而且并不存在一个与该标准有关的替代的专利联营。此外，A、B、C 公司与 D、E 公司协商将替代专利技术加入相关联营体，并将其与 A、B、C 公司的核心专利一同整体授权的行为，以及不允许 D、E 公司在未经联营体同意情况下进行许可的行为，将限制 a 家庭用具的制造商选择技术的自由。在这种市场条件下，技术市场上的竞争实际上被限制了。因此，上述行为违反了《禁止垄断法》，属于不当的交易限制行为。

（二）案例二

A、B、C 三公司是信息通信产品 a 的主要厂商，它们共同制定了产品标准以便有效地完成它们之间产品的数据传输。这三家公司将它们制定该标准所需技术的核心专利组成专利联营，并将这些专利整体授权给其他生产该产品的厂商。以该标准技术为基础生产的产品的市场份额为 80％。另外，这三家公司在该技术标准基础上进行技术改进（add-on technology），增加了新的功能，并就改进技术获得了专利。它们正计划鼓励联营体的被许可人采用该改进技术。此外，除了这三家公司，D、E公司也开发出了可以实现上述新功能的竞争技术，并且也获得了专利。这两家公司也鼓励上述联营体的被许可人采用该竞争技术。在这种情况下，A、B、C公司决定将其开发出的改进技术的专利也加入联营体中，与联营体中的核心专利进行整体授权。此时，D、E公司就很难找到潜在的被许可人来使用它们的竞争技术，于是，D、E公司决定撤出该领域。

《2005年指南》分析：在这一案例中，由该标准所生产出的产品的市场份额已达到80%，并且没有其他涉及相关标准的专利联营的存在，将什么样的功能添加到该标准产品上的决定权应留给被许可人，让其自由决定。而A、B、C公司将它们改进技术的专利添加到相关专利联营体中，并将其与核心专利整体授权的行为，被认为限制了被许可人选择技术的自由。同时，在上述市场条件下，排除D、E公司在技术市场上所发展出的竞争技术，实际上限制了技术市场的竞争。因此，该行为属于私人垄断范畴，违反了《禁止垄断法》。

（三）案例三

A、B公司是工业设备a的主要生产厂商，它们连同其他10个公司接受半导体制造商的供应。考虑到将半导体技术规格标准化可确保各厂家之间商品的兼容，A、B公司连同其他10个公司与最大的半导体制造商C决定制定半导体技术标准。A公司的a1、a2专利，B公司的b1、b2、b3专利以及C公司的c1、c2专利都是核心专利。A、B、C公司决定将它们的核心专利联合起来，并将它们整体授权给其他厂商。此外，这三个公司约定不以通过联营体许可以外的途径向其他厂商许可它们的专利。目前，从该联营体中获得授权制造出的产品在a所需要的半导体芯片市场中份额达到了80%。

半导体厂商D已经在该联营体的授权下制造了一些产品，由于其已开发出新的技术规格标准并可确保与上述标准的兼容，D公司希望向上述联营体的被许可人推广该标准。但是，这些被许可人在使用D公司的标准时，不可避免地会侵犯A公司的a1专利、B公司的b1专利，因此D公司请求A、B公司允许在采用D公司所制定的标准所生产的产品中使用它们的专利。A、B公司在与C公司商量后，决定不答应D公司的请求，理由是答应该请求会违反专利联营中的约定。结果是D公司发展的规格标准无法被生产a的厂商用于生产出新的半导体商品。

《2005年指南》分析：在这一案例中，A、B公司和其他10个公司占据了为a所需的半导体芯片市场的80%的份额，且没有相关技术的替代专利联营存在。作为核心专利的拥有者，A、B公司分别决定拒绝D公司的要求的行为并不会引起《禁止垄断法》上的问题，但当A、B公司与C公司协商一致后拒绝D公司的请求时，该行为排除了D公司发展出的新的技术标准，实际上限制了技术市场的竞争。因此，该行为属于私人垄断，违反了《禁止垄断法》。

六、小　结

通过上述分析可以看出，日本对专利联营进行反垄断法规制的基本观点是：对专利联营行为，应放在各个不同的案件中进行分析。不同的市场条件，例如产品在相关市场的份额，或专利联营中专利的构成的不同，例如是由核心专利还是由非核心专利构成等，会产生不同的《禁止垄断法》上的问题。同时，评价专利联营行为对竞争的影响，不仅要分析其不利于竞争的方面，还必须分析其促进竞争的方面。日本在规制专利联营方面，采取的是由《禁止垄断法》总体规制，再加上具体指南的模式。这与美国的模式具有很大的相似性。日本反垄断机构也是采取合理原则对专利联营进行分析，这与美国的做法也基本上一致。与美国不同的是，日本对专利联营的规制更加具体，其对专利联营活动整个过程中可能涉及的反垄断问题，包括参加联营活动时可能施加的准入限制、联营体管理机构可能存在的垄断问题、在许可协议中对被许可人进行的限制（如对不同的被许可人设定不同的许可条件、对研发活动的限制、回馈授权的义务、对无效专利不得提起诉讼的限制、被许可人不得对联营专利拥有者和联营其他被许可人主张专利权的限制）等，都进行了分析。从以上分析来看，日本对专利联营的规制尽管更趋细化，立法上却采取了较为宽容的态度。

第五节　欧盟及我国台湾地区对专利联营的规制

一、欧盟竞争法对专利联营的规制

欧盟是个特殊的法域，其竞争法体系比较复杂，由欧盟竞争法和各成员国国内竞争立法构成。欧盟制定的竞争方面的条约、规则等在效力上高于成员国的竞争法，各成员国可以直接实施欧盟竞争法，也可以将欧洲竞争法纳入本国竞争法中间接实施。就法律形式而言，欧盟竞争法体系包括欧盟制定的条约、规则、指令及成员国制定的法律等成文法，以及欧洲法院和各成员国法院的裁判构成的判例法。欧盟竞争法采取一般禁止加豁免制度的立法模式。

（一）《欧盟运行条约》

《欧盟运行条约》第 101 条（原《欧共体条约》第 81 条）和第 102 条（原《欧共体条约》第 82 条）是规范专利联营的主要法律来源。第 101 条包含 3 个款项：第 1 款禁止与共同市场不相符的限制竞争性协议，第 2 款规定该类协议自动无效，第 3 款规定符合一定条件的该类协议豁免适用第 1 款。根据欧洲法院的判决，欧盟竞争法保护的只是知识产权所有权的“存在”，至于知识产权所有权的“行使”，则应受到《欧盟运行条约》的约束。由于专利联营本质上可以被视为知识产权的联合许可行为，因此专利联营应受到《欧盟运行条约》的约束。《欧盟运行条约》第 102 条规定，一个或一个以上企业滥用其在共同体或共同体之重大部分之支配地位的行为，因其影响成员国之间贸易而应被视为与共同体市场不相容，并被禁止。这种支配地位可以由一家企业所占有（单独支配地位），也可以由两家或以上企业共同占有（共同支配地位）。欧盟相关判例法显示，企业拥有市场支配地位本身并不违法，但不得滥用市场支配地位损害共同市场内原本具有的正常而真实的竞争。构成滥用市场支配地位必须同时具备以下三个条件：首先，相关企业具有市场支配地位；其次，存在滥用行为，包括排除性滥用行为（将竞争者排除出市场）和掠夺性滥用行为（具有支配地位的公司滥用其支配地位）；最后，该滥用行为对共同体市场竞争造成了损害。依据上述标准，在欧盟，专利联营可能会与竞争规则，尤其是《欧盟运行条约》第 102 条不相符合。①

（二）《240/96 号条例》

欧盟于 1996 年 1 月 31 日颁布的《关于技术转让协议集体适用欧共体条约第 81 条第 3 款的第 240/96 号条例》（简称《240/96 号条例》）将技术转让合同条款分为白色清单条款、黑色清单条款和灰色清单条款，通过对属于白色清单的限制条款给以豁免，对列入黑色清单的限制条款予以竞争法上的打击，对灰色清单范围内的限制条款规定通知异议程序，来最有

① 参见饶爱民：《欧盟竞争法对专利联营的控制》，载《电子知识产权》，2013 (3)。

效率地处理专利权行使行为与竞争法的关系。列入黑色清单的限制条款主要是禁止争执约款、协议期间超过专利期限、限制竞争自由条款、价格约束行为、禁止越区交易协议、禁止出口、限制交易对象、数量或次数上的限制、回馈义务、搭售、销售限制等。由于专利联营具有复杂性，欧盟并未将专利联营简单地列入任何类型化的清单之中。尽管《240/96 号条例》将豁免的范围拓宽到其他类型的知识产权，但该条例同样不适用于专利联营。

（三）《772/2004 号条例》

欧盟于 2004 年 4 月 27 日制定了《关于技术转让协议适用条约第 81 条第 3 款的第 772/2004 号条例》（简称《772/2004 号条例》）。《772/2004 号条例》取代了《240/96 号条例》，对技术转让协议集体豁免作出了专门、系统的规定。《772/2004 号条例》删除了白色清单和灰色清单，仅保留了过去黑色清单中的“核心限制”内容，成为欧盟判断技术转让协议合法与否的重要标准。与以往的技术转让协议集体豁免条例相比，《772/2004 号条例》的“鉴于”部分第 7 条明确规定，本条例也不应当包含涉及专利联营的协议，即将数种技术集合起来并打包许可给第三方的协议。同样，《772/2004 号条例》将专利联营排除在集体豁免之外。值得注意的是，欧盟委员会认为，设立专利联营的协议和联营体对外许可协议是不同的，两者应区别对待。《772/2004 号条例》仅不适用于建立专利联营的协议，因为这类协议往往会涉及多个当事方，并且还会引起其他类型许可协议中不会出现的诸多特殊问题，例如联营专利的选择、联营管理等。但联营体向第三人授予的单独许可，则与其他类型许可没有本质区别，因此可以适用《772/2004 号条例》的规定。同年颁布的《技术转让协议指南》对此作出了明确规定。

（四）《技术转让协议指南》

为了更好地适用《772/2004 号条例》，并为该条例适用范围以外的技术转让协议适用《欧共体条约》第 81 条提供指引，欧盟委员会于 2004 年颁布了《关于技术转让协议适用欧共体条约第 81 条的指南（2004/C 101/02）》（简称《技术转让协议指南》）。该指南明确规定技术联营的概念是指“这类协议，协议中两个或两个以上的当事人将一揽子技术集合起来，不仅向该联营的当事人许可，还向第三人许可”。《技术转让协议指南》还专门在第 IV.4 部分对技术联营所涉竞争问题，逐一详细地作了规定，如技术联营与标准的关系、技术联营的法律适用、技术联营的限制竞争和促进竞争两方面的效果、技术联营合法性的分析方法和判断标准等；同时对技术联营中一些特殊问题的处理和联营体管理机构的组成及经营作了规定。该指南就联营合法性的判断提出了两个重要的区分：技术补充与技术替代的区分，必要技术与非必要技术的区分。该指南对涉及替代技术和非必要技术的问题，采取更严厉的态度，赋予的豁免机会明显少于仅涉及补充技术和必要技术的情形。①

（五）《316/2014 号条例》及指南

2014 年 3 月 21 日，欧盟委员会颁布了《关于技术转让协议适用〈欧盟运行条约〉第 101 条第 3 款的第 316/2014 号条例》（简称《316/2014 号条例》）。与《772/2004 号条例》相同的是，《316/2014 号条例》同样明确规定它不适用于建立技术联营的协议，即目的是将技术授权给第三方的技术联营协议。② 两者的不同之处在于，《316/2014 号条例》明确规定，该条例不适用于由联营体将技术授权给第三方的协议。换言之，联营体向第三方授予的单个许可协议也不在豁免范围之内。

《316/2014 号条例》颁布不久，欧盟委员会于同年 3 月 28 日颁布了《关于技术转让协议适用〈欧盟运行条约〉第 101 条的指南》（简称新《技术转让协议指南》）。新《技术转让协议指南》确立了根据《欧盟运行条约》第 101 条评估技术转让协议的基本原则，从而为《316/2014 号条例》以及不适用该条例的技术转让协议提供具体指引。在专利联营方面，新《技术转让协议指南》对旧版指南中关于专利联营的内容进行了整合，阐述了欧盟委员会关于专利联营反垄断审查的基本政策主张。新指南对专利联营的概念及竞争效果、专利联营设立与运作的评估、联营与被许可人之协议中单个限制性措施的评估等方面作出了明确规定。新指南中关于专利联营的主要变化体现在以下几点：一是对联营专利必要性的界定不仅要考虑是否为生产某一特定产品所必需，也要考虑是否为某一标准所必需；二是专利联营与第三方订立的许可协议原则上不适用技术豁免条例；三是规定了专利联营设立和运作的“安全港”，全部满足“安全港”所列条件的专利联营设立和运营（包括对外许可）不在《欧盟运行条约》第 101 条禁止范围之内。这些条件包括：（1）参与专利联营设立过程向所有感兴趣的技术权利人开放；（2）采取了保护措施以确保纳入联营中的仅是必要技术

① 参见许光耀主编：《欧共体竞争立法》，244～249 页，武汉，武汉大学出版社，2006。

② 专利联营在欧盟也被称为“技术联营”，英文为“technology pool”。

(因此也必然是互补技术);(3)采取了充分的保护措施以确保敏感信息(如价格和产量数据)的交换仅限于设立和运作专利联营所必需;(4)联营技术在非排他性基础上获得许可进入联营;(5)联营技术根据公平、合理和非歧视条款许可给所有潜在被许可人;(6)联营技术许可人与被许可人可以自由挑战联营技术的有效性和必要性;(7)联营技术许可人与被许可人保留自由开发竞争性产品和技术的权利。

二、我国台湾地区对专利联营的规制

在我国台湾地区，不同学者对“patent pool”的翻译各不相同，有“专利联合授权”“专利集管”“专利联盟”“共同专利”“联合授权”等译法，“公平交易委员会”采取了“专利联合授权”的译法。

我国台湾地区对专利联营的分析主要适用 1991 年公布、2015 年修正的“公平交易法”，由“公平交易委员会”来执行。首先，根据“公平交易法”的规定，依照“著作权法”、“商标法”或“专利法”行使权利之正当行为，不适用该“法”之规定。这是专利联营中正当行使专利行为除外适用的依据。对专利联营进行分析最可能适用的就是“公平交易法”第 7 条，该条规定：“本‘法’所称联合行为，谓事业以契约、协议或其他方式之合意，与有竞争关系之他事业共同决定商品或服务之价格，或限制数量、技术、产品、设备、交易对象、交易地区等，相互约束事业活动之行为而言。”依据这一规定，对专利联营可循以下几个步骤加以分析：(1)事业间是否有共同一致或互相约束事业活动之行为；(2)是否为水平联合；(3)是否足以影响市场功能。[①] 由于专利联营是数个专利权人整合其专利，对外共同授权，故其授权行为将受到联营体成员间协议的约束，故满足第一项。而是否满足第二项和第三项通常需要具体分析。关于何以构成水平联合，“公平交易委员会”的观点是，并非只在联营体成员拥有替代性专利时才构成水平联合，只需拥有同一技术领域或同一产品相关专利者，即属同一产销阶段之水平联合。[②] 而关于何以构成足以影响市场功能，“公平交易委员会”的判断标准有以下几种：(1)以参与联合行为事业的市场占有率为标准；(2)以参与之事业体数目为标准；(3)以下游事

---

① 参见庄春发:《论“足以影响市场功能”的联合行为》，载《月旦法学杂志》，2001 (2)。

② 参见“公平交易委员会”1991 年 4 月 25 日公处字第 091069 号“处分”(《“行政院公平交易委员会”公报》，第十一卷第五期，134 页以下) 理由二 (五) 1。

业反应作为标准。

值得注意的是，“公平交易委员会”目前虽然订有“审理技术授权协议案件处理原则”，但关于对“专利联合授权”应如何加以规范缺乏具体的规定，因此“公平交易委员会”如何处理“专利联合授权”问题，即成为业界关注的焦点。我国台湾地区实务中发生过专利联营案，如荷兰飞利浦、日本新力和日本太阳三家公司的 CD-R 专利联营案。这是“公平交易委员会”介入有关“技术联合授权”协议的第一案。该案中，被处分人主张其专利联合授权行为不属于联合行为，其行为“不足以影响生产、商品交易或服务供需之市场功能”，不需要报请许可。“公平交易委员会”认为：专利联合授权是否构成“公平交易法”上的“联合行为”，这是“公平交易委员会”首先要解决的问题。而要认定 CD-R“专利联合授权”是否构成“联合行为”，主要看其是否满足了“公平交易法”对“联合行为”规定的要件，包括以下几个方面：(1) 被处分人具备“联合行为”的主体资格。荷兰飞利浦、日本新力和日本太阳三家公司属于“公平交易法”上的“事业”应不存疑问。那么，这三家公司是否处于同一产销阶段、具有水平竞争关系？“公平交易委员会”认为，被处分人属于同一产销阶段，它们的专利也存在一定的替代关系，这三家公司也介入了 CD-R 光盘的销售，还部分地参与了产品的规格（标准）的制定，从而可以认定处于水平竞争关系。因此，这三家公司符合“联合行为”的主体要件。(2) CD-R“专利联合授权”协议符合“联合行为”的形式，即没有超出“契约、协议或其他方式之合意”的范围。(3) 这三家公司对权利金数额的商定和权利金比例的分配也属于“共同决定商品或服务之价格”的范围。(4) CD-R“专利联合授权”协议也满足了“联合行为”的目的要件，即该协议具有相互约束事业活动的目的。据此，“公平交易委员会”认定，CD-R“专利联合授权”已满足了“公平交易法”对“联合行为”规定的要件，构成联合行为，应承担法律责任，因此作出处分：被处分人等以联合授权方式，共同合意决定CD-R 专利之授权内容及限制单独授权，违反“公平交易法”第 14 条（事业不得为联合行为）之规定；被处分人应立即停止违法行为；处荷兰飞利浦公司新台币 800 万元罚款、日本新力公司新台币 400 万元罚款、日本太阳公司新台币 200 万元罚款。

这三家公司不服，随即提起行政诉讼。在与“公平交易委员会”缠诉 7 年后，台湾地区“最高行政法院”于 2009 年 4 月判决这三家公司胜诉，全案确定。“最高行政法院”判决认定：飞利浦等三家公司拥有的专利确实是 CD-R 光碟片生产不可缺少的技术，具有 CD-R 光碟片技术市场独占地位，但这三家公司拥有的符合“橘皮书”标准规格的专利技术，具有互补性，因此，彼此不存在竞争关系。据此，三家公司并无违法联合行为。三家公司联合行为部分既不成立，“公平交易委员会”原处分的事实已有不同，应撤销原处分及原诉愿决定，发回“公平交易委员会”重为处分。2009 年“公平交易委员会”重新立案审理，决议飞利浦等三家公司制定“橘皮书”规格，以共同授权方式，取得 CD-R 光碟片技术市场之独占地位，在市场情事显著变更情况下，不当维持授权金之计算方式、拒绝提供与授权协议标的有关之重要交易资讯、禁止厂商提出专利有效性之异议属滥用市场地位之行为，违反“公平交易法”第 10 条第 2 款及第 4 款规定。遂分处飞利浦公司新台币 350 万元罚款、新力公司新台币 100 万元罚款、太阳公司新台币 50 万元罚款。

总体而言，我国台湾地区对专利联营的反垄断法规制还欠缺详细的具体规范。我国台湾地区由于实行成文法，不同于美国等可以判例作为审判标准，因此，应有明确的规定，以更好地对专利联营中的排除、限制竞争行为进行分析处理。而目前我国台湾地区对“专利联合授权”模式，除“公平交易法”中几条笼统规定以及“公平交易委员会”公布的“审理技术授权协议案件处理原则”外，没有更具针对性的规范。这一现状显然无法为市场主体提供明确的指引，更不能满足对专利联营这种复杂案件进行审理的需要，从而无法很好地解决相关争议。

第六节　域外经验的借鉴及我国实践的改进

一、我国的现状

（一）我国企业面临的严峻形势

虽然我国经济正快速向前发展，但我国企业同时也在知识产权领域面临着严峻的挑战，特别是外国企业利用专利联营这个知识产权大棒向我国企业施加压力。2002 年闹得沸沸扬扬的 DVD 专利权纠纷使人们见识到了专利联营的威力：由日立、松下、三菱电机、时代华纳、东芝、JVC 六大技术开发商组成的 6C 专利联营向我国 100 多家 DVD 生产企业发出书面通牒，要求就专利使用费问题直接与各个商家谈判，并声称若不达成协议，将提起诉讼。随后，飞利浦、索尼、先锋等组成的3C联营也提出专利收费要求。专利联营的涉嫌垄断行为给我国DVD行业造成了严重的损害。事实上，国内企业涉及专利联营的远不止DVD产业，同样的事件随时可能在很多行业上演，如通信、软件、IT、摩托车、制药等领域都直接面临着威胁。外国企业正利用专利联营结成“统一战线”，联手攻击我国企业。由于我国企业对专利联营十分陌生，加之立法上存在空白，我国企业往往束手无策。

（二）我国立法现状

从我国学术研究的现状来看，近年来知识产权和反垄断法的关系渐渐成为法学研究的热点问题，而对专利联营的反垄断法规制研究则是该领域的一个新课题。目前，国内对该课题的研究尚处于起步阶段。虽然近几年出现了一些对专利联营进行研究的文章，但是这些文章更多的是从企业专利战略等非法律的角度进行研究，从法律角度进行研究的尚有欠缺。

从目前我国的相关立法来看，专门规制专利联营的法律法规较为缺乏，而规制专利权滥用行为的法律规定也很不完整，散见于各个相关的法律法规之中。除专利法本身对专利权行使有一定的内部限制，如强制许可、非营利实施、权利穷竭等制度以及《民法典》中的“禁止权利滥用”等原则也可适用外，对专利权滥用的规制在2001年发布的《中华人民共和国技术进出口管理条例》（后经多次修改，其中关于规制知识产权滥用的条文已被删除）、2019年修订后的《中华人民共和国中外合资经营企业法实施条例》、2016年修正后的《中华人民共和国对外贸易法》等法律法规中有所涉及，但规定多数较为笼统或较为局限，均未直接涉及专利联营。2007年8月30日第十届全国人大常委会第二十九次会议通过的《中华人民共和国反垄断法》第55条规定：“经营者依照有关知识产权的法律、行政法规规定行使知识产权的行为，不适用本法；但是，经营者滥用知识产权，排除、限制竞争的行为，适用本法。”这一关于知识产权垄断的规定非常抽象，没有列举出具体的种类，执法、司法实践中难以把握。

为了增强《反垄断法》第55条的明确性和可预见性，国家工商行政管理总局于2015年4月17日发布《关于禁止滥用知识产权排除、限制竞争行为的规定》。《规定》立足于工商行政管理机关（现为市场监督管理机关）的职责，对非价格的滥用知识产权排除、限制竞争行为作了细化规定，提高了工商行政管理机关反垄断执法的可操作性，为经营者合法行使知识产权提供了较为明确的指引。《规定》第12条对专利联营可能分别或者同时构成垄断协议和滥用市场支配地位的情况作出了规定：（1）禁止专利联营的成员利用专利联营交换产量、市场划分等有关竞争的敏感信息，达成《反垄断法》第13条、第14条所禁止的垄断协议，但是，经营者能够证明所达成的协议符合《反垄断法》第15条规定的除外。（2）禁止具有市场支配地位的专利联营管理组织没有正当理由，利用专利联营实施差别待遇、限制独立许可、强迫进行独占性回授、禁止质疑专利有效性等滥用市场支配地位的行为限制市场竞争。为进一步细化《反垄断法》第55条的规定，提高反垄断执法工作的透明度，2015年6月，国务院反垄断委员会办公室组织原三家反垄断执法机构（国家发改委、商务部、国家工商总局），会同国家知识产权局等成员单位开展《关于知识产权领域的反垄断指南》起草工作，历经近四年的修改完善，该指南于2019年1月正式发布。《关于知识产权领域的反垄断指南》规定，专利联营一般具有促进竞争的效果，但也可能排除、限制竞争，具体分析时可以考虑以下因素：（1）经营者在相关市场的市场份额及其对市场的控制力；（2）联营中的专利是否涉及具有替代关系的技术；（3）是否限制联营成员单独对外许可专利或研发技术；（4）经营者是否通过联营交换商品价格、产量等信息；（5）经营者是否通过联营进行交叉许可、独占性回授或者排他性回授、订立不质疑条款及实施其他限制等；（6）经营者是否通过联营以不公平高价许可专利、搭售、附加不合理交易条件或者实行差别待遇等。

现实生活中外国企业越来越多地利用专利联营这个有力武器来对付以低成本劳动力为优势的我国企业，而国内企业组建专利联营的案例也在不断涌现。虽然我国目前《反垄断法》已针对滥用知识产权排除、限制竞争行为作出了原则性的规定，并且反垄断执法机构也制定了涉及专利联营的相关规章、指南等具体指引，但徒法不足以自行，还需反垄断执法机构推动这些规范的有效执行，并结合实践情况和现实需要不断检视现有制度，适时作出修正。此外，我国司法机关在审理涉及专利联营的案件时，上述规章和指南对其并不具有绝对的约束力，而司法程序是定分止争的最后一道工序，因此加强立法、执法、司法之间的互动，也是需要加强的后续工作。

二、美国、日本等国家和地区的经验比较

在美国、日本等国，不论是反垄断法律制度还是知识产权法律制度，

都有较长的历史，特别是美国，对专利联营的反垄断法规制已有一百多年的历史，而我国《反垄断法》颁布仅十几年，知识产权制度的历史也比较短暂。因此，对这些国家的成功经验进行比较、借鉴，同时结合我国的具体国情来构建一个适合我国的规范体系，十分必要。

（一）立法模式比较

1. 相似之处

在立法模式上，美国、日本、欧盟，以及我国台湾地区存在某些相似之处，即都在反垄断基本法中对知识产权行使行为作出了原则性规定，其后出台一些专门的政策性法律文件。美国有《谢尔曼法》《克莱顿法》等反垄断基本法律对一般性的垄断行为进行规制；日本以《禁止垄断法》为基础，在《禁止垄断法》第21条中对知识产权行使的反垄断法适用问题作出原则性规定；欧盟则以《欧盟运行条约》第101条和第102条为基础；我国台湾地区以"公平交易法"第45条为原则性规定。这些原则性规定都不是具体针对专利联营的，而是对知识产权行使行为适用反垄断法的原则性条款。除了这些原则性规定，这些国家和地区还不断出台一些指导性文件，如美国司法部于20世纪70年代初出台了"九不准"，美国司法部与联邦贸易委员会于20世纪90年代共同发布《知识产权许可的反托拉斯指南》。在日本，也有一系列对专利联营直接或间接进行规制的指南，如日本公正交易委员会于2005年发布的《关于标准化和专利联营的指南》，以及经过修改和补充于2016年重新发布的《关于知识产权利用的反垄断法指南》。与美国仅在1995年《知识产权许可的反托拉斯指南》中以较小篇幅提到专利联营相比，日本的指南对专利联营的分析更为细致。

2. 不同之处

在具体规制的侧重点上，上述国家和地区之间存在一些不同之处。由于美国是判例法国家，因此，它在不断出台一些指导性文件的同时，也十分注重案例对实践的指导作用。美国司法部反托拉斯署（Department of Justice Antitrust Division）从1997年开始陆续发布了多份商业审查函，用来分析处理多个专利联营的典型案件，对类似的案例进行指导。而日本及我国台湾地区属于大陆法系，因此，较注重成文法对专利联营的规制。

（二）执法模式比较

1. 相似之处

不论是美国、日本、欧盟还是我国台湾地区，都有专门负责反垄断事务的执法机构，如美国的司法部和联邦贸易委员会，日本的公正交易委员会，欧盟的执行委员会以及我国台湾地区的“公平交易委员会”。这些机构负责反垄断案件的处理，有些还负责出台一些指导性的文件。

2. 不同之处

这些国家和地区的执法模式存在一些差异。作为英美法系的典型代表，美国更注重法院在处理案件中的作用。美国反垄断执法机构表面上是司法部反托拉斯署和联邦贸易委员会，但是这两个机构颁布的行政准则对司法机关没有任何法律约束力，它们只是对专利权人的一种指引，很少在法院判决中被引为依据。在崇尚法官造法的美国，对个案差异性的强调甚于对一般案件同一性的归纳。而在欧盟、日本，行政执法机关的作用则要广泛得多：它们不仅依据法律执法，而且还创设特别规则以方便执法。它们发布的行政法则除指引当事人正当行使权利、规范执法机关依法行动外，还可以作为法院判案的参考甚至依据。

此外，由于专利联营中的垄断问题不仅涉及反垄断部门，还涉及知识产权主管部门，因此，有些国家近年来在加强反垄断执法机构与专利主管部门之间的沟通和协调方面也作了努力，如美国。在过去，美国反托拉斯执法机构与专利组织之间几乎没有联系，但是随着同时涉及反托拉斯领域和专利领域的案件逐渐增多，2002 年，美国司法部与联邦贸易委员会共同举办了一系列以“知识经济时代的竞争政策与知识产权法”为主题的听证会。2003 年 10 月，美国联邦贸易委员会根据 2002 年听证会的内容，发布了题为《促进创新：竞争与专利法律及政策的适当平衡》的报告。① 美国联邦贸易委员会在该报告中指出：联邦贸易委员会、司法部和专利商标局之间要增强联系，相互交换意见。竞争制度与专利制度应进行协调，以达到适当的平衡。2007 年出台的《反托拉斯执法与知识产权：促进创新和竞争》报告也充分体现出了这种合作协调的沟通机制。

（三）违法性判断标准比较

1. 总体态度上有相同之处

总体而言，美国、日本、欧盟及我国台湾地区在对专利联营的反垄断法规制态度上，都认为创立专利联营本身并不违反反垄断法，只有在专利联营中出现了滥用专利权的行为以及其他对竞争可能产生危害的情况下，

---

① See To Promote Innovation：The Proper Balance of Competition and Patent Law and Policy（October，2003），https://www.ftc.gov/sites/default/files/documents/reports/promote-innovation-proper-balance-competition-and-patent-law-and-policy/innovationrpt.pdf.

才需要法律对专利联营进行介入和裁度。而在衡量专利联营中存在的具体专利权行使行为是否对竞争造成影响时，也注重全面的分析，即不仅分析其带来的反竞争性效果，也分析其促进竞争的效果，将两者结合起来，综合考量。正如美国 1995 年《知识产权许可的反托拉斯指南》所指出的，联营协议通常是有利于竞争的，因为这些协议可以促进技术的传播。这些协议可能产生有利于竞争的影响包括清除障碍性专利的阻碍地位、避免昂贵的侵权诉讼、将互补性技术组合起来、减少交易成本等。但同时，联营协议在某些情况下也可能产生限制竞争的效果，尤其是当这样的协议被用作一种明显的实现固定价格、分配市场和顾客的机制时，就会对竞争产生严重的妨碍作用。而日本的《关于标准化和专利联营的指南》也指出，对于专利联营行为，在各个不同的案件中，基于不同的市场条件，例如产品在相关市场的份额或专利联营在市场中的地位等，会出现不同的《禁止垄断法》上的问题，而评价专利联营行为对竞争的影响，不仅要分析不利于竞争的方面，还必须分析其促进竞争的方面。

2. 在具体判断标准上，也存在诸多相似之处

第一，都注重区分专利联营中所含专利之间是竞争性关系（或称非互补性关系）还是非竞争性关系（或称互补性关系），或区分专利联营是否由核心专利构成。如果专利联营体中专利之间的关系是竞争性关系，相互之间具有替代性，那么，各国反垄断执法机构一般都对它们进行严格的审查。这是因为，竞争性专利之间的竞争会因组成联营而被限制或消除，并且该联营体的市场力量也会增加，进而影响整个相关市场的竞争。如果专利之间的关系是互补性的，相互之间存在依赖关系，则一般认为由它们组成的专利联营具有明显的促进竞争的效果。这种专利联营不仅有利于消除专利之间的障碍，减少由障碍性专利而引发的一系列法律冲突，防止侵权案件的发生，还方便被许可人获得许可，减少交易费用。因此，各国反垄断执法机构对其都采取较宽容的态度。但这并不意味着这种专利联营就受到反垄断法的绝对豁免，障碍性专利联营也存在一些固有的问题。例如美国有些学者认为，联营体中专利之间的障碍性关系或互补性关系很难准确界定。在判断专利之间是否存在互补性关系时，美国和日本都强调由独立的技术专家来认定和评估，这些专家不能与联营体有任何联系。

第二，都区分专利联营是否允许其成员单独向外许可专利。美国有关案例的判决结果显示，如果许可是非独占性的，即参加联营的每一项专利仍然可以单独从专利权人那里得到，该联营不是采取一种要求被许可人接

受其不想要的多重许可的机制，则该联营对竞争没有损害。反之，如果许可是独占的，则将受到反垄断审查。而日本《关于标准化和专利联营的指南》也规定，如果专利联营限制其成员在联营体外进行许可，一般并不被认为对管理具有合理的必要性，它很可能对竞争产生显著的影响。因此，附加这些限制将有违反《禁止垄断法》的风险。

第三，都注重对专利联营在相关市场中的地位及影响进行分析，但重视程度不同。在美国，反托拉斯法关注的焦点在于特定行为是否有助于提升整体经济效率以及消费者福祉，并看重整体市场的变化而非单一厂商的个别市场地位，因此，市场份额并不十分受重视。而欧盟和日本则更为重视市场结构以及厂商在该市场中的地位。对此规定最具体的当数日本。在日本，专利联营在相关市场中的地位是重要的考量标准之一。如《关于标准化和专利联营的指南》指出，“如果大量竞争者通过联营体许可他们的专利，符合这些情况：专利联营的市场份额在相关市场不超过20%……那么即使附加给被许可人特定的限制（除了明显的反竞争性的限制，例如固定价格或产品配额限制等）也不会违反《禁止垄断法》”。同时，该指南还分析在相关市场中是否存在其他替代的专利联营体或可替代的产品。该指南中提到，如果市场份额不适合用于分析对竞争的影响，则要求至少存在四个其他可选择的产品。如果市场中存在足够多可选择的对象，那么专利联营体的行为就应受到较宽容的对待。

第四，都注重对研发市场影响的分析。研发市场的创新是十分重要的，因此，各国在判断专利联营的反竞争性时，都考虑到了其对研发市场产生的影响。如果专利联营对其成员或被许可人施加的限制严重阻碍了研发市场的创新，则这些限制很可能受到反垄断机构的审查。如美国在3C专利联营案中就采用了这个标准，日本《关于标准化和专利联营的指南》也确立了这个标准。

三、我国对专利联营进行反垄断法规制的若干具体意见

（一）对专利联营应采取的基本态度

对专利联营的规制力度往往与该国的经济政策紧密相关，如美国反垄断机构在一百多年间，对专利联营的规制态度发生了翻天覆地的变化，而这些变化与其经济发展的步伐是协调一致的。在我国，一方面，目前我国企业面临的形势十分严峻，国外专利权人纷纷利用专利联营对我国企业发起专利战，已令我国企业损失惨重。如果对专利联营的立法态度过于宽

容，则不利于保护我国企业的利益。但另一方面，如果对专利联营的立法态度过于严厉，则从长远发展来看，有可能阻碍我国创新事业的发展。因此，应寻求一个恰当的规制力度。基于目前的形势，应适度偏重于对其作较严厉的规制，以防止本国企业遭受太大的冲击。而随着经济的发展，再对规制力度进行适当回调。

（二）立法模式的选择

世界各国家和地区的实践证明，以一部基本的反垄断法律为基础，辅之以各个时期不同的指南，对专利联营进行规制的做法是可行的，是一种有效的立法实践模式。因为在专利联营中出现的各种违法行为在不断变化，而反垄断执法也具有很强的政策性，反垄断法对知识产权的态度在不同的时期差别很大，它经常与不同时期的经济政策密切相关，因此，一部基本的反垄断法不可能一次性解决好所有涉及专利联营的问题，只能进行原则性的规定，具体问题则由反垄断执法机构根据不同时期的具体情况制定规章或指南来解决，以适应市场中不断出现的新的违法形态。我国在借鉴上述国家和地区成熟经验的基础上，结合我国的具体情况，也采取了这种立法模式。我国《反垄断法》第 55 条对滥用知识产权排除、限制竞争的行为作出了原则性的规定，然后依据《反垄断法》制定了具体的规章和指南，对《反垄断法》相关规定进行细化，其中包括如何对专利联营中出现的各种限制竞争行为进行规制。

（三）执法模式的选择

目前，我国法官的素质尚在提升过程中，并且法院任务繁重，而专利联营案件往往十分复杂，并牵涉经济学等相关知识，因此，我国不可能像美国那样，主要由法院审理专利联营案件。而设立一个独立并专门的反垄断执法机构是各国反垄断执法的趋势，这有助于保证反垄断执法的专业性、公正性和效率性，如日本的公正交易委员会。根据 2018 年《国务院机构改革方案》的规定，“将国家工商行政管理总局的职责，国家质量监督检验检疫总局的职责，国家食品药品监督管理总局的职责，国家发展和改革委员会的价格监督检查与反垄断执法职责，商务部的经营者集中反垄断执法以及国务院反垄断委员会办公室等职责整合，组建国家市场监督管理总局，作为国务院直属机构”。这意味着我国反垄断执法机构实现了统一，有利于对垄断行为的有效规制。我国反垄断执法机构应在下一步工作中，坚持依法行政，严格依据《反垄断法》以及相关规章和指南中的各项指引，加强与我国专利行政部门、司法部门、立法部门以及域外反垄断执法机构合作，持续强化反垄断执法，及时有效规制排除、限制竞争的专利联营。此外，我国反垄断执法机构与专利行政部门之间也应建立起良好的沟通渠道，密切合作，共同关注专利联营的发展，而不应相互漠视、各自为政。

（四）我国对专利联营应采用的分析原则

反垄断分析的原则有本身违法原则和合理原则。本身违法原则较之合理原则而言，对当事人更为严厉。我国对专利联营应采取本身违法原则和合理原则相结合的方法进行分析。对于明显违反反垄断法的，明文规定对其直接适用本身违法原则，而在法无明文规定的情况下，适用合理原则进行分析。理由如下：

首先，如前所述，专利联营既有促进竞争的效果，也有阻碍竞争的危险，因此，一概适用本身违法原则否认其合法性是不足取的。美国、日本等国通常都采用合理原则，根据不同的情况，如市场份额、被联合专利之间的关系、对被许可人采取的限制措施等情况，先充分分析其可能带来的益处和弊端，比较是利大于弊还是弊大于利，再认定其是否违反反垄断法。

其次，由于合理原则也有其明显的不足，主要在于它的确定性较低，那些适用合理原则进行分析的行为，其所产生的利益和损害有时很难量化，而且不同执法者可能会有不同的看法或者更强调某一方面，这就更增强了认定结果的不确定性，因此，对一些明显违反反垄断法的行为，应直接适用本身违法原则，以减弱其不确定性，也有利于节省执法成本。

当然，在将来的反垄断执法中，是更多地适用合理原则还是本身违法原则则可在综合考虑我国反垄断执法机构的执法经验和执法水平，以及经济发展水平等因素后确定。

（五）判断专利联营反竞争性的具体方法

（1）分析专利联营所联合的专利之间的关系，判断是竞争性关系还是障碍性或互补性关系。

我国《关于知识产权领域的反垄断指南》第 26 条第 2 款第 2 项对此已有所体现。如果专利联营体中专利之间的关系是竞争性关系，相互之间具有替代性，那么根据前文的分析，它们之间的竞争会因组成联营而被限制或消除，并使该联营体的市场力量增加，进而影响整个相关市场的竞争。因此，这种类型的专利联营应受到我国反垄断执法机构的密切关注。如果专利之间的关系是障碍性或互补性关系，专利相互之间存在依赖关系，则由它们组成的专利联营具有明显的促进竞争的效果，如消除专利障碍，减少法律冲突，防止发生侵权，便利许可实施，减少交易费用，等等。因此，我国反垄断执法机构对其应采取宽容的态度。美国、日本等国也都采取这种区分方法，且实践证明十分有效。

（2）对相关市场的情况进行分析。

这在我国《关于知识产权领域的反垄断指南》第26条第2款第1项中有所体现。首先，应分析专利联营体在相关市场中的地位。如果该联营体在相关市场中占垄断地位，或占有很高的市场份额，则它的行为就应受到反垄断执法机构的高度重视。反之，如果其在市场中占有的份额不高，则反垄断执法机构应对它采取较宽容的态度。至于具体确定市场份额的标准，应依据经济学原理和方法，结合我国的国情审慎为之。其次，应分析在相关市场中是否存在其他替代的专利联营体或可替代的产品。这是对市场份额审查方法的补充。如日本2005年《关于标准化和专利联营的指南》中提到，如果市场份额不适合用于分析对竞争的影响，则观察市场上是否至少存在四个其他可选择的产品。如果市场中存在足够多可选择的对象，那么专利联营体的行为就应受到较宽容的对待。

（3）对联营体成员的限制的反垄断分析。

这在我国《关于知识产权领域的反垄断指南》第26条第2款第3项中有所体现。对专利联营成员的限制主要包括以下两个方面：

首先，对参加联营的成员进行准入条件上的限制。如果加入专利联营有歧视性条件，则应引起反垄断法的警惕。笔者认为，仅限定那些符合特定条件的专利权人加入联营的做法一般不应受到反垄断法的规制，但前提是这些限制条件应是对专利联营的管理具有合理的必要性，并且不会限制竞争。

其次，对已参加联营体的成员进行专利使用上的限制。这种限制主要是指限制成员在联营体外进行专利许可，即要求成员只能通过联营体对外进行许可，不允许单独许可。如果联营体中所包含的专利只能通过该联营体被许可，则该联营体就应受到反垄断执法机构的高度关注，因为这种限制会带来技术垄断等反竞争效果，且对专利联营的管理并没有合理的必要性。如果联营体内的专利权人仍然可单独对外许可，则对竞争不会产生太大影响。

（4）对被许可人施加限制的反垄断分析。

这在我国《关于知识产权领域的反垄断指南》第26条第2款第5项和第6项中有所体现。专利联营往往会在许可合同中对被许可人施加种种限制，例如回馈授权、不质疑条款、要求不合理的高额许可费用、限制专利的使用范围，甚至拒绝许可等。如何判断这些限制的合法性呢？总结以上各国家和地区的做法，笔者认为应考虑如下因素：

首先，应考虑对研发市场产生的影响。专利联营的出现，本身就减弱了成员间的竞争而降低了企业，特别是联营成员创新的积极性，因回馈授权而受限的被许可人也会部分丧失改进技术的积极性。如果专利联营体的一些限制条款严重影响了企业创新的积极性，则通常应受到反垄断法的规制。

其次，应考虑对相关市场竞争的影响程度。一项限制如果严重影响了相关市场的竞争，则应被纳入反垄断法的规制范围。一项限制如果对相关市场的竞争影响不大，则应获得反垄断法的豁免。例如，要求被许可人就其对技术的改进回馈授权给专利联营的行为，在该技术与专利联营中的其他技术不构成互补关系的情况下，将加强该联营体在市场中的优势地位，使发展替代技术变得困难，因此，其限制了技术市场的竞争，应受到反垄断法的规制。但如果该改进技术与专利联营中的其他技术是互补性关系，则这种回馈授权的要求对技术的完善有益且对技术市场的竞争影响较小，因此不应引起反垄断法的关注。

再次，关于专利联营中的无效专利问题。专利联营往往成为无效专利的庇护场所。一些专利联营体通过对被许可人施加不得质疑专利效力的限制来保护这些无效专利，而这些无效专利增加了被许可人的负担。因此，我国应建立相应的机制，来防止专利联营成为无效专利的庇护场所。笔者认为，可通过建立无效专利揭发奖励机制以及对包庇无效专利的专利联营的惩罚机制来防止无效专利的存在。

最后，在将来的制度构建中，还需要公正的第三方（一般为独立的专家）的存在，因为不管是对专利联营体中专利之间关系的认定，还是对联营体的管理，都需要独立的专家或机构，只有这样才能降低违法行为的发生概率。

第十六章　专利的竞争法规制立法

随着专利权日益成为市场主体参与竞争的重要工具，如本书前述各章所呈现，专利权滥用的形态日益多样化，由专利权滥用引发的竞争法问题也日益严重，从竞争立法层面规制专利权不当行使的必要性日渐增强。美国、欧盟等相关国家和地区在专利的竞争法规制过程中，形成了较为成熟的专利权滥用规制范式。面对不断蔓延的专利权滥用现象，我国亟须在把握专利的竞争法规制机理的基础上，借鉴、吸收其他国家和地区在专利竞争法规制方面的立法经验和做法，推进专利领域的竞争立法进程，以更好地维护良好竞争秩序，保障社会福祉，促进技术创新和社会进步。

专利作为法定垄断权，需要遵守反垄断法设定的底线；专利作为一种竞争工具，也不能僭越反不正当竞争法的边界。对于这种十分微妙的彼此关系，表以法学术语就是专利的竞争法规制。近年来，无论是对涉嫌垄断行为的举报，还是由专利权行使所引起的不正当竞争案例、反垄断执法案例，在我国均呈一定的递增态势。可以说，知识产权密集行业正在成为我国竞争执法的重点。然而，由于专利权滥用行为与竞争法所规制的传统行为具有较大差异，在专利领域的相关竞争立法尽付阙如的情形下，将专利权滥用行为直接纳入竞争法，采用与其他财产性权利滥用相同的规制标准尚存诸多困难。学界对包含专利的知识产权领域的竞争专门立法进行了一定探讨和论证，与此同时，在具体的竞争执法实践中也已初步形成或正在充实竞争法实施细则或执法指南。在这种背景下，系统分析专利领域的竞争立法问题，对于促进竞争法在专利领域中的适用，提高竞争执法的可操作性和可预见性，维护市场秩序和消费者利益，具有现实意义。

第一节　专利的竞争法规制立法历程

专利的竞争法规制作为专利法与竞争法的交叉领域，总体上经历了规则雏形、规则成形、规则发展等漫长过程。由于美国在一定程度上主导着专利的竞争法规制发展历程，并形成了较为成熟的制度，故学理上大多以美国相关判例、规则的发展为历史线索，对专利的竞争法规制发展阶段予以归纳。下文，笔者结合美国在规制专利权滥用方面的具体实践及我国在规制专利权滥用方面的积极探索，对专利领域的相关竞争立法进行简要述评。需要说明的是，较之于垄断行为，专利权滥用所引起的不正当竞争行为相对较少且判定相对简单，故本书重点关注专利领域的反垄断规制。

一、规则雏形：互不僭越的“专利法与竞争法”

从法律起源来看，专利法先于竞争法产生。在产生之初，专利法和竞争法各自管好自己的“一亩三分地”，井水不犯河水，二者之间并无太多交集。随着经济社会不断发展，专利权不仅被当作激励技术创新的手段，而且成为市场主体参与竞争的重要工具，这在一定程度上成为专利权滥用行为滋生的土壤。“专利权滥用”作为法律术语起源于美国，主要指对专利授权期限和范围进行不合理或不被允许的延伸。① 为规制专利权滥用，专利权滥用原则在美国司法判例实践中应运而生②，在 20 世纪 40 年代至 70 年代，专利权滥用原则在美国得到不断发展，适用范围从起初的专利权人搭售不受专利保护产品的行为，扩展至专利权行使中的转让或许可行为（如回授条款、一揽子许可等）。③ 基于专利权滥用抗辩原则，专利权滥用将导致专利权人对所有侵权人失去强制执行力，即使在滥用行为与侵权行为之间没有任何联系的情况下也是如此。④ 总体来看，在 20 世纪 30 年代之前，专利权滥用虽然具有竞争违法行为的性质，但并没有在竞争法框架下被规制，而仅仅在专利侵权诉讼中作为被告的一种抗辩。“当被告以专利权人的行为违反联邦反托拉斯法进行抗辩时，法院一般认为在专利

① See Robin C. Feldman，The Insufficiency of Antitrust Analysis for Patent Misuse. *Hastings Law Journal*，2003，55，p. 399.

② 专利权滥用原则在判例上的适用，源于 1917 年美国最高法院大法官克拉克（Clarke）审理的 Motion Picture 专利案，该案创造了专利权滥用原则。See *Motion Picture Patents Co. v. Universal Film Manufacturing Corp.*，243 U. S. 502（1917）. 但实务界和理论界通常把 1942 年美国最高法院审理的莫顿盐业（Morton Salt）案作为专利权滥用原则正式确立的第一案。

③ See Marshall Leaffer，Patent Misuse and Innovation，*Journal of High Technology Law*，2010，10，p. 142.

④ 参见［美］罗伯特·P. 墨杰斯、彼特·S. 迈乃尔、马克·A. 莱姆利等：《新技术时代的知识产权法》，齐筠、张清、彭霞等译，240 页，北京，中国政法大学出版社，2003。

诉讼中，专利权人不应因违反专利法以外的其他法律而受到起诉。"① 可见，专利法与反托拉斯法之间的相互影响并没有引起法院的足够注意，法院一般不把与专利有关的行为纳入反托拉斯调查的范围。② 所以，在该阶段，虽竞争法对专利权滥用的规制跃跃欲试，但受历史条件的影响，人们似乎不愿具有公权色彩的竞争法介入专利权这一私权领域，这使得在规制专利权滥用方面，专利法一枝独秀、一统天下。

二、规则成形：互相渗透的"专利法与竞争法"

伴随着专利权行使范围的日益扩张，不断涌现出形态各异的专利权滥用行为，其中一些专利权滥用行为不断挑战着竞争法的底线，由于专利权滥用抗辩原则规制手段的有限性，其无法有效应对由专利权滥用所引发的竞争法问题。为遏制专利权不当行使，竞争法的触角开始延伸到专利权领域。美国在专利权滥用理论发展上，一马当先，形成了一大批诸如 Morton Salt 案、Windsurfing 案等判例③，创造了一大批规则④，以至于反垄断法后来居上，甚至在一段时间内，反垄断法对知识产权领域的垄断行为保持着高度警惕乃至严厉打压的态势，如"美国 20 世纪 40 至 80 年代、欧盟 90 年代以前均对本国或本区域知识产权领域的垄断行为予以严厉管制"⑤。但物极必反，反垄断法占尽风头之余，也留下"似有矫枉过正之虞"的疑虑。在竞争政策与产业政策此消彼长的较量中，专利法与竞争法之间也逐渐由对立走向对话，二者互相渗透的趋势日渐

---

① 徐棣枫、厉宁：《专利领域中的反垄断问题研究——试论滥用专利权》，载《南京大学学报（哲学·人文科学·社会科学版）》，1998（4）。

② 参见宁立志、胡贞珍：《美国反托拉斯法中的专利权行使》，载《法学评论》，2005（5）。

③ 如 1942 年 Morton Salt 案，美国最高法院认为任何"超越专利权垄断的界限"的行为都不能得到反托拉斯法的豁免。See *Morton Salt Co. v. G. S. Suppiger Co.*，314 U. S. 488，492（1942）. 又如在 1986 年 Windsurfing 案中，法院认为，构成专利权滥用，需要满足专利权人企图对专利权的期限或范围进行延展以及该行为产生了反竞争结果两个条件。See Windsurfing Int'l, Inc. v. AMF, Inc.，782 F. 2d 995，1001（Fed. Cir. 1986）. 1988 年美国《专利权滥用修正法案》第 271 条第 4 款规定，被控侵权人指控专利许可搭售构成专利滥用时，必须证明专利权人在相关市场具有市场力量。参见吴广海：《专利权滥用法律规制模式探讨》，载《中国科技论坛》，2012（1）。

④ 如 20 世纪 70 年代初，美国司法部通过了对知识产权授权行为进行审查的"九不准"原则，扩大了专利权滥用原则的适用范围。随后，美国司法部又将"九不准"原则作为正式审查标准纳入了 1977 年《国际经营活动中的反托拉斯执法指南》等。

⑤ 吕明瑜：《知识产权领域反垄断的政策选择——知识产权与反垄断法关系理论视角下的分析》，载《中国社会科学院研究生院学报》，2014（4）。

明显。美国司法部和联邦贸易委员会于1995年发布的《知识产权许可的反托拉斯指南》便迈出了知识产权法与竞争法协调发展的关键一步。该指南不仅为我们勾勒出专利权滥用的反垄断法与专利法双重规制模式，还确立了对知识产权许可合同进行反托拉斯法分析、评估的方法和原则，形成了专利权滥用的反垄断规制范式。此后，许多国家和地区深受这种规制范式的影响，并在一定程度上借鉴、吸收了美国的相关经验和制度。

综合来看，在知识产权领域反垄断法规制中，对专利权滥用形成了本身违法原则、合理原则、适用除外制度等认定规则和判定进路。其中，"本身违法是刚性适用，合理规则是弹性适用，除外规则是不予适用"①。具体来讲，第一，通过本身违法原则将一些严重损害竞争的专利权滥用行为直接确定为垄断行为加以苛责。第二，对于可能构成滥用的专利权行使行为，则综合运用经济学、法学等方法，通过合理分析作出专利权滥用是否符合反垄断规制要件的定论。当前，合理原则已经成为各国反垄断法普遍采用的原则，通过合理原则能对变动不居的经济世界与不断更新的经济理念作出及时的回应。② 第三，依据豁免制度或适用除外制度，将一些专利权行使行为个别地或集体地排除在反垄断法规制范围之外。如美国1995年《知识产权许可的反托拉斯指南》指出，设立反垄断"安全港"对于提供一定程度的确定性，从而鼓励许可行为是有意义的。③ 欧盟为平衡协调竞争法与知识产权法的冲突，修正了之前规定的"白、黑、灰"三色条款，只以"核心限制条款"反向规定不得豁免的情形，在简化判定程序之余也无形中扩大了可以豁免的范围。我国台湾地区"公平交易委员会"制定的"对于技术授权协议案件之处理原则"，"借鉴欧盟及日本的做法，将技术授权协议的限制条款分为不违反、违反和可能违反'公平交易法'等三种类型"④。通过设定相应的"安全港"，将专利权的正当行使行为以及对竞争基本上没有影响或影响不大的专利权行使行为，在反垄断法中予以适用除外，这样可有效避免竞争法对专利权行使的干预造成"误伤"。

---

① 李平：《垄断行为认定研究》，载《社会科学研究》，2008（4）。

② See *United States. v. Microsoft Corp.*，147 F. 3d 935，947－51（D. C. Cir. 1998）.

③ See Antitrust Guidelines for the Licensing of Intellectual Property，https://www.justice.gov/atr/antitrust-guidelines-licensing-intellectual-property#back1.

④ 谢黎伟：《台湾地区知识产权领域反垄断立法述评》，载《台湾法研究学刊》，2004（2）。

三、规则发展：互动平衡的"专利法与竞争法"

进入 21 世纪后，各国家和地区更加注重竞争制度与专利制度、产业政策与竞争政策的平衡和协调。"保护知识产权以激励创新，实施《反垄断法》以维护竞争，都是现代各国重要的政策选择。"① 为适应新情势，即使在专利领域已经制定相关竞争规则的国家和地区，也在政策的不断调整中进行着规则的不断修正，以期适应现实的需要。例如，美国分别于 2003 年、2007 年发布了《促进创新：竞争与专利法律及政策的适当平衡》报告、《反托拉斯执法与知识产权：促进创新和竞争》报告。第一个报告侧重从专利保护制度角度讨论专利保护制度如何与竞争进行协调，第二个报告侧重从反托拉斯执法角度讨论反托拉斯制度如何与知识产权保护制度进行协调。② 与此同时，伴随着美国成文法与判例法的不断发展，为准确反映知识产权领域反垄断规制出现的新变化，2017 年 1 月 12 日，美国司法部和联邦贸易委员会联合发布了《知识产权许可的反托拉斯指南》修正案。③ 再如，为反映欧盟在知识产权领域反垄断执法的新趋势，在欧盟关于技术转让协议的反垄断相关规定和指南于 1996 年首次颁布并于 2004 年进行修订之后④，2014 年欧盟对相关规定和指南再次进行修订，形成了《关于技术转让协议适用〈欧盟运行条约〉第 101 条第 3 款的第 316/2014 号条例》及《关于技术转让协议适用〈欧盟运行条约〉第 101 条的指南》等最新文本。又如，早在 1968 年、1989 年、1999 年，日本就开始不断完善和修正反垄断法在有关技术许可协议领域内的适用规则。日本为解决在新形势下既要保护知识产权以激励创新，又要通过反垄断法的实施确保竞争机制不被扭曲的难题，于 2007 年 9 月颁布了《关于知识产权利用的反垄断法指南》。⑤ 从中可以发现，相关国家和地区

① 王先林：《我国知识产权领域反垄断规则的新发展：对〈关于禁止滥用知识产权排除、限制竞争行为的规定〉的评介》，载《中国工商报》，2015 年 5 月 21 日第 3 版。

② 参见李浩成、王立武：《欧、美、日知识产权滥用反垄断立法规制比较与借鉴》，载《山东社会科学》，2015（6）。

③ See FTC and DOJ Issue Updated Antitrust Guidelines for the Licensing of Intellectual Property，https://www.ftc.gov/news-events/press-releases/2017/01/ftc-doj-issue-updated-antitrust-guidelines-licensing-intellectual.

④ 参见 Christopher Thomas、孙艺铭：《简析欧盟知识产权领域反垄断规定的新修订——兼论我国反垄断与知识产权领域的立法情况》，载《电子知识产权》，2014（5）。

⑤ 参见王先林、潘志成：《反垄断法适用于知识产权领域的基本政策主张——日本〈知识产权利用的反垄断法指南〉介评》，载《电子知识产权》，2008（1）。

都力求通过知识产权领域竞争规则的不断发展，促使专利法与竞争法保持动态的平衡。

就我国而言，之前国务院及国务院反垄断委员会、国家发展和改革委员会、国家工商行政管理总局、商务部等也都根据各自职权颁布了与竞争法配套的行政法规和规章，但涉及知识产权领域的相关规定较少。① 此后，这种局面有所改观。如 2015 年 4 月国家工商行政管理总局发布了《关于禁止滥用知识产权排除、限制竞争行为的规定》，2016 年 2 月《关于滥用知识产权的反垄断执法指南（国家工商总局第七稿）》② 面向社会公开征求意见。同时，国务院反垄断委员会办公室于 2015 年 6 月组织三家反垄断执法机构，会同国家知识产权局等成员单位开展指南起草工作。2017 年 2 月，国务院反垄断委员会办公室开始向其成员单位、专家咨询组专家征求意见，并根据回复意见对指南草案进行修改完善。2018 年 8 月，国务院反垄断委员会办公室根据国务院机构改革情况对指南草案部分内容作进一步修改完善。2019 年 1 月，国务院反垄断委员会发布了《关于知识产权领域的反垄断指南》，并于 2020 年以《2019 年反垄断规章和指南汇编》③ 的形式正式向社会发布。此外，最高人民法院还分别于 2004 年、2012 年发布了《关于审理技术合同纠纷案件适用法律若干问题的解释》《关于审理因垄断行为引发的民事纠纷案件应用法律若干问题的规定》等。

综合来看，在专利法与竞争法的互动平衡中，竞争法及其配套性细则逐步得到完善，相关国家和地区所制定的专利领域竞争执法指南，促进了竞争法在专利领域的适用。正如有学者所言，"一方面，通过延伸解释反垄断法的原则和规则，尽可能将其适用于知识产权限制竞争行为；另一方面，结合实践过程中遇到的问题，制定一系列规制知识产权领域垄断行为的规章、指南等，为严厉控制知识产权限制竞争行为提供法律依据"④。可以说，世界范围内，对专利权滥用进行竞争法规制，专利法与竞争法互

① 参见王先林：《对近期我国反垄断执法的观察和思考》，载《中国工商报》，2014 年 10 月 15 日第 3 版。

② 早在 2009 年，国家工商行政管理总局就启动了《关于滥用知识产权的反垄断执法指南》的制定工作，几经征求意见和修改，形成了该第七稿。

③ 参见国家市场监督管理总局反垄断局编：《2019 年反垄断规章和指南汇编》，30～42 页，北京，中国工商出版社，2020。

④ 吕明瑜：《知识经济条件下知识产权与反垄断法关系新特点探析》，载《河南省政法管理干部学院学报》，2008 (1)。

动平衡的格局已经或正在形成。

第二节　专利的竞争法规制立法理据

以制度发生学的角度观之，唯理主义建构论认为，人类可按照某种生活的理性设计来重新建构或者彻底改变存在的制度；进化理性主义则认为，“制度的源起并不在于构设或设计，而在于成功且存续下来的实践”①。专利的竞争法规制是经济、社会、文化等多种因素合力作用的结果，经历了漫长的演变过程，更多属于进化理性而非建构理性的产物。但从当代各国的制度发展实践来看，建构理性主义的立法在某些国家又占据着主导性地位。所以，在剖析专利的竞争法规制的立法动因时，既要关注特定的历史条件、特定的发展阶段，又要关注特定的制度中所蕴含的诸多考量因素。

一、功利主义论：保护公共利益的需要

自然权利论和功利主义论是知识产权领域常用的理论分析工具。就知识产权的正当性而言，现代功利主义理论认为，社会创立知识产权制度的终极原因在于为增加知识产品的供给提供激励，以确保公众更充分的获取权。② 由此观之，“专利只是经济政策的一个公共工具，有着两方面的功用：首先是提供刺激动机，刺激有实用性的发明创造不断涌现，从而导致社会福利的增长；其次，专利制度本身构成一个完备的信息系统，促进整个社会的技术信息的迅速传播，避免不必要的重复研究开发，从而减少社会财富的浪费”③。由于功利主义内蕴着追求社会整体福利的基本思想，“在功利主义看来，如果压倒个人权利会使功利最大化，或者，如果个人权利的行使会削减功利，那么，个人权利就应该被压倒”④。据此，专利权的行使可能就要受到源于社会公共利益的限制。所以，有研究者指出，知识产权的正当化并不只考虑权利人的利益，还应考虑更广泛的多数人的

---

① ［英］弗里德利希·冯·哈耶克：《自由秩序原理》（上），邓正来译，64 页，北京，生活·读书·新知三联书店，1997。

② 参见彭学龙：《知识产权：自然权利亦或法定之权》，载《电子知识产权》，2007（8）。

③ 崔国斌：《知识产权法官造法批判》，载《中国法学》，2006（1）。

④ 夏勇：《权利哲学的基本问题》，载《法学研究》，2004（3）。

利益，仅以传统的自然权理论来说明其存在的合理性显得有些薄弱，只有功利主义激励理论才能作为其合理存在的积极依据。因此，知识产权的行使应当更多地受到来自公共利益的限制。[①] 功利主义理论从社会公共利益的视角为对专利权的限制和规制作出了理论上的诠释。虽然法律意义上的公共利益并没有一个统一的界定，不同的部门法、不同的法律规范所代表的公共利益往往是不一致的，它们保护着各自的某类利益——如在专利法语境下，公共利益更多指的是激励发明创造、推进技术公开、促进科技创新和进步；而在竞争法语境下，公共利益主要表现为竞争秩序和一般消费者的利益——但是专利法与竞争法在促进和保护社会经济效率、推动社会创新、促进社会进步方面具有最终的一致性。在专利权行使过程中，如涉嫌权利滥用并构成垄断或不正当竞争，不仅违背了专利制度的设立宗旨，也违反了竞争法。此时，在专利法对专利权的行使作出内部限制之外，还需要以维护竞争秩序、促进社会公正、保护消费者利益等公共利益为其价值目标的竞争法自外介入。

二、市场失灵论：维护竞争秩序的需要

技术是把双刃剑，在造福人类的同时，如不加以合理运用，也可能危害社会的发展。被赋予专利权的技术亦然。按照西方传统经济学理论，市场经济以私权的发展为基础。《与贸易有关的知识产权协议》（TRIPS 协议）在其“序言”部分明确指出“承认知识产权为私权”。承认专利权是私权，不仅意味着专利更像是代表社会利益的国家与个人之间通过“对价”在知识的私有与公有之间实行的一种平衡[②]，还意味着专利是一种财产或可能成为市场竞争的工具。当专利作为一种市场竞争工具时，“形式上的垄断”有向“实质上的垄断”转变的危险。[③] 如受追求效率和财富最大化的影响，市场主体往往是自私自利的，他们不太可能考虑社会长远利益，更多关注眼前利益。在这种背景下，专利权滥用行为不期而生。正如有研究者指出：“知识产权一头连着创新，一头连着市场。随着新技术、新业态不断涌现，相关知识产权保护越来越突出，合理平衡知识产权权利

① 参见李扬、许清：《知识产权人停止侵害请求权的限制》，载《法学家》，2012（6）。

② 参见徐瑄：《知识产权的正当性——论知识产权法中的对价与衡平》，载《中国社会科学》，2003（4）。

③ 专利法语境下的“形式垄断”更多是一种“技术垄断”，即在技术领域中“跑马圈地”；竞争法语境下的“实质垄断”更多是一种“市场垄断”，即在市场竞争中“欺行霸市”。

人权益和社会公益的难度不断增加。”[①] 知识产权权利人通过滥用知识产权来排除、限制竞争的情形也会随之增多。正如本书此前章节所论述，专利权人通过在专利实施许可合同中设置“限制性条款”，促使其在相关市场中形成市场支配地位或市场优势，排除或限制竞争，获得垄断利润。这无疑会威胁到正常的专利交易秩序，扭曲市场资源配置机制，阻碍专利技术的传播，进而对社会公平和消费者福利产生重大影响，对技术创新和竞争秩序造成严重危害，市场最终趋于被架空而进入失灵的状态。“竞争法处于一般经济活动的基本规范地位，知识产权的行使也必须与其他经济活动一样接受竞争法制约，以竞争法允许的方式实现经济利益最大化”[②]，所以，当专利权的滥用对竞争秩序造成严重影响，触碰竞争法的底线时，便需要以保护公平竞争、提高经济效益和消费者福利为主要目的的竞争法对专利权滥用行为进行规制，从而最大限度地克服市场因自发性、盲目性、分散性和唯利性所带来的危害，进而恢复市场竞争秩序，并最终实现公共利益和社会长远利益。

三、法律局限论：阐释抽象规则的需要

从法解释学的角度观之，“在制定法律的时候，无论怎样审慎周详、字斟句酌，总难免在文义和语境上产生疑义；无论怎样总结概括社会矛盾的方方面面，在复杂多样的现实生活面前，总会出现疏漏不周、挂万漏一；无论怎样精雕细刻、科学圆满……法律的稳定性使之永远跟不上时代变化的步伐”[③]。所以，法律自身的局限性决定了法律解释存在的必要性。从竞争法的角度观之，在反垄断法方面，由于执法经验的不足，也为了更好地适应瞬息万变的市场垄断行为，我国《反垄断法》采取了较为原则或“粗线条”的立法模式。[④] 诚然，基于法律的稳定性、滞后性和社会的复杂性、变动性，竞争法不可能事无巨细、面面俱到。那么，此时便需要通过法律解释或进一步立法来延伸解释其规则。从专利领域的竞争法规制观之，有研究者认为，“尽管《专利法》、《对外贸易法》、《合同法》、《反不

---

① 吴学安：《依法规制权利滥用刻不容缓》，载《中国知识产权报》，2015 年 6 月 24 日第 9 版。

② 缪剑文、刘遷：《知识产权与竞争法》，载《法学》，1999 (6)。

③ 陈春龙：《中国司法解释的地位与功能》，载《中国法学》，2003 (1)。

④ 参见时建中：《我国〈反垄断法〉的特色制度、亮点制度及重大不足》，载《法学家》，2008 (1)。

正当竞争法》及相关法规、司法解释对滥用专利权有所涉及，但是不明确、不全面乃至相抵触的矛盾急待协调”①。纵观世界各国，“受到传统理论的影响，大多数国家在有关竞争立法中对知识产权基本适用反垄断法例外制度，这往往导致传统竞争法对知识产权滥用规制的法律空白”②。可见，受制于法律自身的局限，在专利的竞争法规制过程中，进行法律解释甚有必要。尤其是在反垄断法和反不正当竞争法均未对专利权滥用的规制进行明确规定的情形下，加快出台具有法律约束力的相关配套规则，出台或完善具有说明书、指导性文件性质的竞争执法指南，将形态各异的专利权滥用行为嵌合于反垄断法、反不正当竞争法所确定的竞争行为类型之中，对于促进竞争法在专利权滥用案件中的适用具有重要的现实意义。

四、制度移植论：弥补制度缺失的需要

从上文的分析中不难发现，进行知识产权领域的竞争立法，日益受到相关国家的重视。社会法学派的代表人物、美国大法官霍姆斯曾言：“法律的生命向来不是逻辑，而是经验”③。就专利的竞争法规制而言，“考察成熟市场经济国家此类立法的演进，可以发现它们大都经历了由点到面、由经验到理性、由个案到成文规则的发展过程”④。受立法缺失及执法、司法经验相对不足的制约，我国在规制专利权滥用方面存在着有法难依或无法可依的尴尬局面。法律移植是法律现代化的重要方式之一，适当借鉴、移植相关国家和地区在专利领域的相关竞争规则，对于推进我国专利领域的竞争立法进程具有重要意义。正如有学者所言，“美国竞争法的历史比其他任何国家都长，而且经过了反复实践，一些无效的制度已经被抛弃，这从而就产生了一些值得其他国家移植的先进制度”；同时，“欧洲确立的竞争法目的以及制度方面的经验，对中国就可能具有建设性的价值。因为在许多方面，欧洲曾经有过同样的问题，而且它们在解决这些问题时也往往使用和中国相似的法律手段”⑤。对于我国专利领域的相关竞争立

① 张冬、杨帆：《滥用专利权争议的法律适用——以专利法与外贸法、反不正当竞争法的协调为视角》，载《活力》，2011（7）。

② 丁茂中：《中国规制知识产权滥用的法律研究》，载《河北法学》，2005（增刊）。

③ [美] 小奥利弗·温德尔·霍姆斯：《普通法》，冉昊、姚中秋译，1页，北京，中国政法大学出版社，2006。

④ 缪剑文、刘遷：《知识产权与竞争法》，载《法学》，1999（6）。

⑤ [美] 戴维·格伯：《中国竞争法的制定：欧洲和美国的经验》，载《环球法律评论》，2003（1）。

法，有研究者认为，规则的建构和细化并不能独立于反垄断执法实践经验的积累，当反垄断执法具备一定的实践经验时，在立足于本土并借鉴域外的基础上，反垄断执法裁量权就可以“批量式”行使——提炼出个案中事实认定、法律适用、执法决定等环节共通的、合理的经验和规则，并将其整合到反垄断指南中。① 所以，在其他国家和地区纷纷效仿美国专利权滥用相关规制制度的背景下，我国在进行相关制度借鉴时，需结合我国现阶段制度发展水平和执法经验积累，在把握相关规则的产生背景和运作机理等基础上，将一些行之有效的经验和做法吸收到我国专利领域的竞争立法中来，以制度移植推动制度创新，形成制度特色。如通过竞争法及其配套规则的完善，为竞争法在专利领域的适用提供入口，解决专利的竞争法规制实践中无法可依的困境；通过管理部门或执法机构制定规章、执法指南以及司法机关出台相关司法解释等，推动专利的竞争法规制中行政程序与司法程序的协调、衔接等。

第三节　专利的竞争法规制立法建构

对包含专利在内的知识产权进行竞争法规制的立法活动是一项复杂而系统的工程，需要我们从立法技术、立法原则、立法内容等诸多方面审慎拿捏。

一、立法技术层面上的建议

立法技术是立法活动中所遵循的用以促使立法臻于科学化的方法和操作技巧的总称。② 本节主要从法的规范表达和结构营造等方面，对专利领域的相关竞争立法提出相应建议。

第一，采用“软法—硬法”混合式的立法方式。硬法与软法为法律的两种基本表现形式，其中“硬法”指那些需要依赖国家强制力保障实施的法律规范，而“软法”则指那些效力结构未必完整，无须依靠国家强制保障实施，但能够产生社会实效的法律规范。③ 较之硬法而言，软法行为模

① 参见郝俊淇、刘维俊：《反垄断指南的功能探讨》，载《中国价格监管与反垄断》，2015（9）。

② 参见周旺生：《立法学》，2版，453页，北京，法律出版社，2000。

③ 参见罗豪才、宋功德：《认真对待软法——公域软法的一般理论及其中国实践》，载《中国法学》，2006（2）。

式未必十分明确，或者虽然行为模式明确，但是没有规定法律后果，或者虽然规定了法律后果，但主要为积极的法律后果的规则体系，这些规则只具有软拘束力。① 对于专利领域的相关竞争立法而言，从假定条件、行为模式和法律后果等法律规则的构成要件来看，《反垄断法》《反不正当竞争法》《专利法》等法律，以及《技术进出口管理条例》《关于禁止滥用知识产权排除、限制竞争行为的规定》等行政法规、部门规章，应属硬法的范畴。而《关于相关市场界定的指南》《关于知识产权领域的反垄断指南》等指南性文件，只对诸如《反垄断法》中涉及的相关市场界定以及知识产权反垄断的原则、名词、术语、概念、判定方法、考量因素等进行解释，因缺乏法律规则构成要件要素，当属软法的范畴。有学者认为，硬法与软法混合式的规制模式有助于填补立法漏洞和缓解裁量领域中的若干紧张关系，也能更好实现行政裁量的灵活性与确定性的统一。② 所以，在专利领域的竞争立法中，于硬法之外，采用“软法—硬法”混合式的立法方式，进行执法指南等软法立法，既能保证竞争法相关法律法规的稳定性，又能便利执法主体对竞争违法行为的判定，指引社会公众的市场行为，从而克服竞争法的原则性、抽象性给法律适用所带来的困难。

第二，采取“行为—责任”因果式的立法体例。立法体例主要是指一项法律制度的表现形式和结构安排。专利的竞争法规制涉及竞争法和专利法两大领域，在制度构建时，存在着是依照或比照竞争法体系构造，还是比照知识产权法体系构造的选择问题。从竞争法的立法体系结构来看，我国采取的是“行为—责任”分立的立法模式，即在竞争法法律规范的结构安排中，违法行为的列举（如垄断协议、滥用市场支配地位、非法实施经营者集中或各种不正当竞争行为）与相应的法律责任（如民事责任、行政责任等）是分开的，通常以设立专章或专节的形式将法律后果予以规定。而知识产权的立法体系结构主要是依行政时序来进行构建的，重点围绕权利的取得与消灭、权利的实施与保护来进行，且实体内容与程序内容并重。据以上分析，笔者认为，由于专利的竞争法规制更侧重于对专利权不当行使所引发竞争问题的分析、判定、规制，故采取竞争法的立法体系结构更加科学。值得注意的是，虽然“行为—责任”体例主要针对的是有法

① 参见罗豪才：《公共治理的崛起呼唤软法之治》，载《政府法制》，2009（5）。

② 参见宋功德：《行政裁量法律规制的模式转换——从单一的硬法或软法模式转向软硬并举的混合法模式》，载《法学论坛》，2009（5）。

律约束力的规定，但对于不具有法律约束力的“指南”而言，剔除责任后果部分后，并不影响整体的立法体例。如 2015 年 12 月国家发改委发布的《关于滥用知识产权的反垄断指南》（征求意见稿）尽管没有责任部分，但其在整体布局上比照了《反垄断法》的立法结构，此后的多份草案也都是依此体例而为。2019 年国务院反垄断委员会发布的《关于知识产权领域的反垄断指南》，主要以《反垄断法》的基本条款为依据，细化澄清法律的原则性规定。① 其体例也基本遵循了“协议规制”“滥用规制”“集中控制”的反垄断法立法体例。

第三，选择“分立—合并”渐进式的立法模式。专利领域的反竞争行为既可能落入反不正当竞争法规制范围，也可能落入反垄断法规制范围。我国竞争法立法采取反不正当竞争法与反垄断法分别立法的体例，这就涉及专利领域反竞争行为的规制立法，是将不同行为分别纳入反不正当竞争法和反垄断法各自的规范体系，还是考虑到专利是一个特殊而相对独立的领域，不进行反垄断法和反不正当竞争法的区分，将专利领域的反竞争行为一并规定在同一个规范性文件架构中。对此，笔者认为，前期可以由反垄断法和反不正当竞争法各自针对特定涉专利的垄断行为和不正当竞争行为分别加以探索，包括执法经验的提炼和规则建构的尝试，待知识经济发展到更高阶段和更广的范围，专利领域的竞争规则需要统一完整地得到构建时，再将所有涉专利的反竞争行为，结合专利从权利取得、权利拥有，到权利许可使用、权利转让，再到权利救济、权利消灭的完整链条，进行统合，形成完整的专利领域竞争法规制规范架构。

二、立法原则层面上的建议

立法原则是立法主体进行立法活动的重要准绳，也是立法过程中应当遵循的指导思想。有人认为，基于对知识产权滥用反垄断规制的复杂性以及我国目前所处执法阶段的认识，在研究起草或完善知识产权领域的执法指南时要处理好充分借鉴与立足本土、规则确定与制度灵活、问题导向与适度前瞻、全面完善与有所选择的关系。② 综合来看，在进行专利领域相关竞争立法时，必须坚持审慎性原则、灵活性原则、统筹性原则、前瞻性

① 参见国家市场监督管理总局反垄断局编：《2019 年反垄断规章和指南汇编》，102 页，北京，中国工商出版社，2020。

② 参见卢延纯：《做好知识产权滥用反垄断规制指南的研究起草工作》，载《中国价格监管与反垄断》，2015 (7)。

原则。

第一，审慎性原则。我国的知识产权制度、竞争法律制度，尤其是其中的反垄断制度，是在不断学习域外经验的基础上一路发展而来的，知识产权领域竞争法规制的规范性文件也有较为明显的法律移植的痕迹。在本书前面的若干章节中，笔者也多次倡导借鉴域外先进经验和成熟做法。但是，不能忽略的是，法律移植是一个极其复杂的过程，一味地采用“拿来主义”很容易导致“水土不服”现象的发生。尤其是我国与其他各国家和地区在制度、文化背景及所处发展阶段上存在较大差异，这使得我们在借鉴、移植相关规则时不能仅“观其形”，而不“辨其意、审其时、度其势”。就以我国主要的借鉴对象美国而言，虽然我国与美国在反垄断实施中都存在公共实施和私人实施两种方式，但我国反垄断公共实施主要由反垄断执法机构对垄断行为进行竞争执法，并施以相应的行政处罚，私人实施的实践并不丰富，司法介入程度低，而美国反垄断公共实施则具有较强的司法色彩，司法程序对行政程序的介入程度较高。在行政执法上，美国司法部具有调查权而无行政裁决权，联邦贸易委员会“有权独立裁决反垄断案件和不正当竞争案件”[①]。在司法程序上，这两个机构都可就符合反垄断规制要件的专利权滥用行为向联邦法院提起民事诉讼。此外，美国司法部还可提起对单位处以罚金、对个人处以监禁和罚金的刑事诉讼，然后由法院作出判决。反垄断实施过程中行政比重与司法比重的巨大差异，决定了我国在借鉴美国经验时必须审慎取舍和扬弃，以便与我国的体制相适应，并对我国体制的些许不足能有所克服。同时，我国虽可借鉴美国、日本、欧盟等国家和地区通过颁布执法指南来促使竞争法在专利领域适用的做法，但也应该看到，在我国的立法层级中并没有“指南”这一形式，“指南”一般也不具有法律约束力。然而在美国，相关指南一般与判例结合适用，指南的相关精神、原则、规则可以很好地在生效判例中得到体现。然而我国并不是判例法国家，且在反垄断执法中行政力量占据主导地位，法官造法极其有限，在通过指南的发布促进竞争执法的同时，推动指南的精神、规则在司法活动中得到运用则依赖于司法比重的加大和法律制度本身的不断完善，将部分经实践检验行之有效的指南的精神和做法上升为法律或者行政法规，也是我国将来必然生发的趋势。审慎借鉴域外经验，审慎总结本土经验，也是在为将来的

① 章彦英、解志勇：《我国反垄断执法机构设置问题研究——以美国、德国为参照》，载《国家行政学院学报》，2008（2）。

法律和行政法规把守关口。

第二，灵活性原则。从立法权限来看，专利的竞争法规制所涉及的部门有反垄断执法机构（国家市场监督管理总局反垄断局）、专利管理部门（国家市场监督管理总局下的国家知识产权局）、司法机关（出台司法解释的最高人民法院）、立法机关（制定法律的全国人大及其常委会、制定行政法规的国务院等），涵盖了立法、司法、行政等机关。在我国专利的竞争法规制相关立法尚不系统的情形下，灵活地给予相关机关一定的广义上的立法权限，进而形成既有法律法规（如反垄断法、反不正当竞争法、专利法及其他专利法律法规），又有部门规章、指导性指南的不同层级、相互衔接的立法层级体系，十分必要。此外，从立法技术来看，专利权滥用行为样态及案件涉及行业的多样性和丰富性，决定了每一种滥用行为所需的调整方法和手段也不尽相同：对一些类型化程度较高的专利权滥用行为在立法上要“宜细不宜粗”，明确其构成要件、判定标准等；而对新兴的或可能发生的专利权滥用行为则要“宜粗不宜细”，通过概括加列举的方式，预留竞争法的适用空间，确保专利领域竞争法规制的精确性与全面性。《关于知识产权领域的反垄断指南》就已经考虑到了知识产权领域反垄断的这种不确定性，在规范执法机构自由裁量权的同时，使指南的条文避免过于具体化，对部分问题待积累更多执法经验后再作规定，保持较强的灵活性。①

第三，统筹性原则。当前，我国的立法工作已逐渐从“成熟一部制定一部、成熟一条制定一条”的“摸着石头过河”的立法模式，向“科学规划、统筹安排、协调发展”的立法模式转变，所以，在制定相关规则时，既要考虑对不同专利权滥用行为的针对性规制，又要考虑到不同规则之间的衔接；既要考虑行政法律法规的完善，又要考虑相关司法解释的细化；既要考虑对实体性权利滥用行为的规制，又要考虑对程序性权利滥用行为的规制。

第四，前瞻性原则。专利权滥用行为的层出不穷及竞争手段的花样百出，使我们在制定相关规则时，要尽可能保持专利领域的竞争立法有一定的预见性和开放性。如对市场中所出现的相对定型的专利权滥用行为，要善于总结，不断提炼规制经验、规制案例，并在此基础上适时修正、完善相关规则；而对由于市场经济的不断发展可能出现的行为类型，应结合其

---

① 参见国家市场监督管理总局反垄断局编：《2019 年反垄断规章和指南汇编》，102 页，北京，中国工商出版社，2020。

他国家或地区的具体做法（行政干预、执法经验、立法经验、审判案例等），未雨绸缪，提前做好相应的制度设计、安排。

三、立法内容层面上的建议

专利的竞争法规制相关立法在我国还处于起步阶段，对规制什么、如何规制、谁来规制等问题的解答，还需要从规制对象、规制方法、规制主体等层面予以阐释。

第一，对规制对象要“拿捏得当”。

专利权滥用是专利竞争法规制的主要对象。对专利权滥用行为，从行为性质来看，有学者认为，“按权利的行使方式可分为许可权和禁止权的滥用两大类；按垄断的方式可分为滥用支配地位行为、协议限制竞争行为和合并中的限制竞争行为三类；按所侵犯的客体的层次可分为不实施行为、不正当竞争或不正当行为、限制竞争行为；按滥用的主体不同又可分为国内滥用行为和外国对我国滥用行为两类”①。有学者以实体法律规范和程序法律规范为依据，又将专利权滥用分为专利权实体上的滥用行为和程序上的滥用行为。② 有学者认为，以具体行为样态来看，专利权滥用主要包括专利权人拒绝交易（许可）行为、专利权人搭售行为、（结合专利的）合作设立标准的行为、包含交叉许可在内的专利联营及其许可行为③等。综合来看，在竞争法领域，我国比较成熟、定型的涉嫌专利权滥用的行为主要有滥发专利侵权警告函、专利恶意诉讼、标准必要专利禁令滥用、无正当理由的专利拒绝许可、专利许可中的价格限制、专利许可中的数量限制、专利许可中的商标使用限制、专利许可搭售、专利许可中无正当理由的差别待遇、回馈授权、不争执条款、排除或限制竞争的专利联营、技术标准中的专利权滥用等。一般而言，规制对象的确定，采取概括加列举的框定模式，更加便于操作和执行。通过对专利权滥用行为予以概括性说明，明晰其构成要件、判定标准等，可有效避免通过列举难以穷尽专利权滥用行为的缺陷，也为法律规制专利权滥用行为预留适用空间；通过对一些典型、常见的专利权滥用行为予以肯定列举，在明确界定专利权

---

① 祝红霞：《专利权滥用的界定与分类研究》，载《电子知识产权》，2006（6）。

② 参见刘淑华：《知识产权滥用的法理之维》，载冯晓青主编：《全球化与知识产权保护》，193～196页，北京，中国政法大学出版社，2008。

③ 参见吴广海：《专利权行使的反垄断法规制》，50～56页，北京，知识产权出版社，2012。

滥用范围的同时，也可更好地凸显法律规制的重点，实现对专利权滥用行为的精准规制。

第二，规制方法的运用要“有章可循”。

在专利的反垄断规制方面，我国《反垄断法》第 55 条虽然对知识产权滥用作出了禁止性规定，但是，并没有给出具体的认定标准。按照通常做法，专利的反垄断法规制以本身违法原则和合理原则以及“安全港”制度为基础，将反垄断法框架下的专利权滥用行为进行分类规制，即：对于反垄断法适用除外的专利权行使行为通过设定“安全港”进行保护①；对于明显违法的滥用行为依据本身违法原则直接判定违法；对于可能得到反垄断法豁免的滥用行为，结合独占与替代、主观与客观、封闭与开放、横向与纵向、成本与效益等因素，综合运用经济学、法学判定方法，进行合理分析。因此，相关实施细则、配套法规与《反垄断法》，要做好衔接和配合，既要针对不同的垄断行为类型，明晰对由专利权滥用所引发的垄断行为的判定方法、判定步骤、考量因素等，又要对相关的，特别是共同的术语、名词等作出准确和统一的阐释。在对由专利权不当行使所引发的不正当竞争行为的规制方面，《反不正当竞争法》所列举的 7 种不正当竞争行为中并没有明确包括专利权滥用行为，而依据常例，判定一个行为是否属于不正当竞争行为，首先是看该行为是否属于法定不正当竞争行为类型；然后看该行为是否属于已形成的新型不正当竞争行为的案例群中的类型；最后考虑通过适用一般条款进行判断。② 所以，在《反不正当竞争法》相关配套法规中有必要对涉及不正当竞争的专利权滥用行为进行归类，并就如何适用《反不正当竞争法》进行规定，以为竞争执法和法院审理提供依据。

第三，规制主体的行为要“协调有序”。

在立法进路方面，可从行政机关、司法机关、立法机关三个层面展开讨论。（1）行政机关层面。由于我国竞争法的实施采取的是行政主导模式，竞争立法的抽象性与竞争执法的灵活性，对执法机构的行政自由裁量

---

① 如为提高执法效率，2019 年颁布的《关于知识产权领域的反垄断指南》参考国际惯例及我国执法实践，设立知识产权协议的“安全港”原则，经营者达成的协议符合“安全港”条件之一的，则该协议不被认定为垄断协议。如具有竞争关系的经营者市场份额合计不超过 20%或者经营者与交易相对人在任一相关市场的份额不超过 30%等。参见国家市场监督管理总局反垄断局编：《2019 年反垄断规章和指南汇编》，104 页，北京，中国工商出版社，2020。

② 参见张占江：《不正当竞争行为的认定的逻辑与标准》，载《电子知识产权》，2013 (11)。

权的行使提出了更高要求。而通过执法机构制定和完善包含专利在内的知识产权领域的执法指南，可有效弥补竞争立法及相关法律解释的不足。笔者认为，行政机关在制定和完善相关规定时，首先要对已经制定的相关规定和执法指南定期或不定期予以修正，确保对涉嫌竞争违法的专利权滥用行为进行有效、全面规制。其次要处理好部门规章之间以及部门规章与行政法规之间的关系。前已述及，国家工商行政管理总局已出台《关于禁止滥用知识产权排除、限制竞争行为的规定》，国家发改委也曾研究起草《关于禁止滥用知识产权排除、限制竞争行为的指南》，2019 年国务院反垄断委员会发布了《关于知识产权领域的反垄断指南》，这些都是在我国反垄断法实施时间不长、专利领域竞争执法经验有限的条件下所进行的积极尝试。(2) 司法机关层面。较之民法等私法规范主要由当事人提起民事诉讼后由法院在审理过程中加以援引，竞争法多为公法规范，主要由竞争执法专门机构主动援引施行。① 法院在审理案件时，可将行政法规作为法院判案的依据，但对于行政规章只能参照适用。所以，由相关部门制定的规制专利权滥用的部门规章，对于法院而言，可参照适用，但对其不具有绝对的约束力；对于行政机关而言，在本系统内，可据此作出相应的具体行政行为。但如该具体行政行为涉嫌违法，法院还可依据法律、行政法规等对该具体行政行为进行合法性审查。所以，行政机关制定的部门规章或指南对司法审理更多地具有参考价值。为加强司法、执法、立法之间的互动，笔者建议：其一，待时机成熟时，制定统一的配套法规，而非停留于指南，便利法院在审理竞争诉讼案件，尤其是反垄断诉讼案件时适用。其二，最高人民法院可研究制定由专利权滥用引发的竞争和垄断相关案件司法解释，为法律适用提供指引。同时，借助案例指导制度，及时总结专利权滥用不正当竞争诉讼和反垄断诉讼的审判工作经验，在保证法院独立行使审判权的前提下，为各级人民法院的审判活动提供智力资源，统一司法尺度和裁判标准。其三，衔接好行政执法程序与反垄断、反不正当竞争诉讼程序的关系，并建立起行政执法机关与法院之间的协调机制，确保司法终审的机会。尤其在复杂程度更高的反垄断领域，对未经反垄断行政执法程序认定的涉嫌垄断的行为，对反垄断执法机构正在调查的涉嫌垄断行为，对基于承诺制度和宽恕制度的运用，反垄断执法机

① 参见谢铭洋：《智慧财产权与公平交易法之关系——以专利为中心》，载《台湾大学法学论丛》，1995 (2)。

构对涉嫌违法的经营者采取中止调查、免除或者减轻处罚措施的行为，都应允许当事人提起反垄断民事诉讼。① 同时，最高人民法院要做好这方面的司法解释工作，以充分释明相关规则的细节。（3）立法机关层面。这里的立法机关主要指权力机关。鉴于我国《反垄断法》已经实施十几年，实践经验已有一定积累，在当前，可以寄希望于通过《反垄断法》的修改来推动竞争法在专利领域的适用和实施。而我国《反不正当竞争法》于 2017 年完成第一次修订（2019 年虽进行修正，但仅限于商业秘密部分），在将来的修订中，可考虑在增加新的不正当竞争行为类型时，将基于专利权滥用所产生的不正当竞争行为纳入其中，如在“不正当竞争行为”一章中增加一条，“将在尚无有权机关就专利侵权成立的事实依法定程序做出生效裁决的情况下寄发内容不当的专利侵权警告函、直接向涉嫌侵权人的交易相对人发出专利侵权警告函以及通过媒体公开向涉嫌侵权人发出专利侵权警告函的行为规定为不正当竞争行为”②。当然，在《反不正当竞争法》下次修订启动及完成之前，可以通过对《反不正当竞争法》和配套规定的完善，解决反不正当竞争法在规制专利权行使方面的法律缺失问题。

第四节　结　语

“专利的竞争法规制”，寥寥数语，却蕴含着公权与私权、创新保护与自由竞争、产业政策与竞争政策等的深层平衡机理。动态的平衡如何在相对稳定的制度中得到表征，是摆在我们面前的现实难题。现实的难题体现于如何便利竞争法在专利领域的适用，体现于如何对层出不穷的专利权滥用行为及花样翻新的反竞争手段灵敏地作出制度应对，体现于如何拿捏好竞争法对专利权行使干预的尺度，等等。既有前车之鉴，可为后事之师。我国要在借鉴相关国家或地区立法、执法经验的基础上，立足我国实际，科学进行专利领域相关竞争立法。立法前，要统筹进行立法规划，明确立法原则，规范运用立法技术，科学选择立法体例，有效协调立法主体；立

① 参见王先林：《论反垄断民事诉讼与行政执法的衔接与协调》，载《江西财经大学学报》，2010（3）。

② 宁立志、宋攀峰：《专利侵权警告函的法律规制》，载漆多俊主编：《经济法论丛》，第 26 卷，96 页，北京，法律出版社，2014。

法时，要综合参酌各方利益，明确规制对象、规制方法、规制内容，完善竞争法及其配套规则，为竞争法在专利领域的适用提供明确指引；立法后，要结合现实需要不断检视现有制度，适时作出修正，在不断完善中，形成科学、系统、规范的专利竞争法规制制度体系。

主要参考文献

中文文献

路德维希·艾哈德. 来自竞争的繁荣. 曾斌，译. 北京：京华出版社，2000.

权五乘. 韩国经济法. 崔吉子，译. 北京：北京大学出版社，2009.

熊彼特. 资本主义、社会主义和民主主义. 绛枫，译. 北京：商务印书馆，1979.

Jay Dratler，Jr. 知识产权许可. 王春燕，等译. 北京：清华大学出版社，2003.

罗素·帕尔，戈登·史密斯. 知识产权价值评估、开发与侵权赔偿. 国家知识产权局专利管理司组编，周叔敏，译. 北京：电子工业出版社，2012.

赫伯特·霍温坎普. 联邦反托拉斯政策：竞争法律及其实践（第3版）. 许光耀，江山，王晨，译. 北京：法律出版社，2009.

罗伯特·考特，托马斯·尤伦. 法和经济学（第五版）. 史晋川，董雪兵，等译. 上海：格致出版社，上海三联书店，上海人民出版社，2010.

罗伯特·P. 墨杰斯，彼特·S. 迈乃尔，马克·A. 莱姆利，等. 新技术时代的知识产权法. 齐筠，张清，彭霞，等译. 北京：中国政法大学出版社，2003.

小奥利弗·温德尔·霍姆斯. 普通法. 冉昊，姚中秋，译. 北京：中国政法大学出版社，2006.

弗里德利希·冯·哈耶克. 法律、立法与自由：第一卷. 邓正来，张守东，李静冰，译. 北京：中国大百科全书出版社，2000.

弗里德利希·冯·哈耶克. 自由秩序原理：上. 邓正来，译. 北京：生活·读书·新知三联书店，1997.

亚当·斯密. 国民财富的性质和原因的研究：下卷. 郭大力，王亚南，译. 北京：商务印书馆，1997.

冯晓青. 知识产权权利正当行使（权利限制）专题判解与学理研究. 北京：中国大百科全书出版社，2010.

冯晓青，杨利华，等. 知识产权法热点问题研究. 北京：中国人民公安大学出版社，2004.

冯晓青. 全球化与知识产权保护. 北京：中国政法大学出版社，2008.

郭德忠. 专利许可的反垄断规制. 北京：知识产权出版社，2007.

国家市场监督管理总局反垄断局. 2019 年反垄断规章和指南汇编. 北京：中国工商出版社，2020.

国家知识产权局条法司. 《专利法》及《专利法实施细则》第三次修改专题研究报告. 北京：知识产权出版社，2006.

国家知识产权局知识产权发展研究中心. 规制知识产权的权利行使. 北京：知识产权出版社，2004.

韩世远. 合同法学. 北京：高等教育出版社，2010.

黄勇. 国际竞争法研究：竞争法实施中的国际冲突与国际合作. 北京：中国友谊出版公司，2003.

李国海. 反垄断法实施机制研究. 北京：中国方正出版社，2006.

李明德. 美国知识产权法. 2 版. 北京：法律出版社，2014.

李明德，黄晖，闫文军，等. 欧盟知识产权法. 北京：法律出版社，2010.

李双元，温世扬. 比较民法学. 武汉：武汉大学出版社，2016.

李钟斌. 反垄断法的合理原则研究. 厦门：厦门大学出版社，2005.

梁慧星. 民法总论. 4 版. 北京：法律出版社，2011.

林秀芹. TRIPs 体制下的专利强制许可制度研究. 北京：法律出版社，2006.

刘爱卿. 知识产权审判前沿. 北京：人民法院出版社，2006.

刘春田. 知识产权法. 4 版. 北京：高等教育出版社，2010.

刘继峰. 竞争法学. 2 版. 北京：北京大学出版社，2016.

罗昌发. 贸易与竞争之法律互动. 北京：中国政法大学出版社，2003.

吕明瑜. 知识产权垄断的法律控制. 北京：法律出版社，2013.

马海生. 专利许可的原则：公平、合理、无歧视许可研究. 北京：法律出版社，2010.

马俊驹，余延满. 民法原论. 4 版. 北京：法律出版社，2016.

美国专利法. 易继明，译. 北京：知识产权出版社，2013.

宁立志. 经济法概论. 长沙：湖南大学出版社，2013.

宁立志. 知识产权法. 武汉：武汉大学出版社，2011.

单晓光，许春明，等. 知识产权制度与经济增长：机制·实证·优化. 北京：经济科学出版社，2009.

尚明. 主要国家（地区）反垄断法律汇编. 北京：法律出版社，2004.

邵建东，方小敏，王炳，等. 竞争法学. 北京：中国人民大学出版社，2009.

时建中. 三十一国竞争法典. 北京：中国政法大学出版社，2009.

世界知识产权组织. 知识产权指南——政策、法律及应用. 北京大学国际知识产权研究中心，译. 北京：知识产权出版社，2012.

史尚宽. 债法总论. 北京：中国政法大学出版社，2000.

苏力. 法治及其本土资源（修订版）. 北京：中国政法大学出版社，2004.

唐要家. 反垄断经济学：理论与政策. 北京：中国社会科学出版社，2008.

王洪亮. 债法总论. 北京：北京大学出版社，2016.

王俊豪. 政府管制经济学导论：基本理论及其在政府管制实践中的应用. 北京：商务印书馆，2001.

王迁. 知识产权法教程. 6 版. 北京：中国人民大学出版社，2019.

王先林，等. 知识产权滥用及其法律规制. 北京：中国法制出版社，2008.

王先林. 知识产权与反垄断法：知识产权滥用的反垄断问题研究（修订版）. 北京：法律出版社，2008.

王晓晔 反垄断立法热点问题. 北京：社会科学文献出版社，2007.

王泽鉴. 民法总则（增订版），北京：中国政法大学出版社，2001.

吴汉东，胡开忠. 无形财产权制度研究（修订版），北京：法律出版社，2005.

吴广海. 专利权行使的反垄断法规制. 北京：知识产权出版社，2012.

吴太轩. 技术标准化的反垄断法规制. 北京：法律出版社，2011.

吴振国.《中华人民共和国反垄断法》解读. 北京：人民法院出版社，2007.

许光耀. 欧共体竞争法通论. 武汉：武汉大学出版社，2006.

徐国栋. 民法基本原则解释——以诚实信用原则的法理分析为中心(增删本). 北京：中国政法大学出版社，2004.

余能斌. 民法学. 北京：中国人民公安大学出版社，人民法院出版社，2003.

余能斌，马俊驹. 现代民法学. 武汉：武汉大学出版社，1995.

袁正英. 第三人利益合同制度研究. 北京：高等教育出版社，2015.

张冬. 专利权滥用认定专论. 北京：知识产权出版社，2009.

张平，马骁. 标准化与知识产权战略. 2 版. 北京：知识产权出版社，2005.

张小强. 网络经济的反垄断法规制. 北京：法律出版社，2007.

郑成思. 知识产权：应用法学与基本理论. 北京：人民出版社，2005.

郑成思. 知识产权论. 3 版. 北京：法律出版社，2007.

周旺生. 立法学. 2 版. 北京：法律出版社，2000.

朱庆育. 民法总论. 2 版. 北京：北京大学出版社，2016.

最高人民法院民事审判第三庭. 知识产权审判指导与参考：第 2 卷. 北京：法律出版社，2001.

P. 贝伦斯. 对于占市场支配地位企业的滥用监督//王晓晔. 反垄断法与市场经济. 北京：法律出版社，1998.

戴维·格伯. 中国竞争法的制定：欧洲和美国的经验. 环球法律评论，2003 (1).

杰西·马卡姆. 中国《反垄断法》下的知识产权保护——价格管制和不确定性问题. 环球法律评论，2010 (4).

白明，李国璋. 市场竞争与创新：熊彼特假说及其实证检验. 中国软科学，2006 (11).

曹新明. 专利许可协议中的有色条款功能研究. 法商研究，2007 (1).

陈春龙. 中国司法解释的地位与功能. 中国法学，2003 (1).

陈欣. 专利联盟研究综述. 科技进步与对策，2006 (4).

崔国斌. 知识产权法官造法批判. 中国法学，2006 (1).

崔建远. 为第三人利益合同的规格论——以我国《合同法》第 64 条的规定为中心. 政治与法律，2008 (1).

戴龙，黄琪，时武涛. “庆祝《反垄断法》实施十周年学术研讨会”综述. 竞争政策研究，2018 (4).

邓宏光. 论知识产权侵权警告函. 企业经济，2006 (6).

丁茂中. 中国规制知识产权滥用的法律研究. 河北法学，2005 (增刊).

董美根. 美国专利使用权穷竭对我国的借鉴——以 Quanta Computer，Inc. v. LG Electronics，Inc. 案为研究进路. 知识产权，2008 (6).

董新凯. 标准必要专利持有人市场支配地位认定的考量因素. 知识产权，2015 (8).

董颖. 数字空间的反共用问题. 电子知识产权，2001 (12).

方晓霞，刘凯. 论知识产权侵权责任形式的多元化. 知识产权，2013 (2).

冯晓青. 利益平衡论：知识产权法的理论基础. 知识产权，2003 (6).

冯晓青. 知识产权、竞争与反垄断之关系探析. 法学，2004 (3).

高洁，陆健华. 专利丛林引发的反公地悲剧及对专利政策的思考. 科技进步与对策，2007 (6).

郭德忠. 专利许可中的搭售. 河北法学，2007 (9).

韩伟. 标准必要专利许可费的反垄断规制——原则、方法与要素. 中国社会科学院研究生院学报，2015 (3).

韩伟，尹锋林. 标准必要专利持有人的市场地位认定. 电子知识产权，2014 (3).

郝俊淇，刘维俊. 反垄断指南的功能探讨. 中国价格监管与反垄断，2015 (9).

和育东. “专利丛林”问题与美国专利政策的转折. 知识产权，2008 (1).

黄武双. 技术标准反垄断的特征及其对我国反垄断立法的启示——从微软垄断案说起. 科技与法律，2007 (3).

黄勇. 知识产权与反垄断法的基本关系. 电子知识产权，2007 (7).

黄勇. 论我国反垄断法在知识产权领域的应然取向. 电子知识产权，2011 (10).

江帆. 竞争法对知识产权的保护与限制. 现代法学，2007 (2).

焦海涛. 纵向非价格垄断协议的反垄断法规制：困境与出路. 现代法学，2019 (4).

兰磊. 转售价格维持违法推定之批判. 清华法学，2016 (2).

李浩成，王立武. 欧、美、日知识产权滥用反垄断立法规制比较与借鉴. 山东社会科学，2015 (6).

李和平. 论民法对单方法律行为的控制. 法学杂志，2012 (8).

李剑. 反垄断法核心设施理论的存在基础——纵向一体化与提高竞争

对手成本理论的解读//张守文. 经济法研究：第7卷. 北京：北京大学出版社，2010.

李剑. 论垄断协议违法性的分析模式——由我国首例限制转售价格案件引发的思考. 社会科学，2014 (4).

李平. 垄断行为认定研究. 社会科学研究，2008 (4).

李扬. FRAND承诺的法律性质及其法律效果. 知识产权，2018 (11).

李扬. 重塑以民法为核心的整体性知识产权法. 法商研究，2006 (6).

李玉剑，宣国良. 专利联盟：战略联盟研究的新领域. 中国工业经济，2004 (2).

李玉剑，宣国良. 专利联盟反垄断规制的比较研究. 知识产权，2004 (5).

李振军. 有效竞争概念的新界定. 兰州学刊，2007 (6).

李志刚，徐式媛. 反垄断法上的民事赔偿责任. 人民司法·应用，2011 (7).

梁志文. 论专利权人之侵权警告函. 知识产权，2004 (3).

林秀芹，刘禹. 标准必要专利的反垄断法规制——兼与欧美实践经验对话. 知识产权，2015 (12).

刘春田. 知识财产权解析. 中国社会科学，2003 (4).

刘春田. 知识产权法研究的基础性与多样性发展. 法学家，2007 (1).

刘俊敏. 知识产权领域中反竞争行为的法律规制. 理论探索，2006 (5).

刘孔中. 公平法与智慧财产权法的冲突与调和. 月旦法学杂志，2004 (1).

刘晓春. 摩托罗拉诉微软 探寻RAND标准的努力. 电子知识产权，2014 (1).

刘影. 论FRAND条款的法律性质——以实现FRAND条款的目的为导向. 电子知识产权，2017 (6).

龙柯宇. 知识产品搭售及其反垄断规制探讨. 首都经济贸易大学学报，2013 (3).

罗豪才. 公共治理的崛起呼唤软法之治. 政府法制，2009 (5).

罗豪才，宋功德. 认真对待软法——公域软法的一般理论及其中国实践. 中国法学，2006 (2).

罗娇. 论标准必要专利诉讼的“公平、合理、无歧视”许可——内涵、费率与适用. 法学家，2015 (3).

罗先觉，陈艳. 关于知识产权与反垄断基本关系的反思. 自然辩证法研究，2012 (5).

吕明瑜. 论知识产权许可中的垄断控制. 法学评论，2009 (6).

吕明瑜. 知识产权领域反垄断的政策选择——知识产权与反垄断法关系理论视角下的分析. 中国社会科学院研究生院学报，2014 (4).

吕明瑜. 知识经济条件下知识产权与反垄断法关系新特点探析. 河南省政法管理干部学院学报，2008 (1).

马海生. 标准化组织的 FRAND 许可政策实证分析. 电子知识产权，2009 (2).

孟勤国，张凇纶. 财产法的权力经济学. 法制与社会发展，2009 (5).

孟雁北. 规制与规制的限制：透视中国反垄断法视野中的知识产权许可行为——兼论中国《知识产权领域反垄断执法指南》的制定. 中国社会科学院研究生院学报，2012 (1).

孟雁北. 利乐案法律框架分析. 竞争政策研究，2017 (6).

宁立志，金根模. 韩国公平交易法中的专利权不当行使及其启示. 法商研究，2010 (5).

宁立志，胡贞珍. 美国反托拉斯法中的专利权行使. 法学评论，2005 (5).

彭学龙. 知识产权：自然权利亦或法定之权. 电子知识产权，2007 (8).

彭英. 反垄断执法问题之路径分析. 人民司法·应用，2008 (19).

钱玉林. 禁止权利滥用的法理分析. 现代法学，2002 (1).

饶爱民. 美国专利联营反垄断规制路径的演变及启示. 安徽农业大学学报（社会科学版），2010 (1).

饶爱民. 欧盟竞争法对专利联营的控制. 电子知识产权，2013 (3).

饶爱民. 专利联营的反竞争效果分析. 经济研究导刊，2012 (13).

单晓光，刘晓海. 德国《反对限制竞争法》对知识产权许可合同的控制//唐广良. 知识产权研究：第 15 卷. 北京：中国方正出版社，2004.

佘发勤. 论反垄断法实施中专利权的保护与限制. 人民论坛，2013 (5).

施付阳，张翔. 民事诉讼理由与裁判理由的冲突及其模式选择. 法律适用，2009 (8).

时建中. 我国《反垄断法》的特色制度、亮点制度及重大不足. 法学家，2008 (1).

时建中，陈鸣. 技术标准化过程中的利益平衡——兼论新经济下知识产权法与反垄断法的互动. 科技与法律，2008 (5).

宋功德. 行政裁量法律规制的模式转换——从单一的硬法或软法模式转向软硬并举的混合法模式. 法学论坛，2009 (5).

宋丽珍. 专利权滥用抗辩的合理性分析. 知识经济，2012（1）.

孙海萍. 日本关于知识产权利用的反垄断法指南//王先林. 竞争法律与政策评论：第2卷，上海：上海交通大学出版社，2016.

孙桂林. 第三人利益合同的概念及成就条件. 集美大学学报（哲学社会科学版），2006（1）.

孙南申，徐曾沧. 美国对技术标准中专利信息不披露行为的反垄断措施. 华东政法大学学报，2009（1）.

唐要家，李恒. FRAND承诺下标准必要专利搭售许可的动机及其竞争效应. 产经评论，2019（4）.

陶爱萍，沙文兵. 技术标准、锁定效应与技术创新. 科技管理研究，2009（5）.

陶鑫良. 案例与问题探讨：专利侵权滥诉之反赔责任. 中国专利与商标，2008（2）.

万江. 窜货的法律规制. 中外法学，2016（4）.

王健. 反垄断法私人执行制度初探. 法商研究，2007（2）.

王利明. 论第三人利益合同//公丕祥. 法制现代化研究：第八卷. 南京：南京师范大学出版社，2002.

王生卫. 反垄断法中滥用市场支配地位的界定. 华南农业大学学报（社会科学版），2004（1）.

王为农，黄芳. 企业联合组织滥用技术标准的反垄断规制问题. 浙江社会科学，2005（3）.

王先林. 涉及专利的标准制定和实施中的反垄断问题. 法学家，2015（4）.

王先林，潘志成. 反垄断法适用于知识产权领域的基本政策主张——日本《知识产权利用的反垄断法指南》介评. 电子知识产权，2008（1）.

王先林，仲春. 知识产权领域反垄断的国际视角——《竞争政策与知识产权行使》介评. 电子知识产权，2009（5）.

王晓晔. 标准必要专利反垄断诉讼问题研究. 中国法学，2015（6）.

王晓晔. 关于我国反垄断执法机构的几个问题. 东岳论坛，2007（1）.

王晓晔. 欧共体竞争法中的知识产权. 环球法律评论，2001（2）.

王晓晔. 与技术标准相关的知识产权强制许可. 当代法学，2008（5）.

王晓晔. 知识产权滥用行为的反垄断法规制. 法学，2004（3）.

魏衍亮. 通过考察“专利池”审视DVD收费事件与企业知识产权战略//唐广良. 知识产权研究：第16卷，北京：中国方正出版社，2004.

魏振瀛. 侵权责任法在我国民法中的地位及其与民法其他部分的关系——兼与传统民法相关问题比较. 中国法学，2010 (2).

温世扬. 财产支配权论要. 中国法学，2005 (5).

吴汉东. 科技、经济、法律协调机制中的知识产权法. 法学研究，2001 (6).

吴汉东. 试论知识产权限制的法理基础. 法学杂志，2012 (6).

吴汉东. 知识产权的多元属性及研究范式. 中国社会科学，2011 (5).

吴汉洪，钟洲. 论搭售的反垄断争议. 中国人民大学学报，2016 (4).

吴广海. 专利技术许可中不质疑条款的法律规制. 科技进步与对策，2011 (9).

吴广海. 专利权行使中拒绝交易的反垄断法规制. 江苏社会科学，2008 (1).

吴延兵. 企业规模、市场力量与创新：一个文献综述. 经济研究，2007 (5).

吴宇飞. 规制价格垄断协议的再思考——以奔驰汽车价格垄断案为例. 中国物价，2015 (10).

吴振国. 反垄断法的国际比较研究（上）. 中国工商管理研究，1999 (1).

吴振国. 加强反垄断执法　保护市场公平竞争. 竞争政策研究，2019 (5).

夏勇. 权利哲学的基本问题. 法学研究，2004 (3).

谢黎伟. 台湾地区知识产权领域反垄断立法述评. 台湾法研究学刊，2004 (2).

许春明，单晓光. “专利权滥用抗辩”原则——由 ITC 飞利浦光盘案引出. 知识产权，2006 (3).

徐涤宇，黄美玲. 单方允诺的效力根据. 中国社会科学，2013 (4).

许光耀. 搭售行为的反垄断法分析. 电子知识产权，2011 (11).

许光耀. 纵向价格限制的反垄断法理论与案例考察. 政法论丛，2017 (1).

徐瑄. 知识产权的正当性——论知识产权法中的对价与衡平. 中国社会科学，2003 (4).

徐颖颖. 标准必要专利权人 FRAND 许可声明的法律关系研究——以欧洲通信标准协会的规定为例. 电子知识产权，2017 (11).

颜运秋，等. 我国反垄断私人诉讼的障碍及其克服. 政治与法律，2011 (1).

姚远，宋伟. 技术标准的网络效应与专利联盟. 科学学与科学技术管理，2011 (2).

杨三正，苟学珍. 论反垄断与知识产权保护的协调及互动. 甘肃政法学院学报，2018 (4).

叶明，吴太轩. 技术标准化的反垄断法规制研究. 法学评论，2013 (3).

叶若思，祝建军，陈文全. 标准必要专利权人滥用市场支配地位构成垄断的认定：评华为公司诉美国 IDC 公司垄断纠纷案. 电子知识产权，2013 (3).

易继明. 禁止权利滥用原则在知识产权领域中的适用. 中国法学，2013 (4).

易继明，胡小伟. 标准必要专利实施中的竞争政策——“专利劫持”与“反向劫持”的司法衡量. 陕西师范大学学报（哲学社会科学版），2021 (2).

尹田. 论涉他契约——兼评合同法第 64 条、第 65 条之规定. 法学研究，2001 (1).

原磊. 商业模式体系重构. 中国工业经济，2007 (6).

原磊. 国外商业模式理论研究评介. 外国经济与管理，2007 (10).

袁真富. 基于侵权抗辩之专利默示许可探究. 法学，2010 (12).

詹昊，郑双石，宋迎. 专利拒绝许可反垄断法适用问题的比较研究. 竞争政策研究，2016 (4).

张陈果. 专利联营、限制竞争与反垄断规制的法史学考察——以一战前后的德国为例. 华东师范大学学报（哲学社会科学版），2015 (3).

张定军，郑友德. 论我国的反垄断立法. 河北法学，2003 (2).

张冬. 解析美国滥用专利权认定的发展原则. 知识产权，2008 (4).

张平. 论知识产权制度的“产业政策原则”. 北京大学学报（哲学社会科学版），2012 (3).

张平. 专利联营之反垄断规制分析. 现代法学，2007 (3).

张伟君，单晓光. 知识产权保护对企业技术转让的影响. 知识产权，2008 (1).

章彦英，解志勇. 我国反垄断执法机构设置问题研究——以美国、德国为参照. 国家行政学院学报，2008 (2).

张占江. 不正当竞争行为的认定的逻辑与标准. 电子知识产权，2013 (11).

张志奇. 相关市场界定的方法及其缺陷. 北京行政学院学报，2009 (4).

赵启杉. 竞争法与专利法的交错：德国涉及标准必要专利侵权案件禁令救济规则演变研究. 竞争政策研究，2015（2）.

郑成思. 私权、知识产权与物权的权利限制. 电子知识产权，2004（11）.

郑鹏程. 论“本身违法”与“合理法则”——缘起、适用范围、发展趋势与性质探究//王艳林. 竞争法评论：第1卷. 北京：中国政法大学出版社，2005.

郑鹏程. 论搭售的违法判断标准. 中国法学，2019（2）.

周红阳，林欧. 反垄断法规制专利标准化垄断的制度模式. 法律适用，2013（12）.

祝红霞. 专利权滥用的界定与分类研究. 电子知识产权，2006（6）.

朱翔华. 国际标准组织专利政策的最新进展. 中国标准化，2014（3）.

庄春发. 论“足以影响市场功能”的联合行为. 月旦法学杂志，2001（2）.

外文文献

Bradley J. Levang. Evaluating the Use of Patent Pools for Biotecnology：A Refutation to the USPTO White Paper Concerning Biotechnology Patent Pools. Santa Clara Computer & High Tech. L. J.，2002（19）.

Carl Shapiro. Navigating the Patent Thicket：Cross Licenses，Patent Pools，and Standard Setting. Innovation Policy & the Economy，2000（1）.

Caron Ch.，L'efficacité des licences dites“FRAND”（ou L'indispensable conciliation entre la normalisation et le droit des brevets d'invention grâce *à* la stipulation pour autrui），Comm. com. électr. n° 7-8，juill. 2013.

Christian Chadd Taylor. No-Challenge Termination Clauses：Incorporating Innovation Policy and Risk Allocation into Patent Licensing Law. Ind. L. J.，1993，69.

David J. Teece，Edward F. Sherry. The Interface Between Intellectual Property Law and Antitrust Law Standards Setting and Antitrust. Minnesota Law Review，2003，87.

F. M. Scherer. The Economic Effects of Compulsory Patent Licensing. New York University，1977.

Fiona Carlin，Stephanie Pautke. The Last of its Kind：The Review of the Technology Transfer Block Exemption Regulation. NW. J. INT'L L. & BUS.，2004（24）.

G. W. Paton. A Text-Book of Jurisprudece. 4th ed. Oxford：Clarendon Press，1972.

Gavin Clarkson，David Dekorte. The Problem of Patent Thickets in Convergent Technologies. Ann. N. Y. Acad. Sci.，2006，1093.

Gillbert Goller. Competing，Complementary and Blocking Patents：Their Role in Determining Antitrust Violations in the Areas of Cross-Licensing，Patent Pooling and Package Licensing. J. Pat. & Trademark Off. Soc'y，1968，50.

J. Drexl. Real Knowledge is to Know the Extent of One' s Own Ignorance：On the Consumer Ham Approach in Innovation-Related Competition Cases. Antitrust L. J.，2010，76.

J. Gregory Sidak，David J. Teece. Dynamic Competition in Antitrust Law. Journal of Competition Law & Economics，2009 (5).

Janice M. Mueller. Patent Misuse through the Capture of Industry Standards. Berkeley Technology Law Journal，2002 (17).

Josh Lerner. Patenting in the Shadow of Competitors. J. L. & Econ.，1995，38.

Josh Lerner，Jean Tirole. Public Policy toward Patent Pools. Innovation Policy & the Economy，2007 (8).

Katz M. L.，Shapiro C. Network Externalities，Competition，and Compatibility. The American Economic Review，1985，75 (3).

Keith N. Hylton. Antitrust Law：Economic Theory and Common Law Evolution. Cambridge University Press，2003.

Kenneth Arrow. Economic Welfare and the Allocation of Resources for Invention. Princeton University Press，1962.

Malaurie Ph.，L. Aynès et Ph. Stoffel-Munck，Les obligations，7e éd.，LGDJ-Lextenso éditions，2015.

Mario Mariniello. Fair，Reasonable and Non-Discriminatory (Frand) Terms：A Challenge for Competition Authorities. Journal of Competition Law & Economics，2011 (7).

Mark A. Lemley. Antitrust and the Internet Standardization Problem. Conn. L. Rev.，1996，28.

Mark A. Lemley. Intellectual Property Rights and Standard Setting

Organizations. Cal. L. Rev. ，2002，90.

Marshall Leaffer. Patent Misuse and Innovation. Journal of High Technology Law，2010，10.

Maurits Dolmans，Anu Piilola. The New Technology Transfer Block Exemption—Will the New Block Exemption Balance the Goals of Innovation and Competition? . IPL Newsletter，2003（21）.

Michael A. Heller. The Tragedy of the Anticommons：Property in the Transition from Marx to Markets. Harvard Law Review，1998，111.

Michael A. Heller，Rebecca S. Eisenberg. Can Patents Deter Innovation? The Anticommons in Biomedical Research. Science，1998，280.

Mignot M. Fasc. unique ：Effets du contrat à l' égard des tiers-Stipulation pour autrui. JurisClasseur Civil Code.

Milton Handler，Michael D. Blechman. An American View of the Common Market's Proposed Group Exemption for Patent Licenses. International Lawyer (ABA)，1980（14）.

Panel Discussion. The Value of Patents and Other Legally Potected Commerial Right. Antitrust L. J. ，1984，53.

Rebecca S. Eisenberg. Technology Transfer and the Genome Project：Problems with Patenting Research Tools. Risk：Health，Safety & Environment，1994（5）.

Reto M. Hilty，Kung-Chung Liu. Compulsory Licensing Practice Experiences and Ways Forward. Springer，2015.

Richard Calkins. Patent Law：The Impact of the 1988 Patent Misuse Reform Act and Noerr-Pennington Doctrine on Misuse Defenses and Antitrust Counterclaims. Drake Law Review，1988，38.

Richard J. Gilbert. Deal or No Deal? Licensing Negotiations in Standard-Setting Organizations. Antitrust Law Journal，2011，77.

Richard Li-Dar Wang. Biomedical Upstream Patenting and Scientific Research：The Case for Compulsory Licenses Bearing Reach-Through Royalties. Yale Journal of Law & Technology，2008（10）.

Robert P. Merges. A Brief Note on Blocking Patents and Reverse Equivalents：Biotechnology as an Example. J. Pat. & Trademark Off. Soc'y，1991，73.

Robin C. Feldman. The Insufficiency of Antitrust Analysis for Patent Misuse. Hastings Law Journal，2003，55.

Roger B. Andewelt. Analysis of Patent Pools under the Antitrust Laws. Antitrust L. J.，1984，53.

Ronald V. Bettic. Copyright Culture：The Political Economy of Intellectual Property. Westview Press，1996.

Sean P. Gates. Standard，Innovations and Antitrust：Integrating Innovation Concerns into the Analysis of Collaborative Standard Setting. Emory Law Journal，1998，47.

Sheila F. Anthony. Antitrust and Intellectual Property Law：From Adversaries to Partners. AIPA Q. J.，2000，28.

Simler Ph. Classification des obligations. JurisClasseur Civil Code，15 déc. 2017.

Steve C. Carlson. Patent Pools and the Antitrust Dilemma. Yale J. on Reg.，1999 (16).

Thomas A. Piraino Jr. A Proposed Antitrust Approach to Collaborations Among Competitors. Iowa L. Rev.，2001，86.

Varga，Sinisa. Abuse of a Dominant Market Position in the Frames of the EU Antitrust Law. Review of European Law，2006，8 (2).

Willard K. Tom，Joshua A. Newberg. Antitrust and Intellectual Property：From Separate Spheres to Unified Field. Antitrust L. J.，1997，66.

William C. Holmes. Intellectual Property and Antitrust Law. Clark Boardman Company，Ltd.，1996.

图书在版编目（CIP）数据

专利的竞争法规制研究/宁立志著. --北京：中国人民大学出版社，2021.10
国家社科基金后期资助项目
ISBN 978-7-300-29825-2

Ⅰ.①专… Ⅱ.①宁… Ⅲ.①专利权法—研究—中国
Ⅳ.①D923.424

中国版本图书馆 CIP 数据核字（2021）第 177242 号

国家社科基金后期资助项目
专利的竞争法规制研究
宁立志　著
Zhuanli de Jingzhengfa Guizhi Yanjiu

出版发行	中国人民大学出版社		
社　　址	北京中关村大街 31 号	**邮政编码**	100080
电　　话	010－62511242（总编室）		010－62511770（质管部）
	010－82501766（邮购部）		010－62514148（质管部）
	010－62515195（发行公司）		010－62515275（盗版举报）
网　　址	http://www.crup.com.cn		
经　　销	新华书店		
印　　刷	唐山玺诚印务有限公司		
规　　格	165 mm×238 mm　16 开本	**版　　次**	2021 年 10 月第 1 版
印　　张	30.25　插页 2	**印　　次**	2021 年 10 月第 1 次印刷
字　　数	506 000	**定　　价**	108.00 元